China's general History

读史明鉴　察古知今

中国通史

中国上下五千年

主编◎任宪宝

中国商业出版社

图书在版编目（CIP）数据

中国通史：全2册 / 任宪宝主编. --北京：中国商业出版社，2017.4

ISBN 978-7-5044-9125-1

Ⅰ. ①中… Ⅱ. ①任… Ⅲ. ①中国历史－高等学校－教材 Ⅳ. ①K20

中国版本图书馆CIP数据核字（2015）第224581号

责任编辑：姜丽君

中国商业出版社出版发行

010-63180647　www.c-cbook.com

（100053　北京广安门内报国寺1号）

新华书店总店北京发行所经销

三河市天润建兴印务有限公司

*

710×1000毫米　1/16开　52印张　1060千字

2017年5月第1版　2019年5月第2次印刷

定价：108.00元（上下册）

＊　＊　＊　＊

（如有印装质量问题可更换）

中国通史——下篇

第十章 隋 朝

杨坚称帝

隋代皇室的祖先是出自汉代高门弘农杨氏。北魏初期，杨坚五世祖杨元寿才迁居至北方六镇之一的武川镇（今内蒙古武川西）。西魏宇文泰组建府兵系统时，置八柱国、十二大将军，杨坚父杨忠为十二大将军之一，赐姓普六茹氏 。入北周，官至柱国大将军，乃隋国公。杨忠死，杨坚袭爵。

北周建德七年（578 年），北周武帝死，子宣帝宇文昉立。坚女为宣帝皇后。宣帝诛戮大臣，排斥异己，刚即位，就杀死叔父齐王宇文宪，后又逼杀宗室重臣宇文神举、宇文孝伯等人。

隋文帝杨坚像

宣帝即位第二年，即大成元年（579 年）二月，将皇位传给其子宇文阐，是为周静帝，改元大象。宇文贇以天元皇帝的名号执掌政权。次年五月宇文贇死，静帝此时年仅 8 岁。掌握机要的内史上大夫郑译，御正下大夫刘昉等假传遗诏，召杨坚入宫，任左大丞相、都督内外诸军事。同时，由静帝叔父汉王宇文赞出任并无实权的右大丞相。

杨坚为了巩固统治，召周宗室赵王宇文招、陈王宇文纯、越王宇文盛、代王宇文达、腾王宇文逌等在外藩的诸王回京。不久就将周室五王及明帝、武帝诸子陆续诛杀殆尽。

在剪灭诸王的同时，杨坚还平定了三方之乱。相州（今河南安阳南）总管尉迟迥是宇文泰的外甥，武帝让他统治旧齐之地，他的权力极大。大象二年六月，迟迥起兵反对杨坚。郧州（今湖北安陆）总管司马消难的女儿是北周静帝的皇后。他在尉迟迥起兵的次月也起兵反对杨坚。益州（今四川成都）总管王谦，是十二大将军之一王雄的儿子。他也在益州发兵叛乱。

当时三方起兵，“关天之下，汹汹鼎沸”。势力最大的就是东方的尉迟迥。于是杨坚征发关中精兵，任命韦孝宽为行军元帅，向东讨伐尉迟迥。关中军攻陷邺城，迥遂自杀。在南方战场，杨坚以王谊为行军元帅，率荆襄兵进攻司马消难。司马消难逃奔陈朝。在西方战场上，杨坚任命梁睿为行军元帅，出兵 20 万，深入蜀境，进逼成都，王谦也被杀。

从大象二年（580 年）六月尉迟迥起兵到十月王谦失败，三方之乱只持续了不到四个月的时间。在消灭内外敌对势力后，杨坚从左大丞相迁大丞相，并于北周大定元年（581 年）代周称帝，国号隋，改元开皇。

隋朝建国之始，在政治、经济等方面进行了一系列的改革。

开皇元年（581 年），隋文帝废除了西魏、北周时期仿照《周礼》制定的中央官制，即所谓六官制，代之以尚书、门下、内史（即中书，避杨忠讳改）三省，作为最高的政权机构。这一制度后为唐代所继承和发展。接着，又对地方行政制度等做了重要改革。周、齐时期，州郡设置繁多。北周灭北齐后，废除了许多州郡，但是到大象二年（580 年），仍有州 211，郡 508、县 1124。开皇三年，隋王朝按照“存要去闲，并小为大”的原则，废罢五百余郡，将州、郡、县三级制改为州、县两级制。大业三年，（607 年），后又改为郡县两级制。州置刺史，废除以往刺史例加的将军号及军府、州府两套僚佐的旧制，将州府和军府合二为一。地方行政机构的简化，节省了封建国家的开支，同时也加强了中央对地方的控制。

在选举制度方面，隋代废除了汉以来形成的公府长官及地方州、郡、县长官自辟僚佐的制度，开皇末年，创立了六品以下官吏全部由吏部任免的制度，地方州、县的属官自此全部由中央委任，也并不局限于本地人。这样，隋王朝基本结束了汉以来地方豪强大族通过垄断州郡僚佐之职操纵地方政权的局面。

隋炀帝时，改州为郡。他又设有九个监察州（如上图），共有 190 个郡

九品中正制在隋代时被废止。地方设州、县学。原有的秀才、明经两种科目，可由州县学的生徒“升进于朝”，进行考试，也可由诸州把人才选送到中央，然后考试录用。隋炀帝时又增设了进士科。科举制度的建立，为普通地主参加政权开辟了道路。尽管如此，由于关陇军事贵族集团是统治阶级的核心，他们的子弟仍可以按照父祖官位取得入仕的资格，升任高官，所以门阀世袭制在隋代科举中仍占有相当大的比重。

在兵制方面，隋代对西魏、北周以来的府兵制度进行了改革。府兵制初创立时，士兵来源基本局限于鲜卑人。后又由于兵源不足，汉人也被募充府兵，并赐予鲜卑姓，力图使府兵部落化。这是与民族融合的历史趋势相违背的。大象二年（580 年），杨坚任北周大丞相后，下令受赐鲜卑姓的汉人一律恢复汉姓。旧制曾规定，士兵参军后，全家即由民籍转入军籍。开皇十年（590 年）文帝下诏，府兵全家一律归入州县户籍，并受田耕作，士兵本人仍由军府统领。这种寓兵于农的制度在唐代也得到了延续。

北周宣帝时，法律苛重，大象元年（579 年），杨坚对法律进行了大幅度修改。开皇元年（581 年）、开皇三年（583 年），又制订和修改了隋律，即《开皇律》。隋朝虽承自北周，但隋律却是在《北齐律》的基础上加以修订的。隋炀帝时曾修改《开皇律》中某些苛重的条文，于大业三年（603 年）重又颁行，即《大业律》。

在经济方面，隋代继续实行均田制。其主要内容是：自诸王以下直至正七品的都督，受永业田自 100 顷递减至 40 亩；普通百姓受田依照北齐之制，丁男一人受露田 80 亩（妇人 40 亩）、永业田 20 亩，在限额内的奴婢（继承北齐制度，亲王限额 300 人，递减至八品以下及百姓，限额 60 人）和普通百姓一样受田。受田百姓必须承担国家赋役。一夫一妇为一床，交纳租粟三石，调绢一匹（四丈）或布一端，绵三两或麻三斤；单丁和奴婢或部曲客女，按半床交纳。开皇三年（583 年），隋文帝又下令，将受田并承担赋役的成丁年龄从十八岁提高到了 21 岁。丁男每年给政府服役的时间从一个月减至 20 天，未服役的丁男则纳绢代替，称为“庸”。以后又规定年满五十岁者，免役收庸。户调绢从一匹（四丈）减为二丈。

隋文帝还采纳了左仆射高熲的建议，实行输籍之法。高熲认为，政府虽然每年按定额征收租调，但军事的调发，徭役、差役的征用，附加税的收取和授田的先后，都和户等有直接关系，因此，长吏肆情，户等划分不实的情况必然促使农民逃亡到豪强门下，伦为浮客。为使农民愿意离开豪强，做国家的编民，高熲建议由中央来确定划分户等的标准，叫作“输籍定样”，颁布到各州县，依定样确定户等，并写成定簿。输籍之法实行以后，大量隐漏、逃亡的农民成为国家的编户。

均田令在实施中并未能完全得到贯彻，开皇年间，在地少人多的狭乡，每丁只受田 20 亩，只相当于规定受田额的五分之一。这主要是由于贵族官僚广占土地以及应受田户口增加所造成的。

隋王朝采取的一系列的改革措施，促进了经济的迅速发展。到开皇九年(589年)，中央政府控制的户口迅速地由隋初的四五百万户增加到700万户左右。而且各地广置粮仓。西京大仓、东都含嘉仓、洛口仓、华州永丰仓、陕州太原仓所储存的米粟，多的达千万石，少的也有数百万石。长安、洛阳和太原府库所储存的布帛，也有几千万匹。这些，再加上全国各地的储积，据史载，可够隋统治者支用五六十年。为了维持农业的发展，隋王朝还在各地大力兴修水利。文帝恪守以农为本的经济政策，于开皇十六年（596年），下诏不准工商业者入仕为官。

手工业也继续发展。河南、河北诸郡和蜀郡一带，都是当时重要的丝织品产地。在河南巩县和河北磁县都发现了隋代的青瓷窑址。造船技术也有所提高，能够制造四层、高四十五尺、长二百尺的龙舟。长安和洛阳的官手工业作坊，集中了全国最优秀的工匠。

开皇元年（581年），隋王朝统一货币，更铸五铢钱，重五铢，解决了周齐以来货币名品甚多，轻重不等的问题，由此也便利了商品的流通。

为了巩固北部边疆，开皇三年（583年），隋王朝发兵打败突厥，促使突厥内部分裂为东、西二部。为了防范突厥族的再次进攻，隋王朝还几次征发大量农民整修长城。

北部边疆得到巩固后，隋王朝的力量开始转向江南。开皇八年（588年）二月，隋文帝下诏伐陈。十一月，五十余万隋军，以晋王杨广为统帅，沿着长江中、下游分兵八路，大举南进。次年正月，隋军直捣建康（今江苏南京），俘后主陈叔宝。这场统一战争从发兵到战事结束，还不到四个月。至此，持续了近300年的分裂状况终于又为统一局面所代替。

隋抗突厥

北朝后期，木杆可汗灭柔然后，突厥成为北方游牧地区的强大的民族。周、齐对立，各送重赂求突厥援助。佗钵可汗死，沙钵略可汗继立。贵族因为争夺继承权发生纠纷，庵罗成为第二可汗。大逻便自立为阿波可汗。沙钵略弟处罗候为突利可汗，玷厥为达头可汗。此外，还有贪汗可汗，形成了诸王可汗并立的局面。其中沙钵略兵力最强，是突厥中一大可汗。

隋文帝即位以后，不再给突厥礼物。因此突厥贵族经常带领骑兵，在东起幽州，西达河西的漫长战线上对隋进行骚扰。开皇二年（582年），沙钵略率本部兵十余万及所属四可汗兵共四十万众大举南侵，深入了武威、天水、延安等地，掠夺人畜，百无一留。第二年，隋文帝便命杨爽为行军大元帅，率兵分八路反击突厥。杨爽出朔州，大破沙钵略的军队。窦荣定出凉州，击败阿波军。突厥遂败走。沙钵略借口阿波先退，袭击阿波。阿波投奔达头。达头协助他收集旧部近十万骑，和沙钵略互相攻击。至此，突厥形成了以达头、阿波为首的西突厥汗国和以沙钵略、突利为首的东突厥汗国两个对立的势力。

沙钵略屡被隋军打败。于开皇四年（584 年），遣使求和。次年，沙钵略可汗归附隋朝，经隋朝的同意，率部内迁白道川（今内蒙古呼和浩特西北）。

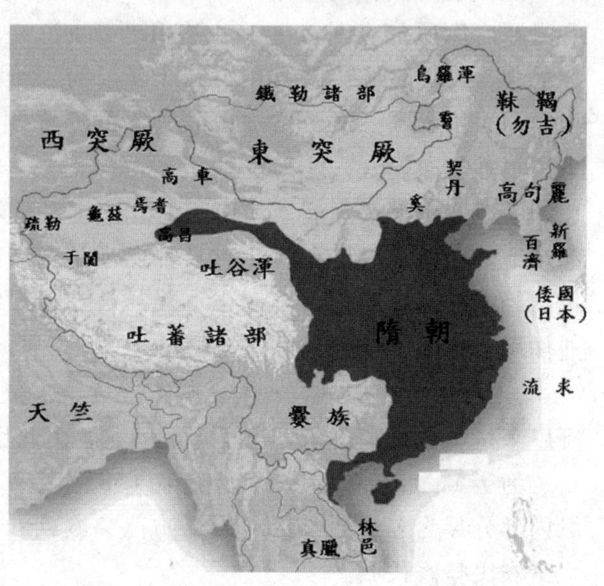

隋朝与邻国地理关系图

开皇七年（587 年），沙钵略死。沙钵略认为儿子雍虞闾懦弱，不能对抗西突厥的进攻，遗令立弟处罗候为可汗，号莫何可汗，亦号叶护可汗。隋文帝派遣长孙晟赐莫何旗鼓，西击阿波。阿波部众以为隋出兵协助莫何，多不战而降，莫何因此生擒阿波。开皇八年（598 年），莫何死，雍虞闾立，号都蓝可汗。莫何之子染干为突利可汗。二可汗皆请婚于隋。隋用长孙晟离间计策，先后把宗女安义公主、义成公主嫁给突利，又令其南徒，赏赐特厚。都蓝可汗被激怒，从此断绝朝贡，与隋为敌，不断侵扰边境。此时都蓝与达头结盟，开皇九年（599 年）合兵袭击突利。突利大败，只剩下部众数百人。长孙晟设计挟突利到达长安。隋厚待突利，立之为民可汗，在朔州筑大利城（在今内蒙古自治区清水河县境内）为突厥汗庭，又迁其游牧部众于黄河南岸（今内蒙古自治区河套南）夏、胜二州之间。稍后，隋大将高颎、杨素率兵出军，大破达头、都蓝军。都蓝败后，被部下所杀。达头占据漠北，自立为布迦可汗。仁寿一年（601 年），隋遣杨素率启民北征，所得人畜尽归启民。启民返回北方。仁寿三年（603 年），步迦所部大乱，铁勒、思结等十余部叛步迦，归附启民。步迦逃奔吐谷浑。

阿波被俘后，泥利可汗立，泥利死，其子泥撅徒罗可汗立，于大业七年（611 年）降隋。

隋炀帝即位后，大业三年（607 年），启民朝见隋炀帝于榆林（今内蒙古托克托西南）行宫。炀帝在千人大帐设宴款待启民以及诸部酋长等 3 500 人。在巡游途中，炀帝又亲自莅临启民牙帐和部落所在地，并接受款待。大业五年（609 年），启民又在东都朝见炀帝。这一年启民死，子咄吉世立，号为始毕可汗。

隋炀帝像

大业十一年（615 年），始毕叛隋，举兵入寇，围炀帝于雁门，次年又侵犯马邑。此时，农民起义已成燎原之势，隋王朝更无力抵抗突厥的进攻。北方割据势力如薛举、刘武周、梁师都、李轨及农民起义领袖窦建德等都与始毕交结，以期获得支持。这是东突厥汗国最为强盛的时期。从此，北部边境再度告急。

统一南北

开皇元年（581 年）隋文帝刚即位不久，为了给日后平陈做准备，接受左仆射高颎的建议，任命上开府仪同三司贺若弼为吴州总管，出镇广陵（今江苏扬州），任命和州刺史韩擒虎为庐州总管，出镇庐江（今安徽合肥）。当时由于北方突厥族势力正强盛，隋王朝尚不可能全力南攻。开皇二年（582 年），隋军挫败了入侵河西以至弘化、上郡、延安的突厥军，突厥汗国内部矛盾也随之激化。开皇三年（583 年），突厥分裂为东西两个汗国。开皇五年（585 年），东突厥沙钵略可汗归附隋朝，率部内迁于白道川（今内蒙古呼和浩特西北）。北方获得了安定，隋力量始转向江南。

开皇七年（587 年）隋为平陈作好准备，开山阳渎，北起山阳（今江苏淮安），东南经射阳湖与邗沟相接，沟通了山阳、江都（今江苏扬州）之间自淮河入长江的运河。同一年内，隋灭掉建都江陵（今湖北江陵）的后梁，又扫除了向江南进军的障碍。隋文帝又命杨素在永安（今四川奉节）造大舰，名曰五牙。上起楼五层，高百余尺，可容纳士兵 800 人，又造黄龙舰，置兵百人。与此同时，隋文帝还与大臣频频商讨平陈之事。

江南的陈朝自陈霸先称帝以后，就未得到各地武将的支持。南方各地许多寒族豪强乘侯景之乱后的形势，自署为州郡牧守，不遵守陈朝法度，陈朝的政治局势也很不稳，他们既无力制止内战，又无力抵抗北朝的进攻。陈一度收复江北之地，但是不久以后就又放弃了。陈的经济也十分凋敝不堪。陈宣帝屡次下诏安置淮南流民，鼓励隐户归籍，但是均无实效。开皇二年（582

年），陈宣帝死，子叔宝（后主）即位。陈后主荒淫奢侈。到他统治的时期，陈的政治更加腐败，官吏“惟以刻削百姓为事”，自耕小农“各不聊生，无能自保”，繁重的兵役更使他们“身充苦役，至死不归”。

开皇八年（588年）二月，隋文帝下令伐陈。发到江南宣布陈后主罪状的诏书，多达30万页纸。十月，隋军正式出兵，以晋王杨广、秦王杨俊为大臣，并任命杨素为行军元帅。杨广军从六合（今江苏六合）出发，杨俊军从襄阳（今湖北襄樊）出发，杨素军从永安出发，刘仁恩军从江陵出发，王世积军从蕲春（今江苏常熟西北）出发。各路军共有总管九十员，兵五十一万八千人，都要受到晋王杨广节度。面对隋军西起巴蜀、东至于海数千里战线的进攻，陈王朝却以为长江天险足资凭借，防备十分松懈。开皇九年（589年）正月，贺若弼自广陵渡江，韩擒虎自采石渡江。南北二路直指建康（今江苏南京）。贺若弼激战于钟山，打败了前来迎战的陈军，韩擒虎因陈将领任忠投降，得以先入官城，俘虏了陈后主陈叔宝。长江中下游的陈军随即败降。在岭南方面，在高凉（今广东阳江西）太守冯宝之妻冼夫人的协助下也迅速安定。这场统一战争前后不到四个月。

隋平陈以后，得州30，郡100，县400，在籍户数50万，人口200万。

陈亡后，拥有实力的江南地方豪强势力在开皇十年（610年）又发动了反隋的暴动，“陈之故境，大抵皆反”，他们多则数万人，少则数千人，到处屯聚。隋王朝派遣杨素为行军总管，领兵镇压。不久，暴乱遂被平息。

自西晋灭亡以后，中国经历了三百多年的分裂时期。汉族与少数民族的矛盾，各少数民族之间的矛盾使统一局面迟迟不能到来。北朝后期，经过长期的民族斗争和民族融合之后，北方的民族关系已发生了根本的变化，因而由南北对立引起的民族矛盾的性质完全消失了，隋对南方经常发动的战争，已经转化为争取封建统一的战争了。

在南北关系上，周、齐以来也出现了显著的变化。南北使节往来日益频繁，充任使节的人往往是南北方闻名的高门名士。随着南北经济的恢复和发展，打破关禁的要求也日益迫切，淮、汉边境经常进行民间交易，南北守将也违禁互市牟利。北方人民过去由于民族压迫而大规模地向南逃亡的现象停止了，南北人民正常的、相互往来的现象却逐渐增多起来。南北双方的官僚，常常由于政治上失势而投奔对方，依旧得到高官厚禄，不致于受到民族歧视。这一切现象，说明南北统一的条件已经具备。由于北方隋王朝的经济、政治、军事力量都远胜于陈，所以统一中国的使命自然便由隋王朝实现。

奢侈残暴的隋炀帝

杨广是杨坚的次子，隋朝的第二代皇帝。开皇元年（581 年）被封为晋王。开皇六年（586 年），任淮南道行台尚书令。开皇八年（588 年）冬，任行军元帅，统 50 万大军伐陈。平陈后，进位为太尉。杨广兄勇是杨坚长子，隋建立后立为太子，参预军国大事，并获文帝信任，后由于奢侈好色，便逐渐失宠。杨广假装孝顺、节俭，博得了文帝与独孤皇后的宠爱。他与朝中权臣杨素勾结，由杨素向文帝进言，揭发杨勇的过错。开皇二十年（600 年）十月，文帝废杨勇，十一月，改立杨广为太子。仁寿四年（604 年）文帝死，杨广即位，是为隋炀帝。据说文帝也是被杨广所害。

炀帝即位后，伪造文帝遗诏缢杀杨勇。文帝第五子并州总管、汉王杨谅以讨伐杨素为名，在并州起兵。炀帝派杨素率军镇压。杨谅被降后被幽禁而死。

隋炀帝是历史上有名的暴君。在他的统治下，徭役征发异常的苛重。仁寿四年（604 年）十一月，他为了拱卫洛阳，在今山西、河南境内开掘长堑，为此征发丁男数十万人。大业元年（605 年），隋炀帝命宇文恺营建东京（洛阳），仅每月服役的丁男就多达 300 万人。此项工程历时十个月。接着又在洛阳西面筑西苑，周 200 里。苑内有人工海，方圆十余里。海中造三神山，高出水面百余尺，山上有许多亭台楼阁，极为华丽。苑内树木秋冬凋谢时，剪彩绫为花叶，满缀树上，色坏更换新花，使常像春天。为营建宫殿，又征发了大江以南、五岭以北的奇材异石、珍禽奇兽尽数送到洛阳。据统计，从仁寿四年（604 年）十月到大业元年（605 年）十月的一年内，被征发的丁男不少于 400 万，平均每二户征发一丁。

隋炀帝还征发民丁修筑长城和运河。大业三年（607 年）和大业四年（608 年）在松林（今内蒙古托克托西南）以东修长城，两次调发丁男 120 万人，且死者过半。大业元年（605 年），征发河南、淮北诸郡男女百余万人开凿通济渠，征发淮南民十余万疏浚并改造沟通江淮的邗沟。这两项工程用时不到半年。据粗略统计，自大业元年至六年（605—610 年），开发各段运河，先后调发河南、淮北、淮南、河北、江南诸郡的农民和士兵多达 300 多万人。开永济渠时，因丁男不足，竟以妇人供役。

炀帝在位期间，年年都要出巡，曾三游江都，两巡塞北，一游河右，三到涿郡，还在长安和洛阳之间频繁往来。他每次巡游，都要兴师动众，宫人、侍卫和各色随从人员多达十几万人。沿途一切消耗，都由所经过的州县供给。第一次游江都时，船队首尾相接，长达二百余里。他为了巡游江都，还在江南制造龙舟和数以万计的各种大小船只。自长安至江都，沿运河营造离宫四十余所，江都离宫尤为壮丽。这一切的负担最终都落在人民身上。

炀帝曾三次亲征高丽。当时，朝鲜半岛上存在着高丽、百济、新罗三个国家，其中以高丽最为强大。开皇十八年（598 年），高丽王高元兴兵进攻辽西。隋文帝便发动大规模反击，派兵 30 万攻打高丽。高元遣使谢罪，双方才罢兵修好。

炀帝即位后，因高丽王高元不肯入朝，便决定大举东征。大业四年（608 年）开凿永济渠，就是为东征做交通运输准备的。大业七年（611 年）二月，炀帝命令在东莱（今山东掖县）海口造船三百余艘，官吏督工极其苛酷，任意鞭打工匠。工匠不得不日夜站在水里工作，自腰以下无不生蛆，死者十之三四。五月，又令河南、淮南、江南人民造戎车五万乘，由士兵自己牵挽，送至高阳（今河北高阳）。同时，还大量地征发各地民夫送粮至涿郡。仅在山东一带，就征发了运粮的鹿车（即独轮车）夫 60 余万人，二人共推一车，装米三石。因路途遥远，往往未达目的地，米已经消耗殆尽。车夫无米可交，就只得逃亡。

大业八年（612 年）隋炀帝第一次亲征高丽。陆军 113 万人，号称 200 万，分 24 军从涿郡出发。每日出发一军，每军相去四十里，队伍长达千里。运输粮饷器械的民夫，大约就有 200 多万。水军从东莱海口出发，由来护儿率领，指向平壤。当年二月，炀帝率大军渡过辽水，围攻辽东城（今辽宁辽阳）。高丽军据城坚守，奋勇抵抗。隋军遭遇惨败，士兵役丁死亡大半，物资装备也几乎全部丢失。来护儿率领的水军，也在平壤城下被高丽军队打得大败。宇文述、于仲文率领军队 305 000 人，进到距离平壤 30 里的地方，不得不粮尽而还，受到高丽军的四面包抄，高丽军乘胜追击，在萨水（青川江）击溃隋军。隋军士兵或战死或逃散，回到辽东城的只有 2 700 人。

大业九年（613 年）隋炀帝第二次进攻高丽是正月，炀帝下诏在全国征发兵士集中于涿郡。四月，再渡辽水围攻辽东城。攻守二十余日，双方死伤惨重。六月，在黎阳督运兵粮的杨玄感起兵进攻东都。炀帝在前线得洛阳以告急书，大惧，连夜退兵，军用物资，竟然全部放弃。

大业十年（614 年）隋炀帝第三次进攻高丽。此时，杨玄感虽已兵败身亡，但全国范围内的农民起义已成燎原之势。隋炀帝下诏征天下兵，但诸郡多留兵不发，征集到的士兵也多因道路阻隔，不能如期到达，沿途的士兵还在纷纷逃亡。这使隋军兵员严重不足。这年三月，炀帝到涿郡。七月，到达怀远镇（今辽宁北镇），再不敢渡辽河东进了。高丽军虽两败隋军，但因连年战争，损失惨重，所以高丽王只好遣使请和。炀帝也无力把战争继续下去，只得乘势收兵。

隋炀帝的暴政“使天下死于役而家伤于财”，大规模的修建和远征，经常是在农忙的季节里进行。官吏强迫农民做过度的劳动，先后有上百万的壮丁死于徭役。为了躲避徭役兵役，农民不惜伤残自己的肢体，称作“福手福足”。这一切，终于导致了隋末农民大起义的爆发。

开通大运河

隋朝大运河的开凿始于隋文帝时代，当时引渭水从大兴城（即长安城）到达潼关，长达300里，名广通渠。隋炀帝修建的大运河，工程分4段进行。大业元年（605年），隋炀帝征发江南、淮北100多万民工，在北方修通济渠，从洛阳西苑通到淮河边的山阳（今江苏淮安）。同年，又征发淮南十几万劳动力，把山阳邗沟加以疏通扩大。大约用了半年的时间，一条宽40步的运河——邗沟修成了。接着，从通济渠向北延伸。大业四年（608年），征发河北民工100多万人开永济渠。这条河主要利用沁水的河道，南接黄河，北通涿郡。

开通大运河

大业六年（610年），在长江以南开了一条江南河，从京口（今江苏镇江）引江水穿过太湖流域，直达钱塘江边的余杭（今浙江杭州）。前后用了不到6年的时间，大运河的全线工程告成。隋朝大运河沟通了海河、黄河、淮河、长江、钱塘江5大河流。它以东京洛阳为中心，西通关中盆地，北抵华北平原，南达太湖流域，通航的范围大大超过以往。这条大运河长达4.8千里，是世界上最伟大的工程之一。

隋末农民大起义

在隋炀帝统治时期，农民的徭役兵役负担都极为沉重。炀帝兴修了一系列的巨大工程，发动对高丽的战争，“使天下死于役而家伤于财”。当时山东、河北一带水旱灾害频发，又是进攻高丽的人力、物力的供应基地，农民的负担极为沉重，因此，农民起义首先从这里爆发。

大业七年（611 年），邹平（今山东邹平北）人王薄首先领导农民在长白山（今山东章丘）起义。他自称为“知世郎”，作《无向辽东浪死歌》反对辽东之役。随后，还有几支义军也相继起兵。孙安祖占领了高鸡泊（今山东恩县）；张金称在鄃县（今山东夏津）聚众；高士达活跃在蓨县（今河北景县）；刘霸道占据了豆子（在今山东惠民）。后来发展壮大的翟让领导的瓦岗（今河南滑县南）军和以后南渡长江由杜伏威、辅公祏领导的起义军，也都在这一二年间组织起来了。

农民起义促使统治阶级内部矛盾迅速激化。大业九年（614 年），大贵族杨素之子、礼部尚书杨玄感在黎阳（今河南浚县北）督运军粮。此时，他看到农民普遍起义，于是趁隋炀帝远在辽东前线之机，在黎阳起兵并进攻东都洛阳。他打起“救民”的旗号，声言“为天下解倒悬之急，救黎民之命耳”。队伍很快就发展到了十万多人。不少官僚贵族子弟也纷纷投身到杨玄感军中。蒲山公李宽的儿子李密此时成了杨玄感的谋主。消息一传到前线，隋炀帝急忙罢兵回师，镇压了杨玄感起义。这次事件给隋政权以很大打击，有利于农民起义的发展和壮大。各支义军人数少的有几万人，多的有十几万人。他们依山阻河，保据深险，常常主动出击，攻占郡县。到大业十年（614 年）第三次东征高丽时，义军处处皆是，官军由于道路被隔绝，已经无法按期集中了。

大业十一年（615 年），隋政权开始动用主要力量来镇压农民起义，下令郡县、驿亭、村坞皆筑城堡，强迫农民迁居于城堡中，企图用坚壁清野的办法来扼杀农民起义。隋军对起义军和一般农民进行疯狂的屠杀。隋将樊子盖镇压义军时，把汾水以北的村庄全部烧光，被俘义军也全都惨遭杀害。王世充击败刘元进领导的起义军后，把诱降来的三万人也全部屠杀了。大业十二年（616 年）七月，隋炀帝看到河北、山东一带的起义军都陆续南移到江淮之间，于是亲率禁军赴江都（今江苏扬州）镇压。他还调回进攻高丽的军队镇压山东、河北等地区的起义军。

起义军面临着严重困难，几支历史最长的义军都被隋军打败。张金称、高士达等先后战死。豆子义军首领格谦以及从河北转战淮北的义军首领卢明月，也都在作战中牺牲了。淮南地区的起义军也正处于不利的地位。为了适应新的形势，分散的起义军逐渐联合起来，形成三支主力部队，即翟让、李密领导的瓦岗军，窦建德领导的河北起义军，杜伏威、辅公祏领导的江淮起义军。

翟让是瓦岗军的创始人。大业十二年（616 年），参预过杨玄感起兵反隋密谋的李密也加入了瓦岗军。他说服了附近许多小股义军团聚拢到瓦岗军周围。瓦岗军相继攻破了要塞金堤关，打下荥阳诸县，声势逐渐壮大起来。隋炀帝调遣张须陀带领精兵两万前来镇压。李密率骁勇常何等游骑千人大败隋军，并阵斩张须陀。大业十三年（617 年）二月，瓦岗军攻占了兴洛仓（在河南巩县境内），随即开仓赈济饥民。队伍发展到几十万人，因而又攻破河南的许多郡县。翟让自以为才能不如李密，故推李密为主，号魏公。李密遂成为北方起义军的盟主。四月，瓦岗军和隋军展开争夺洛阳的激战。隋王朝几次从关中、河北、淮南各地调遣援军，前后役人几十万兵力，但是瓦岗军始终处于优势，紧紧包围着孤城洛阳。

窦建德是高鸣泊起义军的最初组织者之一。大业十二年（616 年），他合并了张金称、高士达的余部，转战河北中部，兵力发展到十几万人。大业十三年（617 年）正月，窦建德在乐寿县（今河北献县）郊建立政权，自称长乐王，改元丁丑。隋炀帝命令涿郡留守薛世雄带兵三万多人驰援洛阳，在河间附近被窦建德打败。河北大部分郡县很快就转入起义军的控制之下。大业十四年（618 年）窦德建改称夏王，改年号为五凤宝，国号夏。

杜伏威在大业九年参加了长白山起义军，后转战至淮南六合（今江苏六合），并逼近江都。大业十三年（617 年），隋炀帝派大将陈棱率禁军前来征讨。隋军大败，杜伏威乘胜攻破了高邮（今江苏高邮），占领了历阳（今安徽和县），很快就控制了淮南各县，成为江淮间巨大的起义力量。于是隋炀帝驻守的江都，陷入了东、西、北三面包围之中。

在各路起义军的沉重打击之下，隋王朝很快土崩瓦解。大业十三年（617 年），官僚、地主们纷纷起来窃取农民起义的胜利果实。朔方（今内蒙古白城子）鹰扬郎将梁师都、马邑（今山西朔县）鹰扬府校尉刘武周、金城（今甘肃兰州）府校尉薛举、武威鹰扬府司马李轨、梁室后裔罗县（今湖南湘阴东北）令萧铣等相继打起了反隋旗号，劫杀郡县长官，割据地方。大业十三年（617 年）五月，隋太原留守李渊也从太原起兵，七月，趁隋军与瓦岗军大战之机，渡过黄河，进入关中，十一月，攻克长安，很快就控制了渭水流域。

到大业十四年（618 年），隋王朝势力只剩下了江都、洛阳两个据点。隋朝禁军将领宇文化及等利用关中士兵思归的情绪，在江都发动兵变，打入关中，用巾带勒死隋炀帝，并胁迫隋炀帝在江都召募的军队和关中禁军一同北上。

宇文化及带领的军队被瓦岗军阻挡在成皋至洛口一线，西进不成，进而转渡河北上。关中士兵纷纷逃亡，江淮兵的大部分也投降瓦岗军，宇文化及的势力彻底覆灭。

瓦岗军在围攻洛阳的战斗中，接受了许多隋军降将，他们大多被李密所信任。大业十三年（617 年）冬，李密杀了翟让，引起了瓦岗军将士的不满。打败宇文化及后，瓦岗军自身消耗也极大。驻守洛阳的隋军将领王世充乘虚发兵进攻，李密战败，投降了李渊。

隋炀帝死后，李渊在长安称帝，建立唐朝。留守于东都的隋越王侗也在洛阳即皇帝位，改元皇泰，史称为皇泰主。此时杜伏威上表洛阳小朝廷，被皇泰主任命为东南道大总管，封为楚王。武德二年（619 年）降唐，被任命为淮南安抚大使，封吴王。五年后被唐留居长安。后辅公祐领导所部反唐，他在长安就被毒杀了。窦建德也曾遣使朝见皇泰主。武德四年（621 年），李世民带领唐军攻打洛阳，俘获了前来援救王世充的窦建德，压服了河北的起义军。

唐王朝在长安杀害窦建德后，派遣重兵屯驻河北进行威慑，又严厉绳治窦建德故将。武德四年（621 年）七月，窦建德的余部在刘黑闼领导下，从漳南（今山东恩县西北）发动起义，各地纷纷响应。不到半年，刘黑闼就恢复了窦建德故地，都于洺州（今河北永年东南），称汉东王，年号天造。武德五年三月被李世民军击败，逃奔突厥，不久，又尽复故地，仍以洺州为都。六年（623 年），唐太子李建成、齐王李元吉以全力进攻。刘黑闼败走饶阳，为部属执送唐军，最终被杀。

隋末农民起义军经过英勇斗争，终于推翻了隋王朝的残暴统治，为社会经济的恢复和发展开辟了道路。

隋炀帝之死

自大业七年（611 年），王薄在长白山首倡起义之后，各地响应者就蜂起，隋炀帝不遑宁日，常因惊恐而夜不能眠。大业十一年（615 年），因旧有的龙舟在杨玄感起兵后被毁，炀帝又下诏，在江都（今江苏扬州）重造龙舟。大业十二年（616 年），新制龙舟被送到东都。大臣宇文述竟还鼓动炀帝南游江都。迫于北方农民起义的压力，七月，炀帝自东都乘龙舟至江都。上表谏阻南游的官吏此时均遭屠戮。

到江都后，炀帝更加荒淫无度。他接见江淮的地方官，以送礼多寡来决定是升是降。江都郡丞王世充献铜镜屏风，即升为江都通守。历阳郡丞赵元楷献异味，即升为江都郡丞。因此地方官尽量搜刮，制备礼物。江淮人民赋税奇重，生计断绝，开始以树皮、草叶充饥，甚至人人相食。

大业十三年（617 年），农民起义有了进一步的发展。杜伏威领导的江淮起义军转战至淮南六合（今江苏六合），逼近江都，打败了前来镇压的隋军，又乘胜攻破了高邮（今江苏高邮），占领历阳（今安徽和县），控制江淮地区。江都已处于东、西、北三面的包围之中。在农民起义形势不断高涨之下，地主官僚也纷纷起兵。隋王朝崩溃之势已成。

隋炀帝预感末日即将来临，引镜自照，对萧后说：“好头颈，谁当斫之！”他逃避现实，终日饮酒作乐，并不准人说“盗贼”众多。如有人报告，轻则免官，重则处死。他还命王世充挑选江淮美女充实后宫，宫中立百余房，置美女，每日一房轮流做主人。此时炀帝所能控制的地域已经非常狭小了，粮仓被占，租调不入，江都粮食供应也越发困难。内史侍郎虞世基等江南籍官僚建议炀帝南渡。炀帝也已感到中原已乱，无心北归，欲迁往丹阳（今江苏南京），据守江东。

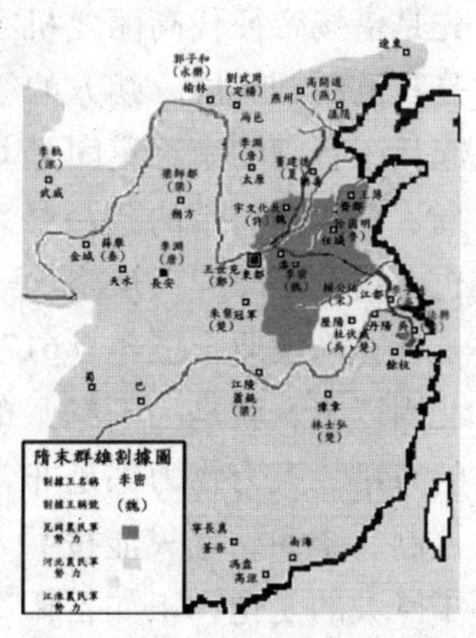

隋末群雄割据图

炀帝的随从禁军被称为“骁果”。骁果中多数是关中人，他们一向不愿久留南方，往往逃亡。为了稳定骁果，大业十三年（617 年）九月，炀帝采纳裴矩的建议，搜括江都境内的寡妇及未嫁女子强配给他们。但是此举并未收到什么效果。大业十四年（618 年）三月，禁军将领利用骁果思乡的情绪，发动了兵变。参预此谋的有：右屯卫将军宇文化及、化及弟将作少监宇文智及、虎贲郎将司马德戡、元礼和监门直阁裴虔通等人。三月乙卯日深夜，元礼和裴虔通在殿内策应，司马德戡于东城集兵数万人，自玄武门入。炀帝闻兵变事发，更换服装逃入西阁，但还是被捕获。因惧怕刀剑，炀帝自解巾带，被缢杀，时年五十。禁军将领推宇文化及为主，北归，但被农民起义消灭。

江都兵变与隋炀帝之死，宣告残暴的隋王朝的统治在事实上已经结束了。

第十一章 唐 朝

李渊晋阳起兵

大业末年，隋王朝的统治已是岌岌可危，各地的割据势力竞起逐鹿，首先是借炀帝征伐高丽之机在扶风自立唐王的唐弼和延安郡的刘迦论，其后便是马邑的刘武周、朔方的梁师都、榆林的郭子和、武威的李轨和金城的薛举。起兵于晋阳的李渊集团是其中最重要的一支力量。面对隋王朝摇摇欲坠的败局，李渊知炀帝的猜忌嗜杀，深恐自身难保，所以，在天下大乱之际，李渊也在秘密酝酿起兵反隋。

在隋大业十三年（617 年）年初，李渊被任命为太原留守。太原自北齐、北周以来，就是天下精兵的所在。隋朝在太原仓贮十分丰厚，有数以千万计的布帛，人力物力都是非常雄厚的。只是由于隋朝尚有相当的军事力量可以控制，李渊姑且只能按兵不动，以等待时机。不久国内政治、军事形势发生了巨大的变化，正如晋阳令刘文静所分析的，由于当时炀帝南巡江淮，李密围逼东都洛阳，牵制了隋军的主力，刘武周、梁师都纷纷建国称帝，群盗万数却无主统辖，此时举兵正合时宜。刘文静向李世民建议招集避盗入太原城的豪杰有十万余人，加上李渊自己的兵马数万人乘虚入关，号令天下，成就了帝业。刘文静的主张符合李世民的心意，二人利用晋阳宫监裴寂与李渊已有的旧交之谊，拉拢裴寂，让他将起兵的意图转告李渊。当时李渊与马邑太守王仁恭讨伐突厥，炀帝以出兵讨击不利派人执李渊诣江都问罪，虽然几天之后诏使便宣布赦免李渊，但这些虚惊促使李渊决意起兵反隋。

首先，李渊让刘文静伪造敕书，发太原、西河，马邑等地二十以上五十以下的男子为兵，岁暮秘密集中到涿郡，再讨高丽。这一消息使人情恐惶，思乱者增多。随后又以讨伐刘武周为名，募集士卒，再派人到河东召建成、元吉及其家眷，又到长安召柴绍，并聚晋阳。李渊将召募来的士卒交给长孙顺德、刘弘基统帅。李渊的副将王威、高君雅对李渊的一系列举动心怀疑虑，恐其有异志，欲借晋祠祈雨之际，除掉李渊。五月，李渊利用开阳府司马刘政会假称密状告发王威、高君雅勾结突厥谋反，早已准备好的刘弘基、长孙顺德立即将二人执系处死。至此，树起了晋阳起兵的大旗。

太原起兵后，迫于突厥力量的强大，刘文静劝李渊与突厥结盟，一方面免遭突厥进攻的威胁；另一方面还可以借助突厥士马扩充实力。李渊采纳了他的建议，自为手启，卑辞厚礼，与突厥始毕可汗通好。又遥尊炀帝为太上皇，并立代王侑为帝，以安隋室，移檄郡县，改易旗帜，然后挥师南下，打下西河郡后开仓赈济，远近应募者也日渐增多，李渊命为三军，分置左右，通称为义士，建大将军府，任命建成为陇西公，左领军大都督，统领左三统军；任命世民为敦煌公，右领军大都督，统右三统军。并任命元吉为太原太守，留守晋阳宫。李渊亲率三万兵马七月初十军门誓师后南下攻隋，并沿汾水进军关中。师入崔鼠谷至贾胡堡，离霍邑五十里时，驻守的隋将宋老生有精兵两万，和屯驻河东的左武候大将军屈突通连兵据险，企图阻遏唐军。时值阴雨连绵，道路难行，加上粮食匮乏，增援的突厥兵也没到达，又风闻突厥与刘武周欲袭晋阳，李渊举棋不定，欲回师晋阳，以图后举。世民与建成力主西进，主张先入咸阳，号令天下，使李渊打消了退兵的念头。八月初，天气转晴，军粮也运到了，李渊便率军取道向霍邑进军。李渊亲率数十骑至霍邑东门外，然后派建成、世民各将数十骑逼城于东、南门诱敌，宋老生果然中计出战。李渊派人谎报宋老生已被斩，来扰乱对方军心，宋老生入城不得，为刘弘基麾下所斩。唐军占领了霍邑。随后就势如破竹，连下临汾、绛郡，至龙门，九月，进而进围河东。

在河东，由于屈突通婴城自守久攻不下。李渊以一小部分兵力继续围攻河东，主力则西渡黄河，进军关中，进驻朝邑长安宫后又兵分两路，以建成、刘文静率王长谐诸军数万人屯永丰仓，守潼关以防备其他势力入关；另一路以世民率刘弘基等诸军数万人沿渭水北岸西进。至泾阳，收编稽胡刘鹞子义军。在雩县，有李渊从弟李神通和李渊女儿平阳公主起兵与李世民相应。沿路陆续有当地武装力量的归附，使主力迅速扩充，约期围攻长安。十月，李渊到长安附近，建成、世民合军达 20 万，建成从东、南两面进攻，世民从西、北两面进攻长安。十一月攻克长安，长安留守隋将阴世师、京兆丞骨仪被执杀。唐军入城后，备法驾迎代王即帝位于天兴殿，是为隋恭帝，改元义宁，遥尊炀帝为太上皇。

建立唐朝的唐高祖李渊

恭帝以李渊为假黄钺、使持节、大都督内外诸军事、尚书令、大丞相，进封为唐王，以武德殿为丞相府。军国机务、文武设官、宪章赏罚都由相府处断。以建成为唐世子，世民为京兆尹，改封秦国公，封元吉为齐国公。次年，世民又徙封赵国公。

义宁二年（618 年）五月，炀帝在江都被杀，恭帝禅位于唐，李渊正式即位，国号唐，是为唐高祖，建都长安，改元武德，唐王朝由此而建立。

玄武门之变

隋末，太原留守李渊父子借助农民起义的声势，在晋阳起兵（今山西太原），不久即夺取长安（今陕西西安），建立了唐政权。在助父起兵及统一全国的战争中，李世民建立了功业。他曾先后打败了薛举、薛仁杲父子，及刘武周、宋金刚、窦建德、王世充等割据势力，为唐朝的统一奠定了基础。

李世民在唐朝建国与统一的过程中功绩虽然超过其兄建成与其弟元吉，但身为次子，是不能继承皇位的。李渊即位后，立建成为太子，并且封世民为秦王，元吉为齐王。李世民建功立业之后，意在登上权力的顶峰，并不满足于秦王的地位。建成也知道世民肯定不肯甘居人下，于是以李世民为一方，以建成、元吉为另一方，展开了争夺皇位继承权的殊死斗争。武德七年（624 年）以后，这场斗争日益激化，双方都在培植羽翼，荐树盟友，结党营私，为发动政变夺权进行准备，双方也都在伺机谋害对方。太子建成曾勾结妃嫔，在太祖李渊面前进谗言以诋毁世民。太子中允王珪、洗马魏征等也以“秦王功盖天下，中外归心”为由劝太子早除世民。秦王曾在校猎中，乘建成马而被蹶，又曾在一次与建成夜饮之后，“暴心痛，吐血数升”，怀疑被建成下毒所害，故彼此仇恨更深了。秦王府僚房玄龄、杜如晦、长孙无忌等也纷纷为世民出谋划策，以为嫌隙既成，恐祸机立至，都劝世民诛建成、元吉，“行周公之事以安家国”。这期间，李渊曾打算让世民仍领陕东道大行台，分居洛阳，“自陕以东皆主之”，并“建天子旌旗，如汉梁孝王故事”。但被世民以“不忍远离膝下”为由而拒绝。建成、元吉也认为秦王如果去洛阳，有了土地甲兵，就更不好控制，不如留在长安，取之容易；故私下加以阻挠，事遂得以中止。在立太子的问题上，李渊虽也有过犹豫和动摇，但他在这场斗争中，还是比较明显地站到了建成和元吉一边。对于世民，“每有冠盗，则令讨之，事平之后，猜嫌益甚”，故使得这场争夺皇位继承权的斗争愈演愈烈，最终酿成以世民先发制人、喋血宫门的武装政变而告终。

事变的导火索便是突厥的进扰。武德九年（626 年）六月，突厥数万骑入塞围攻乌城（属盐州五原县，今内蒙古五原南）。在建成的建议下，李渊派元吉代替世民督军北征。元吉乘机请令秦王府骁将尉迟敬德、程知节、段志玄与秦叔宝等同行，并简阅秦王府帐下精锐之士以补充元吉的军队，其意是在调出秦王府的主要兵力。建成、元吉还计划借出兵饯别之机，将世民杀害于城外的昆明池。不料事机不密，由太子率更丞王晊向世民告发。于是在秦王府属长孙无忌、尉迟敬德、房玄龄、杜如晦等人的鼓动和策划下，李世民决定一方面以建成、元吉“淫乱后宫”的罪名上表参劾，一方面伏袭玄武门，发动政变。

玄武门是长安皇宫的北门。由于唐代皇帝居住的宫廷在皇宫的北部，故玄武门紧连大内，是担负守护之责的北军的所在地，也是具有战略意义的形势要地。李世民事先已收买了任屯守之职的常何、敬居弘、吕世衡等人。六月四日深夜，他借常何领兵戍守之机，预先部署尉迟敬德、长孙无忌、侯君集、张公谨等人率兵先埋伏于玄武门内。清晨，建成、元吉早朝，行到临湖殿，发觉情况有异，立即转辔打算东归宫府。世民从后面呼唤二人，元吉返身张弓即射，但在惊慌中三次都没有将弓拉满，所发的箭不能达到射程。这时世民却已射杀建成。尉迟敬德等率七十骑人马赶来，将元吉射落马下，但伤并不重。世民的坐骑逸入林中，为树枝所挂，也将世民摔坠下马。元吉赶来，夺世民的弓欲将其加害，适逢尉迟敬德跃马而至，遂追射元吉，并将其杀死。敌将冯立、薛万彻、谢叔方等率东宫、齐府精兵趋玄武门，张公谨则闭门而拒，遂不得入。薛万彻鼓噪欲攻秦府，世民将士大惧。尉迟敬德持建成、元吉的首级出示，宫府兵才得溃散。世民遂遣敬德入宫宿卫，“擐甲持矛”，到李渊处强迫他降手敕，令诸军并受秦王处分，李渊不得已而从之，事变才得以平息。建成之子安陆王承道等五人、元吉子梁郡王承业等五人均因此而坐诛。李渊遂立世民为太子，并在两个月之后，被迫让位于世民，自称太上皇。世民称帝，是为唐太宗，次年（627 年）正月，改元贞观。

贞观之治

主要是指唐王朝初期贞观年间（627—649 年）的清明政治。唐灭隋以后，唐高祖李渊诸子便开始为争夺太子之位明争暗斗。

高祖武德九年（626 年）次子秦王李世民于长安宫城的玄武门发动政变，杀死了太子李建成及齐王李元吉，随后又迫使高祖李渊退位，自己即位，是为唐太宗，并改元贞观。

贞观年间，唐太宗以隋亡为戒，率领朝臣兢兢业业地治理国家。使隋末唐初的破败经济局面得以扭转，动荡的政局也从此稳定。国势昌盛，人口增加，史家因此称之为“贞观之治”。贞观之治的原因和内容在唐人吴兢所著的

《贞观政要》中有较为完备的记录。贞观之治形成的原因主要在于君主从谏如流，知人善任，在朝官员则敢于为国事犯颜直谏，大臣各司其职。唐太宗认为，君主要避免失误，只有借助于忠臣的直谏。他十分赞同魏征的话“兼听则明，偏信则暗”。所以，在与诸臣论治国之道时，唐太宗每每鼓励大臣直言君主的过错。由于唐太宗的鼓励，直言进谏成为贞观年间的风尚。通过群臣的进谏，太宗可以了解到各方面的情况和意见，得知下情，并择善而从。李百药谏止裂土分封、魏征谏止封禅、戴胄建议设立义仓等，都被太宗所接纳，避免了决策中的失误及过分地役使百姓。在谏臣中，魏征是最著名的，其先后数次上疏，以隋亡的教训提醒太宗居安思危，忧怜下民。由于君主的纳谏及大臣的直谏，贞观时下情上达，君臣一心，形成了贤人进、佞臣退的良好局面。除重视纳谏外，唐太宗还格外重视人才的选用，太宗朝文臣武将，人才济济。太宗认为，君主治国应“至公无私”，“择贤才而用之”。首先，太宗坚持量材器使，用人所长。贞观期间，太宗打破了统治阶级各集团所持有的政治偏见，竭力协调统治阶级内部各集团之间的利益，兼用关陇、关东与江南地区的贵族与士族，甚至任用曾经与自己为敌的人。这种以才取人的做法逐渐缓和了统治阶级内部的矛盾，稳定了局势；其次，太宗尤其注意从普通地主和平民中选拔人材。唐太宗的大臣中有出身于农民起义的将领，如徐世勣、秦叔宝等。有原隋王朝的将领，如屈突通等。也有出身寒素的刘洎、马周、张亮等。由于不拘一格选用人材，致使贞观朝中人才济济，如著名的贤相房玄龄、杜如晦等对贞观之治的形成就起到了十分重要的作用；再次，太宗十分重视地方官的委派，他认为“治人之本，莫重刺史”。因此将各地刺史之名录于屏障上，将所听察到的刺史善恶之事注于各自名下，作为废置赏罚的根据。又诏令五品以上官员，举任县令，使官得其人。由于太宗知人善任，贞观年间能人尽其材，官吏能很好的各守其职，为各项制度的完善奠定了基础。

开创贞观之治的
唐太宗李世民

贞观时期创立、延续、完善了一系列的制度，如从北魏以来就推行的均田制在贞观时更加完善。由于亲历隋末农民大起义，使太宗体察到民间的疾苦，同时也认识到人民的力量。太宗认为，只有使人民安心生产，生活稳定，统治者才能“长守富贵”，国家才能昌盛，政权才能稳定。因此，他要求统治者“去奢省兵，轻徭薄赋，选用廉吏”。并身体力行，克制私欲。贞观年间基本上没有进行大的土木工程，这样就相对减少了对百姓的骚扰，使百姓得到修养生息的机会，同时也节省了国家开支。为减轻百姓的负担，唐太宗还将中央各官府的官员从二千多人精减到六百余人，且合并了许多州县。由于均田制度的继续推行及统治者不兴土木不夺农时，贞观期间的社会经济有了很大的发展。百姓能够安居乐业。史载“东至于海，南及五岭，皆外户不闭”。贞观四年（630 年），天下断死刑者仅 29 人。可见当时阶级矛盾的缓和与社会的安定。由于政治的稳固、官吏的廉洁、生产的发展，人们的抗灾能力也大大提高。贞观元年至贞观三年，关中地区连续发生虫灾、水灾，太宗命灾区开仓赈济，百姓就食他乡。在连年的灾害面前，百姓都未有怨言，而协力抗灾，贞观四年（630 年），天下农业大丰收，就食他乡的百姓都回到故乡，“米斗不过三四钱”。生产的恢复与发展，人民生活的稳定是贞观之治的重要表现之一。除均田制以外，政治、科举、军事等各项制度在贞观时期也得到了进一步的完善和贯彻。唐承隋制，中央设三省六部，都各有职守。唐太宗还特置了参议得失、参知政事等职务。使资历浅、品位低却有真才实学的人以此名义而行宰相之权。三省的分工是：中书省掌管军国大事的审议和决定；门下省掌管审查中书省的决议，不同意的可以驳回重议；尚书省则具体执行通过了的各项决议和政策。与以往大有不同的是，唐太宗极少干涉三省如何行使职权，而是创造条件，使各部门恪守职责。他告诫门下、中书官员若看到皇帝诏敕有不便于时的，要大胆地驳回，决不可唯唯苟过，阿旨顺情。在皇帝诏敕与制度相矛盾时，太宗每每“忍小忿而存大信。”克已从公。使得完善的制度得以顺利地贯彻。在法律上，贞观时颁布了《贞观律》，被后世立法者奉为圭臬，也为当时东亚各国所效法。《贞观律》改重从轻，内容完备，条文扼要，为执法者依法办案提供了有利条件。在完善法律制度的同时，太宗格外强调上下守法，对于贪赃枉法的人，不论其职位身份，一定要依律严惩。太宗还强调官吏的断狱，须有律、令、格、式为据，不得随意出入人罪。

在太宗的努力下，《贞观律》基本得到实施，形成上下守法的良好局面。在军事方面，太宗继续实行“寓兵于农”的府兵制。形成军事布局“内重外轻”的形势，使中央集权制得到加强。贞观时，府兵制较以往更加完备，“兵农合一”的趋势也更加明显。兵士被征调服役时，本人免去租调，但需自备武器、行装和粮食。除了服役以外，兵士和农民一样要从事农业劳动。“兵农合一”既减少了国家的军费开支，又保证了均田制下的农民可以安心生产。在文化教育方面，唐太宗提倡儒学，开办并设置文学馆及史馆。并召天下名儒入仕作官。太宗常常亲自至国子监听学、讲学。太宗还令宰相监修前代和本朝的历史，贞观时编纂的正史主要有《晋书》《梁书》《陈书》《北齐书》《周书》《隋书》六部，弥补了魏晋南北朝的战乱给史学带来的空白。在重视文化教育的同时，太宗还完善了科举制度，将选拔人材的权力全部集中于中央。科举制度为地主阶级的知识分子，特别是中、小地主阶层中的知识分子打开了参与政权的方便之门。自贞观时起，进士之科大兴，因进士科考试内容以策试为主，也便于考生发表政治见解。考取进士由此而成为士人入仕的捷径。太宗曾亲至考场，见新考中的进士从进士榜下缀行而出，欣喜言道："天下英雄入吾彀中"。进士科的兴起，有利于将优秀人材选拔到各级政权中，从而有效地加强了封建国家的统治力量。

由于各项制度的完备及顺利执行，贞观时逐渐扭转了隋末唐初的混乱局面，百废俱兴，各行各业呈现出欣欣向荣的发展趋势。

贞观年间，国家政局稳定，国防日益强盛，唐与周围少数民族及邻国的关系也日益和睦。唐初，周围少数民族，尤其是东突厥不断犯境。唐太宗即位后，发展经济，推行府兵制，并亲自在殿廷上教练卫士，使唐国防强大起来。贞观二年（628 年），太宗命李靖、徐世勣率兵十余万，分道出击东突厥。次年，李靖等大破之，俘虏了颉利可汗，稳定了北方的边境。贞观九年（635 年）春，又派李靖、侯君集等率兵大举进攻吐谷浑（青海高原和新疆东南部一带），唐军深入吐谷浑的腹地，突袭了吐谷浑王伏允的牙帐。伏允兵溃自杀，其子慕容顺降唐。贞观十三年（639 年），太宗派侯君集率兵攻打西域高昌国，高昌王惊恐而死，其子降唐，唐朝势力由此已伸入西域。太宗以高昌为唐在西域的根据地，与西突厥展开了争夺西域的斗争。贞观十四年（640 年），唐在天山以北的地区设置了庭州（今吉木萨尔），在天山以南的南昌设立了西州。天山南北的小国也纷纷摆脱西突厥的控制，与唐朝结好。

唐西北边疆得到了稳定。唐控制西域，恢复了中西商路，密切了与地中海沿岸国家的关系，促进了中西文化的交流。唐在经营西域的同时，还与吐蕃建立了密切的关系。贞观八年（634 年）吐蕃遣使来唐，唐太宗用隆重的仪式接待他们并与吐蕃结成了进攻吐谷浑的军事同盟。

唐太宗接见吐蕃使者

贞观十五年（641 年），唐太宗派李道宗护送文成公主入藏，与弃宗弄赞（即松赞干布）成婚。从此以后，双方之间的来往更加频繁。唐朝的先进生产技术和文化源源不断地传入吐蕃，唐西部边境日益巩固。贞观二十二年（648年），东北部少数民族奚和契丹归降，唐太宗于奚地置饶乐府，于契丹地置松漠府，受到营州（今辽宁朝阳一带）都督府的节制。在唐太宗及其大臣们的努力下，贞观时期确实做到了"中国既安，四夷自服"。文治武功都达到空前的盛况。为中国历史留下了辉煌的一页。

但是，值得指出的是，贞观后期，唐太宗的纳谏与用人都较贞观前期逊色许多。兢兢业业的朝风也有所懈怠。贞观二十一二十二年（647 年，648年），唐出兵东犯高丽，西打龟兹，扑灭薛延陀，又动用民力，营缮宫殿，赋税与徭役都有所增加。太宗晚年，雅州（今四川雅安一带）、邛州（今四川邛崃、大邑二县）、眉州（今四川眉山、洪雅二县）等地相继发生了局部地区的农民起义，表现了人民对增加剥削的不满。

科举制度的完备

唐代科举制在隋代的基础上得到了进一步的发展。科举分常举和制举两种。制举主要是试策，由皇帝临时定下名目考选。制举的名目繁多，有直言极谏科、贤良方正科、文辞清丽科、博学通艺科、武足安边科、军谋越众科等百数十种。这是一种网罗非常人才的考试，平常人和官吏都可以应考。考中者，原是官吏的立即升迁，未入仕的则由吏部授予官职。唐文宗以后，制举被停废。常举每年举行考试，分为秀才、明经、进士、明法、明书、明算等科。唐初，秀才科等级最高，唐太宗以后，士人趋向开始转向明经和进士二科，尤以进士科为最重。在贞观二十三年（649 年）中，进士共 205 人，在高宗、武则天统治的 55 年中，据不完全统计，进士有 1 000 余人，平均每年录取的人数较贞观时增加一倍以上。玄宗以后，进士科的地位更加突出，官僚虽位极人臣，但如果不是进士科出身的，"终不为美"。

各科考试内容也不同。明经主要试贴经，即选择考生所习之经掩其两端，中间仅露一行，用纸帖遮盖部分字句，测试其背诵经书的能力。这种是考试科目中比较容易的。进士科在隋代仅试策，唐太宗时曾加试经史。唐高宗末年又加试诗赋杂文。天宝年间（742—756 年）转为专试诗赋。考试成绩分上中下三等，上等、中等为及第，下等即落第。每年应考者或八九百人或一二千人不等，能及第者少则十余人，多则三十余人。由于考生多而录取名额少，所以考中进士非常不易。一旦及第便名闻士林，号称"登龙门"。明法科考试律令，明算试《九章》《夏侯阳》《周髀》等数学著作。明书科试《说文》

《字林》等字书。这三种科目是为选择专门人才而设立的，考生被录取之后只能在和其专业有关的机构任职。秀才科仅试策，取消了隋代加试杂文。由于录取标准异常严格，及第者屈指可数。此科渐渐成为一种虚悬的科目。武则天长安二年（702 年），又创立武举科。州县以下习艺者每年被推举至兵部课试。所试科目有：长垛、马射、步射、平射、筒射等，又有马枪、翘关、负重、身材之选。考试通过的，兵部即除官给禄。唐代武举亦属常举，但不十分重要。

参加科考者主要有两种来源：一种是国子监和州县学的生徒，由学馆荐举至尚书省参加考试；另一种是不在学馆，直接来自州县的，这种被称为乡贡。他们首先自己在州县报名，即所谓“怀牒自列于州县”，经州县考试合格以后，再举送至尚书省参加考试。所有科考科目允许考生自由报考，这是唐代科举制较之隋代更加完备的一个重要标志。

考官在不同时期也是有变化的。唐初由吏部的考功郎中主持科考，贞观以后，由考功员外郎主持。开元二十四年（736 年）玄宗认为员外郎威望较轻，遂改由礼部侍郎主持科考，后成为定制。开元中，礼部考试通过后送中书、门下详覆。宰相如不同意的，可以改动。详覆之制屡兴屡废。礼部考试主要是取得出身资格的考试，考中的，仅取得进士及第或明经及第的资格，尚不能正式做官，只有再通过吏部铨试，才能释褐除官，故吏部试亦称“释褐试”。吏部铨选的主要标准是身、言、书、判。身指体貌丰伟；言指言辞辨正；书指书法遒美；判指文理优长。

唐穆宗、敬宗都曾下令科考及第的免除徭役，唐武宗明确规定进士科出身的称“衣冠户”，有免除差科色役的特权。

礼部考试一般是正月时，二月发榜。及第进士称主考官为“座主”，自称“门生”。同时及第者称“同年”。

唐朝入仕的途径除科举制外，还有门荫和流外入流。唐初，由此二途入仕的官员远比科举出身的人要多得多。以后进士出身的宰相逐渐增加，到德宗、宪宗之际，由科举入仕的宰相及高级官吏占了多数。科举制成为向地主政权输送官吏的主要渠道。这就是选官制度的一个进步，在削弱门阀士族等级特权、扩大唐政权的社会基础，提高官吏文化水平等诸方面，科举制都发挥了重要的作用。唐以后，历经宋元至明清，虽考试内容、方法有所改变，但科举制度本身一直相沿不替。

科举制在实行中也存在着某些弊端，曾出现冒名顶替、露泄考题等舞弊现象。尤为严重的是座主、门生、同年结为朋党，相互援引，宦风由此败坏。牛李竞争中，牛党领袖李宗闵和牛僧孺就是同年进士，牛党骨干令孤楚、萧俛与皇甫曮亦有同年之谊。他们主张选用官吏以词彩居先，其党人经常“为举选人驰走取科第，占员阙”。他们通过进士科举结成势力雄厚的私党，往往一门父子兄弟都从进士起家，住居显要，成为新兴的进士贵族。由此可见，科举制为中小地主广开仕途的作用也大大降低了。这些弊端到宋代因糊名、誊录的新规定的实施而得到克服。

均田制与租庸调制

唐初，在多年战乱之后，社会经济破坏十分严重，人民流离失所，政府财政困难。整顿田制和赋税制度，成为安辑流亡，恢复经济，保证财政收入，巩固政权的当务之急。

唐高祖在武德元年（618 年）十二月下令实行给内外官职分田的制度：京官一品 12 顷、二品 10 顷、三品 9 顷、四品 7 顷、六品 4 顷、七品 3 顷 50 亩、八品 2 顷 50 亩、九品 2 顷；雍州牧及外州官二品 20 顷、三品 10 顷、四品 8 顷、五品 5 顷、七品 4 顷、八品 3 顷、九品 2 顷 50 亩。

武德二年（619 年）二月十四日，高祖下令开始征收租税：每丁租二石，绢二丈，绵三两。

武德七年（624 年）三月二十九日，唐政府首次颁行均田及赋税的制度，其内容是：“凡天下丁男给田一顷，笃疾废疾给 40 亩，寡妻妾 30 亩（若为户者 20 亩）。”老男亦给田 40 亩。所授的田以 20 亩为永业田，其余为口分田。受田的人亡故，他名下的永业田则转授给他的承户人，而口分田则由官府收回另行授给他人。这就是均田之制。赋税制度是：“每丁岁八粟二石；调则随乡土所产：绫绢絁各二丈，布加五分之一；输绫绢絁者兼调绵三两，输布者麻三斤。凡丁岁役二旬，若不役则收其庸，每日三尺。有事而加役者，旬有五日免其调，三旬则租调俱免。通正役不过 50 日。若夷獠之户皆从半税。凡水旱虫伤为灾，十分损四以上免租，损六以上免（租）调，损七以上课役俱免。

武德田令和赋役令基本上继承了隋大业时的制度，并明确了不把一般妇女和奴婢、耕牛作为授田及课役的对象。武德田令中根本没有一般妇女受田的内容，这在现存可见的均田制资料中是最早的。

武德七年（624 年）田令还包括给官永业田和给道士田的内容。受官永业田的限额主要是：亲王百顷，职事官一品 60 亩，郡王及职事官从一品 50 顷，国公及职事官正二品 40 亩，郡公及职事官从二品 35 顷，县公及职事官正三品 25 顷，职事官从三品 20 顷，侯及职事官正四品 12 顷，伯及职事官从四品 10 顷，子及职事官正五品 8 顷，男及职事官从五品 5 顷，职事官六品、七品2顷50亩，八品、九品2顷；勋官上柱国30顷，柱国25顷，上护军20顷，护军15顷，上轻骑都尉10顷，轻骑都尉7顷，上骑都尉6顷，骑都尉4顷，骁骑尉、飞骑尉80亩，云骑尉、武骑尉60亩；散官五品以上受田限额与职事官相同。五品以上各类官须在宽乡受官永业田，六品以下的则在本乡受之。道士给田30亩，女官、僧尼可能与之相同。

武德田令把本地耕地可以满足给田定额的地方作为宽乡，反之则为狭乡。在宽乡可以按照全额受田，在狭乡要减半。同时，对于耕种一年休耕一年的瘠薄耕地要加倍给授，对于宽乡的耕种一年休耕二年的耕地则要再加一倍给授。

均田制是唐朝前期的基本土地制度，而与之伴行的是租庸调制。租庸调制是该期的基本赋税制度。均田的目的则是要向得受田者收取赋税劳役。从武德时起的百余年中，唐政府的主要财政收入来自租庸调制。

唐政府曾在永徽二年（651年）、太级元年（712年）、开元七年（719年）、开元二十五年（737年）多次修令，但均田制和租庸调制的基本内容并没有变动。而职分田和官永业田则有过多次变更。

唐初，大量的土地荒芜，封建国家有大批土地可以用于给授各类的应受田者。随着社会经济的恢复和编户的增加，均田制的实施主要体现在永业田的继承、口分田的退还与给授上，而不是按限额给授，即所谓“因田之在民者而均之”。吐鲁番出土文书中的唐代欠田簿、退田簿、给田簿，以及敦煌文书中的唐代户籍簿等重要的历史档案资料记载了封建国家均田制的规定及进行耕地使用权管理的情况，这些都充分地证明了均田制在唐玄宗统治时期及唐代前、中期确实是实施了的。封建国家尽量收回老、死、逃、绝户的口分田、永业田，将其重新分配给具备受田条件的人使用，以便把更多的小自耕农束缚在土地上，使自己有较为稳定的财政收入和力役、兵役来源。但是，封建国家更要维护统治阶级特别是其中、上层的特权，其中包括占有大量土地的特权。在唐代均田制之下，官吏占有大额的官永业田、职田，皇帝还不时地把巨额田产赏赐给勋戚大臣。地主阶级用种种手段侵吞兼并田产，逾限占田，政府却很少去认真追究。这样，土地逐渐向地主集中，政府能用于给授的耕地也越来越少，根本不可能按额授田。受田定额只能是占田的最高限额，已受田数量与应受田额度之间却无必然联系，均陆田农民自已买的田地也被纳入其已受田数额之中，成为唐代均田制实施中的显著特点。

尽管如此，实行均田制和租庸调制是适应唐前期社会生产力、生产方式等状况的，因而推动了社会经济的发展。直到均田制末期的天宝年间（八世纪中期），租庸调的收入仍然占唐政府全部财政收入的百分之六十左右，对巩固中央集权国家的作用巨大。

随着地主经济的逐渐成熟和唐朝统治集团的不断腐败，土地兼并也日益加剧了。到了开元初年（8 世纪 20 年代），土地兼并使大量的均田农民破产逃亡，唐政府不得不一方面实行括户以防止租庸调收入过快得下滑；另一方面则反复强调官僚贵族的占田限额以减缓土地兼并的速度。但这些都不是治本之计。从高宗朝起，政府就日益重视户税和地税，使之由补充租庸调发展到与之并行。天宝年间，均田制迅速弛坏，租庸调制也随之下落。安史之乱及随后的河北藩镇割据终于使实行了三百多年的均田制、租庸调制退出了历史舞台，让位给租佃制和以户税地税为先导的、按财产田亩计征的两税法。

官修五代史

唐立国之初，令狐德棻奏请“购募遗书，重加钱帛，增置楷书令缮写”。他的建议得到高祖李渊的批准，当时就选取五品以上官员子孙工书法者为书手，缮写购来的经籍。其后，魏征、颜师古继续收集、缮写典章图籍，这些工作为唐初大规模修史提供了文献上的充分准备。

武德四年（621 年），起居舍人令狐德棻向高祖李渊提出修撰近代梁、陈、北齐、北周、隋等朝正史，李渊采纳了他的建议，第二年的十二月下命肖瑀等修《六代史诏》，并命中书令肖瑀、给事中王敬业、著作郎殷闻礼等修撰魏史；侍中陈叔达、秘书丞令狐德棻、太史令庾俭等修撰周史；兼中收令封德彝、中书舍人颜师古等修撰隋史；大理卿崔善为，中书舍人孔绍安，太子洗马肖德言等修梁史；太子詹事裴矩、兼吏部郎中祖孝孙、前秘书丞魏征等修齐史；秘书监窦琎、给事中欧阳询、秦王文学姚思廉的修陈史，但历时数年，却未能成书。

太宗即位之后，非常重视修撰前代史书，总结历史的经验，他认为“以古为镜，可以见兴替”。贞观三年（629 年），太宗下诏重修五朝史，由魏征“总知其务”，并主编《隋书》；令狐德棻主编《周书》；由有家学传统的史家姚思廉、李百药分别主撰《梁书》《陈书》及《北齐书》。贞观十年（636 年），《隋书》的帝纪列传及其他四朝史已同时完成，魏征还亲自为梁、陈、齐史撰写了总论，为《隋史》写了序论。这五部史书合称《五代史》，或《五代纪传》。贞观十五年（641 年），于志宁、李淳风、韦安仁、李延寿等又奉命续修五代史志，初由令狐德棻监修，永徽三年（652 年）改由长孙无忌监修，显庆元年（656 年）成书，共十志，三十卷，后编入了《隋书》。

《周书》，由令狐德棻主编，同修此书的还有岑文本、崔仁师、陈叔达、庾俭等。岑文本是唐初著名的文士，《周书》中的史论就多出自其手。《周书》记述了从公元534年东、西魏分裂至公元581年杨坚代周为止四十八年的西魏、北周的历史。在此以前，有西魏史官柳虬所写的官史，还有隋代牛弘没有完成的《周史》，令狐德棻等即是在前代所修的史及唐初征集的家状之类资料的基础上撰修的。宋初，《周书》已经残缺，后人用《北史》及唐人史钞补之。现流传的最早的版本是南宋的翻刻本，并有元明两代补版的“三朝本”。《周书》共五十卷，包括本纪八卷，列传四十二卷。

《北齐书》，李百药撰。北齐史的修撰，从高齐政权时代起直至隋朝的五十年间，一直未有间断过，曾先后有人编写出几种不同体裁的北齐史，如：隋代李德林纪传体的《齐书》二十四卷；王劭编年体的《齐志》二十卷；刘知几《史通》中记载，高齐时有陆元规记述齐文宣帝征伐的《皇帝实录》；武平年间（570—575年）以后，史官阳休之、杜台卿、祖崇儒、崔子发等，相继注记，直到齐灭。李百药奉诏写北齐史，主要是在其父李德林《齐书》的基础上，参考了王劭的《齐志》，扩充改写。李德林历经北齐、北周、隋三朝，一直担任诏令等文件的起草工作。北齐时，他参加了《国史》的编写，撰写纪传二十四卷，隋开皇初，又奉诏续撰，增至三十八卷，可以说北齐史已初具规模。贞观十年（636年），李百药承其家学而完成了《北齐书》五十卷，包括本纪八卷，列传四十二卷。《北齐书》集中反映了东魏、北齐两个割据政权的兴亡史，从534年前后北魏分裂，东魏政权建立，中经（550年）齐代东魏，至公元577年齐亡为止。《北齐书》早在唐中叶以后就已逐渐残缺，也不断有人补缺，到北宋初就只剩十七卷是李百药的原文，其余都是后人以《北史》和唐人史抄中相关纪传补的，初次刻板就是补本。

《梁书》《陈书》，均为姚思廉所撰。梁代的历史，曾由沈约、财兴嗣、裴子野和杜之伟、顾野王、许亨等在梁陈两代先后受命编撰。陈朝许亨写成《梁史》五十八卷，梁代谢吴写成《梁书》四十九卷，陈代何之元和隋代刘璠各成《梁典》三十卷。陈代的历史，傅縡、顾野王等都曾受命编撰，陆琼著有《陈书》四十二卷。姚思廉的父亲姚察在陈初曾参与梁史的编撰，入隋后，又于开皇九年（589年）受命编撰梁陈两朝的历史。《隋书·经籍志》著录姚察曾撰有《梁书帝纪》七卷，《陈书》二卷。姚思廉正是继承父业，兼采众家之长来完成《梁》《陈》二书的。他曾说“《梁》《陈》二书本多是察之所撰”，尤其是《梁书》，其中大部分篇幅是姚察所撰的。姚思廉在唐任著作郎、弘文馆学士，受诏修撰两朝史，贞观十年（636年）完成。《梁》五十六卷，本纪六卷，列传五十卷；《陈书》三十六卷，本纪六卷，列传三十卷。

《隋书》，魏征受诏总加撰定，参加编修此书的还有颜师古、孔颖达、许敬宗等人。唐是继隋之后而建立的一个新的封建王朝，唐初的统治阶级非常注重总结隋亡的历史教训，唐太宗与大臣们曾一再地反复研讨过这一问题。魏征在主修《隋书》时，在撰写其中本纪之“后论”，志之“序”，列传之“后论”时，将修史与求治紧密地结合了起来。贞观十年（636 年），《隋书》先修完成以后，魏征还向太守上了一封奏疏，集中阐发了他从隋朝兴亡史中总结出来的治国之道。《隋书》先修成帝纪列传，后中入十志，无论是纪传还是志，都成于众手，到宋初，所题撰修人姓名已很不一致，宋天圣二年（1024 年）刊刻《隋书》时，纪传部分题魏征撰，志的部分题长孙无忌。《隋书》八十五卷，纪五卷，列传五十卷，志三十卷。

自隋文帝开皇十三年（593 年）诏禁绝私撰史书，至唐朝，官修史书就成为定制。此后，所谓纪传体的正史大都是由封建政府掌修，私家著述的越来越少了。宰相监修国史也成为此后历朝定制。

玄奘西行取经

玄奘，俗姓陈，名祎，洛州缑氏（今河南偃师）人。幼年时家贫，父母早丧，13 岁出家于洛阳净土寺，法名玄奘，二十岁时，在成都受具足戒。先后师从慧休、道深、道岳、法常、僧辨、玄会等学习《摄大乘论》《杂阿毗昙心论》《成实论》《俱舍论》及《大般涅槃经》等经论，造诣颇深。他游历各处，接触了各派的理论，深感其中异说纷纭，但无从获解，怀疑原译经讹谬，遂发愿亲自前往印度，广求异本，以为参验。

玄奘西行图

贞观元年（627 年），玄奘陈表请求西行求法，但未获得批准。此时恰逢中印度僧人波颇密多罗到长安，向他详细地介绍了那烂陀寺（今印度比哈尔邦巴腊贡附近）戒贤法师讲授的《瑜伽师地论》。玄奘决心已定，遂私自出发，前往天竺。他从长安经过凉州（今甘肃武威）偷越玉门关，穿越沙漠，贞观二年（628 年）正月他到达高昌（今新疆吐鲁番县境），受到了高昌麴文泰的礼遇，逗留一月，讲授《仁王般若经》，高昌王为玄奘制备法衣、黄金、银钱、绫绢，足够往返二十年所用。经过屈支（今新疆库车）、凌山（今耶木素尔岭）、素叶城、迦毕试国、笯赤建国（前苏联塔什干）、飒秣建国（今撒马尔罕城之东）、葱岭、铁门、覩货罗国故等（今葱岭西、乌浒河南一带）。又经缚喝国（今阿富汗北境巴尔赫）、揭职国（今阿富汗加兹地方）、梵衍那国（今阿富汗之巴米汤）、犍驮罗国（今巴基斯坦白沙瓦及其毗连的阿富汗东部一带）、乌仗那国（今巴基斯坦之斯瓦特地区）等国，到达迦湿弥罗国。在此学习二年，以后到达磔迦国（今巴基斯坦旁遮普），最后抵达摩揭陀国那烂陀寺，拜戒贤为师，学习《瑜伽师地论》《顺正理论》《显扬圣教论》以及因明、声明等学以及各种波罗门书籍，达五年之久。

贞观十年（636 年），玄奘离开那烂陀寺，先后到达伊烂拏钵伐多国（今印度北部蒙吉尔）、憍萨罗国、安达罗国、驮那阉羯磔迦国（今印度东海岸克里希纳河口处）、达罗毗荼国（今印度马德拉斯市以南地区）、狼揭罗国（今印度河西莫克兰东部一带）、钵伐多国（约今克什米尔的查谟）访师参学。在钵伐多国停留了两年，后重返那烂陀寺，其间又到低罗择迦寺和仗林山学习。也曾应东印迦摩缕波国（今印度阿萨姆地区）国王鸠摩罗的邀请去讲经说法。又受戒日王邀请，前往前日国都城曲女城，戒日王以玄奘为论主，设大会辩论，五印度沙门、婆罗门、外道等前往的多达 6 000 余人。会上由玄奘讲论，任人问难，结果 18 日中没有一人敢与之论者，名震天竺。僧众竞为法师立义名，大乘众号摩诃耶那提婆（大乘天），小乘众号曰木叉提婆（解脱天）。戒日王又请玄奘参加五年一度的历时 75 日的无遮大会，各国王及道俗到会者有 50 余万人。会毕，玄奘辞众回国。国王及僧众相饯数十里，戒日王还以达官四人护送，所经诸国皆令发乘递送，终至汉境。途中因与高昌王有重见之约，所以仍遵陆北行。于贞观十九年（645 年）正月返抵长安，随身携带的搜集到的佛经六百五十七部以及佛像、花果种子。这次西域求法的旅行，后来由玄奘口授、弟子辩机笔录成《大唐西域记》一书，成为游历诸国所见所闻的实录，史料价值颇高。

玄奘回到长安以后，留在长安弘福寺译经，同年五月，创译《大菩萨藏经》二十卷，九月完成。贞观二十年（646 年）大兹恩寺落成，玄奘任上座，潜心译经，然后迁居西明寺、五华寺。显庆五年（660 年）翻译《大般若经》，至龙朔三年（663 年）译完，共六百卷。麟德元年（664 年）逝世。玄奘前后共译经论达七十五部，总计一千三百三十五卷，被后世称为新经。

玄奘的佛教理论属于唯识论，又介绍了印度的因明学（逻辑推理方法），回国后又对因明辩论、论证的性质做了精细的发挥，以其博大精深的学识为佛教在中国的发展做出了巨大的贡献，他与后秦的鸠摩罗什、陈朝的真谛、中唐的不空齐名，成为四大翻译家之一。

薛仁贵三箭定天山

薛仁贵，绛州龙门（今山西河津）人，少年时家庭贫贱，以种田为业。他准备改葬已去世的父母，妻子柳氏说："有超群才能的人，关键是要遇到好的机会才能发展。现在天子亲自出征辽东，选求猛将，这是难得的时机，君何不图求功名使自已显赫？然后富贵还乡，再葬也不晚。"薛仁贵就去见将军张士贵应募，随唐军出征高丽。到了安地，刚好郎将刘君印被贼军所包围，薛仁贵飞速去救他，斩了贼军将领，把他首级系在马鞍上，贼军都畏服了，由此出名。唐王朝军队进攻安市城（今辽宁营口东北），高丽莫离支派将领高延寿等率领20万士兵抵抗，倚山扎营，太宗命各将分别攻击他。薛仁贵自恃勇猛，想立奇功，就穿了白色衣服以显得突出，提了戟，腰挂两张弓，大呼飞驰而出，所向披靡；军队借势追击，贼军奔散溃败。天子望见，派使者立即赶去询问："先锋中穿白衣服的人是谁?"回答说："薛仁贵。"天子召见，很感叹咤异，赐给他黄金绢帛，奴婢马匹等不少东西，授官游击将军、云泉府果毅都尉，令他长值班北门。回军后，天子对他说："朕的旧将都已年老，想提拔勇猛的人在外统兵，没有一个像你那样的，朕不高兴得到辽东，而高兴得到你这位勇将。"升为右领军中郎将。

高宗到万年宫，突然山洪爆发，夜晚水很快冲到玄武门，宿卫战士都已散走，薛仁贵说："当天子危急的时候，怎么可以怕死?"于是登门大声呼喊，以叫醒宫内的人，天子急忙出来登上高处。不一会儿水已进入天子睡处，天子说："有赖于卿我才免于一死，我现在才开始知道有忠臣。"把御马赐给了他。

苏定方讨伐突厥沙钵罗可汗贺鲁，薛仁贵上疏说："臣听说师出无名，事情肯定不成功；证明了他们是盗贼，敌人才可心服。现今泥熟不事奉贺鲁，被他打败，贺鲁像对奴隶那样捆绑其妻子儿女，王师如果有从贺鲁部落转而得到他们家口的，应该都还给他们，并加以优厚赏赐，使百姓知道贺鲁的暴虐而陛下的至高德行。"皇帝采纳这意见，就遣还他们的家属，泥熟请求随军作战，以死效忠。

显庆三年（658年），诏命薛仁贵作为程名振的副职用武力经营辽东，在贵端城打败高丽军，斩首3 000级。次年，与梁建方、契苾何力与高丽大将温沙多门遭遇，在横山大战，薛仁贵单身骑马驰入阵中，向敌人射箭，都应弦而倒。在石城又发生战斗，敌人中有个善于射箭的人，射杀官军十多人，薛仁贵大怒，单骑突入阵中击贼，贼军弓矢都被打得不能发挥作用了，于是活捉了他。不久与辛文陵一起在黑山大败契丹，俘获他们的王阿卜固献送到东都洛阳。拜官左武卫将军，封河东县男。

诏命薛仁贵作为郑仁泰的副职担任铁勒道行军总管。将要出发，在内殿设宴，天子说："古代善于射箭的人可以射穿铠甲上七层金属叶片，卿试着用五层甲片来射看看。"薛仁贵一射就穿透了，天子大惊，拿出更加坚固的铠甲赐给他。当时九姓铁勒的部落联盟共有十多万人，他们派出骁勇的骑兵几十人来挑战，薛仁贵发三矢，连杀三人，于是铁勒震动害怕，都来投降。薛仁贵怕有后患，把他们都坑杀了。转而讨伐沙漠北部地区的剩余部众，擒获伪叶护兄弟三人归来。军中有歌谣唱道："将军三箭定天山，壮士长歌入汉关。"九姓从此衰落。

铁勒中有思结、多览葛等部，先保天山，等郑仁泰的大军到达后，因惧怕而投降，郑仁泰没有接受，虏掠他们的家属以赏给军队将士，贼军相率逃去。有侦察骑兵来报告："贼虏军用物质和牲畜满山遍野，可以去夺取。"郑仁泰挑选 14 000 名骑兵卸掉铠甲飞驰而去，穿过大沙漠，到仙萼河，不见贼虏，粮食吃完，只好回军，由于饥饿，出现人吃人，等到入塞内，剩下的士兵只有二十分之一。薛仁贵也取所降部落中人为妾，并多受贿赂，被有关官吏弹劾上奏，因有功劳而得到原谅。

乾封年间（666—668 年）初期，高丽泉男生要求依附唐朝，朝廷派将军庞同善、高侃前往慰问接纳，但他的弟弟泉男建率领国内的人抗拒内附，朝廷派薛仁贵率军队援助护送庞同善。到了新城（今辽宁新城），夜晚被敌军袭击，薛仁贵击败他们，斩敌数百人。庞同善进驻金山，败北的敌军不敢向前，泉男生乘胜前进，薛仁贵攻击敌军把他们分割成为二部分，敌军随即溃败，斩敌兵五千，攻下南苏、木底、苍岩三城，于是与泉男生军会合。高宗亲写诏书慰劳勉励。薛仁贵依仗士气，领兵 2 000 进攻扶余城（治在今吉林农安县），其他将领以兵少作为理由来劝阻，薛仁贵说："兵在于运用得好，不在于人多。"他身先士卒，碰到贼军就打败他们，杀万余人，攻下了扶余城，接着沿着海扩张地盘，与李勣军会合。扶余城的守军投降后，其他四十个城的守军也相继来降，威震辽海地区。朝廷下诏命薛仁贵率兵两万名与刘仁轨镇守平壤，拜官本卫大将军，封平阳郡公，检校安东都护，移治所到新城。薛仁贵抚慰存活孤寡老人，检查制止盗贼，根据才能任命官职，褒奖推崇有气节讲义气的人，高丽士大夫和民众都高兴得忘记了国家的灭亡。

咸亨元年（670 年），吐蕃入侵，命薛仁贵为逻娑道行军大总管，率将军阿史那道真、郭待封出兵攻击他们，以支援吐谷浑。郭待封曾任鄯城镇守，与薛仁贵地位相等，这时，耻于在他的领导下，因而常常违背指挥调度。起初，军队驻屯在大非川（今青海湖南岸一带），将要进军去乌海，薛仁贵说：

"乌海地势险要而且湿热易病，我们进入死亡地带，可说是危险的道路，然而快速则有成功可能，迟缓则要失败。现今大非岭很宽平，可设置二座营垒，把军用物资都放在里面，留一万人守卫它，我用加倍的速度对不整齐的贼军发起突然袭击，就能消灭他们了。"于是轻装，到河口，遇贼军，打败了他们，多所杀戮和掠夺，获得牛羊以万计数。进军到乌海城，以等待后面部队的支援。郭待封起初不服从，率领有军用物资的部队跟在薛仁贵军后前进，吐蕃 20 万军队围剿追击，唐军粮草都用光了，郭待封驻守。薛仁贵退兵到大非川（今青海共和西需切吉旷原）。吐蕃增加兵力共 40 万来进攻，唐军大败。薛仁贵与吐蕃将领论钦陵约定讲和，才得回军，而吐谷浑终于亡于吐蕃。薛仁贵叹道："今年是庚午年，岁星运行到降娄范围，位居西方，太岁所在，是为凶方，故不应有事于西方，邓艾死于蜀的原因也在于此，我知道必然会失败。"高宗有诏书下来，原谅他免去死罪，但除去在官的名字，成为平民。

不久，高丽剩余的部众反叛，薛仁贵又被起用为鸡林道总管。再次因事被贬到象州（今在广西），碰到大赦才回来。高宗想起他的功劳，召见他说："过去在万年宫，没有你，我就要成为鱼了。前些日子消灭九姓，破高丽，你的功劳居多。有人说从前在乌海城下你放纵敌人不出去，以致作战失利，这是朕所以怨恨和怀疑你的原因。现今辽西不安宁，瓜州、沙州道路断绝不通，卿怎么能够高枕无忧而不为朕指挥作战呢？"于是拜官瓜州刺史、右领军卫将军、检校代州都督，率兵在云州出击突厥族的元珍。突厥人问："唐将军是谁？"答曰："薛仁贵。"突厥人说："我听说将军已流放到象州死了，哪里还能再生？"薛仁贵脱下头盔让他们看，突厥人相视失色，下马四面围着下拜，然后悄悄地逃离而去。薛仁贵乘机进攻，大败他们，斩首万级，获得人口三万，牛马也相当于此数。

高宗永淳二年（683 年），薛仁贵去世，年龄 70 岁。赠官左骁卫大将军、幽州都督，官府给以车，护送棺材回家乡。

遣唐使

公元 630 年，日本舒明天皇派遣以犬上三田耜为首的第一批遣唐使，于舒明四年（632 年）循北线（从山东启航，途经朝鲜半岛）返回日本，唐使高表仁随船同行去日本。

孝德天皇于白雉四年（653 年）组织遣唐使团，以吉士长丹为大使，吉士驹为副使。使团中还有入唐学生、学问僧以及船员、工匠、射手等 121 人，同乘一条船赴唐。同行的还有以高田根磨为大使的 120 人的遣唐使团，他们所乘之船在海上遇难，未能到达中国。吉士长丹等，于第二年返回日本。继第一批两个使团之后，孝德天皇紧接着于白雉五年（654 年）又任命高向玄理为押使团，河边麻吕为大使，药师惠日为副使，组成遣唐使团，分乘两艘大船赴唐，使团第二年返回日本。

齐明天皇时派遣过一次遣唐使，齐明五年（659 年）出发，坂合部石布，津守吉祥分任大使、副使，分乘两船赴唐，其中一艘漂流失散遇难；另一艘沿北线到达，两年后返回日本。

天智天皇时期曾三次遣使来唐，但都不是正式的遣唐使团，其目的都是为了礼送唐朝使节回国。

日本文武天皇时期及至孝谦天皇时期，正值唐王朝中宗、睿宗、玄宗极盛之时。日本为了学习、借鉴中国的文化、典章制度，随即扩大遣唐使团的规模，组织也更严密有序，一般在押使或执节使下设大使、副使，判官、录事等。使团人员中包括知乘船事、造舶都匠、译语、主神、医师、阴阳师、画师、史生、射生、船匠、挟抄等，并有相当数量的留学生、学问僧同行。

文武天皇于大宝元年（701 年）正式组建遣唐使团，任命粟田真人为执节使，天皇为其举行仪式授节刀，颁布诏书。又任命了大使、副使、判官等。大宝二年（703 年）使团从日本筑紫出发，循南线（在我国长江入海口附近的苏州、明州登陆）来唐，随行的有学问僧道慈等。庆云元年（704 年）执节使返回日本，大使、副使因故数年后才返回日本。道慈在中国求法十七年，回日后成为日本三论宗第三代祖师。他按照唐长安西明寺的规模，在日本平城京修建了大安寺。

元正天皇于灵龟二年（716 年）组建起庞大的遣唐使团，任命多治比县守为押使，颁授节刀。另任命大使、副使、大小判官、大小灵事等，一行 557 人之多，分乘四条大船，于养老元年（717 年）从日本难波出发，沿南线来唐，使节于第二年返回日本。同行的学生吉备真备在长安学习经史达 18 年之久，返日时带去《唐礼》一百三十卷，《大衍历经》一卷，还有测影铁尺、铜律管、射甲箭等。他与同行来唐的大和长冈在日本共同制定律令，并使我国僧一行创立的新历，于淳仁天皇天平宝字七年（768 年）在日本施行。随使团来唐的学问僧玄昉，在唐研习法相宗十八年，返日时带走经论五千余卷，他后来成为日本法相宗第四代祖师。

圣武天皇于天平四年（732 年）组织了五百九十四人的遣唐使团，任命多治比广为大使，造船四艘，次年从难波出发来唐。天平六年（734 年），使团的第一船舶返回日本，天平八年（736 年），第二舶返回到日本。另外两艘船在中途遇难。随此团来唐的僧人茶睿、普照欲迎接鉴真大师到日本，五次渡海未成，茶睿死于端州（今广东肇庆），普照在中国先后 21 年，天平胜宝五年（753 年）与鉴真大师回乘遣唐使船返回日本。

孝谦天皇于天平胜宝二年（750 年）任命藤原清河为大使，大伴古麻吕、吉备真备为副使。天平胜宝四年（752 年）举行了朝拜仪式，天皇授大使节刀，赐宴饯行，还为其赋诗。使团成员分乘四艘大船从难波出发 。大使藤原清河所乘第一舶漂流到安南（今越南），历尽艰辛才到达长安，后在唐朝任官。第二舶于天平胜宝六年（754 年）返日，随行的有鉴真大师及 24 名弟子。第三四舶也分别于天平胜宝五年、六年（753 年、754 年）返回日本。吉备真备曾在唐留学多年，他取楷体汉字偏旁制定了片假名。

淳仁天皇时期，曾于天平宝字三年（759 年）派遣判官、录事等 99 人乘船来唐迎接藤原清河返日。天平宝字五年、六年（761 年、762 年）又曾两度任命遣唐大使，但均未成行。

日本光仁天皇至仁明天皇时期 770 年，正是安史之乱以后唐王朝的后期，仍组织大规模的遣唐使团，不过随行来唐的留学生，学问僧滞留在唐的时间大大缩短了，一般为一至二年。

光仁天皇于宝龟六年（775 年）任命佐伯今毛人为大使，同时建造大船四艘。第二年，遣唐使团出发，因未赶上信风，中途而返。宝龟八年（777 年），天皇以节刀授副使小野石根，授权其行使大使职权。使团乘船沿南线至扬州。第二年启航回国，在途中，第一舶遇难，小野石根及唐使赵宝英等 63 人遇难身亡。这一年，光仁天皇为送唐使孙兴进回国，任命了送唐客使，宝龟十年（779 年）从难波出发，两年后返日。

桓武天皇于延历二十年（801 年）任命藤原葛野麻吕为大使，并为其赋诗预祝平安，赏赐御被、御衣及黄金二百两。由于风暴，遣唐使团的四艘大船耽搁至延历二十三年（804 年）才从筑紫启航。大使藤原葛野麻吕所乘第一舶到达福州，副使石川道益的第二舶到达明州。第三四舶遇到风暴，漂流失航，不知去向。延历二十四年（805 年），遣唐使团的第一二舶自明州出发返回日本。随使团来唐的学问僧最澄，雇用经生数十人抄写经论，他带回日本四百六十卷经疏及大量佛画、佛具。最澄死后被日本天皇追任为传教大师，他的弟子义真成为日本天台宗第一代座主。随使团来唐的还有学问僧空海，他在长安青龙寺学习密教，返日时带走大量经书、佛像等，在日本创立真宫宗。他还仿照草体汉字创造了平假名。

仁明天皇承和元年（834 年）任命藤原常嗣为大使，小野篁为副使，组建了 651 人的遣唐使团。天皇赐宴，并赏赐衣绢、黄金等物品，又亲临神社为使团祈祷平安。由于风暴，承和三年、四年（836 年、837 年）两次启航均未成行，第三舶还被风暴摧毁，直到承和五年（838 年）其余的三艘船才出发来唐。第二年，遣唐使团原乘第一四舶的人员，因船破损，于是在楚州分乘九只新罗船返回日本。第二舶在返回途中遇到风暴，漂流到南海，幸存者几经磨难于承和七年（840 年）返回日本。随此团来唐的有学问僧圆仁，他在中国求法九年，先后在扬州、五台山、长安等地研习天台法华显教和真宫密教，后携佛经论、章记七百九十四卷以及法门道具返回日本，著有《入唐求法巡礼记》。

宇多天皇于宽平六年（894 年）组织了最后一次遣唐使团，任命营原道真为大使，但后因得知唐朝国内动乱，未成行。

日本前后共派遣遣唐使十九次，但其中有的未成行，有的是为了迎送唐使，实际上以遣唐使名义出使唐朝并成行的，只有十三次。日本派遣唐使来唐意图是在观摩汲取中国的典章制度、科技文化。日本天皇亲自任命押使，大使、副使，举行隆重的送行仪式。遣唐使到达长安，一般会受到唐王朝的优礼，大唐天子在延英殿或麟德殿召见他们，设宴款待并颁发赏赐品，有的还被授予唐朝的官职。遣唐使一般逗留数月即回国，随行的留学生、学问僧则一般要停留相当长的时间，少则一二年，多则二三十年。遣唐使回到日本，将举行上还节刀的仪式，天皇对其论功行赏，不少遣唐使回国后位列公卿，如吉备真备，粟田真人、多治比县守、多治比广成、藤原葛麻吕等。他们参与国政，使唐朝的文化及典章制度在日本得到传播推广。

侯君集平高昌

高昌，唐朝时为西域诸国之一。据史书记载，其国在“汉车师前王之庭，后汉戊已校尉之故地”，首都也叫高昌，即现在新疆吐鲁番。其王麴氏为汉人，自北魏至唐初已传六世。其国有兵万人，统辖二十一城。由于高昌扼据西域要路，为西域各国至唐朝朝贡通商所必经之路，故在西域诸国中，地位十分重要。隋炀帝时，高昌王麦伯雅入朝，炀帝拜他为车师太守、弁国公，并将戚属宇文氏女封为华容公主以妻之。

唐初高昌与唐朝仍保持着友好往来的关系。武德二年（619 年），麴伯雅死，子麴文泰嗣，遣使告哀，高祖也派人奉表前往吊丧。太宗即位后，又曾贡玄狐裘及玉盘，且洞察西域诸国所有动静，都汇报唐朝。

贞观四年（630 年）冬，麴文泰朝拜唐，唐朝赐给他丰厚礼物，并赐其妻宇文氏姓李氏，封为常乐公主，下诏慰谕。但在贞观六年（632 年）以后，由于焉耆王突骑支遣使贡方物，请求唐重开沙漠中道路，高昌王麴文泰怕因此失去独断要路从过境贸易中带来的好处，故对此深为不满。不仅与焉耆结怨，派遣兵掠夺其国财物，且断绝西域诸国与唐交往。麴文泰还与西突厥乙毗咄陆可汗结盟，准备攻打已臣服于唐的伊吾，并共同阻挡往来的商人行李，又挑拨薛延陀与唐的关系。以上做法损害了唐朝的利益，特别是高昌与西突厥勾结，对唐朝经营西域构成了严重威胁，在这种情况下，唐太宗终于决定对高昌发动战争。

贞观十三年（639 年），唐廷通知征麴文泰入朝，文泰自称有病不能来。十二月，唐太宗派吏部尚书侯君集为交河道行军大总管，率副总管兼左屯卫大将军薛万均及突厥、契芯的部队，步骑数万人出兵征讨。侯君集以武勇著称，曾数从太宗征伐，参与策划武德九年（626 年）玄武门之变。贞观九年（635 年），曾任积石道行军总管，从李靖平吐谷浑。又曾任当弥道行军大总管，率军击吐蕃，故有丰富的作战经验与军事才能。太宗还将山东善于制造攻城器械的人“悉遣从军”，做了充分的准备。当时大臣都反对万里出师，但太宗不为所动。麴文泰本来也以为沙漠路艰险，“地无水草，寒风如刀，热风如烧”，唐朝不会以大兵相加。即使来征，也会因兵多而粮运不给，不如以逸待劳，坐收其毙。等到听说唐朝军队已经到处碛口，才感到为时已晚，害怕不知所为，贞观十四年（640 年）八月，发病而死。

其子麴智盛嗣位。此时侯君集兵力已全部到了柳谷（在交河郡北，今新疆吐鲁番西）。长期以来，麴氏王朝政治腐败。统治集团“缮造宫室，劳役日兴，修营舆辇，奢侈无度，法令深刻，赋敛烦重”，百姓“众力既尽，人财已竭”，故在战争之前，已流行着这样的民谣：“高昌兵如霜雪，唐家兵如日月，日月照霜雪，几何自殄灭。”表明高昌兵力在唐朝进攻面前已经不堪一击。侯君集率领军队击鼓前进，未遇到多大困难，不久就到达了田地城（今新疆善鄯西南鲁克沁）。将军契芯何力为前军。大军到来，迅速攻破城市，俘虏男女七千余人，进逼都城高昌。智盛致书侯君集，请求唐朝赦罪退军。侯君集回报说：“若能悔祸，当面缚军门。”本来麴文泰与西突厥可汗相约，有唐兵到，“共为表里”。这时唐大军来到，可汗害怕向西逃走，麴智盛失掉援助，无计可施，只好开门投降。侯君集继续分兵进军，共攻下 3 郡、5 县、22 城，得户 8 000 余，人口 37 700 多，并得马 4 300 匹，高昌土地东西 800 里，南北 500 里。侯君集遣使告捷，当时是贞观十四年（640 年）九月，太宗非常高兴，宴赐群臣，下诏班师回朝，赦高昌境内。侯君集于是刻石记功，俘虏高昌王及其臣属亲贵而归。但他本人因在高昌时私掠宝物，并纵容将士竞相盗窃，为人所告，虽然得以功折罪，但终未能获得更多的奖赏。

高昌平定后，唐太宗打算将高昌设置为州县，但魏征和褚遂良等人表示反对。理由是唐如遣兵远戍，河西一带势必“飞刍輓粟，十室九空，数郡萧然”，而唐朝却从高昌得不到“撮谷尺土”之利，因而主张仿照东突厥、吐谷浑之例，立麴文泰之子为王，使之感戴唐朝之恩，能长期为唐服务。但太宗没有接受这样的意见。他从确保中西交通孔道的畅通安全以及经营西域的战略目的出发，毅然决定将高昌改为西昌州，西昌州（后改名西州），并将高昌所属各县合并为安西都护府，再交河城管连，留军镇守。二年之后西突厥进犯西州，太宗虽后悔不用魏、褚之策，但也并未因此罢废西州，西州在唐与西域的交往中，始终具有十分重要的意义。

侯君集平定高昌后，唐朝"国威既震，西域大惧"，西突厥驻守可汗浮图域的叶护因而降唐，李世民将西突厥改设为庭州（今新疆乌鲁木齐市东北）。历史上讲当时唐朝疆域"东极于海。西至焉耆，南尽林邑，北抵大漠。皆为州县，凡东西 9 540 里，南北 10 918 里"，领土由于高昌而扩展了。

麴智盛被俘入朝后，官拜左武卫将军，封金城郡公；弟麴智湛为右武卫中朗将，天山县公。太宗死后，刻石为麴智盛之像，列于昭陵玄阙之下。麴智湛于高宗麟德（664—665 年）死于左骁卫大将军、西州刺史任上。武后时，其子崇裕授左武卫大将军、交河郡王，死后封袭便停止。

文成公主和亲

隋唐之际，藏族的祖先已在西藏地方建立了奴隶制政权。七世纪初，吐蕃的杰出赞普（意即王）松赞干布（即弃宗弄赞，629—650 年在位）执政，他继承祖、父两代开创的基业，征服了青藏高原羌族诸部，实现了青藏高原的统一，并创造文字，设置官吏，制定法律和历法；建立了奴隶制国家，定都逻些（今西藏拉萨），从此形成吐蕃雄踞西南的局面。

贞观八年（634 年），松赞干布派遣使节朝奉唐朝，唐太宗派使臣冯德遐前往慰问。松赞干布听说突厥与吐谷浑已娶得公主，与唐建立了和亲的关系，故也遣使者随德遐入朝，"多赍金宝，奉表求婚"。但未能获得太宗允准。由于使者返回，报告说和亲未准是由于吐谷浑从中离间，故松赞干布遂于贞观十二年（638 年）八月，大举进兵攻打吐谷浑，不久又以 20 万众进犯松州（今四川松潘），以此向唐朝施加压力达到强行和亲的目的。但于其年九月，被唐朝军队打败。松赞干布本无意发动大规模战争，失败后，随即引兵撤退，遣使谢罪，并再次向唐朝请婚。经过这次周折，唐太宗终于答应了松赞干布的要求，决定以宗室女文成公主和亲吐蕃。松赞干布遂遣其相禄东赞到长安，向太宗"献金五千两，自余宝玩数百数"，以作为聘礼。

贞观十五年（641 年）正月，唐太宗令礼部尚书、江夏王李道宗主婚，并护送文成公主入藏。松赞干布大喜，亲自到柏海（今青海省鄂陵湖或札陵湖）迎接公主，在于河源（今青海兴海东南）遇见道宗等，"执子婿之礼甚恭”，并十分赞叹唐朝“服饰礼仪之美”。回到吐蕃后，他对亲近的人说：“我祖、父未有通婚上国者，今我得尚大唐公主，为幸实多。”他还特地为文成公主筑一城堡。以“夸示后代”，并专门为她建造了一座唐朝式样的宫殿作为居处。对于文成公主的习俗和意愿。松赞干布均十分尊重。因公主厌恶吐蕃人以赭色涂面，松赞干布即令国中权且废止。他本人本来就爱慕汉文化，这时更因娶公主而“释毡裘，袭纨绮，渐慕华风”。在他的提倡下，吐蕃贵族除了服用毡罽之处，也开始仿用内地运来的纨素裁制衣服了。松赞干布又选派许多吐蕃贵族子弟到长安，入国学修习诗书，还从唐朝境内聘请有学问的文士为他掌管表疏，吐蕃社会政治日益受到汉文化的深刻影响。

文成公主

文成公主和亲的圆满成功，使汉藏两族之间加深了了解，建立起了亲密友好的关系。自此后，民间的经济文化交流也大踏步发展。文成公主入藏时，不仅带去了大量的金银、绸帛、珍宝，还带去了内地先进的农业技术和手工业制品，内地的蔬菜种子以及各种药物和书籍，也带去了大批工匠和乐队。据藏族史书记载，文成公主进藏后，曾教人垦田种植、安设水磨，制奶酪、酥油和甜食，且教以丝绸工织，以草制绳索，以土作陶器；因此随着公主入蕃，汉族人民的农耕、纺织、建筑、冶金、制陶等技术便先后在西藏传播开来，对于西藏地区经济文化的发展，起了极大的促进作用。此外，文成公主信仰佛教，曾在逻些修建小昭寺，并协助尼婆罗（今尼泊尔）尺尊公主修建大昭寺，她从长安带去的释迦牟尼像至今仍保存在大昭寺，这对佛教在西藏地区的传播也有很大影响。

文成公主入藏

文成公主和亲后，唐与吐蕃经常互遣使者，往来频繁。到唐太宗逝世之前，吐蕃始终协助唐朝保持西域的畅通。贞观二十二年（648 年），曾派精兵助唐打败抢掠唐使者的中天竺，并遣使献捷。贞观二十三年（649 年）太宗死，高宗即位，授松赞干布驸马都尉，封为西海郡王，赐物一千段。松赞干布也致书唐朝，表示对高宗即位的拥护，并献金银珍宝十五种，荐于太宗陵墓。为此受到高宗嘉许，将他进封为賨王，赐给杂彩三千段。松赞干布又进一步向唐朝请求派蚕种及造酒、碾硙、纸墨的工匠，也获得了允许，汉藏人民的交流因此更为广泛。对于吐蕃社会在文成公主和亲后受汉文化影响所发生的变化，唐人陈陶《陇西行》一首“自从贵主和亲后，一半胡风似汉家”的赞颂。文成公主的名字也被载入史册。她和松赞干布结婚的故事，以及因此推进藏族文化的功绩，也通过戏剧、壁画、民歌、传说等形式在汉藏民族间广为流传，家喻户晓。而由这次和亲开始的汉藏两族的友好交往关系也被传承了下去，如中宗时，又有金城公主和亲。因此文成公主和亲在汉藏民族关系发展史及文化史上，始终有着重要的地位和深远的影响。

一代女皇武则天

高宗则天顺圣皇后武氏，并州文水（今在山西）人。父亲武士彟，太宗文德皇后去世后，过了许久，太宗听说士彟的女儿长得很美，召她入宫为才人，当时她才 14 岁。才人的母亲杨氏，和女儿告别，失声痛哭，只有才人还像平时的样子，她说：“能见到天子，怎知不是福分，为什么要像女孩子那样悲伤呢！”母亲认为她的想法对，不再啼哭。才人见到太宗后，太宗赐给她武媚的称号。等到太宗去世，才人与太宗的侍妾、宫女都当了比丘尼。高宗当太子的时候，入宫侍奉太宗，见到才人后很喜欢。高宗王皇后长期没有儿子，萧淑妃正受到高宗的宠幸，王皇后暗地里很不高兴。有一天，高宗经过佛寺，才人见到他后直流眼泪，高宗的感情受到触动。王皇后查知这一情况，将才人领进后宫，希望借此使萧淑妃的得宠受到削弱。

才人有权术，诡诈多变，没有穷尽的时候。起初，她低声下气、卑躬屈节地侍奉王皇后，王皇后高兴，多次在高宗面前称赞她，所以她被进封为昭仪。可是一旦她受天子的眷顾、宠幸超过萧淑妃，便逐渐与王皇后不和。王皇后性情高傲庄重，不会曲意奉承上下左右的人，而她的母亲柳氏见到宫女和女官时不讲外表的礼节，所以昭仪有机可乘，她侦察到王皇后薄待的人，必定勤勤交结，得到高宗的赏赐，全都分送给她们。因此王皇后和淑妃的所作所为，武昭仪必定知道，知道了就报告高宗，但还没有找到足以攻击陷害她们的材料。武昭仪生了一个女儿，王皇后前来看望、逗弄孩子，王皇后离开后，武昭仪偷偷在被子里把女儿掐死，等到皇帝到来，武昭仪佯装高兴地和高宗交谈，一会儿掀开被子看女儿，已经死了。她又吃惊地询问左右的人，都说："王皇后刚才来过。"武昭仪立即放声痛哭，高宗不能察知实情，发怒道："王皇后杀死我的女儿！过去她与淑妃互相说坏话、嫉妒，现在又如此可恶！"从此武昭仪得以在高宗那里不断地诋毁王皇后，王皇后无法自己解释清楚，因而高宗对武昭仪更加相信和宠爱，开始有废掉王皇后的意思。过了许久，高宗想进封武昭仪为"宸妃"，侍中韩瑗、中书令来济说："天子的妃嫔有一定的数目和称号，现在另立封号，是不合适的。"武昭仪于是诬告王皇后与她的母亲请巫师施厌胜术，诅咒昭仪，高宗对皇后心怀旧恨，因此认为武昭仪的话符合实情，准备废掉王皇后。长孙无忌、褚遂良、韩瑗及来济坚持冒死争辩，高宗犹豫不决；而中书舍人李义府、卫尉卿许敬宗一向邪佞不正，窥测形势即上表请求立武昭仪为皇后，高宗不再犹豫，下诏废掉王皇后。命令李勣、于志宁手捧玺印进封武昭仪为皇后，又命令群臣及四方少数民族酋长到肃义门朝见皇后，宫廷内外受有封号的妇女入宫谒见皇后。群臣朝见皇后是从这个时候开始的。

皇后到宗庙见祖先。天子又追赠皇后的父亲武士彟官至司徒，爵位周国公，谥号忠孝，在高祖庙陪从受祭；母亲杨氏，又进封代国夫人，赐给她家在魏州的封户 1 000。皇后于是作《外戚戒》献给朝廷，以消释人们的非议。于是她贬逐长孙无忌、褚遂良，至于处死、流放，可谓荣宠炽盛，威势显赫。皇后心机深隐难测，极尽柔媚驯服，不感到羞耻，借以成就大事，高宗以为她能侍奉自己，所以违背公议立她为皇后。等到她一得志，就窃取权力，扬扬自得，无所畏避。高宗也懦弱、糊涂，皇后全能加以钳制、约束，使他不得自作主张，时间一久，高宗渐觉不平。麟德初年（664 年），皇后召术士郭行真入宫施行用诅咒害人的邪术，宦官王伏胜向天子告发这事，高宗发怒，因此召见西台侍郎上官仪，上官仪指出皇后独断专行，任意而为，使天下人失望，不宜奉祀宗庙，正和高宗的心意相合，高宗于是催促他草拟诏书废掉皇后。高宗左右的人跑去报告皇后，皇后急忙到高宗那儿为自己申诉，高宗羞涩畏缩，又像原先那样对待皇后，还猜测皇后会怨恨，对她说："这都是上官仪教我的！"皇后示意许敬宗诬陷上官仪，将他杀掉。

起初，天子的长舅、大臣违旨，没过多久就被杀灭，人们在路上相遇都不敢说话，只以目示意，等到上官仪被杀，政权就都归于皇后，天子不过拱手无为而已。群臣朝见、四方奏章，都称呼"二圣"。每次临朝处理政事，殿中放下帘子，高宗与皇后相对而坐，生杀赏罚都听皇后吩咐。当她狠心决断的时候，虽是她很宠爱的人，也不稍加怜悯。高宗晚年患风邪病更加厉害，身体不能支持，天下的事情全交付给武皇后。皇后于是接连做一些太平年代的以文教治民的事情，聚集诸儒于皇宫的殿堂内，撰成《列女传》《臣轨》

《百僚新戒》《乐书》等书，大致有一千余篇。皇后又让学士们秘密裁决群臣的奏议，借此分宰相的权。

上元元年（674 年），皇后进尊号为天后，提出十二条建议：一、鼓励种田养蚕，减轻赋税徭役；二、免除三辅地区的徭役；三、停止战争，用道德教化天下之人；四、南、北、中尚署都禁止制作没有实际用处的奇巧之物；五、减省各种工程费用和百姓的劳役负担；六、广开言路；七、堵塞谗言；八、王公以下都必须学习《老子》；九、父亲仍在世，为死去的母亲服丧，着齐衰三年；十、上元以前的勋官，朝廷已给凭证的，不复追查核实；⑪京官八品以上的增加薪俸；⑫官吏长期任职、才能高地位低的可以进阶升级。高宗下令施行这些建议。

萧淑妃的女儿义阳、宣城公主被幽禁在宫中旁舍，年近 40 还没有出嫁，太子李弘把这事告诉高宗，皇后大怒，用毒酒毒死李弘。高宗准备下诏把皇位让给皇后，宰相郝处俊坚持劝谏，高宗于是没有这样做。皇后想要向外显示自己的宽大，夺取人心，使天下人归附自己，就向天子进言说："现今群臣交纳一半薪俸、百姓交纳人口税以供给边防军队，恐怕四方异族会因此而胡乱揣度国家的虚实，请求把这些负担一律免除。"高宗同意了。

高宗去世，中宗即帝位，天后改称皇太后。高宗皇帝的遗诏说，军政大事听凭太后参与决定。嗣圣元年（684 年），太后废中宗为庐陵王，亲自临朝听政，让睿宗即帝位。太后坐在武成殿，睿宗率领群臣进上尊号、册书。过了三天，太后临殿前平台，命礼部尚书代理太尉武承嗣、太常卿代理司空王德真册立继位的皇帝。从此太后常到紫宸殿，挂上浅紫色的帷帐处理政事。太后追赠武氏五代祖父后魏散骑常侍克己为鲁国公，五代祖母裴氏为鲁国夫人；高祖父齐殷州司马居常为太尉、北平郡王，高祖母刘氏为郡王妃；曾祖父永昌王谘议参军、赠齐州刺史武俭为太尉、金城郡王，曾祖母宋氏为郡王妃；祖父隋东郡丞、赠并州刺史、并州太都督武华为太尉、太原郡王，祖母赵氏为郡王妃。都为他们设立守护陵园的居民区，每个陵园五十户人家。追赠父亲为太师、魏王，加赐封户满五千，母亲为王妃，魏王的护陵居民区有一百户人家。当时睿宗虽被立为皇帝，实际上等于被囚禁，而武氏家族诸人得以擅自发号施令。太后又赠给鲁国公谥号为"靖"，裴氏为"靖夫人"；北平郡王谥号为"恭肃"，金城郡王为"义康"，太原郡王为"安成"，郡王妃的谥号都随从丈夫。太后派遣在武成殿册封其祖先官爵的使臣到她的五代祖先的祠堂报告册封之事。

柳州司马李敬业、括苍县令唐之奇、临海县丞骆宾王憎恶太后威迫、放逐天子，愤恨到极点，于是召募兵士，杀死扬州大都督府长史陈敬之，占据扬州想迎立庐陵王，聚众达到十万人。楚州司马李崇福同李敬业等联合。盱眙人刘行举据城固守不肯跟从李敬业。李敬业进攻盱眙，没有攻下。太后任命刘行举为游击将军，提拔他的弟弟刘行实为楚州刺史。李敬业南渡长江夺取润州，杀润州刺史李思文，曲阿县令尹元贞率兵抵抗，战败而死。太后命令左玉钤卫大将军李孝逸为扬州道行军大总管，率兵30万讨伐李敬业，在高邮与李敬业作战，前锋左豹韬卫果毅成三朗被唐之奇杀死。太后又任命左鹰扬卫大将军黑齿常之为江南道行军大总管，与李孝逸合力讨伐李敬业。李敬业起兵三个月便失败了，他的首级传送到东都，扬、润、楚三州于是平定。

太后不吝惜爵位，用它笼络四方豪杰辅助自己，虽是狂妄男子，言谈有符合自己心意的地方，就不按寻常的次序任以官职，至于不称职，接着或罢免或诛杀，从不稍加宽纵，致力于选拔真正的贤才。太后又害怕天下有图谋反叛的人，下诏允许直接向朝廷密告谋反事件，有告密的人，所在地方供给轻便驿车和五品官的饮食，送他们到京师，太后即时召见，用厚利的诱惑、官爵的赏赐打动告密者。凡报告谋反之事，官吏不得究问，即使是农人、樵夫，太后也必定亲自接见，命鸿胪寺的客馆供给食宿。对告密者，有敢于拖延不送的，按被告发人的罪名论处。因此向朝廷密告谋反事件的人遍布全国，人人都屏住呼吸，没有敢说话的。

太后开始在西京建造崇先庙，供奉武氏祖先。武承嗣在洛水的石头上伪造刻辞，以此诱导太后称帝，派雍州人唐同泰献上石头，太后为它命名，称为“宝图”，并提拔同泰为游击将军。汜水人又进献吉祥的石头，太后于是在南郊祭祀天帝，感谢上苍的赐予。太后自称圣母神皇，制作圣母神皇玺印，又改称“宝图”为“天授圣图”，改称洛水为永昌水，给得到圣图的地方命名，称“圣图泉”，在洛水坛左刻石，文字是“天授圣图之表”，又将汜水县改名为广武县。当时，皇室失去权力，朝廷的重臣大将都屈从太后，不能有所作为，宗室和失去依靠的皇室异姓亲属没有立足之地。于是，韩王李元嘉等图谋起兵，给全国起带头作用，以迎回中宗。琅邪王李冲、越王李贞首先行动，因时间仓促诸王没有能响应，于是失败。李元嘉与鲁王李灵夔等都自杀，其余全由于犯罪被杀，诸王受牵连几乎死尽，他们的子孙虽仍在襁褓之中也被放逐到岭南。太后亲自拜洛水，接受“天授圣图”，睿宗率领太子、群臣、少数民族酋长依次排列，大量珍禽、奇兽、贡品、仪仗陈列于洛水坛下，一直到受图典礼结束后太后才离开。

载初年间（689—690年），太后又在万象神宫祭祀。祭皇地祇时，以唐高祖太穆、唐太宗文德二皇后配享，又拉上周忠孝太后随从配享。造曌、木埊囝、口、木意、槗、膳、薹、檈、樾等十二个字。太后自己用“曌”作名字。改称诏书为制书。确定以周、汉两朝的王族后裔为“二王”，虞、夏、殷三朝的王族后裔为“三恪”，废除唐皇族名册。太后拜怀义为辅国大将军，又封他为鄂国公，命令他同和尚们一起撰写《大云经》，谈圣母神皇受命于天的事。春官尚书李思文诡称：“《周书·武成》篇中，有‘垂拱天下治’的话，是太后受命于天的凭证。”太后高兴，把这些都颁布于天下，逐渐图谋改朝换代。但害怕人心不肯归附，于是她阴毒残忍，像鸷鸟一样凶暴，大肆杀戮，借以恐吓天下之人。她暗 中怂恿酷吏周兴、来俊臣等数十人为爪牙，有不满意或一向疑忌的人，必定用酷法陷害。唐皇族侯王及其他正直大臣、将相大批被杀，鲜血染红监狱，家家不能自保。太后不过手拿梳妆用具坐在皇宫的层层帷幕之中，而国家的权力却已经转移了。

御史傅游艺率领关内父老请求太后顺应天命，实施变革，改皇帝的姓氏为武。又胁迫群臣坚持请求，胡说凤凰停留于上阳宫，赤雀出现在朝堂上。天子心中不安，也请求赐姓武氏，表示天下以武一姓为尊。太后知道权柄掌握在自己手中，于是大赦天下，改国号为周，自称圣神皇帝，旗帜尊尚赤色，以睿宗皇帝为皇位继承人。在神都洛阳建立武氏七庙。追尊周文王为文皇帝，称始祖，先妣姒氏称文定皇后；周武王为康皇帝，称睿祖，先妣姜氏称康惠皇后；五代祖父太原靖王为成皇帝，称严祖，五代祖母称成庄皇后；高祖父赵肃恭王为章敬皇帝，称肃祖，高祖母称章敬皇后；曾祖父魏义康王为昭安皇帝，称烈祖，曾祖母称昭安皇后；祖父周安成王为文穆皇帝，称显祖，祖母称文穆皇后；父亲忠孝太皇为孝明高皇帝，称太祖，母亲称孝明高皇后。改唐太庙为享德庙，春夏秋冬四季祭唐高祖以下三庙，其余废弃不复祭祀。冬至这一天，太后在万象神宫祭祀天帝，以始祖和她的父母亲配享，以众神随从受祭。太后全部封武氏家族诸人为王。下令改并州文水县为武兴县，与汉代的丰、沛县一样，县中百姓世代免除徭役。太后下令尊称始祖墓为德陵、睿祖墓为乔陵、严祖墓为节陵、肃祖墓为简陵、烈祖墓为靖陵、显祖墓为永陵，又改章德陵为昊陵、明义陵为顺陵。

太后又自加尊号，称金轮圣神皇帝，在朝廷上设置七种宝物：叫金轮宝、叫白象宝、叫女宝、叫马宝、叫珠宝、叫掌兵臣宝、叫掌府库臣宝，一般有大朝会的时候就把它们陈列出来。太后又尊武氏显祖为立极文穆皇帝，太祖为无上孝明皇帝。延载二年（695 年），武三思率领少数民族酋长和一些受人敬重的老人请求建造天枢，记载太后的功德，借此贬唐兴周，太后下诏同意，派纳言姚负责监造。于是大量收聚铜铁放在一块熔炼，铸造成天枢，题名为“大周万国颂德天枢”，设置于端门外。它的形状像柱子，高 105 尺，八面，每面单宽 5 尺，将铁铸成山形作它的基础部分，铁山上载有铜龙，铁山四周还有用石头雕凿成的怪兽环绕。柱顶铸一个云形的盖，盖上铸一颗大珠，高一丈，圆周长度是高的三倍。又铸造四条蛟龙捧着大珠，每条蛟龙长一丈二尺。天枢的山形基础圈围170尺，高两丈。大概用铜铁200万斤。于是把群臣、少数民族酋长的姓名全刻在天枢上。

神龙元年（705年），太后有病，长时间不能平复，居住于迎仙院。宰相张柬之与崔玄暐等定计，请求中宗率兵入宫杀张易之、张昌宗，于是羽林将军李多祚等带兵自玄武门入宫，杀二张于迎仙院旁。太后知道发生事变，从床上起来，桓彦范上前请求太后传位给太子，太后回身躺下，不再说话。中宗于是又即帝位。将太后迁移到上阳宫居住，中宗率领百官到上阳宫观风殿向太后问安，以后中宗大概每十天一次到上阳宫问候太后，不久改成每月初一、十五朝见太后。中宗下令废除奉宸府的官职，将东都武氏七庙的神主迁移到西京崇尊庙，改崇尊庙为崇恩庙，又下令恢复唐朝的宗庙。凡武氏诸人封王的全部降爵。这一年，太后去世，年81岁。遗诏说去掉帝号，改称则天大圣皇太后。太后去世后定谥号为则天大圣皇后，合葬于高宗乾陵。

中国历史上唯一的正统女皇帝武则天

遇上武三思与中宗韦庶人淫乱，武三思再次当政，于是出现大旱，中宗派人到乾陵祷求则天皇后，竟立即下雨。武三思引诱皇帝下诏规定武氏崇恩庙照旧祭祀，礼仪像太庙一样，斋郎用五品官的儿子充任。太常博士杨孚说：“太庙斋郎选取七品官的儿子充任，现在崇恩庙斋郎选取五品官的儿子，不合适。”皇帝说：“太庙也像崇恩庙一样，可以吗?”杨孚说：“崇恩庙是太庙的家臣，臣以君为标准是逾越本分，而君以臣为标准就是迷乱了。”皇帝于是停止用五品官的儿子充任崇恩庙斋郎。等到韦氏、武氏的党派被诛灭，天子下令则天大圣皇后又改称为天后，废除崇恩庙及武氏诸陵。景云元年（710年），天后改称大圣天后。太平公主干预朝政，请求恢复设立昊、顺二陵的守陵官，又追尊太后为天后圣帝，不久改称圣后。太平公主被杀，天子下令废除周孝明皇帝称号，仍改为太原郡王，孝明皇后改为太原郡王妃，又废除昊、顺等陵。

开元四年（716年），追称太后为则天皇后。太常卿姜皎建议：“则天皇后配享于高宗庙，神主题作天后圣帝，不正确，请求改题为则天皇后武氏。”天子下诏同意。

杨贵妃

唐玄宗贵妃杨氏，隋梁郡通守杨汪四代孙。她家移居蒲州（今陕西蒲城），于是成为永乐人。她年幼时父母去世，在叔父家长大。起初当玄宗的儿子寿王的妃子。开元二十四年（736年），武惠妃去世，后宫中找不到皇帝中意的人。有人说杨妃的容貌禀性天生出众，应该充任妃嫔，于是玄宗就把她召入宫中，见过面后，玄宗认为杨妃不同寻常，就让她当成是出于自己的心意，请求担任宫中女官，并为她取号太真，另替寿王娶韦昭训的女儿为妻。太真入宫后就得到天子的宠幸。她能歌善舞，深通音律，而且智能超群，揣摩他人心意总能猜中。皇帝非常高兴，于是单只让她一人待寝侍宴，宫中称她为娘子，待她的礼仪规格和皇后一样。

天宝初年（742年），玄宗册封太真为贵妃。追赠她的父亲杨玄琰为太尉、齐国公。提拔她的叔父杨玄珪任光禄卿，族兄杨铦任鸿胪卿，杨锜任侍御史，还让杨锜娶太华公主为妻。太华公主是武惠妃生的，最受玄宗宠爱优待。而杨钊的地位也逐渐显赫起来。杨钊就是杨国忠。贵妃的三个姊姊都长得漂亮，玄宗喊她们姨，封她们为韩国、虢国、秦国夫人，她们出入宫廷，蒙受恩宠，声威气焰震动天下。每次宫外有封号的妇女入宫晋见，按规定的位次排列，玄宗的妹妹持盈公主等都谦让杨氏诸姨，不敢就位。中央官署和州县的官吏接受杨家人的私下嘱托，立即奔走办理自定期限，比办玄宗下令要办的事还卖力。四方都有人送礼物与他们结交，杨家的门庭若市。玄宗的女儿建平、信成二公主因与贵妃家人不和，玄宗甚至把宫中分赐给她们的东西追回，信成公主的丈夫驸马都尉独孤明还因此而丢官。

杨贵妃

有一天，贵妃因受到玄宗的责备被送回杨锜家中，等到过了中午，玄宗还不进食，抽打在身边侍候的人，对他们大发脾气。高力士想试探一下玄宗的心意，于是报告玄宗，请求把宫中张设的帷帐、司农寺供给的酒和食品等一百多车东西送到杨宅，玄宗不但同意，还当即把自己的御膳分赐给贵妃。力士明白玄宗的旨意，这一天晚上，就请求把贵妃召回宫中，于是打开安兴坊坊门，贵妃的车马经那里驰入皇宫。贵妃见到玄宗，伏地谢罪，玄宗非常高兴，很好地抚慰了她一番。第二天，杨家诸姨往宫里进献美食，宴会的音乐一演奏起来，玄宗就猛给他身边的人赏赐东西，其数量多得无法计算。从此贵妃更加受到玄宗的宠爱。玄宗赐给杨家诸姨每人每年钱一百万，作为她们的脂粉费。杨铦以正二品勋官上柱国的身分，立戟于住宅门前，同杨锜、杨国忠、杨家诸姨等五家宅第相连，都仿效皇宫的建筑，大概建一个厅堂要费钱一千万。杨家人见别人的宅第有胜过自己的，就拆掉重盖，务以宅第的瑰伟奢丽相夸耀，大兴土木，没有停止的时候。玄宗得到的奇珍异物及四方贡品都分赐给他们，宫中派出的送物使者接连不断，赐给五家的礼物都要一样。

贵妃常跟随玄宗出外游乐，贵妃骑马，高力士就亲自给她递缰绳、马鞭。总计宫中在负责织锦刺绣以及负责铸造、雕刻金玉器物的工匠，大致有 1 000 人，他们接受贵妃的索取，各种稀奇的服饰、珍玩都能制作，变化如神。四方争相制作奇珍异物进献给贵妃，东西的奇特精巧，每每骇人耳目。岭南节度使张九章、广陵长史王翼由于进献的东西没人能比得上，天子晋升张九章为从三品散官银青光禄大夫，提拔王翼为户部侍郎，天下人于是无不追随这股风。贵妃嗜食荔枝，一定要得到新鲜的，于是特设驿骑传送，跑数千里地，荔枝的味道还没有变化已送到了京师。

天宝九载（750 年），贵妃又受到玄宗的责备，被送回宫外的住宅，杨国忠跑去找吉温商议，吉温于是晋见玄宗说："妇女过分不顺从应当处死，但陛下为什么爱惜宫中可用来处斩的一张席子大的地方，却让她到外面去丢脸呢？"玄宗的感情被触动，停止进食，命令宦官张韬光把自己的食物赐给贵妃。贵妃依靠张韬光传话，与玄宗告别道："妾有罪应当被处死一万次，但除身体头发外，妾的所有东西都是皇上所赐，现在妾将死去，没有可用来报答皇上的东西。"随即拿刀割下一束头发进献给玄宗，说道："留下这东西与陛下诀别。"玄宗见到她的头发后，既吃惊又叹惜，急忙召她入宫，还像从前那样对她以礼相待。接着天子又亲临秦国夫人和杨国忠的府第，赐给这两家无数财物。

杨国忠遥领剑南节度使以后，每年十月，玄宗到华清宫，杨氏五家的人马都随从，每家单独排成一队，每队都穿同一种颜色的衣服，一会儿五家的队伍合在一起，灿烂犹如万花竞放，川谷化为锦绣，杨国忠还用剑南节度使的旌旗作为队伍的前导。队伍所经之地，遗落的首饰，扔下的鞋子，还有琴瑟、珠串，乱七八糟地在路上扔着，香气传到数十里外。天宝十载（751 年）正月十五晚上，贵妃家人与玄宗的女儿广宁公主的随从争过市门，杨氏家奴挥鞭打人，双方喧闹争吵，公主跌下马来，只得躲开。公主找玄宗哭诉，于是玄宗下令杀掉杨氏家奴，但公主的丈夫驸马都尉程昌裔也被贬官。国忠当宰相，他的儿子杨昢娶玄宗的女儿万春公主为妻，杨暄娶延和郡主为妻；他的弟弟杨鉴娶承荣郡主为妻。玄宗又下令为贵妃的父亲杨玄琰立家庙，玄宗亲自书写家庙的碑文。杨铦、秦国夫人早死，所以韩国、虢国夫人和杨国忠显达的时间最长。虢国夫人向来和杨国忠淫乱，颇为外人所知，而不以为耻。每次入宫谒见天子，两人在道上并驾齐驱，随从的宦官、侍婢有一百多，都骑在马上，蜡烛照耀得如同白昼，妆饰艳丽的妇女充满街巷，虢国夫人连障帘都不用，当时人说这是齐襄公的淫妹行径。诸王的子孙凡有婚嫁之事，一定要先通过韩国、虢国夫人，然后向天子报告，这样做便都能如愿，诸王至于用数百金或上千金来感谢她们。

起初，安禄山有边功，玄宗宠信他，命他与杨家诸姨结为兄弟，而禄山则拜贵妃为母，禄山每次来京见天子，杨家人必定设宴招待，同他建立友好关系。后来安禄山造反，以讨伐杨国忠为借口，而且公开指出贵妃及杨家诸姨的罪恶。玄宗想让皇太子统帅军队，并把帝位禅让给他，杨家诸人极为恐惧，聚在庭院里痛哭。杨国忠入宫禀告贵妃，贵妃口衔土块请求天子将自己处死，玄宗心情沮丧，于是便没有那样做。等到潼关失守，玄宗西行到了马嵬驿，陈玄礼等就为天下人考虑而杀掉杨国忠，但杨国忠已死，军队将士仍不散去。玄宗派高力士询问原因，将士们说：“祸乱的根子还在!”玄宗不得已，与贵妃诀别，让人把她带走，勒死在路旁的祠庙里，用紫色褥子裹尸，埋在大路边，这时贵妃 38 岁。

后来玄宗自蜀郡回长安，路经马嵬驿，派人祭奠贵妃，且下令改葬。礼部侍郎李揆说：“龙武军将士因为杨国忠有负于皇上，招致祸乱，替天下人杀掉杨国忠。现在改葬贵妃，恐怕将士们会疑虑不安。”玄宗于是没有正式改葬贵妃。他秘密派遣宦官备好棺椁把贵妃的遗体迁移到别的地方安葬。挖开埋贵妃的地方，贵妃原先佩带的香囊还在，宦官把它献给玄宗，玄宗看到香囊后，伤感落泪，于是就命画工在偏殿里画贵妃的像，早晚前去看望，一定要哽咽抽泣。

马嵬驿事变发生的时候，虢国夫人和杨国忠的妻子裴柔等逃往陈仓，她们猜想是逆贼作乱，便扔下马跑进树林里。虢国夫人先杀掉她的两个孩子，裴柔说：“请让我死!”虢国夫人马上把她和她的女儿一起刺死，然后自己抹脖子，但还没有断气，官吏就把她驮在马上送进监狱，虢国夫人问道：“是国家要杀我们? 还是逆贼作乱?”县吏回答说：“都是。”于是死去，被埋在陈仓东城外。

开元之治

唐朝自神龙（705 年）以来，政局多变。武氏诸王、中宗的韦皇后及其女儿安乐公主、武后之女太平公主都干预朝政，朝廷大臣也分成几派，相互倾轧，接连发生政变。直到先天二年（713 年）七月，唐玄宗以先发制人的手段，消灭了政敌太平公主集团，杀戮和贬逐了大批武、韦及太平公主余党之后，才算告一段落。唐玄宗励精图治，任用贤臣姚崇为宰相兼兵部尚书，采纳了他的“抑权幸、爱爵赏、纳谏诤、却贡献、不与群臣亵狎”的建议。十一月，加尊号为“开元神武皇帝”，次月，改年号先天为开元，并罢黜了涉嫌和诸王交通的功臣张说、刘幽求。

开元二年（714 年）正月，玄宗下令选拔有才干器识的京官出任都督、刺史，有政绩的都督、刺史则予以改任京官，使出入常均，永为恒式。采纳姚崇“沙汰天下僧尼”的奏请，让一万二千余人还俗。二月，又下令各地不许创建佛寺，旧寺颓坏应修葺的，须向有关部门申报，经验视后方允许修缮。同时，又严禁百官和僧、尼、道士来往，禁止民间铸佛、写经。五月，开始大量裁减冗官，精简机构，罢免了所有的员外官、试官、检校官，规定如果不是有战功或特别敕令，一律不得再加任命。六月至七月间，任命宋王成器出为岐州刺史、申王成义出为幽州刺史、邠王守礼出为虢州刺史、岐王隆范出为华州刺史、薛王隆业出为同州刺史。五王都出任外州刺史，不得留住京师，并且各州实际事务都由各州上佐处理，诸王没有实权。这样就削弱了皇室内部成员发动政变的政治基础，加强了中央集权。玄宗深感风俗奢侈糜烂，颁布制度要求全国节俭，并且罢除了两京织棉坊。十月，吐蕃入冠渭源，薛讷与吐蕃在武街（今甘肃渭源县内）发生激战，大破吐蕃兵。并且联合陇右群牧使王晙的军队，在长城堡（今甘肃临洮）又击破吐蕃军，前后杀获数万人。吐蕃派遣大臣宗俄因矛到洮水用对等敌国的礼节求和，遭到玄宗的拒绝。此后，吐蕃经常侵扰边境，十二月，唐设置陇右节度大使。

开元三年（715 年），突厥十姓前来投降的前后约有万余帐。二月，高丽莫高支文简和跌都督思泰等也从突厥率领部众来降，唐王朝把他们都安置在河南地。五月，山东发生大规模的蝗虫灾害，百姓纷纷在田旁焚香膜拜设祭而不敢捕杀蝗虫，姚崇奏请派遣御史督察 各地州县捕杀蝗虫，并派遣使者考察各地州县捕蝗勤惰情况，据实上报。因此，虽然连年蝗灾，但并没有造成大饥荒。

开元四年（716 年），玄宗鉴于县令的选拔过于冗滥，亲自在宣政殿考核吏部选录的县令，结果有四十五人被罢免回家，并且贬黜了主选的吏部侍郎。六月，拔曳固斩突厥可汗默啜首级来献。拔曳固、回纥、同罗、霫、仆固五部都来降唐，被安置在大武军北面。七月，契丹李失活、奚李大酺率部众来降，唐又设置松漠都督府，任命李失活为都督、封为松漠郡王。第二年，玄宗又把甥女封为永乐公主嫁给李失活。开元四年（716 年）闰十二月，宋璟继姚崇之后为相。姚崇善于应变成务，璟善于守法持正，二人志向操守各异，但协心辅佐，使得赋役宽平，刑罚轻省，百姓富庶。因此，唐代贤相，前称房、杜，后称姚、宋。

为了增加封建国家的财赋收入，扩大徭役兵役的来源，宇文融在开元九年（721 年）建议检查色役伪滥，搜括逃户。二月，玄宗下令州县逃户限百日内自首，并令宇文融充当使节主管这件事。由于流亡的农民只有符合令式要求的，才能在当地登录户籍，其余的一律遣还故乡，因此遭到农民的抵制。唐政府被迫修改了逃户自首附籍的条件，允许农民在当地附籍，不再提遣还故乡，并且再次任命宇文融兼任劝农使，设置 29 个劝农判官，分别派往全国各地，检括逃户和籍外田。新附籍的客户免除六年的租调徭役，只收轻税。因此，这次括户全国各地共搜括到客户八十多万户和相应的田亩。此后，唐王朝不断下令检括浮逃户。

开元十年（722 年），小勃律遭到吐蕃的进攻，向唐北庭节度使求援，唐出兵救援，大败吐蕃军。从此以后，吐蕃多年不敢侵扰边境。开元十年（722 年）以前，唐兵经常有 60 多万人在周围边境上戍守。至此，宰相张说鉴于目前没有强敌，奏请削减了 20 多万士兵返家务农。同时，由于府兵之家并不被免除徭役，日趋贫困，大量逃亡，因此张说建议召募壮士充宿卫，也得到唐玄宗的允许。旬日内得精兵 13 万，分别隶属诸卫。从此，唐兵农开始分离。开元十一年（723 年）九月，吐谷浑摆脱了吐蕃的控制，率领部众到沙州（今甘肃敦煌）降唐，唐河西节度使接纳了他们。十一月，唐王朝选拔京兆、蒲、同、岐、华州府兵和白丁 12 万，担当“长从宿卫”，每年轮番两次服役，州县不得役使。同年，把宰相商讨国家大事的议政处“政事堂”改称中书门下，并且设置了吏、枢机、兵、户、刑礼等五房，掌管军政庶务。

开元十三年（725 年）二月，下令把检括的客户税钱都充作当地的常平仓本钱，委派劝农使和州县商议建立劝农社，使得盆富相恤，同月，把长宿卫改称骑，分隶 12 卫，12 万人分作六番。三月，突厥派遣使臣献纳贡物。十一月，玄宗祭拜泰山，行封禅礼。随行的有百官、贵戚、四夷酋长，声势浩大隆重，数十里为人畜遍布，至泰山，仪卫环列山下百余里。经过多年的丰收，唐王朝十分富裕，东都米斗十五钱，青、齐五钱，粟三钱。牧马也蕃衍达到 43 万匹，牛羊的数目也大致相当。同年，唐王朝在黑水靺鞨部落设置黑水都督府（今黑龙江和乌苏里江会合口东岸的伯力），任命黑水靺鞨的大酋长倪属利稽为都督，唐置长史以镇之。至开元十六年（728 年），赐倪属利稽名为李献诚，认作本家，唐与之的关系更加密切。玄宗一朝，黑水靺鞨聘问中原有十五次之多。开元十四年（726 年），和契丹、奚和亲，把玄宗的从甥陈氏封为东华公主，嫁给契丹王李邵固；成安公主的女儿韦氏封为东光公主，嫁给奚王李鲁苏。据户部统计，到了开元十四年（726 年），全国户口已递增到户 7 699 565，人口 41 419 712。

开元十五年（727 年），吐蕃侵扰唐边境。唐河西节度副大使萧嵩委任张守珪为瓜州刺史，多次打败吐蕃军。吐蕃赞普又中了萧嵩的反间计，杀掉了大将悉诺逻。因此，吐蕃势力渐趋衰落。开元十六年（728 年），张守珪在瓜州大败吐蕃军。不久后河西、陇右兵又在渴坡谷大破吐蕃，攻取了吐蕃要寨大莫门城。八月，河西兵在祁连城下又击败了吐蕃兵。吐蕃被打败后，不得不在开元十八年（730 年）十月向唐求和。唐玄宗命皇甫惟明和内侍张元方出使吐蕃，吐蕃赞普派遣大臣论名悉猎跟随惟明去进贡，表称“甥世尚公主，义同一家”。从此以后，吐蕃重新归附唐王朝，双方关系十分密切，在赤岭（今青海湟源西日月山）互市往来。次年，吐蕃又通过金城公主求取了《毛诗》《春秋》《礼记》《文选》等书籍。

开元二十年（732 年）唐遣将击败了叛附突厥的奚、契丹，契丹可突干远逃，余党潜藏山谷之中，奚首领李诗琐高率部众五千余帐降唐，唐封他为归义王，把他的部落迁徙到幽州境内。至开元二十二年（734 年），幽州节度使张守珪又大破契丹，斩首了契丹王屈烈及其大臣可突干，传首东都，余众皆降。同年七月，裴耀卿出任江淮、河南转运使，改革漕运，实行沿河设仓、逐级转运来督运漕米。三年中共转输漕米 700 万斛，节省往日从东都含嘉仓到陕的陆地运输费用 30 万缗。漕运的改革，使得唐朝的政治中心长安和日益成为经济重心的江南更加紧密地联系起来。

开元二十五年（737 年）二月，吐蕃又断绝了和唐王朝的友好往来。唐召募丁壮充边军，防备吐蕃。七月，唐大理寺申报今年处死刑的只有 58 人。九月，颁布了新修律令格式。为了防止岁丰谷贱伤农，唐王朝决定在两畿实行和籴法，增时价什二三和籴东、西畿粟各数百万斛。停止转运江淮的租米，下令各地所纳租庸调、租资课都用当地土特产输京都。从此以后，关中粮食蓄积充足，不再到东都洛阳就食了。开元二十六年（738 年），册封南诏皮逻阁为云南王，皮逻阁率领诸部，击破吐蕃，徙居大和城（今云南大理）。开元二十七年（739 年）八月，碛西节度使盖嘉运攻碎叶城（今吉尔吉斯共和国北部托克马克附近），擒突骑施可汗吐火仙。又派遣将领和拔那汗王攻入怛逻斯城（今哈萨克共和国东南部江布尔城）。擒黑姓可汗尔微，收其众数万给拔那汗王，唐在西陲的威势复振。九月，处木昆、鼠尼施、弓月等诸部纷纷摆脱突骑施的控制归降唐朝，被安置在安西管内。

到了开元二十八年（740 年），全国有民户 8 412 871，人口 48 143 690，比唐初户口数，增加近两倍。西京、东都米斛值钱不足 200，绢匹的价格也十分低廉。当时，天下雄富，史称“东由汴、宋，西径岐、凤，夹路列店，陈酒馔待客，行人万里，不持寸刃”。不仅中原地区和江淮地区以及成都平原，繁富如此，而且户口稀少的陇右河西地区也出现了“闾阎相望，桑麻翳野”的繁荣景象。

政治的安定、国力的强盛、社会经济的繁荣必定推动文化事业的发展。唐诗最为后人称道，著名诗人高适、岑参、王维，特别是李白、杜甫都生活在这个时代，而唐代后期的著名诗人，如大历十才子，也是这个时期培养出来的。其他如音乐、绘画、雕刻、朔造等艺术也都有了显著的成就。唐在东西两京设置集贤院，集中学者整理文化典籍，编篡图书目录，校刊补正典籍，抄写经史子集约九万卷，也极大地推动了文化事业的发展繁荣。

长安城的兴建

隋文帝灭北周后，开始仍以北周都城长安为都。此处城池是西汉旧都，至隋朝建立已经八百年沧桑，中间虽经前赵、前秦、后秦、西魏、北周几代稍加修缮，但终因年代久远以及战争的破坏而失去昔日的光彩。其制度狭小，不足以显示强大隋朝的国力，而旧城周围的水质咸卤又不甚宜人。开皇二年（582 年）六月，隋文帝下诏于城东南二十余里的龙首原处创建新都，派高颎、宇文恺等人领其事。到第二年三月，新都初具规模，称为大兴城，是因为隋文帝初封大兴公的原因。隋大业九年（613 年），开始役使十多万人修筑外郭城，就此划定了大兴城的范围。

大兴城规模浩大，布局齐整，设计上借鉴了北魏都城洛阳和东魏、北齐都城邺城的合理之处，并巧 妙地利用龙首原以南平坦中富于变化的地势，将宫城安排在最北面，皇城拱卫其南，外侧再环绕郭城。宫城内的主要建筑是大兴宫。百官衙署都庥中于皇城，［宋］宋敏求《长安志》言：“自西汉以后至于晋、齐、梁、陈，并有人家在宫阙之间，隋文帝以为不便于民，于是皇城之内惟列府寺，不使杂人居止，公私有便，风俗齐肃，实隋文新意也。”郭城内有南北、东西向的笔直街道，将城内划分为一百零八坊，以中轴线上的朱雀大街为界，东属大兴县，西属长安县。坊内主要是民居，并有王府、寺观等。城内有两市，东称都会，西称利人，是商业和手工业的集中地。龙首、永安、清明三条水渠分别自城东、城南引水入城，解决了都市的用水。［宋］吕大防《长安志图》云：“隋氏设都，虽不能尽循先王之法，然畦分棋布，闾巷皆中绳墨。……而朝廷、宫寺、门居、市区，不复相参，亦一代之精制也。”隋大兴城的规划和布局充分体现了统治者的理想和要求，同时也反映了设计者和建设者的聪明才智。

武德元年（618 年），唐王朝建立，将大兴城改名为长安城，又称京师，做为都城。在不改变原格局的基础上，对长安城进行了一些增建和加固工程。唐贞观八年（634 年），在城东北的禁苑内建永安宫，为太上皇清暑用，次年改名为大明宫。显庆五年（660 年），武则天始参与朝政，龙朔三年（663 年）迁大明宫听政，此后大明宫成为唐代主要的朝会之所。

玄宗继位后，于开元二年（714 年）因藩邸置宫，这就是兴庆宫。开元十四年（726 年）扩建兴庆宫置朝堂，开元十六年（728 年）竣工，玄宗就在这里听政。

除两处宫殿区外，高宗时曾两次征发丁壮重筑外郭城。玄宗时修建了自兴庆宫北至大明宫，南至芙蓉园、曲江池的夹城，以便皇帝往来潜行。

经隋唐两代的兴建，长安城成为当时世界上最负盛名的大都市。各地的商贾和珍奇货物云集于长安，刺激了经济的繁荣发展。除商人外，当时居住在长安的外国人还有僧侣、留学生、艺人、工匠等，他们是文化的使者，为促进中外文化的交流做出了积极的贡献。

长安城是一座以里坊制为特点的封闭型的城市，它的建制不但影响了隋唐的东都洛阳以及地方城市，甚至影响到当时日本的都城，如建于八世纪初的平城京，就在很大程度上模仿了长安城的建制。

后来对隋唐都进行了系统的考古勘探和发掘，探明了城墙、城门、街道、里坊的位置，发掘了明德门，大明宫含元殿和麟德殿，以及青龙寺等重要遗址。

郭城西长 9 721 米，南北长 8 651. 7 米，周长 36. 7 公里，城每面开三门。明德门是南城墙正中的城门，门址长 55. 5 米，有并列的五个门道，每个门道宽 5 米。其余城门都是一门三道。

城内有南北向大街 11 条，东西向街道 14 条，主要街道的宽度均在百米以上，明德门内的朱雀大街宽达 150 ~ 155 米。

含元殿是大明宫的正殿，建立在高台之上，登临含元殿可以俯瞰长安城。殿址现高于地面 15 米，东西长 75. 9 米，南北长 41. 3 米，面阔 11 间，进深四间。殿前两侧建有翔鸾、栖凤两阁，两阁与大殿以廓庑相连接，形成回护、烘托主殿的气势。殿前有三条长 75 米的阶道，自地面直升大殿，称龙尾道。从龙尾道前端仰视，含元殿就像建于天上云端，格外富丽庄严。麟德殿是大明宫内另一处重要殿堂，位于大明宫西部，是宴会的场所。麟德殿由毗连的前、中、后三殿组成，中殿左右各建一亭，后殿两侧各有一楼，周围绕以回廊，气势宏伟。大明宫内还发现清理奉祀道教的建筑三清殿等。

青龙寺坐落于长安城东南的乐游原上，隋称灵感寺。青龙寺遗址面积东西长500余米，南北宽260米，发现了两座并列的院落，其中有塔、殿及回廊等建筑。盛唐以后，青龙寺是佛教密宗的主要道场，日本、新罗来长安留学的僧人多在青龙寺学习密教。

唐代的丝绸之路

丝绸之路，是指古代从中国西北出发，横贯亚洲，进而联结非洲、欧洲的古代陆路交通线，由于中国古代以丝和丝织品为主要商品，因此这条贸易通道被称作“丝绸之路”，简称“丝路”。

丝绸之路在张骞通西域之前就已经存在，但由于张骞的“凿空”之功，丝绸之路从此更为畅通，东西文化的交流不断加强，早在汉代，丝绸之路就有三条道路，据《隋书·裴矩传》记载，这三条路为：一是北道，从今哈密穿越天山北达巴里坤，然后由此向西经吉木萨尔、乌鲁木齐、通过伊犁盆地，从锡尔河附近前往东罗马帝国；二是中道：沿天山南侧经哈密、吐鲁番盆地、焉耆、库车、喀什，然后越过帕米尔经贯尔干纳、索格底亚那（即撒马尔罕、布哈拉等）进入伊朗的波斯帝国；三是南道：沿罗布泊沙漠南边西行到达于阗，然后从哈尔喝里克、塔什库尔干，翻越帕米尔，通达瓦罕溪谷到达阿姆河河畔，再由此通往印度北部。

唐代的丝绸之路发展到了一个新时期，实行“关中本位政策”的唐政府一直致力于西北地区的开发。唐朝初期，西域虽大都在西突厥控制之下，但西域各国国王都曾派人或亲自到长安，表示归附，因此唐初很快恢复了丝路交通。武德年间（618年5月—626年12月），高昌国进献的“拂菻狗”，引起了唐朝对拂菻的兴趣。贞观四年（630年），伊吉城主归附于唐，唐在这里设置伊州，控制了西域北道。这时，在西域地区拥有较强政权的高昌为了垄断丝绸贸易，高昌曲文泰封闭了西域南部进入中原的道路，商贾都要经过高昌，并需交纳商税，贞观六年（632年）大碛路恢复开通后，高昌王与西突厥联合，阻拦、抢掠西域其他地区商贾使者，阻止他们进入中原，同时还发兵攻打伊吾、焉耆，掠夺其他域镇。贞观十四年（640年）唐政府派侯君集带兵平定了高昌，在高昌设西州，置西州刺史，西州的户口计账等申报，完全和中原地区相同。不久，又在这里设安西都护府，屯驻军队，镇守整个西域地区。在平定高昌的同一年，驻守于可汗浮图域（今吉木萨尔以北）的西突厥叶护归唐，唐政府在这里设庭州，置庭州刺史，唐又将伊州、西州、庭州划入陇右道，加强了对这一地区的管理。

随着唐政府对丝路的开发，唐与中亚诸国的联系不断增强。贞观十四年（640 年）粟特人将制造葡萄酒的技术传入中国，大批犹太商人涌入中国，丝路上的通使及商业往来活跃起来。贞观十五年（641 年），摩伽陀国（即摩揭陀国，位于印度恒河以南的一个大国）的使者，商人来到长安。在他们返回时，唐太宗派云骑尉梁怀璥随同前往，受到摩揭陀国的热烈欢迎。贞观十七年（643 年），拂菻（叙利亚或拜占庭）王波多力派遣使节进献赤玻璃、绿金精等物，唐太宗回赐了大量的绫绮等丝织品。至于其他国家的商人往来，更是数不胜数。

贞观十九年（645 年），44 岁的玄奘结束了他的春秋寒暑十七年、历经艰难曲折的数万里跋涉，将西行所得经像送入长安弘福寺。玄奘沿途经历了 130 多个城邦，由玄奘口述，门徒辩机笔录的《大唐西域记》，翔实地记载了玄奘西行的经历、见闻，成为一部闻名世界的历史地理名著，也成为一部丝绸之路上中西交流的历史见证。玄奘珲将印度的因明学传入中国，推动了我国逻辑学的发展，并启迪了日本法相宗的传承。继玄奘之后，咸亨四年（673 年）义净又赴印度求法取经。玄奘、义净的不懈努力，推动了佛教在中国的发展和兴盛。

中国僧人西行求法的同时，中亚僧人也不断前往中国，将本国的宗教在中国弘扬。延载元年（694 年）波斯国人拂多延（古波斯语“知教义者”）持《二宗经》来到中国，摩尼教开始在中国传播开来。天宝三载（744 年），大秦国僧佶和不远万里，东来中土，促进了已在中土流传的景教向最盛时期的发展。佛教、袄教、摩尼教、景教等宗教的传播，正是依赖了丝调之路，这些宗教在中国产生了很大影响，有些已成为中国文化的一部分。丝绸之路，成为联系东西文化交流的纽带。

天宝十载（751 年），中国与阿拉伯发生了怛罗斯之战，阿拉伯抓获一些中国的造纸和丝绸工人，中国的造纸术开始传至西方，同时，中国的植物品种、漆器、冶铁、水利灌溉技术、火药等也随着传入西方，再加上商人的频繁往来，丝路上的商品交流非常活跃，丝绸之路成为举世闻名的商路。

唐诗的鼎盛

唐开元元年（713 年）唐玄宗登基时，唐朝的经济、文化出现前所未有的繁荣。突出表现在户口增加、物价降低和商业发达。唐太宗贞观初年全国户口不满 300 万，到唐玄宗开元十四年（726 年），据户部奏，有 76 009 565 户，一百年间增加一倍还多。粮食便宜到“东都洛阳斗米十五钱”，青、齐等州郡才三钱，一匹绢 200 钱。此时海内富足，“道路列肆，具酒食以待行人。

店有驿驴，行千里不持尺兵。天下岁入之物，租钱二百余万缗，粟千九百八十余万斛；庸调七百四十万匹，绵百八十余万屯，布千三十五万余端”。

杜甫《忆昔》生动地描述了这种景象：“忆昔开元全盛日，小邑犹藏万家室。稻米流脂粟米白，公私仓廪俱丰实。九州道路无豺虎，远行不劳吉日出。齐纨鲁缟车班班，男耕女织不相失。”

诗圣杜甫

随着生产力的发展，唐代的商业也相当活跃，当时的长安、洛阳、扬州、广州、益州、敦煌等都是国内外著名的贸易都市。长安的王元宝、郭万金、杨崇义是当时的商业巨子，他们以财富为基础，企图参予政权，“延纳四方多士，竞于供送，期之名寮，往往出于门下”，使皇帝不得不下诏禁止官吏与商人来往。加上唐高祖、太宗以至武则天的开边活动，到开元时代，唐朝疆域十分广大，东、南到海，西到咸海，北到贝加尔湖和叶尼塞河上游，东北到外兴安岭以北和鄂霍茨克海，西南到云南、广西，成为当时世界上最强大最富庶最先进的国家是亚洲的经济、政治、法律和文化中心。南有波斯、大食、天竺开来的商船，东有日本派遣的僧俗使节和留学生，中亚细亚的乐工、艺人也从丝绸之路涌向中国。处于这种环境，仕宦人家和普通平民接受新事物比过去丰富，眼光和胸襟更为扩大，他们不满于既成的现实而以积极进取的精神去追求新事物，渴望干更大的事业。一般人家从很小就培养子弟，让他们积累知识以求上进。

王维9岁就会写文章，15岁就留下《题友人云母障子》和《过秦皇墓》。

李白5岁通六甲，10岁观百家，15岁学剑，19岁就带着作品在半路上拜谒益州大都督府史苏颋。苏颋是当时散文名家，他见了李白诗文，大加赞赏，对同僚说:“此子天才英丽，下笔不休，……若广之以学，要与相如比肩也。”

诗仙李白

杜甫7岁开始作诗，9岁已写满一大口袋书法大字。而且他们的作品也已超出了初唐“四杰”的清新，情感跃跃欲试的境界，呈现出盛唐独有的庞大气象，如王维诗句“九天阊阖开宫殿，万国衣冠拜冕旒”，李白的“大鹏一日同风起，扶摇直上九万里，假令风歇时下来，犹能簸却沧溟水”，以及杜甫的《雕赋》《天狗赋》等作品都有一种恢宏浩壮的气魄。

唐中叶时道教和佛教兴盛，庄园制进一步发展，为游侠、游仙、隐逸和山水田园诗提供了条件。唐朝皇帝认定老子是始祖，提倡道教。高宗时就追尊他为玄元皇帝。玄宗更好道教，登基不久就下诏让东、西二京及各州必置玄元皇帝庙，把《道德经》和《庄子》同儒家经典一起列为士子必读之书。

天宝四载（745 年）又将天下林立的玄元庙改为紫极宫。他的两个妹妹（西宁和玉真公主）和宰相李林甫的女儿，都以贵族身份出家当道士。王远知、潘师正、司马承祯、高如贵等著名道士都受到皇帝的优待。这样，不仅使许多官僚士大夫崇道并与教徒关系密切，而且许多人干脆出家修道。佛教到唐朝也深入士庶人家。唐中宗曾“令普寂（大照禅师）代神秀（禅宗北宗首领）统其法众”。王维的家庭佛教气氛非常浓厚。他母亲是普寂的弟子，“褐衣蔬食，持戒安禅，乐往山林”三十余年不懈怡。王维自幼受佛教思想熏陶。他名维，字摩诘，合起来就是佛经中一位有名居士的名字。随着唐朝经济的发展和财富的积累，土地兼并慢慢发展，逐渐促成庄园制盛行。唐代庄园有官庄、皇庄、官僚、地主庄园和道观、佛寺庄园。庄园除庄宅及田地以外，还有果园、菜园、碾硙、车坊等，另有佃客和手工业者为庄园主生产生活必须品，一个庄园成为一个独立的经济单位。庄园制的发展，为政治上没有找到出路，或厌倦官场的知识分子过隐居生活提供了经济基础。他们住在庄园里待价而沽，政治行情看好就出仕，否则就高卧，以创造更大的名声。

一次，司马承祯被召至皇宫，返回山寺时，卢藏用指着终南山说：“此中大有佳处。”司马承祯不紧不慢地说：“以我之见，仕宦之捷径耳。”点破了许多文人隐居的真实意图。卢藏用召拜左拾遗，郑普思征为秘书监，叶静能成为国子祭酒，都是以隐居取得的。精神上的好道好佛以及庄园制的物质保障，使盛唐时代的山水田园诗极为繁盛。以王维和孟浩然为代表的山水田园诗崛起并形成繁荣局面，成为唐诗鼎盛的一个方面。李白的许多游仙诗、游侠诗，也是这样产生的。好道、好佛不仅使人向往山水、田园，而且还可以使他们暂时解下人格面具，放浪形骸，抚慰官场失意所带来的痛苦。贺知章、李琎、李适之、崔宗之、苏晋、李白、张旭、焦遂等被称为“饮中八仙”，都是在这种风气下大胆地以酒浇愁，并写下作品的，甚至连杜甫这样每饭不忘君的人，也敢于吟出“儒冠多误身”的诗句。

开边政策与国内战争，激发了文人名士的报国热情，也促使他们深入思考正义战争与非正义战争的内蕴，雄豪阔大的边塞诗和触目惊心的战争诗，成为盛唐诗歌中另一股滚滚洪涛。唐玄宗利用多年积赞下的财富“大攘四夷”，战争烽火随时高举。文人名士有的投入疆场效力、有的对战争大加评论，使边塞诗和战争诗百花齐放。直接投入疆场效力的有岑参、高适等人。天宝八载（749 年）岑参被高仙芝推荐为右威卫录事参军，充安西节度幕府掌书记。他从长安向西，过金城（半州）入河西走廊，越燕支山，经凉、甘肃、瓜诸州，抵敦煌，再西出阳关，经罗布泊北行到达西州吐鲁番，又经过银山碛、铁门关、抵安西都护治所龟兹（库车）。他说：“万里奉王事，一身无所求；也知塞垣苦，岂为妻子谋?!”“丈夫三十不富贵，安能终日守笔砚”；“功名只向马上取，真是英雄一丈夫”。在军队中，他留下许多诗作。他的《白雪歌》《走马川行》《轮台歌》成为盛唐边塞诗的绝唱。高适则随哥舒翰在陇右节度使府服务，又随其收复黄河九曲地区。天宝十四载（755 年）安史之乱发生后，他还协同哥舒翰守卫过潼关。高适也有许多慷慨激昂的边塞诗。虽然没有打过仗但对战争横加评论的有李白、王维、杜甫等人。仅以天宝年间（742—756 年）为叙述：天宝六载（747 年）玄宗命高仙芝率万人越葱岭至特勒满川击吐蕃，命王忠嗣以数万人强攻石堡城。李白写下《战城南》，痛斥朝廷穷兵黩武，把士卒当蝼蚁的行为。天宝八载（749 年）哥舒翰以 63 000 人死亡的代价，攻下仅有数百人守卫的石堡城，被封为御史大夫，李白又愤恨地谴责他“西屠古堡取紫袍”。天宝十载（751 年）剑南节度使鲜于仲通征南诏，大败，死六万人；高仙芝征大食，大败，三万人全部死亡；安禄山征契丹，大败，六万人全军覆没。天宝十一载（752 年）朝廷又征大兵北击契丹、南攻南诏，但“人闻云南多瘴，未战士卒死者十八九，莫肯应募”，杨国忠便派御史分道捕人，连枷送诣军所，行者愁怨，父母妻子送子。对此，李白写下《古风》之三十四，杜甫写下《兵车行》以谴责，高适却以《李云南征蛮诗》对这场战争大加赞美，歌颂备至。

天宝十二载（753 年）五月，哥舒翰大败吐蕃，拔洪济、大漠门等城，悉收九曲部落，“是时中国强励，自安远门西，尽唐境万二千里，闾阎相望，垒麻翳野，天下称富庶者无如陇右”。被李白批评过的哥舒翰在这儿又受到高适和王维的表扬。高适写下《自武威赴临洮谒大夫因书即事寄河西陇右幕下诸公》。

王维写下《送高判官赴河西序》，把哥舒翰描写得雄姿武威，独步当时。天宝十四载（755 年），安史之乱发生，叛军半年内就攻进首都长安，玄宗连给百官的招呼都来不及打，就匆匆逃到四川。在此次战乱中，杜甫又完成了《悲青坂》《悲陈陶》《三吏》《三别》等一系列被称为“诗史”的作品。上述边塞诗和战争评论诗，有的苍凉悲壮、有的雄豪奔放、有的满含怨气、有的暗隐心事，它们组成威武的军事进行曲，给鼎盛的唐诗注入强烈的阳刚之气，使盛唐诗坛呈现出五彩缤纷的繁荣景象。

安史之乱

唐朝前期，军事方面上承隋及北周，实行府兵之制。为了保卫唐朝中央政府所在地的长治久安，府兵的军府多数设于关中，“举天下兵不敌关中”，形成了居重驭轻的形势。府兵由百姓中简点，轮番服役，担任宿卫及征防。有事出兵则由朝廷命将统帅征行，战争结束则兵散于府，将归于朝，这样，就不会有边将拥兵自重的情况。

睿宗时期，始于边境设置节度使，统领边防军镇，逐渐成为常设的地方军事长官。玄宗时期，边烽日警，为控制和防御周边少数民族，节度使数目增加到十人。此时府兵制已逐渐瓦解，朝廷宿卫不给，用招募的长从宿卫以代替番上的府兵。边军也由自愿长留戍边的“长征健儿”充当，不再由内地调发。节度使统领“健儿”组成的长驻边军，对外作战，对内镇抚，军权越来越重。不仅如此，节度使还往往兼管区内的支度、营田等使，集军、政、财等大权于一身。此外，节度使一般由最初的胡族将领来担任。天宝中，宰相李林甫为了巩固自己的地位职权，“志欲杜出将入相之源”，进一步造成胡族武人长期专兵的情况。天宝后期，朝廷政治日益腐败，中央军备日益松弛，外重内轻、尾大不掉的局面也因此形成。安禄山便在这样的形势下起兵叛唐。

安禄山和史思明都是营州（治今辽宁朝阳）一带的杂种胡人。均通晓边境少数民族语言，而且骁勇多机智。做过互市牙郎，后都成为幽州节度张守张珪手下的捉生将。安禄山升任平卢兵马使时，以贿赂结交唐廷派往河北的使臣，博得玄宗的称许。以后又因善于谄媚逢迎，骗得玄宗和杨贵妃等人对他的信任支持。唐朝河朔一带由于贞观以后东突厥的败亡迁徙，在开元（713—714 年）天宝年间（742—756 年）逐渐成为一个诸种民族杂居的复杂“胡化”区域。出身胡人，熟悉民族风俗习惯而又多权术智计的安禄山，便被唐朝廷看作是羁縻统治这一复杂地区和抚绥周围少数民族，安顿边境的最合适人选。为此安禄山于天宝元年（742 年）从营州都督被升为平卢（今辽宁朝阳）节度使；天宝三载（744 年），兼范阳（今北京）节度使，河北采访使；天宝十载（751 年），又兼河东（今山西太原西南）节度使。一人而身兼三镇，掌握了今河北、辽宁西部、山西一带的军事、民政及财政大权。天宝十一载（752 年），史思明也由于他的推荐被任命为平卢兵马使。

安禄山利用唐朝廷对他的信任，不断扩充实力。他曾利用征战和欺诈的手法镇压契丹、奚等少数民族，并借北机会将同罗、奚、契丹降人八千收至麾下，养为假子，称“曳落河”（胡语，意为壮士），皆骁勇善战。又贮备战马数万匹，多聚兵仗，分遣胡商至各处经商致财。天宝十四载（755 年），又请以蕃将32人代汉将，组成了一个以少数族武人为骨干有汉族失意文人参加，并为其出谋划策的武装军事集团。

安禄山在经过长期的准备之后，兵力雄厚。他深知长安朝廷腐朽、兵力虚弱的内情，又因与宰相杨国忠争权，于是在天宝十四载（755年）十一月，以讨伐杨国忠为借口，发所部兵汉、同罗、奚、契丹、室韦共15万众，号称20万人，在范阳起兵。

安禄山起兵后，河北州县，望风瓦解，守令或逃或降，或被擒杀，没有敢抵抗的。叛军军锋迅速指向洛阳（今河南洛阳东）。消息传到朝廷，唐玄宗相信杨国忠的话，以为叛乱很快就会平息。于是派大将封常清至洛阳，开府库募兵，旬日间即募得六万人。但常清所募兵皆市井白徒，没经过训练，在与安禄山的军队激战中，很快就被打败，洛阳失陷。安禄山纵兵杀掠，封常清与驻屯陕州（今河南三门峡西）的大将高仙芝一起退守潼关（今陕西潼关东北）。玄宗听信监军宦官边令诚的诬告，杀死高、封两人，起用病废在家的大将哥舒翰统兵赴潼关。第二年（756年）正月，安禄山在洛阳称大燕皇帝，命令部将史思明经略河北。

洛阳失陷后，常山（今河北正定）太守颜杲卿与平原（今山东陵县）太守颜真卿起兵征讨安禄山，并号召诸郡响应。河北人民不堪忍受叛军的残暴行为。纷纷自发组织队伍，多则二万，少则万人，抗敌自保。这时玄宗已下诏欲亲征，令朔方、河西、陇石等镇节度使率兵勤王。于是唐朝大将郭子仪、李光弼率朔方军步骑一万东征河北。李光弼分兵先出井陉（今河北陉北），与史思明的军队在常山相持不下常山。后与郭子仪合兵，趁史思明军疲惫懈怠之机，大破之于嘉山（在常山郡东），斩首四万级，捕虏千余人，史思明狼狈逃奔于博陵（今河北高阳西南）。战争的胜利鼓舞了唐军的士气，河北民众也参加到郭、李军中，河北十余郡多杀叛军守将，重归朝廷，切断了安禄山军队前后方的联络，使家在范阳的叛军将士军心动摇，安禄山甚至想放弃洛阳逃还老巢，唐朝很有讨平叛乱的希望。但杨国忠疑心驻防潼关的哥舒翰，不采纳他据险坚守以待敌内变和由郭子仪、李光弼引兵北取范阳，覆敌巢穴的建议，怂恿玄宗促令哥舒翰出兵收复陕洛。是年六月，哥舒翰被迫出兵，与敌将崔乾佑战于灵宝（在今河南省西部）西原，结果被打得大败，唐20万大军一战覆没，潼关失守，哥舒翰也被擒，投降了安禄山。

潼关陷落后，长安震动，玄宗仓皇逃往成都，行至马嵬驿（今陕西兴平西），军士兵变，杀杨国忠，玄宗被迫缢杀宠幸的杨贵妃。马嵬民众遮道留玄宗，玄宗没答应。太子李亨留下，遂即奔往朔方节度使所在的灵武（今宁夏灵武西南），依倚朔方军。同年七月，太子即皇帝位于灵武，这就是灵宗，入元至德，遥尊在成都的玄宗为上皇天帝。

安禄山派部将孙孝哲进入长安自已仍留洛阳。叛军在长安，搜捕、屠杀皇亲国戚，百官扈从都的家属及安禄山的政敌等，对投降的官僚则授以官爵，送至洛阳。又大肆搜括坊市民财，搞得民间怨愤不安。百姓日夜盼望唐军的到来。他们时常杀叛军官吏，使叛军穷于应付，连长安西门以外都控制不住。叛军此时声势虽炽，“西胁河陇，南侵江汉，北割河东这半”几乎占领了北半部中国。但安史将领都粗猛没有远略。只知道日夜饮酒，且专以声色财贿为事，已无再进取之意，使唐军得到了重新整备、调集兵力的机会。

在此前后，唐将领鲁炅守南阳，与叛军相持一年之久［至德元载（756年）五月到二载（757年）五月］，后退守襄阳，阻挡了叛军向江汉地区侵扰的道路。填源（今河南鹿邑）县令张巡在吏民支持下，转到雍丘（今河南杞县）坚守了十个月，最后到睢阳与太守许远合兵，在矢尽粮绝与朝廷音讯不通的情况下仍苦守十个月［至德元载（756年）十二月到二载（757年）十月］，保卫了江淮地区。睢阳失陷后，张巡等壮烈牺牲。鲁炅、张巡等的抗敌斗争，牵制了安史的兵力，使他们无法向南方发展，也为唐军赢得了时间，并保障了江南财赋对唐朝廷的源源不断的补给。

长安失陷后，郭子仪、李光弼奉命率步骑五万自河北至灵武，壮大了朝廷的声势。河西、北庭、安西等道的兵也前来会合。唐廷又得到回纥、于阗及西域各族的援助。至德二载（757）正月，安禄山被他的儿子安庆绪杀死。李光弼坚守太原（今山西太原），史思明攻之不克，屡为所败。郭子仪也收复了河东（今山西记济蒲州镇）郡。这时大臣李泌提出了先取范阳，覆叛军巢穴，以免叛军势焰复帜的建议。但肃宗急于收复两京，未能采纳他的意见。这年九月，肃宗使广平王李俶（后为唐代宗）与郭子仪统朔方军及借来的回纥、西域兵共十五万自凤翔（今陕西凤翔）出发，攻克长安，十月收复洛阳，安庆绪逃往邺郡（相州，今河南安阳）。留在范阳的史思明收复残兵，为安庆绪所忌，率领所统十三郡及兵八万降唐，唐封他为归义王，任范阳节度使。但唐廷对他不放心，策划消灭他。事泄，史

安史之乱是唐朝由盛转衰的转捩点，图为唐玄宗幸蜀图

思明遂反，与安庆绪遥相呼应，战事又起。

乾元元年（758 年）九月，唐朝派郭子仪，李光弼等九节度使统兵 20 余万（后增至 60 万）讨伐安庆绪，声势虽大，但无统一指挥，肃宗以宦寂鱼朝恩为观军容宣慰处置使以统辖之。初期还有进展，包围了邺城，次年三月，史思明率兵来援，焚夺唐军粮草，唐军缺乏粮草。不久接战，唐军 60 万众溃于城下，各归还本镇。史思明杀安庆绪，因到范阳，称大燕皇帝，九朋复攻占洛阳，上元二年（761 年）二月，李光弼攻洛阳失败，三月，史思明为其子史朝义所杀，叛将士离心，多次为唐军所败。宝应元年（762 年）十月，唐使仆固怀思再借回纥兵收复洛阳，并乘胜追击。史朝义奔莫州（今河北任丘北），次年正月，史朝义想亲自到幽州发兵救援，至范阳，为部下所拒，欲北奔奚、契丹，为部将李怀仙追及，穷迫自杀，历时七年零两个月的安史之乱，此时才宣告结束。

安史之乱是唐朝由盛而衰的转折点。在这次动乱中，中国北方地区的人民遭受了一场空前浩劫，社会经济也受到严重破坏。同时战乱虽然平定，但安史降将田承嗣、薛嵩、李怀仙等却均被朝廷安置于河朔一带任节度使，藩镇割据的局面开始形成。此后内地也相继设立节度使，与中央相抗衡，造成中央与藩镇与藩镇及藩镇之间连绵不断的战争。此外由于战乱中，朝廷曾内调河西、陇右的边防军队以讨安史，因此边备空虚，吐蕃趁机入侵，唐朝不仅丧失了西域的势力，连关中也不能保证安全，使唐朝中央政府日益陷入困境。

鉴真东渡

天宝十二年（753 年），鉴真和尚第六次东渡成功，随日本遣唐使东渡日本弘法。鉴真和尚（688—763 年），扬州江阳人，俗姓淳于，14 岁出家为僧。他到过东都洛阳和长安，跟随高僧受中宗礼聘，为中宗解经，并在洛阳、长安讲道。天宝元年（742 年），在中国已有 10 年的日本高僧宋睿、普照等从洛阳至扬州，访谒鉴真，恭请鉴真东渡日本传戒弘法。从天宝二年到天宝九年（743—750 年），鉴真先后 5 次东渡或准备东渡，都因种种原因而失败。天宝十二年（753 年），鉴真一行由扬州出发到苏州，在苏州改乘遣唐副使的船东渡。同年十二月抵达日本，受到隆重欢迎。次年四月为圣武天皇等授戒。天宝十四年（755 年），又在东大寺坛院授具足戒。同年，日建唐禅院，使鉴真居之。圣武天皇死后，日以供御大米、盐供奉鉴真。代宗广德元年（763 年）五月，鉴真圆寂于招提寺。鉴真东渡，不仅对日本佛教，而且对日本的医药、建筑、雕塑诸方面产生重要影响，为中日文化交流史上重要事件。

回纥的兴衰

唐初，漠北九姓铁勒之中，回纥是其中的一支。它在摆脱突厥统治的反抗斗争中逐渐壮大。回纥部落联盟由九个部落组成，即药罗葛、胡咄葛、咄罗勿、貊歌息讫、阿勿嘀、葛萨、斛嗢素、药勿葛、奚耶勿。以药罗葛部为首，驻牧于仙娥河（又名娑陵水，今色楞格河）和温昆河（今鄂尔浑河）流域，在薛延陀之北。

贞观初年，首领菩萨以五千骑击破东突厥颉利可汗兵十万，虏获大批突厥部众。贞观二年（628 年），突厥内部大乱，薛延陀首领夷男率领七万余家与回纥等部配合，击败了颉利中汗为首的东突厥统治者，于漠北郁督军山（今鄂尔浑河上游杭爱山之北山）建立薛延陀政权，回纥依附于薛延陀，首领菩萨自号颉利发，设牙帐于独东水（今土拉河）上。贞观三年（629 年）向唐朝贡。这时的漠北以薛延陀和回纥最为强大，夷男死后，薛延陀统治者率兵侵扰唐境，破坏社会生产。贞观二十年（646 年）薛延陀内乱，唐朝派兵出击，回纥乘机联合各部，配合唐军，攻灭了薛延陀政权，占据它的部众和地区，首领吐迷度自称可汗。同年，吐迷度派遣使节到唐朝，请求内附。太宗至灵州（今甘肃灵武县）、泾阳，接受其归附，在薛延陀、回纥及其他铁勒部众及地区分别设置六府、七州，府置都督，州置刺史，以回纥部为瀚海都督府，封吐迷度为怀化大将军、瀚海都督，回纥酋长被委任为都督，刺史及长史、司马者为数达数千人，统一归属燕然都护府管辖。唐在回纥地区开辟交通大道——“参天至尊道”，置邮驿（“过邮”）68 处。

东突厥在灭亡后十年左右，默啜可汗又建立了后突厥政权，经过东征契丹，向北征讨铁勒所掠夺的地盘，，最后占领郁督军山。回纥诸部再次遭受突厥的奴役，一部分回纥部落迁移到河西走廊甘州（今甘肃张掖）、凉州（今甘肃武威）之间，未迁的回纥人附属于后突厥。开元四年（716 年）在唐廷的帮助下。留居未迁的回纥在伏帝匐带领下杀掉默啜，代替默啜的默棘连可汗（苾伽可汗）大兴复仇之师，向土拉河岸进攻，回纥南奔投唐，唐将其安置在大武军（大同）之北，再次与汉族融合，直至天宝时期，吐迷度的第六代孙骨力裴罗时期，在唐的协助下，一举消灭了后突厥，占据了突厥故地，统一了漠北。骨力裴罗自立为骨咄禄毗伽阙可汗，天宝三年（744 年）受唐册封为怀仁可汗，将牙帐迁至鄂尔浑河流域的哈喇巴喇哈逊（黑虎城）。

安史之乱爆发后，回纥曾出兵帮助唐朝平叛，并在以后保卫北庭收复轮台、西州的战争中发挥了重要作用。在中原王朝的经济交往中，回纥经常以马匹交换唐朝的丝织品和茶叶，往往达数万匹。回纥商人来唐经商者也不下千人，他们中有些人与唐人通婚，长留长安。唐朝也曾先后三次以宁国公主、襄穆公主、安定公主出嫁回纥可汗。

贞元四年（788 年），回纥改名回鹘，取义为“回旋轻捷如鹘”。自八世纪中期至九世纪三十年代，是回纥最强盛的时期。此后，因统治集团内部的斗争以及自然灾害的影响而走向衰落。居住在回鹘西北的黠戛斯人乘机进攻，开成五年（840 年）回鹘可汗被杀，政权瓦解，大部分回鹘西迁，小部分依附于黠戛斯和东边的室韦、奚，另有一部分投靠唐朝。

西迁的回鹘分为三支：一支迁至葱岭以西；一支迁至河西走廊，一支迁至西州（今吐鲁番）。迁至河西走廊的回鹘人，牙帐设在甘州，这一支通常被称为甘州回鹘或河西回鹘。因此时河陇被吐蕃占领，所以河西回鹘依附于吐蕃，后又归附张议潮，随着吐蕃的衰落，回鹘力量强大起来，进一步控制了河、兰两州，扼制住西域与内地交通的孔道，又打败了瓜、沙地方势力。西夏用兵河西，攻占甘、凉、瓜、沙等州以后，河西回鹘隶属于西夏。迁至西州的回鹘人，以高昌为中心，不断向西发展，建立了高昌回鹘政权，都城在今吐鲁番以东的喀喇和卓。今天新疆的维吾尔族即是回鹘的后代。

二帝四王之乱

建中二年（781 年）正月，成德节度使李宝臣死。李宝臣在世时，曾与李正己、田承嗣、梁崇义结好，并商定，欲将土地传给子孙。田承嗣死时，李宝臣向代宗竭力请求以节授田悦，代宗应允。现在，宝臣卒，所以田悦多次上请由宝臣的儿子惟岳继袭。德宗为了改变前朝的弊端，坚决不准。李宝臣部将胡震、家僮王他奴劝惟岳匿丧不报，谎称李宝臣表文，请求以惟岳继袭。德宗不许，并派遣给事中班宏前去探望。班宏对李惟岳的厚赂拒不接受，回朝后如实禀报德宗。于是，李惟岳发丧，自为留后，使将佐共奏求旌节，遭到朝廷的拒绝，乃与田悦、李正己合谋勒兵拒命，田悦派遣兵马使孟祐率步骑五千向北帮助惟岳。在诸镇当中，梁崇义虽与李正己连结，但兵少势寡，所以，对唐礼数最恭。德宗加封崇义同平章事，妻子都加以封赏赐给铁券。

五月，为夺取邢、磁（今河北磁县）二州，田悦派兵以使康愔率领 8 000 人围邢，以杨朝光将 5 000 人于邯郸西北断绝昭义将兵，自将数万兵围临洺（今河北永年）。六月，河东节度使以燧、昭义节度使李抱真、神策先锋都知兵马使李晟大破田悦于临洺。当时，马燧先以使臣送信给田悦，田悦以为马燧惧怕，遂不防备。马燧乘机与抱真合兵八万，东下壶关，在邯郸扎营，击破田悦的分支军队，田悦才急忙出战，以李惟岳兵 5 000 助杨朝光，马燧次日攻朝光，田悦以万人前往救援，唐军大破朝光，获首虏 5 000 余级。随后，马燧又进军临洺，田悦大败，引兵在夜间逃走，邢州围解。

李正己卒，子李纳继袭节帅，以大将卫俊率兵万人，与李惟岳兵士 3 000 共投田悦，田悦乃收合散卒二万余人，驻扎在洹水（今河南安阳以北），这时东有淄青，西有成德，首尾相应。马燧以诸军驻扎在邺。

八月，李希烈大破梁崇义于襄阳，传首京师。易州守将张孝忠在范阳节度使朱滔劝诱下归顺。九月，德宗任命孝忠为成德节度使。李希烈既得襄阳，遂据为己有。德宗任命李承为山南东道节度使，希烈退出，还蔡州，寻徙镇许州（今河南许昌市）。十一月，宣开节度使刘治、神策都知兵马使曲环、滑州刺史李澄、朔方大将唐朝臣大破淄青、魏博兵于徐州、江淮，漕运遂通。

建中三年（782 年），马燧、李抱真、李晟又大破田悦，悦收余兵 1 000 多人逃回魏州，守城自保。李纳为河南军所逼迫，逃奔濮州（今山东鄄城县），李惟岳束鹿的驻兵被朱滔、张孝忠攻破，张孝忠带兵到义丰；朱滔驻扎在束鹿。康日知以赵州归唐，惟岳将兵马使王武俊起兵杀惟岳。于是，唐任命张孝忠为易、定、沧三州节度使，王武俊为恒冀都团练观察使，康日知为深赵都团练观察使，以德、棣二州隶于朱滔。朱滔向德宗请求深州，朱允由此生怨，留屯深州。王武俊也对此任命不满，以为杀惟岳功在自己，功应在康日知之上，又看不起张孝忠，更怨失掉赵、定二州，以为朝廷不愿以旧将为节度使，又逢朝廷命他以粮马给朱滔、马燧，更以为魏博既下，恒冀必然成为唐朝廷夺取的目标，分粮马是为了削弱他的实力，所以不肯奉诏。田悦利用朱滔的不满，劝其反正救赵，又许以贝州（今河北南宫东南）。朱滔派判官王郅和许士则到恒州，鼓动王武俊，三镇连兵。德宗诏发卢龙、恒冀、易定兵马讨伐田悦，王武俊不肯受诏，执送使者与朱滔。朱滔则诱骗部众反叛，取宁晋留屯以待武俊。武俊将步骑万余人取元氏县，然后东取宁晋与朱滔，南救魏州。德宗以朔方节度使李怀光率朔方及神策军步骑 15 000 人东讨。李怀光在惬山之西击败朱滔，斩杀千余人。王武俊引 2 000 骑横冲怀光军，朱滔引军继进，官军大败，退保魏县。朱滔率军队驻扎在魏县东南，与官军隔水相拒。

德宗任命淮宁节度使李希烈兼平卢、淄青、兖郓、登莱、齐州节度使，以马燧兼任魏博、澶相节度使，加朔方、邠宁节度使李怀光同平章事。神策行营诏讨使李晟请将兵北解赵州之围，与张孝忠分势图范阳，得到德宗的许可，遂引兵北趋赵州，与张孝忠合兵向北谋划恒州。

十一月，朱滔自称冀王，田悦自称魏王，王武俊称赵王，李纳为齐王。朱滔为盟主，称孤，武俊三人称寡人，各以所治州为府，置留守兼元帅，以军政委之，置东西曹，视唐中书、门下省；左右内史视侍中、中书令，余官皆仿唐制。十二月，李希烈自称天下都元帅，于建中四年（783 年）正月遣将李克诚袭陷汝州，唐以哥舒曜为东都、汝州节度使，率凤翔、邠宁、泾原、奉天、好畤行营兵讨伐。希烈小败后以封有麟据守邓州，致使南路断绝，商旅不通。

五月，李晟谋涿、莫二州，以断绝幽、魏往来之路。李晟与张孝忠之子升云围清苑，朱滔派 1 500 兵马相救，李晟大败，退保定州。

李希烈攻襄城，宣武节度使李勉率派部将万人救襄城，德宗派 3 000 人协助他。李勉欲乘许州空虚，以兵袭之，襄城围自解。德宗以为勉抗旨不遵，救兵不得已退回。许州守兵乘机追击，唐军大败，死伤大半。德宗速发泾原诸道兵救襄城。十月，泾原节度使姚令言将兵 5 000 至京师，以犒赐不丰，兵士哗变，攻入京城，德宗出奔至奉天，（今陕西乾县）。泾原变兵拥朱泚为主，诸镇救襄城之兵有的未出潼关，也归来投奔朱泚。自称大秦皇帝，改元应天。德宗派人到魏县行营告急，李怀光率朔方军回救奉天，李晟、马燧、尚可孤也收兵入援。在奉天，浑瑊坚守危城，与朱泚相持一个多月，城中资粮几尽。诸路援兵到达，大败朱泚，怀光又击败朱泚别军。泚率军退守长安，奉天解围。但不久又发生了李怀光的叛乱，迫使德宗再次出逃，避往汉中。李晟指挥邠宁、奉天、昭应、蓝田的唐军挽救危局。怀光被迫逃往河中（今山西蒲县）。兴元元年（784 年）德宗返回长安，次年，马燧、浑瑊等围攻河中，李怀光自杀。

德宗回到长安后，赦免了田悦、王武俊、李纳的罪，并赐以官爵。李抱真在河北利用王武俊与朱滔间的矛盾，劝武俊归唐。于是，三人皆去王号，上表谢罪。德宗任命王武俊为恒冀深赵节度使，李纳为平卢节度使，田悦特加检校左仆射。

李希烈自称楚帝。朱滔于兴元二年（785 年）病死后，将士立刘怦为主。唐廷任以幽州、卢龙节度使。贞元二年（786 年）希烈被部将陈仙奇所杀，仙奇降唐，被朝廷委以淮西节度使。后吴少庆以替希烈复仇为由杀仙奇，自为留后，朝廷承认他为淮西留后。这场为传子制而引起的大混乱持续了五年之久，朱泚、李希烈等虽先后败死，唐廷与其余藩镇妥协，条件是藩由取消王号，朝廷承认他们在当地的统治权。由于唐廷的姑息出现的二帝四王之乱的结局还是以唐廷的让步而告结。

河北的藩镇割据

唐代中期，安史之乱被平定后，唐朝廷与逐渐强盛起来的地方势力及安史旧部相妥协，以委任节度使的方式默许地方割据势力的存在。魏博镇、成德镇、幽州镇在诸割据者中最先开始与唐王朝公开分庭抗礼，并联兵反唐，胁迫唐王朝承认节度使职位的世袭，史称“河北三镇的割据”。河北三镇自建立之日起，直到与唐共同灭亡为止，武装力量始终比较强大，因此而成为唐中期以后中央王朝的心腹大患。

魏博镇，广德元年（763 年），为收抚安、史余众而设置，治所魏州（今河北大名东北），下领魏、博（今山东聊城一带）、贝（今河北清河一带）、相（今河南安阳市）、卫（今河南汲县）、磁（今河北磁县）、洺（今河北邯郸一带）等七州。魏博镇的割据始自田承嗣。田承嗣原是安禄山的部旧，安史之乱被平定后降唐，唐朝廷任其为魏博节度使。降唐后，田承嗣暗中仍招兵买马，扩充军备，数年间便拥兵十万余人，又选强悍一万余人，组成牙军。牙军的待遇优厚，主要任务是护卫节度使。牙兵的职位亦世袭，牙军由此成为藩镇割据的中坚力量。田氏于魏博镇相传四代，元和七年（812 年），牙军废田氏，拥立田弘正为节度使。田弘正率镇归降朝廷。长庆二年（822 年）牙军反叛，拥立史宪诚为节度使，田弘正子节度，使田布被迫自尽。此后，魏博镇节度使的废立实际掌握于牙军手中，继田氏后，何进滔、罗弘信及其子孙继续与唐朝廷分庭抗礼。天祐三年（906 年），节度使罗绍威不堪牙军的胁迫，借朱温的兵力灭牙军 8 000 余家，魏博镇的武装实力从此衰败。五代梁乾化二年（912 年）杨师厚灭罗氏，吞并魏博镇。自宝应二年（763 年）割据始起至后梁乾化二年（912 年）为梁所灭，魏博镇割据先后近 150 年。

成德镇，又称镇冀镇，或恒冀镇，唐宝应元年（762 年）为收抚安史余众而置，治所恒州（后改镇州，今河北正定）。下领恒、定（今河北定县）、易（今河北易县）、深（今河北深县）、冀（今河北冀县）、赵（今河北赵县）等六州，成德镇的割据始自李宝臣。李宝臣是安禄山的义子，安史之乱被平定后归降唐朝，唐朝廷任命他担任成德节度使。管辖相当于今河北沙河、滹沱河下游以南，献县、阜城、景县以西，临城、柏乡、南宫、枣强以北的地方。唐德宗建中二年（781 年）李宝臣死，其子李惟岳继任。次年王武俊杀李惟岳，率镇归唐。降唐后，王武俊又怨唐朝廷不任其为节度使，故又率镇复叛。兴元元年（784 年），唐朝廷任其为成德军节度使，又重新归唐。成德先后为李宝臣、王武俊、王庭凑及其子孙们所割据，对朝廷时叛时降。唐后期依附李克用参预梁、唐、晋的吞并战争，龙德二年（922 年）为晋所并。五代后唐时仍保留其设置，宋太平兴国二年（977 年）废。

幽州镇，又称卢龙镇。玄宗时为防奚、契丹而置幽州节度使。天宝元年（742 年）改名为范阳，是安禄山反叛的发起地。安史之乱被平定后，宝应元年（762 年）为收抚安史旧部又设置幽州镇，治所在幽州（今北京城西南），下领幽、涿（今河北涿县）、莫（今河北雄县）、瀛（今河北河间县）、平（今河北卢龙镇）、檀（今北京密云县东北）、营（今辽宁朝阳县）、蓟（今河北蓟县）、妫（今河北怀平县）等九州。管辖地区大致相当于今河北怀平、永清、北京市房山以东和长城以南。幽州镇是河北三镇中势力最强大、内部争斗最激烈的一镇，其割据始自李怀仙，李怀仙原为安禄山军中偏将，安史之乱被平定后归降唐朝，唐朝廷任其为幽州节度使。大历三年（768 年），他被部将朱希彩、朱泚、朱滔等合谋杀害。朱希彩强迫唐朝廷任命自己为节度使，继续割据。大历七年（772 年）朱希彩被杀，朱泚继位。大历九年（774 年），朱泚在朱滔的劝说下入朝，朱滔则拒绝朱泚回镇，迫唐朝廷任自己为节度使。公元 785 年朱滔死，将士拥立刘怦为节度使，刘氏共传三世，到刘总时弃官为僧。朝廷遂任命弘靖为节度使。为将士不容，反叛朝廷，拥立朱克融。此后，幽州镇内讧不止，节度使更迭频繁。先后更换过朱延嗣、李载义、杨志诚、史元忠、陈行泰、张绛、张仲武、张直方、周綝、张允伸、张简公、张公素、李茂勋、李可举、李全忠、李匡等，刘仁恭等近二十位节度使。幽州自建镇起，只在元和年间（806—820 年）一度听命于中央。唐亡后建号称燕，乾化三年（913 年）李存勖攻破幽州杀刘仁恭。自李怀仙至刘仁恭，幽州镇割据历 150 余年。

河北三镇的割据开唐末藩镇割据的先河。实行割据的藩镇一般在名义上必须取得唐朝廷的任命，在本境内却拥有相当大的独立性。他们可自己组织军队、设立官位、掌握刑赏户籍不报中央，赋税不入朝廷，节度使之职也可世代相传。河北三镇的割据局面形成于代宗之时。德宗时由于两税法的实施，朝廷财政有所好转，于是便开始了抑制藩镇的活动。建中二年（781 年）成德节度使李宝臣死，其子李惟岳自为留后，请朝廷诏允。德宗拒绝了李惟岳的请求，并做好了镇压藩镇反叛的准备，李惟岳联合魏博镇、淄青镇等反唐。其结果是李惟岳为部将王武俊所杀，而藩镇纷纷称王，如魏博节度使田悦称魏王、成德节度使王武俊称赵王、幽州节度使朱滔称冀王。唐军讨伐无功，只好妥协。藩镇去王号，名义归唐，唐朝廷承认三镇及其他割据者的权力。宪宗时，唐王朝开始第二次抑制藩镇的活动。元和年间（806—820 年）三镇曾一并听命于唐王朝，但由于长期的战争，唐王朝兵器不足，无力进一步消除河北三镇的势力，三镇擅有财赋、拥有重兵的情况并未得到根本的改变。宪宗后，唐王朝对日益强大的藩镇势力一筹莫展。只好以高官厚赏换取他们的暂时归顺，于是河北三镇气焰日涨，穆宗时于河北实行销兵，引起各镇兵将的不满，河北三镇率先再次公开反叛。长庆元年（821 年）幽州镇的卢龙发生兵乱，唐朝廷所委任的节度使张弘靖被兵将拘囚后驱逐，朱克融被拥为留后，与此同时，成德将领王庭凑也杀掉了唐朝廷委派的节度使田弘正，发动反叛。唐王朝发诸道兵十万征讨，由于诸将领对朝廷失去信心，又加之以宦官监军，指挥不统一结果无功而返。

唐王朝在与河北三镇的斗争中，或以妥协，或以失败而告结束，致使王朝的力量与声望大大削弱，而河北三镇却在战争的缝隙中养精蓄锐，军事武装日益强大，直到唐亡，三镇割据的局面始终没有得到根本的改观。

唐蕃会盟

吐蕃是公元七世纪初至九世纪中叶由藏族在中国青藏高原建立的民族政权。贞观年间（627—649 年），吐蕃赞普松赞干布遣使入唐求婚，唐太宗以宗女文成公主许婚，双方结成和亲关系。从此，双方的关系通过和亲、会盟、册封、吊丧、战争、议和等形式延续了二百余年。其中，双方的会盟经历了若干次。

在吐蕃墀德祖丹时期，由于连年的战争，唐蕃双方都希望摆脱困境，恢复稳定和发展的环境。中宗即位以后，吐蕃便派遣使臣请求和好，随后又再度提出通婚，中宗许以金城公主出嫁。神龙三年（707 年），唐九征在取得对姚州（今云南楚雄县）地区吐蕃大将与姚州蛮联合进攻蜀汉的胜利之后，双方进行了第一次划界会盟。吐蕃承认唐朝在姚州蛮地区划分的唐蕃守界，双方以唐九征所立的滇池铁碑为分界，这次会盟史称“神龙盟誓”。

唐玄宗时期，吐蕃通过贿赂鄯州都督杨矩将河西九曲（今青海黄河河曲之地）以作为金城公主汤沐所的借口据为己有，由此在这里屯兵畜牧，建桥筑城，与唐对峙。开元二年（714 年）吐蕃派岔达延赞松献书给唐朝，要求在河源定界立盟。唐派解琬持“神龙盟誓”赴河源与之协商，在唐蕃双方尚未决定之时，玄宗下诏以吐蕃野心窥边犯塞之由欲派兵驱逐。吐蕃遂以唐不愿划界盟誓为理由发动战争，进攻唐临洮军。双方经过洮河之战与小勃律争夺战，在开元十六年至十七年（728—729 年），唐先后攻破了吐蕃九曲的大莫门城和石堡城。吐蕃连续遣使请和，加之金城公主的努力，双方约定会盟。开元二十二年（734 年），唐派李佺等人为使与吐蕃在赤岭（今青海湟源日月山）会盟，分界立碑，在碑文中回顾了双方的舅甥关系，肯定了赤岭以外边境地区的界线。唐还同意与吐蕃在赤岭交马、甘松岭互市。

安史之乱爆发后，吐蕃乘唐西北边备空虚占领了巂州、河州等重要军镇。至德二年（757 年）又在“助国讨逆”的口号下请求与唐会盟，通过盟约确定已经占领地区的合法化。肃宗不得已，命郭子仪等人与吐蕃命名者在鸿胪寺会盟，与此同时，吐蕃又攻陷西平、岷州、剑南等地，随后一举控制了陇右。代宗时期，双方又曾在永泰元年（765 年）与大历二年（767 年）两次会盟于唐长安兴唐寺，迫使唐承认吐蕃占领的土地。

大历十四年（779 年）五月德宗即位，以太常少卿韦伦为使，护送俘获的吐蕃士兵还蕃，墀松德赞也遣使来唐贡献，互相表示和解的意愿。建中二年（781 年）唐殿中少监崔汉衡等人携书赴蕃，协商会盟，最后，双方于建中四年（783 年）会盟于清水。清水会盟后，双方分别在长安西郊和逻些再次定盟。清水盟约中划定了唐蕃的界线，唐界自泾州至弹筝峡西口（今平凉西一百里），陇州（今陕西陇县）西至清水县，凤州（今陕西凤县）西至同谷县（今甘肃成县）及剑南西山大渡河之东为汉界。吐蕃界自兰、渭、原、会等州西至临洮，东至成州，抵剑南西界磨些诸蛮，大渡河之西南为吐蕃界。同时规定双方守界之间为缓冲地带。

在清水会盟后的第四年（贞元三年，787 年）又发生了吐蕃平凉劫盟事件。这一年五月，双方会盟于平凉川，尚结赞将三万精骑埋伏于盟坛西部，一举捕获唐使、唐将，浑瑊混乱中逃出，其余 60 余人及游骑全部被扣压，军士被杀者达五百余人，被俘 1 000 余人。这次劫盟使双方关系再度恶化，中经几度战争与议和，直至长庆元年（821 年）的长庆会盟。

长庆元年（821 年），吐蕃以论纳罗等人携带盟文来唐请求会盟，穆宗同意。十月十日，令宰相崔植、王播、杜元颖等 17 人与吐蕃使者会盟于长安西郊王会寺（碑文中记载为兴唐寺），定盟立约。第二年，唐又以大理卿兼御史大夫刘元鼎为赴蕃会盟使，兵部郎中兼御史中丞刘师老为副使。吐蕃赴唐会盟使论纳罗等人赴吐蕃再次会盟。长庆三年（823 年）刻石立碑，当时共立三碑：一碑立于唐都长安；一碑立逻些；一碑立于唐蕃交界处。唐蕃会盟碑至今尚存于拉萨大昭寺。碑文中再次肯定了清水会盟划定的唐蕃的守界，商定了有关通传驿骑、交马互市及捉拿俘虏等事。规定双方按原有的交通驿道来往；交马定在将军谷；双方使差往来的供应，在绥戎栅以东为唐朝供应，清水县以西为吐蕃供给；今后不再捉拿“生口”，对所遇到的“生口”应给予衣食放回原地。盟文还回顾了唐蕃关系发展的历史，重申了永敦和好的愿望，规定了违约的处理办法。唐蕃长庆会盟是唐蕃之间最后一次会盟，基本上结束了双方长期对峙与战争的局面，为汉藏人民的和平友好往来创造了条件。

“二王八司马”事件

唐代德宗统治时期，朝廷政治十分腐败。德宗外惧于藩镇，内惧于宦官，在屡次对藩镇作战失败之后，便采取了姑息妥协的态度。与此同时，他在朝廷中有意排斥宰相，大权独揽，并任用裴延龄等一批佞臣，专门为他搜刮聚敛财赋。在德宗的一味横征暴敛之下，当时不仅中央的度支、盐铁、户部诸使都有贡献，而且地方藩镇也纷纷以“税外方圆”或“用度羡余”的名义“进奉市恩”。他们对百姓横征暴敛，割留中央常赋，将所得财赋的十分之一二献给皇帝，其余就都落入自己手中，并用作拥兵自重的资本，使朝廷对他们根本无法控制。此外由于德宗的姑息放纵，使朝廷内宦官的专权现象也日益严重。德宗后期，宦官不仅操纵朝政，还利用权势欺榨百姓。宦官主持的宫市，强买强卖，“置白望数十人，于两市及要闹坊曲，阄人所卖物，但称宫市，则敛手付与，无敢问所从来及论价高下者。”因此对百姓的掠夺最为残酷。又有宦官所领的宣徽院五坊（雕坊、鹘坊、鹞坊、鹰坊、狗坊）小儿，也作恶多端。每到京畿放鹰、犬时，他们便至民家“恣其须索”，或以捕鸟雀为名，“皆为暴横以取钱物”，使“百姓畏之如寇盗”。德宗相信宦官，对此听之任之。尽管不断有大臣对宦官扰民提出指责，德宗却一概置之不理。

德宗朝政的腐败引起不少朝臣的不满，太子李涌对此也有看法。其时翰林待诏、杭州人王伾，由于善书法；越州（今浙江绍兴）人王叔文，由于善棋，可以出入东宫，侍奉太子。李涌常与他们谈论政事，对王叔文的见解尤为欣赏。经过多年的接触，李涌对王叔文非常信任。当时一批有才能的士大夫如韦执宜、韩泰、陈谏、柳宗元、刘禹锡、韩晔、凌准、程异以及吕温、李景俭、陆须（原名淳）、李谅、李位等人也是二王所引荐，使他们能经常在一起游处，密谋异日掌握朝政并进行改革，逐渐形成了一个以王叔文为领袖，以二王及刘（禹锡）、柳（宗元）等八人为核心的革新集团。

贞元二十一年（805 年）正月，德宗病死，太子李涌继位，是为顺宗。在顺宗的支持下，王叔文集团掌握了政权。时以韦执宜为宰相，王叔文居中用事，颁布了一系列明赏罚、停苛征、除弊害的政令。其中包括蠲免百姓积欠的各类逋租旧赋；规定“常贡之外，悉罢进奉”，并停止盐铁使“月进”钱；德宗贞元末政事由人为造成祸患的，如宫市、五坊小儿之类，也一切罢免。此外，掊敛残暴的京兆尹李实，也被贬官。以上措施受到百姓的欢迎，史称“市里欢呼”，“人情大悦”。在此基础上，王叔文集团进一步采取了统一事权，革除弊政的行动。他们首先从掌握财权、裁抑藩镇入手，解除了浙西观察使李锜兼诸道盐铁转运使的职务。而以宰相杜佑兼度支及诸道盐铁使，并由王叔文协助，着手进行盐法改革（参见“唐代的盐铁官营”）。不久他们又开始了削夺宦官兵权的计划，任命与凌准有联系的老将范希朝为左右神策、京西诸城镇行营兵马节度使，韩泰为行军司马，李位为推官，以便夺取宦官掌握的京西诸镇神策军的指挥权。但这一举动遭到宦官集团的强烈抵制，他们密遣使者令诸将不要听从范希朝指挥，使希朝到后，“诸将无至者”，夺兵权的计划因而未能实现。

此时，由于顺宗有病，在宫中施帘帷，政事由王伾、王叔文决定，而通过宦官李忠言、顺宗妃牛昭容传达，引起朝臣的疑虑和反感。同时王叔文等治国日浅，在朝中没有什么地位和势力，也不为旧日的宰相大臣所容。剑南西川（治今为四川成都）节度使韦皋因求都领剑南三川（剑南东川、西川及山南西道为三川）遭到王叔文拒绝而心怀怨恨。宦官俱文珍、刘光琦等便利用这些矛盾，与朝中反对势力以及在外的直皋、荆南（治今湖北江陵）节度使裴均、河东（治今山西太原南）节度使严绶等串通起来反对王叔文集团。其年三月，俱文珍等先以顺宗名义宣召大臣，迫使顺宗同意立李淳（后改名纯）为太子。五月，又削去王叔文翰林学士官职，减去其权限。七月，王叔文以母丧去位，革新集团的重要人物如陈谏等也纷纷被调离中央。接着，俱文珍等于八月，迫使顺宗让位于太子。由于顺宗预定此年改元永贞，故史称“永贞内禅”。

永贞元年（805 年）八月，太子即位，是为唐宪宗。此时王伾已被贬为开州司马，不久病死。王叔文也已贬渝州司户，次年赐死。宪宗即位后，又将韩泰、陈谏、柳宗元、刘禹锡、韩晔、凌准、程异及韦执宜八人先后贬为远州司马。此外，参与革新运动的其他人，也大都先后遭到贬谪，被赶出朝廷，使这次革新以失败告终。这就是著名的“二王八司马”事件，后人也称之“永贞革新”。

“永贞革新”历时 146 天。王叔文集团的施政方针，主要是抑制专横的宦官集团，改革德宗时期的弊政，并打算在此基础上，裁抑打击藩镇，以加强唐朝的统一和中央集权。这在当时，具有一定的积极意义。在这次改革的过程中，他们虽遭失败并被罢职贬官，但事实上，一些改革的措施在宪宗朝还是得以继续和实行，由此导致了宪宗朝讨平藩镇的“中兴”。

韩愈及其思想

韩愈，字退之，昌黎（今属河北）人。父亲韩仲卿，没有名望地位。韩愈才三岁，便成为孤儿，寄养在堂兄家中。韩愈自知是孤儿，所以从小就刻苦学习儒家经典，不待奖励，便自觉学习。大历（766—779 年）、贞元（785—805 年），为文多数崇尚古学，仿效杨雄、董仲舒的著作，而独孤及和梁肃学得最深奥，文人们多推崇他们。韩愈跟他们这一帮人交游，积极钻研，想自己振作奋斗，对当代有所影响。及至参加进士考试，在公卿中间投文干谒，原宰相郑余庆积极表扬并为他宣传，从此名振于当世。

不久，韩愈考上进士第，宰相董晋出为大梁（今河南开封）长官，招韩愈为巡官。解大梁巡官后，徐州（今属江苏）张建封又请他为宾佐。韩愈说话真率，无所畏惧，也无所回避，品行正直，不巧于世务。后调入京，授四门博士，转监察御史。唐德宗晚年，政出多门，宰相也不专于政务机要，宫廷贱买民物的“宫市”之祸害十分严重，谏官提出意见，皇上都不听。韩愈曾写了数千言的奏章严厉批评，皇上也不听，并大怒，贬韩愈为山阳（今河南修武）县令，不久移为江陵府（今属湖北）掾曹。元和初年（806—820 年），召为国子博士，升都官员外郎。其时华州（今陕西华县）刺史闫济美因为公事停华阴（今属陕西）令柳涧县务，让杜甫代理掾曹之职。任职数月，闫济美罢华州刺史之职，出住公家馆舍，柳涧便乘机劝百姓拦路索取前年军役的劳务费。后任刺史赵昌检查此案，得知柳涧之罪状，上报朝廷，贬为房州（今湖北行山）司马。韩愈因公务出差，路过华州，得知柳涧的事，认为是刺史结党相包庇，上疏治柳涧，被朝廷搁置一边。命监察御史李宗闵下去复核，得知柳涧贪脏罪状，再贬他为封溪（今越南北境）县尉。朝廷认为韩愈上疏论柳涧是“妄论”，所以复任国子博士。韩愈自负才高，而屡遭排斥，于是作《进学解》以自况。

韩 愈

掌权的大官读了韩愈这篇文章而怜惜他，认为他具有治史之才，改任他为比部郎中之职、史馆修撰之任。超过一年，又转为考功郎中，知制法，拜中书舍人。

不久，有不喜欢韩愈的，收集他过去的材料，说他以前贬为江陵（今属湖北）掾曹时，荆南节度使裴均给他很优厚的待遇。裴均的儿子裴锷凡庸鄙俗，最近裴锷回来探望父亲，韩愈作序文饯送裴锷，仍称其字。这事议论纷纷，闹到朝臣当中，因为这件事，韩愈被改官太子右庶子。元和十二年（817年）八月，宰相裴度为淮西宣慰处置使，兼彰义军节度使，请韩愈为行军司马，仍旧赐金鱼袋和紫衣。淮西、蔡州之乱平定以后，韩愈于十二月随裴度回朝，因有功授官刑部侍郎，下诏让他撰写《平淮西碑》，碑文多叙写裴度的事迹。其时先入蔡州擒捉吴元济的，李愬的功劳应推第一，所以李愬对韩愈所撰碑文深感不满。李愬的妻子出入宫中，四处诉说碑文失实，于是朝廷下诏磨去韩愈所撰碑文。唐宪宗命翰林学士段文昌重新撰写碑文并刻于石碑上。

凤翔（今属陕西）法门寺有护国真身塔，塔内有释迦文佛手指骨一节，按佛书所传之法，三十年开示一次，开示则岁得丰收人民平安康泰。元和十四年（819 年）正月，皇上令宦官杜英奇率领宫人 30 人，手拿香花，到临皋驿迎接佛骨。迎佛骨的队伍迎来的佛骨，自光顺门迎入皇宫，留在宫中三日，才送到各寺院。王公贵族，乃至士人百姓，奔走迎送，竞相施舍，惟恐落后。百姓有废掉产业的、有烧灼头颅和臂膀的，都想求供养佛骨。韩愈平素不喜欢事佛，上疏进谏。

奏疏交上去，宪宗非常愤怒。隔一天，宪宗拿出韩愈的奏疏让宰相看，打算加以极刑。裴度、崔群上奏说："韩愈上疏忤逆皇上尊听，确实宜加罪，然而不是内心怀有忠恳之情，不回避被责斥或贬逐，哪能做到这个样子？尚乞稍赐宽容，以便招后来之进谏者。"宪宗说："韩愈说我奉佛太过分，我还可以宽容他。至于说东汉奉佛以后，帝王都招致夭死，这话多么乖逆刺激啊？韩愈作为臣子，竟敢如此狂妄，所以不能赦免。"于是民情惊恐惋叹，乃至国戚权贵也以为对韩愈的判罪太重，借故劝说宪宗，于是贬韩愈为潮州（今属广东）刺史。

宪宗对宰相说："昨天我收到韩愈到潮州上的表，因而想起他谏迎佛骨的事，确实是很爱我的，我哪里不知？但是韩愈作为人臣，不应当说皇帝奉佛才短命。我所以讨厌他的轻率。"皇上想再起用韩愈，所以先说及韩愈，看看宰相对这事有什么看法。而皇甫鎛讨厌韩愈的狂直，恐怕宪宗再起用韩愈，就带头说："韩愈实在太疏放狂妄，可以移近京畿一郡任职。"于是授予袁州（今江西宜春）刺史。

元和十五年（820 年），韩愈被召为国子祭酒，转为兵部侍郎。正遇镇州（今河北正定）杀了田弘正，立王廷凑，命令韩愈到镇州宣布解说。韩愈到了镇州，召集军民，晓以顺逆的道理，说话言辞和情感都很真切，王廷凑敬畏而且重视他。又改任吏部侍郎，转为京兆尹，兼御史大夫。韩愈因为不参谒台臣，被御史中丞李绅所弹劾。韩愈不服气，说有敕令准予御史大夫不必参谒台臣。李绅和韩愈为人性情都褊僻，名刺送来送去，纷纷然没完没了，于是让李绅出为浙西观察使，韩愈也罢去京兆尹之职，为兵部侍郎。及至李绅临行赴镇，向唐穆宗当面辞行，哭泣着叙说情况的经过，穆宗可怜他，于是追下诏令，以李绅为兵部侍郎，韩愈仍旧任吏部侍郎。

长庆四年（824 年）十二月，韩愈死，享年 57 岁，赠礼部尚书，谥号曰"文"。

韩愈性情弘大通达，和人交往，不管是显荣还是倒霉，交情都不改变。少年时和洛阳人孟郊、东郡人张籍友好。这二位朋友声名地位还没显露时，韩愈不避寒冷酷热，在公卿中间活动，竭力加以举荐。而张籍终于科举及第，当官显贵。后来虽然荣贵一时，但每当公余空闲之时，就相聚饮宴谈天，论文赋诗，和以前一个样。而看待那些权贵豪门，却如同走仆奴隶，睁着眼睛也不看一下。同时颇能诱导勉励后进之士，收入馆中的有十六七人，即使早饭吃不上，也怡然自得，从不介意。他一生大抵以振兴名教发扬仁义为己任。共嫁内外亲戚和朋友中的孤女只十人。

韩愈常认为自魏、晋以来，作文的人多拘泥于对仗，而在文经、诰的要旨，司马迁、扬雄文章的气格，却不复加以继承和发扬了。所以韩愈所写的文章，务求反对近体，抒意立言，都自成一家。后学士人，都师其文，取为法则。当时写文章的人很多，没有人能超过他，所以世称"韩文"。然而他有时恃才自傲，肆意而行，也有背离孔子、孟子之旨的地方。譬如南方人妄传柳宗元为罗池神，而韩愈写碑文却加以证实；李贺父亲名晋，不应参加进士考试，而韩愈却为李贺写《讳辨》，要他参加进士考试；又作《毛颖传》，讥刺戏谑也不近人情：这些都是文章中很谬误的地方。时人说韩愈有史笔，及至撰写《顺宗实录》，繁简失当，叙事也不善于取舍，颇为当时所非议。唐穆宗、文宗曾下诏让史臣加以添改，那时韩愈的女婿李汉、蒋係正处于显荣的地位，诸公颇为难。而韦处厚竟另外撰写《顺宗实录》三卷。韩愈有文集四十卷，李汉为之作序。

牛李党争

唐朝后期出身魏晋以来崇尚家门礼法的土族和非土族以进士出身崇尚文词诗赋的朝廷大臣间不同社会层次之间因政见不同引起的派系斗争。牛党的首领牛僧孺、李宗闵是进士科出身的代表，李党的首领李德裕是士族的代表，自宪宗朝开始，至宣宗朝结束，前后持续近半个世纪之久，历史上称为牛李党争。

唐元和三年（808 年）制科策试贤良方正、直言极谏科，牛僧孺、皇甫湜，李宗闵三人在对策中指陈时政之失，无所顾忌，被考官杨於陵、韦贯之评为上第，请求重用。宰相李吉甫大为不满，泣诉于宪宗，于是主考官遭贬，牛僧孺等长期充当藩镇幕僚，久不调用。这场科案揭开了牛李两党斗争的序幕。

元和一朝，两党的斗争围绕对藩镇叛乱所持的态度问题展开。宰相李吉甫、武元衡、裴度等主张武力平叛；另一派以李逢吉为代表，抱着息事宁人的安抚妥协态度。宪宗倚重主战派，所以，李吉甫等人成为扫平节镇的股肱之臣。元和初年（808 年），剑南刘辟反，宪宗主张平叛，计未决时，李吉甫密赞其谋并为之献策。吉甫料到镇海节度使李锜必反，向宪宗提议讨伐。平定李锜后，吉甫因功先后被封为赞皇县侯和赵国公。在他为相之时，一年多的时间内将四十八个方镇中的三十六镇调换了藩帅，有效地抑制了藩镇力量的扩展。元和七年（812 年）魏博田季安卒，夫人元氏擅立怀谏为节度副大使。淮西节帅吴少阳死后，其子元济请袭父职，对两镇的镇帅自立，李吉甫都坚决反对。与李党对强藩镇所采取的无情打击的明朗态度相反，当裴度讨伐吴元济时，李逢吉就虑其成功而加以阻止，但元和一朝对藩镇的一系列胜利无疑决定了李吉甫，裴度等人的当权。

元和一朝还只是两派斗争的酝酿时期，派系间私利的性质尚不明显，后来成为两党代表人物的牛僧孺、李宗闵和李德裕都还在朝外为官，对朝政影响不大。

长庆元年（821 年），礼部侍郎钱徽主持进士科考试，右补缺杨汝士为考官，中书舍人李宗闵之婿苏巢、杨汝士之弟殷士及宰相裴度之子裴譔等及第。段文昌向穆宗上奏言礼部贡举不公，依“关节”录取，李德裕、元稹、李绅等亦称段文昌所言属实。穆宗遣人复试，原榜十四人中，仅三人勉强及第。为此，钱徽、李宗闵、杨汝士均被贬官，李、杨等大为忿恨。从此，德裕与宗闵各分朋党，更相倾轧，交替进退。

对藩镇态度的不同，依然是两党的分歧所在。大和五年（831 年）幽州军逐帅李载义，文宗问计，牛僧孺当时为宰相，认为不足为虑，只须安抚，不主张征讨。而李德裕则在会昌年间协助武宗平定了泽潞刘稹，其间审时度势，选用将帅、军中书诏等都取决于他一人。

在对维州（今四川理县东北）的问题上，李党力主收复失地，李德裕当时任剑南西川节度使，吐蕃的维州副使悉怛谋于大和五年（831 年）率众来降，李德裕收复了维州城。牛僧孺身为宰相，出于意气之争，反对收复，德裕被迫放弃维州，悉怛谋等被送还吐蕃后全部被杀。

在对待科举取士的态度上，李党针对“关节”“温卷”“呈榜”等流弊提出一些改革科举制的主张。文宗时，李德裕建议，进士应测试论议，不测试诗赋。传说他得到白居易的诗文后都置之不理，家中不存致《文选》，认为是崇尚浮华、不实际，那些善于吟风弄月的人并不一定就有济世之才，而从论议中才能发现一个人的政治主张和才能。出身士族的郑覃拥护李德裕的主张，他最崇尚儒经，《开成石经》就是经他建议刻成的。李德裕还反对及第进士呼有司为“座主”，而自谓“门生”，聚集参谒，以及曲江之宴等。会昌时期，进士及第后的仪注曾一度被李德裕废止，至大中时才恢复。与此相反，牛党则由重视科举到把持科举，利用科举进行营私舞弊。杨虞卿把持权柄时，为举选人驰走，取科第，占员缺，升沉取舍，出其唇吻。

在吏员设置上，李党主张精减机构，载汰冗官。李吉甫针对元朝内外官以税钱给俸者不下万员的现象提出“吏员可省者省之”的建议，宪宗采纳了他的意见，并省内外官共计八百余人，诸司流外一千七百六十九人。李德裕也使武宗在会昌四年（844 年）裁汰了数以千计的官吏，减少了不必要的俸禄开支，一定程度上减轻了人民的负担。牛党则主张广辟仕途，扩充吏员。在对佛教的态度上，李德裕主张反对佛教和寺院经济，在他秉政时期，促成了武宗的会昌灭佛、牛党的主张则恰好相反。

牛党在会昌六年（846 年）三月宣宗即位以后进入了全盛时期，大中元年（847 年）宣布恢复进士放榜后的宴集，一反会昌之政。在会昌五年所废的佛寺如僧者能营葺者，任其发展，官府不得禁止。从此，僧尼之弊，又恢复了以前的面貌。李党的人员纷纷遭到斥逐，李德裕被贬为崖州（今海南琼山东南）司户，后死于贬所。牛党的令狐绹、崔铉相继做宰相，牛僧孺、李宗闵被召还朝，朝廷上形成了牛党专权的形势。至此，牛李两党的斗争才告结束。

古文运动

骈文原叫“今体”或“丽辞”，柳宗元在《乞巧文》里把它称作“骈四俪六，锦心绣口”，后来简称为骈文或四六文。骈是二马并驾的意思，它由对称的字句组成，典故繁多，词彩华丽，音调和谐，便于上口，对我国文学发展起过积极作用。但至六朝、初唐，受形式主义之风影响，文人借此而堆砌典实，炫耀辞彩，阻碍了内容的表达和思想的创新。

西魏大统十年（544 年），开始出现要求用散文化的古文代替骈文的先声。掌握实际政权的宇文泰（后来成为北周的开国皇帝）和苏绰，不满当时的浮艳不实的文风，提倡用古奥的商、周时代的《尚书》诰命文体来代替骈文。当时有个名叫柳庆的文臣响应号召，首先用它写了一篇贺表。第二年，苏绰亲自撰写了一篇皇帝祭庙的《大诰》。与此同时，朝廷规定，所有文告、奏章都要如此来写。虽然《尚书》式文体太古奥，改革不久失败，但它成为古文运动的第一个信号。隋文帝开皇四年（584 年），新兴的皇朝发现吟风弄月，讲究词句精巧浮华的骈文不利于统治和建设，也下令不许用华艳词句写作，并杀一儆百，惩办了一个用华艳词句写表章的州刺史。接着，李谔上书建议禁止华词丽句。隋文帝肯定了他，并明令下诏，颁行全国。李谔比隋文帝和宇文泰、苏绰都大大跨前了一步，但他只反对华艳词句，甚至连骈文这种形式也并不完全反对，因为李谔本人的奏章就是用骈文写成的。武后时，陈子昂的《与东方左史虬修竹篇序》发表，又举起“复古”的旗帜，使整整一代作家卷进了文学革命的洪流。陈子昂对古文运动的先导作用，主要是初步奠定了古文运动的理论基础。后来，唐玄宗时代有古文作家萧颖士和李华把儒家的经典《六经》:《诗》《书》《礼》《乐》《易》《春秋》作为古文的依据和标准，大加提倡。萧颖士说，他“经术之外，略不婴心”。李华则说:“文章本于作者。……《六经》之志也。”代宗时代的韩会（韩愈长兄）和德宗时代的柳冕，先后提出了文章教化作用的问题，要求文章应以儒家规定的道德教条教育人。韩会认为，文章必须合于“圣人之情”，才能“助教化”，“备劝戒”。柳冕认为“文章本于教化，形于治乱，系于国风”。从萧颖士到柳冕，奠定了古文以儒家思想为根据的理论基础，对古文运动的发展影响很大。接着，为古文在形式体裁上树立标准的是独孤及，他正面抨击当时骈文的弊病，说:“其风流荡而不反，乃至有饰其辞而遗其意者，则润色愈工，其实愈丧；及其大坏也，俪偶章句，使枝对叶，比以入病四声为梏，拳拳守之如法令也”；并指出正面师法的榜样应当是贾谊、司马迁和班固。他的学生梁肃更具体的要求人们“敦古风，阅传记”。学习传记文学，正是骈文所不能进入的领域，也是后来古文运动取得重大成就的领域。萧颖士、李华、韩会、柳冕、独孤及和梁肃等人，在古文创作方面也做了一定的尝试，扩大了古文的影响。在创作实践上取得较高成就的是元结，他文字朴实，不尚华彩，写政论文和杂感敢于面对现实，提出批评，写山水园亭游记简淡幽雅，不雕琢，成为后来古文运动创作上的前驱。从德宗时代起，古文运动开始获得一大规模的发展，即是通常所说的狭义古文运动时期。卷进运动潮流的有一大批著名作家如李观、欧阳詹、刘禹锡、白居易、元稹等人，古文运动的胜利，和他们的共同努力分不开。促成这一辉煌胜利的决定性人物，是领导者韩愈和柳宗元。韩愈，字退之，邓州南阳（今河南）人。德宗贞元十年（803 年）曾任监察御史，后贬为山阳县令。宪宗元和十二年（817 年）派行军司马从裴度平定淮西藩镇有功，迁刑部侍郎，元和十四年（819 年）因谏宪宗遣使往凤翔迎佛骨，贬为潮州刺史。后召回京师任国子监祭酒等职。韩愈提倡古文，首先是与他试图恢复儒家道统的思想密切有关。在一封《答秀才书》的信中，他就明确表示：“愈之所以志于古者，不惟其辞之好，好其道焉耳。”因此，改变过去那种文章形式，就是给散文以较为自由的表现形式，以便更好表达文章的思想内容。为此又将写作的重心放在道统修养上，提出了“气盛则言之长短与声之高下者皆宜”。同时，要写好文章，仍需“穷究于经传、史记、百家之说，沉潜乎训义，仅复乎句读，砻磨乎事业，而奋发乎文章”。与此相关，韩愈还发挥司马迁以来“不平则鸣”的思想，对于具体作家来说，则是“有不得已者而后言，其歌也有思，其哭也有怀”。他以为历代的屈原、司马迁、陈子昂、李白、杜甫等，都是善唱的作家，从理论上讲，便是“平和之音淡薄，而愁思之声要妙；欢愉之辞难工，而穷苦之言易好也”。为实践他改革文体的思想，他自己所撰的文章往往就写得浅显明白而又新颖生动；他创造了一些新的、富有表现力的语辞；而又能基于真情实感，发为心声，所以所成之文多有一种气势奔放、流转自如的风格。韩愈的这些思想和实践，不久就遭到时人的讥笑，排斥。但他不顾众议，仍坚持己见，对开始从事写作古文的人则尽力扶持和支持，在《举荐张籍状》中推举张籍“学有师法，文多古风”；在《与袁相公书》中赞美樊宗师“善为文章，词句深刻，独追古作者为徒”。

与韩愈差不多同时，年岁比韩愈稍少的柳宗元，字子厚，河东（今山西永济）人。他于顺宗时以尚书礼部员外郎身分参加了王叔文、王伾为首的“永贞改革”，八个月后被贬为永州司马，又转柳州刺史。特别是贬官期间，闲职无事；便读百家书，“乃少得知文章利病”。他特别推重西汉文，认为其“成败兴坏之说大备，无不苞也”，反对魏晋以后的文章写作，因为它们只是追求“眩耀为文，琐碎排偶”。骈四俪六，锦心绣口；宫沉羽振笙簧触手。观者舞悦，夸谈雷吼。独弱臣心，使甘老丑”。但柳宗元的功绩还主要在于支持和维护韩愈，写下大量的优秀作品并培养出许多青年作家，使古文在这一时代树立起广泛的威信。韩愈提倡古文，受到的阻碍和打击很大。他的学生、女婿李汉在《昌黎集序》里记叙他当时的处境是“时人始而惊，中而笑，且排先生益坚”。只有柳宗元站出来给他以坚决的支持。当韩愈写《毛颖传》受人嘲笑时，柳宗元就写《读韩愈所著毛颖传后题》，挺身而出为他辩护，指责论敌不懂好坏标准，只喜欢“摸拟窜窃，取青媲白，肥皮厚肉，柔筋脆骨”之类的东西。当韩愈向人推荐柳宗元的文章时，柳宗元谦虚地说韩愈才学高他很多，只有司马迁可以相比，连杨雄也及不上韩愈的“猖狂恣睢，顾意有所作”，推尊韩愈，为古文张目；当有人请教古文作法时，柳宗元极为诚恳、耐心地讲解，以培养作家，壮大队伍，他在《报袁君陈秀才书》中说：“往在京师，后学之士，到仆门日或数十八，仆不敢虚其来意，有长必出之，有不至，必惎（教）之。”在《答贡士廖有主论文书》中说：“吾在京都时，好以文宠后辈；由吾知名者，亦为不少焉。”韩愈也说：“衡、湘以南为进士者，皆以子厚为师；其经承子厚口讲指画为文词者，悉有法度可观。”

韩愈、柳宗元之后古文运动的继承者朝着两个方向发展：第一个方向是从内容上把古文变成宣扬、讨论儒家孔孟之道的讨论书，而从形式上追求平易、通顺的文风，这个方向的领导者是李翱；第二个方向是片面地在发展古文运动中提倡重视文学技巧即“创新”的主张，追求奇险怪僻，这个方向的领导者是皇甫湜（约777——830年）。晚唐的古文运动的继承者有孙樵、沈亚之、皮日休、陆龟蒙和罗隐。与中唐轰轰烈烈的古文复兴运动相比，他们的创作及声势远远不及，但毕竟巩固了古文运动的成果，使古文之脉延续下来。

中唐古文运动的余波和最后完成者是十一世纪北宋的诗文革新运动。其理论上的代表人物是厂介、柳开、孙复、穆修、尹洙等人，古文创作上的代表人物是欧阳修、苏询父子（苏轼、苏辙）、王安石和曾巩等人。他们在三个问题上继续并完成了古文运动：第一是重新提出并廓清古文创作中内容形式的关系；第二是重新编定和刊印韩愈、柳宗元文集，确立方向，继承和发展中唐古文运动；第三是重新确认古文创作实践的标准，推崇平易通顺而反对生僻艰深。由于北宋古文运动是在西昆派较量的过程中进行的，而且又总结了中唐古文运动的得失，因而它的现实性更强、看法更统一、成果更多。从此以后骈文再也未能在中国文学史上死灰复燃。

新乐府运动

乐府本是西汉朝廷采诗配乐的机构，后把能入乐的诗歌都叫乐府。有些作家为了更好地反映现实，便谱新曲或摆脱音乐束缚从事创作，于是有新题乐府出现。早期，由汉乐府的“缘事而发”变为曹操等人的借古题而写时事，为新题乐府之一变；初唐谢偃、长孙无忌的《新曲》，盛唐李白的《塞上》《塞下》，杜甫的《兵车行》《三吏》《三别》等“因事立题”，是新题乐府的三变。

在中唐，新题乐府又面临一场变革。元和四年（809年）李绅回到长安，任秘书省校书郎，他创作了《乐府新题》二十首。不久，元稹在《和李校书新题乐府十二首》的序里介绍了李绅乐府诗的产生经过：“予友李公垂，贶予新题乐府二十首，雅有所谓不虚为文；予取其病时之尤者，列而和之，盖十二而已；昔三代之盛也，士议而庶人谤”。又说：“世理则词直，世忌则词隐；余遭理世而君盛圣，故直其词以示后，使夫后之人谓今日为不忌之时焉。”接着，元稹自己也创有《上阳白发人》《华原磬》《五弦弹》《西凉伎》《法曲》《驯犀》《立部使》《骠国乐》《胡旋女》《蛮子朝》《缚戎人》《阴山道》十二首，采用的都是李绅用过的诗题。元稹在有的诗题下，还抄录了李绅为每首诗写的小传。《阴山道》题下注说：“李传云：元和二年（807年）有诏，悉以金银酬回鹘马价”。说明李绅的乐府新题不是无病呻吟，而是针对某些事实所发的。同年二月，元稹做监察御史，三月一日充任剑南东川详复使，离开长安入川，故知和李绅乐府在本年三月以前。李绅的原诗已经遗失，从元稹的和诗仅能知道十二首题目。

几乎同时，白居易也写下了《新乐府五十首》。在此之前，元和三年（808 年）五月，白居易任左拾遗时，当时他 36 岁，正是意气风发之时，上任不到十天，就给皇帝上奏疏说："授官以来，仅将十日，食不知味寝不遑安，惟思粉身，以答殊宠，但未粉身之所耳。"不久就连上谏章，先奏请免除江淮赋税以拯救灾民；又请求多出宫人，减少宫中费用，消除孤居妇女的痛苦；反对宦官任"诸军招讨处置使"和王承宗作战；请求停止用兵河北等，甚至当面指陈皇帝犯了错误，差点受到刑罚。他经常面对案前盈箱的谏纸，思考自己的责任，觉得愧对俸禄。同时他开始创作讽谕诗，以委婉的方式劝谏皇帝。元和四年（809 年），诗成，集为《新乐府》。在本组诗的序中他说明了目的和要求："凡九千二百五十二言，断为五十篇，篇无定句，句无定字，系于意而不系于文；首句标其目，卒章显其志，《诗》三百之义也；其辞质而径，欲见之者易谕也；其言直而切，欲闻之者深诫也；其事核而实，使采之者传信也；其体顺则律，可以播于乐章歌曲也；总而言之，为君为臣为民为物为事而作，不为文而作也"。《新乐府》五十首用歌行，每篇下面标明题旨，如《七德舞》"美拨乱，陈王业也"，《法曲》"美列圣，正华声也"，《海漫漫》"戒求仙也"，《上阳白发人》"愍怨旷也"，《新丰折臂翁》"戒边功也"，《杜陵叟》"伤农夫之困也"，《缭绫》"念女工之劳也"，《卖炭翁》"苦宫市也"，等等。它体大思精，题材广泛，从反对横征暴敛到反对宫市，从讥刺边功到谴责广蓄宫女；从民间到朝廷再深入宫内，凡是他认为不满意的事情全都做了批判。《新乐府》上承《秦中吟》的传统，成为白居易讽喻诗中的佼佼者。《秦中吟》写贞元至元和（254—820 年）之际的事，其小序说："贞元元和之际，予在长安，闻见之间，有足悲者，因直歌其事，命为《秦中吟》。"它主要揭露和斥责"羡余"制度给农民带来的痛苦，富女易嫁的陋习，官僚脑满肠肥，不顾江南干旱的食人惨景，等等。《新乐府》反映的时代更为广阔，它写的是从高祖李渊武德（618—626 年）到元和四年（809 年）的事，揭示的问题更为深刻、影响更为深远。

之后，元稹、张籍（766？—830?）、王建等开始通过倡和，而进一步扩大新乐府的阵地。元稹作新乐府诗。善于模仿，既学李绅，也学白居易，他的这部分诗反映社会面也极为广泛，故称"元白"，如他的《田家词》《织妇词》《连昌宫词》《估客乐》等，也都是新乐府中的名篇，但他对于现实的揭露和批判不象白居易那样大胆、深刻和旗帜鲜明。张籍的乐府诗有七八十首，其中约一半都用的是古题，但内容却是为时而著、为事而作。他的《野老歌》

《山头鹿》《别离曲》《征妇怨》等都是千古佳作，其中尤以反映农民生活最为突出。王建与张籍齐名，人称“张王乐府”。在古题和新题互相参用上，两人也极为近似。王建乐府诗有不少新题材，如《水夫谣》写纤夫，《送衣曲》写妻子给丈夫送征衣，《簇蚕词》写蚕农、《织锦曲》写织女们的辛勤劳动，往往利用人物自白，或仅摆一摆事实便戛然而止，主观议论少，十分引人注目。张王二人乐府喜在结尾用重笔，并适当换韵来突出主题，语言通俗却凝练精悍。白居易和他们相互赠答，共同切磋，影响了一代作家，创作新乐府成为浪潮和风气，进而成为中唐与古文运动并驾齐驱的文学革新运动。

新乐府运动影响很大，在各位作家还在世的时候，就已成为时代风尚。长安少年都仿效元、白两人的诗体，自称为元白体诗。一二十年，官署、寺观、驿站墙壁之上，无不题元白诗，王公、妾妇、牧童、走卒之口无不吟元白诗，至于手抄本、摹勒本在市上贩卖，或用来交换茶、酒，处处都有。元稹本人曾在浙江绍兴山市看到乡村学童学诗，便问他们学的什么，学生齐声回答：“先生教我们元白诗。”白居易也看到，自长安到江西三四千里，凡乡校、佛寺、旅店、行舟之中，往往题着他的诗句，士庶、僧徒、孀妇、处女之口，每每吟咏他的诗句。新乐府运动取得了不可轻视的成功。甚至，在嵯峨天皇时代，白居易的诗已东渡日本，成为士庶模仿和追随的典范。

血腥的甘露之变

唐朝中期以后，统治阶级内部的矛盾日益激化。自从玄宗天宝中，信用宦官高力士，宦官的权力便日益膨胀。自肃宗时起，宦官不仅专擅朝政，招权纳贿，进退大臣；而且开始参与统兵征战，典掌禁军；甚至预谋废立，挟制皇帝。在皇帝不听命时，便加以谋害。为此宦官不仅和朝官之间逐渐酿成持久的“南衙北司之争”，也为皇帝所猜忌而有深刻的矛盾。在文宗以前，其祖父唐宪宗李纯被宦官陈私志（一作弘庆）等所杀，其兄敬宗李湛被宦官刘克明等所杀；其父穆宗李恒和文宗李昂自己，也均立于宦官之手。文宗即位之后，深以宦官专权为患，且感到谋杀宪宗、敬宗的宦官还有在自己左右，故决心翦除宦官，夺回皇帝丧失的权力。大和四年（830 年），文宗任命翰林学士宋申锡为宰相，令他谋划诛除宦官，但事机不秘，为宦官王守澄等先发制人，诬告宋申锡欲谋立文宗弟漳王凑，次年，申锡被贬，计划失败。

大和八年（834 年）秋，李训（原名钟言）、郑注得王守澄引荐，李训以善讲《周易》，郑注以善于医术，都取得了文宗的信任。文宗因他们均系宦官所引进，不会遭宦官怀疑，故与之谋诛宦官，训、注也以此为己任。文宗以郑注为太仆卿，李训为翰林侍讲学士。次年秋季，文宗提升李训为宰相，又任命郑注为凤翔（今陕西凤翔）节度使，作为京师外援。文宗并听从训、注之谋，提升与王守澄有嫌隙的宦官仇士良为左神策中尉，以分守澄之权，然后又以左、右神策观军容使、兼十二卫统军等虚名加于王守澄，以夺其职权。不久，便将王守澄及与杀害宪宗有关的宦官杨承和、王践言、陈弘志等先后处死。

为了进一步诛除其他掌握禁军实权的宦官，还需要有一定的武装力量。十一月，李训举荐大理卿郭行余为邠宁节度使，户部尚书王璠为河东节度使，又以京兆少尹罗立言权知府事，以太府卿韩约为左金吾卫大将军。并计划使郭行余和王璠以赴镇为名，多募壮士为兵卒，并用金吾台府吏卒，共同举兵以诛除宦官。

大和九年（835 年）十一月二十一日，百官于紫宸殿早朝时，金吾大将军韩约奏报左金吾仗院内石榴树上夜降甘露。李训等以天降祥瑞为由，请皇帝亲往观看。于是文宗与百官前至含元殿。文宗命宰相和中书、门下两省官先去看视，官员们良久方回。李训奏称恐非真甘露，文宗又要左、右神策中尉仇士良、鱼志弘率宦官去察看。宦官去后，李训立刻召郭行余、王璠前来接受敕旨，王璠害怕不敢向前，只有郭行余听命于殿下。二人所领的兵士几百人都立于丹凤门外，李训也使人召入，但只有河东节度使的兵来了，邠宁的兵却没有到。

仇士良等到左金吾仗院时，见韩约神色惊慌，恰巧风吹幕起，又见到幕后埋伏有很多武装兵众，还听到兵仗碰撞之声，士良等慌忙退出。守门者想要关门，为士良所叱退。士良等奔至文宗所在，李训看见，急呼金吾卫士上殿保驾。士良等上含元殿，将文宗扶上软舆，斩断殿后罘罳（遮拦鸟雀的丝网），急趋北出还宫。李训攀舆高呼："陛下不可还宫"，金吾卫士数十人和罗立言带领的京兆府吏卒 300 人，李孝本率领的御史台从吏 200 人都登殿殴打宦官，宦官死伤者十余人。这时宦官已将李训打倒在地，将文宗乘舆抬入宣政门，把门关闭，于是宦官皆呼万岁，百官惊骇散出。李训知道事已不能成功，换从吏绿衫，走马出宫，只身逃往终南山佛寺中。宰相王涯、舒之舆、贾等不明真相，退还中书，等候皇帝召见。

仇士良等挟持文宗退入内殿后，立即派遣左、右神策军副使刘泰伦、魏仲卿等各率禁兵 500 人，持刀露刃，出东上阁门，逢人就杀。时宰相王涯等正于中书会食，闻讯狼狈逃走，两省及金吾吏卒千余人也蜂拥填门而出，门很快被关上，没能出来的 600 人皆被杀死。仇士良等分兵闭宫门，至诸司机构搜捕，又死了一千多人，横尸殿庭，血流涂地，诸司印章图籍、帷幕、器皿也毁尽无遗。宦官又派骑兵千余出城追杀逃亡者，并在城内索捕，至朝官之家，“掠其资财，扫地无遗”。宰相李训、王涯、贾、舒元舆以及王璠、郭行余、罗立言、李孝本、韩约等均先后被捕杀，并遭族诛，还有不少朝官受牵连而死，朝列为之一空。一时间“杀生除拜，皆决于（神策）两军中尉”，皇帝完全不知晓。事变时，郑注正率兵500人赴长安。至扶风（在今陕西兴平），闻事败，返还凤翔，也被仇士良以密敕令监军张仲清杀死，并屠灭其家。凤翔节度府内坐枝党相连死者有千余人。

这次事变后参加屠杀朝官有功者都得进官爵获赏赐，仇士良等也进阶升官。“自是天下事皆决于北司，宰相行文书而已”。宦官气焰更盛，迫胁皇帝，蔑视宰相，凌暴朝士如草芥，文宗也因此郁郁而终。

唐武宗灭佛

佛教在隋唐时期非常盛行。隋文帝“诏境内之民任听出家”，于是“民间佛书，多于六经数百倍”。武则天出于政治需要，修佛寺，造大像，所费巨亿。中宗时，韦后、安乐公主及朝廷贵戚也竞相崇饰寺观，奏度人为僧。玄宗时虽一度淘汰僧尼，整顿寺院，但安史之乱后，社会动荡，统治阶级更大力提倡佛教。肃宗、代宗均在宫中设置道场，“有寇至则令僧讲《仁王经》以禳之，寇去则厚加赏赐”。宰相元载、王缙、杜鸿逐渐都喜好佛法，他们不仅造寺无穷，还为皇帝言因果报应，甚至上朝也多谈佛事，“由是中外臣民承流相化，皆废人事而奉佛”，弄得政治刑罚日益紊乱。有唐一代还多次为迎送佛骨兴师动众，大事铺张。宪宗时为去凤翔（今属陕西）法门寺迎佛骨，搞得长安举城若狂，百姓“焚顶烧指，百十为群，解衣散钱，自朝至暮，转相仿效，惟恐后时”。佞佛的情形在唐后期也一直有增无减。武宗时祠部的统计数字表明，当时全国有寺院4 600所，兰若（小寺院）四万所，僧尼260 500人。遍设各地的寺院不仅占据了大量的良田美地，而且了利用它们的免税特权，包庇了众多的人口。当时除了富户多丁，削法避役，将寺院当成最好的庇护所外，许多贫苦百姓为不纳赋税，也投靠依附寺院，成为寺院的寺户或佃户，他们耕种寺院的土地，为寺院提供无偿的劳动，使得寺院经济大为发展，而封建政府的纳税人户却日渐减少。此外，天下佛寺大量销铜铸造佛像，使得市场上铜钱大为减少，加重了唐后期钱重货轻的矛盾。

武宗即位以后，深感佛寺和僧尼众多“耗蠹天下”，对国家财政也影响极大。会昌三年（843年）唐朝廷对泽璐用兵，军费不足，而关中、河东等地，又连年发生蝗灾。在这种情况下，冲击佛教寺宇，没收僧尼财富，就成为可行的一途。武宗本人原来就倾向道教，在道士赵归真的鼓动和宰相李德裕的支持下。武宗决心灭佛。他首先下敕没收僧尼的私人钱物田庄，减少僧尼所畜奴婢的数量。会昌三年（843 年），长安左顺两街勒令还俗的僧人共 3 400 余人，同年三月下敕，代州五台山及泗州普光王寺，终南山五台、凤翔府法门寺，“并不许置供及巡礼者”，犯者即受春杖处置。由此“四处灵境，绝人往来，无人送供”。灭佛之举在会昌五年达到高潮。其年八月。下敕省并天下佛寺。规定长安、洛阳两街仅各留二寺，诸道节度观察使治所及同、华、商、汝等州各留一寺，并将寺院分为三等，上等留僧 20 人，中等留 10 人，下等 5 人。其余 26 万余僧尼笄冠勒令还俗充两税户，还有寺院的十五万奴婢，以及人数超过僧尼笄冠一倍，投附寺院充使令的良人（即寺户百姓等）也同时放为两税户。除上述应留寺院之外，44 600 余所小寺院均限期毁撤，并遣御史分道督察。寺院的财产也没收充官。其时共收良田数千万顷。拆下的佛寺木材用以修葺官府和驿舍。中书又上奏将废寺的铜像、钟磬委盐铁使铸钱，铁像委本州铸为农器，金、银、鍮石等像也销付国库。而且限令衣冠士庶之家所藏金、银铜像也必须如期纳官，否则就按禁铜法处理。在此之后，管理僧尼的部门也从祠部改为主客（祠部、主客为尚书省礼部所隶二司，但祠部主祭祀，主客掌接待外国宾客），以明其为外国之教。与此同时，武宗还在八月的制书中，明确指斥佛教“劳人力于土木之功，夺人利于金宝之饰”，“坏法害人，无逾此道”，并指出其僧尼“皆待农而食，待蚕而衣”，其寺宇招提“皆云构藻饰，僭拟宫居”，是造成民间物力凋耗、风俗浇诈的一个主要原因，同时还将这次废佛称作是“惩千古之蠹源，成百王之典法”“济人利众”的一件大事，进一步表明了他灭佛的决心。武宗灭佛之举取得很大成功，大批寺院迅速被毁废。唐朝廷也在这次灭佛中获得不少财政收入，并借助它消灭了企图割据泽潞的刘稹。此外，这次运动波及江南、岭南，影响很大，武宗李炎也因此与北魏太武帝拓跋焘、北周武帝宇文邕以及五代周世宗柴荣并称为历史上主持灭佛的“三武一宗”。

武宗灭佛后不久就死去，宣宗即位，修复废寺，“度僧几复其旧”，重新恢复了对于佛教的崇奉和寺院的物权。懿宗、僖宗时也都进行大规模迎送佛骨的活动。这些佞佛的举动，使佛教得以再度繁荣。

张议潮归义

安史之乱以后，吐蕃乘唐征调西北边兵靖乱之机，发动大规模的侵唐行动，一举占领了河西陇右地区。对河西的占领是依凉州（甘肃武威）、甘州（张掖）、肃州（酒泉）、瓜州（安西）的顺序进行的，沙州（敦煌）最后被占领。在攻占沙州的时候，刺史周鼎率众固守，后阎朝自领州事后继续坚守，前后十一年，后不得已被吐蕃占领。

在吐蕃占领区的河陇，尚有唐民五十余万人，这些汉人从此遭到吐蕃奴隶主的残酷剥削与掠夺，大批汉人被屠杀，更多的则沦为奴隶，他们被迫改换服装，只准每年元旦用唐衣冠祭拜祖先。每逢此日，唐人皆面向东号哭，盼望唐朝来收复失地。建中元年（780 年），韦伦出使与吐蕃会盟，路过河陇，当地汉人都穿着皮毛做的衣服、不戴帽子，见到韦伦有的捶胸顿足、有的向东叩拜，并将吐蕃的虚实情况密报给韦伦。在穆宗长庆年间，刘元鼎与吐蕃，途经龙支县（今青海东都县南）时，汉人百姓也向他表示了摆脱吐蕃统治的迫切愿望。九世纪中叶以后，吐蕃由于奴隶主残暴的统治和严重的天灾疾疫，迫使人们奋起反抗。在统治阶级内部，通过战争掠夺的大量财物和奴隶主们你争我夺，矛盾激化，终于演成两派贵族的互相残杀，促使吐蕃王朝急剧地走向衰落。大中元年（847 年），吐蕃落门川讨击使尚恐热篡夺了吐蕃大权，与鄯州节度使尚婢婢在河西展开争夺，尚恐热大掠河西鄯、廓八州，更加深了河西人民的灾难。唐王朝利用这一机会，收复了清水、原州（今宁夏固原）、石门等六关及威州（今宁夏中街县）、扶州（今甘肃文县西）。张议潮也正是利用吐蕃的内乱和统治区人民的归唐愿望发动了沙州人民反对吐蕃残暴统治的民族大起义。

张议潮在大中二年（848 年）一举占领沙州，驱走吐蕃守将，自领州事。旋即派遣十队使者，携带表文，从十路赶往长安向唐报捷。四年，表文送到唐中央。此间，张议潮发兵略定附近诸州，到大中五年（851 年），先后收复了瓜州、伊州（今哈密）、西州、甘州、肃州、兰州、鄯州、河州、岷州、廓州等地区，并派其兄张议潭为使者，带上十一州地图去长安入见唐主。唐王朝以张议潮为节度使，管理十一州事务，于沙州设置归义军，不久又加授议潮为左仆射。当时，虽以十一州图籍入献，但实际上由归义军控制的不过只有瓜、沙、伊、肃、甘几州，当时的善州为吐蕃将拓跋怀光所守，廓州为恐热占据。在张议潮的影响下，大中十一年（857 年）吐蕃将尚延心以河、湟二州为降，懿宗咸通七年（866 年），拓跋怀光入廓州，斩论恐热，传首京师。张议潮自将蕃汉兵 7 000 人于咸通二年（861 年）收复了凉州。西州是咸通七年（866 年）北庭回鹘首领仆固俊战败吐蕃夺取的。在张议潮收复失地的过程中，唐朝因为内部阶级矛盾的尖锐，无力顾及河西，收复疆土，经营河西和遏止吐蕃势力的任务全部由张议潮一人承担。在河西，东面有党项，北面有回鹘，东南有强大的吐蕃，张议潮在抵御周边少数民族统治骚扰的艰苦斗争中，还领导了沙州及河西人民恢复生产，扫除吐蕃奴隶主统治遗留下的落后的统治方式和生活习惯，在汉族先进的封建生产关系下，采用汉族先进的技术和文化建设家园。

咸通八年（867 年），张议潮入朝，被授以检校司徒、右神武大将军，并赐以庄宅，随后留居长安。咸通十三年（872 年）死于长安。议潮入朝以后，河西事务交给他的侄子张淮深管理。僖宗符元年（874 年）张淮深正式被任命为节度使，在他的统治下，张氏政权发展到了极盛时期，对当地经济文化的发展和维护丝路的畅通起了积极作用。

雕版印刷术的发明

早在原始社会，我们的祖先就发明了印纹陶器，就是在泥坯未干燥时，用泥模在器皿上压印。这应该是最原始的印刷了。商周时代青铜器上的文字就是在模中做好阴文反字，再经浇铸而成。战国时代，印玺开始出现，印玺上文字的情况屡见不鲜，如献帝兴平元年（194 年），益州（今四川、贵州、云南地区）太守高眹将修建周公礼殿的经过刊刻在礼殿东南的一根方木柱上，共计二百余字。与此同时，刻石的风气也开始盛行，东汉的《熹平石经》和北魏的《正始石经》都是凹下去的阴文，而在北齐的造像碑刻中又出现了阳文；另一方面，六朝时期的拓碑技术也有所提高。在印刷的物质条件方面，经东汉蔡伦改进造纸技术后，造纸业有了较大的发展。在汉魏之际，松烟墨也已经出现。所有这些，为雕版印刷术的发明创造了必要的条件。

唐贞观十九年（645 年），玄奘法师自印度取经归国。此后，他用了十余年的时间致力于佛教经典的翻译工作，并以“回锋纸”印刷普贤像。另据史料纪载，唐太宗李世民曾将长孙皇后的遗著《女则》刊行于世。同一时期，士大夫们晏游时候所玩的叶子格（纸牌）大约也是印刷品。

公元 1966 年 10 月 18 日，在朝鲜南部庆州佛国寺释迦塔内发现了唐代武则天时期的汉字印刷品《无垢净光大陀罗尼经》，长约 630 厘米，宽约 6 厘米。该经共雕刻木板十二块，印后粘连成卷轴。经文雕刻精美，刀法娴熟，墨色匀称，清晰显明，是技术成熟期的印刷品。此外，日本学者长泽规矩亦曾报道过日本藏有武则天时代的印刷品。

经过一百多年的发展，到了唐代中后期，雕板印刷技术已经很成熟。长安、洛阳、扬州、四川等地都出现了民间和寺院应用雕板印刷技术刊刻书籍的现象。长庆四年（824 年），元稹在为白居易《长安集》作序时讲道：在江、浙地区，将白居易及本人的诗集缮写刊刻，或者在市场上出售、或者拿它换酒和茶。八世纪末九世纪初，东川（今四川东部）、西川（今四川西部）及淮南三道（淮南道、江南东道、江南西道，即今江苏、安徽、浙江、江西、福建等地）等处地方民间私自刊印日历的情况十分普遍。每年司天台还没有颁行新历，而私历早已遍行天下。唐朝中央政府有鉴于此，曾于太和九年

(835 年）下令，严格禁止民间私印日历。

唐代刻书主要集中在京城长安、东都洛阳以及越州（今宁波）、扬州、苏州、洪州（今南昌）、益州（今成都）等地，大都是经济文化发展水平较高的地区。在上述地区中，尤以四川刻书最多。四川号称天府，物产丰盈，造纸业十分发达，唐玄宗时每年向中央进贡的麻纸达五千番之多。唐代中后期，四川地区一直比较安定，成为唐朝另一个政治、经济、文化中心。

唐代刻书，四部均有，而以佛经、佛像及历书等民间实用书籍为主。刻书的主持者除寺院之外，主要是民间书坊，如："京中李家""西川过家""成都府樊赏家""龙池坊汴家"。唐代印刷品流传到今天的除前述《无垢净光大陀罗尼经》之外，还有：①发现于敦煌的《金刚般若波罗蜜经》，该经是王玠于唐懿宗咸通九年（868 年）为双亲刊刻的一部功德经；②僖宗乾符四年（877 年）和僖宗中和二年（882 年）刊印的历书（以上三件现藏于英国伦敦）；③1953 年在成都附近唐墓中发现的唐刻本《陀罗尼经咒》。

庞勋起义

自天宝末年开始，唐朝与位于其西南边境的南诏就保持着时战时和的关系。由于朝廷的腐败和边将对少数民族的刻剥，往往引起南诏的反抗和入侵，对于唐朝的西南边境构成威胁。宣宗大中末年，因边将李琢苛暴，"夷人不堪"，引南诏攻陷安南都护府。懿宗咸通元年（860 年），唐安南都护李鄠杀"蛮酋"杜守澄，再度引起与南诏的战争。咸通三年（863 年），南诏攻占交趾（今越南河内西北），唐募徐泗兵二千前往支援，分八百人别戍桂林。起初约定戍卒三年一代。至咸通九年（868 年），戍卒已远戍六年，多次请求更换。徐泗（治今江苏徐州）观察使崔彦曾平时即以严刻为军中所怨，这时更听从所信用的都押牙伊戡等人之言，以军帑空虚，派兵往代所需费用过多为由，要求桂林戍兵再留戍一年，引起戍卒愤怒。七月，牙官许佶、赵可立、王幼诚、刘景、傅寂、张实、王弘立、孟敬义、姚周等人，杀都将王仲甫，共推粮料判官庞勋为都将，劫取军中武库兵甲，发动起义，自行北归。

戍兵自桂林暴动后，经湖南，乘船沿长江东下，过浙西，转入淮南，经泗洲（今江苏盱眙）渡淮，径趋徐州。路上招纳逃亡兵士和农民，藏在舟中，多达千人。其时朝廷虽降下诏书，假意慰抚，但徐州节度使崔彦曾已做好镇压准备，命都虞侯元密统兵 3 000 拒庞勋，又命宿州出兵五百扼守符离（今安徽宿县北符离集）。庞勋军队开抵符离，与官军激战于睢水之上，官军望风奔溃。十月，庞勋等攻克宿州（今安微宿县）。向百姓散发城中货财，"一日之中，四远云集，然后选募为兵"，"自旦至暮，得数千人"，起义军声势大振，庞勋自称兵马留后。元密引官军包围宿州，庞勋率众乘船，顺流而下，冲出重围，在汴河沿岸，选择有利地形，设下埋伏。元密驱兵追击，遭到起义军夹攻，官军大败，战死约千余人，残部归降庞勋，无一人得还徐州。庞勋知徐州空虚，乘胜直趋徐州城下。时庞勋部众已有六七千人。由于义军安抚百姓，故得到他们的拥护，帮助义军攻城，“推草车塞门而焚之，城陷。”起义军攻下了徐州，囚禁崔彦曾，杀死残暴的军官尹戡、杜璋、徐行俭等人。时城中愿随从起义军者已有万人。百姓在义军号召之下，“至父遣其子，妻勉其夫，皆断鉏（意即锄）首而锐之，执以应募”。附近光、蔡、淮、浙、兖、郓、沂、密等州的小股起义军也倍道兼程，争相归附，挤满了徐州城内外郊郭。起义军队伍不断壮大，人数增到十万以上。庞勋得宿、徐二州后，又遣将命师，分兵掠地，派李圆攻泗州，刘行及攻濠州（今安徽凤阳东）。十二月，起义军一举攻占了泗州对岸的都梁城（今江苏盱眙北），俘获敌五十余人。这时起义军占据了淮口，控制了唐朝的江淮运路，切断了唐朝的经济命脉，甚至对长安也严重威胁。

唐朝廷因为官军屡战不利，于是纠集重兵，命右金吾大将军康承训为义成节度使行营都招讨使，又命王晏权和戴可师，分任徐州南北面行营招讨使，大发诸道军队；并调来沙陀族朱邪赤心和吐谷浑、契苾等部酋长，各率其部众，共25人前往镇压。起义军对官军的进攻进行了英勇的抵抗。朝廷派去增援泗州的戴可师兵众三万人在都梁城被义军全歼，戴可师及监军使也被杀。但庞勋对北方大军正在集结压境的形势估计不足。他光是一味以主力南进，取得胜利后又滋长了骄傲情绪，自以为无敌于天下，“日事游宴”。同时他对朝廷抱有幻想，屡次请求节钺，希图做官；以致为此息兵待命，贻误了战机。其部下军纪也日渐松驰，资粮匮竭即敛富室商旅货财，十取其七八。和他共同举兵的将领尤其骄暴，甚至“夺人资财，掠人妇女，勋不能制”，因此失去了民心。此后在唐朝军队的四面包围之下，庞勋作战屡遭不利。他接受部下建议，杀死前徐泗观察使崔彦曾及徐州监军张道谨，以示与朝廷决裂；并拣选丁壮，准备重振旗鼓，被部下推举为天册将军。

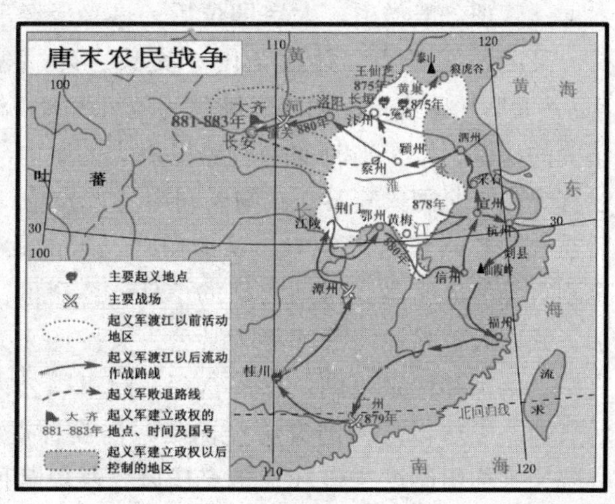

唐末农民起义图

咸通十年（869 年）四月，庞勋率军包围丰县（今属江苏）的魏博军，魏博军不战自溃，庞勋乘胜南下，直趋柳子寨（今安徽宿县西北临涣集北），准备与官军主力决战。不料作战计划泄露，为康承训所败。庞勋收散卒三千人退守徐州。因与官军力量悬殊，复接受宿州守将张实建议，引兵西攻宋州（今河南商丘南），亳州（今安徽亳县），想牵制唐朝军力西进，以解徐、宿之围。但当庞勋西行后，他的部下降将张玄稔却背叛了义军。他不但投降康承训，还引唐军围攻义军，诱说义军投降。结果徐州陷落，庞勋留守徐州的庞举直、许佶等也死于敌手。咸通十年（869 年）九月，庞勋西击宋州不克，渡汴河，转攻亳州，为沙陀朱邪赤心追逼，又引兵循涣水而东，预备返回彭城（今江苏徐州），至蕲县（今安徽宿县东南），为众多官兵包围。起义军在激烈的战斗中被杀一万多人，庞勋也英勇战死。起义经历了一年零两个月，至此终归失败。

庞勋起义在唐朝廷内政外交极度困弊的状况下发生，其影响是十分深远的。史称："唐亡于黄巢而祸基于桂林。"桂林戍卒起义实际上是拉开了唐末农民大起义的序幕，敲响了唐朝的丧钟，给统治者以沉重的打击。这次起义失败后，庞勋余众"犹聚乡里"，"州县不能禁"，以后便汇入到更大的农民起义浪潮中去了。

佛教在唐代的发展

唐代是中国佛教臻于鼎盛的时期。唐朝帝王虽然自称是道教始祖老子的后裔，尊崇道教，但实际上采取道、佛并行的政策。唐代继隋代之后，很重视对于佛教的整顿和利用。高祖武德二年（619 年），在京师聚集高僧，立十大德，管理一般僧尼。太宗即位后，重兴译经事业，使波罗颇迦罗蜜多罗主持。又度僧三千人，并在全国"交兵之外"建立寺刹。贞观十九年（645 年），玄奘从印度求法回来，朝廷为他组织大规模译场，他以深厚的学养，作精确的译传，给予当时的佛教界以极大的影响。高宗即位后，在帝都和各州设官寺，祈愿国家安泰；武则天利用《大云经》，为其夺取政权制造依据，随后在全国各州建造大云寺，又造白司马坂的大铜佛像。玄宗时，由善无畏、金刚智等传入密教，得到玄宗的信任。终唐世，佛教僧人备受礼遇，赏赐有加。武则天曾封沙门法郎等为县公，又授怀义为行军总管等；不空和尚曾仕玄宗、肃宗和代宗三朝，出入宫门，封肃国公；入寂后，代宗废朝三日，以示哀悼。中唐以后，国家历经内战，徭役日重，人民多借寺院为逃避之所，寺院又乘均田制度之破坏，扩充庄园，避免赋税，在经济上与国家利益矛盾日深，故从敬宗、文宗以来，政府渐有毁佛的意图。会昌五年（845 上），武宗下令大规模禁断佛教，没收寺院土地财产，毁坏佛寺、佛像，淘汰沙门，勒令僧尼还俗。据《唐会要》记载，当时拆毁的寺院有 4 600 余所，招提、兰若等佛教建筑四万余所，收没寺产，并强迫僧尼还俗达 260 500 人。佛教受到极大的打击。

唐代译经基本上由国家主持，成绩颇为可观。从贞观三年（629 年）开始，设置译场，历朝相沿袭，直至宪宗元和六年（811 年）才终止。前后译师 26 人，即波罗颇迦罗蜜多罗、玄奘、智通、伽梵达摩、阿地瞿多、那提、地婆诃罗、佛陀波利、杜行顗、提云般若、弥陀山、慧智、宝思惟、菩提流志、实叉难陀、李无谄、义净、智严、善无畏、金刚智、达摩战湿罗、阿质达霰、不空、般若、勿提提犀鱼、尸罗达摩。这些译师中有好几个中国僧人、居士。在译籍的数量和质量方面也超过前人，把当时印度大乘佛教的精华基本上介绍过来。由唐一代译出的佛典，总数达三百七十二部，二千一百五十九卷。在隋代所编佛经目录的基础上，唐代陆续编成佛经目录多种，其中影响最大的是智升所撰《开元释教录》，入藏目录共收一千零七十六部，五千四十八卷，成为后来一切写经、刻经的依据。

唐代佛学义理的蓬勃发展，促成大乘各宗派的建立。最先为隋代智顗所创立，灌顶弘传的天台宗，到唐朝有智威、慧威、玄朗、湛然依次传承。会昌毁佛，天台宗声势衰落。此外还有隋代已具雏形的三论宗，其祖师吉藏晚年在长安受到唐高祖礼遇，被立为十大德之一。吉藏门人中最杰出的为慧远，另有智拔、乌凯、智凯、智命、硕法师、慧灌等。稍后贞观年间有元康，著《三论疏》。唐代这一宗逐渐不振，其中修习禅法的渐与禅宗合流。唐代玄奘和窥基创立了法相宗，玄奘门人慧沼、智周相继阐扬，使此宗达到极盛。但因其理论过于繁细，难以通俗，终归衰落。其次，道宣、法砺和怀素分别创立了律宗，称为南山宗、相部宗和东塔宗，他们对于《四分律》的运用和解释，见解不同，长期得不到统一，最后是南山宗畅行，余宗衰落了。此外，义净一家也讲求律学，他曾费时 25 年，经历三十余国，留心实行戒律的各种做法，写成纪录寄回国内，即称《南海寄归传》。法藏所创华严宗，由弟子慧苑、澄观、宗密等传承。宗密融合禅教，南彻华严圆润的精神，向后此宗即朝此趋向发展。由印度相继来唐的善无畏、金刚智本来分别传承胎藏界和金刚界的法门，来华后互相授受，融合成更大的组织，后经过一行、不空的阐述，充实了内容别创密教一宗。不空以后，经惠果义操、义真等数传，宗势逐渐衰颓。由北魏昙鸾开创，隋代道绰相继，唐代善导集大成建立了净土宗，后来怀感、少康等递相传承。此外还有慧日亦宣传净土教，别成一系，还有迦才、承运、法照等也致力于净土的宏传，遂使土宗信仰得以普遍流行。最后还有禅，弘忍的弟子神秀和慧能分别创立的禅宗，是为北宗和南宗，在唐中叶后又陆续出现“禅门五家”，即沩仰宗、临济宗、曹洞宗、云门宗和法眼宗。此外，隋代信行禅师创立的三阶都延续到唐代，初唐一度很兴盛。从武证圣元年（695 年）起，三阶教一再遭到官方禁绝，到唐末此宗派绝迹。

唐代佛教信仰深入民间。除了通过各宗派教义传教外，还有直接与群众生活联系的传教活动，如岁时节日在寺院里举行的俗讲，用通俗的语言或结合故事来讲解佛经，所讲的经有《华严》《法华》《维摩》《涅槃》等，这些讲经材料大都写成讲经文或变文。又有化俗法师游行村落，向民众说教。有时也由寺院发起组织社邑，定期斋会诵经。而使社僧为大众说法。有些寺院平素培植花木，遇到节日开放以供群众观赏，或约集庙会，这都起了间接传教的功效。

唐代佛教急速的发展，使它与道、儒两家在政治思想上冲突日益加剧。在道教方面，唐初有傅奕向高祖七次进言，评击佛教。沙门法琳及其弟子李师政分别作《破邪论》和《内德论》，反驳傅奕。接着有道教徒李仲卿、刘进喜响应傅奕，贬斥佛教。法琳再作《辩证论》，予以反击。这次冲突以法琳被发配益州结束。此后朝廷时常举行佛道的辩论。后来武宗禁断佛教，虽由于国家与寺院经济上矛盾不可调和而致使佛道两教的冲突也是原因之一。在儒家方面，韩愈写《原道》一文攻击佛教，认为佛教教人无为而徒食，无益于国家，又佛教乃外来夷狄之法，与儒教相违。他主张驱使僧尼还俗，焚毁佛经，改寺院为民舍。他的辟佛议论给后世很大影响。佛教在与道儒思想冲突的过程中，三教进一步融合。天台宗湛然写《止观统例》一文。将佛教修止观说或与中国旧说穷理尽性一样，止观法门在于恢复人性之本。这种复性之说容易为儒者所接受。韩愈门人李翱结合禅宗的无念法门和天台宗的中道观，写成《复性书》，即隐含着沟通儒佛两家思想之意。这种倾向在唐末五代时期发展成为一股三教合一的社会思潮。

唐代佛教在文学、艺术等方面建树很大，丰富了中国民族文化艺术宝库。在文学方面由于俗讲流行，创作了变文等作品；在艺术方面，佛教建筑、雕刻、绘画都有很大发展。始建于北魏的洛阳龙门石窟，高宗、武皇时期又大加营造了奉先寺大佛，并于西山遍筑佛窟，且续开东山各窟。唐代造像在龙门而外，还于山西太原天龙山、甘肃天水麦积山、敦煌莫高窟、山东历城千佛崖、四川广元千佛崖等处开凿石窟，雕塑佛像。其中敦煌诸窟彩塑佛像，柔和生动，尤有特色。随着变文的发达，创造了多种多样的经变图画，现今犹存于敦煌石窟的有弥陀净土变，弥勒净土变，《维摩》《法华》《报恩》《天请问》《华严》《密严》等经变。唐代佛教建筑殿堂遗构在五台山有南禅寺、佛光寺之大殿。塔的形式则始创八角形结构，如玄宗时在嵩山会善寺所建的净藏禅师墓塔等。另外经幢的制作极多，其形式常为八面，后更发展有数层，还雕刻了佛像等。

唐代佛教的发展在国外发生了影响。当时新罗和日本的学僧络绎来华得到各宗大师的传承，归国开宗，中国高僧也到日本传教，如此相承不绝。新罗来唐僧人有义湘，太贤、道伦、惠日、法朗、信行、道义等，他们分别在国内传华严、法相，密宗、禅宗之学，禅宗还形成禅门九山，盛极一时。日本学僧入唐求学之风尤盛，来华日僧道昭、智达、智通、智凤、玄昉学法于法相宗，归国后分为南寺、北寺两传法相之学，而成立专宗。又先有道璇赴日讲《华严》等经，继而新罗审详从贤首学法，授之日僧良辨，而成华严宗。又日僧道光先入唐学南山律，后鉴真赴日传戒，成立律宗。这些宗派都建立于日本奈良时代，连同先前传入日本的三论宗、成实宗，又附法相学传入的俱合宗，并称奈良六宗。在平安时代又有最澄入唐从天台宗道邃、行满受学，归国创天台宗。又空海从惠果受两部秘法，归国创真言宗，于是日本佛教形成完备的规模。

伊斯兰教在中国的传播

伊斯兰教产生于七世纪的阿拉伯半岛，中国旧称回教，天方教或清真教，主要流行于亚洲、非洲，特别是西亚、北非、南亚次大陆和东南亚各地，大约在唐朝初期传入中国。

唐帝国与阿拉伯帝国，除了在天宝十载（751 年）为争夺石国（今塔什干）发生过一次怛罗斯战争外，长期互相通好。唐永徽二年（651 年），大食国首次遣使来华，到长安朝见唐高宗。此后 148 年间，大食遣使至唐共达 37 次之多。在此期间有很多穆斯林商人来华。一路从陆上沿着丝绸之路，经天山南北、河西走廊，来到长安；一路从海上由波斯湾和阿拉伯海经孟加拉湾，过马六甲海峡至南海和东海，到达广州、泉州和扬州等口岸。当年长安有西市，内有“波斯邸”和“胡店”，唐还设置“互市监”进行管理，可见当时贸易的盛况。广州为通商大埠，商客云集；泉州也空前繁荣，出现了“市井十州人"的盛况；扬州在中唐时期已有很多的的大食与波斯人从事经商和文化交流活动。唐在这些城市设置"市舶使"进行管理。八世纪中叶阿巴斯兴起后，阿拉伯人从事东、西方海上贸易十分活跃，来华"蕃客"逐年增多，并有许多穆斯林留在了唐朝。由于他们的宗教信仰和生活习俗与唐人不同，所以在城市中多聚居一地，称为"蕃坊"。他们推举选出有威望的人为"蕃长"，负责主持宗教活动和调解穆斯林间的民事诉讼。后来还建有礼拜寺和公共墓。

安史之乱发生时，唐肃宗为平定叛乱收复两京，曾借大食西域之兵二十多万。这些士兵曾"客入长安"，从城南过浐水东下营，事后其中一部分人被准允世代居留中国。这些留居中国的蕃兵胡贾多是单身而来，定居后渐与当地妇女通婚。有些"胡客留长安久者或四十余年，皆有妻子，买田宅，举质取利，安居不欲归，命检括有田宅者，凡得四千人"。在广州"先是土人与蛮僚杂居，婚娶相通"。蛮僚即指来自大食、波斯的商贾。这批穆斯林世居中国，子孙繁衍，后代已由侨居的"蕃客"变为出生于中国本土的穆斯林。同时，大食、波斯人长年定居经商，他们在华开展商业活动，要与中国人交往，甚至要雇用中国人相助，相处日久，宗教思想难免互相渗透。总之，这种联姻关系及其他社会关系成为传播宗教的桥梁。

至宋代，伊斯兰教借海上贸易的力量得到进一步发展。宋代海外贸易在通商范围和贸易数量上都大大超过唐代。当时与华通商的十余国中，大食居首位。南宋时与华通商国已达五十余国，在诸国商人中，阿拉伯商人占重要地位，他们多为伊斯兰教信徒。当时在华的穆斯林商人已不仅限于居住在"蕃坊"之内，有的已定居于城内逐渐与中国人杂居，而且与华人通婚者和读书应试者都比唐代多。他们不仅有经济实力，而且社会地位较高，影响扩大，为伊斯兰教的传播提供了有利条件。

五代北宋之际，伊斯兰教传入中国西北边陲的回鹘哈拉汗朝。至明朝中期，已传遍今新疆地区，成为维吾尔族全民信仰的宗教。此外，早在唐中期伊斯兰教就传入哈萨克族，元末成为全民族信仰的宗教。从宋元至明清，中国西北地区的撒拉族、东乡族和保安族相继接受了伊斯兰教。

蒙元时阿拉伯、波斯和中亚的穆斯林又一次大量入华，散居中国各地。在蒙古征服统一中国时，其主力部队中有一支"西域亲军"，大部分是信奉伊斯兰教的阿拉伯人、波斯人和中亚人，他们在军事上发挥了很大作用。他们当中大部分是军士，也有工匠和学士。他们随蒙古军东来，分驻中国各地，多数人未带家眷，定居后同当地妇女通婚。元时海陆贸易畅通无阻，从事各种职业的穆斯林从阿拉伯、波斯和中亚纷纷来华，留居在沿海和内地大都市。穆斯林人口急剧增加，遍及全国，故有“元时回回遍天下”之说。

穆期林在元代的社会地位仅次于蒙古人而高于汉人和南人。他们大多擅长经营，拥有相当的经济实力。有的则身居高位要职，仅见于《元史》的就有赛典赤等数十人。元代对伊斯兰教持宽容态度，在各地普遍修缮兴建伊斯兰教礼拜寺。此外还设置回回国子学，对穆斯林进行教育，使穆斯林在科举和学术上的闻人名士相当多，如赡思为一代名儒，萨都剌、丁鹤年为著名诗人，高克恭是与赵孟頫齐名的画家，也黑迭尔丁曾设计并督造北京宫阙，所马鲁丁对历法颇有贡献，阿老瓦丁和亦思马因长于制造火炮，此外还有一些回回医药家等。

第十二章　五代十国

李存勖建后唐

李存勖，沙陀部人。祖父朱邪赤心，被唐懿宗赐姓名为李国昌。父亲李克用，中和元年（881 年），受僖宗诏命镇压黄巢起义，三年，拜河东节度使，治太原，后封晋王。

唐末，与朱温争霸，混战达二十余年，朱温势力逐渐强大，而李克用却只能孤守晋阳。

克用死后，李存勖继立晋王，先灭幽州的燕王刘仁恭、刘守光父子，后驱逐南下的契丹兵出境。同光元年（923 年），李存勖在魏州称帝，以唐室后裔自称，继承唐朝统治，故建国号为唐，史称后唐，以区别唐朝，建元同光，李存勖即后唐庄宗。即位同年，大举伐梁，派兵渡黄河，袭取郓州（今山东东平）。梁以王彦章、段凝统兵抵御，彦章分兵围郓州，并与后唐军大战杨刘（今山东东阿县北），不久，彦章因进谗言而被罢免，梁以段凝代之，以至使梁遭受战略上的重大损失。

自此为止，后唐、后梁军事势力已趋平衡。但后唐仍后顾之忧很重，仓储寡少，契丹于北边逼扰，潞州李继韬举州降梁，与梁军配合攻下泽州，断绝了唐兵归路，而梁将段凝又渡河北掠澶相二州。李存勖满怀忧患，召诸将领商议对策。宣徽使李绍宏建议放弃郓州，与后梁定约和好，以黄河为界，停止战争，使百姓得以休息。李存勖听后不快，随后与枢密使部崇韬单独久谈，郭以为目前局势不利，他曾详细地询问过降将康延孝黄河以南的情况，梁将段凝据守南边，并无决策，王彦章逼近郓州，现梁都大梁已无什么军队，如能留部分兵力坚守魏州，再亲率精锐部队，向南进入汴梁，捉住梁帝，便能使后梁全军溃崩。李存勖以为此计甚好，便送魏国夫人刘氏、皇子李继岌回兴唐府，与之诀别“事情的成败，在此一举。如不能成功，就把我们全家集合起来到魏宫全部自焚”。

十月，后唐帝率大军从杨刘渡过黄河，向大梁进军。中途经中都城，唐将李绍奇刺伤并活捉王彦章。王彦章一直看不起李存勖，以为他是个“斗鸡小儿”。李存勖听说抓获了王彦章，心里非常高兴，说“原来我所忧虑的只有王彦章，今天他已被擒，这是天意要灭梁了”。当天晚上，后唐大将李嗣源率先锋队快速直奔大梁，后唐帝则隔日从中都出发，抬着王彦章跟在后面。这时，王彦章败卒有先跑回大梁的，有人告诉后梁主，王彦章已被抓获，后唐军逼近大梁。后梁主问大臣有何办法，大臣都回答不上。初九晨，李嗣源军队达大梁城，向封丘门发起进攻，梁军出门投降，李嗣源入城。当天，后唐帝李存勖也由梁门进入城中，后梁百官在马前迎接，并跪着请罪。不一会儿，有人拿着后梁主的脑袋献给李存勖，段凝于归途中听说梁主已死，也带兵投降了后唐，梁亡。

后唐主即位魏州时，拥有天雄、成德等十三节度、五十州，灭后梁后，得到它的全部领域，又进军剑南，并岐，灭前蜀，得汉中及两川之地。庄宗以唐室后裔自称，声言要伸张正义，为唐复仇。恢复官名、府号、寺观门额旧号，连后梁所进行的革除唐朝弊政的措施也一并摒弃，还恢复了唐朝旧的制度。但庄宗继位后对宿将功臣不信任，嫉贤和猜忌使得上下无法团结起来。他擅长音律，善为温柔恻艳的词赋，喜爱伶人，致使怜人、宦官得到宠信，开始干预政事。皇后刘氏专以聚敛财物为已任，天下四方贡献分成两份：一份送庄宗，一份送刘氏。为了掠夺更多的财富，庄宗策划吞并了并吴、蜀。同光三年（925 年），庄宗以长子李继岌为西川四面行营都统，任郭崇韬为东北面行营都招讨、制置等使，主持军务。前蜀不堪一击，后唐兵不血刃而取邠、岐，长驱入蜀，前蜀灭亡。郭崇韬在蜀招降纳叛，锐意经营，前蜀降将联合请求李继岌荐郭为西川节度使，宦官诬陷造谣崇韬尽夺蜀中珍宝，欲以蜀为根据地进行谋反，庄宗密令李继岌杀害郭崇韬父子。郭崇韬冤死后，庄宗又冤杀了降唐名臣朱友谦全家，致使人人自危，诸镇怨愤。

天民元年（926 年），魏博将领皇甫晖率兵叛乱，拥立效节指挥使赵在礼为统帅，焚掠贝州，攻下邺都（即魏州）。邢、沧等州也相继发生兵变。李存勖先是派大将李绍荣攻下邺都，但久攻不克，又派李嗣源率皇帝的亲军前往讨伐。三月初六，李嗣源到达邺都城下，但不料军中又发生叛乱，叛兵拔出刀剑把李嗣源围住，要立他为帝。这时李绍荣正好驻扎在邺都城南，李嗣源派人和他联系，要联合邺都叛兵。李绍荣怀疑有诈，没有准许，李嗣源只得带兵回朝廷。但还未到洛阳，李绍荣先送信上奏说李嗣源已叛变，并与乱兵合伙，李嗣源屡次送给后唐帝的信，也都为李绍荣拦截。李嗣源听到石敬瑭的话，只得向大梁进军。后唐帝以为要来攻击洛阳，便率宫出逃，到荥泽时，龙骧指使姚彦温背叛后唐帝，归顺了李嗣源。后唐帝到达万胜镇，听说李嗣源已占据大梁，诸军离叛，神色沮丧，登高叹息说：“我不能成功了！”

四月初一，指挥使郭从谦叛变，率兵从军营出来，攻打行宫。这时后唐帝正在吃饭，听说兵变即率领诸王和近卫骑兵反击，将叛兵赶出兴教门。乱兵焚烧兴教门，沿城墙进入，后唐帝身边的大臣和禁兵都丢盔弃甲偷偷逃跑了，不一会，后唐帝李存勖为流箭击中，很快死去。刘皇后装好金玉珠宝，和申王李存渥、李绍荣领七百骑兵出逃。李嗣源率军进入洛阳。初八，李嗣源在百官的再三请求下，任监国，入兴圣宫居住，称殿下。二十日，嗣源即帝位，改名亶，改元天成，是为明宗。

明宗即位后，革除前朝弊政，诛戮宦官，翦除佞幸，惩治贪蚀，废除苛法，关心民瘼，对于伶官则大施放逐、诛杀。这些改革，无疑带来了一定的良好效果，政局出现了转机。但是，由于本身才能不足，又无良臣辅佐，而且猜忌大臣，势必造成奸佞得势、上下离心，对藩镇的姑息，也造成了藩镇力量的膨胀。孟知祥割据剑南，明宗以石敬瑭讨伐，无功而还。明宗便用和解的办法，听任其发展，使诸镇更为骄纵，屡为叛乱，如义武节度使王都勾结契丹的叛乱。明宗吸取了庄宗吝财激起兵变的教训，经常赏军，使府库用资巨大，新增加的赋税又使百姓在饥寒愁怨中聚山林而反。

长兴四年（933 年）明宗卒，由五子宋王李从厚继位，是为闵帝。当时，明宗养子李从珂镇凤翔，明宗女婿石敬瑭镇河东，两镇各拥重兵。宰相朱弘昭、冯贇对二人很忌惮，二人也并不安心，不赴明宗之丧，朱、冯恐怕他们另有企图，便移敬瑭镇成德，从珂镇河东。

应顺四年（934 年），李从珂以清君侧为借口，率军东进，闵帝逃奔魏州，从珂杀闵帝，自立为帝，是为末帝。末帝以兵变得位，所以，即位之后，为了满足骄兵悍将的贪欲，极力搜刮百姓，遂使民怨沸腾。

清泰二年（936 年），石敬瑭在晋阳举兵叛乱，末帝以张敬达为太原四面后马都部署，杨光远为副，统大军讨伐。石敬瑭向契丹求兵援助，自愿为臣子。耶律德光自率五万骑自雁门来援，晋阳围解，耶律德光与石敬瑭会于太原北门外，乢封敬瑭为晋皇帝，敬瑭受册封，于是结为父子之国。石敬瑭割让了燕云十六州给契丹。张敬达拥众五万被困，杨光远杀敬达，率部下归降石敬瑭，各路后唐将领相继投降。耶律德光至潞州时，留下 5 000 骑兵帮助后晋，石敬瑭进逼洛阳，末帝被杀，后唐至此灭亡。

耶律阿保机建契丹国

耶律阿保机，契丹迭剌部人。其祖先屡次担任迭剌部的军事首领夷离堇。唐天复元年（901 年），阿保机被推立为夷离堇，控制了契丹八部联盟的兵马。唐天复三年（903 年），阿保机又进而成为“总知军国事”的于越，并兼任夷离堇的军职，掌握了遥辇氏部落联盟的全部军政实权。

后梁开平元年（907年），契丹八部大人罢免了遥辇氏的痕德堇可汗，改选阿保机为可汗。在三年任期满后，阿保机依仗他的强大力量，屡次拒绝接受替代。后梁开平五年（911年），主管政教的惕隐刺葛和阿保机弟迭刺、寅底石、安端等共同策划了反对阿保机的叛乱。战乱爆发前，安端的妻子粘睦姑向阿保机报告了消息，阿保机立即采取措施平息了这场叛乱。五月，阿保机与刺葛等登山盟誓，祭告天地，然后罢免了刺葛的惕隐职务，改任为迭部的夷离堇。

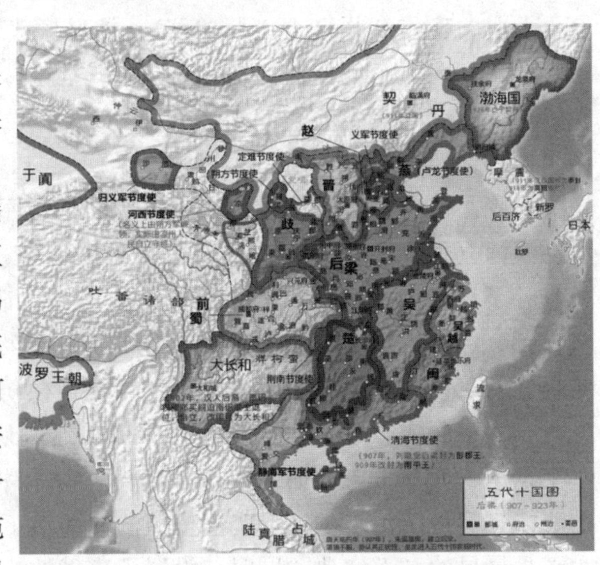

907年后梁开国之初五代十国局势图

后梁乾化二年（912年）七月，刺葛和迭刺等再一次发动叛乱，并得到了于越辖底的支持，新任惕隐滑哥也参与了这次密谋。这时，阿保机领兵攻掠西南各部，命刺葛领兵攻打平州（今河北卢龙县）。当阿保机十月还军时，刺葛自平州领兵阻住了阿保机的归路，阿保机引军南移，并当即举行了传统的选汗仪式柴册仪，使反叛者失去了作乱的理由。次日，刺葛等向阿保机臣服。后梁乾化三年（913年），阿保机再次平定了刺葛、滑哥等的叛乱，并在这年冬天，在莲花泊焚柴祭天举行了传统的选汗选仪之后，对叛乱的迭刺部贵族做了处置。后梁贞明元年（915年），七部大人在国境边上设伏截住了刚刚击败黄头室韦返国的阿保机，强迫他解除汗位接受替代。在迫不得已的情况下，阿保机不得不交出了象征可汗权力的旗鼓，但借机提出“我为王九年，得到许多汉人，因此请允许我率领我的种落和汉人定居在古汉城，单独为一部”。古汉城在炭山东南滦河边上，是个土地肥沃，宜植五谷，有盐池之利的好地方。阿保机虽交出了汗位，但掌握了盐池，七部皆依靠其盐池供给。次年，阿保机设计引诱七部大人一起到盐池会宴，埋伏下兵马把他们全部杀害，灭七部后，并为一国。自称“天皇帝”，妻称“地皇后”，建年号“神册”，立儿子倍为皇太子，建国号契丹，按照中原规制正式建立朝廷。

神册元年（916年），阿保机出兵西征，接受了幽州节度使卢国用的投降，任命他为幽州兵马留后。七月，又领兵向西平服了突厥、吐谷浑、党项、吐蕃、沙陀等部落，俘虏各部酋长及部民15 600户，铠甲兵仗器服九十余万套。八月，南侵朔州（今山西朔县），擒晋振武节度使李嗣本，乘胜向东，又攻陷蔚、新、武、妫、儒五州。自代北至河曲，越阴山，都被契丹占有。阿保机把武州（今河北宣化）改为归化州，妫州（北京怀柔）改为可汴州，设置了西南面招讨司。神册二年（917年）二月，晋新州（今河北涿鹿）副将卢文进降。三月，契丹攻幽州，大破晋周德威军。神册三年（918年），阿保机在潢河（西拉木伦河）沿岸契丹故地城西筑楼作为皇都。次年二月，阿保机修补了辽阳故城，让汉人、渤海人住进去，改称东平郡。冬天，又征服了乌古部，俘获人口14 200多，牛马车乘庐帐器物二十多万件。神册五年（920年）正月，阿保机从侄鲁不古和突吕不受命模仿汉字偏旁，创制了契丹大字。九月，大字制成，颁行。后来，阿保机弟迭剌研习回鹘语文，又创制了契丹小字，数少而连贯。神册六年（921年），阿保机命大臣制定治理契丹和诸夷的法律，契丹统治下的汉人仍旧依照法律而治。突吕不受命撰“决狱法”，成为契丹最早的一部法典。同时，设置了决狱的法官“夷离毕”，并进一步“正班爵”建立新的统治秩序。同年，新州防御使王郁率领山北兵马向契丹投降，这些人被迁到潢水南岸。阿保机乘机率大军进入居庸关，分兵连下檀、顺、安远、三河、良乡、望都、潞、满城、遂城等十几个城池，把当地人民俘虏到北边草地，其中檀、顺州的人们，被分配在东平沈州。皇子倍和王郁侵犯定州，被晋李存勖、李嗣昭部战败。天赞元年（922年）又开始进攻幽州、蓟州，次年打下了平州。这时晋王李存勖正式代替了后梁称帝，改国号为唐史称后唐。阿保机还军，任命次子德光为天下兵马大元帅，继续南侵。天赞三年（924年），耶律德光略地蓟北，占领平州，侵占唐的大片地区。同年，阿保机及大元帅德光大举西征吐谷浑、党项、阻卜（鞑靼）诸部。九月，至古回鹘城（鄂尔浑河畔、哈剌巴剌哈孙）刻石纪功。十月，越流沙，攻下浮图城（今新疆吉木萨尔北），征服西北诸部。十一月，捕获甘州回鹘都督毕离遏。第二年四月，甘州回鹘乌主可汗遣使“贡谢”。契丹的政治势力由此西达甘州，西北至鄂尔浑河。

天赞四年（925年）冬，阿保机领兵东征渤海。阿保机皇后述律氏。太子倍、次子德光等同行。蓟州汉人韩知古、康默记、幽州汉人韩延徽等统帅汉军出征。十二月，契丹兵围扶余（今吉林四平），第二年正月，占领扶余城，杀渤海守将，进围渤海忽汗城，渤海国王諲撰率僚属三百多人出降，阿保机进驻忽汗城，灭渤海国，改渤海为东丹国，封太子倍为东丹王，统治新占领的渤海旧地。辽天显元年（926年）七月，辽太祖阿保机灭渤海后，死在扶余府。阿保机时代，契丹奴隶主国家还只是初具规模，但它的建立无疑是契丹族历史上划时代的大事。

阿保机死后，皇后述律氏月理朵称制，摄军国事。天显二年（927 年）十一月，掌握兵马大权的次子耶律德光在述律后支持下，继皇帝位（即为辽太宗）。太宗统治期间，一再亲自率兵南下。后唐清泰三年（即辽天显十年，936 年），后唐河东节度使石敬瑭反唐自立，以割地称臣的条件求得契丹的支持，灭唐建（后）晋。后晋天福三年（938 年），派遣使节向契丹送去幽云十六州图籍。

燕云十六州从此归入了契丹的统治区域。辽太宗将皇都建号上京，称临潢府。幽州称南京，原南京东平府改称东京。后晋天福七年（942 年），石敬瑭死，其侄石重贵继位，向契丹称孙，拒不称臣。契丹连续三次大举南侵，至后晋开运四年（947 年）灭后晋，辽太宗耶律德光入晋都开封，改穿汉族皇帝的服装，受百官朝贺。二月，建国号大辽。四月，辽太宗在返回上京的路上，病死在栾城。

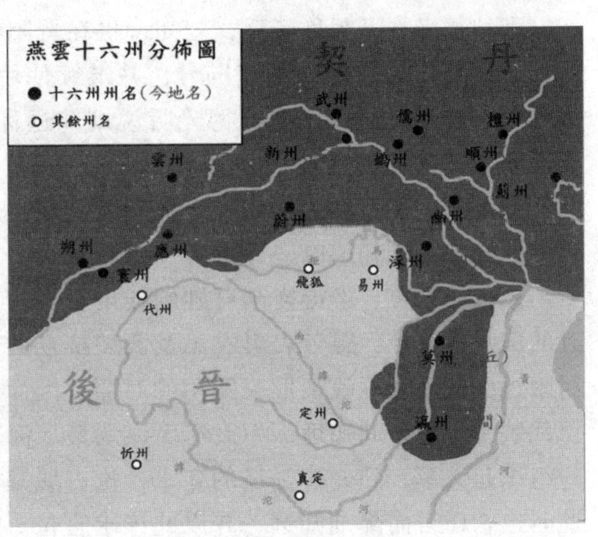

燕云十六州分布图

刘知远建后汉

刘知远原来是后晋的河东节度使。在契丹与后晋互相攻伐时，刘知远采取观望的态度，据守本境。

刘知远

后晋将领杜重威投降契丹贵族后，一部分后晋军逃归河东，增强了刘知远的势力，契丹贵族耶律德光攻入后晋都城在开封称帝时，刘知远有步骑五万多，他一面分兵把守河东四境，以防契丹军侵入；一面派部将王峻以进贺表为名，三次入开封刺探辽的国情。王峻先祝贺契丹攻入开封；又陈述太原夷夏杂居，戍兵所聚，故刘知远不能亲自至开封向耶律德光当面祝贺，三上贡物之表。辽太宗耶律德光虽知刘知远刺探之意，但为了拉拢河东势力而赐刘知远木枴，以表示优礼与器重。同时派遣使臣问刘知远：“汝不事南朝，又不事北朝，意欲何所依也?”刘知远部将以为辽主已猜忌河东，情势危急，劝刘知远迅速起兵反辽。刘知远分析了当时的形势，以为“用兵有缓有急，当因时制宜。今契丹新降晋兵，虎居京邑，未有他变，岂可轻动?且观其（契丹）所利，止于货财，货财既足，必将北去。况冰雪已消，势难久留，宜待其去，然后取之，可以万全”。刘知远以静制动的计策取得了成功，并为其建立后汉打下了基础。

耶律德光在开封称帝后，刘知远也在晋阳（今山西太原）称帝。为了收揽人心，刘知远称帝而不建国号，并继续使用后晋高祖石敬瑭所用的年号，以示不忘晋朝。辽太宗耶律德光听说刘知远称帝便下令削夺刘知远的官爵，并派耿崇美为潞州（今山西襄垣县）节度使，高唐英为相州（今河北临漳县）节度使、崔廷勋为河阳（今河南孟县西）节度使，包围河东地区。在与辽的争战中，刘知远以迎晋出帝（即石重贵）到晋阳为名出兵抗辽。其下诏令河东各处官吏，不得搜刮百姓的钱帛贡奉契丹，处死所辖地区残酷剥夺百姓的契丹族官吏，慰劳表彰农民及武装抗辽的民众。刘知远的措施与辽在开封附近大肆掠夺的政策形成鲜明的对照，因而获得了民众的支持，后晋的旧臣武装纷纷归附刘知远，为灭辽出谋划策。河东境内及其他地方的民众也纷纷组织起义军，到处攻杀辽的守军，抢占城镇。一些被迫投降辽的后晋官吏此时也杀辽官而降刘知远，并以此谋求官位。刘知远在民众的支持下，先打破了辽的围攻，他支持潞州权知留后王守恩击退耿崇美的进攻。辽所派相州节度使高唐英尚未到任，州镇早已为梁晖占据。会同十年（947 年）年末，辽太宗终因中原地区民众起义此起彼伏，无法控制及契丹人不习惯中原水土等原因而仓惶撤军北返。

刘知远闻知辽军撤离开封，则召集大臣商议进取之策，诸将认为应出师井陉（今河北井陉），改取镇（今河北正定县）、魏（今河北大名一带），先平定河北，河北定则河南不战自服。部将郭威力排众议，以为出兵河北，兵少路迂，又无应援，难以制胜。他主张先平定陕、晋，后攻汴、洛。刘知远抓住战机，依照郭威的计策，委派自己的弟弟刘崇镇守太原，自己则亲率大军由太原出阴地关（今山西灵石县西南）至晋（今山西临汾县）、绛（今山西新绛县），安定了陕、晋后方，又委派部将史弘肇为先锋，攻进汴洛。史弘肇治军严明，兵卒人人奋勇，一路所向披靡。辽守将闻刘知远进攻，纷纷弃城北逃。洛阳守将刘晞在刘知远发兵的前两天便弃城而逃往大梁（今河南开封附近）。刘知远自太原发兵，仅用了 21 天便占领洛阳。在洛阳下令改国号为汉，即后汉，仍续用后晋石敬瑭天福年号，刘知远则为北汉高祖。自洛阳进军开封，一路畅行无阻。刘知远入开封后，后晋时的藩镇相继降汉称臣，黄河以南的州镇名义上归后汉所有。

刘知远建后汉后，辽将麻答仍盘踞黄河以北的恒州（今河北正定县），对当地人民实行残酷的统治，深为当地百姓所憎恨。及至刘知远入开封的消息传到恒州，当地百姓则群起驱逐麻答与辽人。麻答率辽人逃往定州（今河北满城县），与定州辽守将耶律忠（即耶律郎五）合兵。天雄节度使、后晋的叛将杜重威亦与麻答勾结，盘踞魏州抗击后汉。刘知远率兵亲攻魏州，杜重威力竭投降，刘知远杀杜重威，魏州归后汉所有。乾祐元年（948 年），麻答与耶律忠慑于定州民众起义，弃城而逃归辽国，定州也被收复。后晋末陷入契丹的州县至此已全部为后汉所有。

郭威建后周

五代十国时，武夫专权，政权频繁更替，后汉武夫的蛮横，可谓登峰造极。天福十二年（947 年）春，汉高祖刘知远趁契丹兵马撤退之时在太原称帝，拜他的侍卫亲军都虞侯郭威为枢密副使。汉高祖于乾祐元年（948 年）病重，将其子刘承祐（隐帝）托于郭威及史弘肇等，郭威被拜为枢密使。隐帝继位不久，李守贞据河中（今山西蒲县）、赵思绾据长安。王景崇据凤翔，连衡抗命，同时反叛。汉隐帝派白文珂等，常思分征讨无功，加拜郭威同平章事，西督诸将，讨伐三叛镇。郭威依文官首领太师冯道的策略，不吝官物，赏赐士卒，大得军心。乾祐二年（949 年）郭威灭河中、永兴（长安）两镇，杀李守贞、赵思绾，别将赵晖灭凤翔镇，杀王景崇，郭威得胜还朝。

持续一年多的叛乱虽相继被平定，但后汉统治集团内部的矛盾仍十分尖锐，将相之间互为仇视，皇帝也因将相权力过高，“厌为大臣所制”。

乾祐三年（950 年）汉隐帝杀掉了总军政的杨邠，典宿卫的史弘肇、掌财赋的王章，并派侍卫马军指挥使郭崇去杀郭威。当时，为了抵抗辽军入寇，郭威被任命为天雄军节度

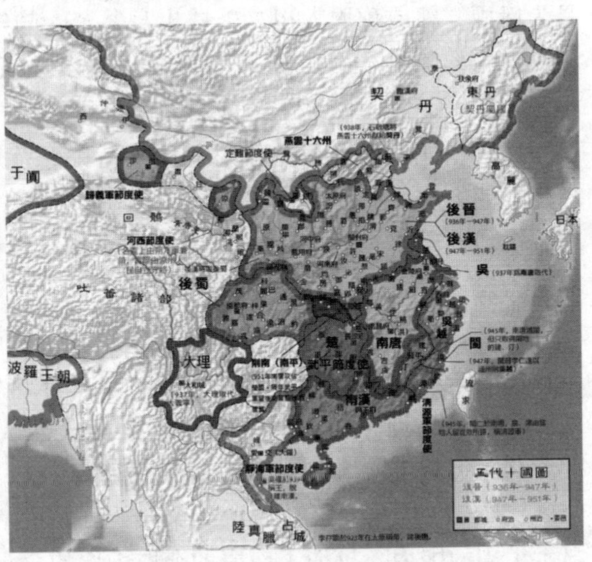

951 年五代十国位置图

使、出任魏州，仍兼枢密使，节度河北各镇，有机会便行动。他不仅大权在握，而且赢得了内外诸大臣的信赖，汉隐帝派人往邺都（魏州大名府）谋杀郭威一事，成为导火索，激起了郭威的反叛。

十月，诏杀郭威的使者到了。郭威隐匿诏书，与枢密使院吏魏仁浦策划，密谋反汉。郭威盗用留守印，重新伪造了让郭威诛诸将的诏书，这使得诸将群情激愤，皆为郭威所利用。十一月，郭威留义子郭荣守魏州，自率大军渡河，用抢掠来收买士卒，沿途无阻，七日后到了开封城外，汉隐帝被部下溃兵郭允明杀死，郭威入开封城，放纵诸军大掠三日。

当时，汉高祖弟河东节度使刘崇在太原，以备辽为名，拥有强兵；忠武节度使刘信在许州，刘崇子刘贇为武宁节度使，在徐州。如果三镇连兵，号召复兴汉朝，对郭威是不利的。郭威定假迎刘贇为汉帝之计，率百官朝李太后于明德门，请求立为君主，太后令百僚、将校商议。两天后，郭威又请李太后下令立刘贇为帝，使冯道等大臣到徐州奉迎，太后临朝听政。

十二月，契丹入寇，攻破内邱、饶阳两城，李太后命令郭威率大军渡河击辽兵，又命令军国事暂委郭威的心腹王峻、王殷。郭威到澶州，将士数千忽然大喊起来，展开黄旗披在郭威身上，拥立郭威为皇帝，郭威拥众从澶州返回开封。

澶州兵变时，刘贇已到宋州（今河南商邱），王峻、王殷派人带兵去宋、许二州，刘贇被拘留，以李太后名义，废为湘阴公，刘信自杀。

广顺元年（951 年）正月，李太后令郭威监国，汉亡，郭威即位建元，是为后周，郭威称周太祖。郭威出身贫苦，颇知民间疾苦。他执政后，二月，出汉宫中器物数十件，于庭中砸碎，表示以汉隐帝为鉴，令珍华悦目之物，不得入贡。三月，恢复了与南唐的商旅往来。

六月，任命王峻为左仆射兼门下侍郎，范质、李谷并为宰相。当时国家新建，四方多敌，王峻尽心尽力，军旅之事，多由他策划，范质谨守法度，李谷沉毅有谋略，他们相辅相成，郭威虚心纳谏，共同为国家度过困难时期而努力。

十月，北汉主刘崇联合契丹兵入侵，周太祖以王峻为行营都部署，诏诸军皆受王峻节度，听他吩咐。王峻率兵自绛州至晋州，占领了晋州的最险要地方蒙阬，契丹思归畏惧，烧营夜遁，王峻纵兵奋击，大败契丹及北汉兵，此后北汉无意进取，北周的北方基本稳定。

广顺二年（952 年）春，周又击退了联络南唐进攻的慕容彦超，向南唐显示了周的国力，打消了南唐的夺取中原的念头，保证了北周政权的稳固。

广顺二年（952 年）十一月，周太祖废免了后梁以来长期存在的“牛租”，并将民间牛皮一律官收的方法改为按田亩分摊。广顺三年（935 年）正月，周太祖又停止废营田，将田地、耕牛、农具、庐舍等分给佃户为永业，鼓励农民耕垦荒地，留心农田水利，民众的负担有所减轻，这一年，后周直接控制的人口增加了三万多户，国家经济逐渐走上正轨。

郭威建后周不同于后唐代梁、后晋代唐、后汉代晋，他继位后实行的一系列政策措施，恢复了北周的农业生产，开始改变了中国北方的残破局面。

周世宗的改革

周世宗，本姓柴名荣，他的姑母是周太祖（郭威）圣穆皇后，柴荣自幼随姑在周太祖家，因谨厚深得周太祖喜爱，被周太祖收为义子。柴荣长大后，器貌英奇，善骑射，性沉重寡言。乾祐三年（950 年）冬天，周太祖推翻了汉隐帝统治，建立后周，柴荣被任命为澶州刺史，检校太傅、同中书门下平章事。广顺三年（953 年）拜为开封尹，进封晋王。显德元年（954 年），后周太祖郭威病死，周世宗继位。他在周太祖革弊的基础上，继续进行改革及新政。

周世宗精明强干、志气宏大。即位后，他澄清吏制，赏罚分明，任用李谷、王溥、范质等人为宰相，魏仁浦为枢密使，整顿纲纪，内政上取得了很大成就。

有五代第一明君之称的后周世宗柴荣

针对当时佛都传播盛行，各地寺院林立，隐匿编户甚多的现象，周世宗实施了他的毁佛计划。显德二年（955 年），周世宗下令天下寺院，非敕额（朝廷特许）者一律废除；禁私度僧尼，只许两京、大名府（魏州）、京兆府（长安）、青州五处设戒坛；不得家长允许，不许受戒出家；禁僧俗舍身、断手足、炼指、挂灯、带钳等迷惑人的恶俗。令两京及诸州每年造僧尼帐，有死亡、还俗，都随时销帐。这一年，天下寺观存留 2 694 所，僧 42 000 余人，尼 18 000 余人，寺院废除 33 036 所。减少寺院和僧尼，就是减少剥削者和坐食者，对民众有利。自佛教盛行以来，寺院多销铜钱造佛像，周世宗下令寺院除钟磬拔铎之类得留用外，所有铜佛像，一律送官府收买，用作铸钱原料，这使唐末以来长期缺钱的局面有所改变，有利于贸易流通的发展。

接着，周世宗又开始了他统一中国的战争。当时后蜀割据四川，并占据了陇西的秦、凤、阶、成四州，为了进取四川，显德二年（955 年）五月，命郭向训，王景代蜀，攻取了陇西四州，显德三年（956 年）南征，对南唐用兵，至显德五年（958 年）三月，攻取了淮南、江北十四个州，势力南达长江。

对外用兵的同时，周世宗很注意本国的生产恢复。当时，战乱频繁，民户多背井离乡，四散逃亡。周世宗鼓励民户回乡定居，减免各种无名科敛，对来自西川、淮西和河东等处的流民，一律分给荒闲田地作为永业。他颁布了逃户田地的处理方法，鼓励农民垦殖逃户田，规定田主在三年内回乡的，归还一半耕地；五年内回归的，归还三分之一。均不包括佃户所盖的屋舍和种植的树木、园圃；五年以外回归的，除坟茔地外，一律不归还，至于从契丹统治下回归的人，对他们在外的年限和获得土地的数量等的规定，都相对放宽。显德五年（958 年），他依据元稹《均田表》所说的均田租的办法，制成《均田图》，颁发给诸道节度使、刺史各一份，做均田准备。不久，派出朝官 34 人，分行诸州，均定黄河以南 60 州田租，取消特权。十二月，下诏诸色课户俸户编入州县民籍，所有幕职及州县官，由朝廷发给俸钱米麦，扫除唐初以来三百多年的弊政。

周世宗也整理了法制。五代相沿，律令格式敕积至一百五六十卷，文字难懂，条目又繁杂不一，贪官污吏得以舞文弄法，陷害民众。周世宗命令御史张湜等注释删节，王溥、范质等据文评议，评定为《刑统》二十一卷。显德五年（958 年），颁布《大周刑统》，使全国遵守统一的法律，宋朝沿用《刑统》，成为继承《唐律》的一部重要律书。

在恢复生产、整顿法律的同时，周世宗在军事上又继续实施他的远大抱负。显德六年（959 年）三月，他开始北征契丹，收复了燕云十六州中的瀛、莫二州。但在这次北伐契丹的战役中，他得了重病，没有完成“统一”中国的事业，于显德六年（959 年）夏天病逝。

周世宗是中国历史上一位杰出的皇帝，他基本上结束了唐末以来政治腐败、藩镇割据的局面，恢复了北方地区的农业生产，为北宋的统一打下了基础。建隆元年（960 年）赵匡胤推翻后周，建立北宋，统一了中国，但若论结束分裂割据局面的第一有功之人，当属周世宗。

陈桥兵变建北宋

宋建隆元年（960 年），赵匡胤取代后周，建立了宋朝，史称北宋。

赵匡胤，涿郡（治今河北涿州）人。高祖朓仕唐，历任永清、文安、幽都令。祖父敬，历任营、蓟、涿三州刺史。父弘殷，骁勇，有战功，曾领后周岳州防御使。累官检校司徒。母杜氏。匡胤出生在洛阳夹马营。容貌雄伟，器度豁如。年轻时曾助郭威发动兵变，代汉建周，受到重用，仕周，补东西班行首，官至殿前都指挥使。郭威死，养子柴荣继位，即周世宗。匡胤多次跟随周世宗征伐，屡立战功，有了一定声望，深得周世宗信任。世宗临终前，以为他很可靠，特意把禁军的最高职务殿前都点检，从女婿张永德手中转交给他，同时拜他为检校太傅，让他掌握了禁军统帅权。赵匡胤掌军政六年，深得军心，加上多年跟随世宗征伐，屡建战功，为众望所归。

显德六年（959 年）周世宗病逝，由七岁的幼子柴宗训（即周恭帝）继位，实由符太后掌大权。这时的赵匡胤，除任殿前都点检外，还兼任归德军节度使，负责防守京城开封，权势更大了。而当时后周的形势却是“主少国疑”，正是赵匡胤夺权，取代后周的好机会。

显德七年（960 年）正月初一，这时皇宫里正在欢庆新春元旦，赵匡胤以镇（今河北正定）、定（今河北定县）二州的名义，谎报军情，说是契丹勾结北汉大举南侵，请求朝廷派兵抵御。当时的宰相范质、王溥等不明真相，便立即派赵匡胤率兵出征。初三日晨赵匡胤带兵刚出京城，城内便传出“出军之日，当立点检为天子”的传言。而皇宫内全然不知，仍在欢度春节。当晚，赵匡胤驻军于开封东北四十里的陈桥驿，马上布置了兵变事宜。他自己不便出面骗动将士，喝酒装醉睡觉去了。由其弟供奉官都知赵匡义与谋士赵普与禁军的几个主要将领共同商议，说：“主上幼弱，我们出力破敌，有谁知道，不如乘机先立点检为天子，再行北征不迟。”决定拥立赵匡胤当皇帝。

第二天早晨，赵匡义、赵普与参加兵变的诸将领涌入赵匡胤的住所，把早已准备好的黄袍，披在赵匡胤身上，高呼万岁。并簇拥着赵匡胤上马，回师开封，以登基称帝。赵匡胤假意装作无可奈何的样子，揽着缰绳说：“是你们贪图富贵，拥立我当皇帝，如能服从我的命令则可，不然，我可不作你们拥戴的人主。”大家表示惟命是从。赵匡胤为稳住京城和宫内局势，提出要保护太后、皇帝，对他们及各公卿大臣均不得侵凌；朝廷府库、士庶之家不得侵掠。如能遵守，事成后皆有重赏，如违背，则严惩——族诛。大家都答应了，队伍便向开封进发。与此同时，赵匡胤已派人回开封驰告“素有归心”的殿前指挥使石守信、殿前都虞候王审琦，让他们做好内应。

正月初五，赵匡胤率兵从仁和门进入开封城。事前已派遣潘美入宫示意。当时早朝还未结束，宰相范质闻变，十分慌张，使劲抓住王溥的手说：“仓促派赵匡胤出兵，是我们的罪过。”王溥更是害怕得说不出话。大臣们都束手无策，只有侍卫亲军副都指挥使韩通从内廷冲出，想率众抵御，被王彦昇追杀。赵匡胤进登明德门，命令甲士归营，他自己退居官署。将士拥范质等至，赵匡胤还假装是被将士所迫，一副惭愧的样子。未等范质说话，列校罗彦环已按住剑，厉声地对范质等人说：“我辈无主，今日须有人当天子。”范质等人全无抗争能力，只有俯首称臣。王溥首先下跪叩拜，范质也只好叩拜，遂请赵匡胤到崇元殿，行禅代礼。翰林承旨陶谷拿出事前准备好的禅代诏书，宣布周恭帝退位。赵匡胤穿上皇帝衣冠，北面拜受，即皇帝位。降周恭帝为郑王，符太后为周太后，迁居西京。大赦，改元。因赵匡胤所领归德军在宋州（今河南商丘），故定国号为宋，年号建隆，北宋建立。

为稳定局面，赵匡胤称帝后，派遣使者遍告郡国藩镇，论功行赏。首先加封石守信为侍卫马步军副都指挥使，高怀德为殿前副都点检，张令铎为马步军都虞侯，王审琦为殿前都指挥使，张光翰为马军都指挥使，赵彦徽为步军都指挥使。对后周将领、当时掌握重兵屯驻真定原殿前副都点检慕容延钊升为殿前都点检，领兵巡守北方边境的韩令坤为侍卫马步军都指挥使，与石守信同领禁军。任命他的弟弟匡义（后改名光义）为殿前都虞侯领睦州防御使，赵普为枢密直学士。追赠韩通为中书令，以礼收葬，王彦昇的专杀行动，使赵匡胤很生气，由于北宋才建立，容忍他没有降罪。

后蜀之灭

唐末以来，川蜀一带先后为王、孟二氏割据。天复三年（903 年），唐被迫封王建为蜀王。天祐四年（907 年），唐哀帝禅位给梁太祖，梁太祖派使者告王建归顺，王建拒绝受命，反而登基称帝，史称前蜀。同光三年（925 年），后唐伐蜀，蜀帝王衍受降。长兴四年（933 年），后唐封孟知祥为蜀王，第二年，孟知祥即帝位，国号蜀，史称后蜀。

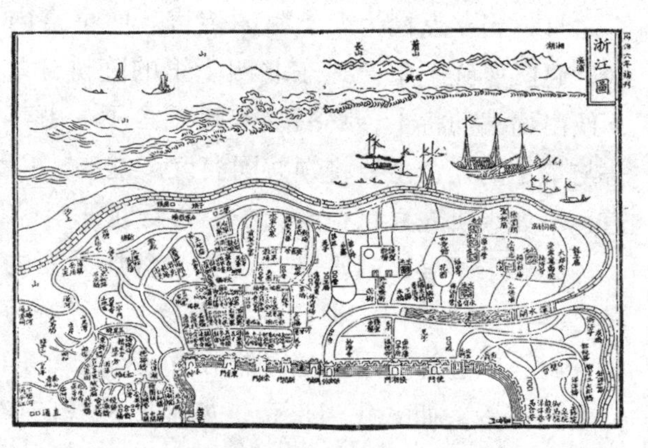

北宋时杭州城与钱塘江地图

宋平定荆、湖后，便准备征伐后蜀，先是拜张晖为凤州团练使，了解蜀的情况。张晖到任后，深入了解了蜀地山川险阻和国库虚实情况。宋太祖在此基础上，制订出攻蜀的周密计划，绘制出进军路线的详图。

乾德二年（964 年），宋截获了蜀国企图联合北汉以攻宋的腊书，宋太祖大笑说："吾西讨有名矣。"开初，蜀山南节度使判官张延伟，鼓动知枢密院事王昭远联合北汉攻宋，夺取关右之地，以树立威信。王昭远采纳了他的建议，劝蜀王派遣枢密院大程官孙遇、兴州军校赵彦韬等，带上腊书去北汉商讨联合攻宋，腊书被宋获得。十一月，宋太祖命王全斌为西川行营凤州路都部署，刘光义、崔彦进为副，王仁赡为都监，刘光义为归州路副都部署，曹彬为都监，率领步骑六万，两路伐蜀。

蜀主孟昶知道宋已起兵的消息后，便命王昭远为北面行营都统，赵崇韬为都监，韩保正为招讨使，李进为副招讨使，率师迎战。王昭远善读兵书，以熟悉方略而自负，但并无实战经验。行军前，宰相李昊为他饯行，王昭远手执铁如意，指挥军事，自比诸葛亮，攘臂大声道："吾此行何止克敌，领此二三万雕面恶小儿，取中原易如反掌！"

十二月，王全斌打败蜀兵7 000，攻占兴州，获军粮四十多万石。蜀韩保正退守西县，史延德追击，生擒韩保正及其副将李进，获粮三十余万斛。崔彦进率军过三泉，到嘉州，蜀兵烧毁栈道，退守葭萌。王全斌修复栈道，进兵罗川，蜀兵依江与宋对抗。王全斌遣张万友率军夺桥过江，三道并进，蜀倾其全部精兵拒战，又大败，义州刺史王审超、临军赵崇渥、三泉监军刘延祚被俘。都统王昭远、都监赵崇韬亲自率兵来战，三战皆败，宋军追至利州，王昭远烧毁渡口浮桥，退守剑门，依天险拒守。王全斌等入利州，获军粮八十万斛。由刘光义、曹彬率领的另一路，入峡路，连破蜀兵，获战舰二百余艘，斩获水军六千余人，攻占夔州。蜀夔州守将高彦俦自杀。

乾德三年（965年），蜀主闻王昭远败，高价招募新兵，令太子孟元喆为元帅，李廷珪、张惠安为副元帅抵御宋军。孟元喆携带妻妾、歌妓数十人同行，根本不是去打仗，看到的人都偷笑。王全斌率军自利州攻剑门，至益光为天险所阻，得蜀降卒指路，派偏师，由史延德率领，从称之为来苏的偏狭小道行进又作浮桥渡江，南至青强店，与王全斌形成夹攻剑门的形势。王昭远退守汉源，命令偏将守剑门。王全斌等攻破剑门，追至汉源，大败蜀兵，俘赵崇韬，杀蜀兵万余人，王昭远弃甲奔逃。王昭远逃到东川，藏于民间仓房，痛哭流涕。宋兵追至，王昭远束手就擒。太子孟元日夜嬉游，不理军政，至绵州，闻剑门失守，惊慌失措，欲退过东川。第二天，又弃军西还。蜀主闻剑门失守，太子奔还，惊恐得不知所措，向臣僚问计。老将石斌认为，宋军远来，难以持久，建议聚兵坚守，作持久之战。蜀主慨叹说："父子以丰衣美食养士四十年，一旦遇敌，不能为我东向放一箭。今天虽然想闭壁自守，还有谁肯为我效死力呢？"司空兼武信节度使平章事李昊劝蜀主封府库请降。蜀主听从了他的话，派伊审征送降书于宋军。自宋出兵，仅66天，蜀降。蜀46州、240县、534 029户尽归于宋。

王全斌等入成都几天后，刘光义、曹彬另一路也抵达。王全斌、崔彦进、王仁赡等，日夜宴饮，不体恤军务，放纵部下抢掠财物、妇女，蜀地百姓及降军深受其害。当初在出师前，宋太祖训令王全斌等，所至不得烧民舍，掳掠吏民，挖掘坟墓，伐桑柘，违者以军法从事。因此，曹彬屡请王全斌班师，王全斌不听，仅遣人送孟昶归京师。

宋兵的暴行，导致了蜀地兵民的反抗，起事者十多万人，号兴国军。蜀文州刺史全师雄率族去往京师，至绵州为叛军截获，欲使其为将，全师雄不受，弃家藏匿。数日后被叛军搜出，强推全师雄为帅。宋军朱光绪至，灭掉全师雄全家，纳其爱女为妾，全师雄遂率叛军攻绵州，大败，死万余人。后全师雄攻占彭州，称兴蜀大王，开幕府，置僚属、节度使 20 余人，分居灌口、导江等县。全师雄声言攻成都，蜀 17 州响应，致使邮传为之不通。这时蜀降兵三万屯城南教场。王全斌怕他们响应全师雄，把 27000 余人骗到夹城中杀害。乾德四年（966 年）六月，王全斌破全师雄于灌口，全师雄退守金堂。十二月，全师雄病故，叛军推举行本为主，罗七君为佐国令，占据铜山固守。宋军攻破铜山寨，俘罗七君，招抚余众，叛乱平息。王全斌等因“黩货杀降”之罪而降职。曹彬因军律严整，受到表彰。

平定南汉

南汉刘隐父子起于封州，数有功于岭南，遂有南海。初，黄巢从广州北撤后，广州牙将刘谦升为封州刺史，刘谦死后，他的儿子刘隐代其职。开平三年（909 年），封刘隐为南平王，乾化元年（911 年），封为南海王。是年，刘隐死，弟刘龑立。第二年，拜刘龑为清海节度使，乾化三年（913 年），袭封为南海王。贞明三年（917 年）刘岩即帝位，国号大越。次年，改国号为汉。

宋灭湖南后，与南汉接壤，南汉不自量，经常侵吞湖南边地。乾德元年（963 年），南汉袭击桂阳、江华。次年，攻潭州，均被潭州防御使潘美击退。由于宋正对蜀用兵，暂时无暇南顾，对南汉以防守为主。

刘岩对宋挑衅，对百姓施加酷刑，有“烧、煮、剥、剔、刀山、剑树之刑，或令罪人斗虎抵象”等，无所不为。赋税繁重，百姓进城都得交税。统治者利用搜刮的钱财，大修宫室，仅离宫就有几十处之多，刘岩日夜与宫女游幸。小小的南汉，宦官就有七千多人，其荒淫程度可想而知。刘岩不问政事，把政事委任给宦官，正直的官吏遭排挤打击。洸口守将邵廷琄招集亡叛，训练士卒，积极备战，防宋南进，百姓情绪高涨。乾德三年（965 年），匿名信诬告邵廷琄图谋不轨，刘岩不问真假，遣使赐邵廷琄死。士卒、百姓知邵廷琄死，为他立庙祭祀。开宝元年（968 年），流言称西北招讨使潘崇彻不忠，刘岩遣郭崇岳前往察看，如“果有异志”，当地诛杀。郭崇岳见潘崇彻严阵以待，非常恐惧，回去谎报说：潘崇彻日夜与歌妓吹唱宴饮，不恤军政，无反谋。刘岩虽没杀潘崇彻，但夺了他的兵权。宋进兵南汉前夕，南汉已到了“兵不识旗鼓，而人主不知存亡”的地步。

宋从南汉内侍余延业处得知，南汉政治腐败，经济衰败，军事上不堪一击，百性痛苦不堪。宋太祖说：“吾当救此一方民。”

开宝三年（970 年）九月，以潘美为贺州道兵马行营都部署，尹崇珂为副，道州刺史王继勋为行营兵马都监，发诸州兵会集贺州城，兴师讨伐南汉。当月，潘美大败南汉万余人，攻克富州。宋军至白霞，南汉贺州刺史陈守忠告急。南汉内外震恐，遣龚澄枢往贺州宣慰，士卒以为龚澄枢会带来赏赐，结果只是空言，大失所望，“众皆解体”。宋军进至芳林，澄枢惶恐，乘船逃走，宋军遂围贺州。南汉大臣进谏，要求起用潘崇彻，南汉主大怒。说：“何需崇彻，伍彦柔独无方略耶?”遂以伍彦柔率军援贺州。宋军以奇兵伏南乡岸，伍彦柔至，伏兵突起，南汉援兵大乱，死的人十有七八，伍彦预先被俘，斩首示城中，贺州降。潘美声言攻广州，南汉主被迫以潘崇彻为内太师马步军都统，率三万众屯贺江。宋军急忙到昭州，潘崇彻不敢出战，仅拥兵自保而已。宋军乘胜攻克昭州，连续攻下桂、连二州。

十二月，宋军直逼韶州，南汉遣韶州都统李承渥率兵十万，屯于莲花峰下。并以大象布阵，每头象载数十人，皆执兵器，遇战，驱象打头阵，以壮军威。宋选壮士以劲弩射象，大象惊恐，回头奔跑，乘者皆堕地，反而践踏了李承渥军，南汉军大败，李承渥仅以身免。宋军攻占韶州，俘获韶州刺史辛延渥、谏议大夫邹文远。辛延渥遣使劝南汉主降，六军观军容使李托反对归降。韶州是南汉的北门，韶州丢失，南汉恐惧万分。刘岩这才命令堑广州东壕拒守，但已无将可派。宫媪梁鸾真荐其养子郭崇岳为招讨使，与大将植廷晓率六万人马，于马迳列栅栏。郭崇岳无勇无谋，日夜祷告，求神保佑。

开宝四年（971 年）正月，宋军攻占英、雄二州，南汉都统潘崇彻降。宋军至泷头，南汉主遣使请和，并求宋暂缓进兵，潘美不允，进至马迳，距广州十里，扎营于双女山下。刘岩惶恐，丧失守城信心，取来十多只船，装载金宝、妃嫔，想从海路逃走。宦官乐範与卫兵千余人，盗海船先走。刘岩欲跑不成，遣右仆射萧漼送降表，潘美立即遣萧漼于京师。刘岩不见萧漼还，很害怕，令郭崇岳严加防守。二月，刘岩遣其弟刘保兴率兵参战。郭崇兵、植廷晓出击，宋军涉水作战，植廷晓战死，郭崇岳退回。潘美采用火攻，令丁夫夜持火把烧栅栏，一时万炬齐发，正赶上大风，烟尘纷起，宋军猛攻，南汉军大败，郭崇岳死于乱兵。刘岩出降，潘美率军入城，俘其宗室、官属，得南汉所辖州 10，县 214，户 170 263。

平定南唐

南唐是江南的大国，强盛时地垮江、淮三十多个州，又有鱼盐的便利，即山铸钱，所以财力雄厚，颇有与中原争雄的实力，南唐的奠基人是李昇。李昇少孤贫，杨行密收其为养子，杨行密的儿子们不能容忍他，于是跟随徐温，遂冒姓徐，长为吴楼船军使，以军功升为昇州刺史。徐温诸子又不能容，两次谋杀徐昇，没有成功。杨溥称帝于吴后，拜徐昇为太尉，封东海郡王、齐王。天福二年（937 年），徐昇建国，国号齐。天福三年（938 年），徐昇自言为唐宪宗后，复姓李，改国号为唐。李昇在位七年卒，子李景即位。显德三年（956 年），周大败南唐，李景请割寿、濠、泗、楚、光、海六州，求和，后周不允。显德五年（958 年），扬、泰、滁、和、寿、濠、泗、楚、光、海等州已为周攻占。李景献庐、舒、蕲、黄州，与周划江为界，除去帝号，称国主，臣附于周，从此国力日益衰弱。

建隆元年（960 年），李景遣使以锦铸、金帛贺宋太祖即位。宋平李重进后，水军进驻迎銮镇，李景很害怕，遣使慰劳宋军。建隆二年（961 年），李景因为惧怕宋，迁都于洪州，升洪州为南昌府，建为南都，他的儿子李煜留守旧都金陵。这一年六月，李景死，子李煜立。

李煜喜爱诗文、绘画、音乐，信奉佛教，出钱募人为僧，一时僧众大增，皆仰食于官府。李煜与后妃服僧衣，念佛经，跪拜祈祷。李煜对宋承袭他父亲的做法，对宋卑顺恭从，每听说宋朝出师克捷及喜庆事，就奉献金银财宝。开宝四年（971 年），李煜派弟李从善朝拜宋朝，贡方物财宝，宋太祖拜李从善为泰宁军节度使，强留于京师。李煜修书，要求放李从善归国，宋太祖不允。南汉灭亡后，南唐处境更加孤立，李煜请去国号，改“唐国主”为“江南国主”，“唐国印”为“江南国主印”，各官职相应降格，中书、门下省改为左、右内史府，尚书省改为司会府，等等。

南唐李后主李煜是五代十国中最重要的词人

江南主卑躬屈膝，改变不了宋太祖统一江南的愿望。江南某些有识之士已看到这一点，开宝五年（972 年），江都留守林仁肇建议李煜以攻为守，在宋攻后蜀、南汉后，兵力疲困，淮南驻兵也少，这是好时机，他表示愿率数万兵，从寿春渡河，收复江北旧地。江南主没听劝告。沿江巡检卢绛劝李煜攻取吴越地，他提出吴越是江南的世仇，他日必与宋成犄角之势，对江南不利。他提出，以宣、歙假叛，江南主声言讨伐，卢绛则求吴越援助，吴越兵至则攻之，灭吴越，取其地。江南主也不听从。尽管江南主不用他们的策略计谋，但南唐的存在，还是使宋太祖感到不安。所以，宋太祖收买林仁肇的侍卫，把仁肇的画象偷给宋。太祖悬挂在室壁，然后宋太祖故意领江南使者观看，并说林仁肇将来降。使者如获重大信息，回国后马上告诉李煜，李煜不问真伪，把林仁肇杀害了。

宋太祖准备就序后，开宝七年（974 年），太祖决定讨伐江南，但苦于出师没有理由，于是遣李穆谕江南主入朝。李煜欲随李穆去，陈乔、张洎认为去必被拘留，力谏李煜不要去。李煜听从陈乔的意见，称自己有病不能去。李穆威胁说：宋兵甲精锐，物力雄厚，江南不是对手。李煜不为所动。李穆还，宋又遣梁迥劝李煜入朝，李煜再次拒绝。这样，宋太祖找到了伐江南的借口，于是命曹彬为西南路行营都部署，潘美为都监，率十万兵伐江南。曹彬等自荆南发战舰东下。江南防守的军队以为是宋军历年的正常巡守，只是闭壁自守并奉牛酒慰劳宋帅。当曹彬占池州，败江南兵于铜陵，时驻采石矶。潘美也率兵渡江。江南久无战事，老将去世，新将不懂兵机，只知求利。江南主遣郑彦华率水兵万人，杜真率步兵万人，抗击宋军。杜真与潘美接战，大败，郑彦华水军也败。金陵危急，江南主急忙招募新兵。

开宝八年（975 年），曹彬破江南兵于白鹭州、新林港，杀统军使李雄，攻克溧水。进至秦淮，江南兵水陆十万屯于城下，潘美率军渡过水，大败江南兵，进至城下。江南主与僧道依旧诵经、讲易，不问政事。一天，他自出巡城，见宋兵栅栏、旌旗满野，大为惊慌，这才知道受了左右的蒙骗，一气之下，杀了神卫统军都指挥使皇甫继勋，招朱令贇以上江兵入援。十月，江南都虞侯刘澄以润州降宋。江南主惧，遣徐铉使宋，徐铉质问宋太祖说：江南对宋是以小事大，如子事父，没有任何过错，为什么反而受到讨伐？宋太祖反问说："你说父子为两家，可以吗？"徐铉无言回答，归国。月余，江南主再遣徐铉求宋退兵，徐铉与宋太祖辩论，宋太祖大怒，按剑说："不须多言！江南不必有罪，只是天下一家，卧榻之侧，岂容他人鼾睡耶！"徐铉惶恐，回到江南复命。

江南朱令贇，率十五万众，自湖口入援，行至皖口，与宋军相遇。朱令贇纵火攻宋军，遇北风反而烧了自己，江南兵大溃，朱令贇被擒。金陵被围后，江南寄望于朱令贇。朱令贇被俘后，金陵丧失了精神支柱，只有苟延残喘，等待灭亡了。

金陵被宋军围困，从春至冬，居民樵采路断，兵又数败，城中居民恐慌。曹彬欲不战而克，故一再缓攻，数次遣使劝李煜降，并指出如不降，某日城必破。李煜以为城坚，继续固守。曹彬无奈，决定强攻，他要求将士克城之日不许妄杀一人。诸将答应曹彬的要求，并且一道焚香为誓。宋军发起攻击后，几乎没遇到抵抗，十二月攻陷金陵城，江南主李煜率臣僚到军门请罪，南唐灭亡。宋得州19，军3，县180，户655 065。

漳泉归附

唐朝末年，王审知割据福建，长兴年间他的儿子王延均建国称帝，国号越，都福州。王延钧被部将杀害，他的弟弟王延羲立，天福年间（936—943年），部将朱文进杀王延羲篡位。

开运元年（944年），留从效邀陈洪进等五十多人，劫兵库，擒斩朱文进泉州刺史黄绍颇，立王审知孙王继勋为刺史，留从效自为统帅，陈洪进为指挥使。朱文进攻泉州，为留从效所败。开运三年（946年），南唐主李景讨伐朱文进，围福州，吴越出兵干涉，李景攻占汀、建二州收兵，福州归于吴越。开运四年（947年），留从效将王继勋送于江南，自领漳、泉二州。江南以泉州为清源军，授留从效节度，泉、漳等州观察使，陈洪进为统军使，张汉思统领兵权。后来又封留从效为鄂国公、晋江王。福建五州，从此分裂。

留从效卒，少子留绍镃继位。一个多月后，陈洪进诬告留绍镃召越人，叛江南，执留绍镃送于江南，推举张汉思为留后，自己做副使。张汉思年老，事皆决于陈洪进。张汉思诸子都是衙将，不满陈洪进专权。第二年，张汉思父子想杀陈洪进，结果反被陈洪进父子所治。陈洪进与子陈文显、陈文颢把张汉思锁起来，强令其交出印玺。然后，陈洪进招将吏说："张汉思昏老，不能为政，授我印，请我莅郡事。"将吏皆贺。当天，囚禁张汉思。遣使请命于江南主李煜，李煜命陈洪进为清源军节度、泉、漳等州观察使。

这时宋已平定泽荆湖，威振四海。陈洪进很害怕，遣魏仁济出使宋，自称清源军节度使，权知泉、漳等州军府事，表示愿"恭听朝旨"，希望宋承认他对该地区的统治。宋太祖一方面遣使抚慰陈洪进；另一方面，以诏书形式告诉江南主李煜，陈洪进愿听命于宋。江南主李煜对陈洪进的背叛虽然极端不满，但有宋为他撑腰，也无可奈何。

建隆四年（963年），陈洪进遣使朝贡于宋，冬，又贡白金万两，乳香、茶、药万斤。乾德二年（964年），宋改清源军为平海军，授陈洪进节度、泉、漳等州观察使，检校太傅，子陈文显为节度副使、子陈文颢为漳州刺史。江南归宋后，陈洪进惧，遣子陈文颢献乳香万斤、象牙3 000斤、龙脑香5斤。宋太祖诏陈洪进入朝，行至途中，闻宋太祖死，陈洪进归，为宋太祖发哀。

宋太宗即位，陈洪进朝宋，受赏赐钱千万、白金万两，绢万匹。拜他的儿子陈文颢为团练使，陈文凯、陈文顼并为刺史。陈洪进上书，表示愿以所管漳、泉两州献于宋，使区区负海之邦，遂为内地，令百姓得见太平。太平兴国三年（978 年）四月，陈洪进到开封朝贡，主动献漳、泉 2 州，14 县，户 1519078 户于宋。历史上称陈洪进“纳土”。宋太宗拜陈洪进为武宁节度、同平章事，留京师奉朝请。诸子陈文显、陈文颢、陈文凯、陈文顼都授以要职。

太平兴国四年（979 年），陈洪进随宋太宗伐北汉。太平兴国六年（981 年），封陈洪进为杞国公。雍熙元年（984 年），是封为歧国公。陈洪进年老，而且富贵已极，要求告老。宋太宗下诏，免其朝请，第二年死去。

漳泉归附，标志着宋统一南方大业的完成。陈洪进主动归附，使百姓“得见太平”，顺应了“天厌乱久矣”的时代要求。

平灭北汉

建隆元年（960 年），赵匡胤取代周，建立宋朝，昭义节度使李筠起兵反抗。四月，北汉主刘钧率兵至潞州，援助李筠。宋败李筠后，刘钧惧怕，带兵回到太原。九月，宋进攻北汉，李继勋攻平遥县、荆罕儒攻汾州。李继勋俘获甚众，荆罕儒战死。宋太祖对荆罕儒之死，非常痛惜，为此斩荆罕儒部将不听命者二十余人。此后，北汉与宋互有出击，争战连年不断。乾德二年（964 年），宋将李继勋攻占北汉辽州，曹彬配合李继勋攻北汉石州，大败北汉军。契丹六万大军援助北汉，又被宋军击败。乾德四年（966 年），北汉收复辽州。

开宝元年（968 年），汉主刘钧卒，养子刘继恩立。初，宋太祖致书刘钧说；“君家与周为世仇，应该不屈。宋朝与你无冤仇，何必困守北方？如果有志统治中国，应下太行以决胜负！”刘钧回书说：“河东土地甲兵不足当中国，然我家世非叛者，守此区区之地，只不过是怕汉氏不能血食。”宋太祖看后，对使者说：代我告诉刘钧，会给他一条生路。此后一直到刘钧死，宋未主动攻伐北汉。乾德六年（968 年）七月刘钧卒。八月，宋遣李继勋等进攻北汉，经过汾河，到达太原城下，焚烧延夏门。北汉供奉官侯霸杀北汉主刘继恩，郭无为立刘继恩弟刘继元为帝。宋太祖致书刘继元劝他归降，许以平卢节度使，许郭无为以邢州

五代十国之北汉版图

节度使。郭无为欲降，刘继元没答应。契丹援兵到，宋军无功而还。

开宝二年（969 年），宋太祖亲征北汉，三月至太原，命李继勋军驻城南，赵赞军驻城西，曹彬军驻城北，党进军驻城东，把太原团团包围。又以汾河、晋河水灌太原城，城中大恐，郭无为再劝刘继元降，刘继元不从。四月，契丹遣兵援北汉。宋将韩重赟、何继筠等，大败契丹兵于阳曲、嘉山，俘契丹道领三十余人。宋太祖以契丹俘示城中，城中更加惊恐。南城被汾水淹陷，郭无为欲出降，伪请夜率军击宋兵，刘继元信其言，送郭无为于延夏门，行至北桥，遇大雨至止。卫德贵告发郭无为欲献地投降之谋，刘继元杀郭无为。北汉虽以孤城固守，但先后杀死宋骁将石汉卿、李怀忠等，加上天下大雨，宋将士多病，契丹又遣南大王率兵援救北汉，形势对宋不利，于是宋太祖采纳李光赞、赵普之议，班师回朝。

契丹韩知璠帮助北汉守太原期间，深感刘继元缺乏辅佐之臣。开宝三年（970 年）正月，韩知璠回国，劝契丹主放还被扣的北汉使臣，增强刘继元的势力。契丹主采纳他的建议，把扣留的十六名北汉使者厚礼遣还，命刘继文为平章事，李弼为枢密使，刘继文等长期留在契丹，又受契丹命主持国政，自然会引起北汉大臣的不满。刘继元既不敢得罪契丹，又想平息大臣的不满，便采取了折中办法，改刘继文为代州刺史，李弼为宪州刺史。这件事充分说明北汉对契丹的依附关系。

北汉主刘继元残忍好杀，亲旧故臣，凡与他意见不合者，就杀害全家。开宝六年（973 年），杀其弟禁军统帅刘继钦。大将张崇训、郑进、卫俦，故相张昭敏、枢密使高仲曦等，也先后因为谗言被杀，致使北汉内部政局不稳。

开宝九年（976 年），宋太祖命党进、潘美、杨光美、牛进思、米文义率兵，五路进攻太原。又命郭进等率兵攻忻、代、汾、沁、辽、石等州。诸将所到，捷报频传。宋进攻北汉兵于太原城下，刘继元惧，急向契丹求援。契丹主遣耶律沙率兵救北汉，宋军还师。初，宋太祖与赵普议攻北汉，赵普说：“太原当西、北两面，太原既下，则两边之患我独当之。不如等到平定诸国之后，再进北汉，北汉弹丸黑子之地，安将逃乎？”宋太祖同意赵普的看法，所以宋军虽多次伐北汉，但到太原城下又撤军。这固然与北汉的顽强抵抗有关，关键还是宋太祖没下决心灭北汉。

宋太宗即位后，泉州和吴越的割据政权先后被解决，南方统一实现，客观上要求对北汉和契丹用兵。太平兴国四年（979 年），在曹彬推动下，宋太宗决心集中兵力攻击北汉。遂命潘美为北路都招讨使，率崔彦进、李汉琼、刘遇、曹翰、米信、田重进等，四面围攻太原。又命郭进为太原石岭关都部署，切断燕、莉契丹援军。二月，宋太宗亲征北汉。三月，契丹派耶律沙为都统，敌烈为监军，率师赴太原。至白马岭，与郭进军相遇，耶律沙欲借水列阵，敌烈不从，遂渡水迎战，还没等到列阵，郭进急攻，契丹兵大败，敌烈等皆死。四月，宋太宗自镇州进兵，取岚州、隆州，至太原城下，驻军汾水东岸，慰劳围城将士，并亲自指挥攻城，数十万控弦之士，张弓齐发，太原外援断绝，城中万分恐惧。五月，北汉指挥使郭万超踰城降，刘继元亲信多逃亡，太原危在旦夕。宋太宗再次诏谕刘继元出降，许他终身富贵。刘继元无奈，派李勋致书乞降，宋太宗应允。刘继元率百官降，北汉的 10 州、1 军、41 县、35320 户归于宋。宋太宗下令“毁太原城，改为平晋县”。拜刘继元为特进、检校太师、右卫上将军，封为彭城郡公。

第十三章　宋　朝

王小波、李顺起义

王小波又作王小博、王小皤，川西永康军（今四川灌县灌口镇）青城县（在今灌县南）味江镇土锅村人，李顺是他的妻弟。王、李皆是当地的茶农，并常到灌口参加二郎神祠祀，与当地群众广有联系。淳化四年（993 年），两川大旱，官府又“赋敛急迫”，使农民“不得自存”。特别是宋廷在那里设有所谓博买务，垄断市场，以低价强行购买农民生产的布帛丝绢等，更使农民难以为生。四川这个地方本来并不榷茶，这时亦开始“掊取”，使茶农深受其害。正是在这种情况下，王小波于这年二月首先起义。以反抗宋廷的苛政。王小波提出的口号是：“吾疾（痛恨）贫富不均，今为汝（你、你们）均之!”颇受贫苦农民拥护，很快从百余人发展到一万余人，并一举占领了青城县。随之，王小波带领起义军攻打眉州的彭山县，杀死了守廷所谓“清白强干”，实则异常贪暴的县令齐元振，王小波把齐元振搜刮的民财又散发给了农民，同时，还把齐元振的肚子剖开，塞满了钱，以示对其诛求无厌的愤怒。这年十二月，起义军从彭山县北上，攻打成都西南的交通重镇江原县（在今崇庆县东南），与西川都巡检使、崇仪使张玘所率重兵相遭遇。王小波在这次战役中虽头部中箭，但仍顽强战斗，不仅打垮了敌军，而且斩杀了张玘，取得江原大捷。不过，王小波终因伤势过重，不久亦死去。

王小波死后，起义军公推李顺为帅，继续战斗。李顺乘胜前进，拿下了蜀州（今崇庆），杀监军王亮等十余人；又攻占了邛州（今邛崃），斩杀知州桑保坤等。淳化五年（994 年）正月，起义军在新津口大败宋军，杀死了巡检使郭名能。这时，永康军、双流、新津、温江、郫县皆为起义军所占领。起义军接着攻打汉州（今广汉）、彭州（今彭县），并一举攻占了成都，建立了大蜀国，李顺自称大蜀王，改元为应运。不少义军和群众脸上都刺有“应运雄军”四字，充满了对大蜀建立的豪气。起义军和大蜀政权采取了不少均贫富的措施：他们把乡里的富人大户召集起来，命令他们把家中的财物、粮食，除按家中人口留其足用外，其余全部粮、物均由起义军统一调拨，以接济贫苦农民。这项措施深得农民拥护。同时，起义军还录用人才，存抚良善。特别是起义军纪律严明，所至一无所犯，因此，旬日之间，就有数万人投归了起义军，大大壮大了起义军的队伍。大蜀政权极为重视发展经济，政权存在时期虽短，却铸有“应运元宝”铜钱和“应运通宝”铁钱两种货币，这在我国农民战争史上是空前的。此外，大蜀政权还派使者与大理国进行联系，以扩大影响，寻求盟友。这时，北至剑门，南至巫峡的广大地区，皆在起义军的控制之下。

起义军的胜利，使宋廷大为震惊，于是命昭宣使、河州团练使、宦官王继恩为西州招安使，率兵镇压。军事皆由这位宦官制置，“不从中复”，“便宜决遣”，给了他极大的权力。同时，又命少府少监雷有终、监察御史裴庄并为峡路随军转运使；工部郎中刘锡、职方员外郎周渭为陕府西至西川随军转运使；马步军都头、勤州刺史王杲率兵趋剑门；崇仪使、带御器械尹元带兵由峡路前进，并受王继恩节制。在王继恩大军入川之前，李顺曾遣数千义军前去攻打剑门，本来，朝廷在剑门的驻军就不是很强，起义军理应胜。但这时恰遇成都监军、供奉官宿翰所率军队到达剑门，起义军不仅大败，而且伤亡惨重，数千人的大军，只剩三百余人生还成都。从此，起义军在军事上便走了下坡路。

这年四月，王继恩攻下绵州，同时，内殿崇班曹习攻下阆州，绵州巡检使胡正远攻入巴州。不久，王继恩从小剑门进入研口砦，越青强岭，攻入剑州。五月，王继恩又集中兵力攻打大蜀的都城成都，成都失守，大蜀政权的重要官员卫进、计词、吴文赏、李俊、徐师中等被俘。据王继恩称，他们还抓到了起义军领袖、大蜀王李顺，并准备将所谓李顺等八人处死在凤翔市。其实，王继恩所抓并不是李顺，而是一个与李顺貌似的顶替者。当时，带御器械张舜卿就曾上奏：“臣闻顺已遁去，诸将所获非也。”太宗大怒，以为张舜卿居心不良，“徒欲害人功尔”！命令处斩，只是感念其父死于边事，才免官，饶得一命。仁宗景祐中（一说在真宗天禧初），才因人告发，得知李顺尚在广州，年已七十余。当时，由巡检使陈文琏将其逮捕，并且“推验明白……复按皆实”。最初，朝廷打算将李顺在闹市处斩，并且让百官称贺。后来又觉得这样有失朝廷尊严，以为“功赏已行，不欲暴其事”，遂将李顺秘密杀害，并赏了经办这件事的陈文琏“二官”。

王继恩虽然占领了成都，但起义军并没有被消灭，成都外城门十里之外，仍被起义军控制。这时，起义军分成了两支：一支由中书令吴蕴率领，主要活动在眉州一带，成为川西起义军的重要力量；另一支由张余率领，活跃在川东，相继攻下了嘉、戎、泸、渝、涪、忠、万、开八州，并杀死了开州监军秦传序。但这年六月在攻打夔州时却遭到了失败，只好退守嘉州。这年十一月，吴蕴战死，眉、陵等州的起义军也先后失败。这年十二月，大蜀嘉州知州王文操叛降，张余孤军无援，至道元年（995年）二月被俘，不久遇害。

吴、张相继死后，起义军残部退入山区，一部分由何承禄率领，活动在雅州（今雅安县西）附近，后率众去云南；另一部分由樊秀率领，在川黔交界处活动。在蓬州（今仪陇县东南），有张余部下谢才盛领导的余部，规模虽然都不大，但仍坚持斗争。

据陆游《老学庵笔记》载："成都江渎庙地壁外，画美髯一丈夫，据银胡床坐，从者甚众。邦人云：蜀贼李顺也。"陆游为官成都时，已上距王小波、李顺起义失败一百八十来年，李顺的画像仍被保存，足见这次起义深得民心，正如北宋政治家沈括在谈到这次起义时才说："及败，人尚怀之……"

澶渊之盟

咸平年间（998—1003年），契丹不断侵扰宋边境。咸平二年（999年）十月，契丹主率军队入侵。宋镇、定、高阳关都部署傅潜步骑八万，畏惧不敢战，闭营自守。将领范廷召要求出战，傅潜被迫令范廷召率八千骑出战，结果寡不敌众。契丹乘胜攻遂城，杨延昭（杨业子）固守，契丹不能登城，掠祁、赵、刑、洺州，自德、棣过河，掠淄、齐。十二月，宋真宗亲征契丹。次年正月，契丹主听说宋真宗亲征，抢掠而去，宋将范廷召追至莫州，大败契丹兵，斩首万余级，契丹退出宋境。咸平四年（1001年），契丹再次入侵，宋将王显等大败契丹于遂城，杀死二万多人。咸平六年（1003年），契丹侵扰定州，高阳关副都部署王继忠战败被俘。景德元年（1004年）九月，契丹圣宗耶律隆绪及萧太后，率20万大军，以收复瓦桥关南十县为名，大举南下。契丹采取避实就虚战术，绕过宋军固守城池，经保、定二州南下，破宋军守备薄弱的德清军、通利军等，抵达黄河重镇澶州城北，威胁宋朝都城开封，宋朝野上下震惊。

面对契丹威胁，宋主战派和主和派展开斗争。主和派，参知政事王饮若建议迁都金陵，答书枢密院事陈尧叟建议迁都成都。宋真宗征求宰相寇准的意见。寇准建议宋真宗亲征，反对迁都，认为一迁都，就会人心崩溃，敌人深入，则天下难保。宋真宗采纳寇准的建议，并做了抗击契丹的准备。

由于宋军"练师命将，简骁锐，据要害，以备之"，契丹南下，处处遇到抵抗，攻瀛州时，契丹主与萧太后亲自击鼓，"矢集城上如雨，死者三万人，伤者倍之"。然竟被宋将李延渥击败。契丹数受挫后，采纳宋降将王继忠建议，派遣使节到宋朝求和。宋真宗本来就不想战，只是担心江山难保，才勉强采纳主战派的建议。当他得知契丹真想议和时，于是遣曹利用出使契丹议和。萧太后要求宋归还周世宗收复的关南地，曹利用拒绝，和议不成。

十一月，宋真宗至韦城，大臣们又商议迁都金陵，宋真宗犹豫，就迁都事，询问寇准的意见。寇准答说："陛下惟可进尺，不可退寸。河北诸军日夜望鑾舆至，士气百倍。若是回师，则万众瓦解，敌人趁机进攻，想到金陵去也不可能。"寇准促宋真宗行至澶州南城，与契丹主对壘。然后，寇准又以不过河"则人心危惧，敌气未摄"，促使宋真宗过河，宋真宗遂登北城门楼，张黄龙旗，诸军皆呼万岁，宋军士气大振，契丹由于大将萧挞览视察地形时被宋军射杀，锐气大挫。契丹怕腹背受敌，十二月，派韩杞随曹利用来议和，仍要求宋归还关南地。宋真宗对曹利用说：契丹要求归地一事毫无道理，他们一定要邀求，朕当决战！如果想得到货财，还可以考虑。寇准则主张不仅不给契丹货财，而且还想让契丹称臣，归还幽、蓟旧地。但有人诬蔑寇准借兵权取重，寇准不得已，同意议和。宋真宗再派曹利用与契丹议和，并告诉他："必不得已，虽百万亦可。"寇准得知，私下对曹利用说："虽有勅旨，但是你要是答应的数字超过 30 万，我斩你的头！"曹利用至契丹军，萧太后坚持要关南地。曹利用拒绝，但暗示岁求金帛可以考虑。契丹又遣监门卫大将军姚柬之至宋，要求归还关南地，被宋真宗拒绝。

契丹要求割地的愿望虽未达到，但几经反复后，签订了对其有利的和议。和议规定：宋与契丹为兄弟之国，宋真宗称契丹萧太后为叔母；宋每年给契丹银 10 万两、绢 20 万匹；两国各守旧疆，城池依旧修缮，不得新增城堡，不得改移河道等。和议签于澶州，澶州古称澶渊郡，故史称"澶渊之盟"。

澶渊盟约签订后，宋辽之间没有大的战争，促进了南北经济文化交流的进一步发展。

宋辽交争

贞明二年（916 年），契丹贵族耶律阿保机（辽太祖），建立契丹国，开运四年（947 年），改国号为辽。辽朝统治地区，"东西朔北，何啻万里"。它"西臣夏国，南子石晋，而兄弟赵宋"，版图比宋朝还大。

自公元 960 年宋建国，至公元 1125 年辽灭亡，两国并存一百六十多年。在长达一个多世纪中，宋辽虽然不断争战，但和平相处时间多于战争。宋辽斗争的焦点是燕云 16 州。天福三年（938 年），石敬瑭为了换取辽的支持，将燕云 16 州割让给它，并与它以父子相称。显德六年（959 年），周世宗柴荣北伐，收复益津、瓦桥、淤口等地。宋朝建立后，继续柴荣收复失地的政策，不断北伐。辽不仅力保现有领土，还想收复被柴荣夺去的关南之地。宋辽围绕燕云16州，展开了长期的斗争。

太平兴国四年（979年），宋伐兵北汉，辽遣耶律沙等率军援救，被宋击溃。五月，宋灭北汉后，不顾军队疲劳，粮饷匮乏，挥师东进，欲乘胜收复幽蓟之地。宋军前进顺利，六月，宋太宗到达幽州城南，把城团团包围。七月，高粱河之战，宋军大败，死万余人。宋太宗仓皇南逃，辽将耶律休哥追至涿州，宋师已溃不成军，宋太宗改乘驴车逃走。雍熙三年（986年），宋再次兴兵北伐，兵分三路。东路曹彬、米信等，率军冒进，攻占涿州后，粮饷不继，退回雄州。见西路进军顺利，曹彬等贪功，再次攻占涿州。辽圣宗耶律隆绪与萧太后率大兵至，曹彬等率军引退，耶律休哥追到岐沟关，大败宋军。耶律休哥穷追不舍，至拒马河，宋军争逃，溺死者不计其数。耶律休哥继续追赶，至沙河，宋军惊溃，死者过半，丢弃的兵甲堆积如山丘。此战以后，宋从进攻转为防守，辽从防守转入进攻。

宋太祖赵匡胤

咸平年间，辽多次南侵。咸平二年（999年），辽兵入侵，宋镇、定、高关都部署傅潜闭营自守，不敢迎战。辽兵抢掠祁、赵、邢、洺、淄、齐诸州。第二年正月，宋将范廷召败辽兵于莫州，辽兵退出宋境。咸平六年（1003年），辽兵入寇定州，俘获高阳关副都部署王继忠。景德元年（1004年），辽圣宗、萧太后及统军萧挞览率20万大军向南进犯，直至澶州，宋朝野上下一片震惊。主和派王饮若、陈尧叟等力主迁都，主战派寇准等力主皇帝亲征。寇准指出，如迁都“人心崩溃，敌乘胜深入”，江山难保。现实情况和主战派的压力，迫使宋真宗亲征，行至韦城，主和派再议迁都。宋真宗本来无心抵抗，他想南下，寇准为主“惟可进尺，不可退寸”。宋真宗勉强行至澶州，登上北城门楼，宋军士气大振，“诸军皆呼万岁，声闻数十里，声势百倍”。辽军由于统军萧挞览被射杀，锐气受挫。辽圣宗害怕腹背受敌，接受降将王继忠的建议，遣人与宋议和。辽要求宋归还周世宗夺去的关南地，被宋拒绝，但表示愿给钱帛。几经反复，签订了“澶渊之盟”。

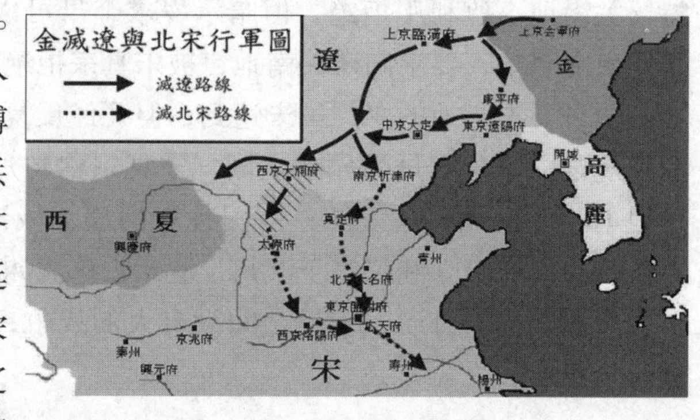

金灭辽与北宋形势图

宋仁宗对辽继续奉行屈辱求和路线，不修边城，不备兵器，边防空虚，戍军多为老弱病者。辽兴宗见有机可乘，扬言南伐，遣刘六符等使宋，以索取关南地为名，实欲令宋增献“岁币”。宋仁宗遣富弼到辽议和，答应每年增银十万两、绢十万匹。继“澶渊之盟”后，宋再次以屈辱换取苟安。此后几十年，宋辽基本上相安无事。

宋给辽的“岁币”，是重大负担，想摆脱，又无能为力。于是宋徽宗想借用金的力量攻辽，政和八年（1118 年），派遣马政以买马为名，从海道使金，商议联合伐辽。宣和二年（1120 年），宋金商定，金攻辽中京，宋攻辽燕京，灭辽后，宋把每年给辽的“岁币”转给金。宣和四年（1122 年）金攻占了辽的中京、西京，宋攻燕京却遭到惨败。宋统帅童贯为了逃避失败的罪责，密遣使求金攻燕京，金太祖一举攻占燕京。金太祖提出，把燕京交给宋，宋将燕京租税一百万贯献给金，宋徽宗应允。这样，宋除了把每年给辽的五十万转给金外，又增了一百万贯，作为“燕京代租钱”。宣和五年（1123 年），金兵撤走时，把燕京掳掠一空，交还的只是一座残破不堪的空城。宣和七年（1125 年），金灭辽，宋辽交争随之结束。

北宋与西夏的和战

西夏是党项族拓拔氏建立的国家。仁宗景祐五年（1038 年），李元昊称帝，国号大夏，习惯上称西夏。西夏强盛时，辖地包括今宁夏回族自治区、甘肃省大部、陕西北部及青海、内蒙古自治区部分地区。拓跋氏兴起，可上推唐玄宗时期，当时拓跋辞降，唐封其为西平公，因平定安史之乱有功，升为容州刺史。至拓跋思恭，因平定黄巢起义有功，升为夏州定难节度使，领夏、绥、银、宥四州。赐姓李，进爵国公，从此，夏州拓跋氏称李氏。

太平兴国七年（982 年），李继捧入朝，献银、夏、绥、宥四州（今宁夏乌审旗南部及陕西横山、靖边等地），并请求留在京师。宋太宗拜李继捧为彰德军节度使。六月，李继捧族弟李继迁背叛宋，逃至地斤泽。雍熙元年（984 年），尹宪、曹光实袭击李继迁，俘获他的母亲、妻子。不久，李继迁以恢复旧土为号召，聚族抗宋，势力日益壮大。雍熙二年（985 年），李继迁用假降的手段，杀曹光实，攻占银州，破会州，自称定难留后，称臣于契丹。淳化元年（990 年），契丹封李继迁为夏国王。宋对李继迁用兵无效，拜李继捧为定难军节度使，赐姓名赵保忠遣镇夏州。又拜李继迁为银州观察使，赐姓名赵保吉。淳化五年（994 年），李继迁与李继捧联合契丹抗宋，宋遣李继隆进驻夏州，李继隆把李继捧捕送回京，毁夏州城，徙其民于银、绥。改李继迁为鹿州节使，李继迁拒绝受命，并攻打清远军。至道二年（996 年），李继迁在浦洛河，截获宋发往灵州的大批军需粮草。宋太宗遣将五路讨伐李继迁，李继隆出环州，丁罕出庆州，范廷召出延州，王超出夏州，张守恩出麟州，预期会师平夏。由于李继迁熟悉地势，灵活游击，宋军无功而还。宋真宗即位后，李继迁遣使求和，宋拜其为定难节度使，还把、银、绥、宥、静五州赐给他。咸平五年（1002 年），李继迁再叛，攻灵州。宋发兵支援灵州，军未至，灵州已失，李继迁改灵州为西平府。次年，李继迁攻占平凉府。吐蕃族首领潘罗支伪降，击李继迁，李继迁中流矢死，子李德明继位。

李德明一方面向契丹求封，契丹封他为大夏国王；另一方面向宋纳贡乞加，景德三年（1006 年），和议成，宋拜他为定难节度使，封西平王，赐银、绢、钱、茶很多。

天圣十年（1032 年），李德明卒，子李元昊继位，改姓嵬名氏。景祐元年（1034 年），李元昊攻府州，败宋军于环、庆州（今宁夏银川一带）。宝元元年（1038 年），李元昊称帝（景宗），国号大夏，年号天授礼法延祚。李元昊称帝后，连年对宋用兵，在三川口、好水川、定川寨，三次大败宋军，宋军损失惨重。西夏虽胜，但也受到损失，在契丹敦促下，庆历四年（1044 年），李元昊致书宋，称“两失和好，遂历七年，立誓自今，愿藏盟府，……凡岁赐银、绮、绢、茶二十五万五千，乞如常数”。宋仁宗遣使应允。并封李元昊为夏国主，许其自置官吏，赐对衣、黄金带、银鞍勒马、银、绢、茶不等。同年，西夏与契丹关系恶化。契丹兴宗率军三路进攻西夏，入西夏境，被西夏击败。西夏虽胜，但也受到重大打击，故李元昊与契丹议和。从此，形成北宋、契丹、西夏三足鼎立的形势。

熙宁元年（1068 年），西夏主谅祚卒，子秉常立。熙宁三年（1070 年），西夏攻环、庆州，打败宋军。熙宁四年（1071 年），西夏攻抚宁诸城，占领宋新建诸堡。元丰四年（1081 年），宋五路伐西夏，西夏使黄河决口，宋军惨败，刘昌祚军大批冻溺死，种谔军死者不可胜数，王中正军粮尽，士卒死者有二万人。元丰五年（1082 年），西夏攻永乐，宋徐禧、李稷、李舜举、高永能等将校死者数百人，士卒役死二十余万人。第二年，西夏数十万人围攻兰州，被守将击溃。次年，西夏步骑八十万攻兰州，“督众急攻，矢如雨雹，云梯草洞，百道并进，几十昼夜，不克，粮尽引去”。熙宁以来，宋对西夏用兵，虽占领葭芦、吴堡、义合、米脂、浮图、塞门六堡，但灵州，永乐之役，宋军、熟羌、义堡死者 60 万人，钱、谷、银、绢损失不可胜计。致使“帝临痛悼，为之不食”。

西夏主秉常曾派遣使节要求宋割让兰州、米脂等五寨，宋神宗没有答应。西夏与宋易主后，元祐元年（1086 年），西夏主乾顺，再次遣使要求宋割让兰州等五寨，宋大臣意见不一，司马光等赞同，安焘等反对割让。绍圣三年(1096年)，西夏提出以塞门二寨易兰州，宋仍不应允。于是西夏主乾顺及其母率五十万众攻鄜延，遇顽强抵抗，围而攻陷金明寨后退去。

宋章惇任相后，一改被动挨打的局面，对西夏采取了攻势。他先在沿边地带修筑平夏城、灵平寨等城寨五十余所，然后出击，破西夏洪州、盐州，收复宥州。继而在新开拓地区建西安州及天都寨，接通了泾原与熙河两路，把秦州变成了内地，国防得到巩固。章惇又请求撤消对西夏的“岁赐”。元符元年（1098年），西夏攻平夏城，守将章楶大败西夏兵，获其大将嵬名阿里、妹勒都逋，“斩获甚众，夏人震骇”。从此，“夏人不复振”。第二年，西夏求救于契丹，契丹遣使到宋朝，为西夏求和，宋应允。于是西夏遣使到宋谢罪，宋答应通好，每年赐给西夏财物如故。从此，西陲百姓稍得到安宁。

童贯想借着开边树威，政和五年（1115年）正月，遣刘法率步骑十五万，从湟州出发；刘仲武率五万众，出会州，童贯驻兰州，为两路军声援。刘仲武无功而还，刘法败西夏兵于古骨龙。二月，宋令永兴、鄜延、环庆、秦凤、泾原、熙河各设置经略安抚司，归童贯统领，西陲兵权皆归于童贯。九月，童贯遣王厚、刘仲武，合泾原、鄜延、环庆、秦凤之师，攻西夏臧底河城，大败，士卒死者近半。第二年，童贯遣刘法、刘仲武率熙河、秦凤十万众，攻西夏，攻下仁多泉城。宣和元年（1119年），童贯强令刘法率军攻朔方，至统安城，遇西夏主弟察哥，刘法军被围，激战一天，宋军大败，“死者甚众”。刘法乘夜逃走，至盖朱危，被追兵斩杀。刘法死，童贯欺骗朝廷，谎称取得胜仗，受赏者竟达数百人。

在宋与西夏争战不休时，北方政局发生了变化。宣和七年（1125年），金灭契丹，西夏崇宗向金称臣。西夏与金同时对宋用兵，侵夺宋地。十三世纪蒙古兴起后，成吉思汗向外扩张，多次对西夏用兵。西夏自身难保，再无力对宋用兵，直至宝庆三年（1227年）它被蒙古灭亡，宋与西夏的争战也随之结束。

书院的兴盛

北宋承五代丧乱，统治者为谋求长治久安，注意以科举笼络士子，而忽视兴办学校之事，自开国以来，八十多年没有兴办学校，出现“士病无所于学”，而多依山林，辟舍传习讲学的状况，于是书院作为讲学授徒育人的机构便应运而生。两宋书院发达还有一个因素，就是乡里兴学，马端临在《文献通考·学校考》中提到，州县之学都是奉诏所建，而乡党之学则是贤干大夫留意斯文所建，其田产和教养之规都优于学校。这种私人兴办的自给自足的书院，虽然也难免受到来自各方的侵夺，但在富庶地区，民间财力雄厚，其书院仍办得轰轰烈烈。另外，南宋书院之盛，也和其理学发展有一定关系。程颐、程颢、朱熹都是南宋的理学大师，他们的学说已被当时儒者士人所仰慕，其弟子、门人为宣传师学，兴办书院，因而，南宋书院颇兴，受到理学传习的影响。由于书院是在学校衰颓时发展起来的，所以每当学校兴盛时，它就不免受到一定影响。北宋时有三次兴学之举：一次是宋仁宗庆历兴学；一次是神宗熙宁、元丰兴学；一次是徽宗崇宁兴学。不论太学还是州县学，均设备齐全，而且又是通向仕途的捷径，所以官府兴办学校，对由私人经办而补学校不足的书院是个不小的冲击。

朝廷对于办学成绩斐然的书院，给以奖赏。太平兴国二年（977 年），江州（今江西九江一带）知府周述说庐山白鹿洞学徒常数千人，乞赐九经。诏国子监给本仍传送之。至道二年（996 年）赐额西京（河南洛阳）嵩阳书院。大中祥符二年（1009 年），应天府（今河南商丘）的曹诚造舍一百五十余间，聚书数千卷，延生徒讲习甚盛。府奏其事，诏赐额曰“应天府书院”。大中祥符八年（1015 年）又赐潭州（今湖南长沙）岳麓书院额，并于便殿诏见其山长周式，拜国子学主簿，使归教授。仁宗年间（1022 年 3 月 23 日—1063 年 4 月 30 日）分别赐额石鼓书院和茅山书院。这次受到赐额、赐书、赐田待遇的书院，就有了官助的因素。但总观宋代书院，主要还是民间力量兴办，书院奉一人为师，掌书院之教，称为“山长”或“洞主”，他们或是传一学派学术的大师，或是地方礼聘的有声望的学者，他们授业均不受官府的节制，很像汉代私学，甚至还沿其“精舍”的名称，如纪念朱熹的“教亭书院”，原名即称“沧州精舍”。

书院院址多选在依山傍水之名胜处，如白鹿洞书院在庐山五老峰下，有林泉之胜；石鼓书院在回雁峰下，山青水秀。有人认为书院选址与寺院选址旨趣颇近，是受到禅林的影响。还有，在讲学方式上也与寺院有相同处，如寺院讲经由禅师主持，有一定仪式，而陆九渊讲学，来时鸣鼓为号，讲时升高座，弟子环绕其座听讲，讲毕返回住所，弟子再往住所问难。

理学是宋代兴起的新的儒学学派，开始多次遭到官方黜禁，其传习主要靠书院。南宋时，理学分成朱、陆二大派，各有书院传朱、陆之学。由于理宗的褒奖。朱学一跃成为官学，门徒颇众，多立书院，传朱学，也有的书院则传习其他学派的学说。每个书院，多以传习一派学说为主，学生多是仰慕这一学派前来，故多能刻苦求学，认真对待学问。书院虽有名师讲授，但并不搞一味的灌输，而是提倡生徒自学，并注重启发学生有所创见。书院也有必要的课程设置，而且注重考核，要求学生学好本学派的学说同时要兼取各家所长。

书院非常重视藏书，建院之初，征集图书是一大事，如应天府书院即聚书数千卷，还有一些大书院多得朝廷赐书，如太宗时赐白鹿洞书院书。南宋朱熹重建白鹿洞书院，除清赐监本九经注疏外，还向各处征书，这些书都入藏于书院。书院藏书，不仅有益于其教学、学术水平的提高，而且对保存、流传图书典籍也有促进作用。有的书院利用本身具备的良好物质条件和技术条件刻书，多以校勘精审，为世人称道，今传宋刻《汉书集注》即刻于白鹭洲书院。

书院从白鹿洞学馆（白鹿洞书院前身）建立到清光绪二十七年（1902年），存在了近千年，其间出现过不少著名的书院，北宋有四大书院，但具体所指，众说不一。王应麟《玉海》言，白鹿洞、岳麓、嵩阳、睢阳；马端临《文献通考·学校考》则去嵩阳取石鼓；《衡阳图志》去睢阳取石鼓。清全祖望以为《玉海》言是，其理由是石鼓至宋仁宗时才赐额，而不久又改为州学，为书院时间较短。金人南下，嵩阳、睢阳二书院被毁，仅存白鹿洞、岳麓。南宋吕祖谦新丽泽书院，陆九渊新开象山书院，与之齐名，故称之为南宋四大书院。书院盛于宋，宋亡后它继续存在了六百余年，对我国古代教育、学术的发展都产生过重要影响。

宋代古文运动

欧阳修，字永叔，庐陵（今江西吉安）人。四岁时父亲就去世了，母亲郑氏，立誓守节，亲自教导儿子读书，家境贫困，以至用芦管当笔在地上描画着学习写字。欧阳修自幼就聪敏颖悟，超过常人，书读过就能熟记背诵。一到成年，就有了很高的声望。

宋代立国将近百年，但文章的体裁，依然沿袭五代的风气。文人们刻镂雕琢的都是骈偶之文，文坛污浊，文风不振，读书人因循陋习，墨守成规，评论卑下，气调柔弱。苏舜元、苏舜钦兄弟、柳开、穆修等人，都有意张扬正气，但力量不足。欧阳修游历随州（今属湖北），在废书篓中得到了唐朝韩愈的遗稿，读后万分欣慕。于是就苦心孤诣地探幽索隐，以至废寝忘食，他决心要同韩愈并驾齐驱、比肩齐名。

中进士，得南宫殿试第一，被选拔为甲科，调西京推官。开始和尹洙交游，和尹洙一起写作古文，议论当朝时政，互相都把对方看成是自己的教师和朋友，又同梅尧臣交往，相互作诗唱和，就这样，欧阳修凭着他的文章名满天下。不久，选进朝廷，为馆阁校勘。

嘉佑二年（1057年），欧阳修主持贡举。当时应考的读书人喜欢写作险怪奇涩的文章，号为“太学体”，欧阳修极力排斥，贬抑这种文体，凡是写作这种文章的人一概黜落。这件事结束后，从前那些轻狂浅薄的人侦候得欧阳修出门，聚集在一起气势汹汹地拦住欧阳修的马头高声责骂，街上的巡逻队无法制止；然而科举考试的风气，却从此得到了改变。

嘉佑五年（1060年），欧阳修升任为枢密副使。嘉佑六年（1061年），为参知政事。欧阳修在兵府时，曾经和曾公亮考核全国的军队数和三路驻守兵员的多少，地理的远近，重新制造了地图和簿籍。凡是边防长久以来没有派兵驻守的，一定进行检阅和补充。他在任执政大臣时，和韩琦同心辅助仁宗。凡是兵民、官吏、财利等中书省应当知晓的重要大事，编集成一个总目，碰到事情就不必临时匆忙地向有关部门了解。当时东宫太子的人选还没有确定，欧阳修就和韩琦等人对这样一件大事协商出了一个意见。宋英宗因为得了病，无法亲自处理朝政。皇太后垂帘听政，左右的人互相猜忌，制造矛盾，皇帝和皇太后几乎因此成为怨仇。在韩琦奏事的时候，太后哭着向韩琦说了英宗和自己的种种矛盾。韩琦用英宗有病来进行劝解，太后听了不高兴，欧阳修就进一步劝说道：“太后侍奉仁宗皇帝已经几十年了，您的仁德昭示于天下。以前温成专宠，太后您处置得从容自如；现在母子之间，反而不能宽容吗?”太后的情绪稍稍和缓了些，欧阳修又劝说道：“仁宗皇帝在位的时间很久，他德政的恩泽深深地留在人们心中，所以一旦驾崩，天下奉戴太子，没有一个人敢不赞成的。现在太后您只是一个妇人，而我们也只是五六个书生罢了，如果不是仁宗皇帝的遗意，天下谁人肯听从呢?”太后不作声，过了很久，母子之间的矛盾才逐渐平息了。

欧阳修平素和人相处总是坦率地说出自己要说的话，从不掩饰和隐瞒。等到他执政以后，士大夫们对他有所请求，他总是当面说明可以还是不可以的理由，就是谏院的官员议论政事，他也一定用是非作为标准来责问他们，因此怨恨他、说他坏话的人就更多了。英宗将追封尊崇濮王，下命令让有关部门讨论，都说应当称皇伯，改封一个大国。欧阳修引述《礼记·丧服记》，认为：“身为人子的人，应该替他的父母实行‘报祭’，降服丧三年为服丧一年，而不隐没父母的名字，可是丧服可以降等，但名字是决不可隐没的。如果出嗣的儿子把亲生的父亲改称为皇伯，这种例子就是遍考前代，都是没有根据的。进封为大国的王，但礼制规定又没有加爵的道理。所以中书省的意见，和大家的意见不同。”最后太后写出了手书，允许英宗称濮王为亲，推尊濮王为皇考，三夫人为后。英宗不敢承当。于是御史吕诲等人毁谤说欧阳修主张这种意见，争论不休，后来吕诲等人都被贬逐出了御史台。只有蒋之奇的意见附和欧阳修的主张，所以欧阳修推荐他为监察御史，但是被御史台的很多人看成是奸佞邪恶的小人，蒋之奇为此十分害怕，就想使自己摆脱这种窘境。正好欧阳修的内弟薛宗孺和欧阳修有仇恨，他捏造了欧阳修家庭生活淫乱的谤言来诋毁欧阳修，这个谤言辗转相传，一直传到了御史中丞彭思永的耳中，彭思永又把这个谣言告诉了蒋子奇，蒋子奇就上奏章弹劾欧阳修。当时，神宗皇帝初即位，心里希望重重地谴责一下欧阳修，就去征求过去的宫臣孙思慕的意见，孙思慕替欧阳修辩白解释，欧阳修闭门不出，要求神宗对制造谣言的人治罪。神宗派人诘问彭思永、蒋之奇，追问谣言的出处，彭思永、蒋之奇回答不出来，结果都遭到了贬逐。欧阳修也坚决表示离开朝廷，结果罢为观文殿学士、刑部尚书、亳州（今安徽亳县）知州。第二年，迁兵部尚书、青州（今山东益都）知州，后来又改为宣徽南院使、兼任太原（今属山西）知府。欧阳修辞不受命，后又改徙蔡州（今河南汝南）。

欧阳修总是以风骨气节自我制约，但却屡屡遭到污蔑，且年纪已六十了，就一再上表要求辞去官职，神宗帝总是宽慰他，没答应他的辞官。及至出守青州，又因为请求停止散发青苗钱，被王安石所诋毁，因此要求放归的愿望益发急切。照宁四年（1071 年），欧阳修以太子少师的身份退休。熙宁五年（1072 年）去世，赠太子太师，谥号“文忠”。

苏 轼

欧阳修写的文章，自然天成，或丰满或简约，都符合标准。他的文辞简要，旨意明朗，立论有据，内容通博，旁征博引，引类例举，分析事理至深至透，因此很能折服人心。他趋然脱俗，独自奔驰，众人不能相及，所以天下的人都聚集在他的周围尊称他为师。欧阳修鼓励提携后进，犹恐不及，凡是被他赏识的人，大多成了有名望的人。曾巩，王安石，苏洵，苏洵的儿子苏轼、苏辙，当他们还是平民的时候，屏处乡里，不为人知，欧阳修就为他们游说，赞美他们的声誉，说他们一定会显名闻达于世。他对待朋友非常笃实，朋友在世的时候举拔扶持他们；朋友去世以后就调理保护他们的家族。

欧阳修喜好古文，爱好读书，凡是周、汉以来的金石遗文，断编残简，都要采集收拾起来，研究考核它们的异同，把自己的观点写在左边，明白、昭著可为表证，称之为《集古录》。奉诏修撰《唐书》纪、志、表，自撰《五代史记》，章法严谨，用词精约，多取《春秋》遗旨。苏轼论述欧阳修的文章时说："论大道时像韩愈，议政事时像陆贽，记史事像司马迁，作诗赋像李白。"有识之人以为这是真正了解欧阳修的人。

《资治通鉴》的编纂

司马光，字君实，号迂叟，陕州夏县涑水乡（今属山西）人。司马光青少年读书时，即喜爱读史书，举进士甲科后进入仕途，同时也就开始了他的修史活动，此项工作约经历了四个时期。

从宝元元年（1038 年）到嘉祐八年（1063 年）是第一个时期，即司马光修《资治通鉴》前的修史活动。司马光中进士第，除奉礼郎、华州推官，为事亲，改签苏州判官事。父母相继去世，服丧五年，闭户读书，著《十哲论》《四豪论》《贾生论》《机权论》《才德论》《廉颇论》《龚君实论》《河间献王赞》及史评十八首。其中许多议论成了后来《资治通鉴》"臣光曰"的内容。因此，在这一阶段，司马光已经在写《通鉴》的有关内容，可以看成《通鉴》编修的开始。

从治平元年至治平四年（1064—1067 年）是第二时期，即司马光全面编制《资治通鉴》的准备时期。仁宗庆历四年（1044 年）司马光服除、任武成军判官。后改大理评事、补国子直讲、被举荐为馆阁校勘，同知礼院。后改直秘阁，开封府推宫，修起居注，判礼部。立英宗有殊功，进知制诰，辞，改天章阁待制兼侍讲、知谏院。

司马光作《历年图》五卷，又作《通志》八卷。《历年图》为上起战国，下迄五代的大事年表，治平元年（1064 年）作《通志》八卷上起周威烈王，下迄秦二世三年（211 年），构成以后《通鉴》的前八卷内容。《资治通鉴》的架构已初步形成。

治平二年（1065 年），司马光为谏官、除龙图阁直学士。次年，英宗命司马光设局于崇文院，自行选择协助修书的人员，编辑《历代君臣事迹》。治平四年（1067 年），神宗即位。三月，司马光升翰林学士；十月，进读《通志》成，因其书是"鉴于往事，有资于治道"，赐名《资治通鉴》，神宗亲为制《序》，俾日进读。

第三个时期由熙宁元年（1068 年）至元丰八年（1085 年），为《资治通鉴》全书编撰时期。司马光反对王安石变法。在"理财之事""论祖宗之法"是否可变、"三司条例司置当否""青苗法利弊"等问题上，与王安石的意见相对立。熙宁二年，（1069 年）王安石为参知政事，次年司马光被拜为枢密副使，六上札子，固辞。秋，以端明殿学干知永兴军，徙许州，请改徙西京御史台，"自是绝口不复论事"，专心于《资治通鉴》的编制。在洛阳居位 15

年，与反对变法的人士邵雍、吕海、范镇等交游密切。神宗晚年病得很厉害，但仍关心司马光修《资治通鉴》事。全书在写作过程中，神宗喜爱这部书，促使早日终篇，赐以颖邸旧书二千四百卷。元丰七年（1087 年），这部名著《资治通鉴》结篇，加资政殿学士。

《资治通鉴》编修工作是由司马光和他的三个助手刘恕、刘攽、范祖禹共同完成的。刘恕，字道原，筠州高安人，专门精读史学，为司马光赏识。修书的几十年里，凡史事较为复杂的，就委托给他。司马光居洛期间，刘恕奏请身诣光修书事，许之。熙宁九年（1076 年），刘恕行数千里奔赴洛。由于劳累过度，病重，停留数月后而返回。未至家，其母去世。悲哀忧郁导致瘫痪。病中以口授其子刘羲仲书写。元丰元年（1081 年）九月，刘恕去世，享年四十七。自著有《十四纪年》、《通鉴外纪》等。

刘攽字贡父，临江新喻人。刘攽与其兄刘敞及兄子刘奉世都是学识渊博、能潜研史学之士，人称之为三刘。刘攽精通汉史，著有《东汉刊误》等。

司马光于治平年间得刘恕、刘攽为协修，熙宁三年（1070 年），司马光又乞差范祖禹同修《资治通鉴》。范祖禹，字淳甫，一字梦得，成都华阳人。与刘恕、刘攽相比，范祖禹是最年轻的。范祖禹精通唐史，自已又著《唐鉴》，深明唐代三百年治乱兴衰，为时人称为“唐鉴公”。范祖禹在洛阳十五年，“在书局”专心协助司马光修《资治通鉴》，写成后，被推荐为秘书省正字。

《资治通鉴》既是众手修书，又是体现司马光“一家之言”的成功之作。各个助手承担《通鉴》编修的任务，历来有不同的说法。胡三省、马端临、全祖望及近代学者意见大同小异。范祖禹担任《通鉴》中唐史部分的编修工作；刘攽任汉代部分内容的编修；刘恕为全局副手，他承担的任务或是三国两晋南北朝部分，也有的说是自南北朝至隋的长编，还有人认为是专修五代部分。或考订刘恕担任的工作前后有变化。司马光参与全过程的修史工作，全书定稿“其是非予夺之际，一出君实笔削”。司马光对历史的看法和范祖禹、刘恕的观点也有差异，但《资治通鉴》的“臣光曰”完全贯彻司马光的见解。所以说《资治通鉴》是众手修书，又体现了司马光“一家之言”的成功之作。

第四个时期是《资治通鉴》的刊刻问世阶段。元祐七年（1092 年）刻印毕立于学宫。《资治通鉴》是一部编年史巨制，全书二百九十四卷，记载了从周威烈王二十三年（403 年）到后周世宗显德六年（959 年）的历史。《资治通鉴》编修的主旨在“专取关国家盛衰，系生民休戚，善可为法，恶可为戒者，为编年一书”。司马光治史严谨，考辨材料的方法称为考异法，这部史书有很高的史料价值和文学价值。编纂史书是先编“丛目”，将收集的史料，按照年月顺序，标明事目，翦贴排列。第二步编“长编”，整理丛目，考订取舍，重加组织润饰。最后是定稿。这给后人修史留下宝贵的编纂经验。

《资治通鉴》问世后，编年体史书有了很大的发展。受到《通鉴》的影响，宋代的编年体史书重要的作品有李焘的《续资治通鉴长编》、李心传的《建炎以来系年要录》等。为《资治通鉴》作注释和考辨的著作，重要的是胡三省《资治通鉴音注》《释文辩误》等。

与《通鉴》有关的其他体裁史书，最重要的有袁枢的《通鉴纪事本末》、朱熹与他的学生完成的《资治通鉴纲目》等。袁枢的《通鉴纪事本末》创造新的史书体载本末体，这在中国历史编纂学发展史上是一件大事。《资治通鉴纲目》创纲目体裁编纂形式。

朱 熹

理学的兴起

理学，也有的人称为道学，有的称之新儒学。

宋初有三位先生是理学的先驱。他们是：胡瑗（安定先生）、孙复（泰山先生）、石介（徂徕先生）。宋初三先生的那些论述，初步提出或涉及一些理学的范畴。胡瑗，字翼之，他的思想从现存的资料看，论及性与情，“安定说《中庸》，始于情性”。孙复，字明复，号富春，宣扬道统论等，他的《春秋尊王发微》等著作，强调名分等级的神圣性。《宋元学案》说：安定、泰山“开伊洛之先”。石介，字守道，号徂徕，师事泰山。他突出宣扬道统，采用了“道”“气”的概念解说世界等。

宋初三先生又都是教育家，这对于理学的发展很重要。胡瑗在教育上影响更大，他总结在苏州、湖州的教学经验，称之为“苏湖教学法”。在他门下，“学徒数千，日月刮劘为文章，皆传经义，必以理胜；信其师说，敦尚行实，后为大学，四方归之”。后来大理学家如程颐等都出自他的门下。其中又有一批门下通过科举进入宋代的统治机构。在当时的历史条件下，政治、学校、教育联结在一起，推波助澜，理学思潮发展很快。

庆历年间（1041——1048 年）是理学勃起阶段，所谓“庆历之际，学统四起”。这一阶段前后，提倡理学的有：齐、鲁有孙复、石介。以夹辅泰山（孙复）的有士建中、刘颜。在宋有戚同文，欧阳修。关中有侯可、申颜，后来关学形成与他们有关系。浙西的有吴师仁。浙东地区在永嘉有王开祖、丁昌期；在鄞，有杨、杜五子，即杨适、杜醇、王致、楼郁、王说。在闽的有所谓古灵四先生，即陈襄、周希孟、郑穆、陈烈。在蜀有宇文之邵。

宋代理学进一步发展形成重要的流派，北宋五子是主要的代表人物。北宋五子是：周敦颐（濂溪）、张载（横渠）、邵雍（康节）、程颢（明道）、程颐（伊川）。他们代表的理学流派是：①周敦颐的濂学。其主要著作是《太极图说》《通书》。他以"无极而太极"说，建立宇宙万物形成的体系。又仿"太极"而建立"人极"；"太极"派生出的阳气，"诚"是其体现。诚为最高的道德境界。他吸收佛、道的学说建立较为完整的宇宙观。由周敦颐开始，出现了所谓"圣学大昌"的局面。②以张载为代表的关学。他的主要著作有《正蒙》《横渠易说》《经学理窟》及《文集》《张子语录》等。他继承发展了中国古代气一元论，认为"太虚即气"，以气为体建立气化流行的理论，《西铭》中提出"民吾胞与，物吾与也"，后来程颐发挥这一说法，认为这是"一一分殊"的思想的表达。③邵雍的象数学。著作有《皇极经世》《渔樵对问》《伊川击壤集》等。他认为宇宙本原为太极，太极动静以及刚柔交互作用生万物，万物变化依先天象数展开。他依象数把宇宙运动过程区分为元、会、运、世。一元十二会，一会三十运，一运十二世，一世三十年。人类历史至帝尧至极盛时期，由尧至宋经历皇、帝、王、霸四个阶段。历史运动的这个过程中呈现倒退趋向。④程颢、程颐的洛学。二程的思想有分歧，但主要方面相同，因此将二程并提作为洛学的创始人。程颢的主要著作是《识仁篇》《定性书》等。程颐的主要著作有《周易程氏传》《遗书》《人集》《经说》等。明人将二程著作合编为《二程全书》。今有中华书局校点的《二程集》。

二程认为万物一理，一物之理即万物之理。理一而分殊。理在天为命，在人为性，论其所主是为心，实则只是一个道理。封建纲常伦理道德以及名分等级都是天理的体现。维系纲常是治理社会的根本。程颐以"气"有清、浊，说明人有贤、愚的分别，为学的方法是"涵养须用敬，进学在致知"。格物穷理，达到豁然贯通，而直接体悟天理。读《诗》《书》考古今，察人伦都是格物致知的途径。程颢认为人心自有"明觉"，具有良知良能。程颢对后来陆九渊心学的形成有重要的影响。朱熹的朱学和程颐的思想有直接的联系。

北宋五子外有苏轼为首的蜀学。

濂、洛、关学等学术体系形成，标志着理学的确立。濂学自周敦颐后已无传人，关学再传而断。程学由于谢良佐、杨时、游酢、尹焞等门人的传播而昌盛。理学南传，杨时、胡安国有功。杨时为洛学南渡大宗。由杨时传罗从彦，再传李侗，李侗传朱熹。朱熹为宋代理学集大成者，其学派为闽学。

活字印刷术的发明

古代典籍的流传保存，即图书典籍的制作方法经过了抄写、雕版印刷术、活字印刷术的发展过程。活字印刷术的发明，对文化学术的发展起着巨大的推动作用，故称其为“文明之母”。

抄写，抄一次只能得到一本，费工费时，而且不免有错，其读书之难，藏书之贵，是不言而喻的。

雕版印刷术，一般选梨木、枣木为版材，经一系列的技术处理方可使用。雕版前，请书法家或写工将原稿用当时流行的字体写在薄而透明的纸上。在版面上涂一层浆糊或胶质，然后把稿纸正面朝下，与版黏合在一起，字的反体清晰地留在版上，刻工将其字迹镌成阳文，书版刻成，即可开印，印时用一刷蘸墨，涂满刻板的字面，再用纸复上，然后以一净刷在纸背上拭过，使墨迹印於纸上，书页印好。一个熟练的印工，一天约可印一二千张，比起人抄手写不知要快多少倍，对图书典籍的流传保存而言无疑是个飞跃，加速了中国古代文明的发展。但是，每印一页，就要雕一木板，刻一部大书，往往要花费若干年的工夫，如五代后唐时，由冯道牵头，聚集众多名学者，依石经文字刻九经印板，先将石经抄出，做初步校勘，再由详校官进一步精校，确无讹误，才交能书人端楷书写，付匠雕刻，直至后周广顺三年（953 年）才完成全部雕印，历时达 23 年之久，其间耗费大量的人力和物力，同时储存书版要占用很多地方，加之要防火、防水、防虫，管理工作有很多困难，需要更好的技术而代之，而这就是活字印刷术。

活字印刷术，最早出现於宋沈括所著《梦溪笔谈》卷一八《技艺》，他说板印书籍，在唐时尚未盛行，自五代冯道始印五经，以后典籍，皆为板本。直到北宋庆历年间（1041—1048 年），才有平民毕昇开始制活字板。它的制作方法，即用胶泥刻字，每字为一印，其字薄如钱唇，上火焙烧使其坚挺。摆一铁板，上面以松脂腊和纸灰之类敷之，要印书就以一与版面大小相同的铁框置於铁板之上，在框内布满字印，然后持铁板就火而烤之，待松脂等药稍有溶化，即以一平板按其面，这样整版上的字都在一个平面上，活字板就做成了，其印书的程序与雕版无异。用活字印刷术印二三本，难见其快捷，而若印数十百千本，则极为神速。以其法印书，通常备二铁板：一板印刷；一板则亦布字，此板才印毕，而另一板也已准备就绪，二板交替使用，瞬息便可完成。因一板内会有重复用字，故每一字皆有数印，如“之”“也”这类的多用字，一般每字要有二十余印。字印不用时以纸贴之，每韵为贴，以木格贮之，便于检字布版。当遇到奇字而无现成的字印，也可以临时刻出以草火烧，很快就能使用，简便易行。毕昇活字以泥为之，而不以木为之，因木理疏密不同，其吸水多少有异，故沾水则高下不平，再者，木活字与药相粘，不易清理，不便再次使用。而泥活字用讫，再上火烤，待药溶化，用手轻拂之，其字印自动落下，不沾一点药迹，可继续使用。元王桢《活字印书法》对活字印刷术的发明和改进做了记载，“后世有人别生技巧，以铁为印盔（即铁框）界行，用稀沥青浇满冷定，取平火上，再行煨化，以烧熟瓦字（即泥活字），排於行内，作活字印板”。这大概即是指毕昇之活字板制法。接着又记述了几种改进方法：一是以泥为盔界行，盔内用薄泥，上排布泥活字，再入窑内烧为一段，即可为活字板印之；二是铸锡为字印，以铁条贯之作行，嵌於盔内介行印书，但这种字样，不便使墨，印出效果不佳，故不能久行；三是印盔以板墨为之，削竹片为行，雕板木为字，再用小锯刻开，各为一字，并使诸字大小高低一样，然后排字作行，削竹片夹之，待字布齐，用木屑揳之使其牢固，字皆不动，再刷墨印之。这一记述应是木活字印刷术。从王桢的记载，以及北宋泥活字本无存的情况考察，毕昇所发明的泥活字印刷术没有得到推广，而后出现的锡活字、木活字等都是在泥活字基础上改进而成的。值得注意的是，毕昇于十一世纪发明了活字印刷术，比德国谷腾堡发明活字印刷术要早四百年，故毕昇对活字印刷术有不可辨驳的开创之功，为中国文明、世界文明做出了宝贵的贡献。

指南针的发明

指南针是我国古代人民的伟大发明之一。人们（其中有一些是炼丹家）在长期的采矿和冶炼的过程中，发现了一种带磁性的铁矿石，《山海经》称之为“慈石”。《管子》提到山上有磁石，与其位置相应的山下就有铁矿石。《鬼谷子》曰，“若慈之引鍼（同针）”。《淮南子》曰，“磁石能连铁。”

在两千多年前的战国时期，人们开始用磁石做成一种指南工具——司南。司南就是指南的意思。司南的形状象一把汤匙，经过人们细心的琢磨，把磁石的磁南极一头磨成一根长柄，柄呈椭圆形，底部是圆的，磨得很光滑，将其置於一只方形的底盘上。底盘四周刻有甲、乙、丙、丁、庚、辛、壬、癸、子、丑、寅、卯、辰、巳、午、未、申、酉、戌、亥、乾、坤、巽、艮二十四向，辅助司南定向。底盘中央是一个光滑的圆槽，将司南的圆底放置在里面便能转动自如，当它静止时，匙柄指向即是南方，这是世界上最早的指南仪器。

到了宋朝，人们早已发现钢铁在磁石上磨擦后也会产生磁性，而且不易走失。曾公亮等编写的《武经总要》就记载了用这种人造磁制造的新的指南仪器“指南鱼”。制造这种指南鱼时，先将薄铁片剪成鱼形，放在火上烧红，按磁石的指极方向，分别蘸水冷却，以磁石的磁北极和磁南极各自在鱼头鱼尾上摩擦，铁鱼就被磁化，而具有磁性，这样指南鱼即基本制成了。辨别方向时，端一碗水放在无风处，将铁鱼片放置在水中，浮在水面上摆动，当它静止时，鱼头自动指向南方。与司南相比，使用较为简便，既不需要光滑的底盘，也无须放平，只要有一碗水就可以了。

指南鱼的制成，是指南仪器的又一进步，但指南鱼指南需要水及无风的环境，这就限制了它的使用范围。人们经过不断地研究和实践，终于造出磁性钢针形的指南器。对此，《梦溪笔谈》有简明具体的记载，沈括说“方家（炼丹家）以磁石磨针，则能指南”。另外，他又提及，“其中有磨而指北者，予家指南北者皆有之”，这是因为以磁石磁北极磨针尖，即指南，以磁石磁南极磨针尖，即指北。针尖指南或指北，只要注明即可，关键是在指南针制成后，如何使它既简便又准确地定方向。沈括记载了四种方法，先是把指南针放在手指甲上或碗边上，虽然能灵活转动，最后指向南方，但指南针容易滑落，此法不稳当。又试图把指南针浮在水面上，而当水摇荡不定时，指南针难以准确地指向南方。相比之下，以悬挂为最好。方法是从新丝绵中抽一股单丝，点一滴蜡将丝粘在针腰，然后将其悬挂在无风处，这样又牢固、又灵活，指南针就可以灵敏、准确地指向南方。将磁化钢针置於指尖和碗边有不稳当的缺点，但所用的支撑方法对后人则有启发，因而制造出了罗盘针，也就是把磁针的中腰顶在一根小针上，小针置於一个刻有二十四向的方位盘，把磁针所指的方向对准盘上的正南方位，使用时，磁针就自然地转向南方。《梦溪笔谈》提到磁针指南，“然微偏东，不全南也”，这是在使用指南针的过程中的一个极其重要的发现。这个磁针的偏向，叫作“磁偏角”，产生这种现象是因为地球上的磁极不是正好的南北两极的缘故。沈括是世界上第一个发现磁偏角的人，在以后的古籍中还明确地指出磁偏角在五度以内，不同地区磁偏角有差异等。

指南针发明制作成功后，很快被应用到航海事业中，大大促进了航海事业的发展。重和二年（1119 年）朱彧写的《萍洲可谈》，记载一些海船上已装有指南针，有经验的水手善於辨别方向，夜晚观星，白天看太阳，遇到阴雨天就依靠指南针。宣和五年（1123 年）徐兢奉命出使朝鲜，从宁波乘船前往，后来在他写成的《宣和奉使高丽图经》一书中，除详细地记述了航行时的情景外，而且记载船头、船尾各置一只水浮式指针，逢阴雨天用它定南北，辨方向。十二世纪以后我国沿海各地的海船出海，广泛使用指南针定方向，不仅促进了两宋的航海术发展，而且促进了两宋海外贸易的发展。两宋的海船装上指南针，东到日本、朝鲜，南到南洋，西到非洲东海岸，就把指南针的技术带到了外国，先传给阿拉伯人和波斯人，再传给欧洲人，促进了世界航海业的发展，加速了世界经济发展的进程。

火药的发明

火药是我国古代的伟大发明之一。火药作为一个名词，有一定的意义，“火”这个字很明显，知道它是因发火而生；至於“药”字，那是因为火药的三种主要成分硫磺、硝、木炭，都是可治病的药。即使把它们按一定比例配成了火药，医家仍把它看作是治病的药。《本草纲目》说，它主治“疮癣杀虫，辟湿气瘟疫”。对于火药的发明，史籍无具体明确的记载，一般认为火药是炼丹家在炼丹时偶然发现的，偶然发现的情况，又不外两种：直接的因制造某种药而发现，间接的因变化某种物质而发现。所以，很难确定火药发明的确切时间，由唐全五代尚未找到“火约”这一名词，但路振《九国志》卷二记载唐哀帝天祐初（904—907 年）“播以所部发机飞火，烧龙沙门”。许洞《虎钤经》卷六放“风助顺利如飞火”下注曰：“飞火者，谓火炮、火箭之类也。”看来飞火包括两类：一是火炮；二是火箭。如果路、许所说的可信，那么火炮这类东西在十世纪初就有了，而火药从发现到应用，必有一个酝酿转化的过程，所以火药的发现肯定早於十世纪。

宋代将火药广泛运用于军事方面，开辟了军事的新纪元，对人类社会的发展也产生了巨大影响。开宝三年（970 年），兵部令史冯继升献火箭法，令其试验，且赐其衣帛。开宝九年（976 年），吴越国王向宋进射火箭军士。咸平三年（1000 年）神卫水军队长唐福献火箭、火毬、火蒺藜等。冀州团练使石普自言能为火毬、火箭，真宗召至便殿演之，与宰辅同观之。这反映出宋军中已普遍地进行火药武器的试验和制作。

仁宋时，曾公亮、丁度等奉命撰《武经总要》，书中记载了各种火药武器的名称，火箭、火毬、火蒺藜、火鸡、竹火鹞、火枪、毒药烟毬、霹坜火球等，共有十几种。书中还开列了三种火药的配方。一毒药烟球（重五斤）：硫黄，十五两；草乌头，五两；黄蜡，一两；小油，二两半；沥青，二两半；竹茹，一两一分；焰硝，一斤十四两；狼毒，五两；桐油，二两半；芭豆，二两半；木炭末，五两；砒霜，二两；麻茹，一两一分。二蒺藜火球：硫磺，一斤四两；粗炭末，五两；干漆，二两半；麻茹，一两一分；小油，二两半；焰硝，二斤半；沥青，二两半；竹茹，一两一分；桐油二两半；蜡，二两半。三火炮：晋州硫磺，十四两；焰硝，二斤半；干漆，一两；定粉，一两；黄丹，一两；清油，一分；松脂，十四两；窝黄，七两；麻茹，一两；砒黄，一两；竹茹，一两；黄蜡，半两；桐油，半两；浓油，一分。这三个配方成分各不相同，但都具备作为火药的硫黄、焰硝、木炭三种成分，另外从其成分功能看，分别具有爆炸性、燃烧性、毒性。形成固定成分种类、数量的火药配方，决不是一日的功夫，而是不断试验改进的结果，这表明火药已发展到第二阶段了。

中国初期的火药武器，就性质而言，可分为三种：即燃烧性的、爆炸性的、射击性的。其中射击性的出现得较晚。燃烧性火器，如烟毬、毒药烟毬、火药鞭箭、火炮等，其目的主要是焚烧可燃之物，或混合毒气熏人。这种火器用数层纸卷成，涂以火药，用时以火锥烙透，使火药发火燃烧。宋人很重视火炮的操练运用，既用于攻击，亦用於防御；既用于陆地，亦用水上。爆炸性火器有霹雳火毬，一般做法是用干竹二三节，径一寸半，并用薄如铁钱的瓷片三十，和药三四斤，裹竹为球，两头留竹寸许，球外敷药，点法同火炮。它可阻止敌人攻城，亦可水战，据载，“舟中忽发一霹雳炮，而实之以石灰、硫磺。炮自空而下，落水中，硫磺得水而火和，自水跳出，其声如雷，纸裂而石灰散为烟雾，眯其人马之目，人物不相见”。又，赵淳守襄阳，用霹雳炮御金人，“……随即放霹雳火炮、箭，入虏营中，射中死伤不知数目，人马惊敌，自相蹂践”。射击性的火器，是指用管子装上火药而发出去的。这是火器史上的一大进步，它开创了以管形器械操纵火药的先声，成了后世管形枪炮的始祖，这种改进的意义无疑是重大的。绍兴二年（1132 年）陈规守德安（今湖北安陆），以火炮药下竹竿火枪二十余条，皆用两人共持一条，当敌人攻时，用它烧毁。天庆元年（1259 年），寿春府（今安徽寿县）造出新武器突火枪，“以巨竹为筒，内安子窠。如烧放焰绝，然后窠发出如炮，声远闻百五十步”。估计这种子窠又是一个个火炮，其燃烧面积会大得多，提高了对敌方的杀伤力，当然是进步的。

两宋战事频繁，火药武器又是重要的攻防武器，嘉定十四年（1221 年）金人攻蕲州（今湖北蕲春），宋人准备弩火药箭七千支，弓火药箭一万支，蒺藜火炮三千支，皮大炮二万支。一次就提供如此众多的火器，表明宋代火药武器的制造业已达到相当水平。据《鏖史》引《东京记》（已佚）记载，广备攻城作下属有火药青窑，这就是官府经营的制作火药的工厂，这里有严格的保密制度，对所制武器“非长贰当职官，不得省阅及传写，漏世以违制”。另外各州都有作院，如荆州作院，一月制造一二千只，可以拨给襄郢一二万。就因为制造出如此多的火器，才使军事力量不强的两宋得以维持了三百多年。

火药和火药武器在北宋时已达到相当水平，但与其并存的其他民族，尚不会制造和使用，直到北宋灭亡后，金人才得到火箭、火炮的式样和制作方法，从而有所发展。蒙古人在灭金的过程中学会了火药以及武器的制作技术，在灭金、灭宋的战事中大量使用了火药武器。南宋后期，火药是经南宋和阿拉伯商人传到西南亚各回教国家的；而火药武器则是蒙古人西征带到西南亚回教国家的。十三世纪末，阿拉伯人将火药和火药武器传到欧洲，欧洲人制造使用火药武器至少比中国晚四百年。

宋词的繁荣

词的创作始于唐王代。它的产生与随着城市繁荣而发展起来的音乐有关。词最初就是为适应古代乐曲歌唱而创作的，它作为一种独立的诗歌形式，到中、晚唐时期才开始逐渐定型。最早从事词创作的有诗人戴叔伦、韦应物、王建、刘禹锡、白居易、张志和、张松龄兄弟等。他们的作品都受到民间词的影响，一般都具有清新、朴素、明朗、活泼的特色。词至晚唐，作者渐多，最有代表性的是温庭筠和“花间派”词人。这一时期的词创作在艺术表现上比以前有所发展，但内容狭窄，大多是表达男女情爱、离别相思，供歌台舞榭上演唱的消遣品。词风香软，感情颓靡。南唐偏安江南，为了满足统治者的尽情享乐，适于歌唱弹奏的词有了进一步的发展。具有代表性的词人是做过宰相的冯延已和南唐末帝李煜。特别是李煜的词，在中国文学史上占有不容忽视的地位，对促进词创作的发展起着相当大的作用。尤其是他被俘后所写的词，完全突破了“花间派”的局限，扩大了词的题材，为词这一文体，争得了与诗文共同发展、一起受到重视的地位，进而出现了宋词创作的高峰期。

宋朝工商业蓬勃发展，城市经济空前繁荣，从而为统治阶级的文人学士们提供了娱乐消遣的物质基础和社会场所，他们以词自娱，也用词娱人。常常是作家写好了词便授之歌妓，即席而唱。十七八女孩儿按执红牙拍，歌“杨柳岸晓风残月”，十分愉快。像柳永、周邦彦几乎都以作词为专业，他们流连歌妓舞女之间，以作词消遣为乐。词于是成为宋代文人学士最喜爱的一种文体。他们把凡不能诉之于诗文的情感，都通过写词来发泄。宋人受理学束缚，他们以诗为正统，以词为“小道”、为“诗余”。宋代作家一般在写作诗文时态度拘谨，“言理而不言情”，而作词则放任自如，感情渲泄无忌。他们用词发“思古之幽情”，更以词来表达写诗难以出口的披弄风月，男女欢爱之情。总之，词到宋，进入了它的黄金时代，宋代是词创作的全盛时期。宋词在内容上比唐五代已大大丰富了，在形式上也趋于成熟，讲究格律，文字雅炼。因词作家各自的经历不同，形成了不同的风格和流派。总的来说，不外乎“婉约”和“豪放”两大派。

北宋前期的词，主要是承袭晚唐五代形式的婉丽词风，以晏殊、晏几道父子为代表。晏殊，字同叔，江西临川人。官至仁宗朝宰相，地位显赫，过着富贵优游的豪华生活，终日流连诗酒，歌舞升平，把词当作娱宾遣兴的工具。他的代表作是《浣溪沙》。晏词在描写歌舞酒色之中，也时而流露出一种淡淡的哀愁。晏词的风格，既雍容华贵又闲雅清婉。晏几道，字叔原，是晏殊的幼子，世称“二晏”。晏几道词风早期与晏殊相同，后来家境末落，乃至穷困潦倒。他的词充满对往昔富贵豪华生活的追忆，和对旧时歌妓的怀念，感情真挚动人。

宋初文坛上，欧阳修也擅长写词，作品很多。欧阳修，字永叔，号醉翁，晚年又号“六一居士”，江西吉安人。一直做官，也屡遭罢贬，但晚年官位显要。他的词作收于《六一词》和《醉翁琴趣外编》，约二百多首。欧词的大部分作品是描写爱情的，这比起他的诗文来，一改儒士道貌岸然的面目，脱去道学假面具，赤裸裸地表现了男欢女爱之情和离别之苦。最有代表性的作品是《踏莎行》。其上阕抒发了游子思乡的离愁，下阕写闺中人登高怀远的别绪，表现了词人对闺中人的无限体贴和劝慰。欧词中还有一部分表现个人抱负的作品，他感慨仕途风波，叹息年华易逝。在失意时遨游山水，流连风月。欧词清新疏淡，情韵恬静自然。总的来说，欧词受冯延已影响较大，刘熙载《艺概》说冯词“晏同叔得其俊，欧阳修得其深”。欧词用调较多，以小令见长，也写了一些慢词，其中有些吸收了通俗生动的口语，这些都对宋词的发展起了积极的作用。

差不多是与晏欧同时的柳永，是宋代第一位专业词人，他以毕生精力从事词的创作，有《乐章集》收词作二百多首。柳永，原名三变，字耆卿，后改名永，福建崇安人。他是工部侍郎柳宜的少子。早年在汴京与“狂明怪侣”过着“暮宴朝饮”的生活，曾为许多歌妓填词作曲，虽有才气，却屡试不第。当时有人曾向仁宗举荐他，仁宗知道他有“忍把浮名，换了浅斟低唱”的句子，于是在他名下批示：“何用浮名，且去填词!”柳永备受打击，从此更加玩世不恭，自称“奉旨填词柳三变”，流浪于汴京、苏州、杭州等地，在“浅斟低唱”中度日，在“倚红偎翠”中创作。柳永一生失意仕途，到处飘泊，他在很多词中表露了对怀才不遇的愤懑和对功名利禄的淡漠，如“黄金榜上，偶失龙头望”，“才子词人，自是白衣卿相”，只寻得“风流事，平生畅”。他在羁旅行役，长期飘泊的生涯中，触景伤情，写了大量表现离愁别恨，游子思归的作品。最著名的有《八声甘州》，其词写景苍范辽阔，抒情委婉曲折。还有《雨霖铃》一首，写男女离别时，正当“寒蝉凄切，对长亭晚，骤雨初歇”之时，二人难舍难分，“执手相看泪眼，竟无语凝噎”。“多情自古伤离别，更那甚冷落清秋节”。“今宵酒醒何处？杨柳岸晓风残月”，已成千古绝唱。柳永一生寄寓青楼楚馆，与歌妓关系十分密切，写下了很多反映妓女放荡生活和不幸命运的作品。柳永还有不少描写当时城市繁荣景象和贵族豪华奢侈生活的词作。柳永的词不仅在内容题材上有独创和开拓，而且在艺术上也是有很高成就的。柳永是大量创作慢词的第一个词人。慢词能容纳更多的内容，使抒情、写景、叙事、说理等艺术手段得以充分运用。柳词的语言更进一步通俗化和口语化，拼弃了晚唐五代以来的雕琢习气。总之，柳永的词在北宋词人中占有非常突出的地位，传播广，影响大，曾风靡一时，“天下咏之”，“凡有井水饮处，即能歌柳词”。

在北宋词坛上，苏轼有着特殊的地位，他进一步冲破了晚唐五代和宋初专写艳情和离愁的旧藩篱，大凡诗歌能表现的内容，都能写入词中，扩大了词的题材，使词摆脱了仅作为乐曲的歌词而存在的局面，成为独立发展的新诗体。他以奔放的感情，高远的意境，铿锵的语言，创造了与婉约派完全不同的豪放派，为词的发展开辟了广阔的前景。“词至东坡，倾荡磊落，如诗，如文，如天地奇观”。苏轼，字子瞻，号东坡居士，四川眉山人。他仕途曲折，屡遭罢贬，官至礼部尚书，苏轼出身文学世家，学识广博，以其绝代天才，雄居于当时的词坛、诗坛、文坛。文学成就是多方面的。苏词现存的有二百多首，内容极为丰富。他的《水调歌头》是为怀念胞弟苏辙而作的。“明月几时有？把酒问青天。不知天上宫阙，今夕是何年？”“人有悲欢离合，月有阴晴圆缺，此事古难全。但愿人长久，千里共婵娟”。这首写别情的词，独创一格，在文学史上获得了不朽的声誉。再如赤壁怀古《念奴娇》则是他豪放派艺术特征的代表作：“大江东去，浪淘尽，千古风流人物”。基调健康昂扬，为千古传唱。苏轼还有一些感慨遭遇，写情写景的词也多以浪漫主义为基调，清新朴素，流利畅达，与婉约派缠绵悱恻，香艳轻软的词风迥然不同。苏轼所创立的豪放词风，把词引向健康广阔的发展道路。南宋爱国词人辛弃疾就直接受苏轼影响，从而形成了苏辛词派。

北宋词到后期，已如雨后春笋，词人层出不穷。但此时的创作无论在内容题材方面，还是在意境上、情调上已没有什么发展了，只在遣词造句，声律用韵上下功夫。北宋后期词人主要有秦观、贺铸、周邦彦等，其中以周邦彦影响较大，他是宋代又一位专业词人。

李清照是宋代最伟大的一位女词人。李清照，号易安居士，山东济南人。她的《漱玉词》已失传，现在辑录的约有六十首左右，她的词作以南渡为界，分为两期，前期作品主要是写她少女少妇时期的生活，“水光山色与人亲，说不尽无穷好”。她的家庭幸福，婚姻美满。但从靖康元年（1126 年）起，李清照连续遭受了国破、家亡、丧夫的苦难，开始了长期的流亡生活，写下了不少更为动人的名篇佳句，如《菩萨蛮》《念奴娇》《声声慢》等，这些词一方面表达了她个人的不幸遭遇，同时也唱出南渡初期许多人国破家亡之痛和漂泊流离之苦。李清照是公认的婉约派正宗词人，她的词深富艺术形象的概括力，风格自然，语言流畅。她的成就是后来其他婉约派词人所不能企及的。她还有一篇论词的理论文章《词论》，认为词“别是一家”，与诗的界限分明。表达了她诗言志，词只是表达个人情怀的“小道”的传统观点。

南宋之初的词，主要表现了强烈的爱国思想和主战派与主和派的剧烈斗争。民族英雄岳飞的一曲《满江红》是千古不朽的名篇。

南宋最杰出的爱国词人是辛弃疾。辛弃疾，字幼安，晚年号稼轩，山东济南人。有《稼轩长短句》现存六百多首。辛弃疾生活在动乱的社会，走过了曲折的人生之路。面对南宋偏安江南，屈辱求和的政治局面，他抗金救国、恢复中原的壮志不能实现，于是把一腔忠愤之情都寄于词。辛词的题材广泛，有爱国主义的歌唱、有对南宋统治者苟且偷安的批判、有对湖光山色的吟咏，也有对农家生活的描绘，但其中以他具有爱国主义思想的词章成就为最高，也最为后人所传颂。他的《永遇乐》（京口北固亭怀古）通过凭吊古迹慷慨抒怀，他已66岁高龄，还表明要出兵抗金的志向，最后以“廉颇老矣，尚能饭否”作结。这首词可以说是辛词中最优秀最有代表性的篇章。

辛弃疾继承并发展了苏轼所开创的豪放派词风。辛词作为南宋词坛的主流，它最突出的艺术特点是表现了豪迈奔放的气势和慷慨激昂的精神。他一腔忠愤，“大声镗鞳，小声铿鍧，横绝六合，扫空万古”。如此磅礴的气势，高昂的激情，就是辛词豪放派词风的主旋律。辛词题材广泛，手法多样，语言形象而含蓄。他把豪放派词又向前推进了一步。稼轩体词对后人产生了深远的影响。

王安石

王安石变法

王安石在北宋神宗皇帝（赵顼）的支持下，推行了一系列以富国强兵为目的的变法措施。这些措施的颁布，主要在神宗熙宁年间（1068—1077年），因此，王安石一派的变法活动又称为“熙宁新法”。

宋初年的皇帝，以晚唐、五代为鉴戒，力求革除其弊端。但在调整政治、经济、军事大政的同时，又留下许多隐患。为防止地方拥兵自重，尾大不掉，宋太祖（赵匡胤）、太宗（赵光义）等一方面加强禁军的建设，挑选各地武艺高强、体格骠悍的勇夫归并禁军。另外，以文官代替武官做州郡长官，还派使兵将经常流动。造成了兵不识将，将不识兵，兵无常帅，帅无常师的状况。这种苦心经营的结果，虽然消灭了地方抗衡中央的现象，却使得军队数目剧增，并且削弱了军队的战斗力。宋初政府大量吸收文人参政以扩大统治基础，方法是通过科举。宋朝科举职干名额大大超过唐朝。宋初保留了很多唐、五代的旧官位职称，同时，又增设了大批新的官职，使得官员名实不符，冗官冗员，尸位素餐。宋真宗（赵恒）澶渊之盟后，答应每年向辽国贡银、绢数十万两、匹。宋仁宗（赵祯）对辽贡物又有增加，同时，还向夏国“赐”银、绢、茶数十万两、匹、斤。内部供养大批军队和官员，外边受别国的经济掠夺，宋朝财政紧张。向人民摊加赋税，激起了多次农民起义。

面对矫枉过正的恶果，庆历三年（1043 年），范仲淹等人主持以整顿吏治为中心的“庆历新政”，但以夭折告终。到神宗时，外部有辽、夏威胁，内部有冗官冗兵，财政紧张的窘境仍未好转。神宗决定改弦更张，开始物色能革除贫弱积弊、挽救危机的臣属。抚州临川（今江西临川）人王安石，于庆历二年（1042 年）中进士，当年即开始了其地方官的生涯。地方生活的经历使他认识到贫富过分悬殊的危害，产生了抑制兼并的思想。嘉祐三年（1058 年）十月下旬，宋政府任王安石为三司度支判官，他回到京城后，向宋仁宗上“万言书”，力主变法。王安石担任三司度支判官只有两年多的时间，又调为知制诰。嘉祐八年（1063 年）仁宗病逝，王安石也因母亲去世服丧。熙宁元年（1068 年）神宗召王安石回京城。王安石与神宗富国强兵的构想不谋而合，加上当时朝臣的举荐，神宗于熙宁二年（1069 年）任命王安石为参知政事，负责变法事务。

范仲淹

王安石打着“法先王”的旗帜，以“民不加赋而国用足”为指导思想，开始变法。王安石在得不到元老旧臣支持的情形下，起用新人，设置了制置三司条例司，即皇帝特命设置的制定三司（户部、度支、盐铁）条例的专门机构，与吕惠卿、章惇，曾布共同商议变法。王安石与僚属们陆续推行了财政、民政、军政以及教育方面的改革。

均输法熙宁二年（1069 年）七月，令东南诸路行均输法，其要点是：设发运使官，总理诸路的赋人，负责茶、盐等税目。发运使官有权周知各路财赋情况，凡籴买、税敛、上供物品，都可依照“徙贵就贱，用近易远”的原则节俭购物资财和运输费用。发运使还有权知道京城开封的库藏情况，对要供办的物品，可“从便变易蓄买”，存贮备用。朝廷拨钱五百万贯，米三百万石供周转之用。这就改变了此前供求关系严重脱节的状况，调节了物价，削弱了富商巨贾屯积居奇，控制市场的能力，借此保证京城官方的消费供应。

青苗法：熙宁二年（1069 年）九月，神宗批准条例司制定的青苗法，命令先在部分地区实施，随后推行全国。青苗法的主要内容为：各路以一定的钱谷作本，每年在夏熟之前和秋熟之前的青黄不接之际，两次贷钱或借谷给民户。夏、秋熟之后，加息十分之二，随每年两税一块交齐。富户也必须借贷。借贷者每五户或十户结成一保，由地主或富裕农民为“甲头”，客户贷款，须与主户合保。贷钱数目由富到贫依次递减。如遇灾伤到五成以上的年景，可延期归还。青苗法旨在限制高利贷者的活动，减轻民户受富户高利盘剥之苦。同时也为朝廷开辟财源。

农田水利法：熙宁二年（1069 年）十一月，条例司颁布《农田利害条约》，规定由官府鼓励农户开垦废田，兴修水利。农田水利法的实施，使许多水利工程得到修复，大批薄地变为良田。

变法不是在一帆风顺中进行的，随着上述三法的实施，王安石招致了反对派的围攻。御史刘琦，知谏院范纯仁以均输法与商贾争利为理由，主张废除此法。为抗议青苗法，重臣富弼称病辞职。司马光、苏轼等人指责青苗法取息过重，并说富人不愿借、贫人不易还青苗钱。针对众口所议，神宗和王安石于熙宁三年（1070 年）正月下令放弃强迫富户借钱出息的做法，青苗法只剩下剥夺富户放债所得的部分利益。二月，旧相韩琦上书历陈青苗法的隐患，其中“若连年灾伤则官本渐失”的攻击使神宗动摇了，王安石被迫奏请罢职。神宗慎重思考后，仍决定倚重王发石继续变法，十二月，任命王安石为同中书门下平章事。针对反对派“背儒崇法”的指责，王安石一方面解释儒家经典，援引为变法之据，同时公开推崇商鞅。王安石借反对派说自己“天变不足畏，人言不足恤，祖宗之法不足守”的批判言词，从正面阐述了“三不足”思想的正确性。伴随着政治上和思想上对反对派斗争的优势，王安石将变法推向了高潮。

免役法（募役法）：该法允许民户出钱雇役，改变了以前按户等轮流充当州县政府差役的办法（差役法）。熙宁四年（1071 年）十月，颁免役法于全国。其要点有：各路、州、县依当地差役事务，自定费用数额，按户等征收，供当地募役之用。定额之外，另外收十分之二，称“免役宽剩钱”，备灾荒年份使用；原来轮充差役的农户出的钱，称为“免役钱”；原不服役的部分城户、享有特权的官户、寺观和农村的未成丁户、单丁户、女户也要按半数交纳役钱，称“助役钱”；农村和城市一些特困户不交纳。

市易法：熙宁五年（1072 年）三月，颁行市易法，即官方设市易机构，出钱作本，收购市上滞销货物，等到畅销时，向商贾赊贷，取年息二分。市易机构还向商贾贷款，也取年息二分。商人以产业作抵押，五人以上互保。政府先在开封设市易务，后又在其他重要城市设置市易务，而改京城市易务为都提举市易司，统领全国市易务。

方田均税法：颁行于熙宁五年（1072 年）八月，即依据原来租税额，按土地多寡、肥瘠平均负担。规定由县官每年九月丈量一次土地，以东西南北各千步为一方，验地质定税额。查出了大户隐瞒不纳税的土地，避免了中下户卖掉土地仍负担税务的现象。此法也是先在一路试行，后又推广开去。

以上各法，王安石着眼于“富国”。同时，为“强兵”实施了如下各法：

将兵法：熙宁六年（1073 年）和熙宁七年（1074 年），神宗两次下诏，要求设置将领，训练整编后的军队。所选将、副将都是有作战经验和指挥才能的人。起初，将专管练兵，后来可自己负责军政。改变了兵将不相识的旧制，提高了军队的战斗力。

保甲法：熙宁三年（1070 年）十二月，颁布《畿县保甲条例》，规定乡村民户十家为一保，设保长一人；五十户为一大保，设大保长一人；十大保为一都保，设都、正副保各一人。保长、保正由家财丰厚的地主担任。各户有两丁以上者，要抽一人作保丁，熙宁五年（1072 年）又改为只有富户有资格作保丁。保丁要训练武艺，每大保逐夜轮差五人巡警。同保内若有人犯“盗窃、杀人、谋杀、放火”等案，知而不告，连坐治罪。保内如有“强盗”三人以上住三天，同保邻人虽不知情，也要治罪。此法先于开封府推行，后推广到全国。目的在于使保甲代替一部分军队，以及镇压农民的反抗斗争，维护封建统治。

保马法（保甲养马法）：熙宁五年（1072 年），神宗下诏开封府界各县保甲养马，由官方配给马匹。第二年，颁行保马法于京东等五路。规定保甲愿养马者，每户一匹，富户两匹，对养马户免除一定的税额。富户马死后，由其独自赔偿。贫户十户为一社，马死后由全社共同赔偿马价的半数。并限定各路养马不超过五千匹。所养之马可用来“袭逐盗贼”。此法变革了由牧监养马而费用巨大的状况，加强了保甲的武装力量。

军器监：熙宁六年（1073 年），神宗采纳了安石之子王雱的建议设置军器监，原由三司主管军器制造的权力移归军器监。生产所需材料的地方，建置都作院，由军器监统领。提高了所造军器的质量。

在推行“富国强兵”各项措施时，王安石又着手改革科举与教育，为深入变法“陶冶人才”。

改革科举：熙宁四年（1071 年）开始改革科举，废死背经义注疏的明经科，另设明法科，“试以律令刑统大义断案”。进士科分四场考时务策、论和经义，代替原来的诗赋考试。王安石的目的是要改变士人虽博学强记而从政时“茫然不知其方”的弊端。

整顿学制：改革科举的同时，也改革学校制度。太学实行“三舍法”，即分外舍、内舍、上舍三级，经考试合格可升级。上舍生中考察为“卓然优异者”，不经科举可直接授官。太学设置直讲十员，二员共讲一经。把王安石为首的改革派撰注的《诗经》《尚书》《周礼》“三经新义”定为太学教科书。使太学变为培训改革人才的摇篮。整顿太学后，又相继在京城设立了武学、律学、医学等实用专科学校。于熙宁四年至熙宁六年（1071—1073 年），改革充实了地方学校。

即使在王安石变法的高潮期间，反对派也从未停止过对新法的攻击。借着熙宁五年（1072 年）山崩和熙宁七年（1074 年）大旱等自然现象，神宗的曹太皇太后（仁宗之后）、高太后（英宗之后）和向后，还有保守派文彦博，司马光、冯京等围攻王安石和他的新法。变法派人物曾布等见风使舵，站到了反对派一边。迫于这种困境，王安石于熙宁七年（1074 年）四月，辞朝出知江宁府（今南京），第一次罢相。此后，韩绛与吕惠卿执政，两人在神宗支持下，流放了一些反变法官员。在韩绛的请求下，熙宁八年（1075 年）年二月，神宗下诏恢复王安石相位。但王安石仍处于被围攻之中。又由于内部一些矛盾，变法派韩绛、吕惠卿相继出朝为地方官。趁变法派内部不团结之机，反对派大举攻击王安石，而且神宗在许多方面下诏修改甚至破坏了新法。新法难以继续推行，熙宁九年（1076 年），王安石连续上书请求罢官归田，获批准后回到江宁府，王安石主持的变法接近尾声。

方腊起义

崇宁元年至崇宁四年（1102—1105 年），宋徽宗先后设置苏、杭造作局和苏、杭应奉局，大肆搜刮东南地区的财物和珍异玩物，以供皇宫享用，这对百姓侵扰很严重。尤其是花石纲之役的侵扰，更使得东南人民怨声载道。睦州（今浙江建德梅城）、歙州一带早先流行由摩尼教演变而来的“食菜事魔教”。方腊利用这一秘密宗教进行串连，发动和组织群众，酝酿起义。

宣和二年（1120 年）十月九日，方腊率众在歙县的七贤村杀了恶霸豪绅方有常一家四十二人，然后来到青溪县（今浙江淳安）的帮源洞，召开誓师大会，宣布起义。方腊自称“圣公”，建年号“永乐”。起义军以诛应奉局头子朱勔为号召，以“法平等”为纲领，提出了十年时间一统天下的革命目标。起义的旗帜一旦举起，深受造作局、应奉局侵扰的人民纷纷加入起义军的行列，队伍迅速扩大到数万人，很快就攻下青溪县城。宣和二年（1120 年）十一月下旬，起义军往睦州进发，在青溪的息坑全歼两浙都监蔡遵、颜坦所部五千官兵。十二月二日，以二万之众一举攻克睦州。然后头西向，进军歙州。歙州为东南军事重镇。宋王朝以“东南将”郭师中率兵驻守。十八日，起义军先分兵攻占歙州西部的休宁县，切断歙州守军的退路，然后包围歙州城，阵斩郭师中，全歼歙州守军。二十日，起义军开进歙州城，歙州所属婺源（今属江西）、黟、祁门、绩溪四县官吏弃城逃跑。

起义军占领歙州后，队伍已扩大到几十万，声势很大。方腊决定分东、北、南和东南四路出击，预备先打下江南诸郡，再进军江北统一全国。东路由方腊亲自率领起义军主力，沿新安江、钱塘江，东进杭州。沿途攻下了浙江的富阳、新城二县。十二月二十九日，起义军直抵杭州城下，知杭州赵霆弃城逃走，方腊顺利占领杭州，便以杭州为起义军的指挥基地。杭州地处运河南端，是宋朝在东地区的政治经济中心。杭州被起义军所占，朝廷内外很惊恐。宋徽宗一面急忙集中禁卫军和各地精兵，由童贯、谭稹带领，赶往东南，向起义军反扑过来；一面连下几道诏安令，并且罢去造作局、应奉局以及花石纲，以软的一手来瓦解起义队伍。起义军北路由八大王率领，由歙县、绩溪北进。十二月二十二日，攻克宣州的宁国县。宣和三年（1121 年）一月，进军宣州（州治在今安徽宣城），知州上官公敦害怕起义军的威势，借口老病告去。起义军先攻打宣州东面的军事重镇广德，与广德军守将王汉之激战，江东漕李侗领兵来救，童贯的大军也已抵达江宁（今南京）。八大王放弃攻打广德、夺取宣州的计划，回师向南。回旋在宣州境内。二月十七日，攻下旌德县。宋将王可诚退守旌德三溪石壁天险，阻挡八大王的起义军北上。八大王率军击败王可诚，越过石壁天险，进薄泾县。南路由郑魔王率领，进入衢州境内，占领婺源、开化二县，南向攻打信州（今江西上饶），不克。宣和三年（1121 年）一月，转趋浙江的江山、常山，攻下二县。二月初，攻打衢州城，守将韩起临阵而逃，知州彭汝方被起义军所杀。东南路由洪载率领，于宣和三年（1121 年）一月二十八日攻占了婺州（今浙江金华）和兰溪县城。二月三十日，攻占了处州治在今浙江丽水县西），占领了除龙泉县以外的处州全境。

四路起义军以北路八大王任务艰巨，兵力又薄弱，方腊在占领杭州后，立即派方七佛率军由杭州北上增援。又令佛母率军在钱塘江下游南岸发动攻势。宣和三年（1121 年）一月十九日，方七佛所部攻占了浙江的崇德，进围秀州（今浙江嘉兴），濒江各州人民纷纷响应，州县官吏和豪绅则纷纷逃亡。这时，童贯率领的大兵已抢先占据了江宁和镇江两处重镇，向起义军反扑过来。八大王与方七佛两军分别受挫于宣州和秀州城下，北进受阻。佛母所部在钱塘江南岸，与在嵊县起兵的分道人一支起义军相呼应，打下上虞、嵊、新昌三县城，横扫越州（今浙江会稽）全境。宣和三年（1121 年）二月，攻打越州城，因内部有人泄密，佛母军攻打越州失利。此外，活动在台州、温州一带的吕师、俞道安两支起义军，几次攻打台州和温州州城，占领了台州的仙居、天台、黄岩和温州的乐清等县。

方腊起义军自宣和二年（1120 年）十月帮源洞誓师至宣和三年（1121 年）三月，不到半年时间，先后攻占了睦、歙、杭、婺、衢、处等六州州城以及五十余座县城。起义军兵锋向东指向越州，向西到达信州，南至处、温，北抵宣、秀；范围包括浙东、浙西、皖南、苏南和赣东北广大地区。

方腊在歙州分兵四路时，错误地估计朝廷发兵前来非半年不可，因此过分地分散兵力，将起义军主力放在东、南一线，以为占领江南后，还来得及集中兵力消灭朝廷派来的官兵，因此北线只有八大王和稍后派去的方七佛，两支队伍不过才十多万人，以至北进缓慢，让童贯大军抢先占据了江宁和镇江两处重地，趁机向起义军分东、西两路反扑过来，造成了八大王受挫于宣州和方七佛自秀州向杭州撤退，起义军的形势急转而下。宣和三年（1121 年）二月七日，东路官军王禀、辛兴宗，韩世忠所部已抵达临近杭州城的清河堰，方腊率起义军列阵迎敌。两军交锋，起义军初时攻势勇猛，后因中了韩世忠的埋伏，不得不退回杭州城中依城抵抗。杭州城的攻守战斗相峙到二月十八日，方腊起义军放弃了杭州，往西撤退。同时，西路官军由刘延庆等人率领，由江宁向南进发，直扑宣州泾县。八大王所部坚守泾县城，与官军展开顽强的战斗，起义军损失五千余人，撤出泾县，退往歙州。在方腊西撤和八大王退败之时，南路郑魔王正在集中十万起义军猛攻信州。信州为江南东路的重镇，襟连闽、淮，牙控赣、浙。郑魔王若能攻占信州，可汇集方腊、八大王等路起义军，以信州为立足点，南下北进，或攻或守，都比较便利。宋统治者也深知信州的重要性，一面命令知信州王愈死守；一面派大将刘光世领兵出其不意，从衢、婺绕到郑魔王背后袭击，以解信州之围，阻止方腊越信向西。活动在处州境内的洪载已秘密倒向宋朝，他拥兵四十万，没有配合方腊等人西撤和郑魔王攻信州。当刘光世从背后偷袭和郑魔王不得不从信州城下退回衢州固守时，起义军面临四面被包剿的危局，洪载依然按兵不动。宣和三年（1121 年）四月初，衢州城被刘光世攻破，郑魔王被俘。接着，婺州失陷，退路被截断。四月下旬，方腊起义军主力二十万人被官兵包围在帮源洞。

官兵分别从山前和山后向帮源洞进攻。从歙县过来的官军刘镇、杨可世等部主攻后山，东路官军王禀、辛兴宗、韩世忠等部主攻前山。后山有一门岭，极其险要，是帮源洞后门的门卫，方腊派有数万人据守门岭。刘镇等正面强攻不下，遣军从间道绕到门岭背后，前后夹击，夺得门岭，打开了帮源洞的后门。然后一面鸣镝纵火，通知山前的王禀等部发动攻势；一面继续攻向帮源洞的内山腹地。山前的王禀等官兵望见燎烟，于是驱迫大军，攻进帮源洞。起义军失去险阻，腹背受敌，但仍然顽强地同前后两路官兵展开了殊死的拼博。战斗持续到晚上，起义军死亡一万多人，其余的有突围而去的，也有隐散在帮源洞中的。四月二十六日，方腊在帮源洞东北隅的石涧中被方有常之子方庚引上来的官军韩世忠部所俘获。八月二十四日，方腊被杀于京城开封。方腊直接领导的大规模的军事斗争结束了，但方腊起义军的余部以及受方腊起义影响的其他起义军，仍然坚持在东南广大地区同宋廷做坚决的斗争。

宋江起义

政和元年（1111 年），宋徽宗创置“西城括田所”，先后派宦官杨戬、李彦治理，在京东西和淮西北一带地区括公田。西城括田所的主持者与地方官吏狼狈为奸，借“括公田”为名，采取种种手法，强括民田为公田，迫使大批的自耕农充当官府的佃农，按西城括田所定的租额向政府交租。许多丧失耕地的农民不愿成为政府佃农，纷纷背井离乡，迁居湖泊或退滩，有的以水为生、有的垦荒种植。山东东平县与寿张县交界的梁山泊地区，广有八百余里，聚集了从各处逃来的众多的贫苦农民。西城括田所将这片原是荒芜的水泊退滩括作公有，规定凡开垦种植退滩要按田地面积交租；凡进湖泊捕鱼虾、采莲藕和割蒲苇，都必须按船只大小交税。若有拒不交纳租税者，以盗贼论处。生活在梁山泊的贫苦农民被逼得走投无路，不得不群起而反抗。

宣和元年（1119 年）十二月，宋江与吴用（或称吴加亮）、卢俊义（或称李进义）、杨志等 36 人发动起义。声称：“来时三十六，去后十八双；若还少一个，定是不还乡。”在宋江等 36 人的带领下，这支起义队伍迅速壮大。他们离开梁山泊，向周围的州县出击。狠狠打击贪官污吏和地方恶绅，先后转战于青（今山东益都）、齐（今山东济南）、魏（今河北大名）、濮（今山东鄄城县北）各州之间，一路势如破竹，所向披靡。地方官吏纷纷向朝廷告急。宣和二年（1120 年）十月，两浙人民在方腊领导下揭竿而起。方腊起义军声势浩大，攻州破县，进展迅速，宋王朝南北交困。资政殿学士、提举崇福宫侯蒙上书向宋徽宗献策说："宋江以三十六人，横行河朔、京东，官军数万，无敢抗者，其才必过人。不若赦过招降，使讨方腊以自赎，或是以平东南之乱"。宋徽宗接受侯蒙的献策，提升侯蒙出知东平府，执行招降宋江起义军的策略。蒙尚未到东平府住所便病逝。同年十二月，宋徽宗又诏令曾孝蕴知青州，以对付宋江的起义军。宋王朝企图以招降之策平定宋江起义军的同时，也逐步增强了京东地区的防范力量。郓州（治所在今山东郓城县东）有蔡居厚，袭庆府（今山东兖州）有钱伯颜，密州（今山东诸城）有李延熙，各督兵数万，奉命围剿宋江起义军。起义军处于四面包剿之中，形势非常不利。宋江采取避实击虚的战术，率起义军沿汴水方向南下，进入淮海地区，攻占淮阳军（今江苏邳县），与在东南取得节节胜利的方腊起义军遥相呼应，大有两军会合之势。宋徽宗闻讯，急忙调兵遣将，捕剿宋江起义军。宋江主动放弃淮阳，率军回转，向北转移。当起义军行至沂州（今山东临沂）境内时，知沂州蒋圆已做好战守的准备，听说起义军入境，领兵扼其要冲，堵截起义军北上的道路。起义军受阻挡不能前进，派人向蒋圆交涉借道。蒋圆敷衍和麻痹起义军，以便拖延时间，聚集兵力。当蒋圆探知起义军粮食已尽，立即出其不意督兵出击。起义军长途跋涉，力疲粮尽，战斗力弱；官军则以逸待劳，占据了有利地形。两军交锋，起义军受挫，北向退入龟、蒙山区，积聚力量，继续坚持斗争。稍后，宋江率起义军出龟、蒙山区，向东进发，到密州一带的沿海地区活动。起义军多来自梁山水泊，熟习水性者多。他们在密州夺得大船十余艘，然后渡海向南，进入海州沭阳境内，在沭阳，起义军遭到当地官军的伏击，双方展开激战，起义军再度受挫败退。

宣和三年（1121年）二月，起义军虽在沭阳受挫，但损伤不大，此时又浮海向楚州（今江苏淮安）、海州（今江苏连云港市）迫进。楚海两州都设有宋朝的转搬仓，积贮甚多，两州又是南北水上交通的咽喉之地。起义军向两州进军，很有战略意义，也使得两州官吏惊恐万分。知海州张叔夜慌忙派人沿途打探起义军的动向和虚实，商量应付的对策。同时在州县城里张榜，以重金悬赏捉拿宋江、卢俊义等首领。并不惜重金招募了上千敢死士，组成一支颇有战斗力的敢死队。当起义军分别乘坐十余艘大船向海州城迫进时，张叔夜已经准备停当，将上千人的敢死队埋伏在城郊的隐蔽之处，出动轻装官兵列队在离海边不远的地方，大张旗帜，击鼓叫喊，激将和引诱起义军离船上岸，与他们交战。此外，张叔夜又派出身体强壮、熟习水性的士兵，潜往海边，悄悄地向起义军的坐船靠近。起义军自从出梁山泊以来的一年多时间里，纵横十州府，陆地或水上，打败过数万官军的围追堵截，虽曾两次受挫，但损失不大，因此有麻痹轻敌思想。起义军在大船上望见海州城已有所准备，但其列队叫喊的官军为数不多，以为可一击而溃，迅速攻下海州，于是起义军登陆攻海州。官军不做正面抵抗，假装败退向海州城郊。起义军并不怀疑有诈，乘势追击。这时，潜伏在海边的另一队官军趁机靠近起义军大船的停泊处，纵火焚烧起义军船只，正在追敌途中的起义军见坐船被焚，才知中计，无心再战，向海边撤退，埋伏在城郊的上千敢死队冲出，起义军顿时陷入包围之中。起义军渐渐难以支撑。激战中，宋江的副手不幸失手被俘，起义军斗志松懈，在张叔夜的利诱和威逼之下，宋江被迫率众投降了宋王朝。海州一战，宋江的起义军宣告瓦解。

宋金海上之盟

宋后期，长期遭受辽朝统治阶级蹂躏的女真族在东北白水黑山之间崛起，政和五年（1115 年）完颜阿骨打称帝，国号大金，定都会宁（今黑龙江阿城南）。同年，金攻破辽黄龙府（今吉林长安）。辽天祚帝率领号称有 70 万人的大军亲征，阿骨打大败辽军。此后金辽时战时和，金不断向南扩展军事势力。金朝进攻辽朝的消息传到东京开封后，宋徽宗、蔡京等人为了逃避国内人民对其腐朽生活的责难，错误估计了形势，认为只要宋金一起南北夹击辽朝，不仅可以一举灭辽，而且也可以毫不花费任何气力夺回燕云十六州。

政和元年（1111 年），宋徽宗派大宦官童贯出使辽朝，了解辽朝的政治形势。在这次使辽过程中，童贯结识了燕人马植，马植向童贯献取燕的对策说："本朝如果自登（今山东省蓬莱）、莱（今山东掖县）涉海，同女真结好，与女真相约一道攻打辽国，辽国是可以攻下的。"童贯对马植的建议很是赞赏，他让马植改名为李良嗣，悄悄带回开封，面见宋徽宗。宋徽宗对马植的建议同样很感兴趣，并赐给他赵姓，封以高官显爵，让他参与并负责与金朝交往灭辽的工作。

政和七年（1117 年），渤海汉人高药师因女真人兴兵攻辽，为了避免战乱，渡海举家来到登州，向宋朝进言："女真建国，屡破辽师，"金人已过辽河之西。宋徽宗和蔡京、童贯等讨论，下诏与金市马并探察虚实。重和元年（1118 年），宋徽宗派武义大夫马政与高药师一起，渡海出使金朝"讲买马旧好"，与金讨论兴兵灭辽的计划。十二月，马政等自金返回，金人派使者一起到宋廷。第二年，即宣和元年（1119 年），金使返回，宋徽宗采纳赵良嗣所献的计策，"将会金以图燕"。宣和二年（1120 年）金遣粘木喝等出使宋，宋徽宗再次派赵良嗣（马植）、王环出使金朝，约定攻辽，以取燕京旧地，金人也再次派人使宋。

经过多次交涉，双方议定：首先，宋、金双主座两个方面同时向辽进攻，金直接从平地松林趋古北口，宋朝自雄州趋北沟共同夹攻。金朝攻取辽的中京大定府，宋朝进取辽朝析的津府，共同灭辽，任何一方不得单独与辽停战；其次，灭辽以后，宋得燕云地，宋朝须把每年送给辽朝的岁币如数交给金朝。

宋、金使者往复订立条约，故称“海上之盟”。

宣和二年（1120年），宋朝国内爆发了反对宋徽宗等人反动统治的声势浩大的方腊领导的农民起义，原先主持盟约的童贯调往南方镇压起义。宋徽宗听说辽知道宋、金“海上盟约”的联结，害怕辽朝兴兵南下问罪，“深悔前举，意欲罢结约”，按兵不动。宣和三年（1121年）二月，金朝派遣使节到宋，催促宋按期发兵，宋徽宗因有种种顾虑，有意拖延，直到是年八月才遣返金使，只草草写了一份“国书”让金使带回，而不再派人到金进行联系。

宣和三年（1121年）十二月，金朝开始向辽发动军事总攻。宣和四年（1122年）正月金攻占辽中京大定府（今内蒙古宁城县西南大明城），辽天祚帝向西京大同府（今山西大同市）逃跑。三月，金攻克大同府，天祚帝再向西逃到夷山（今内蒙古包头市附近），而留守燕京（今北京市）的辽宗室耶律淳自立为帝，辽朝分崩离析，灭亡在即。在这种情况下，宋徽宗考虑到若不出兵，燕云势必为金朝所得，自己则一无所获。宋派赵良嗣赴金，表示坚守前约，仓促之际，宣和四年（1122年）三月，派童贯、蔡攸率15万大军北上攻辽。而童贯、蔡攸不懂军事，自以为“吊民伐罪”，只要大兵压境，燕京指日可下。宋军所到之处，张贴榜文，以高官显位诱惑投降之人，并下令不许杀辽一人一骑，但根本不做战斗准备。而辽虽多次败给金，但对付宋朝则绰绰有余。五月，宋将种师道、辛兴宗进攻燕京，被辽朝守军打得大败，宋军“死尸枕藉，不可胜计”。辽一直把宋军追到雄州（今河北雄县）城下。宋徽宗接到兵败消息，慌忙下诏“班师”，宋朝对辽的第一次战争以失败告终。

六月，耶律淳病死，辽燕京小朝廷内自相残杀，宋朝认为有机可乘，增兵20万，以庸将刘延庆为都统制取代种师道，率兵50万进攻燕京地区。宋曾连克数城，攻到燕京城下，但因主将刘延庆无获胜信心，遇到辽军抵抗，慌忙烧营焚辎重逃跑。辽军乘势追击，宋士卒蹂践死者百余里，死者无数，军中辎重金币，都被辽军所获，宋军大败而归。

连续两次攻击燕京失败后，童贯为了逃避兵败罪责，秘遣人到金营求见阿骨打，约请金进攻燕京。宣和四年（1122年）十二月，金军越长城，攻占了燕京，不久，辽天祚帝为金所俘，辽灭亡。金攻占燕京后，看到宋腐败无能，不肯交还燕京。宋劳民伤财，结果一无所获，为挽回面子，宋朝不断遣使入金谈判归还燕京事宜。宣和五年（1123年），宋派赵良嗣再次入金，进行谈判，最后达成协议：金同意把燕京及所属六州（顺、檀、易、蓟、景、涿）24县交还宋朝，而宋须把每年交给辽的40万岁币转交金朝外，还要把这6州24县的赋税，如数缴给金朝，宋朝答应每年另交100万缗作为燕京6州的“代税钱”，金朝才答应从燕京撤出。然而在撤军之时，金朝又把燕京的金帛、子女席卷而去，留给宋朝的只是几座凋弊不堪的空城。

靖康之变

宋徽宗宣和七年（1125年）十月，金人下诏攻宋。兵分两路，西路军由完颜宗翰（粘罕，即粘没喝）率领，自云中（大同）攻太原；东路军由完颜宗望（斡离不）率领，自平州（河北卢龙）攻燕山。两路金军计划在开封会合。

十二月，童贯在太原得报金兵南下，逃回开封。西路金军破朔、武等州，围攻太原府。东路军金兵南下，宋燕京守将郭药师执蔡靖等降金并做了金人向导，从而使“金尽陷燕山州府”。金军围中山府（今定县），没有攻克，越过中山继续南进，直逼开封。宋徽宗惊慌失措，取消“花石纲”，号召天下勤王，并且让位给太子恒，这就是宋钦宗，徽宗自称道君皇帝。

靖康元年（1126年）正月，金兵东路军攻陷相（今河南安阳）、浚（今河南浚县）二州，金兵至黄河北岸，守将梁方平奔溃。河南守桥者，望见金兵旗帜，烧桥而逃，何灌守滑州，也望风逃溃。宋军在河南者，竟无一人御敌。金人从容渡河，陷滑州。

在金人严重的威胁下，宰相白时中、李邦彦、张邦昌等请宋钦宗弃城逃跑，“出幸襄邓，以避敌锋”。李纲坚决反对这种主张，“力陈不可去之意”，阻止钦宗的逃跑。宋钦宗任李纲为亲征行营使，积极布置防务。刚刚做了一些准备，金兵已经到达开封城下。

金军在降将郭药师的引领下抵达城西北，并获取军、马、兵、粮等大批物资。李纲临阵指挥，击退金兵对宣泽门的夜袭，以后又在开封的天津门、景阳门等地多次击退金军的进攻。宋钦宗及议和大臣不顾李纲反对，同金人议和。宗望提出的议和条件是：“输金五百万两，银五千万两，牛、马万头，锦缎百万匹，尊金帝为伯父……割中山、太原、河间三镇。”宋议和使者对此不敢有任何异议，宋钦宗也不顾李纲等反对，一一答应，在开封城内搜刮金银、珠玉、宝器等，但仍不够。

当时宗翰率领的西路军在太原城遇到激烈抵抗，不能南下。宋各地的勤王之师陆续抵达开封城下。老将种师道督泾原秦凤兵入援，开封城下金军惧怕。宋钦宗为求和，借口种师道的部将姚平仲夜袭金军失利，罢李纲、种师道之职。由于开封军兵激烈反对，李纲复职，各地勤王军继续到达城下。宗望在这样形势下，不等凑足金银数，慌忙北退。

这年秋天，宗望率兵东路军再度南下攻宋。真定（今河北正定）等重镇相继失陷。宋太原守城军民奋战二百六十天，最终城陷。河东失太原，河北失真定，宋钦宗更是惊慌。

宋钦宗先后派康王赵构及耿南仲、聂昌至金军议和。赵构至长垣（今河南长垣）被百姓喧呼拦阻，至磁州（今河北磁县）为百姓和守将宗泽留下，耿南仲害怕百姓，过卫州（今河南滑县）狼狈逃走，聂昌至绛州（今山西新绛）被当地百姓处死；挖掉眼睛，砍成肉泥。十一月，金军兵分二路先后从李固渡和河阳渡过黄河，对开封形成钳形攻势。十一月二十五日，宗望率领的东路金军再次到达开封城下，闰十一月初二，宗翰率领的西路军也抵达开封与东路军会合，金军把开封城团团包围起来，开始了攻城战役。

这时开封城仅有卫士与弓箭手七万余人，西、南两道援军又被唐恪、耿南仲遣还，四方无一人至京师援助。宋钦宗一面做抵抗；一面派人持蜡书出城至相州，任命康王赵构为兵马大元帅，陈遘为元帅，宗泽、王伯彦为副元帅，立即发兵支援开封，又下诏诸路勤王兵援京，但为时已晚。金军加紧攻城，开封城危在旦夕。

1141 年金、南宋、西夏三国对峙图

宋钦宗迷信郭京、刘无忌所谓的“神兵”，幻想依靠这些无赖所组织的“六甲正兵”“六丁力士”来保卫开封。金人攻通津门、宣化门等，遇到宋军民抵抗。闰十一月二十五日，郭京被逼率领这支“神兵”，出宣化门迎战金军，结果被金军击溃，士卒掉入护城河者不计其数，宋军慌忙关闭城门，郭京见大势已去，骗局已破，偷偷逃出城外，带领余兵向南逃跑。金军乘势登上城墙，焚南薰门。宋统制姚仲友等被杀，汴京城破陷，开封军民与金军展开巷战。金人宣言议和退师，钦宗立即派人至金营求和。十二月，金人来索要金 1 000 万锭、银 2 000 万锭、帛 1 000 万匹。宋钦宗派人又搜刮京师金银。宋各地援京师的军队在途中被金人陷阻。

靖康二年（1127 年）正月，金军先后扣留宋徽宗、宋钦宗为人质，十六日，金军下令废掉宋徽宗、宋钦宗的年号，贬为庶人，北宋灭亡。另立张邦昌为伪楚皇帝。四月一日，粘罕、斡离不俘虏宋徽宗、宋钦宗及赵氏宗室、官员三千余人，满载搜刮的大量金银财宝、车马玉器北归。这就是历史上有名的“靖康之变”。

北宋徽、钦二帝到金朝后，分别于南宋绍兴五年（1135 年）和绍兴三十一年（1161 年），先后死于金朝。

纸币的流通

北宋交子的发行、流通，标志着中国历史上真正使用纸币的开始。以前也出现过类似纸币的货币，如：唐代的飞钱，另外，唐还有一种柜坊，可以作票据在市面上流通转让，商人以现钱交易不便，将钱存入柜坊，换取票据，这种票据和飞钱都属于兑换券性质的。交子或者起源于飞钱、或者起源于唐柜坊，演变到宋朝，就变为交子铺，组织同业会，最后由政府接管发行。交子产生是商品经济发展的结果。北宋商业发达，流通轻便货币已势在必行，而当时的货币制度混乱，如四川用铁钱，体大值小，交易不便，大铁钱每千重 25 斤，小者十余斤，一匹骡卖两万钱，其钱得用车载。

交子刚刚产生，发行较为自由，根据商品交易的需要，由商人出具“收据”形式的楮券，此券两面有印记，密码花押，朱墨间错，券上无交子字样，临时填写金额，属零星发行。真宗时，张咏镇蜀，设贸易券契之法，一交一缗，以三年为一界而换之。65 年为 22 界，称为交子，由富商 16 户主管发行，随时可以兑换。券上有图案、花纹，兑现时收工墨费 30 文。交子铺（户）在各地设有分铺。后来这些富户破产，无力兑现，遂由官府出面干预。应四川转运使薛田与张若谷的请求，宋天圣元年（1023 年）设益州交子务。无圣二年（1024 年）二月，始发行官交子，一切技术规定都仿照私交子。交子的兑现，发钱为主，亦有用金、银和“度牒”的，（度牒是宋代发行的一种特殊的证券，它本是政府发给和尚的一种身份证，因做和尚可以免除许多捐税，所以度牒能卖钱。宋朝遂以发行“度牒”作为筹款的一种手段）。交子用铜板印刷，板画图案精美，三色套印，在世界印刷史、板画史上都有一定地位。为防止伪造交子，立伪造罪赏如官印文书法，私造交子纸者，流放、发配、定刑。由此看出，交子已由官府垄断发行，成为国家发行的纸币。宋崇宁大观年间（1102—1110 年），把交子改为“钱引”，崇宁四年（1105 年）印刷，在四川以外各路发行。大观元年（1107 年）正式改交子务为“钱引务”。其钱引印刷最为精美，有较高的艺术价值。

南宋初，曾在临安设立交子务，发行交子后，因管理不善，改为“关子”。“关子”初为汇票性质，绍兴元年（1131 年）婺州屯兵，运钱不便，于此州召商人出现钱付以关子，商人持关子可在榷货领钱，也可领茶叶、香货钞引（即贩茶、香货的许可证），其中专门兑付现钱的叫作“现钱关子”。这时民间还通行一种“便钱会子”，又名“便换”。绍兴三十年（1160 年）改为官办，开始施行于两浙，后来通行于两淮、湖广、京西各路，成为法定货币。

交子发行不久，便成为官府弥补财政不足的工具，自绍圣年间（1094—1097 年）以后，增印交子以给陕西沿边籴买及募兵之用，少者数十万缗，多者或至数百万缗，而四川交子印数已无限额。时至南宋，情况更为严重，为支付庞大的军费，满足皇室的挥霍，滥印交子，绍兴七年（1137 年），三界并行，发行额达 3 100 多万缗。绍兴三十一年（1246 年），流通中的会子已增至 605 000 万贯，18 界会子 200 贯还买不到一双草鞋。交子、会子实际上成了不能兑现的纸币。

金兵南侵

靖康二年（1127 年）四月，金兵从汴京（今河南开封）俘虏宋徽宗、宋钦宗，以及后妃、诸王、宗戚大臣等 3 000 人北去，北宋灭亡。五月，宋徽宗之子、康王赵构在南京应天府（今河南商丘）即位，改元建炎，是为宋高宗。十月，避金兵到扬州。

金王朝想趁南宋政权立足未稳，派大军渡江，消灭南宋。建炎二年（1128 年）秋，决定兀术（即宗弼）与粘罕（即宗翰）率金兵南下，穷追宋高宗。另派娄室部全军进攻陕西，来牵制川陕宋军。

建炎三年（1129 年）正月二十七日，金军攻占徐州，知州王复死难。粘罕派拔离速、乌林答泰欲、马五，率兵一万奔袭扬州，欲俘获宋高宗。三十日，金兵到泗州（今江苏盱眙北），二月初三，拔离速攻占天长军，距扬州只有 100 多里。午前，消息传至扬州，宋高宗惊慌失措，没有通知大臣，带了御营都统制王渊和亲信宦官康履等数人狼狈出逃，从瓜州（今江苏六合东南）乘小船渡江逃到镇江。傍晚，马五率 500 骑兵赶到扬州，听说宋高宗向江南逃跑，立即追到渡口。江淮人民纷纷起来抗金，金军成为孤军，被迫北撤。

八月末，宋高宗听到金兵渡江南下的消息，慌忙派杜时亮、宋汝为迅速到金营议和，在求和书中乞求粘罕不要进军。十月，金兀术分兵南下：一路从滁州（今安徽滁县）、和州（今安徽和县）进入江东；一路从蕲州、黄州入江西。下旬，宋汝为到寿春，兀术部已攻占单县、兴仁、南京、寿春，对宋的求和不予理睬。

镇守江州（今江西九江）的刘光世仍天天置酒欢会，金兵渡江三日而尚不知。金兵到城下，他领兵逃跑。

金兵得知孟太后在洪州（今江西南昌），便攻下黄州（今湖北黄冈），十月末，用小船、木筏渡江，经大冶直奔洪州。孟太后一行逃向虔州。十一月初，金兀术攻占和州（今安徽和县），在马家渡（今江苏南京西南）打败杜充军，渡江，入建康，杜充叛降。消息传来，逃到越州（今浙江绍兴）的宋高宗再向明州（今浙江宁波）逃跑。

宗弼占领建康后，立即从溧水奔向杭州，追逐宋高宗。在进攻广德时，岳飞率兵抗击，六战六捷，擒金将王权。听说金兵攻常州，岳飞追击金军，又四战全胜。金兵趁广德无援，攻占之，直逼临安（今杭州）。兀术听说宋高宗在明州，派阿里、蒲卢浑率精骑渡浙追赴明州。十二月，宋高宗在明州得到奏报，便率大臣登船逃向定海。金兵追赶至明州，张俊抵挡了一阵，便败走。高宗又乘船逃向温州沿海。

建炎四年（1130 年）正月，金军占领明州，乘船经昌国南追宋高宗 300 余里，没能追上。金军船队遇到大风雨，又被宋提领海舟张公裕所率水军大船冲散，只好退回明州。

二月初，金军从杭州北撤，宋将韩世忠率 8 000 宋军在镇江截断金军退路。三月十五日，宋金水军在黄天荡展开水战，韩世忠率军英勇战斗，打得金军狼狈败退。五月，金宗弼渡江北归。

进攻江西的金军，占领了洪州（今江西南昌）、吉州、抚州、筠州，直至万安也没有追上孟太后。建炎四年（1130 年）二月，金军攻占潭州（今湖南长沙），月底渡江经石首北归。四月二十五日，弓手牛皋率民兵大败金兵于宝丰之宋村，生擒金将马五。

留在江淮的挞懒部金军，在楚州（今江苏淮安）被义军击败，后又在缩头湖（今江苏兴化东）为宋军击败，挞懒率残部经楚州、宿迁、东平（今山东东平）北归。

这样，建炎二年秋至建炎四年（1128—1130 年）夏，金军对刚建立的南宋政权追击的战争，就以失败而告终了。南宋朝廷无意北进收复故土，金军也无力南下，江淮地区暂时稳定下来了。宋金对峙局面形成。

岳家军抗金

建炎三年（1129 年）秋，金王朝出动大军再次南侵，企图一举消灭偏安江左的南宋小朝廷。

十一月，金将宗弼率领南侵军主力攻占和州（治历阳，今安徽和县），然后发动渡江之役。在攻打太平州（治当涂，今安徽当涂县）的采石度和慈湖失利后，金军于是改为从建康府西南的马家渡（今江苏西南）过江。当时，南宋负责长江下游防务的是右相兼江淮宣抚使杜充，他事先并未做认真的军事准备，等到得到马家渡的紧急报告，匆忙令都统制陈淬率部将岳飞、刘经、戚方等统兵出战，又派13 000人前往应援。宋金两军在马家渡激战的过程中，陈淬战死，这影响了整个战局。在“诸将皆溃去”，宋军“鸟奔鼠窜”，金军气焰愈炽的险恶形势下，岳飞仍率部队坚持战斗，继续顽强地抗击敌人，直至傍晚，由于溃兵带走了粮草，士兵缺乏粮食，岳飞才率军退驻建康城东北的钟山。马家渡之战，揭开了岳飞在江南抗金的序幕。

金军渡江之后，杜充先逃跑，后降敌。十一月底，建康知府陈邦光更是主动写好了投降书，不待金军攻城，就把六朝故都、江南形胜之地建康拱手送给了金人。在轻易地占领建康后，兀术继续统领大军南下，奔向杭州，进攻广德军。岳飞知道后，率军南下到广德境内，在广德境内，岳飞指挥部队与金军作战六次，每次都取得了胜利，活捉金将王权，共杀敌1 226人，还俘虏了许多金兵。在这些俘虏之中，有不少是被强迫签发从军的汉族壮丁，岳飞对他们晓以大义，结以恩信，再打发他们回到敌营以作内应。到了晚上，这些人在敌营中纵火烧毁敌人的兵器与其他随军粮草，引起内部骚乱，岳飞乘机出动劫营，给敌人以重创。岳飞驻军广德，军纪严明，即使部队断炊，也绝不许骚扰百姓，并且坚持与士卒同甘共苦。因而，岳飞及其部队在这一带民众中享有很高的威望，甚至许多被迫从军的金兵称岳飞部队是“岳爷爷军”。争相前来降附，使得岳飞的抗金队伍不断壮大，而金军的力量遭到削弱。在得知金军侵占溧阳的消息后，岳飞命刘经领兵千人夜袭溧阳城，杀俘敌人500多人，并活捉了伪溧阳知县、渤海太师李撒八，一举收复了溧阳城。

建炎四年（1130年）春，为了解决部队的粮食供给问题，担负带州一带的防务，岳飞接受了地方官员的邀请，从溧阳移屯常州宜兴县。驻防宜兴后，他首先采取行动，肃清了这一带的土匪，既为民除了害，又使部队获得了许多粮食和武器装备。四月，金兵进犯常州，岳飞闻讯后率军救援，与金军前后四战，都取得了胜利。金兵被击杀、淹死的不计其数，还生擒了女真万户少主孛堇，并乘胜追击金兵一直到镇江的东面。

金军的这次大举南侵屡屡得手，充分地暴露了南宋政权的腐朽和无能。但岳飞等爱国将领和江南民众英勇抗金的斗争，又在一定程度上打击了金军的嚣张气焰，使得金军统帅意识到：完全地征服、统治江南的企图是无法实现的；在短期内彻底地摧毁南宋政权的目的也是难以达到的。于是，他们一路上烧杀掳掠、向北撤退，到建炎四年（1130年）四五月间，金军在江南占踞的城市仅仅剩下建康。建康是历来被兵家所看重的战略要地，金军盘踞在那里，既把它当作运送南侵掠获物到江北的中转站，又把它作为金的立足地。

收复建康对于南宋来说已是迫在眉睫的任务。在有的将领畏怯不敢受命的情况下，岳飞毅然承担起克复建康（今南京）的重任。从四月下旬开始，岳飞率部在建康一带与金军展开了一系列战斗。四月二十五日，岳飞发起清水亭之役取得胜利。五月初，岳飞在建康城南 30 里的牛头山扎营，他派遣 100 名身穿黑色服装的军士，在天黑之后混入敌营，在敌营中制造骚乱，引起敌人自相残杀，金军损失惨重。岳飞还亲率骑兵 300 名、步卒 2 000 人，冲下牛头山，在建康城南门外新城设营，与金军交锋，再次击败敌人。在岳飞军队以及建康附近的民众的打击下，金军屡遭挫折，感到在建康难以长期驻足，遂移师建康城西北 15 里的靖安镇，并从靖安镇直接撤往江北的宣化镇。岳飞闻讯后，于五月十一日挥师追杀敌人至靖安镇，斩杀金兵数以千计，建康至靖安的道路上，敌人"僵尸十余里"。还生擒金军将士 300 多人，并缴获了敌人许多军用物资和掠夺来的财物。这一天，岳飞率军进入建康城，收复了金军在江南的最后一个据点。

郾城大捷

绍兴十年（1140 年）五六月，宋金在今安徽阜阳一带展开激战。此时，宋高宗赵构连下数道《御札》给岳飞看，催促他派遣部队到光州、蔡州、顺昌一带，以应援顺昌刘锜的部队。岳飞认为，这是实现自己多年来直捣中原、收复河朔夙愿的好时机。于是，岳飞一面分头派遣部队开赴顺昌一带，与刘锜宋军相呼应；一面挥师北伐、挺进中原。闰六月中旬，岳家军的主力部队已深入到今河南省的心腹地带，在当地群众的积极配合下，岳家军向敌人发起了强有力的进攻。闰六月二十日，岳家军一举攻克了开封外围的重镇颍昌府（今河南许昌），并击败了金军的多次反扑。接着，岳家军还乘胜收复了陈州（即淮宁府，今河南淮阳县）、郑州、洛阳等中原重要城镇。岳飞将主力驻扎在颍昌府，以此作为继续北伐的基地，自率轻骑驻守在郾城县。

此时，原在淮南东路抗击金军的张俊和王德的部队从亳州南撤到了庐州，这就使得岳家军事实上处于孤军作战的状况。了解到这一情况，金军遂纠合几路军队集中力量来攻打岳家军，尤其是岳家军统帅的驻地。

七月初八日，金将宗弼亲自督率龙虎大王突合速、盖天大王赛里、昭武大将军韩常等将领，统领精锐骑兵 15 000 多名，直奔郾城，企图一举消灭岳家军的司令部。当时，驻守在郾城的岳家军只有"背嵬军"，即岳飞的亲卫军，以及一部分游奕马军。面对着敌众我寡的局势，岳飞沉着冷静地调兵遣将，在距郾城县以北二十几里的地方迎战金军。他首先命令自己的儿子岳云率军出战，并严厉地告诫说："必胜而后返，如不用命，吾先斩汝矣。"岳云受命后率军直冲敌阵，与敌人激战数十回合，杀得金兵“积尸布野”，并缴获了敌人的战马数百匹。勇将杨再兴单骑闯入敌阵，打算生擒兀术，结果未能如愿，但却立下了只身杀敌数百人的奇功，他自己身上也受伤几十处，又奋勇地杀出敌人的重围。金军作战惯用左右翼骑兵，进行迂回侧击，当时人们称之为“拐子马”。在这场会战中，岳飞运用巧妙的战术，士兵们“或角其前，或掎其侧”，使敌人的“拐子马”顿失往日的威风，在岳家军的打击下屡遭挫败。兀术还将自己的王牌军“铁浮图”投入了这场战斗。岳飞命令将士们手持麻扎刀、提刀、大斧之类的利器，冲入敌阵，上砍骑兵，下砍马足，“铁浮图”们惊慌失措，无法发挥出正常的战斗力。岳家军将士则愈战愈勇，直杀得敌人“僵尸如丘”。夜幕降临，金军扔下大量的尸体、马匹、武器装备，向临颍县方向狼狈逃窜，岳家军取得了重大胜利。

宗弼仍不死心，希冀再战取胜。两天之后，即七月初十日，岳家军的巡哨骑兵驰报岳飞，在郾城以北五里店地方，有金军一万多人正在进发，他们的后面尘土飞扬，可能还有大队人马尾随而来。在听到这个消息之后，岳飞立即率领部队出城迎击敌人。他先遣背嵬军将官王刚，率领一支五十余人组成的精锐骑兵队，前往侦察敌情。当岳家军赶到五里店时，金军也在那里摆开了作战的阵势。这时，王刚看到敌阵中有一个身穿紫袍的头领模样的人，就将他作为攻击的首要目标。他集中人马直扑这个穿紫袍者，奋力将他杀死，接着在敌阵中横冲直撞，东砍西杀。这个身穿紫袍者，正是这支金军的主将阿李朵孛堇，他突然被杀，使金军群龙无首，乱作一团，纷纷作鸟兽散。岳家军大败敌人，并乘胜追击敌人二十多里路。

郾城之役，岳家军大破金军的精锐部队，歼灭了敌人大量的有生力量，极大地鼓舞了南宋军民抗金的信心。宗弼自郾城失利后，又决定攻颍昌，岳飞又打败了金军，宗弼逃走。岳飞军队进而克郑州、洛阳。各地义军纷纷以岳家军旗号来响应。宗弼承认“自我起北方以来，未有如今日之挫衄！”岳飞准备扩大战果，继续打击金军，但是朝廷中秦桧、高宗以“一日十二金字牌”命岳飞回朝。岳飞愤慨泣下，说：“十年之力，废于一旦。”

岳飞被害风波亭

绍兴十一年（1141 年），宋高宗赵构与宰相秦桧加紧进行同金王朝的投降议和活动。他们的丑行，遭到朝野正直之士的反对，尤其是战功卓著、名震遐迩且握有重兵的爱国将领岳飞，极力主张抗金拒和，这成为他们通往投降道路上的巨大障碍。于是，他们便实行了打击和迫害岳飞的一系列阴谋。

四月，赵构和秦桧以柘皋之捷论功行赏为借口，召张俊、韩世忠、岳飞来京师杭州，旋即宣布张俊、韩世忠改任枢密使，岳飞改任枢密副使，留朝任职，同时罢废岳、张、韩所分别统管的京湖、淮西、淮东三个宣抚司，实际上这就收夺了岳飞等三大将的兵权。

接着，秦桧又唆使其党羽编造罪状来进一步陷害岳飞。对于这些不实之词，宋高宗竟予以肯定。秦桧更是与高宗一唱一和，推波助澜，将诬告铸成事实。八月八日，宋高宗解除了岳飞枢密副使的职务，改授他以万寿观使的闲职。

九十月，在金军以战诱和的态势面前，高宗和秦桧的求和心情更为迫切。他们几次派使节到金营中摇尾乞降。为了求得金统治者的欢心，促使投降和约的顺利签订，他们加紧了迫害岳飞。秦桧遵照金将宗弼给他的“必杀飞，始可和”的密嘱，决心置岳飞于死地。秦桧与已卖身投靠自己的张俊相勾结，用利诱、威胁等手段收买了岳家军中的几个败类，指使其从内部发难。九月，岳家军的前军副统制王俊投状诬告张宪谋反，张俊将张宪逮捕，并采用严刑逼供的方式，逼张宪招认说，他的谋反是由于受岳云书信的唆使。接着，岳云被捕入狱。秦桧乘机奏请将岳飞带到大理寺一道接受审讯，高宗表示同意。于是十月，岳飞至大理寺入狱。

岳飞入狱后，起初是由御史丞何铸主持审讯。在审讯中，岳飞力辩其冤，言之有理，论之有据。他还解开衣服，露出刺在背上、已深嵌肌肤的“精忠报国”四个大字。这些，终于使过去曾弹劾过岳飞的丞何铸改变了立场。就改由万俟卨来继续审理此案。万俟卨是一个心狠手辣的家伙，一口咬定岳飞犯了谋反大罪。其他陪审人员也同声附和、互相呼应。岳飞看出这些人都是秦桧的死党，悲愤地说：“吾方知既落秦桧国贼之手，使吾为国忠心，一旦都休。”之后，任凭狱卒拷打，再也不说什么，继而，又在狱中绝食。

岳飞下狱的消息传开之后，激起了富有正义感的人们的同情和愤慨，不少人上书朝廷为岳飞诉冤。

秦桧一伙根本不顾客观事实和朝野舆论，强行给岳飞定了三大罪状：一是曾写信给部将张宪，策动他谋反；二是在淮西之役时，不听从皇上的指挥，“逗留不进”，“坐观胜负”；三是在金兵破濠州后，曾说过“国家了不得也，官家又不修德”。显然，谋反、违旨、骂皇帝，都是死罪。绍兴十一年十二月二十九日（1142 年 1 月 28 日），万俟卨等通过秦桧，向高宗上报了一个关于岳飞等人的判决意见，高宗当即批示：“岳飞特赐死。张宪、岳云并依军法施行，令杨沂中监斩。”一代爱国名将岳飞遂惨遭杀害。时年仅 39 岁。

钟相、杨么起义

钟相是鼎州武陵（今湖南常德）人，他领导的起义军，原来是一支民间自发的抗金武装。建炎元年（1127 年），响应高宗“勤王”的号召，抗击金军南侵，钟相派其子钟昂率数百名义兵北上。在去“勤王”途中，高宗为了南逃，又下诏解散各路民间队伍，并要求都回原籍。钟相看清了南宋朝廷妥协求和的面目和官军对人民的掠夺。于是，决定不解散原有组织，并在此基础上，利用宗教，继续发展队伍，准备旗帜、器械，结寨自卫，自称“天大圣”。

建炎四年（1130 年）年初，被金兵击溃的孔彦舟军队，又纠合起来，到洞庭湖一带抢劫财物，逼民充军，并在鼎州屠城，引起了当地人民的强烈不满。钟相抓住这个机会，二月，举起了反抗的旗帜，立即得到了鼎州、澧州（今湖南澧县）等地农民的响应，起义迅速扩展到洞庭湖周围的十九个县。

钟相向群众宣传说：“法分贵贱贫富，非善法也。我行法，当等贵贱，均贫富”。这个口号继承了北宋王小波起义在经济上“均贫富”的主张，并做了进一步发展，要求政治上平等即“等贵贱”。标志着农民起义发展到了一个新阶段。钟相起义后，随即建立政权，国号为楚，年号叫天载，钟相称楚王，钟昂为太子。起义军以“等贵贱，均贫富”为口号，宣布宋朝刑统为邪法，焚烧官府衙门和大户之家。擒杀官吏，夺取官僚地主的财物归农民，称为“均平”。

面对钟相起义，南宋朝廷十分震惊，马上派孔颜舟为荆湖南北路捉杀使，配合驻守湖北地区的水军、步军镇压农民起义。正面作战失利后，孔颜舟散布谣言说：“爷（义军对钟相的称呼）若休时我也休，依旧乘舟向东流”，麻痹起义军。同时，他又派奸细打入起义军内部。建炎四年（1130 年）三月，孔颜舟军进攻钟相起义军，以奸细作内应，起义军失败。钟相、钟昂被俘后，为宋杀害。距起义开始才一月有余。

此后，起义军在杨太领导下，继续斗争。杨太是随钟相起义的青年农民，当地人称兄弟排行中最小的是么，故称呼杨太作杨么。

建炎四年至绍兴三年（1130—1133 年），南宋政府曾多次派人到起义军中招安，农民军立场坚定，毫不动摇，使官方的诱降计划破产。绍兴三年（1133 年）四月，杨么自号“大圣天王”，拥立钟相少子钟义为太子，建立了起义军的领导核心。在人民群众的拥护下，起义军控制了北起公安（今湖北公安县）、南达潭州（今长沙市），西到鼎州和澧州（今湖南澧县），东及岳州（今湖南岳阳）的广大地区。

绍兴四年（1134 年）十月，伪齐看到起义军蓬勃发展，就派李成到起义军寨中，想和农民军联合攻宋。说取州的可做知州，得县的可做知县，劝诱起义军和金、齐一起灭宋。起义军不受利诱，把来人用酒醉倒后，全部杀死，投入江中。宋高宗知道后，以知州官衔诱降杨么，被杨么拒绝。

绍兴五年（1135 年），南宋政府由右相张浚亲临湖南督战。把岳飞军从抗金前线调往洞庭湖，镇压起义。五月，两人领兵到达洞庭湖地区，采取“以水寇攻水寇”的策略，展开诱降活动。释放俘虏，重用叛徒，以此来瓦解起义军。起义军的重要首领黄佐、杨钦先后叛变，投入岳飞军中。他们还率宋军突袭、伏击起义军，使杨么军队遭受重大损失。六月，杨太水寨被岳飞军攻破，杨太和钟义在突围中被宋俘获，英勇就义。最后，宋军包围了起义军另一将领夏诚的山水寨，夏诚在激烈战斗后，寨破牺牲。

钟相、杨太领导的洞庭湖农民起义，前后持续六年之久，数次大破宋军，给南宋皇朝以沉重打击。起义军利用江湖港汊的地理优势，建立山水寨据点，耕种自给，并明确提出“等贵贱，均贫富”的要求，在中国农民战争史上写下了光辉的一页。

襄樊保卫战

宋理宗景定元年（1260 年），忽必烈继承了蒙古汗位，改元中统。在地位巩固和长期备战之后，决定发动消灭南宋的战争。降将刘整向忽必烈提出“自古帝王，非四海一家，不为正统”，这坚定了忽必烈消灭南宋、统一全国的决心。忽必烈采纳了刘整的建议。为攻取襄阳，公元 1262 年，忽必烈采取刘整的计策，重重贿赂了南宋襄阳守将吕文德，开榷场于樊震，蒙古遂筑土城堡垒于鹿门山，遏制了南宋的援军。

咸淳三年（1267 年）九月，忽必烈下令攻打襄阳，让刘整到襄阳协同蒙军主将阿术围攻襄樊。襄樊军民进行了顽强的抵抗，开始了长达六年的关及南宋政权命运的襄樊保卫战。

襄阳、樊城夹汉水而立，南为襄阳，北为樊城，城坚池深，兵储丰厚，可供十年之用。两城相为固守，可说是唇齿相依。面临蒙古军进犯的襄樊军民，发誓与蒙古军队决一死战，以保家卫国。开始，蒙军对襄阳、樊城的进攻虽猛烈不断，并且南宋陆上的援军也多次被蒙军打败，但是，南宋仍可从汉水运送粮食、军器、衣甲到襄樊，援助襄樊军民的抗蒙斗争，使蒙军不能得逞。

咸淳四年（1268 年），蒙古军队认为要破襄阳必先围攻樊城。春天，打败宋将张世杰，七月，阿术打败樊城守将夏贵，秋天，南宋宰相贾似道命范文虎支援樊城，又被蒙军打败。年底，襄阳守将吕文德死，其弟吕文焕继守襄阳。蒙军虽多次取胜，但久攻襄樊不下，便采取切断汉水通道的办法，准备困死襄樊。南宋水陆援军被蒙军打败，襄樊军民抗蒙斗争进入了困难时期。

面对襄樊的危急局面，贾似道对宋度宗封锁消息，凡是说蒙军攻宋的，就被贬斥以至被杀。咸淳六年（1270 年），南宋命李庭芝为荆湖置大使，督军进援襄樊，贾似道又答应宋将范文虎不受李庭芝节制，而直接听命于贾，从而牵制了李庭芝援救襄樊的战斗行动。

咸淳七年（1271 年）五月，因受到襄樊军民坚决抵抗，蒙古军久攻两城不下，于是忽必烈在命令蒙古军队继续围攻襄樊的同时，又派赛典赤、郑眠率蒙古军水陆并进，攻打嘉定，汪良臣、彭云祥率蒙古军出重庆，札剌不花率蒙古军出泸州，曲立告思率蒙古军出汝州，以此牵制宋军，进一步孤立襄樊两城。六月，范文虎率士兵和两淮舟师十万到鹿门，蒙古军在阿术指挥下夹江为阵，大败宋军，范文虎夜间逃遁，战船甲仗全被蒙古军缴获。十一月，蒙古建国号为元，表示元王朝是封建正统，为消灭南宋统一全国做最后的舆论准备。此后，元军更加紧了进攻襄樊。

咸淳八年（1272 年）三月，樊城的外城被元军攻破，宋军退守内战。襄樊被围五年，外援断绝，城中虽有粮食，但缺乏盐、布帛。这时，李庭芝移屯郢州（今湖北钟祥）以援救襄樊。他了解到襄阳西北有清泥河，发源于均、房州，便造轻舟四艘，联三舟为一舫，装载货物，以义军首领张顺、张贵兄弟为都统，率 3 000 民兵，伏于襄阳西北的团山下。他们准备冒死突破元军防线支援襄阳。这是极大的冒险，去者九死一生，但 3 000 民兵，人人感奋。五月二十日，宋军船上带着火枪、火炮、劲弩和燃烧着的炭，半夜出发，乘风破浪，斩断元军所设铁链，冲破重围。英勇作战的民兵将士转战 120 余里，天黎明时到达襄阳城下，城中军民见张贵民兵到来，踊跃欢喜，勇气倍增。一时不见张顺，数日后见其尸体浮出，身中四剑六箭，仍手执弓矢。原来张顺已在作战中壮烈牺牲。

随后，张贵派二人潜水到郢州与守将范文虎相约夹击元军，会师龙尾洲。谁知范文虎早于二日前就率军后退 30 里，元军从逃兵那里得知这一情况，便事先驻军龙尾洲，以逸待劳。当张贵率水军奋死冲出重围到达龙尾洲附近时，看到官兵旗帜，以为是范文虎部，而未做准备。元军出其不意向张贵水军攻打过来，张贵率军奋力抵抗，身上受伤数十处，终因寡不敌众被俘。阿术劝说张贵降元，张贵坚持不屈，被害。张顺、张贵援襄事迹悲壮动人，鼓舞着南宋军民的抗元斗争。张贵失败后，襄樊与外界隔绝，处境更加艰苦。

由于襄阳、樊城隔汉水而立，宋军原在汉水中植木，以铁索相连，中造浮桥，作为襄、樊两城相互支援的交通要道。元军攻樊城不下，于咸淳九年（1273 年）正月，采取了张弘范绝断襄、樊水上联系的策略，派军攻断了浮桥，使襄、樊之间的交通隔断。元军便集中兵力连续猛攻樊城，在攻打樊城时，又使用了火力很强的西域“回回炮”，樊城终于被元军攻破。宋将都统范天顺力战不屈，城破自杀殉国。统制官牛富率领百余将士进行巷战，渴饮血水，继续战斗，杀死不少元军后，牛富身负重伤投火自尽。二月，襄阳守将吕文焕向元军投降，可歌可泣的襄阳樊城保卫战结束了。

襄樊保卫战的失败，是南宋腐败政治和贾似道投降政策的必然结果。襄樊保卫战之所以能坚持六年之久，完全靠襄樊军民的浴血奋战。襄、樊一失，南宋的门户大开，元军从此可以长驱顺江东下，灭亡南宋。

合州之战

宋淳祐十一年（1251 年），蒙哥继任蒙古汗位，蒙古对南宋的进攻征服进入了一个新的阶段。蒙哥汗命其弟忽必烈镇守中原，负责攻打南宋的全部事项。忽必烈在占领地区边耕边守、积粮备战，以便大举南征。忽必烈还向蒙哥汗提出先取云南大理，包抄南宋的策略。宝祐元年（1253 年），蒙哥汗命忽必烈统帅兀良合台等部蒙古军南征大理，完成对南宋的包围。忽必烈蒙古军巩固他们占领的四川地盘，为夺取全蜀做准备。

宝祐四年（1256 年）。蒙古诸王和贵族出于掠夺财物的目的，向蒙哥汗请求出兵攻打南宋。蒙哥汗为建立与父祖相称的功业，同时又想控制中原汉地，便决定亲征。第二年，蒙哥汗以南宋抗蒙将领长期囚禁蒙古使臣月里麻思为借口，下诏出兵攻打南宋。蒙哥汗命诸王塔察儿统左翼军攻荆襄、两淮，由于塔察儿无功，宝祐六年（1258 年）十月，改命忽必烈统左翼军。蒙哥汗亲自统领右翼军攻取四川。又命云南的兀良合台率蒙军从交广北上，与忽必烈会师鄂州（今湖北武汉），然后直奔临安，消灭南宋。

四川的蒙古军率先对宋军采取积极攻势，进逼南宋各城堡。蒙哥的先锋军由纽璘率领，向成都进兵。宝祐六年（1258 年）二月，遂宁大败南宋刘整军。蒙古军进至成都，南宋四川制置使蒲择之命杨大渊守灵泉山（成都东南），纽璘又大破杨大渊部，进围云顶山，并打败蒲择之援军，成都、彭州（今四川彭县）、汉州（今四川广汉）、怀安（今四川全堂南）、绵州（今四川绵阳）、茂州（今四川茂汶）、威州（今四川理县北）相继被蒙古占领。

四月，蒙哥汗率四万蒙古军驻于六盘山，然后兵分三路入蜀。七月，蒙哥汗亲统中军由六盘山出发，入大散关（今陕西宝鸡市南），至兴元（今陕西汉中）。十月渡嘉陵江，进驻剑门，遣兵攻下苦竹隘。十一月攻破长宁山城

（在剑门关西），进攻大获山（今四川阆中县东北），守将杨大渊投降。十二月又占领青居山（今四川南充南）、大良山（今四川仁寿境）。这年年底蒙哥汗与纽璘率军进到合州。

合州知州王坚原来是抗蒙将领孟珙部下，他曾在淳祐十二年（1252 年）打败蒙古军，收复兴元（今陕西汉中），宝祐二年（1254 年）又打退蒙古军对合州的侵扰。为保卫合州，王坚调集合州属县 17 万人，增筑钓鱼城，设防坚守。在秦州（今甘肃天水）、利州（今四川广元）、巩州（今甘肃陇西）、阆州（今四川阆中）陷于蒙后，各地人民陆续到合州集结。合州成为数十万人聚居的重镇。

为攻下合州，蒙哥汗一面命纽璘在涪州（今四川涪陵）造浮桥，切断由荆湖西上的南宋援军。同时，又派使臣晋国宝到合州招降，被王坚严辞拒绝。开庆元年（1259 年）年初，王坚放晋国宝走后，又派人追他回到合州，在城内阅武场处死，激励将士坚守合州，明确表示了合州军民坚决抵抗的决心。随后，降将杨大渊率蒙军进攻，被合州宋军击败，揭开了合州保卫战的序幕。

晋国宝被处死的消息传来，蒙哥汗当即以大兵围攻钓鱼城。面对蒙古的进攻，王坚制定了“战以挠敌，守以固城”的策略。他趁蒙古军队刚刚围困钓鱼城，立足未稳的时机，亲自率兵夜袭蒙哥的营地，使骄横的蒙古军惶恐不已。降将杨大渊掳掠了合州万余百姓，想以此动摇合州军民的斗志，王坚与合州军民不为所动。王坚与部将张珏照常领导合州军民协力守城，多次击退蒙古军的进攻。为此，四月南宋理宗下诏嘉奖王坚等守城有功。从二月至五月，王坚、张珏亲率合州军民同进攻的蒙古军在合州的一字城、镇西门、东新门、奇胜门、护国门展开激战，击溃了蒙古前锋汪德臣的攻城部队，打败了蒙古增援部队董士元的精锐士卒。五月，蒙哥汗下令集合蒙古军队环攻合州，仍不奏效。

南宋四川制置使蒲择之，屡战屡败，四川大部分地区被蒙古军占领，重庆处于蒙古军进攻的矛头之下，川鄂交通又被蒙古军切断，合州形势十分危急。南宋命吕文德代蒲择之。六月，吕率水军向长江西上，乘顺风进攻涪州浮桥，冲过封锁线，进入重庆。随后率十余船，由嘉陵江北上，进援合州，被蒙古军史天泽部击败，退回重庆。合州外援被断绝，但王坚、张珏仍旧率领合州军民坚守，抗击蒙古军。

蒙哥汗见久攻合州不下，十分焦燥，决定亲自督战。七月，蒙哥汗又一次亲自到城前督战，结果被合州发出的流箭击中，回营后不久便死在军中。围攻合州五个月的蒙古军在蒙哥死后便退了回去。听到蒙哥死讯，忽必烈亦率左翼军于九月北回。王坚、张珏领导的合州保卫战取得了巨大的胜利。

蒙哥汗亲自领导的灭亡南宋的战争，由于合州军民的英勇抵抗，使蒙军一再损兵折将，蒙哥汗本人也死于合州城下，使得战局开始对南宋有利。不仅攻蜀蒙军北撤，而且荆湖战场的忽必烈亦匆匆北返争夺汗位，解除了南宋长江中游的危机。蒙古一举灭亡南宋的企图不得不暂时放弃，南宋的灭亡得以推迟。

扬州之战

襄樊战后，元军占领襄阳，打开了南宋的大门。咸淳十年（1274 年）六月，元世祖忽必烈命伯颜率军伐宋。伯颜兵分二路，一路攻扬州，一路由他亲率沿汉水入长江，沿江东下，直奔临安。

德祐元年（1275 年）二月，伯颜所统元军在池州附近丁家洲大败贾似道所统宋军十三万，使南宋水陆军主力全部瓦解。沿江各城主将，有的投降元，有的弃城逃跑，没有一人能守，只有扬州李庭芝坚守不降。四月，元兵到扬州，即派李虎持招降榜到扬州招降，李庭芝焚烧了书信，当即把张俊等五人枭首于市，表示了决不降元的决心。元兵主将阿术见李庭芝不降，便与张弘范率元军进攻扬州。宋将姜才率兵抵御，他肩中流矢，仍挥刀向前，终于迫退元军。在李庭芝、姜才领导下，南宋军民死守扬州，阿术久攻不下，便长久围困。

公元 1276 年三月，伯颜率元军入南宋首都临安，俘宋度宗的全皇后、恭帝北去，南宋灭亡。但各地的抗元斗争仍连续不断，其中以李庭芝、姜才坚守扬州尤为壮烈。

阿术攻扬州数月不下，便派兵控制高邮，断绝扬州粮道，使扬州断粮，街道上到处是死者。饥饿使一些百姓无法忍受，他们不甘心降元，所以，几乎每天都有人投水自杀殉国，有的宁可割食饿死者充饥，继续战斗，也不向元低头。就是在这种情况下，李庭芝、姜才艰苦地坚守扬州。

已经降元的南宋谢太后和恭帝下诏书让李庭芝降元，李庭芝登上城墙，大声回答道："只有奉皇帝的诏令守城，没有听说皇帝下诏投降的。"拒不接受降元命令。恭帝等南宋皇室被元军俘虏北上，途经瓜步（今江苏六合东南），又诏书李庭芝说，前已下诏让降元，这么久不见回报，是不是不明白我们的意思，还要固守。现在我们都已臣伏元朝，你们还为谁守扬州？对于这种没有一点气节的诏书，李庭芝不予以理睬，而命令士兵发弩射使者，当场射死一人，其余劝降使者纷纷退去。为不让恭帝等南宋皇室被元军作为招降的幌子，姜才率兵数千出战，力图夺回皇室人员，继续号召抗元，但被元兵击败。阿术又使人招降姜才，姜才斩钉截铁地回答说："我宁可死，也不作降将军。”

在二月份夏贵以淮西全境降元后，李庭芝、姜才在扬州的处境更为艰难。阿术还驱赶夏贵降兵到扬州城下，让李庭芝和扬州军民看，意思是，夏贵的数万大军尚且投降，你李庭芝以孤城如何抵抗得了？想以此进行威胁，动摇李庭芝及扬州军心的决心。有人劝李庭芝上城观看，李庭芝说，我只有一死而已。表明了以死守城、绝不降元的顽强意志。此后，阿术又派使者持诏书来劝降，李庭芝让使者入城后，当即斩杀，把诏书焚烧了。

在李庭芝坚守扬州的时候，淮安、盱眙、泗卅等地原也坚守拒元，后来因为粮尽降元，使扬州更为孤立。当时，城中没有粮食，李庭芝与扬州军民以牛皮、曲蘗为食物，英勇不屈。七月，阿术再次招降，李庭芝仍拒而不受。随后，李庭芝与姜才接到福州益王赵昰的征召，便准备渡海去福州继续抗元。李庭芝命朱焕守扬州，自己与姜才领兵七千先去泰州。朱焕在李庭芝走后，便开城降元，并把李庭芝部下将士的妻子押到泰州城下，以动摇军心。这时，元兵包围了保定路（今河北保定），陴将孙贵、胡惟孝等开城门接元兵入城。李庭芝听说城破便投水自杀了，因水浅未死而被俘。姜才病发不能作战，也被元军所俘。阿术杀李庭芝，劝姜才降元，姜才愤恨不降，阿术剐姜才于扬州。姜才临刑见到降将夏贵，咬牙切齿地对夏贵说：“你见我怎么不羞愧而死呢?”

李庭芝、姜才被害，扬州百姓都悲痛泪下。他们不屈不挠的精神，在南宋的历史上写下了悲壮的一页。

潭州之战

德祐元年（1275 年），南宋贾似道兵败池州附近丁家州后，受到贾似道迫害的李芾被南宋朝廷委任为知潭州（今湖南长沙）兼湖南安抚使。这时，元兵南下，湖北州郡都已降附。他的朋友劝他不要去赴任，李芾不听，置个人的生死安危于不顾，而决心以身许国。当时，他的爱女刚死，李芾恸哭之后，立即起程。

七月，李芾到达潭州就任，而潭州的士卒早已被调动殆尽，元兵游骑也到了湘阴、益阳。仓卒之间，李芾召募到的士兵不足 3000，他领导军民修器械、积粮草、筑工事。并与附近少数民族兄弟联结，互为声援。他推诚委任刘孝忠等将领统帅军队，为保卫潭州做了多方面的准备。不久，元朝右丞阿里海牙占江陵，分兵守常德以遏制少数民族，大军进攻潭州。

面对强大的元军，李芾遣将率兵阻击，在湘阴战败。九月，李芾正准备再派军队出城抵御，但元兵已经到了城下，很快包围了潭州城。李芾登上城墙的女墙，慷慨陈词激励将士，并调遣将士分地段坚守。潭州百姓听到消息，不待号令便集合到城下，结成队伍来协助士兵守城。

十月，元兵攻打潭州城西壁，将军刘孝忠率兵奋力抵御。李芾冒矢石、亲自到城上督战。城中的箭射光了，李芾见旧箭羽毛败坏，便下令搜集民间羽扇，百姓立即送交羽扇，很快收集到足够的羽扇，为旧箭备上羽毛继续用于战斗。李芾亲自慰劳受伤将士，以保家卫国相勉励。在激烈的战斗中，潭州军民伤亡惨重，但是，许多受伤的战士仍然坚守岗位，与元军做殊死的搏斗。城中没有盐，李芾命令焚烧了库中积盐用的席子，取盐供食用。元军攻城不下，便想招降李芾。对元军招降，李芾坚决抵制，他把招降使者处死示众，表明抵抗到底的坚定决心。

十二月，元军围潭州已经三个月了，仍攻不下，于是元军加强了攻势。将军刘孝忠被元军炮火击中，病伤无法继续战斗，这时，有的将领动摇了，打着为百姓着想的旗号来劝李芾：现在事情紧急了，我们当官的为国家而死，没有话说，潭州百姓就不必如此了。李芾生气地责骂道："国家平时所以厚养汝者，为今日也。汝等死守，有后言者先戮汝。"下令死守，若敢有动摇者，立时处死。

除夕，元兵猛攻之后，终于登上了城墙，接着大兵进入潭州城。衡阳太守尹谷在城破后全家自焚殉国，李芾听说后，悲痛欲绝，当即命酒酹祭。他召集自己府中的宾客、佐吏，以忠义相激励，当夜传令时，还以手书"尽忠"字为号。

天将明，潭州失守的局面已无法挽回了，李芾面对城破、国家将亡的局面，便对帐下沈忠说："吾力竭，分当死，吾家人亦不可辱于俘，汝尽杀之，而后杀我。"沈忠听后，叩头拒绝。李芾强命沈忠执行，沈忠无奈，只好哭泣着答应。李芾全家喝酒至醉后，沈忠才执行李芾的命令，最后，李芾也引颈受刀。悲痛之极的沈忠随后立即火焚了李宅。在他自己一家也以死相殉之后，沈忠又回到火烧着的李宅，哭祭李芾一番，跳入火中，自刎而死。

潭州百姓见城破，元兵到处烧杀，又听说李芾全家殉国，为免遭元兵的杀戮和凌辱，许多人都全家自尽。潭州兵将，除吴继明等极少数投降外，绝大多数都战死或自尽殉节了。

潭州保卫战是在双方力量对比悬殊的情况下，由李芾领导进行的一次悲壮的战斗。只有不足3 000人的南宋军队，抗御数万元军，竟坚持达三个月之久，它充分显示了潭州军民不畏强敌、敢于战斗的英勇气概，潭州城破之后，以李芾为首的潭州军民以身殉国，更反映出他们崇高的爱国精神和不屈的民族气节。这些都将永远记载在中华民族的历史上。

潭州失守之后，湖南各州相继降元，南宋的灭亡迫在眉睫了。

南宋灭亡

景定元年（1260 年）忽必烈继承蒙古汗位，在蒙古贵族和汉人地主的支持下，忽必烈定都燕京（今北京），建立了新的王朝，咸淳七年（1271 年）建国号为元。忽必烈在战胜了蒙古贵族中的反对派和巩固了自己的统治地位以后，便把兵锋转向南宋，准备最后消灭南宋、统一全国。

咸淳三年（1267 年）降将刘整向忽必烈建议攻灭南宋当首取襄阳，再从汉水渡长江东下，即可灭宋。第二年，忽必烈便出兵进攻南宋，首先围攻襄阳、樊城，经六年的攻战，于咸淳九年（1273 年）占襄阳、樊城，打开了南宋的大门。

咸淳十年（1274 年）六月，忽必烈命左丞相伯颜率大军伐宋。伯颜分兵二道：一道攻淮西淮东，指向扬州；一道由伯颜亲率大军沿汉水入长江，沿江而下，直指临安。自襄阳失守后，南宋宰相贾似道继续推行投降政策，包庇重用在襄樊战斗中逃跑的范文虎以及叛将吕文焕的亲属。对准备灭宋的元军，却不采取积极的防范措施。南宋军队遇到元军，不是一触即溃，便是叛变投降。七月，宋度宗死，贾似道立了四岁恭帝。九月，伯颜率元军主力从襄阳南下。南宋沿江各州守将，大都是吕氏亲属和旧部，也是贾似道重用包庇过的将领，他们望风而降就不足为奇了。

今湖北武汉等地失守后，迫于朝野舆论的压力，贾似道不得不在德祐元年（1275 年）二月率诸路精兵 13 万，到芜湖抵御元军，并与夏贵合兵，即使是大战在即，他还派宋京去与伯颜议和，许以输岁币称臣，被伯颜拒绝。贾似道不得不命孙虎臣率七万步兵驻池州的丁家洲，夏贵以战舰 2 500 艘横亘江中，自率后军驻鲁港。这次丁家洲之战，南宋水陆两军的主力几乎全部丧失。

贾似道兵败逃到扬州后，上书请求迁都逃跑。谢太后（宋理宗皇后）不许，并命陈宜中为相，陈上书请斩贾似道，谢太后只罢了贾似道的官，贬循州。押解途中，贾似道被押送官郑虎臣杀死。

元军乘丁家洲大捷，沿江而下，南宋地方官相继逃跑和投降，沿江重镇，先后被元军占领，南宋朝中官员也纷纷出逃。抗元名将张世杰率军从荆湖入卫临安，收复了吉安、平江、广德、溧阳，刘师勇收复了常州。这样，浙江降元的一些地方官又归宋。在扬州，李庭芝、姜才打败了元军的多次进攻。七月，张世杰与刘师勇率万余战船主动进攻元军，进到镇江焦山，反而被元军用火攻打败。张世杰退往端山，刘师勇退回常州。张世杰要求南宋朝廷增兵继续进攻元军，南宋朝廷却不予理采。

面对越来越险恶的形势，南宋朝廷下达了“勤王”诏书，但只有文天祥从赣州组织了一支勤王军于八月到达临安。随后，文天祥被委任为抗元前线的平江（今江苏苏州）知府。元军在推进过程中，遭到沿途人民的英勇抵抗。在无锡，军民顽强阻击元军；在金坛，人民组织义勇兵与元军激战；在常州，姚訔、陈炤、王安节、刘师勇等率军坚守了二个月，至十一月城破、姚、陈、王、刘仍率军民抵抗，坚持巷战，最后仅刘师勇等八人逃出，全城军民惨遭屠杀。

从十月起，元军发起向临安的最后攻击，从镇江兵分三路：右军出广德攻独松关，左军入海奔澉浦，伯颜率中军攻常州，三路会师攻临安。南宋命文天祥从平江赶赴独松关，人未到，关已失，文天祥退回临安。南宋命张世杰知平江府，还未到任，伯颜已进入平江，张世杰也只好退到临安。

德祐元年（1275年）年底，临安军队有三四万人，文天祥与张世杰商议，要同元军决战，但宰相陈宜中正向元求和，不予同意。南宋统治集团不断地派出乞和使者：先是求元军班师通好；后求称侄纳贡；再求称侄孙；最后求封小国、称臣。伯颜利用南宋投降求和，步步迫进。宋德祐二年（1276年）正月，元军游骑到临安北关，文天祥、张世杰请谢太后、恭帝逃到东海上，由他们率临安军民背城一战，陈宜中又反对。正月十八日，谢太后与陈宜中派使臣送出传国玺和投降书。陈宜中随后逃走。十九日，谢太后命文天祥为右丞相兼枢密使，让他接洽投降事宜。文天祥与其他执政官至元军营谈判，梦想保住南宋小朝廷，被伯颜扣押。

三月，伯颜率元军入临安，全太后（度宗后）、恭帝被送往大都（今北京），谢太后因病暂留临安，后来也被押往大都。南宋临安朝廷灭亡。此后，文天祥、张世杰、陆秀夫领导南宋军民继续抗元。南宋皇室益王赵昰于该年五月即位为端宗，景炎三年（1278年）四月病亡，八岁的赵昺继立为新皇帝改元景炎。祥兴二年（1278年）二月，元军大举进攻在大海中的昰山的赵昰小朝廷，宋军大败，眼看要被俘虏，宰相陆秀夫背起赵昰跳海自尽。南宋被彻底消灭，元朝实现了全国统一。

留取丹心照汗青

文天祥字宋瑞，又字履善，吉水（今江西吉安）人。20岁中进士，状元及第。任官后，为国事触犯宦官和权臣贾似道，被放外任。咸淳九年（1273年）为湖南提刑，第二年知赣州（今江西赣州）。

德祐元年（1275年），临安危急，南宋朝廷下诏“勤王”，只有文天祥组织了一支勤王军。当时，朋友劝他不要去临安，说元兵猛而多，去也无益。文天祥认为，国家一旦有急，召天下勤王，竟无一人一骑前往，自己深以为恨。现在不自量力，以身赴难。或许天下忠义之士能闻风而起，国家还可保全。他的妹夫彭震龙等也随从起兵。

文天祥家境富裕，生活奢丰，且声伎不断。今见国家危亡，即改旧习，从此以节俭自奉，并捐家资作为军费。八月，文天祥到临安，被委任为知平江府，十月到平江。这时元兵已入常州，天祥派兵支援常州失败，宰相陈宜中、留梦炎召文天祥守临安。

景炎元年（1276 年）正月，任知临安府时，元兵已到临安。天祥力主与元兵决战，而陈宜中等决计投降议和。降书送到元军统帅伯颜处后，陈宜中逃去，谢太后即命文天祥为右丞相兼枢密使，去元军营中议和。被伯颜扣押在镇江。

不久，文天祥逃出元营至真州（今江苏仪征），与守将苗再成商议抗元。在文天祥到前，扬州逃卒传言，元军密遣一丞相到真州劝降，李庭芝认为文天祥就是元兵派来劝降的，让苗再成杀天祥。苗不忍，便骗他出城，关城后，让他看李庭芝发的文书，他只好离去。苗又派二路使者观察天祥，如是来说降的，便杀掉他。使者同天祥交谈，见其满腔忠义，深受感动，便派 20 个兵护送他到扬州。四更天至扬州城下。听到门卫谈论李庭芝下令严防文天祥。天祥只好东行，路遇士兵，几乎被害。到高邮后才从海路于四月至温州。

听说益王赵昰还未即位，文天祥便上表劝进，以号召抗元。五月到福州，赵昰以天祥为右丞相。因与陈宜中等议论不合，七月，以同都督出江西，率兵入汀州（今福建长汀）。十月，遣将取宁都等地。

景炎二年（1277 年）正月，元兵攻下汀州，天祥迁至漳州，不久，其降元部将吴浚来劝说降附，天祥当下缢杀吴浚。三月至梅州，五月天祥率部越过南岭，进入江西。江西各地纷纷响应，彭震龙起兵永新，收复县城，天祥另一妹夫吉州龙泉人孙栗在本乡起兵。文天祥依靠江西人民支持进入会昌，在雩都大败元兵，又攻下兴国，收复赣州、吉州的属县。天祥驻兴国，派兵收复了一些县，不少抗元武装派人与他联络，表示接受天祥指挥。一时之间颇有复兴的气势。不久，元兵反攻，赣州的天祥部被打败。元兵攻兴国，文天祥北上吉州，行至半路，吉州兵已败。八月，到庐陵，受到元兵追击，天祥部下老将巩信以数十人守住方石岭山口，掩护他撤退。巩信身中数箭，仍端坐大石，巍然不动。次日，天祥部被元兵追及，妻子、儿女均被俘。部下赵时赏冒称文天祥，被俘牺牲，天祥才得逃脱。

文天祥躲过追兵退到汀州，收拾残兵奔循州（今广东龙川西），驻于南岭山中。部下黎贵达阴谋降元，发现后，天祥当即处死。祥兴元年（1278 年）三月，天祥进兵海丰丽江浦，向潮州移动。这时赵昰病死，八岁的赵昺，继续打着宋朝旗号抗元。六月，赵昺小朝廷迁至海中厓山。八月，天祥之母病死，儿子也死了，但他抗元意志始终没有改变。

元朝派张弘范、李恒率水军、骑兵，海陆并进，准备一举消灭在闽、广的宋军残余势力。天祥部将邹沨在吉州兵败后，率部在江西抗元，退到潮阳与天祥会师。十二月，天祥退出潮阳，转到海丰北的五坡岭，准备进山固守，被元兵追上，邹沨自杀殉国，天祥被俘，自杀未遂。

祥兴二年（1279 年）正月，元朝水军大举进攻厓山。张弘范把天祥押至船上，逼其以书招降张世杰，天祥坚持拒绝，不得已，天祥写出了经过珠江口外零丁洋时所作的《过零丁洋诗》付之，诗末有："人生自古谁无死，留取丹心照汗青"之句。赵昺小朝廷灭亡之后，天祥被押到元大都。

元朝多次劝文天祥投降，都被拒绝。南宋另一状元宰相留梦炎降元做官，奉官到狱中劝天祥归降，被天祥以大义责骂而去。元朝又让被俘虏皇帝赵㬎去劝降，天祥则连声说"圣驾请回"。文天祥决心宁死不降，在狱中写下了名作《正气歌》。

文天祥被关押了三年，在拒绝了忽必烈的亲自劝降后，于元至元十九年（1282 年）十二月初九被元朝杀害，年仅 47 岁。

文天祥坚持抗元斗争，他至死不屈的爱国主义情操和高尚的民族气节，是永远值得后人学习的。

第十四章 元

铁木真统一蒙古

蒙古族是生活在我国东北额尔古纳河上游的古老民族。新旧唐书称为“蒙兀室韦”。大约在七世纪时，蒙古部落逐渐向西迁徙。八世纪后期，游牧于斡难河（今鄂嫩河）、怯绿连河（今克伦河）之间的草原上，与原居大漠的多族杂居。十世纪后，蒙古部落产生私有制和两极分化，出现了许多互不统属的大小部落。到十二世纪，高原的游牧部落除蒙古部外，还有克烈、塔塔尔、乃蛮、蔑儿乞、汪古等大约一百个较大的部落。蒙古高原各部的贵族奴隶主，为了掠夺财产和奴婢，长期互相征战。金朝有意挑动各部间的争斗，以便从中渔利。这种无休止的战争，给蒙古高原人民带来了极大的灾难。

金大定二年（1162 年），蒙古孛儿只斤氏族首领也速该把阿秃儿和塔塔尔人作战，俘虏了一个叫铁木真的塔塔尔人，为了纪念战争的胜利，也速该为他刚出生的儿子取名叫铁木真。大定十年（1170 年），铁木真随其父也速该到邻近部落求婚，也速该在返回途中被塔塔尔人毒死。也速该死后，他的氏族随之分裂。铁木真兄妹五人由寡母月伦抚养，生活贫困。原属也速该的泰赤乌部首领乘机袭击铁木真一家。铁木真全家被迫迁走。在艰苦环境中长大的铁木真善于骑射、刚毅多谋。经过多次挫折后，他认识到必须争取其他部落的支持，才能壮大自己的力量。于是用厚礼取得了克烈部脱斡里勒汗和札答剌部首领札木合的支持，原属也速该的部落属民纷纷重新归附。

大定二十九年（1189 年），铁木真被部分蒙古贵族推举为汗。成立了侍卫军“怯薛”组织，并着手整顿军队。铁木真势力的发展引起札木合的嫉恨，因此集合所属十三部三万余人，与泰赤乌部联合进攻铁木真。铁木真分兵迎战失败。在十三翼之战中，铁木真虽败，但有许多其他部落属民归附，实力反而加强。

金明昌七年（1196 年），金朝出兵镇压塔塔尔部的反抗。铁木真联合克烈部脱斡里勒汗，截击溃逃的塔塔尔首领及残部，掳掠了大批财富和奴隶。金朝封铁木真为“札兀惕忽里”（部落统领）之官，脱斡里勒汗为王汗（语讹为汪罕)。此后，铁木真不断削弱旧氏族贵族的权力，扩大自己的势力。

铁木真的崛起，加深了与蒙古各部贵族的矛盾。泰和元年（1201 年），札木合集结了铁木真的宿敌泰赤乌、塔塔蔑尔乞等十一部联合进攻铁木真和王汗。铁木真和王汗共同击溃了札木合联军。札木合投降王汗，铁木真消灭塔塔尔部，占领呼伦贝尔高原，统一了蒙古东部。

王汗感到铁木真的强大已危及自己在蒙古高原的霸主地位，便于泰和三年（1203 年），对铁木真发起突然袭击。铁木真经过苦战，终因寡不敌众而败退。他利用休战之机，突袭王汗驻地。经过三天激战，歼灭了王汗的主力。王汗及其子桑昆败逃时被杀，强大的克烈部被征服。他扫除了统一全蒙古的最主要障碍。

王汗的覆灭，使西蒙古的乃蛮部十分震惊，太阳汗决定攻打铁木真。铁木真闻讯后，进一步健全军事组织，强化汗权，建立了一支高度集中又有严格纪律的军队。泰和四年（1204 年），他率大国出征乃蛮部。太阳汗聚集克列、塔塔尔、蔑尔乞等残部迎战铁木真。经过激战，太阳汗被擒而死，乃蛮部被征服。乃蛮王子屈出律逃奔西辽。不久，铁木真北征蔑尔乞部，其他部落也纷纷投降。这样蒙古高原上近百个大不不一、社会发展、语言文化各有差异的部落，终于被铁木真统一。

古帝国的开国大汗成吉思汗，后被追尊称元太祖

成吉思汗元年（1206 年）春，铁木真召集全蒙古的贵族首领们在斡难可源举行忽里台（亦称忽里勒台）大会。蒙古各部首领一致推举铁木真为蒙古大汗，尊称为成吉思汗（蒙古语坚强有力之意），正式建立了蒙古汗国。这样蒙古也由一个部落的名称成为蒙古高原各族的总称，形成了统一的蒙古民族共同体。

成吉思汗伐金

金太宗时（1123—1135 年），蒙古乞颜部首领合不勒汗曾应召入朝。后因合不勒汗杀害金使，双方处于敌对状态。金多次出兵征讨，并支持塔塔尔部进攻蒙古部，先后捕杀蒙古部首领俺巴孩汗等多人。金世宗时（1161—1189 年），曾下令每三年向北进行一次剿杀，掳掠蒙古人为奴，称之为“减丁”。蒙古军每年要向金进贡，但又不许入境。金朝对蒙古部的民族压迫和剥削，使蒙古人对金“怨入骨髓”。

金明昌七年（1196 年），成吉思汗因协助金朝镇压塔塔尔部的反抗，被封为“札兀惕忽里”，每年亲自到金边境进贡。成吉思汗元年（1206年），蒙古国建立后，成吉思汗亲自向金朝进贡，表达了摆脱臣属关系的愿望。

成吉思汗四年（1209年），成吉思汗断绝与金的臣属关系。成吉思汗六年（1211年）春，成吉思汗率领部队在克鲁伦河畔誓师，出动全国的兵力分两路攻金。西路由他的儿子术赤、察合台、窝阔台率领；东路由成吉思汗及幼子拖雷率领。四月，成吉思汗拒绝了金朝的求和。七月，以哲别为先锋达里泊（今内蒙古什腾旗达里泊）进入金境，攻占乌沙堡、乌月宫。金军主帅完颜随裕放弃抚州（今内蒙古兴和境内）、昌州（今内蒙古太仆寺旗西南）、桓州（今内蒙古正兰旗北），据守天险之地野狐岭（今河北张家口北）。八月，成吉思汗进攻野狐岭，四十万金军，一触即败，横尸百里。完颜承裕节节败退到浍河堡（今河北怀安东）。蒙军追踪，双方激战三日，金军主力被全歼。九月，蒙军攻战德兴府（今河北涿鹿）。十月，兵至缙山县（今北京延庆）。金居庸关守将望风而逃，蒙军先锋哲别随即入关，直逼中都（今北京市）。

这时，术赤率领的西路蒙古军，九月攻下淨争州、丰州（今内蒙古呼和浩特东）。十月攻下云内（今内蒙古托克托县东北古城）、东胜（今内蒙古托克托县），武（今山西五寨县北）、朔（今山西朔县）等州，威胁金西京（今山西大同）。西京留守纥石烈执中（胡沙虎）弃城逃回中都。蒙古大军兵临城下，金帝允流下令戒严，采纳主战派的建议，任用完颜天骥等死守中都。十二月，蒙古军久攻不下，被迫解围而去，中都得以保全。

成吉思汗七年（1212年），蒙古军再次伐金。拖雷率军攻占宣德州、德兴府等地，后退出。成吉思汗乘胜攻打西京，在攻城时，为流矢所伤，撤回。同年，蒙军先锋哲别攻金东京（今辽宁辽阳），大胜而归。

成吉思汗八年（1213年）秋，成吉思汗汇集大军，第三次南下伐金。攻下宣德、德兴，在怀来（今河北怀来东），大败金军，乘胜追到居庸关北口，成吉思汗留怯台等攻居庸，自己率领主力转向西南，取紫荆口（今河北易县北）入关，攻下涿（今河北涿县）、易（今河北易县）二州。令哲别从后面攻南口，金军大败。然后与关外的怯台、哈台军里外夹攻，取居庸关，包围中都。成吉思汗随即把蒙古军分成三路：右路军由术赤、察合台、窝阔台率领，沿太行山东麓南下，连破保（今河北保定）、邢（今河北邢台）、相（今河南安阳）、卫（今河南汲县）、孟（今河南孟县）等州，直达黄河北岸，再绕太行山西麓北行，掠平阳（今山西临汾）、太原（今山西太原）之间各州府，至代州（今山西代县）而还。左路军由其弟哈撒儿等率领，沿海向东，掠蓟（今河北蓟县）、平（今河北卢龙）、滦（今河北滦县）和辽西诸地而还。成吉思汗与拖雷率中路军南下，掠沧州（今河北沧州市东南）、济南府（今山东济南）、泰安州（今山东泰安）、益都府（今山东益都）、登州（今山东蓬莱）、沂州（今山东临沂）等地，直达海滨而还。蒙古三路大军破金九十余城。破坏严重。

成吉思汗九年（1214 年）三月，蒙古三路大军汇集于中都城下。金宣宗答应了成吉思汗的要求，献允济女歧国公主及金帛、童男女等求和。成吉思汗纳女歧国公主为第四个妻子，称"公主合敦"，掳掠大批奴婢和牲畜财货，率军退出居庸关，北返，驻于达里海，同时派遣木华黎、孛秃等攻取辽西、辽东诸州郡。

同年五月，由于蒙古的威胁，金宣宗迁都至汴京（今河南开封），留太子完颜守忠等守中都。六月，驻守涿县、良乡一带的乣军哗变，投降蒙古。成吉思汗立即派遣蒙古大将三模合拔都率契丹人石抹明安和投降的乣军首领斫答合兵围中都。中都附近的州、县守将和官员纷纷投降。七月，金朝留守中都的太子守忠弃中都逃到汴京，中都的军队更加害怕。成吉思汗十年（1215 年）正月，驻守通州（今北京通县）的金朝右副元帅蒲察七斤投降蒙古。驻守中都的右丞相都元帅完颜承晖向宣宗告急。宣宗派遣军队，护运粮草救援中都。蒙古军切断金朝对中都的救援，致使中都绝援，内外不通，处于危急状态。五月，留守中都的左丞相抹撚尽忠，准备弃城南逃。完颜承晖得知后服毒自尽，以死报国。当日傍晚，抹撚尽忠率子妾南逃，蒙古军不战而入中都。

成吉思汗留石抹明安镇守中都。蒙古军攻下中都后，派脱栾扯儿必统蒙军及投降的契丹、汉军抄掠河北、山东各地，至当年秋天，共占金城 862 座。同时派遣三模合拔都率万骑从西夏到关中，出潼关，前锋部队深入河南，直抵杏花营（在今开封西 12 里）。金军击败蒙军。蒙古军退至陕州（今河南三门峡），乘黄河冰冻，渡河大掠河南，北返。

成吉思汗十一年（1216 年）春，成吉思汗留木华黎经略中原，自率大军返归克鲁伦河草原，准备全力西征。

红袄军起义

金朝自章宗之后由盛而衰，在卫绍王及宣宗统治时期（1209—1223 年），社会矛盾日趋激化，并由此导致了 13 世纪中国北方地区规模最大的一次农民起义。章宗以后，金政权在中原和山东地区进行经常性的括地，把民田占有官地，分给屯田军户耕种。这种做法造成大批农民流离失所，这是农民起义的主要原因。其次，女真统治者对汉族百姓进行沉重的横征暴敛，尤其是世宗以后实行的所谓"通检推排"之法，以重新确定民户家产为名，一再加重百姓的赋税负担使农民不得不离开故土，社会生产遭到很大的破坏。

从卫绍王大安三年（1211 年）起，在山东、河北地区相继爆发了规模浩大的农民起义。起义军为了便于识别，身穿红袄作为标志，因此被称为红袄军。起义队伍主要是佃农和驱丁（奴隶）。当时红袄军各支队伍之间并没有统一的组织和指挥，其中声势最大的主要有下面四支队伍：

益都杨安儿领导的起义军是红袄军的主力，主要活动在益都（今山东益都）、密州（今山东诸城）、莒州（今山东莒县）地区，人数以数十万计。他们的主要进攻目标是猛安谋克村寨，这说明括地导致了民族矛盾的激化。他们先后攻占莱阳、登州（今山东蓬莱）、宁海（今山东牟平）、密州等地，控制了山东半岛的大部分地区，各地地方官吏纷纷望风请降。起义军还建立了政权，设置官吏，建元天顺。贞祐二年（1214 年），金宣宗在南迁汴京，使得来自蒙古的压力暂时减轻之后，便派出大批军队对山东起义军进行镇压。杨安儿不敌金将仆散安贞，当年十二月兵败后乘舟逃入海中，准备转移到栖霞县东的岠嵎山，途中被船夫曲成暗害。

其次是泰安刘二祖领导的起义军，主要活动在沂蒙山区，极盛时人数达数万之众。贞祐三年（1215 年），金军在击败杨安儿的队伍之后，又在密州的马耳山打败了刘二祖的起义军，刘率残余部队转移到沂州（今山东临沂），再次败于金军，刘本人战死，其部数万人被金军杀害。

再次是兖州郝定领导的起义军，活动在滕（今山东滕县）、兖等州，人数达十余万。在杨安儿、刘二祖两支队伍失败之后，郝定在鲁西南地区攻占了十余县，并在东平建号设元，自称大汉皇帝。贞祐四年（1216 年），这支队伍也被仆散安贞镇压下去，郝定在泗水受擒，最后被送到汴京杀害。

最后一支是潍州李全领导的起义军，主要活动在潍县（今山东潍坊）、安邱、临朐等地。刚开始时只有数千人，后来队伍迅速壮大。杨安儿死后，他的余部由其四妹杨妙真率领，后来杨妙真与李全的起义军会合，两人结为夫妻，他们在莒县东南磨旗山建立了抗金根据地，坚持长期斗争。兴定三年（1219 年），金宣宗曾企图招纳这支起义军投降，李全复书称："宁作江淮之鬼，不为金国之臣。"就在这一年，起义军曾一度攻占山东地区二府九州四十县之地，给金朝统治者造成了很大的威胁，同时也大大减轻了金对南宋的压力。

杨妙真和李全领导的这支队伍虽然在对金军的作战中取得了很大的胜利，但此时他们不但要应付金朝统治者的进攻，还面临着蒙古入侵的强大压力。在这种困难的情况下，一部分起义军首领相继投降了金朝。为了取得外援，起义军主动派人与南宋建立联系，杨妙真和李全等人接受了宋王朝的封号和任命。兴定五年（1221 年），金人放弃东平，蒙古军队占领了山东大部分地区，起义军直接受到蒙古入侵者的威胁，就是在这样不利的条件下，他们仍旧坚持两面作战。而南宋政权一方面需要联合这支队伍进行反金斗争；但另一方面却又对起义军存在着畏惧心理，怕他们归附后对自己的统治造成威胁，因此始终不许他们南渡。哀宗正大四年（1227 年），李全率部坚守益都，与蒙古兵抗衡达一年之久，终因孤立无援，最后投降了蒙古。李全降蒙后又率部向南宋进攻，正大八年（1231 年），他和宋将赵葵战于扬州城外，兵败被杀。杨妙真率红袄军余部返回山东益都，在蒙古人的统治下保持半独立状态，成为一支地方割据势力。

红袄军起义最终虽然未能推翻金王朝的腐朽统治，但它削弱了金政权的统治力量，客观上起到了加速金朝灭亡的作用。

成吉思汗西征

成吉思汗十一年（1216 年），成吉思汗决定西征，追击蔑儿乞部首领脱脱之子忽都和乃蛮王子屈出律。第二年秋天速不台出征蔑儿乞部，在垂河（今楚河）流域消灭了忽都率领的蔑儿乞残部。成吉思汗十三年（1218 年），成吉思汗遣大将哲别征讨屈出律。这时屈出律正在攻打可失哈耳（今新疆喀什），听说蒙军来攻，向西逃跑，蒙军穷追不舍，当他逃到巴达哈伤（今阿富汗巴达克山）边境时，被逼至撒里黑忽纳河谷中而陷于绝境。蒙军包围屈出律及其残部，将他捕获并处死。蒙军在征讨屈出律时，曾向当地居民宣布，不侵害百姓，准许居民信奉本民族的传统宗教，得到伊斯兰教徒的支持。蒙军顺利进入西辽都城八喇沙衮（今吉尔吉斯托克马克西南布拉多内吉城）。西辽各地官员相继归附，西辽灭亡。

成吉思汗十四年（1219 年）夏，成吉思汗从西辽继续向西进攻中亚大国花剌子模（今黑海东、威海西、锡尔河南）。当年秋，成吉思汗率军抵达讹答剌，留察合台、窝阔台围攻该城。派长子术赤进攻锡尔河下游诸城，令阿剌黑那颜攻取别纳容忒（今乌兹别克塔会干南、锡尔河北）、忽毡（今纳巴德）等地。成吉思汗和拖雷率主力直奔不花剌（今布哈拉）。察合台兄弟用五个月的时间攻破讹答剌城。术赤也攻下锡尔河下游各个城市。成吉思汗十五年（1220 年）二月，成吉思汗攻占不花剌城。三月，从不花剌进围摩诃末的京城撒麻耳干（今乌兹别克撒马尔罕）。哲别与速不台率军向西，掳掠波斯各地，越过太和岭（今高加索山），攻入钦察。成吉思汗十八年（1223 年）五月，在阿里吉河（今乌克兰日丹诺夫市北）战役中击溃斡罗斯（今俄罗斯）

与钦察联军。蒙古军长驱直入斡罗斯南部。年底东返，攻入亦的勒河（今伏尔加河）中游的不里阿耳，然后与成吉思汗会师东归。

摩诃末之子札兰丁即位后，决心以旧都玉龙杰赤（今土库曼尼亚乌尔根奇）为基地抗蒙。不久因部将图谋叛乱，札兰丁离开旧都，逃到呼罗珊（今阿母河以南，兴都库什山脉以北地区）。术赤、察合台、窝阔台攻入玉龙赤。成吉思汗十六年（1221 年）年初，又自己统帅大军南渡阿母河，攻下巴里黑城（今阿富汗马札里沙里夫西）之后，屠杀了全城百姓。同年二月，拖雷部攻占马鲁（今土库曼共和国马里东）等城。四军途中攻占也里（今阿富汗赫拉特）到塔里寒城（今阿富汗塔利甘）与成吉思汗会合。花剌子模王札兰丁在蒙古占领呼罗珊时，逃入原封地哥疾宁（今阿富汗加兹尼），拥有军队大约十万，继续抗蒙。成吉思汗亲自追击，双方激战于八鲁湾川（今阿富汗查里卡东北），蒙军大败，损失过半。消息传开后，已投降蒙古的部分花剌子模城市纷纷起义。但是，札兰丁部下为争夺战利品发生内讧，纷纷离去。后来各路蒙军会师于塔里寒，成吉思汗亲自统帅大军攻占哥疾宁。札兰丁弃城撤退到申河（今印度河），由于缺乏渡船未能过河，又准备逃到印度。十一月，蒙军发动猛攻。札兰丁率部拼死抵抗，大部分士卒战死或失散，札兰丁纵马入河，游至对岸，仅剩四千余人进入印度。成吉思汗十七年（1222 年）春，成吉思汗命蒙军沿申河追击札兰丁余部，不见踪迹，加之入夏以后，蒙古军难耐酷暑，只好回师阿母河驻地。第二年，成吉思汗决意东归。成吉思汗二十年（1225 年）春，回到蒙古，结束了西征。

成吉思汗西征是一场带有破坏性的对外侵略战争，给所到之处的人民造成了巨大的灾难，但客观上也沟通了东西交通，促进了中外文化的交流。

蒙古灭西夏

成吉思汗四年（1209 年）秋，蒙古军围困西夏都城中兴府（今宁夏银川），引黄河水灌城，迫使西夏纳女请和，达到了孤立金的目的。成吉思汗十一年（1216 年），蒙古军借道西夏国境攻金国的关中地区。西夏出兵配合随征，攻下潼关。此后，蒙古多次征调西夏兵攻金。西夏疲于奔命，损失十分严重，逐渐与蒙古关系疏远。第二年，成吉思汗又命西夏出兵随征西域，遭到西夏拒绝。成吉思汗大怒，派兵突然袭击西夏，再次包围中兴府。西夏主遵顼逃到西凉，派人求降。成吉思汗为集中兵力，决定暂停攻夏。由木华黎驱使西夏军队参加对金朝的战争。西夏政治腐败，兵无斗志，多次遭到失败，国力进一步被削弱。

成吉思汗十八年（1223 年）年底，夏献宗（德旺）即位，决心改变其父的附蒙攻金政策。为此，一方面联合漠北各个部落，企图建立抗蒙联盟；另一方面于第二年夏天，与金议和，称“兄弟之国”，共抗蒙古。

成吉思汗十九年（1224 年）秋，木华黎之子院鲁受成吉思汗之命，征讨西夏，攻破银川（今陕西榆林南）。蒙古俘其主将塔海，杀死士兵数万人，掳掠牲口牛马羊数十万之多。

使用蒙古弓作战的蒙古突骑

成吉思汗二十年（1225 年），成吉思汗从西域回到漠北和林（今蒙古后杭爱省厄尔德尼召北），准备大举进攻西夏。同年秋，成吉思汗留察合台驻守草原，亲自率领窝阔台、拖雷等子嗣征夏。第二年二月，蒙古兵分两路进军。在进军途中，成吉思汗射猎堕马，身负重伤。于是，派使者到西夏去招降，被拒绝。成吉思汗大怒，带病坚持出战。一支蒙古军从西域（今新疆）东进，取沙洲（今甘肃敦煌）后，攻下凉州（今甘肃武威）、甘州（今甘肃张掖），东攻肃州（今甘肃酒泉），遭到西夏国民的抵抗。攻破肃州后，成吉思汗下令屠城，幸免者仅一百零六户。另一支由成吉思汗亲自统帅，从漠北向西南进攻。三月攻下黑水（今河套北狼山山脉西北喀剌木伦）等城，兵进到贺兰山。七月，攻西凉府，西夏守将力屈投降，周围诸县被蒙军占领，西夏主献宗忧惧而死。其侄平王晛即位。

成吉思汗趁夏危急，率军穿越沙漠，至黄河九渡（今宁夏中卫）附近，攻占应里（今宁夏中卫）等县。十一月，率大军攻灵州（今宁夏灵武西南）。蒙军占领灵州后，围攻夏都城中兴府。成吉思汗到盐州川（今陕西省定边附近）驻扎过冬。蒙军在西夏境内大肆杀掠，居民受害者无数。成吉思汗二十二年（1227 年）正月，成吉思汗率军南渡黄河，攻入金境。蒙军先后攻破临洮（今甘肃临洮）府、洮（今甘肃临潭）、河（今甘肃临夏东北）、西宁（今青海西宁）、德顺（今甘肃静宁东北）等州。闰五月，成吉思汗在六盘山（今宁夏固原县）避暑时，派遣使臣到中兴府劝降，六月，西夏主向蒙古投降，条件是宽限一月献城，得到成吉思汗应允。这时成吉思汗已病重，七月十二日（公历 8 月 25 日）死于清水县（今属甘肃）行宫。他临死前吩咐，密不发丧，以免西夏得知后发生变故，待西夏国主来投降时杀之。成吉思汗死后三天，西夏国主献城出降，被处死。中兴府的居民也遭杀掠。西夏的灭亡，解除了蒙古向金朝进攻的后顾之忧，使蒙古可集中全力向南进攻金朝，也为西征创造了有利条件。

蒙古灭金

成吉思汗二十二年（1227 年）秋，成吉思汗在临死前留下了攻金的方案。他说：“金精兵在潼关，南据连山，北限大河（黄河），难以遽破。若假道于宋，宋、金世仇，必能许我，则下兵唐、邓，直捣大梁（今河南开封），金急，必征兵潼关，然以数万之众，千里赴援，人马疲弊，虽至弗能战，破之必矣。”他的子孙遵照遗嘱，确定了假道于宋，联宋灭金的战略方针。

成吉思汗死后，进入陕西的蒙古军继续进攻金统治下的凤翔（今陕西凤翔）、京兆（今陕西西安）等地。拖雷监国六年（1228 年）春，蒙古军 8000 人在大昌原（今甘肃宁县西）被金将完颜陈和尚的 400 骑打败。这次是蒙、金之间 20 余年的战争中，金取得的首次大胜利，金国士气得到鼓舞。

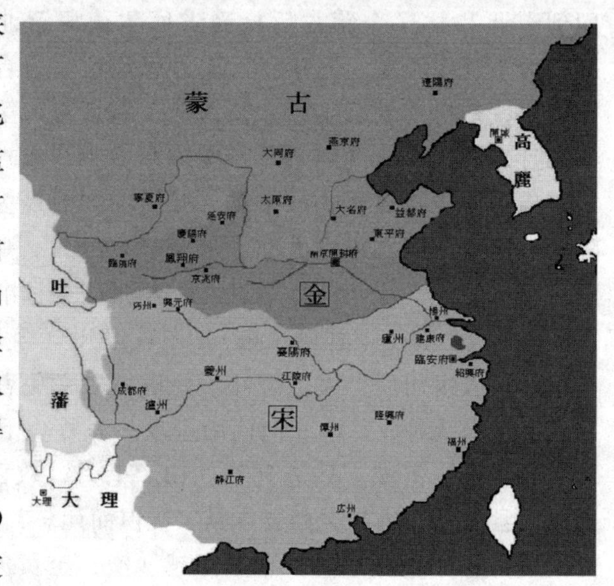

蒙古入侵金朝形势

窝阔台汗元年（1229 年），窝阔台即大汗位，决定全力伐金。第二年，窝阔台率拖雷、蒙哥南下，渡黄河与陕西的蒙古军会合攻凤翔。窝阔台汗三年（1231 年）四月，蒙军攻破凤翔，金廷放弃京兆，把人民迁到河南，扼守潼关，潼关以西皆被蒙军占领。五月，窝阔台在官山九十九泉（今内蒙古卓资北淖腾梁）避暑，召集诸王、大臣商议攻金之策。议定分兵三路进攻金朝，于第二年春天在汴京会师。窝阔台自己统帅中路，经山西，取黄河以北要地河中府（今山西永济），从白坡（今河南孟县西南）渡河，向洛阳进兵；斡赤斤统左路军向济南进兵；拖雷统右路军，采取迂回战术，自凤翔经宝鸡，入大散关（今陕西宝鸡西南），假道宋境汉中，沿汉水东下唐州、邓州，从背后包抄汴京。十月，窝阔台围河中府，十二月破城。蒙军由白坡渡河，进兵郑州，与拖雷南北呼应。金潼关守将受命援汴，其黄河沿线的防线瓦解。

拖雷率右路军取宝鸡后，遣使赴宋，要求借道宋境，蒙使臣被宋边将所扣。拖雷遂于当年八月，率兵三万攻破大散关，进入宋境。同年冬，蒙军假道宋，顺汉水东下，经兴化（今陕西汉中）、洋州（今陕西洋县）、金州（今陕西安康），攻占房州（今湖北房县）、均州（今湖北均县西北），然后，渡汉水北上进入金邓州境内。金将领完颜合达，移剌蒲阿率20万军守邓州。窝阔台汗四年（1232年）正月，金军进军钧州（今河南禹县）附近的三峰山时，遭拖雷军阻击，双方激战。金主将完颜合达战死，移剌蒲阿被擒，金军主力35万全被歼灭。随之，金潼关守将献关降蒙，河南十余州均被蒙军占领。拖雷同窝阔台在钧州会合。不久，窝阔台与拖雷北返，留速不台攻汴京，要求金投降，金哀军也想向蒙古求和，但汴京军民奋力抗蒙，金军用“震天雷”“飞火枪”杀伤大量攻城的蒙古军，速不台攻不下，只得带领军队撤退到河、洛之间。

秋，蒙古遣使唐庆入城劝降。金拒绝降蒙。同年十二月，蒙古与南宋达成协议，约定联兵灭金，事成之后，黄河以南之地归还宋朝。这时速不台再次率兵围攻汴京，汴粮尽援绝，形势危急。金哀宗离开汴京后，逃奔归德（今河南商丘）。窝阔台汗五年（1233年）年初，金汴京西面元帅崔立杀汴京留守，献城降蒙。

蒙古军攻克汴京后，追击逃到归德的金哀宗。这时南宋按照约定出兵伐金。四月，宋将孟珙率兵进攻唐、邓州，打败金将武仙。六月，蒙古军攻占洛阳，金哀宗又从归德逃到蔡州（今河南汝南），蒙都元帅塔察儿率军围蔡州。这时蒙古和金都缺乏军粮。金首先向南宋求和借粮，遭到拒绝。八月，蒙古再派使臣王撤到南宋，约请联兵围攻蔡州，宋方积极响应。派孟珙从襄阳提兵北上，攻下唐、邓后，率二万军队，带30万石粮食，帮助蒙军围攻蔡州。窝阔台汗六年（1234年）正月，宋、蒙联军攻破蔡州，金哀宗自杀，金朝灭亡。窝阔台和拖雷完成了成吉思汗灭金的雄心。蒙古灭金，为实现蒙古统一全国奠定了基础。

窝阔台西征

成吉思汗西征，并没有彻底征服钦察人和斡罗斯（今俄罗斯人）。窝阔台即大汗位后，决定继承成吉思汗的事业，再次出征西方各国。窝阔台汗六年（1234年），西征钦察的蒙军遭到当地人民的抵抗。于是，窝阔台汗七年（1235年），窝阔台在和林（今蒙古后杭爱省厄尔得尼召北）召集忽里台大会。决定由各支宗王居长者统兵征讨钦察、斡罗斯、孛烈儿（今波兰）、马札尔（今匈牙利）等没有降服的各国。出征诸王有以拔都为首的术赤诸子；察哈台长子拜答儿、孙不里；窝阔台长子贵由、孙海都；拖雷长子蒙哥；以及成吉思汗庶子阔列坚等。以长房术杰子拔都为诸王之首，统领全军，大将速不台为先锋，并命万户以下各级那颜都派遣长子从征，出征军约有15万人。

窝阔台汗八年（1236年）春，拔都率军队出发。秋，诸军会师于亦的勒河（今伏尔加河）中游的不里阿耳边境。速不台率先锋军征服不里阿耳诸国，并将其都城（在今伏尔加河与卡马河会流点南）焚毁。冬，命蒙哥率军攻亦的勒河下游的钦察部。第二年春天，蒙哥击败钦察部首领八赤蛮。秋，拔都召集诸王大会，决定共同进兵斡罗斯。蒙军在进军途中，征服了莫尔多瓦国。同年冬，进入斡罗斯也烈赞（梁赞附近）境。拔都令也烈赞国献出全部财产的十分之一为贡品，遭到拒绝。蒙军围城六天，十二月二十一日攻克，后屠城，并焚毁。

元太宗窝阔台

窝阔台汗十年（1238年）正月，蒙军连破莫斯科等十四城。二月，进攻公国首府弗拉基米尔城。三月，拔都等抄掠诺伏哥罗德和斯摩棱斯克、契尔尼果夫等国后，回到亦的勒河下游驻地。秋，蒙古军分兵攻取太和岭（今高加索山）、黑海以北的钦察、阿速各部以及斡罗斯诸国。第二年，蒙哥、贵由率军攻陷阿速国都城蔑怯思。窝阔台汗十二年（1240年）春，蒙哥、贵由等继续在太和岭北用兵，分派一军往取铁门关（今俄罗斯杰尔宾特西）。冬，窝阔台命蒙哥、贵由等东归蒙古。

在蒙哥等攻略阿速等地时，拔都于窝阔台汗十一年（1239年）冬，率军从亦的勒河出发，长驱直入斡罗斯南部。窝阔台汗十二年（1240年）秋，拔都统帅大军围攻乞瓦（今乌克兰基辅）。取乞瓦后，蒙古军继续西进，攻入伽里赤公国，大公丹尼勒逃入马札尔。至此，斡罗斯诸国大部分被征服。

窝阔台汗十三年（1241年）春，拔都兵分两路继续西征。一路由拜答儿、兀良合台等率领侵入孛烈儿。蒙军在里格尼志附近击败孛烈儿、日尔曼联军，攻入莫剌维亚等地，大肆屠杀劫掠后，转向马札尔，与拔都会合。拔都兄弟和速不台率领蒙军主力侵入马札尔；另一路从北面孛烈儿攻入，拔都亲自从伽里赤直驱马札尔的国都。三月，蒙古军行进到佩斯城（与布达城相连，今合称布达佩斯）附近，马札尔国中大乱。四月，蒙军于漷郭宁河（今匈牙利东部索约河）畔，击溃马札尔军主力，攻入佩斯城，夏、秋两季，蒙军进驻秃纳河（今多瑙河）以东，一面分兵抄掠；一面休养兵马。七月，蒙军的一支进入奥地利的维也纳和亚得里亚海东岸。

同年冬，窝阔台去世的消息传到西征的蒙古军中。乃马真后称制元年（1242年）四月，拔都率军东返。第二年春，抵达亦的勒河下游营地。在河东岸建筑拔都萨莱城（今俄罗斯阿斯特拉罕附近），并以此为都城，建立了东起也儿的石河（今额尔齐斯河），西到斡罗斯，南迄巴尔喀什湖、里海，北至北极圈附近的辽阔大国——钦察汗国（又称金帐汗国）。乃马真皇后称制三年（1244 年），拔都回到蒙古国，长子西征结束。

旭烈兀西征

蒙哥汗二年（1252 年），蒙哥派遣其弟旭烈兀镇守波斯，率兵征讨西方还未降服的国家。命诸王各从所属军队中签发十分之二的人由子弟率领出征，另外还抽调一千余名汉人工匠、火箭手等，由火器能手郭侃率领随征。镇戍波斯的搠里蛮军和出征怯失迷儿（今克什米尔）的塔亦儿拔都由旭烈兀调遣。同年七月，先锋怯的不花率领军队先行。第二年冬，旭烈兀统帅军队西行，征讨木剌夷（伊斯兰教亦马思团派的一个特殊宗教区，意即“异端者”，在今伊朗）、和报达（今伊拉克巴格达）的哈里发政权。蒙哥汗五年（1255 年）秋，抵达撒麻耳干（今前苏联乌兹克撒马尔罕）。旭烈兀到达波斯行省时，派使者告谕西道诸王，协同消灭木剌夷。

蒙哥汗六年（1256 年）年初，旭烈兀军渡过阿姆河。夏到达木剌夷边界。先锋怯的不花已率军攻下木剌夷的寨堡数处。木剌夷首领鲁克奴丁遣其弟来求和，旭烈兀令鲁克奴丁亲自来降，鲁克奴丁推迟不定。冬，旭烈兀发动攻城，鲁克奴丁出降。旭烈兀迫使鲁克奴丁下令未降的阿剌模忒等城堡投降，第二年年初，鲁克奴丁请求到和林（今蒙古后杭爱省厄尔得尼召北）朝见蒙哥汗，蒙哥汗不见，命他回波斯，路上被押送军兵杀害。

旭烈兀

旭烈兀灭木剌夷后做进兵报达的准备。这时统治报达的是黑衣大食（阿拉伯帝国信奉伊斯兰教）阿拔斯王朝。最高统治者哈里发名谟斯塔辛，在位已十五年，腐败无能，朝政混乱。当蒙军逼境时，内部仍互相倾轧。蒙哥汗七年（1257 年）九月，旭烈兀遣使致书哈里发，让他自毁报达，亲自来军营纳款，遭到谟斯塔辛拒绝。于是，旭烈兀决定攻打报达。十一月，蒙古军分三路围攻报达。右路由拜信（驻阿塞拜疆的将领）率军毛夕里（今伊拉克克摩苏尔）渡达遇遏（底格里斯河），攻报达城西；左路怯的不花率军从罗耳境进兵；旭烈兀自己统帅中路军攻报达东。第二年一月，蒙军三路合围报达，四面攻城。二月，哈里发遣其子及官员求降。旭烈兀拒绝，下令继续攻城。哈里发只得亲率其子及官员出城投降。旭烈兀入城，报达被彻底破坏。哈里发谟斯塔辛及其长子被处死，立国五百余年的中亚大国黑衣大食国灭亡。

报达的陷落使叙利亚震惊。叙利亚算端（回教国君主）纳昔儿派他的儿子与国相到旭烈兀处请求臣服。旭烈兀将使者遣回，要纳昔儿纳土归降。蒙军继续西进。蒙哥汗九年（1259 年）九月，旭烈兀分兵三路，进军叙利亚，先攻占美索不达米亚北部诸城，渡过幼发拉底河，进向阿勒波。元中统元年（1260 年）一月，旭烈兀率军架炮攻阿勒波，城破，接着叙利亚诸城不战而降。纳昔儿弃大马士革逃奔埃及。大马士革守将向旭烈兀献城。四月，蒙军占领大马士革。这时，蒙哥死讯传来，旭烈兀决定班师回波斯。留下怯的不花率军继续攻打叙利亚和埃及诸地。埃及算端忽秃思决心抵抗蒙古军。七日，埃及杀蒙古来开罗谕降的使臣。蒙古进军巴基斯坦，在阿音札鲁德和埃及军相遇，中伏兵败，留怯的不花战死，蒙军几乎全军覆没。埃及乘胜占领大马士革、阿勒波等城，蒙古军被迫退出叙利亚境内。

旭烈兀回波斯后，得知忽必烈已即大汗位，并与幼弟阿里不哥发生了汗位之争，决定留居波斯，不再东返蒙古。忽必烈将阿姆河以西直到波斯的国土封给他为领地。旭烈兀在自己的封地内，建立了伊利汗国。伊利汗国东起阿姆河和印度河，西到小亚西亚，南抵波斯湾，北至高加索钦察汗国，都城在帖必力思。伊利汗国名义上和中央有藩属关系，但实际上拥有独立的地位，并随着大蒙古国的瓦解而进一步走上了独立发展的道路。

忽必烈治理中原

蒙哥汗元年（1251 年），蒙哥即位后，任命二弟忽必烈总管漠南汉地军国庶事。忽必烈南下驻于爪忽都（蒙古人对金北边部族的泛称）之地，建藩府于金莲川（今内蒙古正兰旗闪电河），常驻于桓（今内蒙古正兰旗北）、抚（今内蒙古兴和县）二州间。在他身边招纳了一批汉族士人为幕僚，如刘秉忠、姚枢、许衡、郝经等人。通过他们的引荐，吸引了更多的中原士人。他们用儒家思想和历代行之有效的治国之道影响忽必烈，促使忽必烈采纳他们的策略，以汉法来治理中原。

蒙哥汗二年（1252 年）正月，谋士姚枢建议改变春去秋来，夺城后剽杀掳掠的作战方式，采取以守为主，亦战亦耕，广积粮储，充实边备的灭宋方针。忽必烈采纳了这一建议，首先整治邢州（今河北邢台）。当时，邢州在两个答剌军统治下，民户由一万多户锐减为五千七百户。忽必烈任用汉人张耕为邢州安抚使、刘肃为邢州商榷使。他们到邢州后，革除弊政，惩办贪暴，召抚流亡，仅几个月时间，邢州大治，于是，忽必烈请设经略司于汴（今河南开封），以汉人史天泽、杨惟中、赵壁等为经略使，整顿河南军政。汉将史天泽等到河南后，打击暴虐贪淫的地方军阀，处死横暴的州官，兴利除害，深得民心。他们还在唐（今河南唐河县）、邓（今河南邓县）屯田。屯田的农民，敌至则战，敌走则耕，不久，河南大治。

蒙哥汗三年（1253 年），蒙哥把关中地区封给忽必烈。第二年，忽必烈在京兆（今陕西西安）立宣抚司，以孛兰和儒臣杨惟中为宣抚使并屯田于凤翔（今陕西凤翔）。又奏割河东解州盐池的收入以供军食，招募百姓以盐换粮，支援四川前线。他们改革弊政，努力恢复农业生产，减免关中赋税整顿吏治，处死害民的贵族，并进一步严肃军纪，关中情况大为改观。忽必烈还任命许衡为京兆提学，在关中建立学校，释放俘掠的儒士，编入儒籍；又立京兆交钞提举司，所发纸钞，以佐经用。关陇地区的社会经济得以恢复。忽必烈上述措施，得到了汉族地主、儒生的广泛支持，巩固了自己的地位。他也从中学到了统治汉地的方法。

蒙哥汗六年（1256 年）春，忽必烈命刘秉忠在桓州东、滦河北岸的龙冈（今内蒙古多伦西北）营建宫室、房舍。三年后建成，称开平府（今内蒙古锡林郭勒盟正兰旗东五十里），作为藩王府的常驻地。开平府聚集了忽必烈的重要谋士，成为他治理汉地的政治中心。汉地社会经济的恢复，也为后来建立元朝奠定了物质基础。

忽必烈采用汉法治理中原地区，取得了显著成效，改变了过去那种人民逃亡，农田荒芜、典章不立的混乱状况。但是却招致了蒙古统治集团中一部分贵族的不满。蒙古旧贵族企图用旧的统治方式来统治中原汉地。于是，有人向蒙哥大汗告状，说忽必烈在中原收买人心，财赋尽入王府，恐支大于本，不利朝廷等，引起了蒙哥的疑忌。蒙哥汗七年（1257 年）春，蒙哥以王府诸臣多擅权营奸利事为名，派遣亲信阿兰答儿等到关中主管政务，并在关中设钩考局，核查关中、河南等处钱谷事。阿兰答儿从忽必烈所任命的经略、宣抚司官员中，罗列罪状一百四十余条，企图通过罢免忽必烈所信任起用的官员来打击他的势力。蒙哥下令解除忽必烈在汉地的军权。忽必烈于冬天亲自送家属到和林，并单独朝见蒙哥，这才解除了蒙哥对他的猜忌。蒙哥决定不追究忽必烈，同时停止了对关中、河南的核查。但是，忽必烈所设置的行部、安抚、经略、宣抚、都藩诸司全部废除。蒙哥伐南宋时，仍以忽必烈患足疾为名，不予统兵之权。

忽必烈

直到蒙哥汗九年（1259 年）十月才不得不改命忽必烈统东路军征南宋。忽必烈以谦恭忍让保全了自己，避免了一场不测之祸。

蒙哥伐宋

蒙哥汗六年（1256 年）夏，蒙哥以南宋违约囚禁使者为借口，决定亲征。第二年春，他下诏诸王出兵征宋，命同母幼弟阿里不哥留守和林（今蒙古后杭爱省厄尔得尼召北）。由宗王塔察儿（斡赤斤孙）统帅东路军攻荆襄、两淮。蒙哥自己统帅主力从西路攻取四川。同年初，驻四川的都元帅纽璘奉命率先锋军万人，从利州（今四川广元）南下，过大获山，出梁山（今四川梁平），直抵夔门。第二年年初，纽璘部西上与成都的蒙军阿答胡会合。成都、澎（今四川彭县）、汉（今四川广安）、怀安（今四川成都东）、绵（今四川绵阳）等州，及威（今四川理县北）、茂（今四川茂汶羌族自治县）诸少数民族先向蒙降。四月，蒙哥渡大漠经河西，率四万大军（号称十万）进抵六盘山，兵分三路入蜀。七月，蒙哥统中军从六盘山出发，经陇西进入大散关（今陕西宝鸡西南）至汉中。亲王莫哥（蒙哥异母弟）入米仓关、万户孛里叉入沔州（今陕西略阳）。

十月，蒙哥渡嘉陵江到白水，随后攻下苦竹隘。十一月，破长宁（今四川广元西南），进攻顶堡，周围县城都归降蒙古。接着蒙哥进攻大获山（今阆中县东北），宋将杨大渊降。不久，李居山（今四川南充市）、大良山（今四川仁寿县境）等五城都归降蒙古。十二月，蒙哥部攻克隆州（今四川仁寿）、雅州（今四川雅安）。与此同时，纽璘率步骑五万人，战船 200 艘从成都水陆并进，直至涪州（今四川涪陵），以阻击南宋援蜀之师。

元宪宗蒙哥像

在西路蒙古军长驱入川的同时，宗王塔察儿率东路军进攻长江中游的樊城，无功撤回。蒙哥汗八年（1258 年）十月，蒙哥不得不改命忽必烈统帅东路军进攻鄂州（今湖北武昌）。

蒙哥汗九年（1259 年）年年初，蒙哥派人到合川（今四川合川）劝降。宋将王坚拒绝投降，二月，蒙哥率全军猛攻钓鱼山。不能取胜。七月，蒙哥带兵亲自督阵攻城，被宋军飞石击中，死于军中，蒙军仓皇北撤，合州之围遂解。

忽必烈得到统帅东路军的命令后，于蒙哥汗九年（1259 年）二月，会诸王于邢州，征召著名儒生、隐士询问得失及取宋之计。八月，率军渡淮河，入大胜关，至黄坡（今湖北黄坡县），直达长江北岸。忽必烈下令整饬军纪，有犯军律者斩。于是诸军凛然，九月初，莫哥从合州遣使者送来蒙哥去世的正式消息，请他及早率军北返。忽必烈不愿无功而返，决定继续进军，分兵三路围攻鄂州。忽必烈率军从阳逻堡渡江至南岸浒黄洲，亲自督师围攻鄂州。由于鄂州军民奋勇抵抗，加之重庆宋军东下援鄂，宋丞相贾似道屯兵汉阳为援，其他援鄂大军也四面云集，蒙古军围鄂州二个月不能攻下。奉命自云南北上的兀良合台军受阻于潭州（今湖南长沙），迫使忽必烈分兵接应，才得以会合。这时忽必烈妻遣使报告，留守和林的幼弟阿里不哥图谋夺取大汗之位，使忽必烈产生了撤兵的念头。恰好贾似道因惧怕蒙古，暗中遣使求和，提议双方以长江为界，宋向蒙古纳银绢。忽必烈采纳了郝经“断然班师，亟定大计，销祸未然”的建议，与贾似道定立和议，然后，轻车简从，迅速率军北归争夺汗位。

忽必烈建国

蒙哥汗九年（1259 年）七月，蒙哥死于合州（今四川合州），因对汗位继承未做任何安排，因此导致了一场新的汗位争夺战。忽必烈在鄂州（今湖北武昌）前线得知蒙哥死讯后，断然与宋议和，接受宋称臣，以江为界，每年纳银 20 万两，绢 20 万匹的条件，双方停战。年底，忽必烈到达燕京（今北京）。留守和林的幼弟阿里不哥已派脱里赤在燕京召集各地军队以包抄忽必烈。忽必烈到燕京后，马上遣散脱里赤已集结的军队，同时急召自己在鄂州的军队北返。阿里不哥通知他去漠北参加忽里台会葬蒙哥，他不加理睬，并命兼希宪到开平（今内蒙古锡林格勒盟正兰旗东 50 里），观察事态的发展。兼希宪劝说有实力的塔察儿拥戴忽必烈为汗的计划将获得成功。

元世祖中统元年（1260 年）三月，忽必烈到达开平。得到东道诸王塔察儿、移相哥、莫哥、忽剌忽儿、爪都和西道诸王合丹、阿只吉等人的支持，于是召开忽里台大会，忽必烈一举登上大汗宝座。四月，忽必烈定当年为中统元年。中统建元表示大蒙古国继承中原封建王朝的定制和统一全国的决心，也是忽必烈仿效中原王朝改造蒙古国的开始。

同时，阿里不哥也在和森（今蒙古后杭爱省厄尔得尼召北）召集忽里台大会，自立为大汗，分据漠北地区。支持他的除阿兰答儿、塔里赤外，主要是西路诸王，有察合台系宗王阿鲁忽、窝阔台系宗王阿速台、蒙哥之子玉龙答失、和蒙哥留守六盘山的大将浑都海、驻守四川的密者火里等蒙古将领。争夺汗位的斗争十分激烈，阿里不哥派霍鲁海、刘太平到陕、甘任职，拘收钱粮，准备与六盘山的大将浑都海联合，从关中进攻忽必烈，陕、川一带的局势立即严重起来了。忽必烈针锋相对地派兼希宪、商挺进驻京兆（今陕西西安），任陕西、四川等路宣抚使。六月，兼希宪先发制人，以谋反罪捕杀霍鲁海与刘太平。又派使者处死四川军中附阿里不哥的密者火里等将领，阿里不哥失去了西线的军势和陕川的财力、物力。忽必烈却稳定了关陇局势，随后召集诸军联合防御六盘山浑都海部的袭击。

七月，忽必烈率师征讨阿里不哥。九月，阿里不哥遣阿兰答儿率兵南下，与浑都海、哈喇不花等部会合于甘州（今甘肃张掖）。忽必烈派合彤与将汪良臣率领部队迎接。双方大战于甘州东删丹（今甘肃山丹），浑都海、阿兰答儿被击毙。从此，忽必烈完全控制了关陇山蜀地区。同年冬，忽必烈决定亲征和林。阿里不哥失去了陕川，只得逃到封地谦州（今叶尼塞河上游南）。忽必烈命宗王移相哥驻守和林，以防御阿里不哥，自己班师回到开平。

阿里不哥在谦州休整之后，于中统二年（1261 年）秋，率军突袭驻守漠北的移相哥军，占领和林，乘胜南下。忽必烈急忙调军迎战。十一月，忽必烈与阿里不哥大战于昔木土脑儿（蒙语脑儿意为湖）。两军反复较量，死伤都相当严重，双方只好退兵。由于忽必烈切断了中原汉地对漠北的物资供应，使阿里不哥陷入困境。阿里不哥派往察合台兀鲁思的阿鲁忽（察合台孙）取得汗位后，立即拒绝向他提供援助，并扣留使者，宣布倒向忽必烈。阿里不哥于第二年春天出兵西征阿鲁忽。这时忽必烈乘阿里不哥西征之机，收复和林。阿里不哥在攻占阿里订里（今新疆霍城）等地后，纵兵掳掠，终于众叛亲离，处境孤立。至元元年（1264 年），阿里不哥走投无路，只得率领身边的诸王和大臣到开平，向忽必烈投降。在汗位斗争中，忽必烈由于取得了中原汉族地主的支持，掌握了中原汉族地区的人力、财力和物力，最终取得了胜利，也是蒙古贵族中主张采用汉法治理汉地一派的成功，有利于元朝的建立和巩固，是符合历史发展潮流的。

中统三年（1262 年）春，正当忽必烈与阿里不哥相持不下时，山东益都行省长官、江淮大都督李璮勾结执政的平间政事王文统，以降宋为外援，起兵叛乱，占据济南。正在进据和林的忽必烈，听到李璮叛乱的消息后，立即转而向南，调遣军队，处死王文统，又派右丞相史天泽到山东前线节度各路军队。李璮错误估计形势，起兵后，各地汉人军阀响应者少，而各路蒙古、汉军已向济南进逼，接受忽必烈的调度，李璮陷于孤立的境地。四月，史天泽派各路将士开河筑城，准备长期围困济南。七月，济南城破，山东之乱不到半年就被平息。李璮之乱对忽必烈影响很大，使他感到虽用汉法，但汉人不可完全信赖。为了稳定大局，忽必烈慎重处理变乱后的有关人和事，又因势利导的进行了一系列政治改革。

忽必烈中统建元后，视中原汉地为政权的重心。平定漠北与镇压李璮叛乱，排除蒙古贵族中的保守势力和汉人军阀割据势力的干扰，适时地着手全面推行“汉法”，改革蒙古对汉地旧的统治方式。他在建元中统诏书中明确提出了“祖述变通，还在今日”，“稽列圣之洪规，讲前代之定制”，提倡“文治”的政治纲领。在中央设中书省，在各地设宣抚司，任汉人儒士为使。另外，严格执行地方兵、民分治制度，不相统属；罢诸侯世袭，行迁转法；实行易将制，使将不专兵。李璮之乱后，又迫使汉人军阀交出兵权。史天泽带头请求解除自己子弟和姻亲的兵权。北方汉族地主武装实力大大削弱。为了加强对汉人的防范，忽必烈在各级政权中都起用色目人为帮手，分掌事权和汉人官僚互相牵制。从此，色目人在政治上的实权日渐增强。中统四年（1263 年），升开平为上都。中统五年（1264 年）八月，又改中统为至元，燕京为中都。至元三年（1266 年），忽必烈命刘秉忠在原燕京城东北营建都城宫室。至元四年（1267 年），迁都到燕京。至元八年（1271 年），忽必烈公开废弃“蒙古”国号，按照《易经》“大哉乾元”之意，建国号为“大元”。至元九年（1272 年），忽必烈根据刘秉忠的建议，改中都为大都。元朝的建立，结束了中国历史从五代十国以来的分裂割据局面，实现了一次新的大统一，使我国多民族国家的发展进入了一个新阶段。同时标志着蒙古从一个区域性政权，转变为统治全国的统一封建政权，有利地促进了南北经济文化的发展，也使我国与西方的交流更加频繁。

元灭南宋

元中统元年（1260 年）七月，派郝经出使南宋。南宋权相贾似道将郝经一行扣留在真州（今江苏仪征）。这时，忽必烈忙于和阿里不哥争位，无暇南顾。直到中统四年（1263 年），才派出使节赴南宋质问扣留郝经的原因，仍不得要领。第二年，阿里不哥投降。元世祖便集中精力筹划进攻南宋。

蒙古军队分东、西两路向四川、两淮发动了进攻。至元二年（1265 年）二月，蒙古元帅按东在四川钓鱼山（今四川合川东）大破宋军，东路的蒙古元帅阿术进攻庐山（今安徽合肥市）、安庆（今安徽潜山）等地，杀宋将范胜、张林等人。不久，四川宋将夏贵率兵五万反攻潼川（今四川三台）。蒙古守将刘元礼击退夏贵，并在蓬溪（今四川中部）大破宋军。迫使四川宋军处于守势。第二年，阿术攻打蕲（今湖北蕲春）、黄（今湖北黄岗）等州，俘获宋军数以万计。蒙将汪惟正则攻占了开州（今四川开县）。

至元四年（1267 年）八月，阿术进攻襄阳，在阿术的这次试探性进攻之后不久，原南宋将领、已投降蒙古的南京宣慰使刘整提出了先攻襄阳，浮汉入江的攻宋方针。这一战略方针的最大优点是蒙古军队一旦占领荆襄，便可切断四川宋军的退路，避开两淮守军的阻击，顺长江而下，直逼南宋首都临安（今浙江杭州市）。元世祖忽必烈同意了这一方案。于至元五年（1268 年）调集诸路蒙古、汉军和战船，成立东、西二川统军司，以阿术、刘整为都元帅，统一指挥围攻襄阳的大军。元军很快在襄樊南、汉水东白河口等处筑垒，以阻挡援襄的宋军。

至元六年（1269 年）三月，阿术围困樊城（与襄阳隔江相望，今属襄樊市），在赤滩浦（今湖北襄樊市东南）击败援襄的宋将张世杰部。七月，蒙古将领李庭在鹿门山（今湖北襄樊东南）大破宋将夏贵率领的援襄舟师。接着，又在灌子滩击败宋将范文虎舟师。吕文德三次遣将援襄失败。

三月，阿术、刘整从水陆两路封锁了襄阳。不久，阿术、刘整在灌子滩再次击败范文虎的援军。取了辎重，又按元将张弘范的建议在襄阳城西的万山修筑城墙，并调张弘范驻守鹿门。从而彻底切断了宋军的粮道。第二年四月，阿术等在湍滩（今湖北宜城东南）击败范文虎军。不久，各路元军合围襄阳。同时，赛典赤、汪良臣、札剌不花、曲立吉思等分攻嘉定、重庆、泸州、汝州（今河南临汝），以牵制宋军使他们不能全力援襄。接着，阿术军在鹿门山一带击败范文虎的十万援兵。至元九年（1272 年）五月，阿术等又在襄阳城下击败宋张顺、张贵率领的 3 000 民兵。此后，南宋再也派不出援襄的军队。襄阳成为一座孤城。

元军在至元十年（1273 年）正月发动总攻。阿术派兵迅速占领樊城外郭。元军攻占樊城之后，乘胜进攻襄阳。吕文焕开城投降，并表示愿意充当元军南下的先导。

元军攻占襄阳，打开了南进的大门。至元十一年（1274 年）正月，忽必烈下令征集十万壮丁从国，在汴梁（今河南开封市）赶造八百艘战船，以备南征。六月，忽必烈以南宋扣押郝经为借口，大举伐宋。丞相伯颜率兵 20 万出征，攻克沙洋（今湖北荆门东南）、新郢（今湖北钟祥西南）、复州、阳逻堡（今湖北黄冈西北）等地。迫使鄂州宋军投降。第二年正月，伯颜派鄂州降将程鹏飞等招降沿江各州，黄州、蕲州、江州（今江西九江市）望风而降，安庆守将范文虎也献城投降。伯颜军在池州丁家洲（今安徽铜陵东北）击败宋丞相贾似道的七万精兵。这时，宋朝才释放元使郝经等人，但伯颜大军已占领建康（今江苏南京市）。三月，阿里海牙攻战岳州（今江苏镇江北大江中），大破宋张世杰、孙虎臣的精锐舟师。从此，宋无法组织有力的抵抗。同月，忽必烈召伯颜回大都，面商军机，决定由伯颜取临安（今浙江杭州市），阿术攻淮南，阿里海牙攻湖南，宋都带等取江西。

至元十三年（1276年）正月，阿里海牙攻下潭州及湖南各州县。伯颜大军进至临安东北的皋亭山。宋太后派遣使节求降。伯颜派遣将领入城，同时派人接收两浙、淮西各州县。三月，伯颜入临安，俘虏宋太后、皇帝、后妃等北返。

伯颜占领临安之后，宋残余势力仍在抵抗。至元十三年（1276年）五月，陈宜中、张世杰、陆秀夫等在福州拥立益王。任命文天祥为枢密使，都督诸路军马。七月，阿术攻占泰州，杀宋将李庭芝、姜才。九月，元将阿剌罕、董文炳、塔出、李恒山等进攻闽广。十一月，元军入福建。陈宜中、张世杰率军17万、民兵30万保护帝赴泉州。不久，又赴潮州。十二月，宋招抚使浦寿庚以泉州降元。元将阿里海牙攻占广西诸州县。为安抚江南人心，元世祖忽必烈下诏将浙东西、江东西、淮东西、湖南北诸路宋官吏侵占的民田退还民众，“俾各归其主，无主则以给附近人民之无生产者”。同时免除宋代的一切苛捐杂税。

至元十四年（1277年）上半年，文天祥收复赣南的一些州县，张世杰反攻泉州。但同年八月，元将李恒在兴国突然袭击文天祥军。文天祥败走循州（今广东龙川）。九月，忽必烈命塔出、忙兀台分海陆两路追击宋帝。十一月，塔出军攻下广州。宋帝在张世杰保护下逃到井澳（今广东中山南海中）。十二月，宋帝再逃入海。至元十五年（1278年）三月，帝死于洲（今广东雷州湾东海岛东南海中）。张世杰、陆秀夫等拥立其弟，并于六月迁往厂厓山（今广东新会南大海中）。同月，忽必烈命张弘范、李恒率领部队入闽广。闰十一月，张弘范攻潮阳，文天祥退走海丰，途中在五岭坡被俘。至元十六年（1279年）正月，张弘范攻厓山，遭到张世杰的顽强抵抗，直到二月才击败宋军。陆秀夫背负宋帝投海自杀。张世杰突围后遭飓风遇难，南宋灭亡。

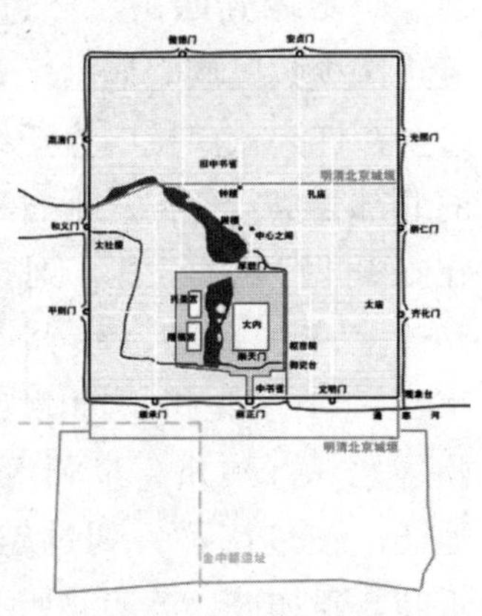

元朝周度大都的平面布局

马可·波罗来华

杰出的旅行家马可·波罗（1254—1324），出身于意大利威尼斯巨商之家。其父尼可罗·马可，叔父马飞阿于公元1260年往东方经商，在布哈拉留居三年。巧遇旭烈兀派往忽必烈处的使臣，就随同东来，于公元1265年到达上都（今内蒙古多伦县西北）。尼可罗兄弟在旭烈兀使臣的引见下，朝觐了忽必烈。大汗向他们询问了西方各国情况，恳请尼可罗兄弟陪同元朝使臣科加达尔出使罗马，并修御书交给尼可罗兄弟，请转呈罗马教皇，想与罗马基督教取得联系。尼可罗兄弟接受使命，终于在公元1269年4月到达阿迦城（今海法北）。这时，教皇刚刚逝世，尼可罗兄弟向教皇驻阿迦城的大使报告了元朝大汗交给的使命。大使劝告他们等选出新教皇，于是，尼可罗兄弟决定先回威尼斯探亲，此时马可·波罗已15岁了。

公元1271年，尼可罗兄弟决定带17岁的马可·波罗去东方。他们三人到阿迦后，新教皇仍未选出，于是请驻阿迦大使转呈大汗的书信，然后离开阿迦。不久，驻阿迦的教皇大使当选为新教皇，取名格雷戈里十世。新教皇急忙派特使，寻找尼可罗兄弟一行，这时，他们还未离境，便应召，重返阿迦。新教皇用特别隆重的礼节接见了他们，并写好书信，派两位教士随同。尼可罗一家，经伊朗，越过帕米尔高原进入新疆，经甘肃、宁夏，历经三年半的艰辛于元至元十二年（1275年）夏到达上都。忽必烈表示欢迎。尼可罗兄弟详细汇报了他们的出使经过，呈上新教皇的书信礼品。忽必烈十分高兴，下令将马可的名字列入元朝侍从名册，并将波罗一家留居朝中任职。

马可·波罗聪明好学，很快学会了中国的语言、礼仪、风俗、骑射，并且精通四种文字，能够流利地读书和写作，深得大汗器重。多次奉命出使，执行机密使命。由于马可的才能和谦虚谨慎的精神，总是把事情办得十分妥善。他还十分留心所到之地的风俗民情和奇闻逸事，认真搜集采访，详细记录，回朝后向大汗汇报，博得了大汗信任。

马可的足迹遍及中国各地。他曾受命穿行山西、陕西、越秦岭到四川、经过川、藏边区少数民族聚居地区，渡过金沙江到云南昆明直至缅甸的北部去执行任务。他自称曾在扬州做过三年官。到过淮安、宝应、高邮、泰州、南京、镇江、常州、苏州、杭州、九江、福州、泉州等地。他还出使过南洋，到过越南、爪哇、新加坡、苏门答腊、泰国、菲律宾、斯里兰卡、印度等地。他每到一地都收集当地

《马可·波罗游记》插图：马可·波罗和忽必烈汗在大都的王廷

风情，并不辞劳苦分门别类地记录下来。

马可·波罗一家在中国旅居了 17 年。他们思念故国，很想早日衣锦还乡。只因忽必烈不允，未能如愿。适逢至元二十六年（1289 年）伊儿汗国阿鲁王妃去世，阿鲁浑派三名使臣到元求婚。忽必烈选中蒙古公主阔阔真为伊儿汗国王妃，准备从海道送往伊儿汗国。马可一家争取到护送阔阔公主到波斯的使命，准备顺道回乡。至元二十八年（1291 年）年初，他们带着大汗致教皇、法兰西、西班牙王的信和公主及随从六百余人乘大船从福建泉州出发，在海上航行两年多到达波斯，完成了护进使命。波罗一家继续西行，公元 1295 年冬回到了威尼斯。

公元 1298 年威尼斯和热那亚城发生战争。马可出资装备了一艘战舰，亲任舰长。九月七日威尼斯舰队全军覆没，马可不幸被俘。在热那亚监狱里，他把自己在东方的见闻向同狱难友比萨作家鲁思梯谦口述。鲁思梯谦记录下来，于公元 1298 年整理成《马可·波罗游记》，也称《东方见闻录》。

《游记》叙述了中亚、西亚、东南亚，重点是中国的情况。书中盛赞东方之富庶，文物之昌明，大大开阔了中世纪欧洲人的视野，激起了哥伦布等人冒险的决心。此书在中世纪一直是欧洲人了解亚洲和中国的主要依据。对中西交通史，中意关系史等方面有很重要的历史价值。

郭守敬修授时历

郭守敬，字若思，是顺德路邢台（今属河北）人。他祖父郭荣熟悉五经，精通数学与水利。当时正好有刘秉忠、张文谦、张易与王恂等人，一起在滋州西部紫金山学习，郭荣就让郭守敬去跟刘秉忠学习。

中统三年（1262 年），张文谦向朝廷推荐郭守敬是位擅长水利工程的人才，并且思想灵巧，胜过平常人。元世祖忽必烈命他进见时，他当面陈述了应该兴办的六项水利事业。

每奏报一项，皇帝总是赞赏道：“像这样去办事的人，方才不是白吃饭的。”于是派他担任提举诸路河渠的官职。中统四年（1263 年），升任佩银符副河渠使。

郭守敬像

至元元年（1264 年），郭守敬随从张文谦去到已改为行省的前代西夏国去任职。那里的中兴州本来有两处古代的河渠。一条名唐来渠，长 400 里；

另一条名汉延渠，长250里。其他各州还有正渠十条，都长200里；大大小小的支渠有68条。一共灌溉着九万余顷的土地。发生战乱以来，渠道废坏，河也淤积了。郭守敬修复了水坝水闸，整治了河身，恢复了原状。

至元二年（1265），郭守敬升任都水监。他上奏说："从中兴州乘船沿黄河而行，四昼夜可抵达东胜。这一段能够开辟水运，应该加以修治。"又说："金朝时，从燕京西面的麻峪村，引卢沟河一条支流穿过西山向西，叫作金口河。它灌溉着金口以东、燕京以北的一大片土地，利益是极大的。自从进军燕京以来，守卫人员惧怕发生失误，用大石块将它填塞了。现在如查察原有河道，仍使水道畅流，上游段可把西山的货物运出来，下游段可以沟通燕京的水运。"他又道："还应该在金口西面预先开挖一条分水渠，从西南方回归到主流道，要深一些和宽一些，以防涨水时洪水冲入京师。"皇帝认为都是很好的意见。至元十二年（1275年），伯颜丞相进军南宋，需要设立水路驿站，派郭守敬去视察河北、山东一带可以行船的河道，绘图上报。

至元二十八年（1291年），朝廷派郭守敬去视察。他回来汇报道，滦河不能通行，卢沟河亦不能通舟。他就此陈报关于水利的十一项工作。其中之一为，大都城的运粮河，可不再采用一亩泉原有的水源，另外开引北山白浮泉的水，先向西行，再折而向南，通过瓮山泊，从西水门流入城内，汇集于积水潭。然后再往东，转向南面出南水门，使它流入原有的运粮河。每隔一里设置一道水闸，通往通州共设水闸七道。离闸一里余，再加设斗门，配合开闭，以便调整河水而通船。皇帝看了奏章，应该赶快就办。就此又重新设立了都水监机构，让郭守敬为主管。皇帝命令，开工时自丞相以下百官，带头参加劳作。

至元三十年（1276年），皇帝从上都回朝，路过积水潭，只见船头连接船尾，把水面都遮没了。他大为高兴，把它起名为通惠河，赐给郭守敬钱钞12 500贯，仍任太史令，兼任提调通惠河漕运事。这件事并没有实现。至元三十一年（1271年），他被任命为昭文馆大学士，知太史院事。

大德七年（1301年），朝廷下诏书，内外官员年纪到了70岁的，都可退休，惟独没有同意郭守敬的请求。从此以后，翰林、太史、司天官员都不退休，成为一项规定。延祐三年（1316年），郭守敬86岁时去世了。

元朝初年采用大明历。大明历是祖冲之在南朝刘宋大明六年（462年）制成的，所以称为"大明历"；又因这个历法以甲子为历元，所以也称为"甲子元历"。这是当时比较精密的一种历法。但是随着社会的进步和科学的发展，人们对历法提出了越来越精密的要求，加上大明历沿用多年，在当时出现了很明显的误差。于是，工部郎中刘秉忠首先上书元世祖请求修订新历。

至元十三年（1276 年），元军完全占领江南以后，元世祖决定设立太史局，进行修订新历的工作。这时，刘秉忠已去世，郭守敬调任工部郎中，主持修订历法。他向元世祖建议：在修订新历之前，应该进行一次大规模的天象观测。根据测验结果制订出来的历法，才是比较准确的。元世祖任命郭守敬和王恂率领南北日官（观测天象的官员）进行观测和推算工作。

在观测天象的工作中，首先需要解决的是仪表问题。当时所有的仪表都是从宋朝遗留下来的，仪表上的规环和零件已经不能使用。其中主要的一种仪器——铜浑仪，因为从汴京移到大都，两地的纬度不同，须移动四度，方合观测之用。而且表石也因年代久，倾斜得不能再用。郭守敬一面修复旧的仪表；一面着手创制一套新的仪表。至元十六年（1279 年）太史局扩建为太史院，王恂任太史令，郭守敬任同知太史院事。郭守敬把新仪表的图样绘成以后，献给元世祖，并为元世祖讲解新仪表的构造和功能，元世祖当时立即批准了创制新仪表的计划。郭守敬创制的新仪表有：简仪、高表、侯极仪、浑天象、玲珑仪、仰仪、立运仪、论理仪、景符、闚几、日月食仪、星晷定时仪等 12 种。为了方便去各地观测人员的使用，又创制“正方案”“丸表”“悬正仪”和“座正仪”等四种仪表。此外，还制作了“仰规覆矩图”“异方浑盖图”“日出入永短图”等五各可同仪表相互参考使用的图。

仪表的问题解决后，郭守敬和王恂率领南北日官开始在全国范围内进行大规模的天文观测。首先在大都设立了司天台，并在上都、洛阳等五地分置天文仪表和观测天象的监候官。然后又从南北日官中挑选和培养了一批掌握观测技术的人，携带着郭守敬设计的正方案、丸表、悬正仪和座正仪等四种新制仪象，到达指定的地点进行观测。其观测的范围“东至高丽，西极滇池，南逾朱崖，北尽铁勒，四海测验，凡二十七所”。这样的观测规模，不仅超过了唐代一行和南宫说所领导的那一次，而且在世界天文学史上，也算得上一次少有的天文观测。

郭守敬和太史院的其他负责人根据这次观测得到的材料，加以精密计算，先后经过两年时间，到至元十七年（1280 年），终于完成了《授时历》，这一名称取自“敬授民时”，就是推动农耕事业的意思。六月，元朝政府公布天下，订于第二年——至元十八年（1281 年）正月初一日颁行授时历。

至元十九年（1282 年）太史令王恂去世。郭守敬承担起太史院的全部工作，同时将未定稿的一部分有关的历书进行整理和抄写，陆续完成了《推步》

七卷、《立成》二卷、《历议拟搞》三卷、《转神选择》二卷等著作。至元二十三年（1286 年），郭守敬受任为太史令，将上述著作献给元朝政府。为了在民间普及授时历的知识，做到名副其实地授民以实，郭守敬还编制了各种通俗易懂的歌诀与歌括，对《授时历》的推行发挥重要作用。《授时历》是我国历史上一部精确的历法，对后世有重大影响。

第十五章 明

朱元璋起兵

朱元璋幼时名为重八，又一名为兴宗，字国瑞，出身濠州钟离县一个贫农家庭，自幼父母双亡，因此入皇觉寺为僧。郭子兴领导的农民起义军打败了在濠州的元军，元军撤离濠州时，将皇觉寺焚掠一空。至正十二年（1352年）闰三月，25 岁的朱元璋走投无路，于是来到濠州城，投奔到郭子兴领导的红巾军中。因他在战场上打仗机智勇敢，很快被提拔为亲兵十夫长，留在郭子兴身边。郭子兴为人“枭悍善斗，而性悻直少容”。每在关键时刻，都让朱元璋出谋划策，故与郭子兴“亲信如左右手”。

在进军滁州（今安徽滁县）途中，李善长来到军中谒见。朱元璋问李善长：“如今四方战乱，什么时候才能太平呢?”李善长答：“秦末大乱时，汉高祖以布衣起兵，他为人豁达大度，知人善任，不乱杀人，五年而成帝业。”又说：“你是濠州人，离刘邦的家乡沛县不远，只要你认真学习这位前辈的长处，天下是可以平定的。”李善长的这一席话，对朱元璋的影响十分深远，一直到建国以后的政治、经济政策，大多数是学习汉高祖刘邦的。

郭子兴的部将朱元璋在至正十四年（1354 年）攻占滁州，势力逐渐壮大，并发展成了一支独立的武装力量。当郭子兴等五帅失和之时，郭子兴乘机从濠州发动进攻。至正十五年（1355 年）正月，郭子兴用朱元璋之计，派张天祐等进攻和州。郭此时命朱元璋统领其军。三月，郭子兴病死。刘福通占据安丰和颍州之后，派人把逃匿在砀山夹河的韩林儿及其母杨氏，迎回到亳州（今安徽亳县），拥立韩林儿为皇帝，号小明王，建国号为大宋，年号龙凤，都亳州。立韩林儿之母杨氏为皇太后。杜遵道、盛文郁为丞相，刘福通、罗文素为平章。大宋建立后，韩林儿任命郭子兴之子郭天叙为都元帅，部将张天佑、朱元璋为右、左副元帅。不久，张天佑、郭天叙都战死，朱元璋就成为大元帅，郭子兴的旧部全归他指挥。

同年，朱元璋又兼并了巢湖红巾军的水师。早在刘福通、彭莹玉等在颍州发动起义时，巢湖地区彭莹玉的教徒金花小姐和李国胜、赵胜普就联络廖永安兄弟、俞廷玉父子等起来响应颍州起义。金花小姐（在起义斗争中）战死，李国胜、赵胜普退居巢湖，拥有水师万余人，船只千余艘，称为彭祖水寨。这年年初，廖永安、俞廷玉等投降了朱元璋。李国胜谋杀朱元璋未遂后，反被朱元璋处死，至此巢湖水师全归朱元璋指挥。同年六月，就用巢湖水师乘水涨入江，从牛渚矶强渡长江，攻占采石镇。乘胜一举攻下了集庆上游的太平，活捉了元朝万户纳哈出。在同元军作战中，朱元璋令幕僚李善长预为戒戢军士榜，“禁剽掠，有卒违令，斩以徇”纪律严明，军中肃然。

朱元璋按照能力大小任官职，注重招贤纳士。早在江北初起时，就陆续招集了一些随从起义的地主儒士，如上文提到的李善长，还有冯国用、冯国胜，作为参谋。攻下太平后，又召用老儒李习为知太平府，陶安参谋幕府事。为了稳固太平的根基或基础，他利用乡兵修城浚濠，加强防固。接着，朱元璋攻取了溧阳、溧水、句容、芜湖等处。

至正十六年（1356 年）春二月，朱元璋率领大军，在采石大破蛮子海牙舟师。至此，起义军打破了元军对长江的封锁，农民起义军重新振作起来。此年三月，朱元璋乘胜水陆并进，大举进攻集庆，在江宁镇攻破陈兆先军，继而又在蒋山大败元兵，集庆城破，此时朱元璋又得到了夏煜、孙炎、杨宪等十余位儒士，他们为朱元璋献计献策。

朱元璋攻下集庆后，以它为中心，向四周发展，在此后的一年多时间里，派诸将先后攻克镇江、广德、长兴、常州、宁国、江阴、常熟、徽州、池州、扬州等应天周围的据点。至正十六年（1356 年）七月，诸将尊奉朱元璋为吴国公。并设置了江南行中书省，自己总管此省所有事务，设僚佐，但名义上仍用韩林儿的大宋旗号。朱元璋以集庆为中心后，根据地日益巩固，地盘也扩大了，并且有充足的兵力向更远的地方扩展。接着，朱元璋派兵攻取浙西、浙东，消灭了盘据在这里的元军。至正十八年（1358 年）三月，命邓愈进攻建德路。十二月，命胡大海攻婺州，但久攻不下，朱元璋亲自前往攻取，城立即攻破。入城之后，立即发粟赈济贫民，并改州为宁越府。朱元璋连续占领江左、江右诸郡，并与陈友谅占据的地区相邻。早在至正十七年（1357 年），朱元璋部将常遇春夺取陈友谅占据的池州之后，朱陈两军就开始不断地互相攻伐。

推翻元朝，建立明朝的明太祖高皇帝朱元璋

当朱元璋攻下安徽徽州（今安徽歙县）后，他召见名儒朱升，问："今后我该怎么办?"朱升说："高筑墙，广积粮，缓称王。"意思是说，首先要巩固后方基地；其次要在后方发展生产，屯田积谷，增强经济实力；最后，不要急于称王，免得树大招风。朱元璋把他留在自己军中当参谋。后来，朱元璋势力壮大后，就改吴国公为吴王。从投军到称王，仅仅用了几年的时间，朱元璋就由一名小卒之辈，发展成为了称雄一方的一代霸主，随后他削平群雄，统一中国，改朝建国，成为了中国历史上的一位大皇帝。

鄱阳湖之战

在大宋农民军分三路北上作战之时，元军主力被吸引到了北方战场，徐寿辉的天完农民军和朱元璋领导的农民军，在江淮地区不断扩地获得了很大的发展。由于相互争夺地盘，农民军各部之间也展开了争夺土地的战斗，随着这种矛盾的日益激化和加深，导致了互相厮杀的混战局面。元至正十六年（1356 年），天完农民军在汉阳重新建都。至正十八年（1358 年），陈友谅率自己的军队攻下安庆，接着又破龙兴、瑞州，派另一支军队攻取邵武，自己亲自率军进入抚州。随后攻下建昌、赣州、汀州、信州、衢州，整个江西几乎都在他的控制之下。

至正二十年（1360 年）闰五月，陈友谅、徐寿辉领兵攻打太平，在驻军采石矶时，陈友谅乘机杀了徐寿辉，自称皇帝，建号汉国，改元大义。徐寿辉创建的天完政权，最终因内部的相互厮杀而化为乌有。陈友谅建立汉国之后，占据了整个江西，并且开始向湖广推进，随即又向朱元璋的统治中心集庆发动进攻，因此大义政权成为了朱元璋统一中国的首要障碍。

至正二十年（1360 年）三月、五月，陈友谅进攻应天，企图与张士诚联合攻打朱元璋。朱元璋施计，引诱陈友谅领兵东来，并到达龙湾。朱元璋却在暗地里设伏兵夹击陈友谅。朱元璋乘机夺回太平。六月，朱部将胡大海攻下信州，改信州为广信府，由大海之子胡德济任同佥守之。

七月，徐寿辉旧将于光、左丞余椿攻取饶州，以城投降朱军。九月，徐寿辉旧将欧普祥以袁州投降朱元璋。

至正二十一年（1361 年）八月，朱元璋决心集中力量攻打陈友谅。朱元璋攻打安庆，又又在半路上攻下江州，陈友谅逃往武昌。朱军乘胜攻下蕲州、黄州、兴国、黄梅、广济等处。陈部将丁普郎、傅友德自动投降。陈友谅部将又以龙兴路投降朱元璋。朱元璋将龙兴改为洪都府。

第二年正月，朱元璋驻南昌。南昌由江西行中书省参加政事邓愈镇守。二月，祝宗、康泰叛乱，叛兵围攻南昌，知府叶琛被杀，邓愈慌忙逃往建康，朱元璋急命徐达率兵前往援救，才使南昌平定。此时，金华投降之人蒋英杀朱部大将胡大海，并附张士诚。洪都降人也叛变了朱元璋，杀死朱部守将。四月，朱部将李文忠、徐达再次出兵，收复处州和洪都府。

至正二十三年（1363 年）三月，朱元璋领兵北上解救安丰之危，击退张士诚、将吕珍对安丰的围困。四月，陈友谅大举进攻南昌，直抵城下。时朱元璋诸将分门拒守，邓愈守抚州门，赵德胜守官兵、士步、桥步三门，薛显守章江、新城二门，年海龙守琉璃、澹台二门，朱文正居中总领，亲自控制两千精兵的往来策应。四月二十七日，陈友谅督兵进攻抚州门，邓愈以火铳击退。陈兵极力猛攻，城坏二十余丈，朱文正督诸将拼死作战，一边作战，一边筑城，朱军损兵折将多人。五月，陈兵又攻新城门，薛显开门以锐卒突袭，敌兵被打败，陈友谅又进攻宫步、士步二门。南昌被围已久、内外阻隔断绝了关系，朱文正遣千户张子明前往建康告急，又诈遣卒要求陈友谅降，以缓和其攻势，等待援兵的到来。朱元璋知道南昌的危急情况后，一边命徐达围庐州，一边自己回到建康。后来朱元璋认为仅仅为了庐州而失掉南昌，此非计也，因此在七月七日，亲自领兵 20 万，急救洪都。并命令徐达等自庐州参战。七月十六日，20 万大军驻扎在了了湖口，先一支军队一军屯于泾江口，一军屯于南湖咀以阻挡陈友谅军的归路，同时又调信州兵守武阳渡口防其逃跑。七月十九日，陈友谅东出鄱阳湖迎战。朱元璋率诸将进行了抵抗。七月二十一日，徐达、常遇春、廖永忠等进兵迎战，激战三日之后仍相持不下。朱元璋采纳郭兴之策，以火攻陈军之巨船，死者大半。陈友谅弟友仁、友贵及平章陈普略等皆被烧死。陈友谅历尽艰难突围出湖口，而朱元璋在径江口邀击，陈友谅中流矢而死。余部挟其子陈理逃回武昌。朱元璋自己留住建康，徐达守备吴。九月十六日，朱又率诸将亲征陈理。十月至武昌，分兵立栅，围其四门。湖北诸郡皆来投降朱军。十二月，朱元璋回建康，命常遇春等诸将继续围攻武昌。

至正二十三年（1363 年）是元末农民战争中最关键的一年，春季，张士诚部杀刘福通，大宋红巾军灭亡。秋季，朱元璋部杀陈友谅，天完及汉国灭亡。

至正二十四年（1364 年）正月元旦，朱元璋在应天称吴王，设置百官，以李善长、徐达为右、左丞相。

朱元璋派人劝降陈理，陈理投降。明师围困武昌六个月，士卒没有敢擅自入城，军纪严明，百姓大悦，于是沔、汉、荆、岳诸郡相继投降朱。设立湖广行中书省，以枢密院刺杨璟为参政守之。八月一日，命常遇春、邓愈围赣州。

九月，命徐达、杨璟等帅师进攻江陵，改江陵为荆州府。徐达分别派遣唐胜宗攻取长沙、下沅陵、醴陵。傅友德攻取夷陵。十二月，徐达攻下辰州和衡州。

至正二十五年（1365 年）正月，赣州熊天瑞出城投降，其所统领的南安、雄州、韶州诸郡也都投降。至此，朱元璋消灭了汉国陈友谅，地盘扩大，势力也更加强大。但是，张士诚在助元灭宋后，本想要挟元朝封王爵，但未能如愿。于是，又叛元自立，在平江自称吴王。张士诚吴国（东吴）据地东至海、西括汝、颍、濠、泗诸州，南至绍兴，北越徐州，至于济宁之金沟。这样，江南地区形成了张士诚东吴与朱元璋吴国两吴并立的局面。张士诚就成为朱元璋统一中国新的障碍。

击败张士诚

张士诚系泰州白驹场人，曾贩盐为生。元至正十三年（1353 年）五月在泰州起兵。十余年间，转战江淮一带，势力大增。至正二十三年（1363 年）九月，他在平江建立东吴，自称吴王。拥兵数十万，占据着江浙、淮南的富庶地带，控制了东至大海，北至济宁两千余里的地区。

至正二十四年（1364 年），朱元璋消灭陈友谅，在应天建立吴（又称西吴），也称吴王。张士诚与朱元璋以两吴并存，实力相当，这在朱元璋看来张士诚自然而然地就成了他统一中国最大的劲敌。

至正二十五年（1365 年）二月，张士诚夺取西吴的诸暨，西吴严州行省右丞李文忠领兵解救诸暨，命部下张左右翼待之，自己亲率精锐中军猛攻大败东吴军。这年十月，朱元璋发布征讨张士诚的文告，并部署自己手下的诸军，向东吴发动了有组织、有计划的围攻。朱元璋在发兵之前，根据当时双方的军事形势，制订了先取通州、泰州诸郡，剪除肘翼，然后再攻浙西的作战计划。

张士诚有大军数十万，但分散在各地。张士诚自己是草莽之辈，其部下也喜追逐官位财货，军无纪律，作战能力很差，根本不是西吴军的对手。朱元璋命大将徐达、常遇春率师进攻，先后夺取通州、泰州、高邮、淮安。十一月，张士诚犯宜兴，徐达率精兵渡江，攻破宜兴。十二月，张士诚进犯江西吉安，又被朱元璋守将击败。

至正二十六年（1366 年）正月，张士诚率水师数百艘，侵犯江阴，朱元璋亲率大军，水陆并进，前往讨伐，在江阴守将吴良的纵兵夹击下，大败（张士诚部），俘获士卒 2 000 人。四月，命部将攻取濠州。濠州是朱元璋老家，自郭子兴弃城后，多次为他人所据。至正二十二年（1362 年）张士诚从西吴手中夺去濠州，派守将李济守之。朱元璋命韩政等奋起进攻濠州之，韩政督兵以云梯炮石四面并攻，城中不能支持，不久，李济以城投降。至正二十六年（1366 年）夏，朱元璋派出的西吴军，已全部占领江北之地，迫使张士诚退守长江以南，取得了第一阶段的重大胜利。

朱元璋攻伐张士诚的第二阶段的目标，是夺取浙西的湖州和杭州等地。

至正二十六年（1366 年）八月二日，命徐达为大将军，常遇春为副将军，率师 20 万大军出征讨伐张士诚。常遇春攻打湖州，东吴右丞张天骐兵败坚守。张士诚派司徒李伯升前去支援。又派大将吕珍、朱暹及其五太子（士诚养子，梁姓）率兵六万增援，驻扎在湖州城东之旧馆。当时徐达、常遇春等分兵住扎在东阡镇南姑嫂桥，连筑十垒，用以（断）绝旧馆之援。张士诚知大事不妙，亲自领兵从平江来救，在皂林被徐达军截击，打败。九月，张士诚派遣徐志坚以轻舟出击东阡镇，想攻姑嫂桥，常遇春命勇士乘划舟数百艘以突击之，擒获徐志坚，俘虏 2 000 余人。常遇春纵火焚烧了东吴来援的其它水师船械。十月，徐达攻打升山水寨、旧馆，吕珍、朱暹及五太子都以旧馆投降西吴，湖州四面也被围困。十一月，李伯升、张天骐以湖州投降。同月，朱元璋的另一支大军李文忠部进围杭州，东吴守将潘天明以杭州出降。十一月二十二日，李文忠攻绍兴，守将李思忠投降。华云龙进攻嘉兴，守将宋兴投降。至该年年底，朱元璋军已顺利地占据了东吴的广大地区，取得第二阶段的重大胜利，遂进兵围攻平江。张士诚困守平江，立无援，陷于困境之中难以抵抗了。

当年十二月，徐达大军已围困平江，逼迫张士诚投降，但张士诚坚守平江城，拒不投降。平江围攻战，一直延续了 10 个月之久。

至正二十七年九月八日，徐达督将士攻破葑门，常遇春亦破阊门新寨，率众渡桥，直逼城下。东吴枢密唐杰登城迎战，兵败投降。东吴将官周仁、潘元绍、徐义、钱参政等相继投降。东吴军溃。徐达军攻入平江城，平江城破。张士诚及副枢密刘毅收余兵二三万人在万寿东街与西吴展开了激烈的巷战，最后大败。张士诚仓皇逃入室中自缢，被人救下后，押至应天。张士诚见朱元璋时，闭目不语。后被乱棍打死。张士诚从起兵到失败一共 14 年，最终为朱元璋所败。平江城攻下后，朱军得城中兵民二十余万。不久，改平江为苏州府。至此，张士诚创建的东吴灭亡，朱元璋的实力得到了扩充。

北伐中原

元至正二十七年（1367 年）十月，朱元璋在消灭东吴之后，兵分两路，命胡廷瑞率师前往南路，攻取福建；同时，命徐达、常遇春率主力部队向北路出发，攻取中原。

在派兵北伐中原之前，朱元璋召集将领商议作战部署，并分析了当时的形势：东吴已灭，削平福建指日可待。另外，四川的夏国和元朝梁王占据的云南以陷入孤立。在元朝统治的中心地带北方，扩廓帖木尔与李思齐等军阀正在进行混战。扩廓帖木尔率军回到河南后，元顺帝命他代皇太子统领天下兵。李思齐不服，下令一兵一卒都不许出武关，联合屯驻陕西的军阀张良弼、脱列伯等，与扩廓帖木尔展开了公开对峙。而元顺帝促令扩廓帖木尔南征，扩廓帖木尔只派貊高驻守山东，虚张声势，实际上在集中力量对付陕西的李思齐部。此年八月，顺帝曾令皇太子统领天下兵马，以督命扩廓帖木尔、李思齐、张良弼等分道南征，扩廓帖木尔不愿执行命令，命貊高自山东赴陕西，直捣凤翔，但貊高军行至卫辉中途叛变，元顺帝乘机免去扩廓帖木尔中书左丞相等职，并命李思齐、张良弼等东讨扩廓帖木尔。这几支元朝军阀陷入了一片混战之中。面对这样有利的形势，朱元璋同幕僚制定了稳扎稳打的进军战略："先取山东，撤其屏蔽；旋师河南，断其羽翼，拔潼关而守之，据其户槛。天下形势，入我掌握。然后进兵元都，则彼势孤援绝，不战可克。既克其都，鼓行而西，云中、九原以及关、陇，可席卷而下。"根据这一战略布置，朱元璋任徐达为征虏大将军、常遇春为副将军，统帅甲士 25 万，由淮入河，长驱直上，进行北伐。

首先，攻取山东。朱元璋命大军夺取山东，并非争地夺城，而是准备推翻元朝，重建新的王朝。出兵之前，他制定了严格的军纪："所经之处，及城下之日，勿妄杀人、勿夺民财、勿毁民居、勿废农具、勿掠人子女。"并命宋濂发布了告天下檄文。檄文说："当此之时，天运循环，中原气盛，亿兆之中，当降生圣人，驱逐胡虏，恢复中华，立纲陈纪，救济斯民。"檄文中依据儒家"天命说"，把"明王出世"，改为"天生圣人"；提出了"驱逐胡虏"，推翻元朝的口号；"恢复中华"以号召恢复汉族政权；"立纲陈纪"重建封建纲纪，恢复封建统治秩序。值得注意的是，朱元璋为了最大限度地孤立元朝皇帝，申明蒙古、色目人，"原为臣民者，与中夏之人抚养无异"，以此争取蒙古和色目人官员的降服，减少北伐灭元的阻力，以便加速北伐的胜利。

十月，徐达、常遇春率大军由淮安北上。十一月，攻克沂州。徐达军到达淮安，致书招降王宣，不久王宣父子降而又叛，徐达以王宣反复无常为由，抓获之后就杀了他，王信逃跑到了山西，并削平了沂州。徐达军进攻益都路，宣慰使普颜不花捍城力战，终因不能抵挡而使城陷落。

十二月，北伐军进至东平，元朝平章马德弃城逃走。徐达军至济南，元朝平章忽林台、詹同等，有的逃跑、有的投降。接着，济宁、莱阳亦相继投降。后来常遇春攻克东昌，在平等县都投降常军。徐达又平定乐安。元顺帝此时命右丞相也速会同诸部守山东，左丞相秃鲁督令李思齐、张良弼守关中，脱列伯东进以增援。李思齐等军阀拒不受命。到这一年年底，徐达、常遇春军占领了山东全境。

十二月，徐达军进入济南之后，方国珍已在此之前投降，汤和大军也已攻取了福州。朱元璋南征北伐，都按计划取得了节节胜利，推翻元朝日子也屈指可数了。中书右丞相李善长率领百官，奏请朱元璋乘此时建国称帝。至正二十八年，即太祖洪武元年（1368 年）一月四日，朱元璋在应天府奉天殿登上皇帝宝座，建国号大明，年号为洪武。朱元璋经过十几年的苦心经营与南征北伐，终于实现了他统一中国的愿望，在应天建立起了一个新的王朝。

明王朝的建立，对全国具有重大的影响，它极大地鼓舞了北伐将士的士气。北伐军士气更加高昂，仍按计划进取河南。元朝河南王扩廓帖木儿由于遭到李思齐各部的联合进攻，从泽州退到晋宁，貊高部又向晋宁追击。三月，徐达军北上黄河，攻克永城、归德、许州、师至陈桥，又抵汴梁，元朝守将左君弼投降。

四月，徐达率大军从虎牢关进至河南塔儿湾。在塔儿湾，同元军展开了大战，历史上称“塔儿湾大战”。元将扩廓帖木尔率兵五万迎战，列阵于洛水之北。五月，徐达军夺取虢州，平定登封，巩县又叛变。七月，邓愈攻克陉州。时潼关以东悉平，北伐中原取得最后的胜利。

攻克大都

自徐达北伐军进占河南以后，中原地区尽为明军占领。北伐军另一支继续西进，追歼逃窜到陕州的敌人。此时，山东已被北伐军占领，打破了元朝在山东的屏蔽；河南也全为北伐军控制，使元朝羽翼折断；潼关已被侵占，敌人西逃陕西，据其户槛的形势已经实现。朱元璋为了布置进一步攻克元大都的战略路线，于洪武元年（1368 年）四月二十四日从应天来到汴梁。六月，召徐达等诸将在军前计议，旨在为如何北伐大都。

在当时的形势下，朱元璋认为必须停止西进，乘胜迅速挥师北上，以攻取元大都，同时防止在山西的扩廓帖木儿和在陕西的李思齐联合起来共同对付明军。

七月，朱元璋将要离开汴梁时，再一次强调北克大都时，必须严明军纪，注意策略。

闰七月，朱元璋返回应天。徐达遂与常遇春会师河阴。汴梁由副将军冯宗异留守。徐达檄都督同知张兴祖、平章韩政、都督副使孙兴祖、指挥高显等将益都、济南、徐州之师，在东昌会师，一同率诸军北上，连攻下卫辉、彰德等地、又下磁州、广平，邯郸投降，攻克赵州，进次临清。徐达派人到东昌，督促张兴祖率军会师，邀请驻守乐安的华云龙指挥带兵来临清会师，平章韩政、都督副使均率师会于临清。徐达率几十万大军，以马、步、舟三路大军齐发，改为沿运河继续北上。徐达师抵达德州，与常遇春、张兴祖及指挥高显等皆会合。接着，徐达军攻破长芦、青州，师至直沽，敌军海舟七艘。常遇春、张兴祖各率舟师，并河东西以进，步骑在陆上行军。元丞相也速等在海口（今天津）设防，看见明军的气势，望风丧胆，军士一时奔逃、溃散，元都上下大为震惊。徐达大军水陆并进到河西预备，打败元平章俺普达朵耳只进巴，擒获知院哈剌孙等三百余人。徐达进兵至通州，驻扎在了通惠河东岸，常遇春驻扎在了西岸。通州是元大都的东部门户，也是其重要的交通要道，要想攻克大都，就必须首先攻下通州。而当时通州由元朝的嫡系精兵以元将五十八国公率领的敢死队坚守。在攻取通州的战略上，大多数人主张强攻，而指挥郭英主张设伏兵、诱敌深入，以求智歼。第二日天气大雾，郭英以千人埋伏在道旁，自己率精骑 3 000 人直攻通州城下，元将五十八国公果然率万余敢死队前来迎战，从两翼而包抄。战许久，明军佯装不敌，元兵乘胜追击，元军陷入徐达布置好的军事“口袋”，全部歼灭，通州大捷，徐达消灭了元大都的主力部队，占据了通州这个战略要地。元顺帝听说通州陷落。

八月二日，大都城的陷落，宣告了元朝统治的结束。朱元璋改大都为北平，意在平定北方，仍以应天为南京。

建文帝削藩

明朝建立后，太祖朱元璋鉴于自己先后两个皇位继承人都不太理想。太子朱标，文弱而早逝；太孙朱允炆，“仁柔少断”超过其父。相反，同自己一起打天下的功臣，却一个个精明强悍，文能安邦，武能定国。因而，他时刻都在担心这些人会对其朱氏王朝形成危害。正是在这种强烈自私的疑忌心理支配下，朱元璋一方面极为残酷地杀戮或暗害功臣，以扫清稳定朱氏明朝的不利因素；另一方面，则又尽可能地倚重自己特有的众多的皇子。

早在洪武二年（1369 年）四月，朱元璋在编制《祖训》的同时，便确定了“封建诸王，屏藩皇室”的制度。翌年四月，封皇子朱樉为秦王，朱㭎为晋王，朱棣为燕王，朱橚为吴王（后改周王），朱桢为楚王，朱木为榑齐王，朱梓为潭王，朱檀为鲁王；从孙朱守谦（侄朱文正子）为靖江王。让他们分别镇守长安（今西安）、太原、北平（今北京）、开封、武昌、青州、长沙和兖州等地；洪武十一年（1378 年）正月，又分封皇子朱椿为蜀王，朱柏为湘王，朱桂为豫王（后改封为代王）、朱楧为汉王（后改封为肃王），朱植为卫王（后改封辽王）。让他们分别镇守成都、荆州、大同、甘州（今甘肃省张掖县）等地；洪武二十四年（1391 年），又分封皇子朱栴为庆王，朱权为宁王，朱楩为岷王，朱橞为谷王，朱松为韩王，朱模为沈王，朱楹为安王，朱桱为唐王等，让他们分另镇守宁夏、大宁（今河北省平泉县）、云南、宣府（今河北省宣化县古称上谷郡）等。全国的大部分重要城市，几乎都在他们的控制之下。在封王的过程中规定，诸王在其封地都可以可建立王府，设置官署，拥有重兵，护卫甲士少者 3 000，多者 19 000 余人。如此一来诸王的地位，仅低天子一等，公侯、大臣对他们都必须伏而拜谒。其所率兵马，名义上虽隶属兵部，但朝廷如要调用，则必须持有御宝文书分别交出该王守镇官，而守镇官还须得王令旨，方许发兵。实际上，明太祖已赋于诸王各该地区的军事指挥权。特别是分封在北部边疆的几个所谓“塞王”，势力更大，如燕王朱棣，多次受命出塞巡边，筑城屯田，总领诸卫所的军队和将领，是名符其实的拥有精兵辖地的军事统帅。宁王朱权，也是带甲 8 万，革车 6 000 辆，骁勇善战，曾多次会集诸王出塞征伐，以善谋断而著称。

洪武三十一年（1398 年）闰五月朱元璋去世，皇太孙朱允炆正式即位，是为建文帝，史称明惠帝。

建文帝仍以巩固自己的皇位为当务之急。首先考虑如何消除这些藩王对皇位的武力威胁。他起用原在东宫的近臣齐泰为兵部尚书，侍读老师黄子澄为太常寺卿，命令他同齐泰等人共同谋划削藩之策。齐泰主张，以迅雷不及掩耳之势，首先解除势力最强、最有危险性的燕王朱棣的兵权。黄子澄则认为，燕王久据北平要地，而且拥有重兵，轻易废黜，风险太大。不如先从周王朱橚开刀，一是周王早在洪武时期就多行不法，削之有名；二是周王乃燕王之同母兄弟，削他则等于去掉了燕王的一只膀臂，一举两得。于是最终议决，只从削减内地诸王开始。

洪武三十一年（1398 年）六月，建文帝下令，命曹国公李景降调领大军迅速到达河南，逮捕周王朱橚及其世子和妃嫔等，押解送京，废为庶人，迁至云南。第二年，又以“伪造大明宝钞”和“擅自杀人罪”，派使逮捕湘王柏，迫使其自焚而死。接着，又以调回朝内议事之名，诱齐王朱榑到京，废为庶人，加以软禁。又在大同幽禁代王朱桂。藩王虽然都有护卫，但是因本身多是骄奢淫逸之辈，因此根本没有什么指挥才能，且本身又确实都是一些不法之徒，所以，朝廷对他们是削之有名，削藩进行得也很顺利。然而，当他们要进一步去削夺燕王朱棣的权力时，却遇到了引火烧身之祸。由于朱棣早就蓄谋已久，积极准备夺取皇位了；而建文集团策划的这项削藩措施，却恰恰成为了燕王朱棣集团的口实。

靖难之役

朱棣是明太祖朱元璋的第四子。洪武三年（1370 年）四月封为燕王，治理北平。洪武十三年（1380 年）开始进驻封地。受太祖特许，王邸用元旧宫殿。由于北平毗邻蒙古，因此为防御元残余势力侵扰，故特诏配以精锐重兵，归其指挥，以拱卫京师；并任傅友德为将军，指挥军队听其节制。同秦王樉、晋王㭎分道都诸将北征。后因秦、晋二王久不出师，只有燕王率傅友德军多次出塞征伐，直抵迤都山，生擒敌将乃儿不花等；又时常巡边，筑城屯田，建树颇多，是明初军功最显著的塞王之一。

洪武二十五年（1392 年），皇太子朱标病死，朝廷经多次商议，以标子允炆为皇太孙，做皇位继承人。对此，朱棣颇为不满。朱允炆天资聪敏，但却生性怯懦，优柔寡断。太祖对棣倍加宠爱，曾一度萌发更换皇位继承人的念头。太祖为遵守传统礼法稳定政局，方才做罢。虽如此，但却在无形中诱发起了朱棣谋夺皇位继承权的欲望。

发动靖难之役夺位，并且开创永乐盛世的明成祖文皇帝朱棣

洪武三十一年（1398 年）闰五月，太祖驾崩，皇太孙即位，是为建文帝，史称明惠帝，以明年为建文元年。燕王棣赴京奔父丧，但行至淮安，便接到朝廷关于“诸王临国中，毋到京师会葬”的“遗诏”。棣甚恼火，想必是建文宠臣齐泰、黄子澄等改了诏书，但实情不明，只好暂时返回。

同年七月，建文帝果然颁布了“削藩”令，并首先从朱棣同母弟周王橚开刀。先派大将军李景隆统兵到了封地逮捕王橚到京，不久便废为庶人，全家发配云南。朱棣见周王被抓以后，完全证实了齐、黄用事。于是便挑选壮士为护卫，以“勾军”为名，广招“异人术士”。这时，齐王榑、代王桂等也相继被削，湘王柏甚至被迫自焚而死。随后，朝廷更是下令“今后诸王均不得节制文武官员”，更进一步限制诸王权力。这就迫使朱棣高度警惕，加紧练兵，准备起事。

建文元年（1399 年）七月初五日，燕王正式誓师，援引《祖训》中“朝无正臣，内有奸逆，必举兵诛讨，以清君侧之恶”条文，以“诛齐泰、黄子澄”为名，起兵靖难。取消了建文年号，仍称洪武三十二年（1399 年）。设置官属，任张玉、朱能、丘福为都指挥佥事。第二天，留郭资辅世子守北平，亲率大军抵达通州，指挥房胜不战而降。用张玉计，攻下了蓟州、遵化，解除后患，然后又向南推进。一场以夺皇位为实质的武装斗争开始了。十六日，燕王以“居庸险隘，北平之咽喉，我得此，可无北顾忧”。于是挥军攻占居庸，转攻怀来，开平、龙门、上谷、云中守将望风归降。燕王又攻克了永平、克滦河，直趋南下。由于北平多年一直为燕王基地，因此附近州县卫所，一呼百应，士气旺盛，并有鞑靼兵马为后盾，南方宫中太监为内应，朱棣不仅兵精粮足，而且对建文集团内动静虚实了如指掌。加之指挥得当，又有姚广孝等能者相助——出谋划策，因此在斗争中始终处于优势地位,。建文集团相反，虽位居正统，兵众粮足，但因建文帝生性怯懦迂腐，缺乏魄力，处事优柔寡断，易信谗言。因此先后任用耿炳文、李景隆分镇真定、河间。结果，耿先大败于真定，困守孤城；李代耿后，虽乘燕军攻大宁之机而围攻北平，但在北平军民合击下又大败，逃回德州。建文帝无奈，答应罢免齐泰、黄子澄的兵权（实则仍典兵如故），以求罢兵。燕王知诈，不听，继续进攻德州。建文二年（1400 年）四月，燕王连续攻下德州、济南，景隆只身走。惟铁铉、为盛庸代景隆坚守济南，燕军久攻不下，只好暂回北平。

建文四年（1402 年）正月，建文帝令魏国公徐辉祖主山东。燕军连续到达汶上、沛县，直捣徐、淮。三月，到了宿州，攻破萧县，大败敌主将平安于小河。接着，同徐辉祖大战齐眉山，自午至酉，难分胜负。而建文集团却因暂时的小胜冲昏了头脑，听信谗言，以“京师不可无帅”为由，撤回徐辉祖，放松了戒备。燕王先用分兵进扰，使敌兵势力分割削弱，应顾不暇，燕军乘敌将何福移兵灵璧就食之机，展开大战。四月初八日，燕王亲率诸将首先登城，军士紧跟其后。生擒平安、陈晖等大将，仅以何福身免，燕王大获全胜。与此同时，宋贵又成功截击了前往援助济南的辽军，并全歼其军。南军的势力更加衰弱了。五月，燕王连下泗州，拜了祖陵；巧渡淮水，取盱眙，乘胜直捣扬州，攻克仪征。时，建文帝又派使以“割地南北”议和。燕王称“凡所以来，为奸臣耳。得之，谒孝陵，朝天子，求复典章之旧，免诸王罪，即还北平”。并指出此议和实为“奸臣缓兵之计”，拒绝接受。议和未成之后，建文集团便自恃长江天险，打算募兵勤王，进行顽抗。

六月初一，燕王汇集高邮、通、泰船于瓜州，向京城进发，在浦子口大败盛庸军；又得子高煦的援兵，势力盛极。一时朝臣多暗地里派使者向燕王献计使献计充内应，前往增援前线的陈瑄，亦率舟师以降了燕。燕军势力更加旺盛。初三，燕王誓师渡江，舳舻相衔，旌旗蔽空，金鼓大震，声威浩荡，当时，盛庸列兵沿江 200 里迎战。燕王指挥诸将先登，以精骑数百冲入敌军阵营，庸师溃，单骑逃走，余众都投降。随后移师长江咽喉镇江，守将不战而降。此时举朝震惊。建文帝除令谷王橞、安王楹分守都门外，又派遣李景隆和诸王反复同燕王求和。燕王仍以“欲得奸臣，不知其他”为由，盛宴后送回。建文帝无计，方孝孺坚守城待增援。齐泰、黄子澄分奔赴广德州、苏州逃难征兵，都没有取得成效。十一日，燕军进入朝阳，谷王和景隆献出金川门，朝廷文武都迎降。建文帝左右仅剩数人，于是关闭了所有的后妃宫，纵火焚之。在烈火中，建文帝不知去向。

朱棣入宫后，大肆进行报复行动。建文帝谋臣齐泰、黄子澄、方孝孺先后被磔，诛灭九族。拒草“即位诏书”的方孝孺和藏刀上殿行刺的景清，更祸灭十族，不仅株及九族，连门生之门生，姻亲之姻亲，均不放过，史称“瓜蔓抄”。前后被杀者数以万计，镇压十分残酷。

七月初一，朱棣正式登其，史称明太宗（嘉靖时改谥“成祖”），以明年（1403 年）为永乐元年，升封地北平为北京，改京师为南京，统一了明代南北两京之制。一切恢复太祖时旧制。“靖难之役”就此宣告结束。

乌斯藏入明

乌斯藏，地处云南之西，即今之西藏一带。当地人民多为僧徒，不建城池。群居于大土台的僧徒，不吃肉、不娶妻，没有刑法，也没有战争。在土台之外的僧徒，则吃肉、取妻。乌斯藏佛经很多，如《楞伽经》就有万卷。元世祖忽必烈曾封僧首八思巴为“大宝法王”，授予玉印。他死后，赐号“皇天之下一人之上宣文辅治大圣至德普觉真智佐国如意大宝法王西天佛子大元帝师”，所以，在元代他一直被称为“帝师”，在乌斯藏有深远的影响。

明初，太祖朱元璋鉴于唐朝吐番动乱，因此设法加以控制，但考虑到当地的传统风俗，认为对僧徒进行开导为上策，于是派遣朝使广泛进行招谕。明廷又派陕西行省员外郎许允德出使乌斯藏，命他们举荐前元朝的官员前往明京城，并授以官职。这样，乌斯藏摄帝师喃加巴藏卜首先派使节进京向明廷朝贡，于洪武五年（1372 年）到达南京。朱元璋很高兴，赐予乌斯藏使节红绮禅衣及鞾帽等及钱物。次年二月，乌斯藏摄帝师喃加巴藏卜亲自来南京入朝，向明太祖举荐了前元官员六十人。明太祖对这六十人全部授以官职，改封摄帝师为“炽盛佛宝国师”，仍赐予玉印及彩币表里等物。玉印制成之后，明太祖仔细查看，认为所用玉料不太精美，下令重新制作。摄帝师回到乌斯藏后，命河州卫派官持诏书同行，以招谕诸番。

洪武七年（1374 年）夏，乌斯藏的佛宝国师派其他的门徒入朝进贡。秋天，元帝师八思巴之后代公哥监藏巴藏卜及乌斯藏僧人答力麻入剌遣使到明朝廷请求封号，明太祖诏命封元帝师后人为“圆智妙觉弘都大国师”，乌斯藏僧人为“灌顶国师”，并赐给玉印。乌斯藏佛宝国师又派其徒入朝进贡，送上所保举的土官58人，明廷也都授给官职。洪武九年（1376年），答力麻八剌遣使入贡，洪武十一年（1378年）又入贡，又奏举以前元宫16人为宣慰、招讨等官，明廷均加以任命。洪武十四年（1381年）管力麻八制再入贡。

不久，乌斯藏的佛宝国师喃加巴藏卜死去，当时有一位名叫哈立麻的僧人，国人都认为他道术渊博，称他为“尚师”。明成祖当燕王时，曾听说过哈立麻之名，永乐元年（1403年），派司礼少监侯显僧智光持玺书及钱币到乌斯藏征聘。哈立麻先派人到明廷入贡，而后亲自随使者入朝。永乐四年（1406年）冬，哈立麻将到南京，明廷派驸马都尉沐昕前往迎接。哈立麻到京城后，明成祖在奉天殿亲自召见，第二天又在华盖殿赐宴款待，赐给黄金百两、白银千两、钞二万、彩币四十五表里，以及法器、裀褥、鞍马、香果、茶、米等。永乐五年（1407年）春，赐给哈立麻仪仗、银瓜、牙仗、骨朵、骲灯、纱灯、香合、拂子等各二件，手炉六件，伞盖一件，以及银交椅、银足踏、银杌、银盆、银罐、青圆扇、红圆扇、拜褥、帐幄各一件。

乌斯藏僧人昆泽思巴，称为“大乘法王”，永乐年间（1402—1424年），哈立麻受明朝分封，明成祖得知昆泽思巴有道术后，派太监持玺书、银币前往乌斯藏征召。昆泽斯巴以前曾派遣人到明廷进贡舍利、佛像，这次，便遂同使者一同入朝进贡。永乐十一年（1413年）二月到达京城，明成祖立即接见了他，赐与藏经、银钞、彩币、鞍马、茶果等。封他为“万行圆融妙法最胜真如慧智弘慈广济护国演教正觉大乘法王西天上善金刚普应大光明佛”，统领全国佛教，赐印诰、袈裟、幡幢、鞍马、伞器等物，优礼仅次于大宝法王。次年辞归时，派太监护行，在此之后多次入贡明廷。

乌斯藏还有称为“尚师”的僧人，称“大慈法王”，叫“释加也失”。永乐年间（1402—1424年），二法王受封，他的徒众也希望见到皇帝，得到恩宠，（因此）都纷纷来明朝。释加也夫在永乐十二年（1414年）入朝，明成祖接待他的礼遇，仅次于大乘法王昆泽思巴。次年，封他为“妙觉图通慈慧普应辅国显教灌顶弘善西天佛子大国师”，赐给印诰。永乐十四年（1416年），赐佛经、佛像、法仗、僧衣、绮帛、金银器等，并赐以御制赞词。第二年又入贡，永乐十七年（1419年）明成祖派太监前往乌斯藏赏赐佛像、衣币等。其后释加也夫经常入贡于明。此外，乌斯藏僧阐化王，在明初也入贡接受了明帝赐封。

荆襄流民起义

流民是指由于自然灾害，或战争动乱等原因，生活无着落而到处流浪的人。早在汉末、两晋时就曾经出现过流民问题。明代中期由于皇庄、官庄的广泛建立，土地兼并的空前盛行，赋税徭役的异常苛重，大量农民失去土地，无法负担沉重的敲诈剥削。于是，为了逃避赋税徭役的追要和地租的敲诈，许多农民不得不背井离乡，到处飘泊，成为流民。早在明初，在一些个别地区就已有流民存在。到英宗正统以后，流民几乎遍及全国。加上不堪赋役而逃亡的工匠和士兵，使有些地区的人口逃亡超过一半，甚至达到十分之九。其中以山东、河北、山西、陕西、河南、安徽、江苏、湖广、浙江、福建诸省，最为严重。据统计，全国流民总数约达六百多万，占总在籍人口的十分之一，流民问题成了明朝政府严重的社会问题。

地处湖广、河南、陕西三省交界处的荆州、襄阳山区，在元朝末年，曾是红巾军的一个重要据点。明朝建立后，明太祖曾派大将邓愈率军在此剿灭了红巾军的余部。从此，这里便被列为全国最大的封禁山区。该地山谷厄塞，川险林深，有着广阔的沃土，丰富的矿藏；且为三省交界、相互不管的地界，封建统治相当薄弱。所以，各地流民纷纷涌入此地，到成化初年（1465 年），聚集的流民已达 150 万左右。他们砍草结棚，烧畲种地，自由自在，过着“既不当差，又不纳粮”的生活。流民的大量聚集，时间一长破坏了当地的里甲制度，打乱了封建的统治秩序，引起了明政府的极大恐慌和不安。于是，急忙下令，有的驱赶勒令回归原籍、有的就地附籍，以“编甲互保”；随后又颁布了严厉的法律规定，凡不肯回籍者，“主犯处死，户下编发边卫充军”。在严格的限制和残酷的迫害之下，流民们忍无可忍，终于在成化元年（1465 年）四月，由刘通、李原等先后领导，发动起义。

刘通，河南省西华县人，臂力超群，曾高举起过县衙门前的千斤石狮，故人送其绰号为“刘千斤”。他们在大石厂立黄旗聚众，盘踞海溪寺称王，国号“大汉”，建元德胜。以石龙为谋主，以刘长子、苗龙、苗虎为羽翼；另设将军、元帅、国师、总兵等官职。起义军活跃在襄阳、邓州、汉中等地，四方流民，纷起响应，队伍很快发展到数十万人。

事发之后，当时在此视察的副都御史王恕，急忙奏报朝廷。五月，任命抚宁伯朱永为总兵官，兵部尚书白圭提督军务，合湖广总兵李震，会同王恕三路大军并进，全力以赴镇压起义。到第二年五月，起义军经过长期的浴血奋战，虽然多次重创官军，终因力量对比悬殊，刘通、苗龙等主要首领四十余人不幸兵败被俘，均被解京磔杀于市。起义军男子十岁以上皆多被杀害。只有刘长子、石龙等暂时幸免，（他们）转移到巫山等地，继续进行斗争。后因刘长子的叛变，刘通之妻连氏及其部将常通、王靖、张石英等六百余人，均被诱杀，使起义失败。叛徒刘长子也没落得什么好下场，最后也同石龙等一起被磔杀。

起义虽暂时失败，但他们并未就此罢休。成化六年（1470 年）十月，荆、襄流民又在李原等人领导下，继续进行起义。李原，河南省新郑县人，被人送以绰号“李胡子”。他原是刘千斤的部将。刘通失败时，他同王彪等有幸得以逃脱，不久又联络了其他起义军将领小王洪、石歪脖等，再度起义，往来南漳、内乡、渭南之间，并重建起农民军政权。李原被拥立为“太平王”。明朝政府听说这一消息后，举朝皆惊。十一月，赶忙任命都御史项忠为统帅，总督河南、湖广、荆襄等处军务，前往征讨。项忠老奸巨猾，到襄阳后，采用了围困逼降的办法，在险处分别驻兵，派人到处张榜招抚，致使广大流民受骗，扶老携幼，纷纷出降，竟多达40余万。另有144万，则被项忠军队强行驱逐出山。有的遣返还乡、有的则被充军湖广、贵州等地。项忠军队入山后，不论是起义军，还是一般老百姓，都纵纵容部下随意滥杀。史称“尽草剃之，死者枕藉山谷”。而被充军湖广、贵州者，又多死于中途，“尸满江浒”。事后，大刽子手项忠为给自己歌功颂德，竟树起了所谓《平荆、襄碑》，但广大人民却都嘲讽为《堕泪碑》。至此，轰轰烈烈的荆、襄流民大起义，便被镇压下去了。

但是，流民并未就此消失，而是始终“逐去复至”，依然“屯结如故”。从而迫使明朝政府不得不开始认真研究经验，如何妥善解决这一空前严重的流民问题。所谓“流民入山就食，云集如前。大臣悔祸，始议更张”。国子监祭酒周兴谟编写了《流民说》，以深刻的笔触，详细阐述了荆、襄流民的发展过程，总结了自东晋汉来历代封建统治者处理该地流民问题的经验教训。他提出，政府应该允许流民就近附籍；离郡县远者，则要侨设州县，即“设州县以抚之，置官吏，编里甲，宽徭役，使安生业”。都御史李宾也非常赞成这一说法。朝廷采纳其议，于是在成化十二年（1476 年）春二月，命都御史原杰经略郧阳，抚定流民。

七月，北城兵马司吏目文会，在其奏疏中不仅指责了白圭、项忠等人对“刘千斤、石和尚、李胡子相继作乱”的“处置失宜”，以致使流民“终未安辑”的错误。同时提出了三条建议：一是荆、襄闲置的沃土，应当任民尽力耕垦，愿回籍者听便；二是，选择良吏，好生慰抚，令军卫官兵严加镇守，以使流民“自安”；三是，增设新的府、卫、州、县、立保甲，兴学校，厚风俗，使民趋善”。朝廷采纳此建议，并发此疏至郧阳，命原杰在工作中作一参考。

原杰赴任后，“遍历诸郡县，深山穷谷，无所不亲至”。所到之处，“宣朝廷德意，问民间疾苦”，深得民心，“诸父老皆忻然愿附版籍为良民”。为了妥善安置这众多的流民，他特意召集湖广、河南、陕西等省的巡抚、按察使、都指挥使和布政使等地方要员们，共同商议。经过反复商讨，最后决定：113 000 余户流民中，除愿回原籍的 16 000 余户发还外，其余愿定居此地的 96 000 多户，则允许他们各占旷土，官府计丁力限分给，令其垦种，永为己业，以供赋税徭役。为更好地管理这些新附籍的流民，令湖广省割出竹山县部分地区，分置（在）竹溪县；割出郧、津部分地区，分置在郧西县。令河南省割出南阳、汝州、唐县等处部分地、分置桐柏、南召、伊阳等三县，令陕西省将商县分为商南、山阳二县，而升商县为商州。升郧县为郧阳府，管辖郧、房县、竹山、竹溪、郧西、上津等六县。为了便于管理，他们又决定，将流民同居民交错居住。并在郧县立行都指挥使司以及卫、所，加强控制和防范。原杰与众官协商既定，便上报朝廷，并推荐原邓州知州吴远为郧阳府第一任知府，荐御史吴道宏，代自己继任经略。疏上，宪宗皇帝当即批准，下诏擢升吴道宏为大理寺少卿，兼制湖广、河南、陕西三省，抚治郧阳等八郡，开府于郧阳。原杰则被诏封为南京兵部尚书。至此，轰轰烈烈的荆襄流民起义最终结束。

改土归流

自古以来，在我国云南、贵州、四川和两广地区，就分别聚居着苗、瑶、彝、壮等少数民族。它们之间，社会发展水平很不平衡，生产力水平都比较低。自元朝起，政府开始在这里设立土司制度，以进行管理。土司制度，包括土司和土官两种。土司，是属军事系统管辖的，如宣慰司、宣抚司、安抚司、招讨司和长官使司等，其长官分别为宣慰使、宣抚使、安抚使、招讨使等，这些官职均由各该少数民族的头人担任。他们名义上接受了中央皇帝的封爵；但实际上仍是割据一方的独立王国。其统治者世袭相承，统治方式极其残酷和落后。土官，则是属行政系统管辖的，是按照汉族地区的行政制度，设立的府、州、县等各级政权机构。其长官则分别为土知府、土知州和土知县等，也均由中央皇帝委任各该少数民族的头人分别担任。其所做所为，实际上同土司无异。这种土司制度，是在当地经济、文化还相当落后，社会发展水平十分低下，中央在军事征服或政治臣服后，又一时无力改变其原有制度的情况下，而实行的一种权宜之策。但随着全国和当地社会经济文化的发展，这种土司、土官制度，便日益暴露出其消极、保守和落后性等弊端。它既妨碍本民族地区经济、文化的继续发展，又阻碍了统一多民族国家的发展和巩固。特别是，这些世袭的土司、土官有很强的独立性，不是相互争夺地盘，便是联手对抗中央，甚至不断发动战争搞割据叛乱。这直接影响了国家的统一，扰乱了明王朝的统治秩序。

贵州，古称罗施鬼国。三国时，其首领火济，因随诸葛亮出征孟获有功，被封为罗甸国王。历经隋、唐、宋之朝都归顺于朝廷，元朝时开始设宣慰司。明洪武十五年（1382），以前元宣慰使霭翠见云南已平定，开始投降明，仍被授予宣慰使，领所部居水西，称贵州宣慰使，隶四川。其思州（治所在今贵州省岑巩县）宣慰使为田仁智，思南州（治所在今贵州省安化县）宣慰使为田茂安，皆隶湖广。明成祖永乐初年，田仁智之子田琛与田茂安之子田宗鼎各即位。永乐八年（1410），田琛因争夺沙坑地，同宗鼎结下了怨恨。并在原宗鼎的副使，现任辰州（今湖南省沅陵县）知府黄禧引诱下，对宗鼎发动了武装进攻。宗鼎大败，携家出逃，其弟被杀，母也被掘棺戮尸。

永乐十二年（1414 年），成祖下诏户部尚书夏原吉等说："（田）琛、（田）宗鼎分治思州、思南，皆为民害。琛不道，已正其辜；宗鼎灭伦，罪不可宥。其思州、思南三十九长官地，可更郡县，设贵州布政使司总辖之。"于是，正式废除思州、思南二土司。设贵州布政使司，置三司等官，除治理贵州本宣慰司外，又统辖思州、思南、镇远、石阡、铜仁、黎平六府，以及普安、永宁、镇宁、安顺四州等。原金筑安抚司及普定、新添、平越、龙里、都匀、毕节、安庄、清平、平坝、安南、赤水、永宁、兴隆、乌撒、威清等十五卫，普市千户所等，均隶属于贵州布政使司。以蒋廷瓒为左布政使，负责具体工作。

永乐十四年（1416 年），又设贵州提刑按察使司，在中央户部、刑部各增一贵州司。从此，贵州便同其他省区一样，正式成为省一级的行政单位，直隶于中央政府管辖之下，将原来的土司、土官，改由中央直接任命的流官管理。这就成为了改土归流的开始。

万历十七年（1589 年），四川播州（今贵州省遵义市）宣慰使、苗族头人杨应龙反叛。播州，古为夜郎国且兰地，汉属牂（zǎng）牁（gē）郡，唐改播州。僖宗时，南诏侵占播州。太原人杨端募兵收复其地，受到播人敬重，被拥为播地头人。五代时世有其地。宋为遵义军。元授宣慰使，封播国公。洪武五年（1372 年）归顺于明，统领黄平、草塘二安抚司，以及真州、播州、余庆、白泥、容山、重安六长官司。万历元年（1573 年），杨应龙继承其职。万历十二年（1584 年），以进佳美大木，授都指挥使。应龙性雄猜，默兵嗜杀，见蜀兵弱，朝廷每有征伐，都用土司兵，逐渐骄横。万历十七年（1589 年）应龙借口贵州巡抚叶梦熊，力主"播州所辖五司改土归流，悉属重庆"而起兵谋反。其妻叔张时照飞文奏于朝。叶梦熊也请发兵出剿。而四川抚、按均都主张安抚，故一直放纵。至万历二十年（1592 年），应龙才被逮至重庆，对簿后，依法当斩。应龙请用二万金赎罪，并有意率兵援朝抗倭，因此朝廷终给予释放。刚出兵，事已罢，退回。下诏逮捕，则拒不出。张时照又奏于朝，才决定命川安抚王继光会同总兵刘承嗣，分兵三路征剿娄山关。次年，在白石大战中，承嗣兵败，死伤大半。继光罪罢，撤兵。

万历二十二年（1594 年）三月，以兵部侍郎邢玠总督贵州。次年，玠至四川，先剪除应龙的支党，使之处于孤立境地，然后命重庆綦江太守王士琦单骑赴松坎晓谕。终于迫使应龙“面缚道傍，泣请死罪，膝行前席，叩头流血”。朝廷一方面因考虑到倭未靖，故想缓应龙而专力对倭；另一方面，也因为应龙往日曾有功于朝廷，给以宽大处理。但应龙怙恶不悛，继续拉拢诸苗，于万历二十四年（1596 年）起兵，又大掠余庆、大阡、都坝等地。次年，则流劫江津，势力大增。万历二十六年（1598 年）十一月，又大掠贵州洪头、高坪，新村诸屯。继后又侵略湖广四十八屯，阻塞驿站。

万历二十七年（1599 年），贵州巡抚江东之命都司杨国柱、指挥李廷栋部 3 000 人追剿杨应龙。不幸又在飞练堡中误中敌计，国柱、廷栋都战死。綦江也陷落，守将战死。江东之被罢免，继以郭子章代之。并起用前都御史李化龙兼兵部侍郎，节制川、湖、贵三省兵事，并赐剑，便宜行事，决意进剿。

李化龙到任后，首先革除不听命的各大帅，或逮治，或革职。然后，大集诸军，化龙先令水西兵防守贵州，以断诸苗后路，接着，化龙又移镇重庆，大誓文武。万历二十八年（1600 年）二月，分八路进兵，每路三万，官兵三，士兵七。高折枝先以南川兵进占桑木镇。刘綎又率兵自綦江进入，先占娄山关，直抵海龙园。化龙又戒曾与应龙旧好的刘綎勿通贼。八路兵大会囤下，筑长围以困之，然后轮番进攻。六月，刘綎军攻破土、月二城。应龙困窘，携二妾自缢身死。次日，官军入城，全擒应龙七子。朝廷下令，诏磔杨应龙尸，斩其子朝栋于市。前后用时 140 天，叛乱终于平定。在该地置遵义、平越二府，分属四川、贵州，进一步推进了改土归流，打破了当地的闭塞保守状态，促进了同各地经济、文化的交流，推动了全国社会经济文化的发展和进步。

征服安南

洪武元年（1368 年），明将廖永忠出兵两广。安南陈朝国王陈日煃主动派使节与明军接洽，通好只是由于云南的无梁王把匝剌瓦尔密从中作梗，才未能如愿。当年十二月，明太祖朱元璋派使节招抚安南。陈日煃派使节朝贡称臣。第二年，明太祖封陈日煃为安南国王。

此后，两国使节往来不绝。陈日煃之后即位的陈日、陈日炜等也均得到明朝册封。洪武末年，安南国相黎季犛专权。洪武二十一年（1388 年），黎季犛废黜并杀死陈日炜，立陈日焜为王。建文元年（1399 年），黎季犛杀死陈日焜及其子陈顒、陈颙，同时大杀陈氏宗族成员。黎季犛自立为王，并改名胡一元，将自己的儿子黎苍改名为胡汉苍，自称是帝舜苗裔胡公的后代。将国号改为大虞，年号元圣。不久，胡一元传位于胡汉苍，自称太上皇。

建文四年（1402 年），明成祖朱棣即位，派遣使节通知安南。永乐元年（1403 年），胡汉苍派使节朝贡，上奏说陈氏绝嗣，自己是陈氏外甥，被众人拥立为王，请求明朝册封。这一请求得到明成祖的批准。不久，胡汉苍派兵夺取了广西思明土司官的辖区。成祖令其归还，胡汉苍置之不理。占城国王控告安南兵入侵，成祖下令他们和好。胡汉苍阳奉阴违，继续侵扰，企图迫使占城称臣，后来甚至抢劫明朝赐给占城的物品，消息传到京师，成祖大为震怒，正准备派使节去谴责胡汉苍，陈氏旧臣裴伯耆和陈朝王族陈天平先后到京师控诉胡一元弑君篡国之罪。于是，成祖决心帮助陈天平复国。

胡汉苍假意答应迎立陈天平。永乐四年（1406 年）年初，成祖派广西左、右副将军黄中、吕毅率兵五千人送陈天平回国。三月，黄中等护送陈天平入鸡陵关（亦名支棱关，位于今越南凉山南），在芹站（鸡陵关西南）附近遭到胡军的伏击。陈天平被俘，后押送西都（即安孙，今越南清化永禄）处死。黄中大败而还。成祖闻讯大怒，决心出兵安南。

同年七月，成祖任命成国公朱能为征夷将军，西平侯沐晟、新城侯张辅为左、右副将军，丰城侯李彬、云阳伯陈旭为左、右参将。分两路自广西、云南进攻安南。十二月，张辅、沐晟率军强渡洮江，用木器大破安南军的象阵，攻克重镇多邦（位于今越南河西三位山）。然后循江而下，攻克安南东都（即升龙，今越南河内）、西都。胡氏父子焚毁宫室府库，仓皇逃往海上。安南北部州县纷纷投降。

永乐五年（1407 年）正月，张辅、沐晟先后在筹江栅、万劫江普赖山、盘滩江、木丸江等地击败胡军。三月，明军在富良江大破胡军主力，斩杀、俘虏数万人，江水都变成了红色。胡氏父子乘船逃走。明军分水陆两路追击，直至日南州奇罗海口。五月，都督柳升在高望山一带俘虏胡一元等人。安南民众武如卿等俘虏胡汉苍等人，送交明军，安南遂平。

木丸江大捷之后，张辅等即着手寻访陈氏子孙下落。张辅奏："安南本中国地，陈氏子孙已诛尽，无可继，其国中耆老民庶俱诸为郡县如中国制。"于是明廷决定将安南划入明朝版图。同年六月初一，成祖下诏改安南为交阯，设立布政使司、按察使司和都指挥使司。三司之下设立 17 个府、47 个州，157 个县，以及 11 个卫、3 个所和 1 个市舶司。

明军主力撤出安南之后，安南人民又奋起反抗明朝统治。永乐六年（1408 年）八月，陈朝官吏简定自称日南王，占据义安，化州山区，攻打盘滩咸子关，附近州县纷纷响应。沐晟率兵 4 万进行讨伐，于十一月大败于生厥江。永乐七年（1409 年）2 月，成祖命张辅就兵 47 000 人进入安南，增援沐晟。五月，简定自称太上皇，自称是陈氏后裔的陈季扩为大越皇帝。八月，张辅在咸子关大破简定。九月，明军直逼清化，攻入磊江，在美良山区俘虏简定。永乐八年（1410 年）正月，张辅在冻潮州安老县大破阮师桧所部越军，斩首 4 500 余级，俘获 2 000 余人。五月，沐晟追击陈季扩一直到虞江（或曰灵长海口）。陈季扩投降。成祖任命陈季扩为交阯右布政使。但他拒不受命，等明军撤退之后，再次起兵反明。

永乐九年（1411 年）正月，成祖命张辅率兵 24 000 人，会同沐晟大军再次征讨陈季扩。七月，张辅、沐晟大军在九真州月常江大破越军。十一月，又在厥江重创越军。次年八月，张辅督师在神投海大破越军，进逼义安府，陈季扩部将纷纷投降。永乐十一年（1413 年）十二月，张辅、沐晟合兵在爱子江击溃阮师桧率领的越军主力。次年正月，明军拎获阮师桧和陈季扩，彻底镇压了陈秀扩起义。

事后，明成祖留张辅镇守交阯，一直到永乐十四年（1416 年）十一月才召还。第二年，改派丰城侯李彬镇守交阯，派宦官马骐为监军，负责采办、搜罗奇珍异宝。马骐贪婪残暴，重新激起了交阯人民的反抗。永乐十六年（1418 年）正月，原陈季扩部将，后投降明朝并担任清化府俄乐县土官巡检聚众起兵，发动了越南历史上有名的蓝山起义。黎利自称平定王，在各地传檄，号召驱逐明兵，各地军民纷纷响应。李彬督师镇压，穷于应付。直到永乐十九年（1421 年），才将大股起义军镇压下去。黎利逃入老挝。次年春天，李彬病逝。成祖命荣昌伯陈智代替李彬。这时，老挝迫于明朝压力，已将黎利驱赶回交阯。

永乐二十一年（1423 年），陈智督师追击黎利，在宁化州车来县重创黎军，黎利再次逃入老挝。次年，黎利回到宁化州，以诈降麻痹明军，重新积蓄力量。

宣德元年（1426 年）三月，统兵将领陈智、方政所部衩在茶大败笼州。四月，宣宗改派成山侯王通为征夷将军总兵官，都督马瑛为参将，督师征讨黎利。五月，下诏只要黎利投降，可不追究以往罪过，仍委以官职。同时，下诏停止采办金银、香料等扰民之事。但是，怀柔之策未见效果。十一月，王通率领的明军主力在应平宁桥（今越南河西彰美）中了敌军埋伏，大败而还。尚书陈洽阵亡，王通受重伤，明军阵亡两三万人。黎利起义军乘胜攻占义安（今越南义安兴源）、演州（位于义安以北）、三江等地。宣宗听到失利的消息后，于十二月派安远侯柳升、黔国公沐晟督师11万余人分别从广西、云南进入交阯，援救王通。

宣德二年（1427年）二月，黎利进攻交阯城（即交州，今越南河内）。王通出其不意突袭敌军，大获全胜。但因王通优柔寡断，没有乘胜追击，决心与黎利讲和。十月，宣宗听了大学士杨士奇、杨荣的意见，决心放弃交阯。按黎利的请求，封陈日煃后裔陈暠为王。同时，下令王通等所有在交阯的官吏士兵撤回中国。安南恢复对明朝的朝贡关系。第二年春，黎利上表说陈暠病逝，陈氏再无后人，请求代掌国政。宣宗认为是黎利在其中作梗，置之不理。直到宣德六年（1431年），才同意黎利监国，代掌国政。其实，黎利早已在国中称帝建号，设官分职了。

宣德八年（1433年），黎利去世。其子黎麟（亦名黎龙）即位。正统元年（1436年），明英宗册封黎麟为安南国王，最终承认了黎朝。此后直至明亡，两国间虽发生过一些局部冲突，但基本上维持了友好关系。

郑和下西洋

郑和，原姓马，小字三保，是云南昆阳回族人（今云南省晋宁县）。明太祖朱元璋统一云南时，他被阉入宫，做了太监。后随燕王朱棣到达北平，住在燕王府。在“靖难之役”中，因其为人机警，智勇全双，“出入战阵，多建奇功”，深受燕王赏识。永乐元年（1403年），他被庄重地赐予姓名——郑和。次年，又升为内官监总管太监。通过这次战役，他掌握了丰富的军事知识和作战经验，为他后来指挥舰队七下“西洋”，创造了重要条件。同时，郑和虽原本世代信奉伊斯兰教（时称回教），但于永乐元年（1403年）却又在道衍（即姚广孝）引荐下，皈依了佛教，成为了一名佛教徒，法名福善，因此又被人们称为“三保太监”。

郑　和

当时，正值明朝国势蓬勃上升的繁荣时期。国家经济实力壮大，政治局势相当稳定；而且宋、元以来海外贸易兴盛，对外移民不断增加，特别是造船业空前发达，航海技术也有了长足进步，罗盘针广泛用于航海，众多水手和技师日益增多，这些为郑和远洋航行提供了雄厚坚实的物质基础和足够的科学技术。在此情况下，自命为“天下共主”雄心勃勃的成祖朱棣，为宣扬国威，“耀兵异域，示中国富强”，决定派使臣率领船队出海远航，访问亚、非诸国。但是，这样重大的举动，如果没有一个精明强干的总指挥，是很难实现的。而郑和身为内官监总管太监，外出采办是其责任范围内之事；又兼有回、佛二教徒的双重身份，更便于同“西洋”诸国官民交往；其父、祖均曾亲自到过天方（即麦加，今沙特阿拉伯西北部）“朝圣”，他在耳濡目染下间接地了解并熟悉了“西洋”各国和各地区的风土人情；此外，更有前述“靖难之役”中积累的军事知识和实践经验，可说是当时再好不过的理想人选。所以，明成祖朱棣毅然决然地任命他出任总指挥，而以其挚友王景弘为副使。从此，郑和便开始了长达近 30 年的震惊世界的七次大规模的“下西洋”（广指我国南海以西的海洋地区，包括今天印度洋、文莱以西的地区）。

永乐三年（1405 年）七月，郑和偕副使王景弘，率领将士和水手 27 800 余人，分乘 62 艘大船（一说 200 多艘），从苏州刘家河（今江苏省太仓县浏河）出海，经占城（今越南中南部）、爪哇、旧港（今称巨港）、苏门答腊（今印度尼西亚苏门答腊岛）、锡兰山（今斯里兰卡），最后到达古里（今印度科本科德）。他们一路宣扬明朝德政，以及同各国通商友好的强烈愿望，深得各国官、民的欢迎。永乐五年（1407 年）十月初二日，郑和舰队返航回国时，不少国家的使者随同访华，商谈建立邦交和通商贸易关系。其间，出于自卫，在旧港，郑和曾不得不以武力击败前来抢劫宝船物资的海盗，生擒了其首领陈祖义。但此次航行仅是作为一次实践，其历经范围也未超出印度洋沿岸地区。

同年十月，郑和等利用东北季候风又进行了第二次出海航行。经暹罗（今泰国）、柯枝（今印度柯钦），又到达古里。至永乐七年（1409 年）七八月间正式返回。其所经路线、范围与第一次大体相同。

郑和第三次出海航行，是在永乐七年（1409 年）十月。主要是为护送各国的使者回国。他只带了四十八条宝船。为了以后进行更大规模的远航，他们开始在其航行的中心地区——满剌加，建立起重栅小城，修盖了大型仓库，作为中转站。这次仍以通商为主，一路也还顺利；这次航行仍未越过印度西海岸以外。

永乐十一年（1413 年）十月，郑和开始了第四次下西洋。这次航程较远，所到的国家和地区也较多，已远逾印度以西。新去的国家和地区有：溜山（今马尔代夫）、榜葛剌（今孟加拉），最后由古里直航忽鲁谟斯（今伊朗波斯湾口阿巴斯港南的岛屿）。

永乐十五年（1417 年），郑和又进行了第五次远航。这次到达的国家和地区很多，航程也最远，直达非洲赤道以南、东海岸的木骨都束（今索马里摩加迪沙）、麻林（在今肯尼亚境内）、阿拉伯半岛的祖法儿、阿丹、剌撒（今也门共和国境内）。永乐十七年（1419 年）八月初八日回返时，竟有十七个国家的使节，随同来华访问。其中有王子、王叔、王弟等，分别通过谈判，同明朝建立起正式的邦交关系。

为护送诸国使节回国，郑和奉命又于永乐十九年（1421 年）三月初三日，进行第六次远航。此次路途虽远，但往来却非常迅速，于第二年（1422 年）便返回国。

郑和最后一次远航，则是在成祖及其子仁宗相继去世后的宣宗时期。到达了十七个国家和地区。归来时已是宣德八年（1433 年）七月初七日。并有十多个国家和地区的使臣随同来华，与明朝建立了联系。

宣德九年（1434 年），64 岁的郑和病逝。就在这一年，其副使王景弘又组织了第八次“下西洋”的活动，但其声势与规模都已远不及前七次了，下西洋活动也接近尾声了。

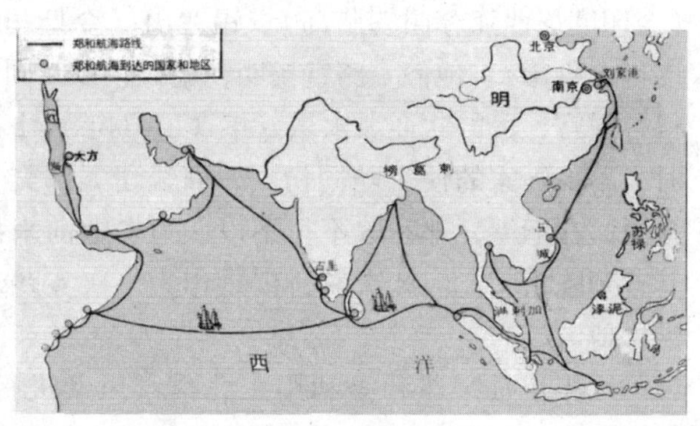

郑和航海路线图

总之，郑和的七次泛海远行西洋，前后长达近 30 年，行程数以万里，到经地区，南至爪哇岛，北迄波斯湾和红海东岸的麦加，东至台湾，西达非洲东海岸、赤道以南。包括占城、真腊（今柬埔寨）、暹逻、满剌加（今马六甲）、彭亨（今马来西亚）、苏门答腊、旧港、爪哇、阿鲁、南勃里（今属印度尼西亚）、锡兰（今斯里兰卡）、溜山（今马尔代夫）、榜葛剌（今孟加拉）、南巫里（属今印度）、忽鲁谟斯、祖法儿（今佐法儿）、阿丹（今红海的亚丁，今属也门）、比剌（今索马里的不剌哇）、木骨都束、麻林和天方等亚非近四十来个国家和地区。郑和下西洋，其规模之大、人数之众、时间之长、足迹之广，在中国和世界航海史上都是空前的壮举，中国人民对世界航海事业做出了伟大的贡献。郑和开辟了从中国去红海及东非洲地区的航道，是海上“丝绸之路”的开创者。郑和下西洋的影响是巨大的：首先，它把大量的瓷器、丝绸、锦绮、纱罗、铁器和金属货币等带到亚洲各地；又从国外买回胡椒、谷米、棉花，换取大量海外奇珍、香料等奢侈品，大大开拓了海外市场，促进了中国同亚非各国的经济文化交流，增强了同各国政府间和民间的友谊，从而刺激了国内的商品生产和工商业的长足进步，也在一定程度上推动了资本主义的萌芽。同时，通过郑和下西洋其他各国及地区的交往，大批华人也流往南洋各国，华侨人数自此剧增，成为了南洋各国重要的社会生产力。他们与当地人民共同推动了南洋地区的开发；其次，在政治上扩大与强化了中国同亚非各国的友好往来，明朝跟三十多个国家建立了正常的外交关系，空前地提高了中国的国际威望和地位。在科学技术上，打开了中国人民的眼界、丰富了中国人民的海外地理知识。郑和编制的《航海地图》，详载了沿途各国的航道、地理位置、距离等，尤其是《鍼位编》一书，是一部相当详尽的航海手册；其同行者马欢著的《瀛涯胜览》，费信著的《星槎胜览》和巩珍著的《西洋蕃国志》，均详细记载了所到各国和地区的风俗人情，大大增进了中国人民的海外知识，这些成为了研究中外关系史的重要资料。最后，在远涉重洋的航行中，郑和依靠集体智慧和力量，同“洪涛接天，巨浪如山”的海洋进行了殊死搏斗，充分体现了中国人民的大无畏精神。

唐赛儿起义

明朝初年，社会矛盾和阶级矛盾相对缓和，但农民起义仍时有发生。在这些起义中，影响较大的是唐赛儿起义。

唐赛儿是山东蒲台（今山东滨县南）平民林三的妻子。她是白莲教信徒，自称“佛母”，能知过去未来之事。在益都、诸城、安丘、莒州（今山东莒县）、即墨、寿光等地会聚了数万教徒。永乐年间（1368—1398 年），明朝营建北京和北征鞑靼都需要从南方运送大批粮食北上，为此开凿了会通河，重新使用大运河运送粮食。为了这些工程在山东先后征调了几十万民夫，沉重的徭役激化了这一地区的社会阶级矛盾。唐赛儿率董彦杲等 500 人发动了起义，占领了益都卸石棚寨。

唐赛儿起义后，青州卫指挥使高凤率兵进行剿杀，被义军杀得几乎全军覆没。山东布政使都司、都指挥使司、按察使司派人前往招抚。唐赛儿杀死使者，拒绝投降，并派义军将领宾鸿、董彦杲等人分头攻占莒州、即墨等地。所到之处，焚毁官衙，诛杀贪官污吏，大批教徒和民众纷纷响应起义。

明成祖看到唐赛儿的势力越来越大，于永乐十八年（1420 年）二月命安远侯柳升率兵围剿唐赛儿。同月，柳升大军包围了卸石棚寨，而此时唐赛儿义军的主力正在进攻安丘、诸城等地兵力空虚。守卫大寨的义军进行顽强抵抗，后来终于支持不住。董彦杲出面向明军假降，并说大寨已经断水断粮，饥渴难耐。柳升中计，将明军主力布置在寨东取水的道路上。当夜，唐赛儿等率义军从寨西突围。在突围当中，击毙了明军指挥刘忠等人。柳升急忙调兵遣将追击义军，俘虏了唐赛儿、刘峻等百余人。

这时，义军首领宾鸿也在围攻安丘时失利。起初，宾鸿处于优势，杀得官军龟缩城中不敢出来。不料，明备倭都指挥卫青率千余精兵昼夜兼程，突然到达安丘城下。城内外明军两面夹攻，宾鸿义军牺牲两千余人，不得不撤退。后来，义军终于被官军镇压下去。攻打诸城的义军也全部阵亡。唐赛儿起义失败。

唐赛儿被俘后，被关在囚车之中（一说关在监牢里）。虽然在官府的严密关押之下，唐赛儿竟逃脱而去。明成祖听说唐赛儿脱逃，并再也没有抓到的消息，十分震怒。将柳升等文武官员关入监狱。柳升因为战功显赫，幸免一死。山东右布政使秦挺等人大多被处死。

治理漕运

明代自成祖朱棣迁都北京后，由于全国政治军事中心与经济重心相距甚远，因此政府对连结二者的漕运极为重视。

永乐四年（1406 年）七月，命平江伯陈瑄兼督长江、淮河、黄河和卫河之漕粮转运。明初承袭元朝旧制，仍以海运为主。洪武年间（1368—1398 年），张赫、朱寿均自海上岁运粮 70 万石，供应辽东驻防军食，故被分别晋封为航海侯和舳舻（音 zhúlú）侯；永乐初，陈瑄任总兵时，也曾率领舟师海运米岁百万石，补充北京军储，建百万仓于直沽伊儿湾，修天津卫城池，驻兵万人戍守。至此，开始下诏令以后江南漕米，一部分仍由海运；另一部分则由淮河入黄河，至阳武（今河南省原阳县东南）再陆运到卫辉，经卫河转白河达通州。是为海陆兼运的开始。

永乐八年（1410 年），明政府扩大漕运规模，由每年运送 250 万石增至 300 万石，为满足国用。特令江、浙、湖广三省布政使和都指挥使，必须亲自负责督运。为适应漕运规模的扩大，从永乐九年（1411 年）二月二十八日起，又开始大规模整治贯穿南北的大运河之关键地段——会通河。该河开始凿于元至元二十六年至泰安二年（1289—1325 年），北起山东临清州（今山东省临清县），南至江苏淮安府之邳州（今江苏省邳县），全长 450 余里。六月，会通河开浚完工。以汶水、泗水为源。特建天井闸使其分流：往南直通淮水，往北则顺其西侧新开河道经东昌至临清，全长 385 里。从济宁至临清间，又置闸 15 道，根据时间启闭，以调节水量。为保证会通河水量充足，宋礼在宁阳置堽城坝，遏制汶水改道，使其水尽入新开浚的河道。宋礼回京回旨时，又提议修治汶河支流沙河。朝廷当即批准了他的建议。

永乐十年（1412 年）正月，因巡按山东御史许堪反映，去年卫河泛滥，河岸倒塌，朝廷派宋礼处理此事。宋礼治理漕河，很注意发现和起用人才，如工部主事蔺芳，建议将维护新筑堤岸的埽座原料，由蒲绳泥草改为木编大囤，置水中后以木桩钉牢，囤内填满石块，各桩间连以横木，用以牢固堤岸，“则水可以杀，堤可以固，而河患息”。宋礼深为赏识，特破格提拔为工部右侍郎，予以重用。十一月，陈瑄负责开浚镇江的京口、新港和甘露三港，使漕船直达于长江。

永乐十三年（1415年）三月，明朝决定取掉海运，全行河运。下令平江伯陈瑄在湖广、江西等地造平底浅船3 000艘，以充漕舟，每年运粮300余万石。原先运京漕船到达淮安，必须坝渡淮才能到达清河，转输非常困难。陈瑄采纳当地老人建议，开凿清江浦引黄水，由管家湖入鸭陈口到淮河。又在管家湖筑堤十里，以便引舟。沿河设立移风、清江、福兴和新庄四闸，按时启闭，使漕舟顺利通过。浚仪真、瓜州漕道通湖。凿吕梁、百步二洪石，以平水势。开道泰州白塔河，以通大江。筑高邮湖堤，堤内凿渠达四十里。同时依傍淮水修常盈仓五十区，以贮备江南税粮。在徐州、济宁、临清、德州等地广建仓廒，以便转输。原给太仓的岁粮正式分工为：苏州并山东兖州粮送济宁仓，河南、山东粮送临清仓。然后由浙江并南直隶卫官军负责从淮安送至徐州；继由京卫官军接运至德州；再由山东、河南官军接运至通州。这种分段运输，称为支运法，每年四次。又在河道淤浅处，濒河建房舍368所，驻以浅夫负责疏导。在船行处边缘河岸凿井植树，以便行人。至此会通河全线畅通，海运遂罢。

永乐十四年（1416年），明政府在淮安府清河、福兴，徐州府沽头、金钩和山东省谷城、鲁桥诸闸分别置以闸官，加强管理，以确保漕船顺利直达通州。

总之，此期间凡漕渠在齐鲁间者，宋礼功绩卓越；而陈瑄在江河边是成绩显著。

宣德五年（1430年）三月，因支运法行之已久，人民都苦于往返耽误农时。因此陈瑄建议，令人民只运淮安、瓜洲，然后兑与卫所，由官军直接运到京，只加给运军一定数额的路费耗米，称兑运法。

英宗正统年间（1436—1449年），江南巡抚周忱经理运道，在江苏武进设奔牛、吕城坝闸，使漕舟得以从京口直出长江，异常便利。后坝闸渐毁，水道积淤日久。天顺中，巡抚崔恭清求准盾按照周忱故道重加整理，增设五闸，至成化四年（1468年）完成。

成化七年（1471年），改“兑运”为“改兑”，即所有漕粮均由官军径直运往京师，故又称“长运法”。它规定：徐州、济宁、临清、德州四仓所有支运漕粮，都兑与各附近水次运军，只在原耗米外另加适量脚米。并在临清、德州储存部分“预备米”，用于漕粮缺少时给予拔补。正式谕定，每年黄、淮以南运米400万石以供京师；以北运粮800万石以供边防。漕运折耗，分为米、银两种，米备远运或显加文耗；银备雇用铺垫之费，以保足额。孝宗弘治时，定折耗银名轻齐银，由官府拨给，正额外所有歉余均归漕卒，故“军卒饶逸”，漕运兴盛，然而官员天利可图。后经漕抚李蕙奏请，一度将“齐余贮库，听来年缺者贷偿”。但到嘉靖初，则又经河漕总兵杨宏、大学士费宏先后乞请，轻齐银仍给漕军。直至嘉靖七年（1528年），通惠河成，粮运从河入，节省轻齐银11万两，朝廷开始下令只给运军三分之一，三年后则酌情减少以宽民力。从而保证了有明一代漕运的畅通和明政权的巩固。正所谓“安危之势易明，内外之形易判”。

皇陵之变

明成祖朱棣的次子朱高煦，生来狡诈，多智谋，好习武艺，善于骑马射箭。朱棣起兵时，借清君侧为名，夺取帝位，朱高煦响应从征，多立战功，曾受到其父朱棣的赏识。朱棣夺得帝位，成为皇帝后，在决定立太子时，却以应立长子为理由，立朱高炽为皇太子，而封朱高煦为汉王，在云南建立汉国。由此朱高煦对其父明成祖朱棣很是不满。

皇太子朱高炽性情仁厚，爱好经史，而朱高煦却不喜欢学文，爱好武功，与朱棣有些相似。朱棣每次北征蒙古，都由朱高煦跟随前往。

其后，朱高煦日夜思量如何夺取皇太子之位。永乐十三年（1415年），朱棣将他改为封国青州，他借故拖延上奏，希望留在皇帝左右，朱棣拒绝了他的请求。永乐十五年（1417年），汉王朱高煦因图谋不轨，被安置在山东乐安州。但是，朱高煦仍不悔改，在他的府中私属的军士达三千多人，这些军士不归兵部管辖；大臣杨士奇认为他既不肯就封云南，又不肯去青州，而且在得知朝廷将迁都北京之后，自己又想留在南京，心怀叵测，建议朱棣及早处理，以绝后患。朱棣在得知朱高煦私造兵器收养亡命之徒、造船、教练水战等情况，大为恼怒，把朱高煦禁闭在西华门内，准备惩处，皇太子朱高炽却尽力救护，朱棣仍将他安置于乐安州。朱高煦到乐安州，十分怨恨，谋位之心更加强烈。

永乐二十二年（1424年），明成祖朱棣病死，太子朱高炽即位，是为明仁宗。八月，将朱高煦召到北京。洪熙元年（1425年），派汉王朱高煦之子朱瞻圻到凤阳看守皇陵。五月，仁宗病死，皇太子朱瞻基继皇位，朱高煦向他提出了利国安民的四项建议。朱瞻基（明宣宗）对侍臣说，汉王朱高煦这次是出于诚心，说明他有心改过，所以建议不可不听。于是下令政府予于施行。

但朱高煦谋反夺位的野心，始终没有改变。明宣宗朱瞻基登位以后，对朱高煦十分优待，但这样不但没能感化他放弃夺位的野心，反而助长了他反叛的念头。宣德元年（1426 年）八月，朱高煦正式谋反。他派枚青私到北京，约英国公张辅为内应，但张辅却将枚青逮捕，并向明宣宗奏报此事。他又拨动山东都指挥靳荣等在济南叛变，以作为应援。朱高煦谋叛，私设五军都府，分为前、后、中、左、右各军，派他的四个儿子各监一军，朱高煦亲领中军，准备向北京进军。

明朝廷做出征讨叛王朱高煦的部署，随后宣布朱高煦的罪行，告天地宗庙社稷山川百神，并下诏亲征，明宣宗率京营五军将士从北京出发。在途中，明宣宗诏谕朱高煦，劝他投降。十二天以后，亲征大军到达乐安城北。明廷大军四面包围乐安城，朱高煦仍然令部下乘城举炮，攻城大军发神机铳箭，声震如雷，城中人皆惊慌。将领们要求攻城，明宣宗没有答应，仍再次致书劝朱高煦投降。在大军夺城的情况下，乐安城中许多人想将朱高煦捆起来献给明宣宗。朱高煦十分恐慌，派人到明军部表示愿意归降、请罪。高煦出来拜见明宣宗，大臣们都请求将他处死，明宣宗没有接受大臣们的建议，随即撤军回京，将朱高煦父子及同谋反叛的文武官僚一同押解到北京下狱。

明宣宗回北京后，亲自撰写《东征记》，详细叙述了朱高煦叛变及朝廷用兵征讨的始末，发给群臣阅览。最后将朱高熙拘禁起来看管，其同谋文武官员 640 多人处死刑，另有 1 500 多人由于故意纵容、藏匿参与者等行为处死或发配边疆，发往口外的还有 727 人。

刘六、刘七起义

明中叶以来，朝政开始趋于腐败，特别是武宗正德年间，大宦官刘瑾独断专行，专恣骄横。京师之南霸州、文安、固安、永清一带，都属明顺天府之辖境，京卫周围军屯密布，沃田良地都被皇帝、大官僚、军队卫所霸占，使得这一带尽是皇庄、官庄，在剧烈的土地兼并及残酷的剥削下，人民处在水深火热之中。统治者还用“代官养马”剥削人民，甚至直接把人民群众的马匹攫为己有，广大贫苦人民无法忍受，他们纷纷自发地组织起来进行反抗。正德四年（1509 年）九月，以刘六、刘七为首的京师南部农民起义就是代表。

刘六名宠，刘七名宸，兄弟二人是顺天府文安县人。自幼骁悍，擅长骑射，以侠义闻名京南文安、霸县一带。

正德四年（1509 年）九月，刘六、刘七等在霸州号召人民起来反抗明朝统治阶级的残酷剥削，仅仅几个月，参加起义的农民群众迅速发展到数万人。大宦官刘瑾想尽快除去这个祸患，发别派遣御史宁杲赴前往定，殷毅去天津，薛凤鸣驻淮阳，专门镇压起义。

正德五年（1510年）十月，刘六、刘七再度起义。

正德六年（1511年）正月，刘六、刘七聚众攻打安肃县，劫走了早已被捉的起义首领齐彦名。当时广大农民纷纷响应，旬日之间，聚众至数千，抢掠攻击畿南诸县。刘六弟兄攻夺文安县，起义队伍发展十分迅速，自畿南到山东，倏忽来去，势如风雨。就是没有起义的农民，也十分拥护起义军，“所过乡落，莫不椎牛供具，甚至为之持门屏以遮矢石，为向导以攻州县”；“凡过之处，则乐于供给，粮草器杖皆因于民”，“弃家从乱者，比比皆是”。明廷乃命指挥同知李瑾统帅京营千人前往镇压。

三月，起义队伍进攻博野、饶阳、南宫、无极、东明等县，进入深州、冀州、定州、祁州、开州之境，展形大肆杀掠。滨州、临朐、临淄、昌乐、日照、蒲台、武城，阳信、曲阜及泰安州，均被攻陷。起义队伍人多兵强，而且进行突袭，而官军单弱，李瑾之官军东西奔命，势不能支。吏部尚书杨一清建议推用大将及文臣有才望者，提督军务。武宗遂命惠安伯张伟充任总兵官，召马中锡为右都御史，提督军务，统帅京营兵以镇压起义者。五月，兵部尚书何鉴遣都督黄琮、张俊统兵布防于霸州等地。

六月，起义军兵分两路：一路由赵鐩、刘三、邢老虎、杨虎等率领，从霸州出发，首先攻入山西，再由山西攻入河南，自西而东，蹁曲周、威县，直抵文安，后又往河间，泊头、庆云。最后同刘六、刘七会师，回到霸州；另一路由刘六、刘七、齐彦名等率领，自畿辅下山东、河南，攻入湖广，直抵江西，仍由故道入长清、齐河等县，直抵霸州，同赵鐩等在霸州会师。最后又往山东走，向东南下江为绝地。农民军所经之地纵横数千里，所过如无人之境，接连攻下山东、河北等二十余州县。时右都御史马中锡和总兵官张伟所率领的京营兵马，根本无力镇压义军，马中锡系书生，想招抚起义军。而张伟系纨绔子，胆怯而不敢战。马中锡在各条道上贴满檄文，榜示刘六盗窃犯上作乱等经过，所在官司不许捕获，与供饮食。马中锡至徐州桑儿园驻兵，单车从士卒仅数人至刘六营垒前，开导其“自新”。刘六等前来拜见，马中锡真诚的进行劝抚。但明廷宦官掌权，无招降之意。起义军遂益肆攻伐掠劫，聚众至数万。马中锡故城县人，起义军戒令所过故城勿焚劫马中锡家。由于起义军对官军的瓦解分化，使统治阶级内部矛盾激化，兵部尚书何鉴认为马中锡“玩寇殃民”，（张）伟拥兵自卫，“纵贼不战”，逮下锦衣卫论死。

八月，刘六、刘七、齐彦名、杨虎等合兵，动用2 000骑兵，强攻稾强县，杀死知县段豸等，明廷任伏羌伯毛锐充任总兵官，太监谷大用总督军务，兵部侍郎陆完提督军务，大肆征兵以镇压起义军。刘七等在沧州不能进克，进抵霸州、信安镇，又至固安，明统治集团立即下令北京戒严。武宗慌恐不安，把宣府，延绥边兵也调到北京，加强防卫。

十月，刘六等自沧州解围后向南进兵，连续攻破日照、海丰、寿张、阳谷、丘、宁阳、曲阜、沂水、泗水和费十城。接着进攻济宁，没有攻下后，焚运船 1 200 艘，捕捉工部主事王宠，气势日益旺盛。

十一月，赵鐩率所部到达宿迁。淮迁知府刘祥率兵迎战，不战自溃，溺死者无数，连刘祥本人也被俘。时杨虎率壮士在黄宁渡河，被官军将其舟击覆，杨虎溺水而死。赵鐩推刘三为主，统领杨虎所部。起义军中一致推荐刘三为奉天征讨大元帅，赵鐩称副元帅，小张永前军，管四后军，刘资左军，马武右军，邢老虎中军，并称都督。军分 28 营，应天上 28 宿，各树大旗为号。置金旗二，大书：“虎贲三千，直抵幽、燕之地；龙飞九五，金开溷沌之天”。又造钧牌，令所至之处，官吏修道路桥梁，备足粮食酒肉以供军士，降者秋毫无犯，拒者斩草除根。起义队伍为之一振。

刘六等人率领起义军的一支从河北打到山东、江苏，又从江苏打回霸州。起义军领袖们计划在十二月初一日，乘明武宗到天坛祭祀时，借机杀死这个只会淫乐的皇帝。不慎计划泄露。农民军很快就探知了这一消息，主动放弃了突袭计划。

十二月，刘六等向西奔，攻克新城、雄县、定兴、安肃、易州、涞水，转而向南，破高阳、蠡县、博野、容城、深泽、束鹿、探知祁州防备较严，乃迂道攻临城、高邑、成安、饶阳，由真定掠赵州、安平，直抵晋州，藁城，柏乡、内丘、南河、衡水等地。何鉴想起义军不东向临清，必南奔彰德，命陆督军分道追袭。至彰德，起义军闻官军至，望风而逃。许泰、冯等追战，农民军受损惨重。刘七等纠众万余，继续同官军对抗。刘六、刘七、齐彦名、刘三、赵鐩、邢老虎等又分到攻山东、河南，想牵制官军，其攻势更猛烈。

正德七年（1512 年）一月八日，刘六、刘七率领的农民起义军又一次攻入霸州，明统治者又一次急忙在北京戒严。武宗一面下诏，调提督军务陆、总兵毛锐带兵到北京，加强防卫；一面布兵于草桥、羊角房和芦沟桥等地。官军加紧对农民军追击，命都御史鼓泽、咸宁伯仇越镇压河南方面的农民起义军。四月，农民起义军在山东嵩浅坡、占县集被十余万明军包围，起义军被杀者有 2 300 人，伤 3 000 余，俘百余人，情况十分危急，刘六、刘七、齐彦名率骁骑 300 余名进行突围，突围成功后。紧接着北上河北，又迅速地组织起大批农民起义军，打回老家霸州，攻下香河、玉田、宝坻等县，将明军打得大败。在武清县八里庄打死明军参政王杲，消灭宁杲军队，再一次震动了明王朝的统治中心北京。可惜刘六、刘七起义军没有直捣北京，却南赴河南支援那里的起义军，但此时河南方面的农民军已被明军打败，援军虽到，已无济于事。他们只好孤军作战，从此，农民起义军的力量逐渐衰落，最后在明军强大的攻势下，全部义军壮烈牺牲，起义失败。

刘六、刘七农民起义军虽然失败，但它迫使明朝统治者采取了一些缓和社会矛盾的必要措施，如勘察皇庄，对宦官势力也进行了抑制的政策。

白莲教起义

白莲教又称“白莲社”，是混合有佛教、明教、弥勒教等相融合的一个秘密宗教组织，它起源于南宋的茅子元创立的白莲宗。起初崇奉阿弥陀佛（无量佛），提倡五戒。元代渗入弥勒下生说，逐渐转为崇奉弥勒佛。白莲教在元、明、清三代成为了农民反对统治阶级的一个组织手段和机构，他们以“明王出世”“弥勒降生”等口号，发动起义。此后，教派林立，名目繁多。当时经常活动于京畿地区的白莲教支派有红封、无为、红阳、净空、黄天、龙天、南无、南阳、悟明、金山、顿悟、金蝉、还源、大乘、圆顿、大成、皇姑道、三阳教、罗道教、闻香教和棒棰会等。

白莲教在明代十分活跃，从东南沿海到西北边陲，从大江南北到长城内外，都有白莲教活动的足迹。在明王朝的心脏北京及京畿之地，白莲教的活动也很频繁。

白莲教在农民战争中，往往起着很大的组织作用和宣传作用。农民们平时利用它来保持紧密的联系。北京地区农民利用白莲教进行反抗活动，已有很长的历史。早在永乐十六年（1418 年）五月，顺天府昌平县民刘化聚众起义。刘化初名僧保，自称是“弥勒佛下世，当主天下”，并演说“应劫五公诸经”，当时从者日众。随后，真定、容城以及山西洪洞等县民，“皆受戒约，遂相聚为乱”。这是明代民间宗教组织在京畿地区活动的最早记录。景泰二年（1451 年）七月，万宁寺僧人赵才兴自称能通兵法及气候诸将术，与广通寺僧人真海、道人谭福通，以及内使肖保之父肖亮，“刺血誓天，谋欲为乱”。赵才兴自称是宋朝“赵太祖后，推为皇帝。封真海为二王，福通为三王，肖亮为四王”。这是明代白莲教徒与内监结交并谋划起义的第一次文字记载。成化元年（1465 年）五月，景州张仲威与宁夏军余赵春，活动于京畿等地。成化十二年（1476 年）九月，又发生保定易州李子龙结交内监出入宫禁的重大事件。嘉靖十七年（1538 年）十一月，发生在白莲教徒田园授千户陈贇为安国公主的事件。此后，白莲教活动更趋频繁，“布满畿甸”。万历二十四年

(1596 年)，当宦官四出征税之际，有一千多人在京南农民左文俊的领导下，起义抗拒剿捕的“官军”。万历四十三年（1615 年），闻香教徒高应臣、郑守忠、李惟仁、齐国泰率领饥民在乐亭迁安一带举行起义。广平府白莲教徒李敬等也聚千人起义。白莲教宣扬的神秘预言，增加了起义农民进行战斗的必胜信心。万历年间（1592—1600）永平府滦州人（原籍顺天府蓟州）王森，将受剥削受苦难的农民组织起来。极力倡导闻香教，北京附近的各州县、营路、卫所、乡村、镇店的广大群众，更是“云和响应，顶礼皈依”。教徒不下二百万，“传头半天下”。在各地设立的头目，名称有教头、总传头、传头、会主、会头、卦主、老师傅等，还有老当家等名。万历二十三年（1595 年），王森来到北京，进行秘密活动，白莲教顿时声势大振。但他在当年被捕，判为死罪。后经人行贿释放，继又入京师传教。万历四十二年（1614 年）又被捕，五年之后死于狱中。他的三子王好贤与弟子徐鸿儒、于弘志继承其教，到各地发展教徒并日益壮大，人数在二百万人以上。

天启二年（1622 年），徐鸿儒在山东领导了白莲教大起义，京南地区的广大人民纷纷响应。起义军切断江南到京师的运粮道，攻占了山东、河北许多州县。北京的明朝统治阶级十分恐慌，立即派大军前往镇压。

白莲教起义最后虽然被镇压了下去，但是给明统治者以沉重的打击，唤醒了广大受压迫受剥削的农民群众的反抗斗志，成为明末农民大起义的前奏曲。

瓦剌南侵

元朝灭亡后，蒙古族中的一部分由于长期散居于内地与广大下层人民共同生活，已同汉族及其他各族人民逐渐融合，而其余退居漠北者，仍然过着游牧的生活。他们共分三部：其中居住在老哈河（西辽河的南源，在今内蒙古自治区东南部）和西辽河一带者，是兀良哈部；居住在鄂嫩河、克鲁伦河和贝加尔湖以南者，是鞑靼部；居住在科布多河和额尔齐斯河及其以南的准噶尔盆地者，则是瓦剌部。明统治者经过反复研究，认为此三部“分则易治，合则难图”，故一贯坚持了时而拉拢时而打击的分化瓦解政策。

瓦剌部，在成吉思汗时称斡亦剌惕，其牧地原在叶尼塞河上游。术赤北征后，开始臣服于蒙古。元末时又大力向西扩展，尽占阿尔泰山以西地区。当时的瓦剌部，本归元朝旧臣猛哥帖木儿管辖。猛哥帖木儿死后，该部一分为三，分别由马哈木、太平和把秃孛罗统领。明永乐七年（1409 年），因瓦剌三部均曾先后遣使入贡明廷，明成祖便同时敕封马哈木为顺宁王，太平为贤义王，把秃孛罗为安乐王。不久，鞑靼部首领阿鲁台也派使者入贡明朝。

明成祖鉴于瓦剌各部的逐渐强大，因此为了牵制瓦剌，初则又敕封阿鲁台为和林王。马哈木向来与阿鲁台不和，以此对朝廷大为不满，于是联合瓦剌诸部，拥兵占据饮马河上，准备进犯明朝。

永乐十二年（1414 年），明成祖亲率领大军进攻瓦剌，并告知阿鲁台出兵配合，在忽里忽失温（在今蒙古人民共和国的乌兰班达地）大败瓦剌军。

永乐十四年（1416 年），马哈木死，其子脱欢袭位。不久，脱欢又攻杀贤义王和安乐王，尽占其众，统一了瓦剌各部。明宣宗宣德九年（1434 年），脱欢袭杀了阿鲁台，进一步征服统一了鞑靼部。脱欢自立为可汗，因遭各部强烈反对，不得不暂立元室后裔、原鞑靼部首领脱脱不花为可汗，而自任丞相，居漠北，成为实际的掌权者。明正统四年（1439 年），脱欢死，其子也先继嗣丞相之位。不久，也先又自称太师淮王。北部皆臣属于也先，脱脱不花空徒其空名，不复相制。也先成为整个了瓦剌的实际领袖。也先野心勃勃，北征乞儿吉思，西服中亚诸国，西南又攻取哈密，控制了明朝通往西域的咽喉要道；又同沙州、罕东、赤斤蒙古三卫联姻结盟，并置“甘肃行省”，破坏明朝在西北的屏障；东败兀良哈三卫，进而席转女真族各部，完成了对明朝东、西、北三方面的大包围圈。

从此，也先开始连续率兵大举侵扰明朝的辽东、蓟州、宣府、大同等各边镇，梦想恢复“大元”的一统江山。与此同时，也先还进一步破坏了同明朝的正常贸易关系，以“通贡”攫取中原大量财物，贡使逐年增加巨额，甚至虚报人数，冒领赏赐。被明廷识破后，给予了严厉的斥责。也先恼羞成怒，便不惜诉诸武力，开始向明朝发动大规模的进犯。

土木之变

明王朝经过了洪武、建文、永乐、洪熙和宣德几朝的经营，国势达到了鼎盛。从正统年间（1436—1449 年）起，国势开始转弱，走下坡路。而蒙古贵族的统治势力，却逐渐强大起来。当时，瓦剌部首领也先，打败兀良哈和鞑靼部，统一了蒙古各部，虽名义上尊元室后裔脱脱不花为“可汗”，自己只称太师、淮王，但实际上已成为统一蒙古诸部的真正领袖。他在连续征服了中亚、西域和女真等地区后，基本上完成了对明朝的包围，并时刻准备向明朝发动进攻。

土木之变

正统十四年（1449年）二月，也先又派使臣前来贡马。他不仅将2 000名使者，诈称为3 000名，期望能冒领明政府更多的赏赐；而且，还公然将贡马说成是向明朝公主订亲的聘礼。这种无礼举动，连权宦王振都忍无可忍了，决定削减其马价，并警告瓦剌的使者，求亲之事朝廷根本不知，更没有许诺过什么，也不会承担这种责任，请他们休做非分之想。也先闻知大怒，当即于七月初八日，率领四路军兵，大举侵犯明朝。当时北部边防来报，一日内敌军已进占了数十里之地，一日数至。王振为了炫耀自己，在没有任何准备的情况下，竟然鼓动英宗“御驾亲征”。

初十日，英宗正式下诏，命其弟郕王朱祁钰在朝中坐镇。自己亲率太师英国公张辅、太师成国公朱勇，已久户部尚书王佐，兵部尚书邝埜，学士曹鼐、张益等文臣武将数百员，大军五十万，浩浩荡荡，仓猝地出师。当队伍行至宣化府时，突然风雨大作，而边报益急，加上粮饷不继，前锋遭敌击大败。邝埜等群臣诸将多次请求暂停，均被王振等斥退。大军继至阳和见到尸横遍野，更为畏惧。八月初一日，军至大同，王振还想继续前进，经在阳和之战中幸存者郭敬，暗中告知其惨败真相，才开始畏惧，下令后撤。返回途中，大队本应走紫荆关，才方便安全；但是，王振却异想天开地决定绕过紫荆关，而走自己的家乡蔚州，借以炫耀自己。但当大队已走出了四十余里后，王振，因怕人马践踏了自家的庄稼突又反悔。于是，改回原路转走宣化。这样迂回反复，贻误了时机，终于被也先骑兵赶上。

十三日，明军到土木堡（今河北省怀来县官厅水库北岸），距怀来县城只有20里。众人都主张赶到怀来城内。但王振却因自己还有一千多车辎重未到，定要坚持等齐再走。木土堡地处荒滩，水草皆无，掘地二丈余深，还不得水。往南十五里处有河，又已为敌军控制。人马饥渴，束手无策。兵部尚书邝埜深感危险，到行殿力请速行。王振竟怒加训斥；“腐儒知道什么兵事，再妄言必死!”邝埜辩说：“我为的是社稷生灵，为何以死吓我?”王振更怒，竟派人硬是把邝埜驾出行殿。终于大军驻扎在了木土堡。十四日，欲行，敌已逼近，不敢动。人困马乏，正无计施，十五日，也先遣使议和。遂派曹鼐起草敕书，派二通事去议和。敌军也稍后撤，王振急令起营速行，但在回旋间，行伍已乱，南行不到三四里，敌军又四面围攻，明军争相奔逃，势不能止，死伤无数，乱而大败的50万大军，几乎全军覆灭。张辅等数百将士皆战死。英宗被俘，王振被大将樊忠怒极锤杀。只有从臣萧惟祯等数人幸免。这一事件，历史上称为“土木之变”。土木堡之败，充分暴露出以英宗、王振为首的明朝统治集团的腐朽和军队战斗力的衰弱。这一事件，成为明王朝由盛到衰的重大转折点，从此导致了严重的内忧外患。

云南之乱

早在洪武年间（1368—1398 年），云南麓川（今云南瑞丽县）土蛮思伦发在明军远征西南、连攻下云南、大理后，惧明廷之势，向明投降。明廷在麓川设置平缅宣慰使司，任命思伦发为宣慰使。不久，思伦发又叛明，被明军击败，洪武二十七年（1394 年）再次归降明朝，并由平缅宣慰使司兼统麓川地区。洪武末年思伦发死，由其长子思行发袭职，永乐十一年（1413 年）思行发让位于其弟思任发代职。得到明廷允许。思任发接任麓川宣慰使后，对明廷开始怠慢，朝廷每当向麓川征收赋税及征差时，多不按时交纳，而明廷对他也常常宽容。思任发乘缅甸有事，侵占其地，随之野心日益膨胀，企图乘机恢复其父思伦发当所据有的地盘，于是拥兵麓州叛变。

思任发率叛军入侵孟定府（今云南省傣族佤族自治县）、湾甸州（位于今云南省施甸县），对这里的居民大肆杀掠。正统三年（1438 年）冬，思任发又侵掠腾（云南今县）、南甸、孟养（在今缅甸联邦境内）。明廷得报，明英宗派刑部主事杨宁前往麓川传达谕旨，予以训诫，但思任发拒不听命。

正统四年（1439 年）年初，明廷决定用武力征讨叛军，命黔国公沐晟、左都督方政、右都督沐昂率兵进讨思任发，由太监吴诚、曹吉祥任监军。方政追击叛军，中途中敌军埋伏亡，所率明兵全军覆灭。沐晟听到方政兵败，仓惶逃至永昌。当夜退至楚雄，明英宗派使臣责问军情，并增兵 45 000 人助剿。沐晟惧怕明廷追究，暴死在楚雄。思任发叛军继续侵犯地方，进攻景东（今云南景谷市）、孟定，攻破大侯（今云南省云县）时杀死知州刁奉汉等明官吏，又攻破孟赖（孟定以东）诸寨。

五月，明英宗任命沐昂为左都督征南将军，右督都吴亮为副将军，马翔、张荣为左、右参将，进讨思任发。沐昂将方政在路江上的胜利奏报明英宗，受到升赏。

正统五年（1440 年）七月，思任发在几次被明军打败之后，又派使者携带象、马、金、银向明廷入贡，表示谢罪；正统六年（1441 年）年初，明英宗任认命西伯蒋贵为征蛮将军，都督李安、刘聚为副将军，兵部尚书王骥为云南总督，太监曹吉祥为监军，抽调四川、贵州、南京、湖广等地兵十五万，征讨思任发。这时，思任发也在积极谋图更大的进攻，他派叛将刀令道等十二人，统兵三万余，象八十只，抵达大侯州，准备进攻景东、威远（今云南景谷市）。总督王骥决定兵分三路：一路攻孟定；一路攻腾冲；一路攻上江叛军大营。上江连攻两天不下，偶遇大风，王骥下令火攻，大败叛军，攻克上江寨。此役战斗激烈，叛军死亡五万余人。随后，明军连下腾冲、南甸、罗卜思庄，抵大笼山。思任发主叛军据险，以二万人列七营进行抵抗，王骥、蒋贵自叛营中路攻入，左右夹击，大败叛军，乘胜追击到马鞍山（今云南省会泽、东川两市间），大破叛军象阵，杀死十万余人，麓川大为震动。马鞍山也是叛军的一个主要据点，思任发的大寨就设在山上，山周围三十里，都设栅栏、开地堑，明军无法进入，叛军却从间道绕至马鞍山后。王骥令军中镇静，派指挥方瑛（方政之子）率领精兵六千人突袭进入叛军营寨，杀死数百人，击败叛军的"象阵"，攻下马鞍山敌寨。东路明军在参将冉保率领下联合木邦、车里、大侯之兵五万人，招降了孟琏（今云南省孟连傣族拉祜族佤族自治县）长官司，攻下许多寨子，先后歼灭叛军三千多人。明军随后进攻麓川。明军百道环攻，放火焚烧叛军大营，叛军死亡数万人，思任发父子三人及家属从间道逃走，前往缅甸孟养。麓川至此被平定，明军班师回朝，明英宗论功行赏。封蒋贵为定西侯，王骥为靖远伯，侯琎、杨宁晋升侍郎等。

正统七年（1442 年）十月，明廷又派定西侯蒋贵、靖远伯王骥征讨麓川、缅甸。思任发败走缅甸孟养之后，又被木邦（在今缅甸境内）宣慰所击，一直追赶过金沙江。明英宗下诏命令木邦、捉拿思任发，如能捉获，即将麓川地作为酬谢。不久，思任发即被木邦擒获，挟持思任发要求明朝割地。思任发之子思机发走投无路，向明廷请求谢罪，并派其弟招赛到明廷入贡，明英宗将其遣还云南安置。但思机发见明军撤走，又企图恢复地盘，遂据麓川出兵侵扰各地。所以，明英宗再次命蒋贵、王骥等出征。

正统八年（1443 年）年初，蒋贵、王骥率明军进至金齿，派使向缅甸索要思任发，缅甸表面许诺，实际上并不答应。王骥认为，缅甸已与思任发合谋，应该征讨。明军进至腾冲，兵分五营前进，缅甸也聚兵以待。木邦宣慰使统兵万人驻于蛮江，王骥赐以牛酒，让他知晓忠义，木邦宣慰使遂愿为明军效力。缅军大至，蒋贵率兵沿江开下，大战一昼夜，烧毁缅军兵船数百艘，将叛军、缅军打退，思任发逃走，其妻子为明军俘获。明军胜利班师。

正统九年（1444 年）二月，王骥联合木邦各部，进兵缅甸，接连取胜。思任发终于被缅甸交出，挈同其妻子部属等 32 人由王政带回。思任发绝食，不降明，王政遂将他斩首，将人头函送京师。

到正统十三年（1448 年）春，因思机发仍占据孟养地区并作乱不止，而明廷几次告诫又不听，因此朝廷任命王骥为总督，都督宫聚为平蛮将军，方瑛、张锐为左右参将，统帅南京、云南、湖广、四川、贵州等地各族军队十三万人进讨。进军孟养。战斗激烈，在战争中思机发下落不明。

王骥班师后，各部落又拥立思任发的小儿子思禄作乱，进攻银起莽，为明军所败，又到孟养盘踞。王骥考虑到如继续进攻，明军师老兵疲，不易取胜，想着如欲彻底平灭叛军，已不可能，于是同思禄约定，允许各部土人头目攻束管辖诸族，可以久居孟养。又立石碑以金沙江为界，誓称“石烂江枯，尔乃得渡”，意思是说，你们要想越过金沙江侵据江东，除非是石烂或江水干枯的时候，才能做到。思禄也畏惧明军威势，表示听命。王骥还朝报捷。

景泰元年（1450 年）云南总兵沐璘奏报，缅甸宣慰司已将思机发擒获，又将思机发放归孟养。景泰五年（1454 年）缅甸索取麓川旧地。明左参将胡誌给予银戛等地方，缅甸遂将思机发及其妻子六人交还，由胡言志押赴北京。思机发到北京后被处死。

曹石之变

曹吉祥，滦州（今河北省滦县）人。明代宦官，由于投靠权宦王振而逐渐得势。正统六年（1441 年）开始被任命为监军，随从定西侯蒋贵等，率领四川、贵州、湖广、南京等处十五万兵马，征讨麓川（今云南省瑞丽县）少数民族土官、宣慰司思任发的叛乱。此后，又陆续监军征讨蒙古兀良哈部的叛乱和福建沙田邓茂七领导的农民起义等，权势日益显赫起来。每次出征，他都要从降卒中挑选一批达官和锐卒，养于家中，以备驱使。成为明代内臣总兵的开始。景泰中，他分掌京营。后同石亨勾结，率兵发动了“夺门之变”。

于 谦

天顺元年（1457 年），因迎立英宗复辟有功，迁司礼监，总督三大营。其养子曹钦进封昭武伯，侄子曹铉等皆官封都督，门下所养之士冒功者多达千人，开内臣子弟封爵之罪恶先例。朝臣多依附之，其权势与石亨相当。石亨，渭南（今陕西省渭南县）人。幼承父职，初任宽河卫指挥佥事。正统十四年（1449 年），因击败兀良哈部入侵有功，升都督同知。在英宗出征瓦剌也先时，他为先锋。在大同阳和口大战中，诸将皆战死，唯有他单人独骑逃回。英宗大怒，处以降职。“土木”之败后，郕王监国，于谦为保卫北京，举荐他掌管五军大营，进右都督，封武清伯。在北京保卫战中，他负责守卫德胜门。采用谦计，设伏诱击，杀敌甚多，功推第一，进侯爵。

景泰元年（1450 年）二月，佩镇朔大将军印，率领京军三万巡视大同。秋，景帝改立己子为太子后，加亨为太子太师。于谦创京军精锐“团营”，亦归其掌管。其权益重。天顺元年（1457 年）正月，景帝病重，他被委任代帝赴南郊斋祭。因察帝不能起，便暗中勾结权宦曹吉祥，策划发动了“夺门之变”，迎立幽禁南宫的英宗复位。因此，天顺元年又以“功推第一”，进爵“忠国公”，得到英宗的高度信任，对他言听计从。同曹吉祥并称“曹石”。他们相互勾结，为报私仇，唆使英宗残杀于谦、王文、范广等爱国将领。又大贬言官，数兴大狱，将朝中重臣纷纷发戍。连策划“夺门之变”的徐有贞，亦被他们以“怨望”罪，谪戍金齿（明代称永昌城，即今云南省保山县城）。石亨恃宠，时常上殿干预政事。英宗不胜其忧，秘密问计于大学士李贤。李贤指出“权不可下移，惟独断乃可”。英宗从此便开始疏远曹、石诸人。九月，敕左顺门守卫：“今后不经宣召，总兵官等不得进官。天顺二年（1458 年）正月，英宗又拒绝了石亨、曹钦等移太仆寺马政于兵部的奏议。四月，英宗为整顿边军军纪，又恢复了文官提督军务的制度，重设督镇巡抚官，限制武将权力。石亨见帝对己日渐疏远，便欲谋反。但是，还没来得及动手。天顺三年（1459 年）八月，英宗便以“骄横”“屡侮总兵官”等罪名，将其从子石彪从大同调回，投入诏狱。石亨害怕，向皇帝谢罪。英宗念其功绩，只罢其兵权，不委以重任。

天顺四年（1460 年）正月，锦衣卫指挥逯杲进一步揭发石亨及其从孙石俊等造妖言惑众和养无赖，窥伺朝廷动静，图谋不轨，因此才开始下亨于诏狱。以谋叛罪律斩，没其家赀。一个月后，石亨饿死狱中，石彪、石俊等皆予斩首。石亨败死后，曹吉祥非常害怕，于是决定铤而走险，同曹钦积极策划叛乱。

天顺五年（1461 年）七月，曹钦因害怕原在己家当差的曹福来走露消息，便指使家人将其捉了回来殴打得半死。此事遭到了廷臣弹劾，英宗一面派锦衣卫指挥逯杲负责处理；逮杲一面将奏章让曹钦看，以示警告。钦非常害怕，于是同其义父吉祥谋划，当时怀宁侯孙镗为统帅、兵部尚书马昂为监军的大军乘他们即将出征甘、凉二州蒙古首领李来的入侵，城中空虚之际，吉祥公所常管禁军为内应，于七月初二日凌晨发动政变。但此事不巧被都指挥完者秃亮得知，予以告发。朝廷立即逮捕了曹吉祥，并命令孙镗和恭顺侯吴瑾都留宿在朝房应变。曹钦虽不知曹吉祥被逮，但却知完者秃亮出走，于是连夜先闯入锦衣卫指挥逯杲家杀杲。然后攻入东朝房，砍伤大学士李贤，并提逯杲人头，声称“是逯杲逼我反的！不得已也。可为我草疏进上”。又抓住尚书王翱。李贤则要来派笔草草书写，同翱投入长安左门空隙，门太坚固不能打开，钦纵火烧，守卫拆御河岸砖堵之。钦来往奔呼，以李贤为护身，杀数人，不得已弃贤逃走。钦又想抓马昂不得，天已大亮，叛兵渐散。孙镗携其二子孙辅、孙軏，奋力追杀曹军，连斩曹钦党羽曹铉、曹璿。曹钦欲突围安定门等处，门尽闭，又奔回家拒战。孙镗督军闯入。钦走投无路，跳井自杀，全家被斩。三日后，磔曹吉祥于市，冯益及吉祥姻党皆伏诛。完者秃亮以告发功，授官都督。

至此，曹吉祥、石亨两起叛乱方告平定。史称“曹石之变”。这是明代统治阶级内部又一次的斗争，是自英宗以来宠信和重用宦官酿成的恶果。

朱宸濠之叛

朱宸濠是宁王朱权的玄孙，弘治十年（1497 年）袭爵。正德初年，朱宸濠见武宗昏庸无能、荒淫误国，便萌生了取而代之的野心。正德二年（1507 年）四月，朱宸濠用两万两金银收买了掌权的大宦官刘瑾，得以将南昌左卫改为宁王府护卫，并取得了在南昌设河泊所，收取来往捐税的特权。谁知好景不长，正德五年（1510 年）八月，刘瑾事发，被处死。朝廷下令仍将宁王护卫改为南昌左卫。朱宸濠心中十分不满，加紧勾结宦官和权贵，以及地方官员，企图推翻朝廷。

正德九年（1514 年）他自称闾王，改护卫为侍卫，改令旨为圣旨。六月，密令刘吉等招募大盗杨清、李甫、王儒等百余人入府，称为“把势”。收买鄱阳湖大盗杨子乔等人，纵容他们劫掠商民。八月，他还无理要求巡抚以下的地方官穿戴朝服参见，遭到巡抚俞谏的拒绝。

正德十四年（1519 年）六月十四日，朱宸濠公开造反。他下令捕杀了江西巡抚孙燧、按察司副使许逵。囚禁了御史王金、主事马思聪、金山、右布政使胡濂、都指挥使许清、白昂，太监王宏等一大批地方官员。

七月初一日，朱宸濠发布檄文，历数武宗荒淫昏暴之事，声言替天行道。率领六万大军，号称十万，出鄱阳湖，顺江而下攻占南京。浙江镇守太监毕贞准备起兵响应。初七日，叛军进攻安庆。知府张文锦等死守孤城，迫使宁王驻扎在了于坚城之下，失去了战机。

这时王守仁也在江西积极组织府县的兵力，准备平叛。七月十八日，各府县兵马在丰城会合，王守仁决心直接进攻南昌，以断朱宸濠的后路。十九日，王守仁率兵出发，一鼓作气于二十日攻占了南昌。

二十二日，王守仁否定了固守待援的主张，拿出大批粮食赈济城中军民，赦免参与叛乱的胁从者和投诚者，稳定了民心和军心。然后，亲自督师迎击叛军。二十四日，两军激战于黄家渡，叛军败退。次日，再战于黄石矶，叛军死伤惨重。最后，二十五日，官军在樵舍击溃叛军主力，俘虏了朱宸濠以下所有叛乱首领，乘胜收复了九江、南康等地。

王守仁平叛的捷报和擒捉叛王朱宸濠未传到京师，明武宗下诏亲征并启程，刚到良乡。九月到达南京。当听说王守仁押解朱宸濠来南京的消息后，江彬等竟主张释放朱宸濠，让他到鄱阳湖召集旧部，由明武宗亲率大军与他展开决战，以显示明武宗的天威。同时，他们在明武宗耳边大讲王守仁的坏话。王守仁只好连夜抄小路将朱宸濠送到杭州，交给太监张永，经张永为王守仁讲情辨诬，才打消了明武宗对他的猜忌。任命王守仁为江西巡抚。同时，明武宗下令张忠、许泰、刘晖等率领京军、边军讨伐朱宸濠余党。张忠等趁机纵兵劫掠百姓，大发横财。次年九月，武宗要求王守仁重写捷报，加入江彬、张忠等人的“功劳”。十月，明武宗班师回到北京，十二月，处死朱宸濠及其余党，但政治上仍旧继续腐败下去。

沈 周

吴门画派的创立

明初，属于宫廷绘画的“院体”在美术界居于主导地位，但从成化到嘉靖前后，院画势力开始衰微。其时，苏州一带经济繁荣，各种工商业发展很快，这直接推动了文化艺术走向兴盛；苏州逐渐成为了四方文人聚集之地，而吴门画派也因此应运而生。

吴门画派继承元季四大家画风，属文人画体系。创始人沈周，长州（今苏州）人，世代隐居吴门。沈周一生居家读书，但未应科举，善于绘画兼工山水、花鸟与人物。所作山水画多描绘南方山水及园林景观，反映文人生活的闲雅意趣，画法上承董源、巨然及元季四家的风格，又参以南宋及明初诸家笔墨，融会贯通，刚柔并用，形成了粗笔水墨的新风格。早年多以小幅为主，四十岁后始拓为大幅，全面发展了文人水墨写意的画法。成化三年（1467 年），绘《仿董巨山水图》轴，在狭长的尺幅中，作长林巨壑之景，布局丰满，另有《东庄图》

明代画家文征明绘《惠山茶会图》

《盆菊幽赏图》《牡丹图》等，皆为精心之作。

拜师沈周而成为吴门派大家的有文征明。

文征明，长洲人，出身仕宦，屡试未中，年长后才由诸生推荐为翰林待诏，居官四年辞归，徘徊啸咏其间。与祝允明、唐寅、徐祝卿天游玩，时称“吴中四才子”。文征明绘画造诣全面，山水、人物、花卉、兰竹皆精。一生穷究画理，尽心实践，声名远著，是继沈周之后的吴门画派领袖。文征明传世山水画精品有早年所绘《雨余春树画》《烟江叠嶂图》《寄傲图》等，中年精品更多，如《木榭煎茶图》《惠山茶会图》等。晚年兼能粗细笔法，笔墨愈趋苍秀，《江南春图》为细笔杰作之一，粗笔一路则有《溪桥策杖图》等。他还精于人物画作与花卉图。

唐寅，吴县（今苏州市）人，少有才名，弘治年间中应天府（南京）解元，后入京会试，因考场舞弊案的牵连下狱，罢为吏。故此不再过问作官之途，筑室桃花坞，以诗文书画终其生。唐寅早年从师周臣，又追慕李唐、刘松年、马远，喜爱“院体”传统，吸收元四家“文人画”之水墨浅绛法，杂取众长，自创一体，在吴门画派中独树一帜。他的山水画多表现为雄奇峻伟之重山复岭，及至楼阁溪桥，亭榭园林，表现了文人幽士的闲逸生活。山水画有《骑驴归思图》《落霞孤鹜图》《事茗图》等杰作。画中又以人物画居多，多描绘古今仕女生活和历史故事，所绘仕女形象造型优美，着色明快，技法精湛。

唐　寅

仇英，江苏太仓人，后居苏州。初为漆工，后改而绘画。年轻时因善绘画而结识许多名家，拜周臣门下，为文征明与唐寅等器重，曾在著名鉴藏家项元汴、周云观家中观识了大量古代名作，他善于绘人物、山水、花草等，尤长于临摹。临摹以仿唐宋名家稿本居多，其中有著名的《中兴瑞应图》传世，仿南宋萧照。仇英绘画虽受“院体”影响甚重，但含蓄蕴藉，色彩淡雅，仍具文人画的笔致墨韵，如《连溪渔隐图》等清疏淡雅，画法工细，得赵孟頫之墨韵。仇英《人物山水册》，是人物仕女画工笔重色的代表作，对清代宫廷画有较大影响。

吴门画派自兴起之后，继起者多与文征明有渊源。文征明的子侄、学生成为知名画家的便有其子文彭、文嘉，其侄文伯仁，学生钱谷、陆治、陆师道、陈道复、居节、朱朗等，一时人才济济，实力雄厚的吴门画派，传播甚广。明后期，以董其昌为代表的华亭派崛起，稍晚的程嘉遂、李流芳、卞文瑜、邵等以“画中九友”著称，他们也同属吴门画派的文人画体系。

唐寅《王蜀宫伎图》

董其昌，华亭（松江）人。专长于画山水，出入于董源、巨然、高克恭、黄公望、倪瓒，融合变化，尤致力于黄、倪。虽然他十分注重效法古人传统技法，题材也缺少变化，但非常注意笔墨的独特造诣，故画风能脱出巢袭，自成一体。在师承古代名家的基础上，又直以书法的笔墨修养，融于绘画的皴、擦、点、划之中，因而所绘山川树石，烟云流润，柔中有骨力，转折多灵变，墨色干湿浓淡，层次分明，蕴蓄丰厚。董其昌又在绘画理论上倡导“文人画”的“士气”，主张书画相遵，笔墨上追求“生”“拙”“真”“淡”的趣味和效果。为标榜文人画而提出著名的“南北宗”之说，推举文人画的南宗而贬低行家画的北宗，对后代绘画理论史产生了巨大的影响。

心学的创立

明代初期，明太祖下令用朱熹的《回书集注》作为科举取士的标准。明成祖朱棣命令胡广编纂了《五经大全》《四书大全》和《性理大全》，以加强对人民的思想统治。可见，对客观唯心主义的程朱理学，被皇帝推到了重要地位，并作为统治思想而大力提倡。到明代中叶，程朱理学在思想界的支配地位，开始发生动摇，王守仁所提出的主观唯心主义的“致良知”学说代之而起。

王守仁，字伯安，浙江余姚人。弘治十二年（1499 年）中进士，授刑部主事。正德元年（1506 年），受宦官刘瑾排挤被贬谪为贵州龙场驿驿丞。正德十一年（1516 年），任都察院左佥都御史，前往镇压江西、福建等地的农民起义，参与过平定江西宁王宸濠的叛乱，深得明廷重用，官至南京兵部尚书，是当时官僚地主阶级的重要代表人物之一，也是当时颇有影响的思想家。他的著作及言论，由其门人编为《王文成公全书》，又称《阳明全书》，共三十八卷。

王守仁的学说，是以反传统的姿态出现的，他反对程朱理学，反对客观唯心主义。他发展了陆九渊的主观唯心主义，并创立了自己的哲学体系，后人合称他俩人的思想为“陆王学派”。又因王守仁曾在自己的故乡阳明洞筑室讲学，大肆宣扬自己主观唯心主义理论，后人称他为阳明先生，其思想称为“阳明学派”。他是宋元以来主观唯心主义集大成者。他认为“人者，天地万物之心也；心者，天地万物之主也。心即天，言心，则天地万物皆举之矣”。即心这个本体是无所不包的。他进而指出，“心外无物”，“心外无理”，把一切客观事物都看作是主观精神的体现。离开主观精神的任何客观事物都是不存在的。所以，他的学说被称为“心学”。“心学”的实质，集中体现在他的“致良知”的说教中。他说：“良知者，心之本体”，是天赋的，固有的”。他认为，“良知”就是存在于人心中的“天理”。但人们往往因私欲障碍，蒙蔽了良知，以致“人欲肆，而天理亡”，所以他宣扬“去得人欲，便识天理”，只要将私欲一齐去尽，便能归复良知之本体。但王守仁所说的“良知”或“天理”，就是封建的伦理道德。王守仁把封建伦理道德，说成是人心所固有的，而不是封建统治阶级强加给人民群众的，所以人民群众就应该自觉自愿去遵守封建统治秩序，老老实实地接受统治阶级的统治和奴役。这就是王守仁学说的核心要义，也是他的学说的最终目的所在。王守仁在主张用武力镇压农民起义的同时，到处发布告，进行封建主义的德化教育和守法教育。还随处讲学，培训维护封建统治的人才。

王守仁

王守仁反程朱理学，具有解脱传统束缚的精神。对晚明以至明清之际的思想发展，有一定的积极影响。随着王守仁学说的形成和发展，它逐渐地分化为对立的两派，右派因袭王学的保守传统，左派则发展了王学中积极的因素。王学左派的主要代表人物是王艮和李贽。

征剿河套

河套东西北三面临黄河，南面临长城，周围数千里，土地肥沃，易于农耕。英宗时蒙古毛里孩、阿罗出、孛罗忽三部人居河套。由于各部常因争夺水草之地发生矛盾，因此，尚未对明廷构成威胁。

成化元年（1465 年），毛里孩侵略陕西，在都御史项忠等抗击下逃走。不久，又侵扰大同。这引起了朝廷的重视。成化二年（1466 年），兵部郎中杨琚，提出迁移边境堡垒，增强防御功能的建议。大学士李贤等上疏，要求“进兵搜剿，务在尽绝”，以安边境。宪宗采纳李贤的奏议，命陕西巡抚项忠、太监裴当、总兵杨信，征剿河套，但查无结果。成化六年（1470 年）令都御史王越“总关中军务，议搜河套，复东胜”。王越建议任命“爵位崇重，威望素著者，统制诸军，往图大举”。朝廷采纳了他的建议。命武定候赵辅为总兵官，“总制各路军马，搜河套”。几次出师征剿，毫无成效。赵辅因病，无功而还。成化九年（1473 年），孛罗忽等部侵犯韦州。王越得知其老弱尽行，位比在红盐池，便与总兵许宁、游击周玉等率轻骑，夜驰三百余里，斩杀数百人，获畜产、器械甚众，尽烧庐帐而还。孛罗忽等部失掉了其妻子儿女，“相与悲泣，渡河而去”。祸患由此稍微减少。

孝宗时，火筛率部又入河套住牧。大臣从长远考虑，再次议论收复河套。孝宗驾崩后，刘瑾专朝政，主张收复河套的总制三边杨一清被罢职，大臣从此不敢再说河套事，因此，进住河套的鞑靼势力日益壮大起来。

世宗嘉靖元年（1522 年），河套游骑二万，自井儿堡入侵固原等地，杀指挥杨洪、千户刘瑞。这时鞑靼几万人的部落已经有数个了，其中以小王子子孙为最强。他们经常侵扰边塞，“杀伤以万计”，使边塞生产遭受严重破坏。大臣们再次纷纷上疏，要求征剿河套。嘉靖二十四年（1545 年），巡按山西御史陈豪，重提收复河套，他认为鞑靼内侵，“不由诸隘口，皆猿攀绝壁，蚁附悬崖，边垣又何足恃?”他反靠修建城堡或屯守对付入侵，建议“廷臣集议万全之策，期於必战，尽复套地”。世宗仍未采纳。嘉靖二十五年（1546 年）八月，河套骑三万余入侵延安府，至三原、泾阳，杀掠人畜无数。总督三边侍郎曾铣上疏，提出收复河套的“八议”万余言。十二月，曾铣两次上疏，称“套贼不除，中国之祸未可量也”。世宗对曾铣的建议非常赞赏，他说：“寇据河套，为中国患久矣。连岁关隘横被荼毒，朕宵旰念之，而边臣无分主忧者。今铣能倡复套之谋，甚见壮猷。”由于鞑靼入侵次数越来越频繁，虏掠范围越来越大，加之大臣们一再要求征剿，世宗迫于内外压力，终于同意对河套进行征剿。

嘉靖二十六年（1547 年），曾铣率军攻入河套，选锐卒出击，鞑靼“毙于矢石者甚众”。获马牛羊、器械若干，俘脱脱虎一人，斩首 26 人。鞑靼余部移帐北去。曾铣率众追击，鞑靼于是远逃，不敢接近边塞。小胜后，曾铣会同陕西巡抚谢蓝、延绥巡抚扬守谦、宁夏巡抚王邦瑞等，讨论收复河套的方略，提出恢复河套、修筑边墙、选择将才、选练士卒等十八条，并上营阵八图。世宗交兵部讨论。兵部尚书王以旗与大臣们讨论后，认为：“曾铣先后章疏，俱可施行。”

第二年，严嵩把灾害的出现归罪于主张收复河套的大臣们。他说：“曾铣开边启衅，误国大计所致。夏言表里雷同，淆乱国事，当罪。”夏言是大学士，和曾铣一样，力主收复河套。世宗听信严嵩的谎言，罢了夏言的官，并把曾铣逮捕至京师，贬兵部尚书王以旗总督军务。大臣凡主张收复河套者，一律罢官，并罚以廷杖。正遇俺答侵扰延、宁，严嵩进一步诬陷说："皆曾铣开边启衅所致。"兵部侍郎万镇落井下石，攻击曾铣"罔上贪功"。甘肃总兵仇鸾曾被曾铣劾奏，逮京罢官，他公报私仇，也上疏攻击曾铣。世宗不辨奸良，在严嵩主持下，将曾铣弃市。接着宣府受到侵袭。世宗说："寇以言、铣收河套，故报复至此。"于是又把夏言杀害。曾铣、夏言死后，再无人敢议论收复河套事。

《永乐大典》的编纂

明朝不仅设立各类文化教育机构，而且选拔和培养人才，重视古籍图书的编纂和整理工作，永乐元年（1403 年）七月，明成祖朱棣命大学士解缙在南京编纂《永乐大典》。朱棣诏谕："天下古今事物，散在诸书，篇帙浩穰，不易检阅。朕欲悉采各书所载事物，类聚之而统之以韵，庶几考索之便。"把编纂大型类书的目的和方法做了明确交待，并对编纂的范围做出要求，"自有契以来，凡经、史、子、集、百家之书，至于天文、地志、阴阳、医、卜、僧、道、技艺之言，备集为一书，毋厌浩繁"。

解缙等召集 147 人，匆匆编纂，永乐二年（1404 年）十一月，初稿完成，定名《文献大成》呈上。朱棣阅后，不甚满意，说"所进书，尚多未备"，过于简单，采摘不广，遂命重修。永乐三年（1405 年），再命资善大夫、太子少师姚广孝，礼部尚书郑赐，侍读解缙等人主持重修。

《永乐大典》编纂时组织机构严密、分工精细。最高负责人是监修，由姚广孝、郑赐、解缙担任。以下是副监修，由刑部侍郎刘季篪、通政司右通政李至刚，翰林院修撰兼右春坊右赞善梁潜担任。监修以下设都总裁、总裁、副总裁，其次为纂修、编写人、缮录及圈点生等。层层负责，分工细致，纂修工作进行得很顺利。

《永乐大典》的编纂，全书依照《洪武正韵》的韵目，"用韵以统字，用字以系事"的编辑方法，将我国自古以来所有书籍中的有关资料，整段、整篇，甚至整部地抄入。当时辑入的图书达七八千种，包括经、史、子、集、释藏、道经、北剧、南戏、平话、工技、农艺、医药、志乘等门类。经过三年的紧张编纂，到永乐五年（1408 年）十一月完成。朱棣御定书名为《永乐大典》，并亲写序文。序文说，该书编纂"始于元年之秋，而成于五年之冬，总二万二千九百三十七卷"（其中目录为六十卷）。朱棣赞扬《永乐大典》"上自古初，迄于当世，旁搜博采，汇聚群书，著为奥典"。《永乐大典》成书后，分别装订成一万一千零九十五册，总计约三亿七千万余字，它是我国历史上空前的、最大的一部类书，也是中华民族极其珍贵的历史文化遗产。

《永乐大典》是在南京文渊阁修纂的，修成后就藏于此阁的东阁里，因卷帙浩繁，只有原本，不曾刊印。明成祖很重视很喜欢这套类书，迁都北京后，命令将《永乐大典》从南京移藏于北京紫禁城的体仁阁。而在他的御案上，经常放置几函《永乐大典》，以备随时查阅。明孝宗和明世宗也是最喜欢读书尤其喜欢《永乐大典》的两个皇帝。明孝宗曾经把《永乐大典》中的医药秘方抄赐给太医院。明世宗的案头常置数函，根据自己所需，按韵索览，拟囊中取物之便。嘉靖三十六年（1557 年）四月十三日，北京紫禁城内一场大火，奉天殿、华盖殿、谨身殿、文武二殿、奉天门、左顺门、右顺门、午门及午门外直庐俱焚毁。火灾的当夜，为了保护、抢救藏在宫中的《永乐大典》，明世宗一连下了几道命令，意即不惜一切代价抱出《大典》。这样，《永乐大典》才在此次火灾中幸免于难。为了防止不测之虞，明世宗很想重录一部，此打算曾几次同建极殿大学士徐阶谈过。嘉靖四十一年（1562 年）八月十三日，正式决定重录，命礼部左侍郎高拱、翰林院编修张居正主持。命右奉坊右谕德兼侍读瞿景淳为总校官，翰林院修撰林嫌、丁士美、徐时行、翰林院编修吕旻、王希烈、张四维、陶大临、检讨吴可行，马自强等担任分校官。为了使重录《永乐大典》字迹清楚漂亮，吏部和礼部主持了“湖名考试”，招收善书之人，结果录取程道南等儒生 109 人，负责誊清缮写工作。

于隆庆元年（1657 年）四月完成。《四库全书总目》说：“选礼部儒生程道南等一百人，重录正副二本。”原本归南京保存，正副本藏于北京。可能正本藏于文渊阁，后来肯定副本，藏于皇史宬。后来，南京原本尽毁，北京的正本毁于明亡之际，副本于清末被英法联军、八国联军两次焚烧和劫掠，所剩无几。据载，现存于世界上十几个国家的三十几个公私收藏家手中的《永乐大典》，约三百七十余册，共八百余卷。

李时珍与《本草纲目》

李时珍生于正德十三年（1518 年），字东璧，号濒湖，湖广蕲州（今湖北蕲春）人。嘉靖三十年（1551 年），明政府礼部通知各地推荐医学人才，以入太医院补缺。李时珍因学识渊博，被湖广的官吏荐举到北京皇家的太医院工作。李时珍在北京不到一年，就托病辞职，回到蕲州。李时珍回到家乡，一边行医，一边坚持对《本草》进行深入的研究和采访。在研究过程中他发现，从汉朝到宋代，研究本草的著作达四十种以上，但都存在许多缺点，如药物不全，分类不科学，解释错误，他立志写一部新的科学而又全面的药物学著作。为此，他“穷搜博采，芟烦补缺，历三十年，阅书八百余家”。他还不辞劳苦，实地考察采访，到湖广一带的深山峡谷，进行医药调查、采药，采集标本，潜心研究，弄清每种药物的名称、产地、形状、气味、功能、栽培方法以及生长情况。把诸家《本草》重复者删除，疑误者辨正，采取精华，三易其稿，终于在万历六年（1578 年）著成一部药物学的伟大巨著《本草纲目》。

《本草纲目》共五十二卷，分水、火、土、金石、草、谷、菜、果、木、服器、虫、鳞、介、禽、兽、人等十六部。每部又分若干类，共计六十类。每一类再列出各种药物。全书共收药物 1 892 种，附药方 11 096 个，附图 1 160 幅。共计 190 万字。每种药物解释详尽，首先标出药物名称，叫作“纲”，其余各栏的解释叫作“目”，“物以类从，目随纲举”，所以书名定为《本草纲目》。纲目分明，体例先进，方便索检。“目”的其他栏内有：“释名”，解释药物名称来由之根据；“集解”，说明药物产地，形态和采集方法；“修治”，说明炮制的方法，“发明”，记述前人及李时珍本人对药物的临床经验；“性味”，分析药物的性质和气味；“主治”，说明药物的功效。另外，有的药物设有“正误”栏目，以便纠正前人对该药物的错误认识。每种药物之后，附怎样使用的处方。

《本草纲目》把十六世纪以前的中国药物学进行了科学的总结，并且把药物学提高到一个新阶段。它是一部伟大的科学巨著，是我国医药学发展史上的里程碑，为中医的进一步发展奠定了科学的基础，所以它对后世医学的发展影响很大。

《本草纲目》自万历二十四年（1596 年）刊布于全国以来，广为流传，辗转翻刻达数十次。万历三十四年（1606 年）首先传入日本、朝鲜，以后陆续流传到亚洲、欧洲、美洲、非洲、澳洲等五大洲，成为世界科技史上重要的著作之一，对国内外的医药界有着广泛而深远的影响。

李时珍在《本草纲目》中，把中国药物分为十六部，六十类，对药物的生产、形状、气味、主治、体用都做了精确的分析和详细的记载，从而形成中国药物学和中国植物学自身的科学体系。另外，李时珍在《本草纲目》中新增加药物达 374 种，这是他苦心调研发现的成果，是他对中国药物学的新贡献。在该书里，他提出“脑为元神之府”，在我国历史上最早提出了人脑是全身主宰。

努尔哈赤称汗

努尔哈赤（1559—1626），姓爱新觉罗，其先祖猛哥帖木耳自明永乐十年

(1412）受明册封为建州左卫指挥，世代是受明封爵的地方官。原先与女真各部一直不和，图伦部的尼堪外兰，勾结胆军，谋害了努尔哈赤的祖父觉昌安和父亲塔克世。万历十一年（1583），年仅 25 岁的努尔哈赤凭其先祖所遗 13 副盔甲，起兵征讨尼堪外兰，开始了他统一女真各部的征程。努尔哈赤集合残部数百人，征讨尼堪外兰，一举攻克图伦城，获兵百人，盔甲 30 副。尼堪外兰逃奔鄂勒珲城，明廷遂封努尔哈赤为指挥使。努尔哈赤继续东征西讨。次年（1584 年）九月，攻取董鄂的翁鄂洛城；万历十三年（1585），攻取浑河部的界凡等城；万历十四年（1586）攻并苏克苏护河部的瓜之佳城、浑河部的贝珲城、哲陈部的托摩和城，继而又进攻尼堪外兰于鄂勒珲城，尼堪外兰逃往抚顺请求明军保护，明军抓住他送给努尔哈赤。努尔哈赤遂与明讲和，通贡受封。万历十六年（1588 年），努尔哈赤灭完颜部，至此他正式统一了建州五部，力量迅速壮大。女真人向来熟习弓马，骁勇善战，当时就有“女真不满万，满万不可敌”的谚语，努尔哈赤又是自成吉思汗以来难以一见的军事天才，由此开始，他率领的铁骑奔驰于北陲大漠，南疆高原，扩土万里，为清代建立中国历史上疆域最大的大帝国奠定了基础。

自努尔哈赤起兵之后，势力不断壮大，至万历二十九年（1601 年），努尔哈赤开始创立八旗制度。八旗制由牛录制扩充而来。1 牛录为 300 人，首领称“牛录额真”（汉译“佐领”）；5 牛录为一甲喇，首领称“甲喇额真”（汉译“参领”）；5 甲喇为一固山，首领称“固山额真”（汉译“都统”）。每一固山有特定颜色之旗帜，当时满州军共有 4 个固山，分红、黄、蓝、白 4 种颜色之旗帜。万历四十三年（1615 年），满州军建制扩大，又增设镶黄、镶白、镶红、镶蓝 4 个固山，共有 8 个固山，6 万人。“固山”即满语“旗”之意，故 8 固山之建立，亦称“八旗制度”。努尔哈赤将全体女真人都编入八旗之中，实行一种军政合一的制度。每旗的固山额真皆有王贝勒担任，称为“旗主”，一般百姓则称“旗下”。旗民出则为兵，入则为民；有事征调，无事耕猎。在行军时，逢地广则八旗分路并行，逢地狭则合为一路。征战时，长矛大刀为先锋，善射者从后射击，精兵相机接应。八旗兵剽悍善战，纪律严明，此后，满族统治者主要依靠这支武装力量统一全国。在八旗制度下，旗主对旗下进行封建统治剥削。努尔哈赤则高居八旗旗主之上，为八旗的首领。

明万历四十四年（1616 年）一月一日，女真族（满族）首领努尔哈赤在赫图阿拉（今辽宁新宾西老城）称汗，年号天命，国号金，史称后金。他就是后来的清太祖高皇帝。努尔哈赤称汗，标志着后金的迅速崛起强大。自此后金成为明王朝在东北的主要威胁力量。他即位后，继续扩张自己的势力，日益加强与明王朝的对抗，为建立大清王朝打下了坚实的基础。

戚继光抗倭

戚继光，字元敬，号南塘，祖籍定远（今安徽定远县），后居山东登州（山东蓬莱县）。父戚景通，是一个文武全才，为人正直不阿。戚继光从小家贫，好读书，通经史大义。从小崇拜英雄豪杰的丰功伟业，极端痛恨倭寇在我国东南沿海的横行掠杀。16 岁时，慷慨赋诗："封侯非我愿，但愿海波平"，立志要保卫祖国的海防。同年，以祖先军功世袭为登州卫指挥佥事，从此开始了他的戎马生涯。在四十多年的南征北战中，他立下了赫赫战功，成为"威名震寰宇"的著名抗倭民族英雄和明代杰出的军事家。

十五世纪中叶至十六世纪中叶，日本处于历史上的"战国时期"。日本国内战争频繁，内战中失败的残兵败将，以及一部分浪人和商人，在日本西部一些封建诸侯的资助下，驾海盗船到我国沿海抢掠，史称"倭寇"。明代自成化以来，又行海禁政策，日本各诸侯争相与中国通商，他们通商未成，就用武力抢掠。明中叶以后的"倭寇"成分很复杂，既有日本海盗，又有中国海盗，而且中日海盗往往内外勾结，如汪直、徐海、毛海峰等中国的海盗集团和东南"舶主"结合在一起，依靠海外贸易发财，同时与"倭寇"勾结在一起，对我国沿海实行频繁的抢掠。这些"大姓舶主"勾引番船，公然往来于海上，转卖其货，牟取暴利，勾结"倭寇"，成为他们的窝主。还有一些找不到生路的沿海流民，也参加了"倭寇"活动。同时，正统以后沿海武备废弛，沿海卫所军士大批逃亡，战船、哨船不剩十之一二。特别到嘉靖时严嵩父子专权乱政，使"倭寇"之患成为震惊全国的一大灾害。嘉靖二十五年（1546年），倭寇侵扰宁波、台州，攻掠诸郡邑无算，官民廨舍焚毁至数百千区。嘉靖二十六年（1547 年），明廷任命朱纨为浙江巡抚，提督浙闽海防军务以抗倭。他一方面加紧训练军队，巩固海防设施；一方面逮捕了通倭的富豪和奸商李光头等九十六人，斩首示众。朱纨的正确措施，打击了浙闽大姓、富豪，也沉重地打击了倭寇的"窝主"，这引起了浙闽豪绅地主的极大不满，他们通过在朝廷的代理人御史周亮劾朱纨，说他"举指乖方，专杀启衅"。嘉靖帝听信谗言，于是夺朱纨官，命还籍听理。朱纨在"纵使天子不欲死我，闽浙人（也）必杀我"的境况下，含恨自尽。后来，罢巡抚御吏不设，中外摇手，不再敢提海盗之事。此时，"舶主"、浙闽大姓欣喜若狂勾结倭寇，狼狈为奸日甚日，官司更不可禁止。这样，"海盗大作"，嘉靖三十二年（1553 年），嘉靖三十三年（1554 年），嘉靖三十四年（1555 年），倭寇数次侵扰。嘉靖三十四年（1555 年）三四月间，广西、湖广的"土兵"相继调到，在张德和俞大猷的指挥下，在浙江嘉兴的王江泾，将倭寇打得大败，斩杀倭寇近2 000，焚溺死者无数。这是中国取得第一次抗倭战役的胜利。就在抗倭斗争取得空前胜利的时候，抗倭名将张德，遭到严嵩的爪牙、来到浙江督察军情的工部侍郎赵文华的诬陷，说他“纵寇”，是将张德逮捕处死。张德之死，极大地打击了抗倭将领和士兵的志气。从此，军心瓦解，倭寇肆虐，一直到抗倭民族英雄戚继光，从山东调到浙江抗倭，东南沿海的抗倭斗争才取得胜利。

嘉靖二十七年（1548 年），戚继光奉命戍守蓟门（今北京东北），初步显露了他的军事才能和英雄胆略，嘉靖三十二年（1553 年），明廷擢升他为署都指挥佥事，调到山东专门负责防倭。戚继光看到山东海防卫所残破，军士缺乏训练，决心从严治军，他一面筑营建卫所；一面严肃军纪，加强训练。

嘉靖三十四年（1555 年）七月，戚继光转任浙江都司，管屯局事，翌年七月，进分守宁波、绍兴、台州三郡，被任为参将。九月，倭寇进犯龙山所，威胁省城杭州，戚继光领兵迎敌，明军十倍于敌，却被倭寇杀得纷纷溃退。在危急时刻，他跳到一块高石上，连射三箭，将三个倭酋射倒，这样才稳住明军，杀退了敌人。十月，再次在龙山所打败倭寇。于嘉靖三十六年（1557年）二月，戚继光上《练兵议》。议获准后，召募绍兵，军容威整，但这些兵士害怕短刃格斗，兵员素质差。两年之后，他再上《练兵议》，请召募金华、义乌矿工、农民等入伍，罢去所部旧兵，对重新召募的新兵严加训练，组成了有名的“戚家军”：“其选编之法，凡城居者不用，曾败于敌者不用，服从官府者不用，得四千余人。其前绍兵弊习，一切反之，遂以成军。练之期月，皆入彀。再易月，而偏部中法，无不以一当百。”

戚继光的新兵组织原则明确，为其在浙平倭铸成了一把利剑。戚继光结合抗倭斗争的实际经验，根据江南地多沼泽，创造了有名的“鸳鸯阵”法，以 12 人为一队，长短兵选用，组成一个坚强而灵活的战斗集体。“戚家军”在戚继光的“保国安民”思想武装下，对倭寇采取集中力量主动进攻的战略，用灵活、快速的攻击战术，充分发挥人的主观能动作用，逐渐形成战略优势，能动地争取抗倭斗争的最后胜利。戚继光率领“戚家军”在浙抗倭的突出成绩是台州大捷。嘉靖四十年（1561 年）夏，倭寇船数百艘，一二万人大举侵犯台州（今临海），分侵州治滨海之新河所，桃渚所、健跳所和隘顽所等，大肆掳掠。依浙江总督胡完宪部署，戚继光以“锐不可挡”之师，分路策应，并力合击，先讨敌大股，后以次歼除。他急趋宁海，扼三面阻山，一面滨海的桃渚，败敌于龙山。倭寇分流七百余兵突击新河，时城内空虚，继光夫人令城守士卒及妇女，都假兵装，布列城上，旌旗丛密，铳喊齐哄。敌疑有重兵防守，其实由戚夫人导演了一场空城计。戚继光率师回救，敌又乘虚袭击台州。他号召士卒，奋勇直前，尽歼敌军，同时他身先士卒，手歼其酋，获得花街之捷，败敌汩没瓜邻江波底。“戚家军”又在健跳之圻头、隘顽，水陆并击，各路相继打败敌。台州之役，历时40天，九战皆捷，共斩俘敌人4 100余人，释系男女8 000余人，缴获器械无数，取得全歼之胜。“戚家军”胜利班师入府城，老弱男女齐出欢呼迎接。这是戚继光在浙江平倭中取得的最为辉煌胜利之役，从此，“戚家军”更为闻名遐尔了。

福建御倭，连获三捷。浙东平倭，闽中告急，嘉靖四十一年（1562年）八月，戚继光被派援助福建抗倭斗争，在横屿、平海、仙游等多次告捷。此年，倭盗大举犯闽，戚继光移师至宁德。距城十里海中的横屿，是倭寇老巢，倭踞三年，结营其中，潮长成海，潮退为泥。八月八日，“戚家军”值退潮之际，“陈列鸳鸯，负草填泥，匍匐而横进”。抵岸后，戚兵南北夹击，背水血战。倭贼拒城而守，拚死顽抗。戚军力拔重城，焚其巢居，如奔雷迅电，立见扫除，杀敌2 600余人，一举击溃敌主力。在攻陷横屿当夜，戚军奇袭牛田，攻夺林墩，歼敌60营，攻入兴化，勒石于平远台。嘉靖四十二年（1563年），倭寇上年破兴公府（今莆田县），至是又据平海卫，此为倭犯以来首陷府城，远近震动。巡抚谭纶命参将戚继光将中军，广东总兵刘显统领左军，福建总兵俞大猷统领右军，合攻窜入兴化前哨平海之倭寇。戚军捷足先登，左右军相助进击，擒斩敌人2 451人，放还被掠者3 000余人，取得平海卫之役全胜。兴化也被收复。嘉靖四十三年（1564年）二月，倭党万余侵掠仙游，此时戚继光被任为福建总兵官，用寡击众，以正为奇，戚军连破敌寇，击破重围，尽收全捷。仙游之役是戚继光东南用兵以来，“军威未有若此之震，军功未有若此之奇也”。至此，福建倭寇基本肃清。

嘉靖四十三年（1564年），俞大猷调任广东总兵官。第二年八月，戚继光与俞大猷二军密切配合，大败盘踞在广东南澳的汉奸吴平率领的海寇。吴平等企图逃往安南，被明军击溃。至此侵犯东南沿海的倭寇全部消灭，倭患始息。

戚继光在鲁、浙、闽、粤的抗倭斗争，长达15年之久，成功赫赫。就其斗争性质来论，这是一场在中国土地上进行的、反抗早期外国侵略的正义战争。戚继光以他那炽热的爱国主义精神、卓越的军事组织才能和超群的战斗艺术，将长期侵掠我国东南沿海的倭寇彻底扫除，成为了中华民族的民族英雄，在中华几千年的辉煌历史上写下了光辉灿烂的一页。

隆庆年间（1567—1572年），北方蒙古时时南犯，戚继光奉朝廷之命，北调蓟镇，镇守蓟门。在蓟镇十多年，亲自督修东起山海关，西至镇边（今北京昌平县西）的长城，在这一千多里的长城上又筑1 200余座雄伟的敌台，形成一道坚固的防线，“边备修饬，蓟门宴然”，边塞内出现了太平景象，京师安全也有保障，为明代的安全立下丰功伟绩。

这位戎马一生的民族英雄万历十六年（1588 年），病逝于家乡蓬莱，享年六十岁。

东林党争

万历时期，以皇帝、宦官、王公、勋戚为代表的统治阶级中最反动腐朽的势力操纵了朝政，朝中一时政治腐败，军事窳败，财政拮据。横征暴敛十分严重，人民群众反抗不断出现。崛起于东北的满洲贵族，不仅不服明朝中央政府管辖，成为对明朝的威胁，而且对朝廷虎视眈眈，伺机入关。

面对国事每况愈下的形势，一批政治头脑清醒的地主阶级知识分子，发出“风声、雨声、读书声，声声入耳；家事、国事、天下事、事事关心”的呼声。当时的代表人物是明末东林党人著名领袖顾宪成。顾宪成是无锡人，万历八年（1580 年），中进士后历任京官。万历二十一年（1593 年），任吏部文选司郎中，掌管官吏班秩迁升、改调等事务。他敢于直谏，因争立皇太子，引起神宗反感。万历二十二年（1594 年），朝廷会推内阁大学士，顾宪成提名的人，均为神宗厌恶，因此更加触怒了神宗，竟被削去官籍，革职回家。

顾宪成回到家乡无锡，在东林书院讲学，在从事讲学中，也宣传自己的政治主张。由于他德高学湛，在士大夫中声望极高，得到常州知府和无锡知县的资助，在万历三十二年（1604 年）重新修复了这所宋朝书院。同年十月，顾宪成会同顾允成、高攀龙、安希范、刘元珍、钱一本、薛敷教、叶茂才（时称“东林八君子”）等，发起东林大会，制定《东林会约》，规定每年举行一二次，每月小会一次。东林书院既讲学又议政，吸引了众多有识之士，包括因批评朝政而被贬官吏，人数之多，竟使东林书院的学会无法容纳。一部分官员，也同东林讲学者“遥相应合”，东林书院实际上由学术团体变成了一个政治派别，因此他们的反对派称他们为“东林党”。

东林党人在明末经历了神宗万历、熹宗天启、思宗崇祯三朝，存在时间达半个世纪之久。他们的政治主张大致有：强烈要求改变宦官专权乱政的局面，主张“政事归于六部，公论付之言官”，使国家欣欣望治；反对皇帝派矿监、税监到各地大肆掠夺、搜刮民财，主张重视农、工、商，要求惠商恤民、减轻赋税、兴修水利，开垦荒地；反对科举舞弊行为，主张取士不分等级贵贱，按个人才智破格录用。在军事上，主张加强辽东军事力量，积极防御满洲贵族的威胁，以保证东北边疆的安定。

顾宪成、顾允成、高攀龙等在东林书院讲学议政，逐渐聚合发展成一个政治集团——东林党时，另一批贪权的官僚，依附皇室、勋戚、交结宦官，结党营私，不断打击、排斥清廉正直的官员，形成反对东林党的几个“党”。按籍贯而言，这几个“党”是：浙党、昆党、楚党、宣党、齐党。其中浙党势力最大，浙党首领沈一贯、方从哲先后出任内阁首辅，齐党、楚党、宣党、昆党等重要人物纷纷占据要津，成为“当关虎豹”，他们不以国事为重，专门热衷于攻击东林党，并且往往作为他们首要任务，不遗余力地残酷打击东林党人。而东林党人则一再抓住他们的弊端，加以揭露和参劾，于是出现了明末历史上著名的东林党争。

东林党同各对立派的争论，涉及的问题很多，范围也很广，但主要围绕是否拥立朱常洛（神宗万历帝长子）为皇太子这条主线，在宫廷三案即“梃击案”“红丸案”和“移宫案”中激烈斗争。东林党争中，双方都利用明朝“京察”制度作为打击对方的工具和手段。

东林党争开始于“争国本”，所谓“国本”，指皇帝的继承人。“国本之争”，是围绕着立皇长子朱常洛还是皇三子朱常洵为皇太子。按封建礼制，“有嫡立嫡，无嫡立长”，应当立朱常洛为太子，作为神宗之继承人。神宗的宠妃郑氏生了皇三子朱常洵，神宗十分宠爱郑氏，且封她为“贵妃”，还想立常洵为皇太子，作为皇位的继承人，由于东林党人顾宪成等的反对，到万历二十九年（1601 年）神宗才册立年满二十的皇长子常洛为太子。

“梃击案”发生在万历四十三年（1615 年），张差手执木棍，闯进太子（光宗）住的慈庆宫，击伤守门太监。被抓后供出系郑贵妃手下太监庞保、刘成所差斩首于市，将庞、刘在内廷击毙了案。

“红丸案”发生于光宗即位的泰昌元年（1602 年），光宗重病，司礼监秉笔兼掌御药房太监崔文升下泻药，病情加剧。鸿胪寺丞李可灼进红丸，自称仙方，光宗服后即死。东林党人杨涟、高攀龙等上书，指出系郑贵妃指使下毒，结果崔文升发南京，李可灼遣戍。

“移宫案”。光宗死，熹宗当立，抚养他的宫嫔李选侍与心腹宦官魏忠贤，企图利用熹宗朱由校年幼，把持政权，占据乾清宫。东林党人、朝臣杨涟、左光斗等不让她同熹宗同居一宫，迫其迁至哕鸾宫，然后举行即位仪式。

东林党人同反东林党各派斗争还表现在争“京察”。京察是明代考核京官的制度，规定六年举行一次，称职者予奖或晋升，不称职者处罚或斥退。争京察就是争朝廷的人事大权。万历三十三年（1605 年）的京察，由东林党人、吏部侍郎杨时乔主持，他不讲情面、刚直廉洁，在京察中提出要处分的几个人，是浙党首脑沈一贯的党羽。由于沈一贯蒙蔽万历皇帝，其党羽钱梦皋等人受到包庇，未遭处分，而杨时乔反被严旨斥责。东林党人一再奏劾沈一贯遍置私人结地党营私，沈也被迫谢病不出。万历三十九年（1611 年）京察，由东林党人大学士叶向高主持朝政，将齐党、楚党、浙党、宣党、昆党大批人物罢官。但是，这次主持南京京察的是浙党、楚党和齐党官员，他们合谋，排斥所有支持以李三才为首的东林党人。李三才任凤阳巡抚时，刚直廉政，深得民心，是东林党的领袖之一。万历四十五年（1617 年）京察时，方从哲掌政，浙、楚、齐党多居要职，尽力排斥东林党。终万历一朝，东林党人大部分不掌朝政，在京察中处于被排斥打击的地位。后来熹宗即位，他们竭力支持熹宗，才受到重用。天启三年（1623 年）东林党人叶向高任首辅，赵南星也系东林党人，以左都御史身份参与主持京察，他痛斥楚党官应震等“四凶”，坚决罢了他们的官，取得了胜利，使“天下快甚”。赵南星任吏部尚书时，纠正选用官吏中的弊端，锐意澄清，独行己志，皇帝宠信的宦官也不得有所干政。东林党打击的都是贪黩奸邪的官吏，他们力求革除弊政，澄清吏治。

东林党人反对矿、税之弊。贪财成癖的明神宗，从万历二十四年（1596 年）起，派宦官到各地采矿和征税，滥肆搜刮。

明神宗

仅万历二十九年（1601 年）一年，由宦官运至北京献给神宗的白银就达九十余万两，黄金一千五百七十五两，除此之外，还有大批珠宝。其中直接装入矿监、税使私囊的达所给神宗的十之九。各地人民反抗矿监、税使斗争一直持续了二十余年，斗争的范围东至苏常，西至陕西，南至滇粤，北达辽东。东林党人同人民站在一起反矿、税之弊。万历二十八年（1600 年）五月，东林党领袖李三才上疏：“自从矿、税迭兴以来，万民失业，朝野嚣然，莫知为计。皇上为民之主，不惟不给民以衣食，反而剥夺民手中之衣食。征税之吏，急如星火；搜刮之令，密如牛毛”。“臣请皇上焕发德音，罢除天下矿、税；欲心既去，然后政事可理”。李三才的奏疏击中了万历皇帝派出的矿、税之弊的要害，奏折只能束之高阁。但李三才凭借凤阳巡抚，同派驻徐州的矿监、税使陈增及其爪牙，做了坚决斗争。由于李三才的德政，赢得了民心和朝野正直人士的赞赏，声望日高，已极有可能被推举进入内阁。浙党、齐党和楚党一派官僚，怕李三才入阁对他们不利，连连上疏攻击李三才，诬陷他奸诈贪横。顾宪成等东林党领袖则痛斥这些流言。这样，双方展开了一场笔墨官司。由于李三才一再受到攻讦，万历三十九年（1611 年），不得已自动辞职，才结束了李三才入阁事件。

万历四十八年（1620 年），神宗死，朝廷才宣布撤掉一切矿监、税使，过去反矿监、税使的官员，也得到酌量起用。至此，反矿、税之弊的斗争取得了一定胜利。

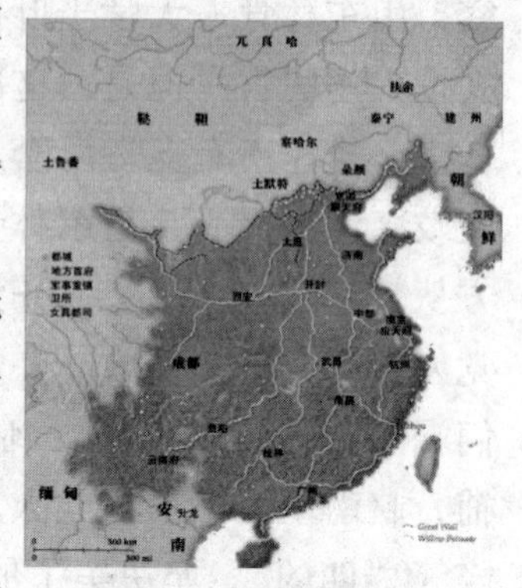

1582 年明神宗万历年间的明朝疆域

东林党人不顾迫害、猛烈抨击阉党。神宗、光宗相继死去，熹宗即位，东林党人因支持熹宗而得到重用，但东林党人参掌朝政只维持了一个很短的时期，以魏忠贤为首的阉党势力，控制了朝廷，以至形成魏忠贤一人专政的独裁局面。天启四年（1624 年）六月，东林党人、左副都御史杨涟奏劾魏忠贤二十四大罪状，把反对阉党的斗争推向高潮。魏忠贤为了报复，对劾奏他的东林党人往往进行恶毒进攻，有的甚至毒打致死，把杨涟和左光斗削职为民。东林党人基本上失去参预朝政的权力。

魏忠贤为了一网打尽东林党人，天启五年（1625 年）十二月，以朝廷的名义，把东林党人的姓名榜示全国，凡 309 人。凡榜上有名者，生者削职为民，死者追夺官爵。魏忠贤编《三朝要典》，说宫廷三案颠倒是非，混淆黑白，污蔑东林党人借三案“快私愤”，并颁布全国，成为迫害东林党人的另一工具。天启六年（1626 年）二月，阉党再次制造屠杀东林党人的大冤案。魏忠贤对已罢官居家的东林党领袖高攀龙、周顺昌、缪昌期、李应升、周宗建、黄尊素、周起元等七人（史称“七君子”），诬以贪脏罪予以逮捕，七人最后均被迫害致死。阉党残酷地镇压了东林党人，但东林党人并未殆尽，东林党争一直继续到明朝灭亡。

徐鸿儒起义

徐鸿儒，山东巨野人，后迁居郓城。他是白莲教发起人王森的弟子，在巨野曾传教多年。明末，社会矛盾进一步激化，其势有如干柴，一触即发，徐鸿儒以白莲教为号召，组织了几千群众，准备发动武装起义。他的师傅王森，以闻香教组织群众，王森死后，留资产巨万，其子王好贤用此作为反明起义的经费。继续起义景州有于弘志，以棒汉蕃会为号召，组织群众。三方力量，原约定于天启二年（1622 年）八月十五同时起义。但是徐鸿儒提前于五月首先行动。他们在郓城附近的卞家屯杀牲祭天，宣誓起义。徐鸿儒把起义群众的家属安置在梁山泊，然后起兵，包围魏家庄。另一支队伍二千余人围攻梁家楼，夺取这两处并以此作为了据点。梁家楼离县城约有二十里，官兵惧怕他们，不敢前去镇压。接着，起义军攻抄巨野县，很少有失利，杨子雨、李泰及号称四大金刚之一的张世佩等人不幸被官军抓获。徐鸿儒又率众攻打郓城，其势所向披靡，明郓城县知县余子翼被打得狼狈而逃。起义军占据了郓城。曹州、濮州等地为之震动。明朝廷接到兖西道阎调羹的报告后，派巡抚都御史赵彦、总河侍郎陈道亨、巡抚都御史王一中联合出兵镇压，但起义军声势仍锐不可挡。

六月，徐鸿儒等攻陷邹县，迫使县署印通判郑一杰携家出逃。徐鸿儒又攻陷滕县，知县姚之胤也吓得逃跑。很快就被控制在起义军手中。队伍也发展到数万人。当时明朝因由于支付辽饷使用殆尽，征收新兵无饷供给，军队无法补充，所以控制不了局面，最后只有调动防守边境的军队前来镇压。明官军仗着武器上的优势采用残忍的火攻手段，使起义军受到巨大损失，占据武安集的起义军只好撤往梁山楼，退出邹、滕二县。但起义军并没有气馁，继续奋战。攻打夏镇，至彭家口，截获明朝廷粮船四十多艘，阻塞运河，切断了明朝江南到北京的漕运，总河侍郎陈道亨向明朝廷告急，明朝增派兵力才把漕路打通。起义军接着又进攻滕县与邹县，又以马步兵万余人进攻曲阜，因明官军兵力有所增援，起义军久攻不下，只好拔营而去。改变战略，转攻明军营地，把明军营内粮草火炮器刃军械全部缴获，打败明都司杨国栋，击杀游击张榜。这时起义军人数已发展到十余万人，占有十多个据点，势力甚大。徐鸿儒为壮大声势，扩大影响，自称“中兴福烈帝”，改天启二年为“大乘兴胜元年”，显示出了起义军的力量与对明朝廷的蔑视。他们计划先攻兖州，次取济南。明总河侍郎陈道亨害怕漕粮再次被夺，漕运被再次割断，上疏请求明朝廷派登（州）、莱（州）兵力支援，防守兖州。

徐鸿儒会合了山东各支起义军进攻兖州，进逼兖州城，未能攻破，退回滕县。九月，起义军曾袭击金山口，徐州震动。明朝廷出动大量兵力围剿起义军于滕县，有的起义军将领受不了官军压力投降了，但高尚宾、欧阳德等三百余人仍然坚守。不肯投降明官军威胁义军，如徐鸿儒等人不投降就四面放火攻城。因叛徒出卖，徐鸿儒被俘，于是年十二月受磔刑牺牲。临刑前，徐鸿儒十分惋惜地说：“我们如能多坚持几天，等来援兵，明军还敢撄其锋?!”徐鸿儒的牺牲，对起义军来说损失惨重。王好贤只好退走蓟州，又南下扬州，后来也不幸被逮捕。

徐鸿儒发动和领导的农民起义，历时半年多，震动了山东和朝廷。给予明王朝沉重地打击，后来虽然主力受挫，但余部仍继续斗争，直至天启四年（1624 年）八月，邹县农民，因天大旱，生活无源，农民军数百人又复聚于泗州，与明朝统治者又展开了斗争。

萨尔浒之战

万历四十四年（1616 年）努尔哈赤建立了后金（清），建元天命。两年来，努尔哈赤为做好征明的准备，发布“七大恨”，诉说明军“起衅边陲，害我祖、父”，宣扬与明军有深仇大恨。同时，修整器械，申明军纪，颁布《兵法之书》，进行军事上的训练。万历四十六年（1618 年）四月十五日，努尔哈赤计取抚顺，装着令部夷到市，潜以精兵跟在，突入抚顺城，杀死中军千总王命印、把总王学道等，俘获李永芳等，攻陷了抚顺城。八旗兵不仅夺占抚顺、东州、马根单，而且梳掠小堡、庄屯五百余处，掳获李永芳等，抚顺城陷。掳获人畜三十余万。

抚顺清河被攻破，明总兵张承荫等全军覆没的消息，传至京师，明廷上下，举朝震骇。万历帝怒不可遏，立即下征努尔哈赤的上谕，要求做积极进攻后金的准备：以兵部侍郎杨镐为辽东经略，周永春为辽东巡抚，起用了山海关总兵杜松，征调还乡的老将刘綎，特起已废将领李如柏。到第二年二月，调集福建、浙江、四川、山东、山西、陕西、甘肃等兵星驰援辽，集驻辽阳，号称 24 万，分四路深入进攻赫图阿拉，每路兵六万，实则不过九万人。由兵部侍郎杨镐任四路总指挥，坐镇沈阳。四路军之方略如下：

原定于万历四十七年（1619 年）二月二十一日出师，正赶上十六日天降大雪，不能前进，又改为二十五日。但大学士方从哲、兵部尚书黄嘉善等日发红旗，催杨镐进兵。杜松、刘綎以大雪迷路不熟悉地形，要求缓师。杨镐勃然大怒：“国家养士，正为今日，若复临机推阻，有军法从事耳！”杨镐不顾地理、天气、军心以及敌情，大张旗鼓地执意下令出师。

努尔哈赤探明明军的部署、师期，针对杨镐兵分四路，分进合击，决定不以分散兵力，四面出击，他言：“恁尔几路来，我只一路去！”于是决定采取集中兵力，各个击破的战略原则。

明军抚顺路主将总兵官杜松，率领所部三万官兵，二十八日从沈阳起行，廿九日乘夜列炬，出抚顺关。

三月初一日，杜松军到了萨尔浒。分兵为二：一部分在萨尔浒山下结大营；另一部由杜松亲自率领进抵吉林崖，攻打界凡城。其时，明军其他几路军的形势是：东路刘綎军于二月二十五日出了宽奠，但因在凉马佃会合朝鲜，因此仍在马家口一带行进中；北路马林军二月二十九日出铁岭，因叶赫军未出动，加上后金砍树设路障，尚在途中：南路李如柏军，第二天刚出清河鸦鹘关。这种形势既没有给后金造成真正威胁，也不能真正援助杜松军。

努尔哈赤命代善、皇太极以二旗兵援助界凡，自己亲率六旗铁军45000人攻打明军萨尔浒大本营。明军列炬以战，金兵从暗击明，万矢雨集，发无不中；而明军从明击暗，铳炮都中了树木，八旗兵却并未受伤。明军最后被金军一鼓作气攻下萨尔浒大本营。

攻下萨尔浒的后金军，麾师援助吉林崖。当时，金兵所派遣的援助吉林崖的有3 000人，自山驰下冲击；皇太极率领的右翼二旗兵，直前夹攻在界凡山麓的明军。杜松听说了萨尔浒营陷的败绩，已经狼狈失措，军心开始动摇。又遇到从吉林崖山上压下来的八旗兵，士气更加颓丧。努尔哈赤又以萨尔浒致胜之六旗，与之前后配合，四面围攻。明军从河畔与莽林、山崖与谷地，以数倍于明军的劲旅，把明军团团围住。《清太祖高皇帝实录》载："短兵相接，我兵纵横驰突，无不以一当百，遂大破其众。杜松、王宣、赵梦麟都战没。横尸山野，血流成渠，旗帜、器械及士卒死者，蔽浑河而下，如流澌焉！追奔逐北，二十余里，至舒钦山，时已皆，军士沿途搜剿者，又无数"。杜松、王宣、赵梦麟等主将战死，杜松部尸横遍野，全军覆没。

初二日，努尔哈赤击败尚间崖马林营，又命将士驰往斐芬山，攻击潘宗颜军。

潘宗颜在斐芬山，依山扎营，楯车为垒，以列火器，督军坚守。努尔哈赤令八旗兵一半下马，持刀枪者在前冲，操弓矢者在后紧跟；另一半骑马，环山包围，并且令步骑仰山而攻。明军居高临下，施放火器，八旗兵死伤惨重。八旗兵虽死者枕藉，仍顶冒火器，缘山猛冲，明军终于被八旗军突破营阵，摧其坚楯，一军尽没。至此，北路马林军，除主将马林仅以数骑逃回开原外，全军覆没。

初三日，努尔哈赤又接到明总兵刘綎由宽奠进董鄂路、总兵李如柏由清河进虎拦路之警报。他派一支军队往南，防御清河路李如柏军；派主力部队，由大贝勒代善、三贝勒莽古尔泰和四贝勒皇太极统帅，设伏山谷，以待刘綎军。自己返回赫图阿拉，亲自率兵四千留守，并坐镇指挥与刘綎军展开了决战。

初四日，努尔哈赤派去迎击刘綎的八旗兵互相配合。“浙兵崩溃，须臾间斯杀无余，目睹之惨，不可胜言”。接着，代善移师富察，进击监军康应乾统领的刘綎余部及助明作战的朝鲜兵。在明监军乔一琦的催促下，姜弘立率领的朝鲜兵四日到达富察。都元帅姜弘立下令朝鲜兵分左、中、右安营，自驻中营。营刚扎下，代善率数万骑冲杀向富察，来势凶猛，康应乾、乔一琦瞬间战败，乔一琦奔向朝鲜营。当朝鲜左右两营铳炮初放，还未来得及再燃，后金骑兵已突入营中。无奈之际，都元帅姜弘立、副元帅金景瑞投降。监军乔一琦走投无路，跳崖而死。

明军抚顺路、开原路、宽奠路相继惨败，经略杨镐急檄清河路李如柏回师。李如柏逃回清河，后下狱自裁。

努尔哈赤在萨尔浒大战中大败明军。据统计，明军文武将吏死亡 310 余员，军丁死亡 45 870 余人，阵失马、骡、驼共计 28 600 余匹。后金士卒仅伤数百人。萨尔浒之战，是决定后金兴明朝亡最为关键的一次战役。之后，明朝只得由进攻转为防御，后金则由防御转为进攻。

宁远之战

天启二年（1622 年），努尔哈赤亲率八旗劲旅，西征广宁，明军败。消息报至明廷，京师戒严，举朝岌岌。明以日讲官孙承宗为兵部尚书兼东阁大学士，管理军事，遴选袁崇焕是一位杰出的将领，可协助他防御后金。

袁崇焕，字元素，广西藤县人。万历四十七年（1619 年）进士，为邵武知县。他机敏、胆壮、喜兵，善骑射。天启二年（1622 年）正月，他单骑出阅塞外，巡历关上形势。回京后言：“予我军马钱谷，我一人足守此。”袁崇焕的豪言壮语，使同僚们极为赞叹其胆略。二月，明廷授袁崇焕为兵部职方司主事，旋升为山东按察司佥事山海监军。

袁崇焕主张积极防御，坚守关外，屏障关内，营筑宁远城，以图大举之计。八月，孙承宗自请督师天启帝赐尚方剑。承宗到达关外后，重用袁崇焕。

天启三年（1623 年）秋，孙承宗同意袁崇焕建议，决计戍守宁远。袁崇焕亲自制定营筑宁远城规划，亲自督责。使荒凉凋敝的宁远，立即变成明朝抵御后金南犯的关外重镇。孙承宗与袁崇焕商议，遣将率卒分据锦州、松山、杏山、右屯、大凌河、小凌河，修缮城廓，住扎军队，进图恢复辽东大计。但是，魏忠贤专权后，阉党凶陷更加嚣张，他们将不肯归附于魏党功高望重的权臣孙承宗罢去。天启五年（1625 年）十月，以高第为兵部尚书代为辽东经略，辽东形势急剧逆转。

高第素不知兵，以附炎趋势，投靠阉党魏忠贤而受封疆重任。他畏敌如虎，只图守关，采取了不图进取的消极防御策略。撤锦州、右屯、大凌河及松山、杏山、塔山守具，尽驱屯兵、屯民入关，这种不战而退的策略，使军心涣散，民怨沸腾，哭声震野。宁前道袁崇焕得不到兵部尚书高第的支持，大批兵民撤回关内，袁崇焕铁骨铮铮，不畏强敌，不怕孤立，率领一万余名官兵拒守宁远。

努尔哈赤占领广宁后的几年间，加强整顿内部，训练军队，发展生产，积蓄力量，准备再次进攻明朝。这次得知孙承宗被罢去，高第庸懦，宁远孤城，认为时机已到，决计进攻袁崇焕，夺取宁远城。

天启六年（1626 年）正月十四日，后金汗努尔哈赤亲率诸王大臣，统领 13 万大军，号称 20 万，向宁远方向推进。十六日到了东昌堡，十七日西渡辽河，八旗军布满辽河平原，旌旗如潮，剑戟似林，凶猛地扑向宁远。

袁崇焕率领士卒仅一万余人，驻守着孤城宁远。城中兵民，在袁崇焕爱国热忱的激励下，誓与宁远共存亡。袁崇焕在面临十倍于己的强敌，后无援师的情况下，临危不惧，指挥运筹若定。他召集诸将议守城之策：参将祖大寿力主紧关城门，奋力把守，不可与其争锋，避实就虚。诸将和袁崇焕均赞同祖大寿之议。

将士们同仇敌忾，准备迎击努尔哈赤的进犯。

努尔哈赤统帅 13 万大军西渡辽河之后，长驱直入，于二十三日到达宁远城郊。努尔哈赤命令军队远离城五里，横截山海大路，安营扎寨。在宁远城北设大营。他在发起攻城之前，释放被虏汉人回宁远城，劝袁崇焕投降，遭到崇焕严辞拒绝。袁崇焕命孙元化、罗立等向宁远城北后金军大营燃放西洋大炮，一炮歼敌数百，迫使努尔哈赤西移大营，并下令准备战具，明日攻城。

二十四日，后金兵发起猛攻。步骑蜂拥至城前，万矢齐射城上，城堞箭镞如雨注。后金军集中攻打城西南隅，左辅率兵坚守，祖大寿率军支援，两支军队发西洋大炮下射，抛矢石、铁铳、后金兵死伤累累，只好移师南面。努尔哈赤命在城门角两台间火力弱处凿城，后金兵冒严寒、顶炮火，用斧凿城不止，明军掷礌石、飞火球，投药罐，炮击不断。后金兵前仆后继，冒死凿城，凿开高二丈余之大洞三四处，宁远城危急。袁崇焕急中生智，缚柴浇油并搀火药，用铁索系下烧之。选50名壮士缒下，以棉花、火药等物烧杀挖城之后金兵。是日，自清晨至深夜，后金兵久攻不下，尸首堆积如山。

二十五日，后金兵再次奋力攻城。城上施放火炮，炮击之处，后金兵死伤一片。后金兵一面继续攻城，一面抢走城下尸体，至城西门外焚化。此日后金兵攻城仍不克，死游击二员，备御二员，兵500。

二十六日，后金兵继续围城，仍久攻不下。又下令武讷格率军履冰渡海，攻觉华岛，杀明将，焚营房，烧民舍以及船只，掠走粮货。

二十七日，努尔哈赤这位久经沙场“战无不胜、攻无不克”的老将，在久攻宁远不克，损兵又折将的情况下，“遂大怀忿恨而回”。后金军全部回师。袁崇焕守卫宁远城取得辉煌胜利。

宁远之捷，是明朝从抚顺失陷以来取得的第一个大胜仗，也是“辽左发难”，八年来第一次击败后金之大进犯。袁崇焕在宁远之战中，立下殊功，理应得到明廷的嘉奖。但是正由于他击败努尔哈赤所取得的奇勋，遭到敌仇众忌，加上后金反间，阉党诬陷和明帝昏暗，使之含冤被磔。

魏忠贤专权

魏忠贤初名进忠，河间肃宁人。少年时无赖，专好吃喝嫖赌，家财败尽，生活无依，于万历十七年（1589年）入宫，隶属于司礼监掌东厂太监孙暹。时熹宗为皇太孙，魏忠贤求为皇太孙母王才人掌管膳，也照顾皇太孙负责皇太孙的吃喝玩乐，深得皇太孙的欢心。由于客氏之力，成为司礼监秉笔太监。司礼监在明朝宦官机构二十四监中居于首位，而司礼监秉笔太监权势极重，太监能代替皇帝批答臣下奏章，向外朝传达皇帝旨意，既掌握最高机密，又便于假借皇帝之命干预朝政。后来魏忠贤又提督（掌管指挥）特务机构东厂，让他的大爪牙、“五彪”之一的许显纯掌握锦衣卫，还在北京宫内创立“内操”，建立了一支由万余名宦官组成的武装，其党羽盘踞其中，使人不寒而栗。他又同熹宗乳母客氏狼狈为奸，利用熹宗昏庸而无能，窃取了皇帝最高权力。

正统款象牙质锦衣卫腰牌

反东林党的各党官员看到魏忠贤大权在握，纷纷投靠魏忠贤，以魏忠贤为首的宦官与反东林党结合成了极端反动的阉党，这使明朝在明末出现了最黑暗最残酷的反动统治。魏忠贤在内阁、六部和外地总督、巡抚中遍植死党，“内外大权，一归忠贤”。大学士顾秉谦、阁臣魏广微等，对忠贤毕恭毕敬，如同奴仆，卑躬屈膝到了极点。有的朝臣路遇魏忠贤，在道旁拜伏于地，连连高呼“九千岁”。在北京城内、郊外以及全国许多府州县，到处为他建立生祠。

东林党人反对阉党的斗争，最初是限于弹劾追随魏忠贤的爪牙和阁臣，忠告熹宗不要受魏忠贤和客氏的蒙蔽。而魏忠贤及其死党，对不肯依附于他们，办事力主清廉的东林党人，则力加排挤和打击。在他的策动下，天启二年（1622 年），刑部尚书王纪、大学士刘一燝、礼部尚书孙慎行、左都御史邹元标、副教御史冯从吾等人，被迫辞职。天启四年（1624 年）三月，东林党人黄尊素在奏疏中不指名地揭责魏忠贤与客氏勾结，将会引起亡国之忧。魏忠贤为此大怒，决定要处以廷杖，幸韩爌相救，改为夺俸一年处分，才算了事。此年六月，左副都御史杨涟疏提出了魏忠贤二十四大罪，把反魏斗争推向了高潮。

继杨涟上疏者，又有给事陈良训、魏大中、万燝、周之纲等，御史袁化中、周宗建、李应升、黄尊素等，科道徐宽卿等，兵部尚书赵彦，吏部郎中邹维涟等数十人，不下百余疏，先后申奏，或专或合，无不危悚激切，严惩魏忠贤。此年八月，明朝最高学府国子监祭酒礼部右侍郎蔡毅中及其全监师生千余人，也纷纷上疏，一致要求弹劾魏忠贤。由于熹宗昏庸已极，魏忠贤仍然继续掌权，他为了报复那些上奏弹劾他的人，首先从屯田司郎中、东林党人、奏劾者之一的万燝开刀，指使群阉将万燝从家中拖出，活活杖死。由于当时的东林党人，在朝中还有一定权力，所以他还不敢立即对东林党人进行大规模的屠杀，只是以杀万燝，树其阴威。

天启四年（1924 年）七月，在阉党的排斥打击下，首辅叶向高被迫辞职。十月，吏部尚书赵南星和左都御史高攀龙要惩办犯了贪脏罪的御史崔呈秀。魏忠贤斥责高、赵两人“朋谋结党”，矫旨将他们削官回籍。十一月，魏又捏造罪名，把东林党人杨涟和佥都御史左光斗削职为民。在魏的威迫下，首辅韩爌也被迫辞职。同月，督师山海关的大学士孙承宗要入京觐见皇帝，阉党一方面阻止他入京；一方面又攻击他，使孙只好于第二年辞职。至此，东林党人基本上被剥夺了参与朝政的权力。

阉党将东林党人和正直官吏逐出朝廷并不是最终目的，这只是打击东林党人的第一步。第二步就是要对东林党人进行大屠杀。为此，阉党首先制造舆论，炮制黑名单。他们编造了《天鉴录》《同志录》《点将录》（以上为天启年间编）与崇祯年间编造的《雷平录》《薙裨录》《蝇蚋录》《蝗蝻录》合称“东林七录”，将他们想要打击的东林党人和其他正直官吏各列其中，如在《天鉴录》中首列东林党领袖叶向高、杨涟、高攀龙、左光斗、韩爌、孙承宗等人。在《同志录》中，列入东林党重要人物黄尊素、惠世扬、李应升等人。在《点将录》中列入一百零八名东林党人，其中将东林党领袖李三才称“天罡星托塔天王”，列至首位。还有“及时雨叶向高”“霹雳火惠世扬”“大刀杨涟”等。

经过一番舆论和精心策划，魏忠贤向东林党人举起屠刀，开始了大肆屠杀。天启五年（1625 年）三月，魏忠贤最得力的爪牙、锦衣卫指挥官许显纯对早已投入狱中的东林党人汪文言进行惨无人道的拷打，迫使他诬陷杨涟、左光斗等人在“封疆案”中，接受了熊廷弼贿赂。汪文言宁死不肯诬陷杨涟等人，他在临刑前大声疾呼：“天乎！冤哉！以此蔑清廉之士，有死不承!”许显纯最后以毒刑害死了汪文言。许残害汪文言后，又捏造汪文言的所谓“供词”，诬陷杨涟等人受贿。魏忠贤假借皇帝熹宗名义，将杨涟、左光斗、袁化中、魏大中、周朝瑞、顾大章（时称“六君子”）逮捕入狱，又将赵南星等十几人“受牵连”削职为民，“追赃”提问。东林“六君子”七月入狱后，受尽严刑拷打，惨死狱中。

天启五年（1625 年）十二月，魏忠贤为了一网打尽东林党人和一切异己，以朝廷的名义，将三百零九人榜示全国，凡榜上有名者，生者削职为民，死者追夺官爵。同年，在魏忠贤操纵下，朝廷下诏削毁全国的书院，北京的首善书院和无锡的东林书院首先被毁，东林党人讲学的权利也被剥夺。

天启六年（1626 年）正月，魏忠贤命修《三朝要典》，以“梃击”“红丸”“移宫”三案，用颠倒黑白，混淆是非的手段，并以皇帝圣谕的方式，诬陷东林党人借三案“邀功”。六月，要典编成，向全国颁布，成为进一步迫害东林党人的重要武器。

同年三月，魏党再次制造屠杀东林党人的大冤案。将御史周宗建、左谕德缪昌期、左都御史高攀龙、吏部主事周顺昌、御史李应升、御史黄尊素、佥都御史周起元下狱（史称东林“后七君子”）。高攀龙夜半密起投池自尽。其他六人，都在狱中受尽酷刑而死。

魏忠贤残酷地镇压了东林党及其他反对派后，更加肆无忌惮地专权作恶，在明朝宦官为患的时期达到了顶峰。

天启七年（1627年）八月，熹宗死，其弟朱由检即位，是为崇祯。崇祯帝深知魏忠贤专权之害，决心夺回最高统治权，十一月一日，崇祯帝将魏忠贤发配到安徽凤阳，抄家。十一月七日，魏在途中自缢而死。诏磔其尸，悬首河间老家。笞杀客氏于浣衣局。魏良卿、侯国兴、客光先等弃市，籍其家。斩崔吴秀于蓟州，又斩诛许显纯、田尔耕、天下为之大快。

崇祯二年（1629年）正月，召大学士韩爌、李标，吏部尚书王永光，刑部尚书乔允升等追究逆案。三月，廷臣上《钦定逆案》，诏刑在全国，除首逆魏、客二人外，追随魏氏的阉党二百六十人，分别定斩首、充军、徒刑、革职等七等罪。下诏焚毁《三朝要典》，为被害的东林党人平反昭雪，韩爌回朝又作首辅，并起用韩爌的门生袁崇焕为兵部尚书，督师蓟、辽。

陕北起义

明末崇祯初，大规模的农民起义在陕北爆发。陕北土地贫瘠，生产落后，工商业不发达，农民所受官府、地主、官僚的经济剥削和劳役都十分苛重。大批农民失掉土地，生活无依无靠，在当时他们只有两条出路：一是当兵；二是当驿卒。但当兵常年拿不到粮饷，驿卒的工钱也不够维持生计，而且明政府还准备减少驿卒，再加上连年水旱，广大农民走头无路，只有揭竿而起。

崇祯元年（1628年）十一月，府谷人王嘉胤首先发动起义，得到饥民积极响应。白水人王二等也率众进攻薄州、韩城，劫宜君县监狱，放出被囚群众，往北与王嘉胤所部的五六千人会合，聚集于延庆之黄龙山。不久，被陕西督粮道洪承畴所击破，义军转入山谷继续斗争。安塞人高迎祥率众起义，与王嘉胤会合。固原地区的起义军进攻耀州，乘雷雨夜冲破洪承畴部的包围，转移到了淳化，进入神道岭。汉南人王大梁率众并起义，有众四百人，自称大梁王。崇祯元年（1628年）十月，纠集成县、两当二地农民三千多人，攻克陕西略阳，逼近汉中府。崇祯二年（1629年）二月，起义失败，王大梁被俘。十一月，混天王率众起义，在延川、米脂、清涧一带战斗。

崇祯三年（1630年）正月，清涧人王子顺（又名王左挂）、苗美集万人起义于宜川之龙耳嘴，南围韩城。四月攻陷蒲县，后王子顺接受招抚，又被陕西巡抚御史李应期定计杀害。苗美带领队伍西移，不久也被杀害。

两三年间，府谷、韩城、宜君、宜川、绥德、葭州、耀州、略阳到处都有农民起义的队伍，农民军的起义斗争使平时疏于操练，又缺粮饷、斗志不高的明官军措手不及，纷纷向明朝廷告急、请兵。

正在农民起义遍地烽火之时，后金乘机大举进犯，从遵化、蓟县等地前锋直抵北京城下，崇祯帝又中了后金皇太极的反间计，杀了辽东督师袁崇焕，东北边际危在旦夕。明廷惊恐万分，京师戒严，下令各地督抚勤王。山西总兵张鸿功带晋兵5 000山西巡抚都御史耿如杞带兵3 000入京护卫。士兵旅途劳累，到达畿辅地区后，三天就调了三处防地，士兵们领不到口粮，又累又饿，只好在驻地附近抢粮充饥。明朝廷却以张、耿未能约束军队，下令将他们逮捕。士兵们于是在良乡哗变，一哄而散，有的跑回山西、有的加入农民起义队伍，沿良乡等地，转战至山东。这些受过军事训练的士兵，从护卫明朝廷开始转向反抗明朝廷，新的士兵的加入使农民起义队伍素质有所提高。

在各支起义队伍的声援下，王嘉胤部越战越勇，他们在崇祯三年（1630年）攻陷府谷的黄甫川、清水二营，夜劫明军营，占据了府谷。以府谷为据点，攻打延安、庆阳，攻下了许多城堡。在明总督杨鹤的招抚政策下，八月王嘉胤曾诈降，以麻痹官军，实际上并没有中止战斗。十月攻陷清水营，杀了明游击李显宗。在崇祯四年（1631年）正月十六日，渡过黄河攻打菜园沟。

原随王嘉胤起义的一支队伍，在不沾泥的率领下（队伍中就有李自成），曾利用明朝的招抚政策诈降，取得了大量粮食和赏钱，然后又攻打米脂、西川，占领了地势险峻的窑寨六十四座。

满天星率领的队伍有12 000多人，虽然因满天星投降明军后，一度被明军强行解散，遣返原籍，但没过几个月，起义军又重举义旗。

面对强大的农民起义力量，明官军围不胜围，攻不胜攻。明廷不得不使用剿抚两种对策。杨鹤接任陕西三边总督后，看到成百上千的饥民不断加入农民起义队伍，而官军的军事追剿疲于奔命却收效甚微，他感到仅用征剿手段不能解决问题，主张以招抚为主，追剿为辅。崇祯四年（1631年）崇祯帝又采纳剿灭政策。广大农民只有从斗争中求解救。

从崇祯三年（1630年）起，农民起义军逐渐转移到了山西，崇祯四年

（1631 年）至崇祯六年（1633 年），起义军的活动重心在黄河以东、山西境内。除早先进入山西的队伍外，王嘉胤、张献忠、李自成、罗汝才等部都先后进入山西，以王嘉胤部实力最强。

崇祯四年（1631 年）六月，王嘉胤在阳城被内奸灌醉刺死。起义军推举王自用（外号紫金梁）为首领，会合在山西境内的各支起义军，共有 36 营，号称 20 万人。其中有老回回（马守应）、八金刚、闯王（高迎祥），闯将（李自成）、曹操（罗汝才）、混天王、闯塌天（刘国能）、点灯子（赵胜）、不沾泥（张存孟）、满天星、八大王（张献忠）、革里眼（贺一龙），等等。这是农民起义中较强大的几支农民起义队伍，为日后李自成将他们联合起来，发展壮大，灭亡明朝奠定了基础。

留在陕西的数支起义军仍在坚决斗争，到崇祯六年（1633 年），才被明军镇压下去。

张献忠起义

张献忠，明末农民起义首领。字秉吾，号敬轩，延安柳树涧（在今陕西定边东）人。出身贫苦。人称之为“黄虎”。崇祯元年（1628 年），延安饥荒，府谷人王嘉胤起义，从小具有反抗精神的张献忠加入王嘉胤起义队伍。

崇祯三年（1630 年）四月，张献忠率领米脂县十八寨穷苦人民举起义旗，宣布起义，绰号“八大王”。起义军的连续获胜，使统治阶级坐卧不安。六月，在清涧与明官军洪承畴、杜文焕作战受挫，为保存实力，献忠假降于杜文焕。

崇祯五年（1632 年），献忠乘机又起义，随农民起义军首领高迎祥、紫金梁转战于山西诸郡县。崇祯六年（1633 年）二月，张献忠率军由晋北南下垣曲，经过陕西向四川进发。三月，攻克四川的夔州（今奉节县）、大宁（今巫溪县）、大昌、新宁（今开江县）等州县。并由太平（今万源县）经长茅岭攻克通江，由巴州攻克保宁（今阆中县）、广元。这是献忠农民军的第一次入川作战。

崇祯七年（1634 年）正月，献忠农民军进攻河南信阳、邓州，逃入应山。又率军西上，从郧阳渡过汉水，攻克陕西商名雒、周至（今改周至县）、鄠县（今改户县）。南下洵阳、紫阳、平利、白河、向四川方向进发。此时，献忠农民军已扩大到 13 营，“号十万”。二月，献忠农民军第二次进入四川，攻克川东的大宁、大昌和巫山。后又攻克川东门户夔州，统治阶级大为震惊。七月，献忠由白水江进入陕西，同李自成农民军联合攻克了澄城，而围攻郃阳（今合阳）、韩城、到达平凉、邰州。十月，又进入河南西部卢氏县。十一月，由卢氏进达嵩县、汝阳一带。

此年年底，农民起义军各支向河南荥阳地区集结。崇祯八年（1635年）正月，农民军13家72营的领袖们在荥阳召开了明末农民大起义史上具有重大意义的荥阳大会。会议由13家中威望最高的西营八大王张献忠、闯王高迎祥主持。闯将李自成作为高迎祥部的裨将也参加了会议。李自成在会议上指出，今后农民军的军事路线，宜“分兵定向”，这得到了大家的一致赞同，即各支农民军都打击明军的主攻方向，而老回回、九条龙来往策应。会上商定了共同的组织纪律和互相援助的方法。

荥阳大会标志着明末农民大起义进入了一个新阶段，它使农民军由分散作战开始向协同作战、互相声援的作战方式转变。

荥阳大会后，献忠率农民军东进安徽，直取凤阳，焚毁皇陵，挖了朱家王朝的祖坟，这是明末农民大起义以来的第一次重大胜利，给了明朝统治阶级一次十分沉重的打击。农民军焚毁皇陵的消息传到北京，崇祯帝朱由检惊慌失措，哀痛至极。

献忠农民军在直捣凤阳的同时，另一支部队乘胜向凤阳东南地区挺进。崇祯八年（1635年）正月，农民军合围庐州府，十二月，献忠农民军第二次东进。二十四日再克含山，二十六日包围和州，以大炮攻破西门，胜利进入和州。三十日到达江浦，直逼长江东岸的明南都——南京。

崇祯九年（1636年）正月，献忠军会合高迎祥、闯塌天、扫地王等“连营百余里”，以兵数十万，进攻江浦西北之全椒、滁州。卢象升官兵前来镇压，起义军受挫后，向西进入河南，活动于舞阳、南阳、内乡。

崇祯十年（1637年）二月，献忠以数十万农民军围攻湖北重镇隋州。攻克应城、隋州的农民军乘胜东下广济，全歼广济典史魏时光纠集的三百余地主武装。四月，献忠农民军在安庆西南的丰家店，同敌军进行了一场漂亮的歼灭战，不到一天，就把庆天巡抚亲自选拔的官僚地主子弟的地主武装彻底消灭。农民军接着继续东进，其先头部队到达南京与镇江之间的六合、仪真，扬州告急，明廷急令督理太监刘元斌、卢九德选勇卫万人前往援助。

献忠军东进苏、皖，给明廷军队以重大打击后，回师西进，由湖北东部向鄂、豫、陕交界地区进发。崇祯十年（1637 年）十月，兵分两路进入四川，这是献忠军第三次入川作战。

崇祯十一年（1638 年）正月，总兵左良玉、陈洪范大败献忠于郧西。献忠受挫后，为了保存实力，决定假降，在谷城接受了熊文灿的招抚。崇祯十二年（1639 年）五月，献忠认为时机成熟，在谷城又举义旗，杀谷城知县阮之钿。又威胁御史林鸣球上书，求封于襄阳，鸣球不从，于是杀之。七月，熊文灿檄诸将进攻谷城，献忠樊谷城西走，与罗汝才军合。左良玉追击于房县西，献忠设下埋伏，尽歼敌军，良玉掉失了印，文灿、良玉都被革职。九月，大学士杨嗣昌督师进剿献忠。十月至襄阳违，捕败将熊文灿并处死。

崇祯十三年（1640 年）二月，左良玉大败献忠于太平县之玛瑙山，精锐尽杀。仅以骁骑千余逃往兴安、平利。在此战役中，献忠的不少有实战经验的将领被杀，他的一个妻子俘后被杀，一个八岁之子被俘后死。另两个妻子歼氏、高氏及抚子惠儿也被俘。献忠在兴归山中得到休整，“伏深箐中，重贿山氓，市盐刍米未酪，山中人安之，反为贼耳目”。被敌人打散的士兵也迅速归队，“献忠得以休息，收散亡，养夷伤”。兵士又振作起来。六月，献忠率部队向白平山进发，以神速的行动进入巫山隘。在土地岭大败官军，全歼官军 5 000 人，杀死敌将白显等，杀伤总兵张应元、汪凤云等。汪凤云伤后，“卧血凝臆而卒”。接着又全歼张令、左良玉军三万人，从而彻底粉碎了杨嗣昌企图在“楚蜀交界”消灭献忠军的“专剿”计划，扭转了农民军被动挨打的局面。献忠率领起义军，于九月长驱入川，大步前进，以走致敌。这是献忠军第四次入川。十月十七日，从剑州北向四川广元进发。二十四日，攻克绵州（今绵阳县），渡绵河而西，经绵竹南下什邡、德阳、金堂、新都、汉州（今广汉县）等地，于十一月到达了成都城下。十二月，攻取泸州。之后，越过了成都，走汉州、德阳，复至绵河。

崇祯十四年（1641 年）正月，献忠、罗汝才入巴州，走达州（今达县），直抵开县之黄陵城，在这里与官军进行了一场决战。将尾随而来的明军总兵猛如虎部打得大败。

张献忠军乘开县黄陵城之战的胜利，决定夺取围剿总司令、兵部尚书杨嗣昌的大本营——襄阳。二月，烧了襄王府，抓了襄王。襄阳知府王承曾、福清王朱常澄、进贤王朱常淦在乱中化装出逃。襄阳知县李大觉自杀。献忠军第二次攻克襄阳。三月，督师大学士杨嗣昌自缢而死。左良玉以襄阳失陷而被削职。为了扩大战果，更沉重地打击敌人，献忠军再次转战鄂、豫、皖。八月，农民军到达了豫之信阳，与左良玉军相遇而战。献忠负重伤，只得换了衣服潜夜逃出夜遁，逃入山中。农民军损失惨重。十月，献忠与革里眼、左金王等农民军在英霍山中实现联合，后又出攻舒城。

崇祯十五年（1642 年）二月，献忠攻陷了亳州。四月攻陷了舒城、六安。五月，轻取庐州，六月攻陷庐江。八月，献忠军分为三：一军上六安；一军趋庐州；一军往庐江三河，掠巨舟二百，建水师营，合水陆为五十六营。

九月下旬，献忠军扎营于潜山，分营为四，步骑 90 哨，前阻大沟，后枕山险，为持久之计。不料，官军夜半缘山突袭，献忠军跳涧四溃，损失惨重。接着，献忠又向东进攻去，攻陷了桐城，又陷无为州、黄梅、太湖。

崇祯十六年（1643 年）正月，献忠以二百乘夜袭击，陷蕲州。三月，攻破黄州，献忠据府自称西王。五月，献忠军向武昌挺进，沿江而上，攻破了汉阳。临江欲渡，武昌大震。二十九日，攻克武昌，进驻楚王府。在武昌建立大西政权，献忠自称大西王，宣布武昌为京城，名天授府，铸西王之宝。设五府六部，开科取士，殿试三十人为进士，授郡县官。七月，献忠决定留张其在守武昌，自己率领大西军分水陆两路向湖南长沙进发，八月二十二日直抵长沙城下，守城的明总兵尹先民、何一德等决定向大西军投降。顺利进入长沙。献忠既陷长沙，“设立伪官”，“大书伪榜，驰檄远近”。

九月四日，献忠率领军队夺取衡州，复分军为三：一军往永州；一军入广西全州；一军攻江西袁州。十月十一日，大西军开入袁州城。十八日夺取吉安。十一月，大西军与明军在岳州展开了水战，官军水师全部被歼，岳州又为农民军占领。

崇祯十七年（1644 年）三月，献忠决定向四川进军，同李自成争天下。此时李自成已建立了大顺政权，李攻下北京后，崇祯帝自缢，李自成登上了帝位。张献忠决计入川，以四川为基地，然后“兴师平定天下”，打算从自成手中夺取帝位。六月，献忠攻陷涪州、泸州，蜀王告急，在南都请济师。献忠顺流攻陷佛图关，遂围重庆。悉力拒守，四日而陷。攻入重庆的大西军，立即逮捕了瑞王朱常浩，处死明原巡抚陈士奇，严惩宗藩顽敌。八月，献忠攻陷了成都，杀死蜀王和巡抚龙文光。成都攻克后，四川除遵义府（今属贵州省）、黎明（今汉源县）土司外，均被大西军所占领。献忠在成都称帝，年号大顺，以成都为西京。设立内阁六部，有左右丞相、六部尚书等。分辖 70

营（一说为120营），辖境为四川大部分地区。

李自成进北京

大顺军渡河东征的消息传到京城，崇祯坐卧不宁，崇祯十七年（1644年）正月二十四日，决定命李建泰以督师辅臣身份“代朕亲征”，并为他举行了隆重的遣将礼。但李建泰率兵到邯郸时，传来了大顺军左营刘芳亮部沿黄河东进的消息，立即往北开始撤退。

与此同时，朝廷也开始商议抽调驻守宁远防备清军的吴三桂部队。

不久，起义军更加逼近，明廷一片恐慌。于是于三月初六正式下令放弃宁远，命蓟辽总督王永吉，宁远总兵吴三桂统兵入卫京师，并檄调蓟镇总兵唐通、山东总兵刘泽清率兵勤王。但吴三桂因路途遥远，直到京师被占他的军队还在跋涉途中。刘泽清接诏后，谎称坠马负伤，无法从行。唐通率8 000兵卒至京，屯扎于齐化门（即朝阳门）外，但不久又撤兵而去，盘踞在居庸关上。大小群臣们见大势已去，也纷纷逃离京师。

三月十五日，大顺军进抵居庸关，唐通随即投降。

大顺军围攻北京时，李自成在昌平与北京之间的沙河设下临时总部，由大将刘宗敏担任前线总指挥。

崇祯领太监王承恩爬到煤山（即景山）顶瞭望，见无处可逃，便决计自尽。

三月十九日，大顺军占领了北京。军队通过正阳门、崇文门、宣武门进入城内。午刻，李自成由刘宗敏、牛金星、宋献策等文武官员陪同，着毡笠缥衣，乘一匹杂色毛的马，由沙河的巩华城大营入城。

从此，执政277年的朱明王朝，被李自成农民起义军推翻了。

四月初，大顺政权终于将崇祯帝、厚葬于昌平县田贵妃墓。

第十六章　清

清朝定都北京

清朝发源于东北地区的建州。十六世纪末，太祖努尔哈赤以十三副遗甲起兵，四方征讨，至明万历四十四年（1616 年）建立起后金汗国。万历四十六年（1618 年），后金开始向明朝发起进攻，并在几年之内攻占了辽东的大部地区，迁都至沈阳。崇祯九年（1636 年），清太宗皇太极改国号为大清，即皇帝位，继续攻击明朝。崇祯十五年（1642 年），清军夺得松山、锦州等地，明朝在关外仅存宁远一城，至此，清朝已经基本上具备了入主中原的实力。

崇祯十七年（1644 年）春，农民军李自成部进军北京，向明王朝发起总攻击。清朝统治集团的核心人物摄政王多尔衮感到时机成熟，遂于这年四月率大军西进，准备乘战乱伺机夺取明朝天下。此时李自成农民军已经攻克北京，明亡。原明平西王吴三桂据山海关降清。四月二十二日，清军和吴三桂军联兵在山海关内大败李自成农民军，农民军溃退回京。多尔衮于当日封吴三桂为平西王，统马步兵一万隶之。第二天即向北京进军。

清军及吴三桂部在西进京师的途中发布榜文告示，宣传“义师为尔复君父仇，非杀尔百姓”。多尔衮也极重视部队的政策与纪律，向诸将提出“今入关西征、勿杀无辜、勿掠财物、勿焚庐舍。”这种做法消除了许多汉族官僚地主的疑惧，因而在向北京进发的过程中几乎没有遇到抵抗。这样，清军兵不血刃，轻易地占领了北京这座故明都城。

摄政王多尔衮

入关后的清军把大顺农民军看作是自己的主要敌人，进京后立即马不停蹄地继续深入攻击围剿。而对故明势力，清方则采取了安抚拉拢的政策。在清军的政策攻势下，直隶和山东、山西等地的大批官僚士绅归顺清朝，清朝在京畿及其周围地区的统治初步巩固。

摄政王多尔衮在占领北京后就以北京作为对关内军事、行政发号施令的指挥中心，常驻下来。

十月初一日，顺治帝在北京行登基礼。宣布仍用大清国号，顺治纪元。初十，顺治帝于皇极门向全国颁即位诏书。诏书除宣布自己作为天下最高君主的毋庸置疑的合法性之外，还提出五十五款。其主要内容有：加封亲王宗室及满洲开国功臣；察叙满洲将领及入关后降顺之文武官绅；赦免十月初一日以前的罪犯；加恤出征兵丁；地亩钱粮俱照前朝原额，而加派辽饷、新饷、练饷、召买等项悉行减免；大兵经过地方免征正粮一半，无大兵经过者免三分之一；各直省拖欠钱粮，自五月初一以前，凡未经征收者尽行减免，等等。

清朝迁都北京，顺治帝在北京行定鼎礼，标志着清朝政权在中原地区统治的初步确立。尽管清朝统治者又用了近二十年的时间，才真正统一了天下，但其新的统治中心北京地区却一直是相当巩固的。北京作为清朝的首都，也就一直延续到二十世纪初清朝灭亡，二百多年中始终没有改变地位。

南明的兴亡

明崇祯十七年（1644 年）三月，农民军李自成部攻陷北京，崇祯帝自缢身亡。四月中旬，消息传到明朝的陪都南京，参赞机务南京兵部尚书史可法立即召诸大臣会议立君。凤阳总督马士英为争拥戴之功，坚持要立福王，并密约江北四镇总兵黄得功、刘泽清、高杰、刘良佐拥兵护送福王至仪真。史可法只得接受既成事实，迎福王至南京。五月十五日，福王朱由崧即皇帝位，以次年为弘光元年。

弘光帝即位之前，多尔衮已率清军在山海关大败李自成军，入关后占领了北京，传檄远近，大有一统天下之势。在这种危急时刻，弘光朝君臣却以为“君父之仇”稍稍得报，幻想偏安一隅，把主要精力放在内部的钩心斗角和奢侈享乐上。马士英因拥戴有功入阁，但仍受命督师凤阳，于是大怒，向弘光帝揭发史可法等人曾有“七不可”之议，挤史可法督师于扬州，自己终于入阁掌握了朝廷大权。不久，马士英荐用崇祯初年被列入“逆案”的阮大铖为兵部尚书，而阮大铖憾于积年党争成见，终日以党同伐异，翻逆案、排东林为第一要务，一些较有作为的大臣如姜日广、刘宗周等相继被罢去，朝中充满庸碌之辈。

弘光帝贪图享乐，是个毫无进取心的人。

四月二十五日，清军攻破扬州，史可法被杀。五月十五日，清军进入南京，弘光朝大批官员迎降。弘光帝逃至芜湖，不久也为清军俘获，次年五月，弘光帝在北京被杀。

南京陷落时，明唐王朱聿键正流亡杭州，福建巡抚张肯堂等议奉唐王监国。闰六月二十六日，唐王于福州即皇帝位，改福州为福京天兴府，建元隆武。与此同时，浙东张煌言等人拥立鲁王朱以海临国，不奉隆武正统。而江西、湖广及两广的残明势力则都拥护隆武帝。

隆武帝好读书，比较了解民间疾苦，即位后欲有一番作为。但当时清军不断向南方推进，大局已难以扭转，而且闽中一切军政大权实际都把握在郑芝龙兄弟手中。他虽然以自己的势力拥戴隆武帝，却不愿意出闽进取。顺治三年（1646 年）六月，清军克浙东诸邑，郑芝龙即通投于清军，尽撤闽界守军，清军长驱直入，隆武帝自今福建南平逃往今福建长汀。六月二十八日，隆武帝被乱军杀害。隆武之后，其弟朱聿鐭浮海至广州，由大学士苏观生等拥立为帝，改元绍武，但仅维持了一个多月。这年年底，清军攻陷广州，朱聿鐭被俘，绝食死。

顺治三年（1646 年）八月，隆武帝遇难的消息传到广东，两广总督丁魁楚、广东巡抚瞿式耜等议以正在肇庆的明桂王朱由榔监国。十一月十八日，即皇帝位，改次年为永历元年。当时南明政权的势力范围，除广西、贵州、云南及广东一部外，尚有何腾蛟支撑于湖广，而郑芝龙之子郑成功起兵海上，也尊奉永历帝为正统。

永历帝庸碌无能，初年大权被身边的太监掌握着。顺治四年（1647 年），清军攻占肇庆，进而占领广东全境，并进一步攻取广西的梧州、平乐、浔州今广西桂平等地。永历帝面对一连串的军事失败，对策只是不停地逃亡、转移，成为中国历史上最为行踪不定的一个皇帝。

顺治八年（1651 年）被张献忠的大西军余部孙可望挟持，第二年安置于广西贵州交界处的今安龙，改称安龙府。

此后数年间，永历帝完全在孙可望的掌握之中。

顺治十三年（1656 年），孙可望与李定国决裂，相互攻击。李定国至安龙，护送永历帝入云南，以昆明为滇都。次年七月，孙可望反判，兵败，奔长沙降清。此后永历朝内部较稳定，稍具国体，但其势力范围仅余滇、黔两省而已。

顺治十五年（1658 年），清朝命贝子洛托及洪承畴、吴三桂等率军分三路进攻南明。十月，清三路大军会师于平越州（今贵州福泉），李定国组织力量抵抗，但终于战败。十二月，清兵抵曲靖，李定国等保护永历帝撤离滇都。顺治十六年（1659 年）正月，清军入昆明，永历帝在崇山中仓皇奔逃，从人所剩无几，最后逃入缅甸。

云南既定，清廷命吴三桂镇守之。顺治十八年即南明永历十五年（1661年），吴三桂发兵至缅甸边境，威胁缅甸交出永历帝。十二月，缅方向吴三桂献上永历帝及太后、太子。次年四月十五日，吴三桂在昆明将永历帝及太子绞死于市。不久后，率余部在滇南坚持抗清的李定国亦病逝，其子以所部降清。

圈地令

清顺治元年（1644 年）四月，清军入关，五月进入北京，十月初一日，顺治帝在北京举行定鼎登基礼。入主中原的清朝统治者把中原地区当成了自己的战利品，从入关之日起就开始了对关内人民的剥削和掠夺。入关之前，清朝皇帝、王公贵族、文武官员和八旗兵丁在辽东拥有大块庄田和份地，役使带有农奴性质的庄丁进行生产，是其经济收入的主要来源之一。清廷定鼎北京之后，皇室贵族和八旗官兵倾巢入关，急需在新的地区建立起一套符合其传统习惯的经济制度。因此，清朝统治者在建都北京后立即着手解决所谓“旗地”的问题。

同年十二月初，清廷开始讨论清查无主土地，安置满洲庄头的问题。顺天巡按柳寅东提出为避免旗民与汉民杂处而生事，应使满汉界限分明，为此则不如先将州县大小，定用地之多少，使满洲自占一方，然后以查出无主地与有主地互相兑换。柳寅东的这一建议基本上为清廷采纳。十二月二十三日，顺治帝谕户部：“我朝建都燕京，期于久远，凡近京各州县民人无主荒田及明国皇亲、驸马、公、侯、伯、太监等死于寇乱者，无主田地甚多，尔部可概行清查……尽行分给东来诸王、勋臣、兵丁人等。”谕令还提出“可令各府州县乡村满汉分居，各理疆界，以杜异日争端”。这就是所谓的“圈地令”。

圈地令颁布后，各旗官员持户部颁给的绳索到京城四周的广大农村丈量圈占土地，掀起了一个长达数年的圈地狂潮。根据公开发布的命令，八旗圈占土地应是无主荒地以及被推翻的明朝贵族的土地。但在实际中，这些“荒地”常常是已有人耕种，特别是为了实行满汉分居、各理疆界，官员强迫各地居民迁徙到他乡他县，甚至数百里之外，以贫瘠荒地兑换农民已有的土地，已经完全是一种公开掠夺了。后来随着八旗官兵入京数量的增加，当局只是根据需要在京城附近地区大肆圈占了土地，根本不再考虑土地有主无主。

经过顺治前期连年的圈占，京城附近地区被占田地多达十几万顷。有些州县几乎完全是旗地旗丁，而没有民田民户。被圈占土地的农民被驱逐出原地，流离失所。一些人奋起而反抗，另一些人为生活所迫，只得投靠旗人，充当农奴；有些人甚至在圈占的逼迫下带着土地投靠旗人，向其交纳租银。

这些投靠者被称作“投充人”，当时约有四五万人之多。

顺治十年（1653 年）以后，八旗圈占土地的格局大体确定，虽然由于对勋臣贵戚的恩赏及增设新牛录、旗地调整等原因，仍然有新的圈地活动，但规模已经很小。直到康熙初年，辅政大臣鳌拜为了维护自己小集团的利益，再一次掀起大规模的圈地高潮。这次圈地引起了包括一部分满汉高级官员在内的大部分人的反对，但鳌拜等人一意孤行，坚持换地圈地，严重破坏了生产力，重新激化了在康熙初年已有所缓和的民族矛盾和阶级矛盾。

康熙八年（1679 年），康熙帝铲除了鳌拜集团，夺回了权力，立即宣布废除圈地制度。至此，清朝初年给人民造成巨大灾难的圈地运动基本结束。

剃发令

满族习俗，男子将头顶四周的头发剃去一圈，只留顶心头发，编成发辫垂于背后，除家丧国丧要百日不剃外，四周头发不可蓄长。清太祖努尔哈赤立国后，要求投降或归附满洲的汉人和其他各族人民都必须剃发。天命六年（1621 年）努尔哈赤攻占辽沈后，传令百姓，凡自行剃发者收养不杀，已经把剃发与否当作是不是投降的标志了。在辽东，这种强迫汉民剃发的做法曾经激起过汉民强烈的反抗。

顺治元年（1644 年），多尔衮率清军大举入关，对于剃发问题仍然坚持传统做法。引起民众极大的不满。这种局面对于刚刚入关还立足未稳的清朝统治者显然是不利的。

在清军入关后不久，南京的故明官员建立起弘光南明政权。为了争取民心，一统天下，清廷接受吴三桂等人的建议，一度废除剃发之令。

但是，清军在统一全国的战争中的不断胜利刺激发展了满洲贵族的偏狭骄虚心理。顺治二年（1645 年）六月十五日，清帝命礼部传谕京城内外，规定全国官民，京城内外限十日，各直省地方以部文到日亦限十日，全部剃法；有迟疑争辩者一律严惩不贷；各地方官中要严行核查，不许再以剃发事件上奏；剃发后衣帽装束也随之改易，悉从满洲制度。这就是所谓的“剃发令”。

剃发令下达之后，一些地方官吏又采取层层加码的方法，对于抗拒剃发令的民众，各地官吏和清军大都实行“留头不留发，留发不留头”的残酷杀戮政策，这种滥施刑罚引起各地人民极度不满，一些地区的人民针锋相对地提出了“头可断，发决不可去”的口号。

清朝统治者在初入江南，统治完全没有巩固的情况下，强行推行毫无实际意义的剃发令，严重伤害了汉民的民族感情，实在是做了一件极其愚蠢的事情。剃发令颁布后，江南地区许多已经归顺或即将归顺的地方纷纷举行起义，江阴、嘉定、苏州等地人民武装抗清达数月之久。尽管各地起义最后都被残暴镇压，但抗清的风潮却由江南传播到全国各地。

剃发和着满洲衣冠的规定一直延续到清王朝灭亡。这种制度虽然依靠暴力维持下来了，却一直作为民族压迫的象征，隐藏着巨大的危机。清代的历次起义与反叛，差不多都要断辫恢复前明衣冠，以争取人心。

抗击沙俄入侵

顺治七年至十七年（1650—1660 年），沙皇俄国先后派遣哈巴罗夫和斯捷潘诺夫武装入侵我国东北地区，当地清军和各族人民坚决抗击，重创沙俄侵略者，捍卫了祖国的神圣领土。

早在明崇祯十六年（1643 年），俄国雅库次克督军戈洛文就曾派出以文书官瓦西里・波雅科夫为首的远征军 130 余人，侵入我国黑龙江流域进行烧杀抢掠，直到顺治三年（1646 年），才取道鄂霍次克海返回雅库次克。俄国侵略者的暴行遭到当地各族人民的坚决反击，全队 133 人，只有 53 人生还俄国。

顺治七年（1650 年）一月，叶罗菲・哈巴罗夫率领 70 名哥萨克人越过外兴安岭，侵入我国雅克萨以西达斡尔族聚居地区。哈巴罗夫见当地人民已有准备，自己力量薄弱，乃放火烧毁村庄，撤回雅库次克。

第二年初，哈巴罗夫再次率领他新召募的一百余名侵略军侵入黑龙江流域。他们首先攻占了战略要地雅克萨城，又于同年六月向黑龙江中下游进犯。

十月到达乌扎拉村，并在此休整过冬。乌扎拉村是赫哲族人聚居地区。他们一面以简陋的武器对抗俄国侵略者；一面派人向驻守今吉林宁安的清军报警。顺治九年（1652 年）春，清宁古塔章京海色率领 600 名清军前往乌扎拉村，同时赶来助战的还有黑龙江流域各族人民千余人，清朝军民英勇作战，冲入敌营，200 余名沙俄侵略军被压缩成一团，但由于海色下令只准生俘，不能击杀，束缚了自身的手脚，给敌人以可乘之机，致使战斗失利，清军被迫撤出乌扎拉村。尽管初战失利，仍给了侵略者以沉重打击。哈巴罗夫不敢继续深入，率部向黑龙江上游撤退。途中遭到清军及沿江各族人民的阻击。

哈巴罗夫回国后，沙皇改派斯捷潘诺夫前来中国，继续率军在黑龙江流域进行侵略。顺治十年（1653 年），清政府任命沙尔虎达为第一任宁古塔昂邦章京，负责抗击沙俄侵略，保卫边境安宁。顺治十一年（1654 年），沙尔虎达率满洲兵 300. 虎尔哈兵 300. 朝鲜兵 100 前往松花江口，抗击沙俄侵略军。当时斯捷潘诺夫率哥萨克兵 370 余名活动于该地。两军相遇，俄国侵略者倚仗船大枪多，向清军挑衅。清军占据有利地形，设置埋伏，诱敌登岸，伏兵四起，俄军大败，狼狈逃窜，许多哥萨克兵被打死打伤，士气大为低落。顺治十二年（1655 年）二月，清政府命尚书都统明安达礼自京师率军前往黑龙江征剿沙俄侵略军。其时斯捷潘诺夫及其部下正盘跨在呼玛尔城中。二十七日，明安达礼所部到达呼玛尔，向城内俄军发起进攻。俄军凭借坚固的工事和精良的武器进行顽抗。双方激战十天，清军未能攻破呼玛尔城，反而由于劳师袭远，粮草不足，难以持久，遂班师还朝。

顺治十五年（1658 年）七月，斯捷潘诺夫又带领哥萨克侵略军五百余名窜到松花江流域进行骚扰。他们抢劫粮食、貂皮，杀人放火，给当地各族人民的生产生活造成极大破坏。七月十五日，宁古塔昂邦章京沙尔虎达率领清军分乘 47 只小船，在松花江与牡丹江会流处以逸待劳，设下伏兵，高丽国闻讯，也派兵前来助战。当斯捷潘诺夫率部到来后，清军在朝鲜兵的协助下，将俄国侵略者团团包围。面对清军强有力的功势，俄军大乱，180 多名哥萨克士兵脱离大队四处逃窜，斯捷潘诺夫等 300 余人被困核心，无法脱身。经过一场激战，清军大获全胜，打死、打伤及俘获俄军 270 余名，击毙敌酋斯捷潘诺夫，顺治十六年（1659 年），沙尔虎达去逝，其子巴海继任宁古塔昂邦章京。顺治十七年（1660 年），巴海率领清军继续在黑龙江流域进行围剿，最终肃清了中下游地区的沙俄侵略者残部。

郑成功收复台湾

台湾自古就是中国的领土，元代曾设澎湖巡检司，管辖澎湖与台湾，明代治袭了这种做法。明末天启年间，大陆福建等地的移民大量移居到台湾，进一步加强了台湾与大陆的联系。但是，自公元 1604 年起，荷兰殖民主义者多次对台湾进行侵扰。

公元 1624 年，荷兰殖民者入侵台湾西南部的海港鹿耳门，在沙洲上建立起一座城堡，命名为热兰遮。第二年，他们又用欺骗手段，以极低廉的价格（15 匹粗布）购买下大片土地，后建立赤嵌城（地在今台南市）。

公元 1642 年，荷兰人从西班牙殖民者手中夺得了台湾北部的基隆和淡水，基本上控制了台湾岛的西部沿岸地区。荷兰殖民主义者以台湾的主宰自居，强迫当地居民和过往商客交纳高额税金，甚至烧杀抢掠无恶不作，激起了当地人民的仇恨和反抗。

17 世纪中叶，中国的政治局面发生了天翻地覆的变化。清朝统治者入主中原，残明势力和各地人民展开了激烈的抗清斗争。郑成功原为南明隆武政权的御营中军都督，曾被隆武帝赐国姓。隆武政权失败后，郑成功拒不投降，招兵买马组织义军继续抗清。他以厦门和金门为根据地，多次向清军发动攻击，还接受了南明永历政权授予的延平郡王封号。

清顺治十六年（1659年），郑成功率军从海路进入长江，围攻南京，并攻克了江南大片地区，最后不幸兵败，只得又回到厦门。郑成功鉴于当时全国抗清形势已经进入低潮，其所部势单力孤，所占金门、厦门二岛近迫大陆，无险可踞，决定收复台湾，作为长期与清朝对峙的基地。

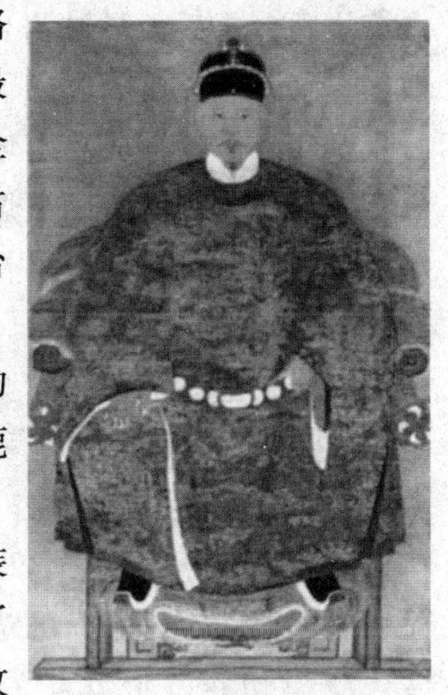
郑成功

顺治十八年（1661年）三月二十三日，郑成功率师进攻，四月初一日拂晓，至台湾岛西南部的鹿耳门港。

荷兰殖民者在热兰遮一带只有一千多人，武装力量很弱。但对郑成功大军压境，他们还是进行了顽强的抵抗。在粉碎了荷兰人在海上和陆上的进攻后，郑成功部再没有受到任何阻挠，非常顺利地完成了登陆，并在沿岸扎营，将赤嵌的普罗文查要塞和热兰遮城分割包围起来。

台湾的汉族和高山族人民得知郑成功率部到达，都纷纷前来迎接。由于有台湾人民的支持与配合，郑成功所部迅速在台湾站稳了脚跟，迫使荷兰殖民者只能蜷缩在普罗文查和热兰遮两处要塞中。

四月初四，荷兰殖民地当局的代表同郑成功进行谈判，提出愿向郑成功支付赔款为条件，要求郑军撤离台湾。郑成功对此严厉驳斥，申明台湾一向是属于中国的，要求坚守两处要塞的荷兰人立即投降。这次谈判破裂后，普罗文查要塞司令描难实丁被迫投降。而荷兰殖民地当局所驻的热兰遮城堡却升起了表示抵抗到底的血旗。郑成功立即指挥部队攻占了热兰遮城堡外的市区。但由于荷兰人的炮火猛烈，郑军数次进攻城堡都受挫。为了减少不必要的的牺牲，郑成功决定采取长期围困，迫其投降的政策。

在对热兰遮实行围困期间，郑成功抓紧在台湾进行政权建设。五月，改赤嵌为东都明京，设承天府。这是台湾岛设立府县政权的开始。郑成功还颁布八项条款，严纪律，定税收，保护民众，安顿眷属，开荒屯垦。这些措施有利于社会安定和经济发展，为后来郑氏在台湾建基立业创造了条件。

远在巴达维亚的荷兰东印度公司当局得知郑成功围攻热兰遮的消息后，匆忙拼凑了一支700人的支援部队，任命考乌为总司令，分乘十艘战船，乘着南太平洋季风赶到台湾。这支援军于当年七月抵达鹿耳门海湾，但直到第二个月才全部登陆。由于有了新生力量，荷兰殖民者决定再对郑成功部队发动一次攻势。闰七月二十三日，荷兰军队从海陆两面发起进攻，妄图夺回热兰遮城堡外的市区。但这一行动遭到郑成功部队的坚决回击，荷兰军船只被击沉烧毁，士兵大量被击毙，残部再次逃回要塞。援军总司令考乌被这次失败震慑，不久就借故逃离了台湾。此后的热兰遮城堡只能是坐以待毙而已。

这年年末，郑成功围城已达九月，于是再度发动攻势。十二月初六日清晨，郑成功指挥部队用大炮猛烈轰击热兰遮城堡外围的防御工事，并攻占了城堡外的几个重要据点。在面临灭亡的情况下，荷兰在台湾的殖民地最高长官揆一决定向郑成功投降。顺治十八年十二月十三日（1662 年 2 月 1 日），揆一在投降书上签字，台湾全岛正式回到了祖国的怀抱。郑成功对投降者采取宽大政策，允许他们带走私有财产和途中必要的生活用品。

郑成功在平定台湾后，广招漳、泉、惠、潮等处士民，制法律、定官制，筚路蓝缕，规模初定。但几个月之后，康熙元年（1662 年）五月初八，郑成功因病逝世，享年仅三十九岁。郑成功死后，其弟郑袭在台湾自行继位，而在厦门的郑成功长子郑经也由部下拥立为延平郡王。攻台以来一直在发展激化的台湾集团和金厦集团的矛盾终于爆发。十月，郑经率师进攻台湾，驻台诸将大多投降郑经。一场内乱平定之后，以郑经为首的台湾郑氏政权才真正巩固下来。

郑成功收复台湾

台湾此后一直在郑氏的统治下，康熙二十二年（1683 年）才被清朝统一。

三藩之乱

“三藩”，是指平西王吴三桂、增南王尚之信、靖南王耿精忠。早在清军入关之前，耿精忠之祖耿仲明和尚之信之父尚可喜先后降清，受到重用；吴三桂则在山海关降清，为清朝定鼎中原立过汗马功劳。清廷入关后，吴三桂等人分别率军南下追剿农民军和南明势力。顺治末年，吴三桂受封于云南，尚可喜受封于广东，耿仲明之子耿继茂受封于福建，不但各自握有重兵，而且把持地方政务，截留地方税收，成了一方的霸主。康熙初年，平定国内反清势力的战争已经全部结束，而三藩仍据于南方各省，耗费巨大的国家财政开支，而且对清廷的中央集权构成极大威胁。康熙帝亲政后，三藩隐患为其关心的第一大事，决心伺机解决。

康熙十二年（1673 年）初，尚可喜上疏请求归老辽东，由其长子尚之信继承爵，在粤继续掌管藩中事务。康熙帝认为这正是分别削弱三藩实力的良机，不允许尚之信袭爵，而令平南全藩一起撤离广东。清廷的这一举动引起了吴三桂和不久前才袭靖南王爵位的耿精忠的不安。为了窥测清廷意向，吴三桂和耿精忠于这年七月也分别疏请撤藩。清廷中一部分人不同意遽然撤藩，认为撤藩吴三桂必反。康熙帝却看到，吴三桂等“蓄彼凶谋已久，今若不及早除之，使其养痈成患，何以善后？况其势已成，撤亦反，不撤亦反，不若先发制之可也”。决计三藩同时裁撤，并派员前往滇、粤、闽三省料理搬迁事宜。

吴三桂和耿精忠早怀异心，见到朝廷决然撤藩，分别积极准备反叛。十一月二十一日，吴三桂杀云南巡抚朱国治反叛，自称天下都招讨兵马大元帅，立国号为周，令部属皆蓄发易衣冠。并命其部将马宝等率军由贵州进攻湖广，王屏藩等率军进攻四川以威协陕西。吴三桂还致书耿精忠和尚可喜以及各地旧部好友，约定共同起兵。清廷在一个月以后才得到吴三桂叛乱的消息，立即决定暂停撤平南、靖南二藩，并派兵分守荆州、常德、岳州、汉中、南昌等要地，同时还宣布削吴三桂爵，诏谕且下，“其有能擒斩吴三桂头献军前者，即以其爵爵之”。表示了坚决镇压叛乱的决心。

吴三桂早有叛乱准备，兵精粮足，进展非常顺利。短短四个月的时间，叛军和清军几乎还没有正式对阵，就已经占据了云南、贵州、四川、湖南、福建五省全部和广东、广西、浙江、江西、湖北、陕西六省的一部分，形势对清廷十分不利。

康熙十三年（1674 年）年初，吴三桂亲统主力已抵达长江南岸，设营于松滋。这时清廷仓促布防，各地的叛清之风涌起。吴三桂如果当机立断渡江北上或是顺流而下占领江南地区，都将给清廷以沉重打击。在吴军最初的攻势面前，一些满族大臣甚至有撤回关外的打算。但吴三桂贪恋云贵根据地，又想保存实力以待天下自乱，长期下不了这个决心，因而在最初几个月的长足进展之后就止步不前了。吴三桂的这一重大战略失误为清廷赢得了宝贵的时间，得以从容调兵遣将，安排布防。自康熙十二年年底至十三年（1673—1674 年）九月，康熙帝先后任命宗室贵族顺承郡主勒尔锦等六人为大将军，率八旗劲旅和大批绿营军奔赴前线，分别担任湖广、川陕、闽浙和两江方面的统帅。勒尔锦出兵最早，又直接面对吴三桂主力，是清军诸方面军中的核心力量。但勒尔锦是纨袴子弟，既无克敌的谋略，又无进攻的勇气。因此吴三桂主力与勒尔锦部在彝陵（今宜昌）至今岳阳一线的长江两岸长期对峙，却基本上没有战斗。康熙十三年至十五年（1674—1676年），清军与叛军的战斗主要发生在东南、西北和两广战线。

耿精忠于康熙十三年三月叛乱于福州，囚禁福建总督范承谟，自称总统兵马大将军，分兵三路向浙江和江西进攻。清廷数次招抚不成，于四月削耿精忠之爵以示绝裂。

耿精忠叛乱之初，曾邀台湾郑经登陆支援。但郑经率军入闽后，与耿精忠不和，反而从背后攻袭耿部，连陷数府。耿精忠腹背受敌，无力抵抗，先杀范承谟而后降。耿精忠降后，康熙帝命还其爵如故，但在三藩之乱平定后被凌迟处死。

在平定三藩之乱初期，清廷对绿营军很有疑虑，不肯重用，对出征的绿营在待遇方面也多有有歧视。康熙十三年（1674年）年末，参加进剿四川的平凉提督王辅臣部因缺粮饷而发生兵变，西北战况对清廷的安危关系很大，康熙帝几欲御驾亲征。后调集甘肃绿营军张勇、王进宝、孙思克等部与定西大将军贝勒董额军夹击王辅臣，形势才得缓解。康熙十五年（1676年）六月，王辅臣困于平凉，再度降清。吴三桂军也想继退入川中，双方在陕南一带再次陷于对峙状态，一直到最后清军全面反攻的时候。王辅臣后自杀。

两广方面最先叛应吴三桂的是孙延龄。由于他与三藩渊源甚深，清廷对他也非常不信任。康熙十三年（1676年）二月，孙延龄诱杀都统王永年，自称安远大将军，配合吴三桂行动。不久，广西提督马雄亦叛，广西全陷，广东方面三面受敌，形势吃紧。平南王尚可喜始终忠于清廷，在吴三桂叛清后一直竭力支掌广东局面。但尚可喜老病，其长子尚之信昏暴狂妄，掌握着藩中实权。康熙十五年二月，吴三桂军在广东节节胜利，广东各路总兵纷纷反叛，尚之信遂降于广州，接受吴三桂封号为辅德亲王。尚可喜不能控制形势，郁愤而死。不久福建耿精忠部平定，清廷命莽依图为镇南将军入广东。康熙十六年（1677年）五月，尚之信率官军剃发降清，康熙帝命其袭父王爵。在平定三藩大局初定后，尚之信于康熙十九年被处死。孙延龄则在此之前被吴三桂杀死。

康熙十六年（1677年）以后，清军的作战对象主要是吴三桂军本部，战场主要在湖南和广西。驻荆州的勒尔锦和岳州外围的安远靖寇大将军贝勒尚善仍然怯懦不敢出战，岳乐，喇布之军围攻长沙等地也没取得什么进展。但吴三桂早已成强弩之末，同样不能有所突破，双方再次陷入僵局。为了鼓舞士气，吴三桂于康熙十七年（1678年）三月在衡州（今衡阳）称帝，建元昭武。随后，吴军欲开辟向闽南的通道，与郑经相呼应，于是以大兵攻永兴。

清军野战失利，都统宜理布等大将阵亡，永兴城被困，形势紧迫。但八月间，吴三桂病死，吴军阵营大乱。主攻永兴的马宝闻讯自焚其营垒撤军还衡州，各处吴军守将也人心瓦解，丧失斗志。

康熙十八年（1679 年）初，清军向叛军发动总攻。康熙二十年（1681 年）初，清三路大军相继入云南，吴军溃败不能成阵，三月，遂围昆明，吴三桂之孙吴世璠与大将郭壮图等固守孤城十余月，终因粮尽无援而生内变。吴世璠自杀，其所部开城迎降。三藩之乱平定。

清政府统一台湾

郑成功及其子郑经在收复台湾后，仍然用南明永历年号，以明朝遗臣的身分继续同清廷对抗。但是，清朝政府经过入关之后数十年的统治，已经完全巩固了其地位，国内满汉之间的民族矛盾也已趋于缓和，台湾郑氏实际上成为阻碍国家走向统一的一股割据势力。早在康熙初年，统一台湾的问题已经被提到清朝统治者的议事日程上来，只是由于掌握实际权力的鳌拜集团以为“海洋险远，风涛莫测，驰驱制胜，计难万全，”才被搁置下来。

“三藩”之乱爆发后，郑经乘机率军进攻福建等地，客观上起了侧应吴三桂叛军的作用，增加了清军平息叛乱的困难。直至康熙十九年（1680 年）夏，郑经军连遭失败，才再度退归台湾。

康熙二十年（1681 年）初，郑经病逝于台湾，其子郑克监国。郑经的亲信侍卫冯锡范等人为了争夺权力，诱杀了郑克，又奉郑经年幼次子郑克塽继位。此后台湾地方大权落入冯锡范与刘国轩二人手中。郑氏集团内部争权夺利的斗争削弱了自已的力量，岛上人心不稳。

这年六月，康熙帝在确知郑经已死和台湾统治集团内乱的消息后，即谕令福建总督姚启圣、巡抚吴兴祚、提督诺迈、万正色等人乘机进兵台湾、澎湖。但由于当时进军准备尚不充分，水军提督万正色等人对进取台湾又存有疑议，这次军事行动没能立即实施。稍后由于内部长学士李光地的荐举，康熙帝决定任用熟悉海上情况，并曾为郑成功部将的施琅，于七月任命他为福建水师提督总兵官、加太子太保，率军进攻台湾。

康熙二十一年（1682 年）正月，施琅至福建上任，即于厦门调集军队，修整船只，积极准备攻台。台湾方面得知情况，也加强了防备，以刘国轩统兵六千人镇守海上要冲澎湖。

康熙二十二年（1683 年）六月，施琅率军由铜山（今东山）出发，进军澎湖。这时澎湖的刘国轩部已增兵至二万，战船二百余艘，而且在岸上和外布列了大炮和炮船，防御体系相当坚固。十六日，清军发起进攻，刘国轩迎战，双方各有伤亡。施琅首战不胜，只得暂时退兵，集全军船队于八罩屿。二十二日，施琅再次发动进攻，派总后官陈蟒、董义等分别率船攻打牛心湾、基隆屿，作为偏师和疑兵，自己则率大船五十余艘居中直冲娘妈宫。刘国轩亲率船队迎战。双方自辰时开战，炮火交攻，极其激烈。至巳时，南风忽起，施琅命乘风放火，郑军于是大溃，战船大量被击沉焚毁，一些将士阵前投降，刘国轩仅率残余的31只大小船只自吼门逃走。澎湖36岛于是全部剃发归清。

澎湖的失陷引起台湾郑氏当局的极大恐慌。七月二十七日，郑克塽正式向清军递降表，台湾自此统一于清朝。

施琅在台湾也采取了安民措施。八月十三日，施琅率军来到台湾，颁布《谕台湾安民告示》，提出“土地既入版图，则人民皆属赤子，保义抚绥，倍常加意”。又严束部队，不许扰民。台湾全局于是安定如常。

在平定台湾郑氏之后，清廷内部对于如何处置台湾这个岛屿发生过分歧。一部分人主张彻底放弃台湾，迁其人，弃其地，而以兵力驻防澎湖。施琅则力主坚守台湾，他的数次上疏陈述利害，建议留守台湾。

清廷最后做出决定，在台湾设置台湾府，隶属福建省。康熙二十三年（1684年）春，清朝驻台湾的第一批文武官员全部就职。

雅克萨之战

顺治年间（1625—1661年），中国军民击毙了沙俄侵略头子斯捷潘诺夫，将沙俄侵略者赶出了黑龙江中下游地区，但他们仍占据着黑龙江上游的尼布楚城（今俄罗斯涅尔琴斯克）等待时机，策划着新的侵略活动。康熙四年（1665年），俄军重占雅克萨城，并建堡筑寨，勒索财物，设置殖民农庄，奴役和镇压当地中国人民。康熙十五至二十一年（1676—1682年）沙俄又利用清廷全力镇压南方“三藩之乱”、无暇北顾之机，派出大量军队入侵黑龙江各支流，并调集大批枪炮、物资到尼布楚、雅克萨等地，加强侵略力量。对此，清朝政府多次提出交涉、抗议，警告他们必须停止对中国的侵略。沙俄侵略者不但置若罔闻，反而变本加厉，公然在中国领土上设立据点，强征贡赋，开采银矿，烧杀抢掠。清政府忍无可忍，遂于“三藩之乱”平定之后，立即集中力量，准备武力驱逐沙俄侵略者。

事先，康熙帝总结了三十多年来与沙俄斗争的经验，做了周密、细致的准备工作。康熙二十二年（1683年）十月，清廷以萨布索为第一任黑龙江将军，着手扫除俄军在黑龙江中下游设置的侵略据点。与此同时，当地各族人民也纷纷拿起武器，以各种形式打击沙俄侵略军。在各族人民的配合下，清军相继拔除了许多俄军据点。至该年年底，除尼布楚、雅克萨等少数地区外，侵入黑龙江流域的沙俄侵略者基本被肃清。

在加紧军事布署的同时，清政府始终未放弃谋求政治解决的努力，曾通过各种途径表示，只要沙俄停止侵略活动，清朝愿与之保持和平。直到大兵进发雅克萨之前，康熙帝还写信给沙皇，劝其迅速撤回雅克萨之兵，“互相贸易遣使，和睦相处”。但是，沙俄政府将清方的和平努力看成是软弱可欺，不但不予接受，反而继续扩大侵略。他们调整了侵略黑龙江地区的军事指挥机构，任命熟悉当地情况且以骁勇著称的弗拉索夫和托尔布津分别担任尼布楚和雅克萨督军，又增调援军，贮存粮草，加固城防，还派普鲁士军官拜顿在托博尔斯克召募哥萨克来中国助战。至此，清政府已别无选择，只有下决心以武力将侵略者赶出中国。

康熙二十四年（1685 年）四月，都统彭春、郎谈、黑龙江将军萨布素等分率满、蒙、汉等官兵三千余人自黑龙江城（今瑷珲）和卜魁城（今齐齐哈尔），水旱两路向雅克萨进发。五月二十二日，彭春率部抵达雅克萨城下，立即向俄方发出咨文，要求其撤出雅克萨，归还逃人，以雅库（今俄罗斯雅库次克）为界，遭到俄方拒绝。次日清军列阵，包围雅克萨城。二十五日，一队增援雅克萨的俄军自黑龙江顺流而下，被清军将领林兴珠率福建藤牌兵拦于江西。一场激战，毙伤俄军四十余人。随即，清军架设“神威无敌大将军”炮，向雅克萨城猛烈轰击，同时水陆并进，四面围攻。经过一昼夜激战，俄军伤亡惨重，城内到处起火。二十六日，郎谈命积柴焚城。俄国雅克萨督军托尔布津走投无路，只得出城投降，并发誓不再回雅克萨城。清军准其投降。派人将托尔布津及其手下官兵、眷属等七百余人送到额尔古纳河河口，收复了被俄军侵占达 20 年的雅克萨城。不久，清军撤回黑龙江城。

托尔布津等残兵败将回到尼布楚后，仍不死心。正项拜顿率领六百名哥萨克援兵也到达尼布楚，又探得清军全部撤退，并未留兵驻防的消息，遂率领五百余名俄军返回雅克萨，加筑工事，重新盘踞。康熙二十五年（1686 年）五月，萨布素、郎谈、班达尔沙等奉命率领清军 2 100 余人会师于查克丹，再次进兵雅克萨。命俄俘鄂克索木果带信入城警告俄军，如不立即撤出，必将其全部歼灭。是时，盘踞城中的俄国侵略军共有 800 余人，他们凭借充足的火器装备、弹药粮草和坚固的城防工事负隅顽抗，并自城中频繁出击，不让清军炮位和攻城器械逼近城墙。萨布素率领清军将士在当地各族人民的协助下，屡次击败出城挑战的俄军。六月初九日夜，萨布素下令向雅克萨城发起进攻。自夜到晨，重创俄军，数日之内毙敌 100 余人，托尔布津也中炮毙命，由拜顿继任其职。但是，由于清军除拥有少量大炮外，士兵作战主要依靠刀矛弓箭，杀伤力较小，对攻坚战尤为不利，故未能迅速拿下雅克萨城，战事一时陷入僵持状态。萨布素等为避免牺牲过大，停止强攻，于城外东、南、北三面挖掘长壕，修筑堡垒，又于城西江南布置水师，封锁来自尼布楚方向的援兵航道，对城中俄军进行长期围困。由于城中无井，通常依靠通向黑龙江的水道引来水源。清军经过四昼夜激战，切断了城中水源。数月之后，城中饮水、粮食、弹药皆已告罄，加之疾疫流行，800 多名俄军只剩下 66 人，尼布楚方面也无力派来援军，困守雅克萨的俄国侵略者已经濒临绝境。

尽管清府在军事上取得重大进展，但为求得边界上持久的和平，仍然不断谋求与沙俄进行谈判。此时的俄国，正值彼得一世之姐索菲亚公主执政，政权极不稳固，不可能再派大批军队前来中国，眼看困在雅克萨的俄军将被全歼，遂决定接受清政府的建议，派出以戈洛文为全权代表的谈判使团与清朝进行边界谈判。该年十月，俄国信使文纽科夫和法沃罗夫等到达北京，呈递沙皇给康熙帝的书信，要求清政府停止攻打雅克萨，等待戈洛文一行到达后进行谈判。清政府以礼接待了俄国信使，并在雅克萨城唾手可得的情况下同意了俄国的请求，命令萨布素等撤雅克萨之围，又派太医赴雅克萨为患病俄军治疗，且发粮赈济，保住了被困城中坐以待毙的俄国人性命。次年七月，清政府闻知戈洛文使团抵达边境，遂命萨布素等率部返回黑龙江、墨尔根（今嫩江）等地驻守。至此，历时两年之久的第二次雅克萨之战正式结束。

《尼布楚条约》

第一次雅克萨之战后，沙俄见仅靠武装入侵难以实现其对中国进委侵略扩张的目的，遂改变策略，企图以军事侵略和外交谈判交替使用，迫使清政府就范。康熙二十五年（1686 年）正月，沙皇政府任命戈洛文为对清谈判使团全权大使，率使团于正月十三日自莫斯科启程来华。康熙二十六年（1687 年）八月，戈洛文一行到达贝加尔湖东岸。

戈洛文一行在贝加尔湖东岸一带停留了两年时间。因此时清军已然撤消雅克萨之围，戈洛文就不急于与清方谈判。他一面窥探清政府的意图；一面竭力鼓动中国喀尔喀蒙古各部脱离清朝，臣服于俄国。遭到喀尔喀蒙古领袖土谢图汗和哲布尊丹巴的坚决拒绝。戈洛文见挑拨离间难以奏效，又企图以武力逼蒙古各部屈服。是年冬，戈洛文诬陷蒙古人民偷盗俄军牛羊马匹，命俄军闯入蒙古牧区进行烧杀抢掠，俄国侵略者的暴行遭到喀尔喀蒙古人民的坚决反击。十二月，蒙古军民在楚库柏兴（今色楞格斯克）一带打败俄军，迫使戈洛文等躲在城中不敢出来。康熙二十七年（1688 年）六月，正当喀尔喀蒙古各部抗俄斗争取得一系列胜利之际，准噶尔部首领噶尔丹以“为弟报仇”为借口大举入侵喀尔喀蒙古。喀尔喀各部相继战败，土谢图汗和哲布尊丹巴等率数十万众南归，要求清政府予以保护。戈洛文见有机可乘，遂与噶尔丹相勾结，派俄军分路出击，逼迫喀尔喀各部归顺俄国。由于喀尔喀蒙古人民的坚决反对，戈洛文一伙的阴谋未能得逞。

康熙二十七年（1688 年）五月，清政府派领侍卫内大臣索额图、都统公佟国纲、尚书阿喇尼、左都御史马齐、护军统领马喇等组成谈判使团，取道蒙古前往楚库柏兴与俄使进行谈判。索额图等行至蒙古，正值噶尔丹大举入侵，道路受阻，不得不暂时返回北京。康熙二十八年（1689 年）四月，索额图等再次启程，谈判地点改在尼布梦（今俄罗斯涅尔琴斯克）。六月，使团到达尼布楚。

中国使团到达尼布楚半月有余，仍不见戈洛文等前来，反受到俄国方面无理指责，说中国使团带军队前来违反国际法准则，又诬陷中国士兵途经雅克萨时杀死两名俄国人，还要求中国使团驻地不得离尼布楚城太近，应退往额尔古纳河口，等等。对此，索额图等据理予以驳斥。

七月五日，戈洛文使团到达尼布楚。初八日，双方进行第一轮会谈。谈判一开始，双方即展开了针锋相对的激烈辩论。戈洛文一口咬定黑龙江流域“自古以来”即为俄国领土，却又拿不出确凿的证据，指责中国“突然派兵侵犯”俄国领土，制造流血事件，引起战争，要求清政府赔偿俄国损失，惩办有关人员。索额图对戈洛文的无稽之谈逐条予以驳斥，以大量事实说明，鄂嫩、尼布楚等地皆为中国人民世代居住之地，当地人民一直向中国政府交税，其首领和子孙至今仍在，因俄国侵略而逃到内地。索额图在回顾了俄国侵略黑龙江流域的历史以后指出，当地中国各族人民多年来遭到俄国侵略者的蹂躏，绝不是如戈洛文所言仅仅为“小小纷争”。对此，中国政府曾多次提出抗议、警告，但俄方始终置若罔闻，中国忍无可忍，只得以武力驱逐侵略者。因此，引起战争的正是俄国的侵略和屠杀，如果说要“惩凶”“赔偿”的话，那么俄国首先应惩办侵略凶手，赔偿中国人民的生命财产损失。最后，索额图表示，中国使团是为争取和平而来，故只谈边界划分，谋求达成协议，并不想要求俄方“惩凶”和“赔偿”。在无可争辨的事实面前，戈洛文等理屈词穷，无话可说，在随后进行的划界谈判中，戈洛文首先提出以黑龙江为中俄两国边界的方案，遭到索额图等断然拒绝。清方提出以勒拿河与贝加尔湖划界，也未被俄方接受。第一天会谈没有结果。

次日举行第二次会谈。开始，戈洛文仍坚持以黑龙江划界，后见中国使团坚决反对，又提出以牛满河为界，仍将黑龙江上、中游北岸划归俄国。时此，中国使团当然不会同意，但索额图等以为俄方已然让步，于是提出以尼布楚为界的新方案。由于中国使团缺乏外交谈判经验，一下子就将事先确定的最后方案拿了出来，因而上了戈洛文等人的当，将尼布楚轻易划给了俄国。戈洛文见清方肯让出尼布楚，不由喜出望外，但为了勒索更多的利益，故意与中国使团继续纠缠，拒绝了这一方案。第二天会谈仍无结果。

索额图等不知戈洛文的真正意图，以为最后方案遭到拒绝，谈判已经破裂，准备返回北京。戈洛文一见，急忙通过在中国使团中充当译员的两名传教士——法国人张诚和葡萄牙人徐日升，劝中国使团留下来继续谈判。七月初十至二十三日，张诚与徐日升频繁往来于中、俄使团驻地，进行会外活动。经过激烈的谈判，中国使团又做出一系列重大让步，有些甚至超出了康熙帝允许的范围。戈洛文等见此行目的已基本达到，又赶上大批受俄军残害的中国各族人民听到中国使团到来的消息，纷纷突破俄军封锁，来到尼布楚附近，引起他们的恐慌，于是表示愿意接受中国使团的方案，同意撤出雅克萨。

康熙二十八年（1689 年）七月二十四日，中、俄两国正式签订《尼布楚条约》。共六条，内容如下：一、以流入黑龙江的格尔必齐河、外兴安岭直到海边为界，山南归中国，山北归俄罗斯；二、额尔古纳河以南属中国，以北属俄罗斯，其南岸眉勒尔客河口所有俄罗斯房舍均迁往北岸；三、将雅克萨地方俄罗斯所修之城尽行收图拆毁，雅克萨所居俄罗斯人民及诸物尽行撤往察汉汗之地；四、凡猎户人等断不许越界，有越界者即行擒拿，送各地方官惩处。从前一切旧事不议，中国所有俄罗斯之人或俄罗斯所有中国之人均不必遣返；五、今既永相和好，以后一切行旅，有准令往来文票者，许其贸易不禁；六、不得容留对方逃亡者，一经发现即行送还。另外，双方还商定将外兴安岭和乌第河之间的地区暂行存放，留待后议。

《尼布楚条约》是中、俄两国签订的第一个条约，其正式文本为拉丁文本，由双方代表签字盖章，另有满文和俄文副本。《尼布楚条约》是在平等的基础上签订的，其内容也未超出两国政府愿意接受的范围。条约明确划定了中俄两国东段边界，在此后相当长的一段时间时，两国边境相对安定，人民往来和贸易关系皆有所发展。

康熙亲征噶尔丹

厄鲁特蒙古又称漠西蒙古，在明代称为瓦剌。约在十六世纪末，厄鲁特蒙古分为准噶尔、和硕特、杜尔伯特和土尔扈特四大部，并形成了四部联盟。后准噶尔部势力日益强大，在天山以北至阿尔泰山的广阔地区称雄。

十七世纪中叶，准噶尔内部发生争夺统治权力的斗争。康熙十年（1671 年），准噶尔贵族噶尔丹夺取了统治权。噶尔丹极富于扩张野心，康熙二十七年（1688 年），噶尔丹趁喀尔喀蒙古内部动乱之机，向喀尔喀大举进攻。以土谢图汗察珲多尔济为首的喀尔喀军民在鄂罗会诺尔等地数次同准噶尔部激战，却终于全面溃败。土谢图汗等遂率部向南，寻求清廷的保护。

喀尔喀诸部归附清廷后，康熙帝仍然希望能以和平方式解决问题，但噶尔丹的野心却在不断膨胀，并于康熙二十九年（1690 年）初以追击喀尔喀部众为借口，组织力量再度东征。这年六月，噶尔丹部深入到内蒙古的乌珠穆沁境内，在乌尔会河打败了清军骑兵。噶尔丹对清廷造成的巨大威胁迫使康熙帝倾全力对付。七月，康熙帝任命裕亲王福全为抚远大将军，出古北口；恭亲王常宁为安北大将军，出喜峰口，并亲自出塞指挥各路大军，准备与噶尔丹决战。

康熙帝

八月初一日，清军左翼福全部与噶尔丹军相遇于乌兰布通（今内蒙古克什克腾旗南境）。大败葛尔丹军。

噶尔丹在乌兰布通大败后，一面卑词求和，一面弃辎重向漠北奔逃。由于清军前敌统帅福全没有果断地进行追击，让噶尔丹得以逃脱，但其部众沿途饥饿死亡，精锐几乎损失殆尽，回到科布多大营（在今蒙古国西部一带）时仅剩下数个人了。

乌兰布通战役的胜利极大地提高了清廷在蒙古诸部中的威望。为了进一步巩固北方边防，加强对喀尔喀各部的控制，康熙帝在康熙三十年（1691 年）四月亲往承德西北的多伦诺尔，集喀尔喀土谢图汗部、车臣汗部、札萨克汗部和内蒙古四十九旗的王公首领会盟。康熙帝在会盟中宣布：保留喀尔喀三部首领汗号，同时对各级贵族分别赐以亲王、郡王、贝勒、贝子、镇国公、辅国公等爵位；其行政体制则照四十九旗例编为旗队。多伦会盟后，噶尔丹完全丧失了在喀尔喀的势力地位，在对清作战中更为独立。

在第一次对清作战失败后，噶尔丹在准噶尔部的统治地位也受到了挑战。他的侄子策妄阿拉布坦趁噶尔丹常年在外作战，夺取了大量原来属于噶尔丹的土地和财产。为了摆脱在内部权力斗争中的困境，噶尔丹经过几年的休养生息，再度发动了对喀尔喀的进攻。

康熙三十四年（1695 年）八月，噶尔丹率军沿克鲁伦河而下，驻军在巴颜乌兰准备过冬。康熙帝在得知这一情况后，力排众议，决心亲自率军征讨，以期彻底翦除，消绝后患。康熙三十五年（1696 年）春，康熙帝亲征，兵分三路。东路由萨布素率领截噶尔丹东进之路；西路由抚远大将军费扬古率领邀击噶尔丹西归之路；康熙帝亲率劲旅居中，直扑克鲁伦河。

康熙帝所率中路军于五月接近克鲁伦河。由于东、西两路部队都没能按时赶到集结地点，康熙帝决定由所部先行袭击噶尔丹大军。而噶尔丹在得知康熙帝亲率主力征讨后，自忖实力相差悬殊，于是迅速撤退，五月二十日，因军粮跟不上，康熙帝下令班师，撤回后方。

五月十三日，弗扬古率领的西路军来到土喇河畔的昭莫多（今蒙古国乌兰巴托附近），正好噶尔丹的军队逃经到这里，两军在这里进行了决战。清军兵分一队突击噶尔丹军左翼，另一队偷袭其辎重。两队突袭都取得了成功，清军正面又同时发起猛烈攻势，噶尔丹等首尾难顾，立刻溃败下来。噶尔丹在乱军中仅率数十骑逃走。

昭莫多之战的失败使噶尔丹完全丧失了元气，他的根据地科布多也已被策妄阿拉布坦占领。此后他只能带领着千余名男子和 3 000 名妇孺流落在阿尔泰山一带。噶尔丹生性桀骜不驯，即使到了这种境地也绝不向清廷屈服投降。康熙帝则仍然把噶尔丹看成是必须速行剿灭的心腹大患，于是在康熙三十六年（1697 年）春又组织了第三次对噶尔丹的征讨。

这年二月，康熙帝渡过黄河来到宁夏，亲自监督指挥对噶尔丹残部的剿除，这时噶尔丹众叛亲离，力量已极其衰微，不堪为战，又无路可逃。闰三月十三日，噶尔丹突然患病而死。其余部后来归顺了清朝。

噶尔丹被剿灭后，策妄阿拉布坦取得了珲台吉的称号，成为整个准噶尔部的正式统治者，并且在西北继续同清廷相对抗。

朱一贵起义

康熙末年，表面看来，清王朝统治稳定，经济繁荣，人口增加，歌舞升平，但就在这一片繁荣昌盛景象的背后，却依然存在着不可调和的政治矛盾和社会危机。清朝统治者自康熙二十三年（1684 年）在台湾设府以来，对广大台湾人民进行残酷的政治压迫和经济剥削，各地方官吏无不将这物产丰富、土地肥沃的台湾视作为官的利益宝地。他们巧立名目，横征暴敛，使绝大多数台湾人民生活极为困苦，阶级矛盾、民族矛盾日益尖锐。康熙六十年（1721 年）爆发的朱一贵起义正是康熙王朝后期台湾地区各种社会矛盾、社会危机不断尖锐激化的反映。

朱一贵又名朱祖，祖籍福建漳州长泰县。因破产失业，在家乡无法生存，于康熙五十二年（1713 年）浮海移居台湾罗汉门，朱一贵为人侠义，结交甚广，能孚众望，利用天地会组织秘密活动，网罗了一批患难兄弟。康熙六十年（1721 年），台湾知府王珍利用征收税粮之机侵扰百姓，终于激起民变。

是年四月十九日，朱一贵率众在罗汉门焚表起义。随即，各地天地会成员和贫苦群众纷纷起义响应。

朱一贵起义后，率众袭击清军冈山塘汛，旗开得胜。台湾总兵欧阳凯闻报，急忙派游击周应龙率兵四百前往镇压，台湾县丞冯迪也调集各地地主武装前来助战。清军四处焚掠村寨，滥杀村民，激起群众更大的愤怒，纷纷加入起义军，使革命力量迅速壮大。朱一贵率起义群众采取机动灵活的战术，昼伏夜出，寻找各种机会袭击敌人。周应龙连遭失败，只得率部退往楠仔坑（今高雄市北）。不久，起义军又击溃南路参将苗景龙所率清军，并夜袭新园，夺取军械库。杜君英起义后，率部与朱一贵起义军一起攻占淡水；范景文也联络高山族起义群众奔赴冈山，整个台湾起义队伍发展到30万人。四月二十八日，起义军与清军在赤山（今高雄市东）相遇，朱一贵与杜君英分兵两路夹击清军。经过激烈战斗，起义军大获全胜，击毙千总陈元。生擒周应遂等，周应龙率残兵逃回台湾府城（今台南市）。朱一贵率起义军主力乘胜追击，直逼台湾府城。杜君英率所部转攻凤山（今高雄）南路清营，然后回兵与朱一贵会合，围攻台湾府城。总兵欧阳凯率清军1 500在城外春牛埔扎营顽抗，起义军以优势兵力冲破清军防线，阵斩总兵欧阳凯，清军全军溃败，城中文武争先渡海逃往内地。五月初一，起义军占领台湾府城，并连克诸罗（今嘉义）、凤山等地，整个台湾几乎尽入起义军之手。

起义军在台湾府城建立农民政权。朱一贵被推为大元帅，称“中兴王”，建元“永和”，并发布讨清檄文——《告中外书》，誓与清王朝决斗到底。

清廷得到台湾事变的消息，大为震惊，因和平日久，将骄兵惰，猝遇变故，一时竟“仓惶无所措”，直到数十天后，方才组织力量进行反扑。六月，福建水师提督施世骠、南澳总兵兰廷珍等先后率军12 000人、水手6 000人，分乘战船六百余艘渡海赴台镇压起义军，又命台湾各地地主武装协助官兵作战，并以种种手段支解起义队伍。起义军内部在建立政权后发生分裂。严重削弱了起义力量，给清军以可乘之机。六月十六日，清军进抵台湾鹿耳门，起义军连战失利，被迫于当月二十三日退出府城，清军紧追不舍。朱一贵率起义军残部败至沟尾庄，遭到当地地主武装袭击，部众四散，朱一贵被俘，压送北京，凌迟处死。各地起义军亦先后为清军镇压。

朱一贵起义前后虽只两个多月，但以迅雷不及掩耳之势占领全台，并建立农民政权，沉重打击了台湾封建力和清王朝的统治，显示了人民革命的巨大威力。

平定罗卜藏丹津

青海和硕特蒙古是顾实汗在1636年击败却图汗后自乌鲁木齐地区移居过去的。后来，顾实汗虽然立足于西藏，但青海仍为其根据地。顾实汗死后，其留在青海的诸子相互纷争，并不断率番众抢掠内地，抗拒清兵，使清廷颇感头痛。康熙三十六年（1697年），康熙派额驸阿喇布坦到青海召谕和硕特部领袖人物归附。青海和硕特蒙古虽然被清朝招抚，但地方割据势力仍然十分强大。

康熙五十三年（1714年），达什巴图尔去世，其子罗卜藏丹津袭亲王爵位，为青海和硕特部首领中爵位最高者。在康熙五十九年（1720年）秋到康熙六十年（1721年）春这段时间内，罗卜藏丹津曾参与管理西藏地方政府事务，然而时间不长，清政府为了加强对西藏的治理便趁机正式废除了和硕特汗庭在西藏的统治，任命康济鼐、阿尔布巴等藏官为噶伦，共同负责西藏事务。这样，罗卜藏丹津就无权再过问西藏政务了，其再建和硕特汗庭在西藏的统治的美梦化成了泡影。

在罗卜藏丹津看来，和硕特汗庭统治西藏已经十八年，驱逐准噶尔以后，恢复和硕特汗庭在西藏的统治地位是理所当然的事情；而他作为当时唯一有亲王爵位的和硕特部首领继拉藏汗之后而成为统治西藏的汗王，也是无可非议的。可是，清政府当时政局稳定，势力蒸蒸日上，已经有能力直接过问西藏政务了，当然不会再赐给罗卜藏丹津“汗”的封号，使之接替拉藏汗的位置统治西藏了。并且，清政府对青海和硕特蒙古本身也采取了“众建分治”的政策，以防其权限过大。雍正元年（1723年）二月，清政府封参加入藏驱逐准噶尔战争的察丹津为亲王、原为贝勒的额尔德尼额尔克托克托鼐为郡王，从而严重削弱了罗卜藏丹津的权力，致使罗卜藏丹津与清朝中央政府的矛盾愈加尖锐。

雍正元年（1723年）七月，罗卜藏丹津迫使青海蒙古各台吉于察罕托罗海会盟，他自称“达赖浑台吉”，强令青海诸台吉都使用旧时名号，一律不准称王、贝勒、贝子、公等封号。郡王额尔德尼额尔克托克托鼐与亲王察罕丹津因拒绝听命于罗卜藏丹津，遂遭到罗卜藏丹津的武装进攻，寡不敌众，不得不向清政府求援。清政府得知变乱的消息后，一面命令川陕总督年羹尧前去坐镇西宁，密切注视罗卜藏丹津的动向；一面命令兵部侍郎常寿前往罗卜藏丹津驻地沙拉图，宣布清廷谕旨，令其罢兵和睦。罗卜藏丹津虽然对清政府怀有怨恨、忿懑之心，但尚无与清廷争雄天下的志向。然而，他进攻清廷所支持的察汗丹津和额尔德尼额尔克托克托鼐，拘禁常寿，并且在西宁周围制造骚乱，这样便将自己置于清政府的对立面。

在罗卜藏丹津煽动之下，青海各地喇嘛寺院的僧人起而响应叛乱。为了不使叛乱继续蔓延，清政府决定采取断然措施进行镇压，派抚远大将军年羹尧、奋威将军岳钟琪攻打青海地区；派平逆将军延信驻守甘州、靖逆将军富宁安驻守安西，以防罗卜藏丹津与准噶尔合兵；派总兵周瑛领兵两千驻藏，以截断罗卜藏丹津逃往西藏的道路。在完成这些部署之后，清军集中优势兵力逐个攻破西宁附近叛军盘据的据点和寺院。其中，清军在雍正二年（1724年）正月攻打郭隆寺一役最为激烈。该寺僧人负隅顽抗，清军浴血奋战，“以兵三千，破贼万余”，将该寺院建筑全部焚毁，故而年羹尧说：“自三藩平定以来，未有如此大战者。”

在西宁附近的叛乱被镇压下去以后，清军便转入进攻罗卜藏丹津驻牧地的战斗。年羹尧采纳岳钟琪“乘春草未生”而“捣其不备”的作战方案，于雍正二年（1724）二月八日分兵三路进剿罗卜藏丹津，二十日，清军探知罗卜藏丹津驻扎在乌兰穆和尔一带，于是岳钟琪率军连夜前去偷袭，到罗卜藏丹津驻地时，叛军刚刚入睡，因清军的突然攻击而惊慌得手足无措，纷纷抱头鼠窜。罗卜藏丹津在清军的穷追猛打之下走投无路，不得不携带妻妾逃往准噶尔部策妄阿拉布坦处。乾隆二十年（1755 年），乾隆帝派兵攻灭准噶尔部达瓦齐的割据势力，当时逃到准噶尔部的罗卜藏丹津被迫向清政府投降。由于全国局势已经稳定，所以清政府将罗卜藏丹津押解到北京后并没有将其处死，只是将其软禁至死。

罗卜藏丹津叛乱平定后，清政府于雍正二年（1724 年）五月采纳年羹尧提出的《青海善后事宜十三条》和《禁约青海十二事》，对青海地区的政治、经济、宗教等方面进行了大刀阔斧的改革。在政治上，清政府对青海地区蒙古族各部编旗设佐领，并规定了会盟与朝贡制度；在经济上，清政府采取了发展农业生产、安定人民生活的各项措施，对西宁周围可耕之地实行屯垦；在宗教方面，清政府严格限定塔尔寺等寺院的规模、僧俗总数，以防成为藏污纳垢之地。青海地区从此完全被置于清朝政府的直接统辖之下，和硕特汗庭从此退出了历史舞台。

改土归流

雍正年间（公元 1723—1735 年），清政府在西南大部分地区废止当地各少数民族中普遍实行的世袭土司制度，按内地制度重新建立行政区划，委派有任期的“流官”进行直接治理，大大加强了中央政府对这些地区的控制，史称“改土归流”。

自元代以来，各个王朝一直在我国西南部云南、贵州、广西、四川、湖南等地的苗、瑶、壮、白、彝、藏等少数民族聚居地区推行土司制度。土司制度是中央政府对这些地区在实现了军事征服或政治征服之后，推行“羁縻”政策所产生的一种特殊统治制度，是与当地少数民族经济落后，社会发展水平低下相适应的。根据不同地区的实际情况，土司制度又分为土司、土官两种。土司是指由当地少数民族首领组成世袭的宣慰司、宣抚司、安抚司、镇抚司、长官司等，虽然接受各个王朝封赐的官爵名号，但因其治区的土地和人民均归其所有，故实际上属于割据一方的地方政权；土官是指按内地行政制度设立府、州、厅、县等地方机构，委派当地少数民族首领、头人等担任土知府、土知州等，往往也是具土官之名，行土司之实。随着西南各少数民族地区社会经济的不断发展，与中原地区政治、经济、文化各方面联系的日益加强，土司制度越来越成为当地生产发展和社会进步的阻碍，更不利于多民族国家的统一。因此，自明代开始，中央政府即在一些条件成熟的地区推行改土归流政策，但规模很小，影响不大，未能造成整个西南少数民族地区行政制度的重大变化。一些土司辖地数百里，拥兵以万计，对治区人民残酷压榨，疯狂掠夺，有些地区虽已实行了改土归流，但由于土司制度根深蒂固，仍是“土目盘踞，文武官寓省城，膏腴四百里无人敢垦”。

明末清初以来，中原地区与边远地方的联系进一步密切，特别是大批汉族人民进入西南少数民族地区进行屯垦，带去了先进的生产技术和生活方式，对当地落后的土司制度起了巨大的冲击作用，使越来越多的人要求脱离土司制度的束缚。但由于清初中央政府忙于国家的统一和抵抗沙俄入侵，一时无暇顾及西南地区土司制度的改革，使土司制度得以沿袭下来。雍正年间(1723—1735 年)，清廷统治力量大为增强，初步解决了北方的民族叛乱和沙俄入侵问题，立刻开始对西南少数民族地区进行大规模改土归流。雍正四年(1726 年)，云贵总督鄂尔泰上疏请求将原属四川的东川、乌蒙、镇雄三大土府就近划归云南，实行改土归流，随即在云南、贵州、四川、广西、湖南等广大地区普遍推行。由清朝政府分别设置府、厅、州、县等行政机构，派有任期、非世袭的流官进行治理，大大加强了中央政府对该地区的控制。在推行改土归流的过程中，主持其事的鄂尔泰等人针对各地的不同情况分别采取了和平招抚和武力镇压两种手法。大致看来，广西、四川、湖南等地多以招抚为主，而在云南、贵州两省，则曾大规模武力镇压。

贵州为苗族聚居地区，清王朝统治较为薄弱。雍正四年（1726 年），清军进攻广顺府长寨等地，镇压了当地苗民的反抗，强迫其剃发易服，并力行保甲，稽查户口，又乘胜招抚了广顺、今惠水、镇宁、今镇宁、永丰、安顺等地1 000余处苗寨。随即，清军进兵黔东苗岭山脉和清江、都江流域苗疆，相继占领古州（今榕江）、台拱（今台江）、清江（今剑河）、都江、丹江（今雷山）、八寨（今丹寨）等地，讨伐了不肯降服的苗寨，设官管辖，驻兵镇守，从而开辟了通向湖南、广东的水陆交通。但是，由于清廷派驻当地的文武官员肆意欺压苗民，敲榨勒索，引起广大苗族人民的强烈不满。雍正十三年（1735年），清江、台拱地区苗民奋起反抗清王朝的残暴统治，攻陷凯里、黄平州，震动了整个苗疆。清廷派刑部尚书张照率兵前往镇压。张照一向反对鄂尔泰等人推行的改土归流政策，又不懂军事，以致旷日持久，劳师无功。刚刚即位不久的乾隆帝下令罢免张照，改派以前平苗有功的张广泗前往贵州负责苗疆事务。张广泗分兵三路，对各地生、熟苗民进行大肆屠戮，焚毁苗寨1 200余处，擒斩苗民数万人，镇压了当地苗民的反抗斗争，并在贵州各地强行推行改土归流，加强了清王朝对该地区的统治。

云南是土司势力较强大的地区。一些顽固的土司、土官，为维护其传统的世袭统治地位和种种特权，极力反对清政府的改土归流政策，甚至不惜发动武装叛乱。雍正八年（1730年），乌蒙（今云南昭通）土司禄鼎坤利用当地彝民对镇守乌蒙的清军总兵刘起元贪污暴戾、军纪败坏的不满情绪，率其族人禄鼎新、禄万福等发动叛乱，杀死刘起元，攻陷乌蒙，周围东川（今云南会泽）、镇雄、威宁等地大小土司、土目纷纷响应。叛乱者袭杀塘兵，劫夺粮运，拆毁桥梁，阻断要隘，给正在进行的改土归流造成极大破坏。鄂尔泰调集清军一万余人，分兵三路进行镇压：鄂尔泰亲自督阵，经过激烈战斗，终于将叛乱镇压下去，保证了当地改土归流的顺利进行。在滇南，清廷革除了镇沅、沾益州、赭乐、威远、广南等地的土司、土目，派同知刘洪度暂客镇沅府事务。土目刀如珍不肯交出所占民田，煽动当地彝民杀死刘洪度，发动叛乱。清廷派兵镇压，将已革土司、土目全部徙往外省安置，然后进军澜沧江下游，连破险隘，直抵孟养，除江外车里等地土司依然保留外，其余全部改流，升普洱为府，驻兵防守。

清王朝在西南少数民族地区普遍推行的改土归流制度，限制和部分消除了各地土司的割据势力和特权，加强了中央政府对西南少数民族地区的控制，有利于当地的经济发展和社会进步，密切了各族人民之间的经济、文化交流，巩固了多民族国家的统一。但是，由于清政府的民族压迫和民族歧视政策，特别是在平定土司叛乱过程中对各地人民的残酷屠戮，也给各少数民族人民带来了巨大的灾难。

中俄《恰克图条约》

清初，沙俄政府在不断侵扰我国东北黑龙江流域的同时，也将侵略矛头指向蒙古地区。康熙二十七年（1688 年），沙俄支持准噶尔部噶尔丹叛乱势力大举入侵喀尔喀蒙古，使喀尔喀各部遭到巨大失败，数十万人被迫南迁。俄军趁火打劫，向南入侵，侵占了楚库伯兴（今色楞格斯克）以南大片地区。中俄《尼布楚条约》签订后，两国贸易迅速发展，俄国商队频繁地前来北京，销售大量毛皮，然后购进大批丝织品、布匹、药材等运回俄国。与此同时，俄国侵略军仍不断入侵中国蒙古地区。掠夺人口，劫掠牛羊，在中国土地上设立侵略据点，使中俄中段边界形势日趋紧张。清政府不断向俄国提出抗议，要求迅速划定两国中段边界，但沙俄政府却置若罔闻。康熙五十七年（1718 年），清政府决定暂停中俄贸易。康熙五十九年（1720 年），沙俄政府派特使伊兹玛依洛夫停留了三个多月，康熙帝先后接见十余次，再三向其表明中国方面的和平诚意，希望尽快划定中俄两国中段边界，以保持边界地区的安定。但伊兹玛依洛夫却始终采取回避态度，使划界问题未能解决。伊兹玛依洛夫使团回国时，清政府允许使团秘书郎克继续留在北京。郎克勾结俄国东正教驻北京布道团在京进行了大量的间谍活动。同时，俄国还在中国西北地区从事侵略颠覆活动，企图诱使准噶尔部策妄阿拉布坦叛乱势力归顺俄国。清政府闻知，立刻于康熙六十一年（1722 年）再次宣布停止中俄贸易，将郎克逐出北京，中俄关系再度紧张。

雍正三年（1725 年），沙皇彼得一世病逝，其妻叶卡捷琳娜一世根据彼得一世生前意愿，派萨瓦为全权代表来中国进行贸易和边界谈判。雍正四年（1726 年），萨瓦一行到达中国边境地区。随同前来的，包括大批测绘技术人员、东正教传教士，以及由曾在准噶尔部活动多年的巴赫尔兹上校率领的 1 500 多人的武装部队。当年十一月，萨瓦等人到北京祝贺雍正帝登基，并与清政府举行边界谈判。中国方面参加谈判的有吏部尚书察毕那、理藩院尚书特古忒、兵部侍郎图理琛。事前，萨瓦通过在京的耶稣会传教士巴多明，收买了清朝大学士马齐，大量窃取清政府和谈判代表团内部机密，使中国方面从一开始就处于极其被动的地位。北京谈判未能取得任何具体协议，只讨论了一般事宜，同时商定在布尔河继续谈判。事后，萨瓦建议沙俄政府尽快加强边界地区的军事力量，企图以武力逼迫清政府接受他们的谈判条件。

雍正五年（1727 年）五月，中俄双方在布尔河畔再次谈判。谈判初期，中方首席代表隆科多态度坚决，拒绝了俄方提出的无理要求。萨瓦通过马齐等人，早已十分了解清政府内幕，知道隆科多即将倒台，遂命巴赫尔兹抢占战略要地，公然以武力威胁中国。六月中旬，雍正帝撤销隆科多首席代表职务，派额驸策凌、伯回格会同图理琛继续谈判。最后，中方接受了俄方提出的全部要求，于是同年七月十五日与之签订中俄《布连斯奇条约》（以下简称《条约》），将恰克图以北大片领土让给了俄国。《条约》规定：自额尔古纳河沿布尔古特山等处至博木沙鼐岭（即沙宾在巴哈）为两国边界；以恰克图为互市场所。萨瓦等喜出望外，不等边界正式划定，就迫不及待地在恰克图一带修筑边塞，陈兵设防，侵占中国领土。

《布连斯奇条约》签订后，中俄双方派出界务官，沿边界线设置界桩，具体勘定了整个中俄中段边界。九月初九日，双方订立了《阿巴哈依图界约》，确定从恰克图向东至额尔古纳河的边界；九月二十四日订立《色楞格界约》，确定从恰克图向西至沙宾达巴哈的边界。

雍正六年（1728 年）五月十八日，中俄双方在北京、布尔河谈判的基础上，再次签订《恰克图条约》，共十一款。该条约最终确认了前此各个条约的一切条款，对中俄之间在政治、经济、宗教等各方面的关系做了具体规定。主要内容如下：确认《布连斯奇条约》规定的中俄中段边界；重申“乌第河及该处其他河流既不能议，仍保留原状”，双方均不得占领这一地区；俄商每三年可到北京贸易一次，人数不得超过二百，此外可以在尼布楚、恰克图通商；俄国可以派东正教传教士三人来北京，可以在北京俄罗斯馆内建立东正教堂；清政府接受俄国学生来北京学习中国语文；对两边逃犯双方皆应负责查办，并送交各自边界官员。

《布连斯奇条约》和《恰克图条约》的签订，使中国从法律上丧失了北部边境大片领土，并使沙俄获得了贸易和传教的权力，但划定了中俄中段边界也基本上遏止了沙俄对中国蒙古地区的进一步入侵，缓和了两国之间的紧张局势。在条约签订后的相当一段时间里，中俄两国边界保持稳定。

平定大小金川

大小金川为川西大渡河上游的两个支流，分别源自松藩西北巴细土司和理番县西雪山，左今四川小金县崇化屯汇合，因沿岸富有金矿而得名。该地形势险要，交通不便。其民多为藏人，明代隶杂谷安抚司，与绰斯甲布、革布什扎等九土司与之接壤。顺治七年（1650 年），清廷封小金川头人卜尔吉细为土司；康熙五年（1666 年），又给大金川头人嘉勒塔尔巴“演化禅师”印，使二人分掌大小金川。雍正元年（1723 年），清廷因嘉勒塔尔巴之孙莎罗奔随清军平藏有功，授为安抚司。后莎罗奔势力渐强，谋取小金川等地，以其女阿扣嫁给小金川土司泽旺为妻，泽旺生性懦弱，为其妻所制。乾隆十一年（1746 年），莎罗奔劫持泽旺，夺其印信，经四川总督出面干涉，镇放回泽旺。乾隆十二年（1746 年），莎罗奔出兵攻掠革布什扎、明正两土司，四川巡抚纪山派兵前往镇压，反被打败。清廷闻报，调平苗有功的云贵总督张广泗为川陕总督，统兵镇压莎罗奔叛乱。

张广泗调三万大军分两路进攻大金川：一路由川西攻河东；一路由川南攻河西。是年六月，张广泗进驻小金川之美诺。莎罗奔恃险抵抗，以石筑垒，号称“战碉”，大小林立，清军受阻，难以前行。乾隆十三年（1748 年）四月，清廷命大学士讷亲为经略前往督师，又起用前大将军岳钟琪为提督、原领侍卫内大臣傅尔丹为内大臣兼统领驰往军前效力。讷亲极力进攻，总兵任举、参将贾国良等相继战死，攻战数月，未能前进。讷亲损兵折将，张广泗所用向导良尔吉为泽旺之弟，平时与阿扣关系暧昧，为莎罗奔充当耳目，将清军动向随时报与莎罗奔知道，更使清军陷入困境。后岳钟琪奏劾张广泗误用奸细良尔吉，讷亲亦劾其劳师靡饷，清廷遂于是年九月改派大学士傅恒为经略总统金川军务，把张广泗、讷亲革职。十二月杀张广泗、讷亲。

傅恒到军前，杀良尔吉、阿扣等人，切断叛军内应，又增调邻省兵力，尽撤各地守碉、攻碉之兵，与岳钟琪等制订集中兵力，直捣中坚计划。傅恒不及奉诏，与岳钟琪分兵两路，连克碉寨，直扑莎罗奔老巢勒乌围。岳钟琪亲率十三骑至叛军营中，示以诚信，莎罗奔等顶经立誓，投降清军。乾隆十四年（1749 年）二月初五日，莎罗奔带领喇嘛、头人等焚香跪迎大学士傅恒等。傅恒赦其死罪，命仍为土司。是为第一次平定金川之役。

乾隆中叶，莎罗奔老，其侄郎卡继为大金川土司，不断侵犯邻近土司。乾隆三十一年（1766 年），清廷命四川总督阿尔泰征调大金川周围九土司之兵会剿大金川。阿尔泰按兵打箭炉（今四川康定）半载不前，清廷遂将阿尔泰赐死，命大学士温福赴四川督师，以尚书桂林为四川总督，再次统兵前往镇压。温福由汶川出西路，桂林由打箭炉出南路，夹攻小金川。乾隆三十七年（1772 年）春，桂林克复革布什扎，温福进占资里及阿喀，逼进小金川。五月，桂林派部将薛琮统兵 3 000，带五日粮，欲截小金川后路，不意反被其困于墨垄沟。薛踪派人向桂林请援未果，致使全军覆没。清廷将桂林革职拿问，以阿桂署四川总督，代统其军。十一月，阿桂率部连夺险隘，直捣叛军巢穴，十二月进抵美诺，清军乘胜进兵，占领底木达，俘泽旺，十二月十三日，清廷以温福为定边将军，阿桂、丰伸额为副将军，舒常、海兰察为参赞大臣，率兵进剿。乾隆三十八年（1773 年）春，清军六路大军会攻大金川。索诺木增筑碉垒，据险抗守，严密十倍于小金川。温福重蹈张广泗复辙，采取“以碉攻碉”之策，是年夏，温福屯兵大金川东都木果木，索诺木于六月初一日夜袭陷提督董天弼底木达大营。初二日，索诺木派兵占据要隘，切断清军粮道，温福仍骄傲轻敌，不加戒备。初十日，叛军突袭木果木清军大营，温福仓惶应战，中枪而死，各卡清军相继溃散。海兰察等闻警赴援，收拾残兵万余人。是役，清军被歼 3 000 余人，提督马会、牛三界，副都统巴朗、阿尔纳素，总兵张大经等皆战死，小金川再度落入叛军之手。

清廷闻知小金川之败，遂命阿桂为定西将军，丰伸额、明亮为副将军，富德为领队大臣，富勒浑为四川总督，再调健锐、火器二营兵 2 000，索伦兵 2 000 前往助战。阿桂受命后，整饬队伍，激励士气。重新集结两万大军，分兵三路直扑美诺。十月二十九日，清军各路齐进，于十一月初四攻克资里，收复鄂克什，进占美诺。收复小金川全境后，阿桂统军乘胜挺进大金川。乾隆三十九年（1774 年）正月至七月，清军数路进击，连克要隘，直逼索诺木老巢勒乌围。乾隆四十年（1775 年）八月十五日，清军直捣勒乌围大寨，次日黎明，清军攻占勒乌围，莎罗奔、索诺木等逃往噶拉依。阿桂等兵分两路：北路自勒乌围夺大金川上游，南下主攻；西路据河西辅政。十二月，清军逼近噶拉依，明亮等克拢寨，进后独松隘口。二十二日，清军向噶拉依发起进攻。乾隆四十年（1776 年）正月，索诺木之母、姑、姐妹等投降清军，而索诺木、莎罗奔等仍在官寨中冒死顽抗。阿桂督清军筑长围、断水道困之，二月初四日，寨中水尽粮绝，索诺木、莎罗奔跪捧印信出降。四月，押索诺木等于京师。是为第二次平定金川之役。

两次金川之役前后共五年，费银七千多万两。事后，清廷在噶拉依设总兵，勒乌围设副将，又以大金川为阿尔古厅，小金川为美诺厅，并召募大批内地汉民前往该地屯田，加强了对这一地区的控制。

平定准噶尔部

清朝初年，厄鲁特蒙古中的准噶尔部实力日益强盛，不但成为厄鲁特四部之长，而且兼并了天山以南的广大维吾尔族聚居区，成为称雄于西北的一支强大的地方割据势力。自康熙中叶起，准噶尔部首脑人物噶尔丹、策妄阿拉布坦和噶尔丹策零多次进攻喀尔喀和西藏等地，挑起同清朝的武装冲突，始终是清朝政府统一全国、巩固中央政权的重大障碍。

乾隆十年（1745 年），准噶尔珲台吉噶尔丹策零病逝，其子女和各部贵族为争夺继承权展开了十分残酷的斗争。噶尔丹策零之子策妄多尔济那木札勒、喇嘛达尔札先后被推翻杀害，准噶尔大贵族、大策凌敦多布之孙达瓦奇于乾隆十七年（1752 年）末夺得了珲台吉的宝座。连年争权夺利的斗争给准噶尔部统治的天山南北广大地区造成了严重的破坏，由于战乱频繁，各处的农业、牧业凋零衰败，人民或死于兵灾饥饿，或流落逃亡。各部领主为了保护自己的利益，大批内迁，归附清朝。长期处于准噶尔贵族统治之下的维吾尔族人民也乘动乱之机发动起义。准噶尔政权实际上已经危机四伏，面临崩溃了。

乾隆十九年（1654年）八月，准噶尔的辉特部台吉阿睦尔撒纳率部众两万余人归附清政府，为乾隆帝带来了准噶尔统治集团内部互相杀戮，达瓦齐众叛亲离的消息。此时清朝正值国力强盛之际，乾隆帝早有彻底平定准噶尔，完成对西北的统一的打算。阿睦尔撒纳等人的来归坚定了乾隆帝出兵伊犁的决心。这年年底，清廷开始进行出兵的准备工作。第二年年初，任命班第为定北将军，以阿睦尔撒纳为定边左副将军，由北路进军；任命永常为定西将军，以不久前归附的准噶尔部宰桑萨喇尔为定边右副将军，由西路进军。二月，两路大军各25 000人，分别由乌里雅苏台和巴里坤出发。

由于准噶尔地区的人民早已对分裂战乱的局面十分厌恶，渴望和平安宁，而准噶尔统治者又因内耗乏力，无法组织有力抵抗，因而两路清军进展都非常顺利。各地的宰桑、台吉望风归附，并从军作战。五月中旬，两路清军没遇到什么抵抗就在博罗塔拉会师，又继续向伊犁推进。达瓦齐竭力想从四处调集兵力抵御清军，但其所调军队却全都投降了清军。最后达瓦齐只得率亲军万人退出伊犁，在格登山（今新疆昭苏县）筑营据险固守。清军轻易占领伊犁。不久之后，清军前锋探哨仅数十人乘夜突袭达瓦齐的营地。达瓦齐逃走，后被乌什城的阿奇木伯克霍吉斯诱捕，献给定北将军班第。达瓦齐于是平定。

粉碎准噶尔地方割据政权后，清廷准备按照喀尔喀的旧例，在西北分别封四卫拉特（即厄鲁特）部汗，以车凌为杜尔伯特汗，阿睦尔撒纳为辉特汗，班珠尔为和硕特汗，噶勒藏多尔济为绰罗斯（即准噶尔部）汗，众建以分其势，防止再产生割据势力。但是，这一计划还没有来得及实施，一直怀有独揽厄鲁特四部大权野心的阿睦尔撒纳就发动了叛乱。

阿睦尔撒纳本来是和硕特部拉藏汗之子丹衷的遗腹子，因为随母嫁至辉特部后才降生，所以继位为辉特部台吉。在准噶尔统治集团内乱期间，阿睦尔撒纳一度曾与达瓦齐联合，并趁机培植自己的势力。他的亲哥哥和硕特台吉班珠尔和杜尔伯特台吉纳默库等人都依附在他的势力下，阿睦尔撒纳于是能行令于辉特、和硕特、杜尔伯特三部。因为受到达瓦齐的排挤，阿睦尔撒纳被迫率众内附，受到清廷极高的礼遇，晋封为双亲王食双俸。但他只是想借用清军实力来实现自己作“四部总台吉，专制西域”的野心，并不是真心归附。因此，当清军在平定达瓦齐后大部撤离，只剩五百人镇守伊犁时，阿睦尔撒纳开始积极活动，准备叛乱。

阿睦尔撒纳一面四处招兵买马，扩充其实力；一面派人到各部活动，制造叛乱的舆论，同时还向清廷提出设立四部总汗的请求，试探清廷的意向。阿睦尔撒纳知道清廷对他已有戒心，就故意拖延行期，后来被迫起程，行至乌隆古河时借故逸去，正式背叛了清廷。时为乾隆二十年（1755 年）八月。

阿睦尔撒纳叛清后立即集兵包围了驻防伊犁地区的清军。由于寡不敌众，清军被歼，班第自杀殉职。但准噶尔部的大部分台吉、宰桑并不愿服从阿睦尔撒纳的号令，整个地区各自为政，异常混乱。阿睦尔撒纳本身的力量很小因而始终没能强大起来。乾隆二十一年（1756 年）二月，清军由策楞率领，出巴里坤进讨阿睦尔撒纳，同时由哈达哈率北路军配合行动。阿睦尔撒纳因军力不足，不敢同清军正面交锋，一路奔逃，清军于三月顺利再次开进伊犁。但由于阿睦尔撒纳连施缓兵之计，清军几次失去机会，没能俘获阿睦尔撒纳。此后，阿睦尔撒纳在哈萨克聚集力量，数次返回准噶尔同清军对阵，但均没有取得胜利。

乾隆二十二年（1757 年）三月，清定边将军成衮扎布率军 7 000 人再度由珠勒都斯和额林哈毕尔察分两路出发进剿阿睦尔撒纳，此时叛军内部矛盾重重，很快就在清军的攻击下溃败，阿睦尔撒纳于这年七月再次逃到哈萨克，身边只剩二十余人。哈萨克阿布赉汗已经同清廷议定，要将阿睦尔撒纳擒献清廷。阿睦尔撒纳闻讯后仅带八骑侍从逃到俄国，不久后就因患天花而死。

清廷在平定了阿睦尔撒纳叛乱之后，又镇压了维吾尔贵族大、小和卓发动的叛乱，最终完成了对西北边陲地区的统一。为了巩固统一成果，清廷于乾隆二十七年（1762 年）设置总统伊犁等处将军，统辖全新疆地区的行政和军事事务。其下又设都统、参赞大臣、办事大臣等分驻新疆各处，分管各地军政事务，在军事部署方面，清廷调集了大量军队，驻扎在天山南北，以保障边疆地区的安宁。

征讨缅甸

缅甸与中国的官方往来始见于后汉和帝永元九年（97 年）；元世祖时曾三次派兵征讨，责其贡赋而还；明初设宣慰司以示羁縻；清乾隆初年，缅甸使臣曾至中国，旋告中断。缅甸与中国云南边疆接壤之地横亘千余里，其间山川交错，道路丛杂，民间贸易十分繁盛，两国商贾时相往来，但也常常引起纠纷。缅王雍藉牙、莽纪觉在位时，时常兴兵扰云南边界，强迫当地土司向其交纳贡赋。乾隆三十年（1765 年），莽纪觉死，其弟孟驳继为缅王，势益张，屡次派兵侵扰中国九龙江一带，虏掠人口，抢劫财物。云贵总督刘藻调集各镇清军8 000余人分路防战，皆为缅兵所败。清廷革刘藻职［后于乾隆三十一年（1766年）三月因忧惧而自刎］，改派大学士杨应琚为云贵总督，负责征缅事务。

乾隆三十一年（1766年）三月，杨应琚抵达云南。时瘴疠大作，缅兵渐退，清军乘机收复车里、孟艮、整欠等地。但杨应琚急功冒进，为缅军所败。乾隆三十二年（1767年）三月，清廷以伊犁将军明瑞代杨应琚为云贵总督，诏杨应琚入京，不久赐自尽。

五月，明瑞至永昌，调集京师健锐、火器二营，满洲兵3 000，贵州、云南、四川等地汉、土兵及索伦、厄鲁特等兵共三万余人大举征缅。九月，清军分兵三路：明瑞亲率17 000大军自宛顶攻木邦为东路，参赞大臣额尔景额带兵9 000出虎踞关攻新街为西路；领队大臣观音保等居中策应，定期令攻缅甸京师阿瓦。东路军于九月二十四日出发，十月初十进抵木邦，守兵弃城逃奔，清军遂不战而克木邦。因粮草不济，又得不到西路军消息，只得回军勐笼就食，然后取道大山向木邦方向撤退。缅军探知清军粮尽，一面随后尾追；一面派兵攻取木邦。镇守木邦的五千清军被击溃，参赞珠鲁讷自杀。缅军乘胜自木邦迎击明瑞军，合随后尾追之兵，不下四五万人。明瑞军腹背受敌，于乾隆三十三年（1768年）二月为缅军所败，观音保等战死，明瑞自尽，所部万余人溃入宛顶。西路军自乾隆三十二年（1767年）年出师以来，至老官屯为缅兵所阻，相持月余，额尔景额病逝，其弟额尔登额代领其众，畏敌不前，株守旱塔。清廷屡促其进兵，仍进展缓慢，以致贻误军机，使东路军孤军深入，终为缅军所败。清廷将西路统帅参赞大臣额尔登额、提督谭五格等处死，命大学士傅恒为经略，阿里衮、阿桂为副将军，舒赫德为参赞大臣，鄂宁为云贵总督，明德为云南巡抚，调兵遣将，再图大举。

四月，缅甸因与暹罗发生争战，不愿再与清朝勾结，遂送还俘虏八人，致书清军，请求罢兵。清廷不许，计划与暹罗订约夹攻缅甸，终因海陆交通困难，未能实现。乾隆三十四年（1769年）四月，傅恒等至云南永昌，调集各地满、汉、蒙古等大军五六万人，分兵三路，再次大举征讨缅甸：一路由戛鸠江出河西，经孟拱、孟养两土司地陆行直指阿瓦为正师；一路由东岸经孟密夹江而下为偏师；一路先于蛮莫打造战船，然后由水路顺流南下为策应之师。七月二十日，清军祭纛兴师。傅恒亲率大军渡戛鸠江西进，一路兵不血刃，抚孟拱、克孟养，于十月初一进抵新街。阿桂等亦率东路军出虎踞关，进军蛮夷。这时蛮莫所造战船已成，闽粤水师亦至，遂与傅恒三路会合，向伊洛瓦底江进发。缅军探知清军消息，事先以舟师扼据江口，陆师屯兵两岸抗拒。十月二十二日，提督哈国兴与海兰察等率水师乘上风猛攻江中缅军，缅军大乱战船自相撞击，兵卒数千落水而死，江水为之变赤。与此同时，阿里衮、阿桂等亦率陆师向两岸缅军发起进攻。东岸阿桂令骑兵左右冲突，缅军大溃；西岸阿里衮亦连破敌寨，清军三路大捷，直逼老官屯。缅军以重兵分扼东西两路，坚守老官屯大寨。清军屡次进攻，皆因缅军防守严密而未能奏效。时清军阵亡者日众，且水土不服，副将军阿里衮、水师提督叶相德、总兵吴士胜等相继病故，傅恒也身染重病，攻势渐缓。十二月初七，缅王孟驳遣使请和，双方订立和约：缅甸对清朝奉表纳贡，遣返俘虏，归还土司侵地；清朝将木邦、蛮莫、孟拱、孟养诸部人口归还缅甸。清军焚舟熔炮班师。是役清军前后共耗费军饷 1 300 余万两。

土尔扈特部东归

土尔扈特部是厄鲁特蒙古四部之一，本来游牧于天山以北地区。大约 17 世纪 30 年代，土尔扈特部首领和鄂尔勒克率其所部及和硕特部和杜尔伯特部的一部分向西迁徙到伏尔加河下游地区。在以后的一个多世纪里，土尔扈特部逐步被沙皇俄国控制，被迫向沙皇俄国提供兵力，自身的政治事务也要受到沙俄当局的干涉。

18 世纪 60 年代，俄土战争爆发，沙皇政府强征土尔扈特人参加战争，在战争初期死伤已达七八万人。贪得无厌的沙俄政府计划再次从土尔扈特征兵，甚至要 16 岁以上的男子都开赴俄土战场。这可怕的灭族之灾使得整个土尔扈特部人情汹汹，土尔扈特首领、年轻的渥巴锡汗在这生死存亡的时刻，终于做出最后决定，率领全族返回祖国。

乾隆三十六年（1771 年）一月四日，渥巴锡召集全体战士，控诉了沙俄对土尔扈特部的压迫，发出重返祖国的号令。第二天，全部族一万多户陆续出发，踏上征程。殿后的一万多名战士点燃了渥巴锡的木制宫殿和无数的村落，还杀死了住在那里的上千名俄国官员和商人，表示了同沙皇俄国彻底决裂的决心。

沙皇叶卡特琳娜二世得知土尔扈特部向东迁移的消息后大发雷霆，立即派出大批哥萨克士兵进行拦截追击。土尔扈特部在越过乌拉尔河，进入哈萨克草原后，遭到哥萨克的一次突然袭击，损失达 9 000 人。此后，渥巴锡率军在奥琴峡谷歼灭了一支拦截的哥萨克部队，才基本上粉碎了哥萨克的追堵。

经过了半年时间，土尔扈特人终于进入了中国境内。乾隆帝对土尔扈特整部归来非常重视，在最初得到其东迁的消息后就确定了“接济产业，分定游牧”的方针。同年农历六月初，渥巴锡等人率部来到伊犁河畔，清廷特派参赞大臣舒赫德前往伊犁，主持接纳安插事宜。清廷还从各地调集了牲畜、粮食、茶叶、棉布、毡庐等大量物资，优恤历尽辛苦的土尔扈特部民。渥巴锡也在致清方的信中表明了“向居俄罗斯地，久愿为大皇帝（乾隆帝）臣仆”，希望准令入觐，以伸积诚。渥巴锡还进献了其祖先受明永乐八年汉篆封爵玉印一颗，表示归顺清朝的决心。

这年九月，渥巴锡、策伯克多尔济、舍棱等13位土尔扈特部首领应召来到热河的木兰围场，觐见了正在这里的乾隆帝。乾隆帝用蒙古语亲自询问了土尔扈特部的历史情况和举族归来的经过，并命渥巴锡等人随围观猎。秋狝之后，乾隆帝回到避暑山庄，再于澹泊敬诚殿接见渥巴锡等人，多次赐宴，还举行了盛大的灯宴火戏。其时正值喇嘛教庙宇普陀宗乘之庙落成，渥巴锡等人与内蒙、喀尔喀及青海等处的各蒙古部首领一起参加了大法会。乾隆帝乘兴撰写了《土尔扈特全部归顺记》和《优恤土尔扈特部众记》，凿石竖碑，立于普陀宗乘之庙内。

嗣后，清廷封渥巴锡为卓哩克图汗，封策伯克多尔济为布廷图亲王，封舍棱为弼里克图郡王，封巴木巴尔为毕锡呼勒图郡王，其他首领也分别被授以爵位。根据分而治之的原则，清廷又将土尔扈特部众分为旧土尔扈特与新土尔扈特两部分。旧土尔扈特是和鄂尔勒克的后裔，由渥巴锡汗统领，总称乌纳恩素珠克图盟，以下又分为东西南北四路，共十旗，分别在准噶尔盆地南北和西边游牧，统归伊犁将军管辖；新土尔扈特是和鄂尔勒克叔父卫衮察布察齐的后裔，由舍棱统领，为青色特启勒图盟，下分左、右二旗，在科布多（今新疆北部、蒙古国西部及前苏联边境部分地区）游牧，归科布多大臣管辖，定边左副将军节制。随渥巴锡归来的和硕特部恭格一支也受到妥善安置。各部遂安居于其牧地。

《四库全书》的编撰

清代统治者自入关后很重视搜集和编纂古代典籍，顺治、康熙、雍正时期编修书籍甚多，其中如大型类书《古今图书集成》，荟萃群书，融贯古今，有一万卷之巨。到乾隆年间，清朝进入鼎盛阶段，国家富足，社会也较为安定，为更大规模的书籍编纂工作提供了条件。

乾隆三十七年（1772年）正月，乾隆帝谕令全国各省官员广泛搜集前代遗书和本朝人的著作。谕令说：“今内府藏书，插架不为不富。然古今以来著作之手，无虑数千百家，或逸在名山，未登柱史，正宜及时采集，汇送京师，以彰千古同文之盛。其令直省督抚会同学政等，通饬所属，加意购访。”谕令下达后，安徽学政朱筠于十一月提出了搜访校录书籍的四条建议：一是抓紧搜集罕见的旧刻本和抄本；二是充分利用皇家藏书，公布内廷藏书目录，并组织人员从内廷收藏的残本《永乐大典》中辑录佚书；三是著录与校勘并重；四是对于金石、图谱，也要留心搜集。朱筠的建议引起了乾隆帝的重视，交军机大臣讨论后决定：选派翰林官员开馆编辑自《永乐大典》中辑出的佚书与各省采进的书籍，成书后总名《四库全书》。

《四库全书》在乾隆三十八年（1773 年）二月正式开馆，馆址设在北京东安门外的翰林院。四库全书馆设有正、副总裁，总纂官、总阅官、总校官、纂修官，以及提调官、监督官、监造官等。在前后九年的时间里，正式任命的纂修官员先后共计 360 人，此外还征用了大量的抄写人员和勤杂人员，四库全书馆里聚集了全国最有名望的专家学者，人才济济，极一时之盛。其中最为著名的有纪昀、戴震等人。

纪昀是直隶献县人，才思敏捷，学问渊通，自开馆即充任总纂官，与修书活动相始终，对《四库全书》的编纂工作出力最多。全书的体例、分类和各种类中书籍的排列次序等都是由纪昀一手确定。他把一生精力备注于《四库提要》及《目录》之中，“凡六经传注之得失，诸史之异同，子集之支分派别，罔不抉奥提纲，溯源彻委”，编成《四库全书总目》二百卷，成为目录学史上总结性的著作。由于他在编纂《四库全书》工作中做出的巨大贡献和表现出的卓越才华，纪昀被人称作“一代文宗”。

充任纂修官的戴震是极负盛名的汉学大师，皖派领袖，以举人身份而蒙特召入馆，负责辑校《永乐大典》中的佚书和校勘古籍。他的学问根基深厚，馆中其他人遇有疑难，经常向他求教，戴震在馆数年，晨夕披检，靡间寒暑，辑出久已亡佚不传的《算经五书》，并且校订整理了《水经注》《仪礼集释》等大量古籍，为《四库全书》的修纂做出了突出的贡献。由于积劳成疾，戴震于乾隆四十二年（1777 年）于馆中逝世。

为了编纂《四库全书》，清廷进行了大规模的征集图书的工作。自乾隆三十七年至四十三年（1772—1778 年），乾隆帝多次下诏访求图书，自各地征集到的图书总数达 13 000 多种，其中有许多是举世罕见的珍本秘籍。这些书籍大部分征自文化特别发达的浙江地区，当地的一些著名藏书家，如扬州马裕、宁波范懋柱等人，进献图书都在六百种以上。这样一次规模空前的征集图书活动为《四库全书》的纂修提供了丰富的基础材料。

在征集到的大量图书中，包括一部分不利于清朝统治者的文字，特别是明清之际的一些野史稗文，颇多“违碍悖逆”之词。乾隆帝征集图书，修纂《四库全书》，目的在于巩固其统治，对这些不利于其统治的书籍当然不会等闲视之，因而在乾隆三十九年（1774 年）八月，就谕令四库馆和各省官员，一定要趁此征书之机，大力查禁一切违碍图书，尽数销毁。其时文字狱正盛，各处官员对禁书之令不敢怠慢，于是在征书的同时，又大肆收缴禁书，经过十几年的时间，查缴禁书竟达 3 000 多种，15 万多部，而且查禁的范围不但包括明末清初的稗官野史，还包括许多学士文人的文集、笔记、奏疏以及剧作曲本，甚至一些宋、元时代有关抗击辽、金、元兵的作品也遭到毁禁。在编纂《四库全书》的过程中，还根据乾隆帝的指示，对许多古籍中一些“违碍”的章节、段落和字句进行了削删窜改，使得一些珍贵典籍面目全非。

经过近十年的努力，第一份《四库全书》于乾隆四十六年（1781 年）十二月正式修成。这部巨大的丛书集古今图书 3 500 多种，共计 79 000 余卷，内容包罗万象。全书分经、史、子、集四部，部下分类，共四十四类，其中十五类下又分为六十五属。其基本分类为经部，易类、书类、诗类、礼类、春秋类、孝经类、五经总义类、四书类、乐类、小学类，共十类；史部，正史类、编年类、纪事本末类、别史类、杂史类、诏令奏议类、传记类、史钞类、载记类、时令类、地理类、职官类、政书类、目录类、史评类，共十五类；子部，儒家类、兵家类、法家类、农家类、医家类、天文算法类、术数类、艺术类、谱录类、杂家类、类书类、小说家类、释家类、道家类，共十四类；集部，楚辞类、别集类、总集类、诗文评类、词曲类、共五类。所收书籍不但包括一般著述，还包括一部分丛书以及如《册府元龟》和《佩文韵府》这类的巨型类书和工具书。《四库全书》“以万千之遗书而汇为一团，以多数之简册而勒成一部，不惟齐整，易于保存，且完备，易于寻觅。吾国先人之宝籍得赖以不坠者，亦斯役之力也”。

在编纂过程中，《四库全书》的编者为收入全书和未收而存目的书籍共 10 200 余种撰写了提要。每篇提要都开列书名、卷数、采进来历，考证作者名号经历，介绍书籍的性质与内容大要，评论其得失利弊，说明其流播与影响。这些提要由纪昀编排统稿，按《四库全书》的部类次序编辑成书，即所谓《四库全书总目》。由于各书提要均出自渊深学者之手，概括明晰又常有独到见解，再配合以《四库全书》严密精致的分类框架，所收书目又数量宏大，这部《四库全书总目》因而成为我国目录学中最高成就之作，对后世的学术影响巨大。《四库全书总目》二百卷，最初于乾隆六十年（1795 年）由内廷刊刻，后来民间依殿本翻刻，得在全国广泛流传。

《四库全书》卷帙浩繁，没有刊印本，编成后仅抄写了七份，各装订成三万六千多册，分别贮于北京大内文渊阁，圆明园文源阁、承德避暑山庄文津阁、沈阳故宫文溯阁和扬州文汇阁、镇江文宗阁、杭州文澜阁。抄成后又多次重校、补校。后来由于战乱，文源阁本、文汇阁本和文宗阁本都荡然无存；文澜阁本毁损过半后补抄完整，与文渊阁本，文津阁栈、文溯阁本现在分别珍藏在杭州、台北、北京和甘肃兰州。

林爽文起义

林爽文为福建漳州平和县人。乾隆三十八年（1773 年）随其父迁到台湾彰化县大里杙庄。以耕田、赶车为业，曾充当县衙捕役。乾隆四十七年（1782 年），福建天地会首领漳州人严烟渡海至台湾彰化，以开设布店为掩护发展天地会组织。第二年林爽文加入天地会，因其结交广泛，在当地有一定声望，遂成为彰化地区天地会首领。台湾地区物产丰富，土地肥沃，清朝官府对台湾人民的经济掠夺和政治压迫均十分严重。当时，地方官将在台湾作官视为肥缺，无不拼命搜刮；政治上对台湾人民特别是高山族人民的压迫也较内地更甚，“狱有不能结者，则诱杀生番以归狱”。官府的暴行激起台湾人民的强烈反抗，各地抗暴事件时有发生，天地会组织在台湾更是传播迅速，影响广泛。乾隆五十一年（1786 年）八月，林爽文与好友林泮、林领、林水返、张回、何有志、王芬、陈奉先、林里生等在大里杙山内车轮埔结拜立会，约誓有难相携，有事相助，积极发展会众，准备举行反清武装起义。于十一月二十七日夜率领天地会会众袭击清营，击毙俞峻、赫生额、耿世文等，并释放狱囚，开仓放赈，打开官府武器库武装自己。十二月初一日，起义军攻克淡水（今新竹），初六日占领诸罗（今嘉义）。十三日，台湾南部天地会首领庄大田起义响应，攻占凤山（今高雄），知县汤大奎自杀。随即，各地天地会组织纷纷起义响应，起义群众发展到十余万人。各地起义军首领公推林爽文为领袖，称“盟主元帅”，以县署为大元帅府，建立“天运”（后改“顺天”）年号，建立农民政权。

林爽文起义军军纪严明，凡缴获物资一律归公，损坏居地财物“失一赔二，焚茅赔瓦”。所获钱粮等物除供应军需外，还分给各地贫苦农民。对殷实富户则强令其出银助饷。另外，起义军非常注意恢复生产和维持社会安定，多次颁布文告，号召军民“军归伍、民安业”，“务宜安分耕农”，故深受广大人民群众的欢迎与支持。在起义军占领区，物价低廉，秩序稳定，人心归附，从者日众，声势越来越大。乾隆五十二年（1787 年）正月，林爽文率军南下，会合庄大田起义军进攻台湾府城（今台南市），但未能攻下。闽浙总督常青闻台湾事变，急派水师提督黄仕简、陆路提督任承恩等率兵赴台镇压。在当地地主武装的支持下，清军夺回彰化、诸罗。林爽文遂放弃七取府城计划，回师北上，再克彰化，包围诸罗。清廷又以常青为将军，江南提督蓝元枚、福州将军恒瑞为参赞，调集广东兵 4 000、浙江兵 3 000 驻防八旗兵千人至台湾对起义军进行围剿。常青老迈无能，胆小如鼠，只知结营自保；黄仕简部龟缩城中按兵不动；任承恩也停在鹿仔港畏葸不前。是年二月，庄大田诱总兵郝壮猷入凤山空城，随后派义军战士扮作民人混入城中。三月初八日，庄大田率主力突袭凤山，与城中战士里应外合，一举歼灭清军3 000余人，复占凤山。郝壮猷败回台湾府城，被斩首示众。庄大田二克凤山后，约林爽文再次联合攻打台湾府城。五月起义军号称十万。直逼府城外十里之地。城中清军士气低落，因不服水土而病者达千余人。正当城破在即的关键时刻，负责攻打南门的义军败类庄锡舍率所部2 000余人投降清军，致使起义军发生内乱，功败垂成，被迫撤围而去。

二次会攻府城失败后，林爽文率北路起义军集中力量围攻诸罗。诸罗地处台湾南北要冲，为双方必争之地。总兵柴大纪以4 000清军困守孤城，拚死抵抗，常青先后派总兵魏大斌、参将张万魁、游击田兰玉、副将蔡攀龙等三次往援，谋解诸罗之围，均被起义军击败，只有少数人窜入城中。林爽文以数万人马围城数层，分兵截断诸罗粮道，城中军兵只得以地瓜、野菜充食。义军还多次派人混入城中充当内应，并命人在阵前呐喊喧哗以扰乱敌人军心。但因起义军内部存在着严重弱点：林爽文虽为义军盟主，却不能真正做到事权归一，属下各军多分散作战，各行其是；参加起义者多为失业、半失业的流民，斗志不坚，敌我界线模糊，一遇挫折，或受诱惑，便倒戈降敌。所有这些，造成起义军对诸罗城围攻前后达半年之久，却始终未能攻破。十月，清廷派陕甘总督福康安、领侍卫内大臣海寺察至台湾代替常青指挥各路官兵围剿起义军。福康安等以少数人马进攻大里杙，牵制起义军力量，亲率主力进攻包围诸罗的起义军。十一月初八日，清军7 000余人与起义军激战于仑仔顶，海兰察亲率数十名巴图鲁冲入起义军阵中，起义军败退牛稠山，复为清军所败，只得撤诸罗之围，退守大里杙。

福康安等督清军大举进攻大里杙，林爽文率起义军万余人奋起迎击，终为清军所败，大里杙失守。起义军退至集集埔，屡遭挫败，力量损失殆尽，集集埔复为清军攻陷，林爽文率数十名亲信进入高山族居住的深山密林中。乾隆五十三年（1788年）正月，福康安派广东屯练扮作民人进入深山，在老衢崎这个地方将林爽文等人俘获，解往北京，三月在京被害。南路庄大田起义军在林爽文失败后遭到清军全力镇压，屡遭失败。凤山被清军攻陷后，庄大田率部退守台湾最南部的郎峤。清军水路并进，包围郎峤，庄大田被俘遇害，起义失败。此后，林文爽部将陈周全、陈光爱、陈容、黄朝等先后集合天地会员在台湾各地起义反清，均被镇压。

征讨安南

安南即今越南，古称交趾。明永乐年间（1403—1424 年），曾于该地设交址布政使司。宣德三年（1428 年）安南卜黎利兴兵打败明军，俘交址布政使黄福，建立大越国。宣德六年（1431 年），明政府承认大越国对安南的统治，黎氏接受明政府册封，两国建立起密切的政治、经济、文化联系。清初，清政府继续册封黎氏为安南王，两国关系依然和平友好。乾隆年间（1735—1795 年），安南内乱，广南豪强阮文岳兴兵占据了广南，自称大帝，封其弟阮文惠为北平王。后二人隙，互相攻杀，安南王黎维祁乘机攻取阮文惠所居之地。阮文惠派兵进攻河内，黎维祁出走。乾隆五十三年（1788 年），两广总督孙士毅、广西巡抚孙永清奏报：黎维祁之母率老幼六十余口逃入中国境内，并请求援助。清廷以世受安南朝贡，负有保护之责，遂命安置黎氏眷属于广西南宁，命孙士毅督师出兵安南。

是年十月，孙士毅与广西提督许世亨率两广兵一万出镇南关（今友谊关），以 8 000 兵直捣河内，留 2 000 人驻扎谅山以为后援；云南提督乌大经也率 8 000 兵取道开化厅出马关进入安南。因安南贫瘠不堪供给，清军于两路设台站七十余所，由云贵总督富纲驻扎边外，负责自内地筹运粮草饷械等事由，故清军所过，秋毫无扰。孙士毅、许世亨自谅山命总兵尚维升、副将庆成率广西兵，总兵张朝龙、李化龙率广东兵分路进军，各地士兵、文勇随行，号称大军数十万。阮文惠慑于清军声势，将各寨守兵撤回，退保寿昌、市球、富良、长江，据险抵抗。十一月十三日，尚维升军率兵 1 200 抵达寿昌江，阮军不支，退保南，毁断浮桥，阻止清军渡江。清军砍竹造筏，强渡寿昌江。孙士毅分兵 1 500，命张朝龙等率军由山间小路疾趋三异，阮军于山坡上竖立红、白、黑等色旗帜，适清军至，阮军擂鼓进攻。张朝龙率参将杨兴龙、游击明柱等奋力迎击，将阮军击败，又预设伏兵于山坳之中，再败阮军，共计擒斩阮军数百人。阮文惠部下大司马吴文楚见寿昌兵败，又于河内添调兵丁五千人，由内侯潘文璘统率固守市球江。十一月十五日，清军进至市球江北岸。阮军凭借南岸地势较高，居高临下向北岸清军发炮轰击。清军一面建造浮桥于正面猛攻，而暗遣张朝龙率兵 2 000 于上游 20 里外江势弯曲处乘小舟偷渡，绕至阮军背后。十七日夜，清军由正面浮桥强行渡江，张朝龙于背后突袭阮军大营。阮军黑夜间不知清军从何而来，人数多少，遂全军崩溃，潘文璘率残兵千余人逃回河内，旋与吴文楚等弃河内退走清花，并驰书向阮文惠告急。十九日黎明，清军抵达富良江北岸。阮军驾船在江心施放枪炮，清军亦分寻沿江民船及竹筏攻击阮军，歼敌百余。次日五鼓，许世亨、张朝龙等率清军200乘竹筏直冲南岸，夺得船只30余艘，大队人马迅速过江，击败阮军。阮军残兵三四百人分乘船只十余艘顺流而逃，游击张纯率部乘船猛追，抛掷火球，烧毁敌船，使阮军无一得脱。上午，清军师次河内城外，阮军不战自退，黎氏宗族及河内百姓出迎清军于城郊。孙士毅、许世亨等入城宣慰后扎营城外富良江边。河内城墙为土垒，高仅数尺，上植丛竹，内有砖城二座，即王宫所在，是时宫室荡然。安南国王黎维祁藏匿民间，于当夜至清营谒见孙士毅，拜谢再造之德。二十二日，孙士毅入城传旨册封黎维祁为安南国王，并传檄广西巡抚送归其眷属。清廷以孙士毅等于一日之内克复安南国都，诏封孙士毅一等谋勇公，许世亨一等子，诸将皆赏赉有差。

阮文惠虽然兵败，但势力仍在。其大司马吴文楚等退回清花后，称言清军势大，而阮文惠不以为然，笑道："何事张皇，彼自来送死耳。"遂亲率将士渡河北上，过清花时征兵至八万，驻军于寿鹤，谋袭清军，先派人至清营假意请降，以麻痹清军，并探其虚实。先是在清军克复河内后，清廷因安南残破空虚，无力供给大军粮草，全赖自内地转输，所征夫役达十余万人，且多染疾病，遂诏孙士毅班师。而孙士毅等时时以未能亲俘阮文惠为憾事，屡催黎维祁募人打造战船，准备直捣富春擒杀阮文惠，因黎维祁以人口离散，难以筹措为由一直拖延不办而未果。后又见阮文惠卑辞请降，故依然驻兵河内，并未遵旨撤兵。是年十二月，阮文惠兵至三叠山，黎维祁亲至清军大营问计。孙士毅因出关以来，所向克捷，骄傲轻敌，又误信阮军投降之说，故不以为意，防备空疏。乾隆五十四年（1789年）正月，清军正在庆祝新年，忽闻阮军杀至，只得仓促应战。阮军以象群为前导，兵勇紧随其后，向清军阵地猛冲。清军抵挡不住，全军大乱，昏暗中自相践踏，死伤甚重。黎维祁带领眷属先逃，孙士毅抢渡富良江后，马上斩断浮桥以阻追兵，率残兵数千退回镇南关。提督许世亨、总兵尚维升、张朝龙、副将邢敦行、参将杨兴龙、王宣、英林等以下五千余人皆战死。正月初六，阮文惠重占河内。

孙士毅败退镇南关后，具疏自劾。乾隆帝念其已往之功，且变生意外，非尽为孙士毅之咎，故命其解职回京，另以尚书补用，调福康安为两广总督，驰赴镇南关代统其众，又命海禄为广西提督，协助福康安办理善后事宜。

阮文惠虽然击败清军，重占河内，但其内部尚不稳固，与其兄阮文岳各不相容，又与暹罗发生战事，故深恐清军再次进讨，遂改名阮光平，数次遣使向清军谢罪请和，表示愿投诚纳贡，皆为清廷严词拒绝。后阮光平又遣其亲侄阮光显至镇南关，恳请进京入觐，且请求准许阮光平于明年亲至京师为乾隆帝恭祝八旬万寿，并送还被俘清军官兵，惩处杀死许世亨等人的凶犯，为许世亨立庙祭奠。是年六月，清廷以安南地处蛮荒，征剿不易，且黎维祁优柔废弛，二弃其国，即所须册印亦不能守，难以存立，阮光平既愿奉表称臣，遂封阮光平为安南国王。旋命黎维祁率其所属来京，归入汉军旗，编成一佐领，使黎维祁掌管。从此两国关系又恢复正常。

《钦定西藏章程》

清朝在定鼎北京之初，统一全国的大业尚未彻底完成，其对西藏地区的统治也只有利用已经归顺清朝的和硕特蒙古领袖，当时西藏地方的掌权人顾实汗对西藏实行间接统治。1681—1683 年的拉达克战争之后，黄教集团与和硕特贵族的关系日渐恶化，并最终导致双方的武装冲突。康熙四十四年（1705 年），顾实汗的后裔拉藏汗执杀第巴桑结嘉措，经清政府同意而废黜六世达赖仓央嘉措，另立阿旺伊希嘉措为六世达赖喇嘛，但没有得到西藏黄教上层的认可。康熙四十八年（1709 年），清政府认为西藏事务不便命拉藏汗独理，因此派侍郎赫寿前往西藏协同拉藏汗办理事务。清廷直接派官管理西藏实肇端于此。

在康熙五十九年（1720 年）驱逐准噶尔扰藏势力之后，清政府趁机废除和硕特部在西藏建立的地方政权，改由与清政府直接任命的若干噶伦共同负责西藏地方政务，从而进一步加强了清政府对西藏的施政。当时，清政府任命康济鼐、隆布鼐、阿尔布巴、颇罗鼐、札尔鼐为噶伦，其目的在于使其彼此牵制而任何一人都不能独断专行。然而，清政府在西藏实行的分权政策维持了数年安定局面之后，西藏地方掌握实权的上层贵族之间的矛盾便日益公开暴露出来。雍正帝鉴于西藏地方政府统治集团内部不和的情况，于雍正五年（1727 年）任命内阁学士僧格、副都统马喇为驻藏大臣，前往西藏直接监督西藏地方政府，调解阿尔布巴等人与康济鼐的矛盾，安定西藏政局。清政府派遣驻藏大臣始于此。

乾隆十五年（1750 年）平定珠尔墨特叛乱之后，乾隆曾命令四川总督策楞拟定《西藏善后章程》，对西藏行政进行了一次重要改革。这次改革大大加强了清朝中央政府对西藏的管辖，但也有一定的缺陷、不够完善。最主要的就是清朝自乾隆十五年（1750 年）改革以来，派去的驻藏大臣品质和能力都很低，他们很少努力去和摄政抗衡。在廓尔喀战争爆发之前，清政府已经收复了台湾，驱逐了沙俄在东北的骚扰势力，绥服了内、外蒙古，平定了准噶尔。这样，其注意力必然要集中到西藏地区的长治久安。通过驱逐廓尔喀入侵的战争，清朝政府在西藏的威信更加高了。同时，这次反侵略战争也使清政府在经济上、政治上、军事上付出了高昂的代价。乾隆帝决定对西藏事务进行一次比较彻底的整顿，把清朝中央政府对西藏的管辖以法律形式巩固下来。乾隆帝在廓尔喀战争结束后便立即利用战胜廓尔喀的军威和得到西藏人民感激的有利条件，命令福康安会同八世达赖、七世班禅等共同筹议西藏善后章程。乾隆五十八年（1793年），清政府正式颁行了《钦定西藏章程》二十九条。《钦定西藏章程》二十九条有汉文本、藏文本两种，藏文本比汉文本略微详细，内容大体相同，个别之处稍有出入。从藏文本的语气、语体等方面来看，藏文本是西藏地方政府根据汉文本翻译后向各地人民宣布执行的文件（藏文中称为“雄译”）。《钦定西藏章程》二十九条的内容主要包括政治、宗教、边界防御、对外交涉、财政五个方面。《钦定西藏章程》二十九条用法律形式明文规定了驻藏大臣的职权以及西藏的军事、财政、对外交涉等制度，严密周详，有利地促进了西藏地区的稳定、发展，标志着清朝在西藏的统治达到了最高阶段。在《钦定西藏章程》颁布后，驻藏大臣和琳、松筠等精明强干的官员积极将章程付诸实施，西藏地方上层也恭谨从命。后来，驻藏大臣琦善妄加改动《钦定西藏章程》规定的军事、财政等制度，使驻藏大臣的权力遭到削弱，但是，直到清末，西藏地方许多政务仍然是按照《钦定西藏章程》的规定办的。

乾隆惩治贪官

清朝建国之后，因天下太平日久，统治阶级日益腐化，贪官增多，赃额巨大。

乾隆帝即位以后，为严厉打击各级官吏和贪污受贿活动，对康熙、雍正以来的有关法律进行了一系列增补。乾隆四年（1739年），改“八法考绩”制为六法，宣布“贪、酷二者，不应待三年参劾”，使参惩贪污成为经常之事。乾隆六年（1741年），改变以往犯侵贪罪的文武官员只要于限内完赃，即可减轻发落的旧俗，下令将乾隆元年（1736年）以来侵贪重犯陆续发往军台效力，并规定以后均照此办理。乾隆十八年（1753年），加重对禁卒受贿放纵囚犯之罪的处罚，以被纵囚犯之罪加在纵囚禁卒身上，“全律科断”。乾隆二十三年（1758年），宣布废止以往“侵亏入己者限内完赃之例”，以使侵亏官犯知“法在所不赦”；又停止重犯捐赎旧例，堵塞了他们逃脱和减轻罪责之途径。乾隆三十年（1765年），增定“侵盗仓库银钱入己例”，规定除千两以上者仍照旧例斩监候外，对千两以下者亦分为三等加重处罚。乾隆四十一年（1776年），增定“亏空银粮入己，限内完赃不准减等”之例。乾隆四十八年（1783年）规定，官员犯贪赃之罪，除照旧例议处推荐上司之外，还要对不先所查参的臬、道、府及督抚等分别给予降级、调用等处分。除以上对旧例的八条删改外，乾隆帝还根据具体情况新定了八条严惩贪污的法律。乾隆十二年（1747 年），新定侵贪官犯“限满拟入情实”之例，以杜绝其“明知不死，更欲保其身家”之心。乾隆十三年（1748 年），新定“代赔帑项限期不完”之罪，不准纳赎，使此后不仅上司代赔之事普遍存在，且父死子赔、父赃子偿之事也时有发生。乾隆二十一年（1756 年），新定对驿站奏销各官多支钱粮利己之罪的惩罚条例。乾隆二十七年（1762 年），新定“得受贿赂顶认正凶”罪例。乾隆二十八年（1763 年），规定凡因贪污等罪遭斥革者，不准继承恩骑尉世职。乾隆三十七年（1772 年），规定凡“蠹役犯赃”，一律刺字，以防其“日久事冷，钻营复职”。乾隆四十三年（1778 年），新定凡“白役诈赃逼命之案”，正役分别问拟，以防止白、正各役串通舞弊。乾隆四十五年（1780 年）规定凡督抚衙门交首县、中军等下属购物者，督抚照“违制杖一百私罪律”革职，首县、中军等照“溺职例”革职，以杜绝上官利用职权侵贪、勒索下属和下官巧借名目贿赂、馈送上司之风。另外，乾隆帝还规定严禁各部需索，严禁省级官员设立管家门人收受红包，严禁上司留请属官用膳时勒索“押席银两”等，丰富了乾隆惩贪的内容。

尽管乾隆帝制订了一系列惩办贪官污吏的律例条文，但因其时整个封建统治阶级已日渐腐朽没落，各级官吏贪赃枉法、贿赂公行之弊根深蒂固，再加上乾隆帝本人的穷奢极欲，使乾隆朝贪污之风不但未能消除，反愈演愈烈。对此，乾隆帝以严刑峻法进行了坚决的镇压。终乾隆一朝，因贪赃而被处死的二品以上大员达 30 人之多。

应当指出，乾隆惩治贪污虽然大张旗鼓，但很不彻底，往往凭个人好恶，任意更改成法。一些贪官污吏因得乾隆帝赏识而一直确保官位；有些虽被革职，甚至“拟斩”，却终究官复原职。特别是乾隆后期，最大的贪官和珅因受乾隆帝宠信，把持朝政达二十余年，更使朝政腐败，贪污成风，各种社会矛盾、社会危机日益恶化，终于导致了嘉庆初年的白莲教农民大起义的爆发。

白莲教起义

白莲教为民间秘密宗教组织，始创于元朝末年。清乾隆后期，各地白莲教组织活动极为活跃，并从秘密传教转为公开活动。白莲教支派繁多，名目不一，大多信奉“真空家乡，无生老母”八字真言，宣扬“弥勒转世，当辅牛八，入教者可免诸厄”。“牛八”即明代的朱姓，由于白莲教的主张满足了广大人民群众反对满洲贵族残酷的经济剥削和民族压迫的要求，符合人们长期以来普遍存在的“反清复明”愿望，故具有很强的号召力。

乾隆五十三年（1788 年）三月，白莲教支派“混元教”传人刘松及其弟子刘之协将混元教改名三阳教，次年二月，刘之协为扩大三阳教实力，前往湖北襄阳，吸收原“收元教”教首宋之清入教。乾隆五十七年（1792 年），宋之清因与刘松、刘之协等发生矛盾，号创“西天大乘教”，西天大乘教在湖北、四川、河南、陕西等地影响很大，成为白莲教中一支重要力量。另外，收元教教徒王应琥等，也在湖北、四川交界地区积极发展组织。

白莲教组织的迅速发展及其鲜明的反清宗旨，让清朝统治者的惶恐不安。乾隆五十九年（1794 年）六七月，清朝官府在陕西兴安地区破获西天大乘教组织，逮捕了其重要骨干萧贵、萧正杰等六七十人，不久又在四川大宁县逮捕收元教骨干谢添绣等九人。于是，清廷严令各省督抚对各地白莲教进行大肆搜捕。八月至十月，各地白莲教主要首领宋之清、刘林、王应琥、宋显功、刘松、刘四儿以及刘之协的母、兄、妻子等相继被清廷杀死，各支派组织几乎全部遭到破坏。同时，各地贪官污吏以此作为搜刮民脂民膏的大好时机，竟用以查办“邪教”为名对平民百姓多方勒索，封建官府的野蛮掠夺和残酷迫害，造成大批农民破产逃荒，阶级矛盾空前激化。在这种形势下，白莲教以“官逼民反”为号召，发动群众奋起反抗。嘉庆元年（1796 年）正月初七日，湖北荆州枝江、宜都两县白莲教徒在首领张正汉、聂杰人领导下首先起义。随即，长阳、长乐两县教徒在林之华、覃加耀等率领下起义响应。于是，各地白莲教组织闻风而动，数月之间，以鄂西五府（襄、郧、荆、宜、施）、一州（荆门州）为中心，南至四川酉阳，北到河南新野，到处燃起反清烈火。各地起义军尤以襄阳黄龙垱一支最为著名。其主要领导人王聪儿，嘉庆元年（1796 年）二月，王聪儿率襄阳地区白莲教教众万余人起义反清，被推为总教师；另一首领姚之富，与其子姚文学长期游历于鄂西北山区，宣传教义，发展组织，为襄阳起义做出了重要贡献。三月底，襄阳起义军焚烧吕堰驿，进攻樊城，声势浩大，逐渐成为湖北起义军主力。

清廷听说湖北白莲教起义的消息，急忙调兵遣将进行镇压，同时，各地地主富豪也纷纷组织团练乡勇、搜捕教民，驻防关隘，配合清军镇压起义军，由于各地起义军组织不严，力量涣散，装备落后，经验缺乏，相继为清军所败。只有襄阳起义军依然独存。他们不计较一城一地的得失，以流动作战方式同清军进行斗争，多次粉碎清军的围攻。嘉庆二年（1797 年）春，襄阳起义军分兵三路经豫西进入陕南秦岭地区。四月，王聪儿、姚之富与王廷诏、李全等三路会师于镇安，在表带铺一带击毙护军统领阿尔萨瑚等，又于王家坪设伏重创清军。五月，起义军在陕南兴安（今安康）与紫阳之间的白马石一带抢渡汉水，六月份三路入川，穿越大巴山到达通江、达州，解除了清军对四川起义军的围攻，两军会师，声势大振，将白莲教起义推向新阶段。

四川白莲教与湖北等地声息相通，湖北白莲教起义后，四川教众也纷纷响应。嘉庆元年（1796 年）九月十五日，四川达州白莲教首领徐天德在亭子铺首举义旗，从者万余人。随即，东方白莲教首领王三槐、冷天禄，张子聪等聚众万人起义响应。十一月，陕西各地白莲教教众也纷纷举起义旗。十二月三十日，徐天德、王三槐等率众攻破东方城，击毙哈密办事大臣佛住。但因起义军只知株守山寨，未能乘胜追击，给了清军以调兵遣将之机。将军明亮、都统德楞泰等在剿灭湘黔苗民起义之后移师入川，各地团练乡勇也烽起助剿。次年春，清军在各地乡勇配合下接连攻破起义军营寨，义军重要领袖孙士凤不幸牺牲，使四川起义军遭受重大损失。六月，徐天德、王三槐、冷天禄等被困东乡、达州一带，屡遭失败，部队仅剩二千余人。危急关头，幸亏襄阳起义军应时赶到，两军会合，战败清军，方使局势出现转机。

两军会师后，决定按青、黄、蓝、白分别确立各路起义军建制，设置掌柜、元帅、先锋、督兵、千总等各级官职。四川起义军方面，徐大德所部称“达州青号”，王三槐、冷天禄所部称“东乡白号”，太平首领龙绍周所部称“太平黄号”，巴州首领罗其清所部称“巴州白号”，通江首领冉文涛所部称“通江蓝号”。襄阳起义军方面，王聪儿、姚之富等称“襄阳黄号”，高均德、张天伦等称“襄阳白号”，张汉朝等称“襄阳蓝号”。东乡会师并未提出统一的斗争纲领和战斗口号，仅张汉朝部入川时曾以“兴汉灭满”为号召，较已往一般的“官逼民反”前进了一步。两军名为联合，实际仍将各自的地方利益放在首位，互相猜忌、防范，不能团结对敌，不久遂重新分裂。

闰六月，襄阳起义军除李全、樊人杰等率部留在四川外，主力分两路返回湖北。七月，两路会合直扑襄阳，因清军防守严密，遂放弃攻城计划，欲乘机北渡汉水，未果，继续向西进入陕西。九月，李全部亦入陕西，在兴安与主力会师。从此，襄阳起义军时分时合，忽川忽陕，以流动作战方式多次粉碎清军围剿，并两次进逼西安，沉重打击了清王朝的统治。清廷调集重兵，采取分路追堵、各负其责之法，用以对付起义军的分股流动战术。由于众寡悬殊，起义军逐渐趋入被动。嘉庆三年（1798 年）三月，王聪儿、姚之富等被困于湖北郧西卸花坡山上一碗水。王聪儿与姚之富等相继跳崖，王聪儿牺牲后，襄阳起义军余部在李全、高均德、张汉朝等率领下继续与清军作战。后因内部分裂，屡遭失败，逐渐衰败。

襄阳起义军衰落后，四川起义军代之成为反清斗争主力。其中，冉文涛、罗其清等活动于川北仪陇、营山、巴州一带，王三槐、冷天禄、徐天德等转战于川东开县、梁山一带。清军打败湖北起义军主力后挥师入川，全力围剿四川起义军。是年八月，王三槐在云阳安乐坪被清军诱捕，解京处死。十一月，罗其清在大鹏山麻坝寨兵败被俘，亦为清军所杀。王三槐死后，其余部在冷天禄率领下转战于南充、广安、定远一带。嘉庆四年（1799 年）三月初十，冷天禄率领三千余人转战广安州城头堰，遭到清军袭击。冷天禄中箭落马，身中数枪而死。次日，清军乘起义军渡石笋河之机突然袭击，五艘渡船倾覆，义军大败。四月以后，川东起义军各部相继转入川陕老林之中。嘉庆五年（1800 年）正月，“通江蓝号”起义军占据的麻坝寨被清军攻破，首领冉文涛死。其余部在冉文涛之侄冉天元率领下抢渡嘉陵江，转战遂宁、西充、蓬溪等县，重庆、成都同时震动，声势大振。二十九日冉天元率部在高院场击败清军，阵斩总兵牛射斗、参将罗定国等。二月，冉天元会合其他义军在江油马蹄岗大战清军，不幸牺牲。余部继续转战，至嘉庆七年（1802 年）被清军剿灭。

嘉庆五年（1800 年）七月，白莲教总教师刘之协在河南叶县北关被清军捕杀。次年，徐天德、龙绍周等部亦相继失败。至嘉庆九年（1804 年）白莲教起义军各部主力先后被清军剿灭。

整个白莲教起义历时九年半，纵横五省，抗击了清廷十六省数十万大军，击毙提、镇、副、参以下清军将领四百余人，迫使清廷耗费饷银二万万两之多，相当于当时清王朝四年的财政收入。起义虽然失败，但沉重打击了清王朝的统治，成为清王朝由盛转衰的转折点。

天理教起义

天理教又名荣华会，其教徒以八卦命名各分股，分别在北方各省发展组织，故亦称八卦教，为白莲教分支，基本教义与白莲教大致相同，信奉“三际说”，以“真空家乡、无生老母”为八字真言，主要经卷为《三佛应劫书》。

川楚白莲教起义失败后，天理教以宗教活动为掩护，在直隶、河南、山东等地秘密发展组织。他们以入教缴纳“根基钱”，事成后即可分得土地为号召，吸引无地少地的农民加入本教，逐渐发展为北方最大的反清秘密组织。主要领导人包括“震卦”首领李文成、“坎卦”首领林清、“乾卦”首领张廷举、“艮卦”首领郭泗湖、“巽卦”首领程百岳、“离卦”首领张景文、“坤卦”首领邱玉、“兑卦”首领候国龙，以及冯克善、牛亮臣、徐安帼等。

嘉庆十六年（1811 年）春，三省教首李文成、林清、牛亮臣、冯克善等在河南滑县（今河南滑县）会商起义大计，决定“八卦九宫，林、李共掌”，林清封号“天皇”，冯克善封号“地皇”、李文成封号“人皇”，由林清取直隶，李文成据河南，冯克善得山东。他们扬言星象示变，有星射紫微垣，主兵象，将大动干戈，为起义制造“天意”依据。嘉庆十七年（1812 年）正月，各地教首大会于滑县道口镇，决定于嘉庆十八年（1813 年）九月十五日在河南、山东、北京同时举事，以白旗作为起义标志，起义者一律用白布裹头系腰，起义口号明号为“奉天开道”，暗号为“得胜”二字。是年冬，李文成又至大兴县会见林清，密约由李文成先在滑县起义后，立即直趋京师，林清在北京城内起事，与李文成里应外合，夺取北京。李文成回到河南后，加紧进行起义准备，由于事机不密，被官府侦知。嘉庆十八年（1813 年）九月初五滑县知县强克捷在报请巡抚高杞派兵镇压的同时，派衙役将李文成、牛亮臣等逮捕下狱。初七日，李文成部下宋元成聚集教众五千余人攻克滑县县城，杀死知县强克捷、巡检刘斌，救出李文成、牛亮臣等，提前发动起义。数日之间，河南、山东天理教起义军先后攻克浚县（今河南浚县）、长坦（今河南长垣）、定陶（今山东定陶县）、曹县（今山东曹县），队伍扩大到七八万人。清廷闻变，急命直隶总督温承惠为钦差大臣，带兵会同河北镇总兵色克通阿由北面防御；河南巡抚高负责防范西南；山东巡抚同兴巡防山东边境，又调徐州总兵徐洪北上助剿。由于清军的严密防堵，李文成起义军未能如期北上。

林清在北京不知河南发生变故，仍按原计划进行部署。九月十五日，林清组织 200 名教徒，分成东、西两队，乔装改扮，由太监接应分别从东、西华门闯入紫禁城，自己坐镇大兴黄村（今北京一带），等候河南起义军到来。东路教徒以陈爽居首，刘呈祥押后，太监刘得财、刘金引路，与司阍护军进行了激烈战斗，终因路径不熟，力量单薄（实际闯入宫中的只有数十人），全部被擒杀；西路以陈文魁居首，刘永泰押后，太监高泰、高广福引路，先攻尚衣监文颖馆，随即攻打隆宗门。当时清室诸皇子正在上书房，闻讯赶来，用鸟枪射击起义教众，京中诸王及内务府大臣等也率兵入神武门前来增援，镇国公奕灏还将准备派往河南的火器营官兵千余人调入宫中参与对起义者的围攻。由于双方力量过于悬殊，起义军虽经顽强战斗，仍被残酷镇压。十九日，在黄村等候消息的林清被清廷逮捕，不久与其他被俘教众一同遇害。

天理教攻打皇宫事件极大地震动了清朝统治者，他们惧怕刚刚被镇压下去的白莲教起义重演，急忙抽调重兵，加紧对河南、山东等地的天理教起义军进行镇压。十月，代替温承惠任直隶总督钦差大臣的那彦成督清军万余人分兵七路大举进攻道口镇，徐安帼等率起义军奋勇抵抗，伤亡惨重。后陕西提督杨遇春率部突入，攻陷道口，徐安帼等退往滑县。那彦成复以重兵包围滑县，起义军数番作战，均告失利。时山东、直隶等地响应起义的天理教徒皆被清军各个击破，滑县已成孤城。十一月，桃源地区天理教首领刘国明亲率八百义军由北门冲及滑县城，与李文成等商议决定向太行山转移。李文成即率起义军四千余人撤出滑县，行至辉县西北司寨，被清军追及。十九日，清军以少数兵力将起义军诱出司寨，然后以马、步兵两翼夹击，起义军失利，退保南首山，复中清军埋伏，二千余人伤亡，清军遂将司寨团团包围。二十日，清军攻入寨内，刘国明牺牲，李文成自焚，司寨陷落。

李文成等牺牲后，清军继续围攻滑县。滑县城墙坚固，砖皮内实以沙土，不怕炮轰，清军围攻四十余日，未能攻破。十二月初十，那彦成命各路清军向滑县五座城门同时发起进攻，并暗挖地道，埋设炸药，将西南城角墙轰开二十余丈，清军冲入，与起义军于城内进行激烈的争夺战。十二日，滑县城陷落，大元帅宋元成、艮宫王王道隆、震宫王刘荣顺等壮烈牺牲，军师牛亮臣、元帅徐安帼等被俘，解送京师，磔死枭首。天理教起义最后失败。

清代文字狱的兴起

封建社会中，因文字著述被罗织罪名、酿成冤案的，称为文字狱。从明代开始，封建中央集权得到加强，文字狱的发生，也走向高潮。清朝取代明朝后，由于满洲贵族以少数民族统治中国，社会矛盾十分尖锐，为了镇压下层人民和知识分子中的反抗，清政府制造的文字狱也达到了顶点。粗略计算，从清顺治二年（1645 年）僧人函可作私史被流徙案到清乾隆五十三年（1788 年）生员贺国盛上“笃国策”案，共发生有案可查的大小文字狱 110 余次，因之被杀、被流放者达二百余人之多。这些文字狱，按其性质，大致可分为三个阶段。

从顺治初年到康熙末年，为第一阶段。这个时期的文字狱，主要表现在部分明朝遗民、下层士人对清满洲贵族“以夷凌华”不满，从而在撰述中仍用明朝纪年，甚至诋毁清政权，遭致镇压的几件大案。顺治二年（1645 年），僧人函可在自撰诗文野史中流露出留恋明朝、攻击清朝的思绪，被人举报，清政权将函可流放东北，禁止刊行其诗作；顺治十八年（1661 年），浙江发生了清初最大的文字狱案——庆廷鑨《明史》案。浙江富户庄廷鑨购到明末文士朱国桢所撰《明史》稿本，窃为已作，并补写了崇祯朝和南明史事。其中奉南明弘光、隆武、永历政权为政朔，又有指斥清朝词句。被人告发，酿成大狱。已死的庄廷鑨被剖棺戮尸，其弟庄廷钺等 72 人被杀，株连下狱的族人邻里达上千人。被害的人中还包括江南名士查继佐、潘柽章、陆圻等多人。此案至康熙二年（1663 年）才结案；康熙四年（1665 年）江南人邹流骑因刊刻其师吴伟业著《鹿樵纪闻》被下狱，焚书；同年山东即墨文士黄培诗集中有怀恋旧明、攻击清朝诗句，黄被处死，200 余人下狱，江南名士顾炎武也被株连；康熙五十年（1711 年）的戴名世《南山集》案，是当时另一桩大狱。

翰林院编修戴名世在明史馆修明史时，把明朝遗老记述收入己作《南山集》，根据安徽桐城文士方孝标《滇黔纪闻》议论南明史事，认为顺治朝不属正统。被御史赵申乔告发，戴名世处斩，江南名士方苞、王源等大族三百余人或下狱，或流放东北为奴。

雍正朝为文字狱的第二阶段。这一时期，由于康熙多位皇子之间发生夺位之事，雍正帝继位后便以文字狱形式翦除敌对势力，许多文字狱表现了统治阶级内部矛盾。雍正三年（1725 年）权重一时的大将军年羹尧引起雍正帝的猜忌，抓住他奏折中“夕惕朝乾”四字写错，定下数十条大罪将其处死抄家。年氏朋党官员五十余人受株连革职。其中年羹尧门下幕僚汪景祺在所作《西征随笔》中为功臣受贬鸣不平，并有影射攻击雍正帝、诽谤满族的词句。汪景祺被处斩，亲族流放东北为奴。次年，年羹尧的另一幕僚钱名世因曾写诗吹捧年氏，雍正帝将其圈禁，特制“名教罪人”匾额加以羞辱。同年，内阁学士查嗣庭在任江西主考官时，雍正帝以其出试题荒谬，有“百室盈止，妇子宁止”，是把雍正“正”字拆成“一止”；又有依附权臣隆科多，对康熙时《南山集》文字狱不满等罪状，将查氏处死，家人流放。雍正六年（1728 年）发生了雍正朝最大的文字狱曾静、张熙投书案。湖南文人曾静令其弟子张熙投书川陕总督岳钟琪，称他是岳飞后人，劝其起兵反清，并列举雍正有弑父篡位，杀兄屠弟的罪行。岳立即向朝廷举报，将曾、张拘捕。在审理中，查出曾静的思想是读了清初学者吕留良著作后产生的，宫中记述来自被镇压的雍正诸弟胤禩、胤禟手下太监。于是雍正把吕留良的子孙及胤禩、胤禟余党尽行下狱。并发布多次谕旨，批驳对他的攻击，汇成《大义觉迷录》一书，广为刊刻发布。已死的吕留良及其子吕葆中遭开棺戮尸，其余儿子、弟子多人被处死，族人大批流被放为奴。曾静、张熙作为自新之人释放，但乾隆时又被处死。

清代文字狱的高潮是在第三阶段，即乾隆朝。这一时期清统治进入相对稳定阶段，民族矛盾、内部矛盾相对缓和，而阶级矛盾、社会矛盾日益尖锐。清朝廷一方面实行文化专制的高压手段；另一方面利用修书来羁縻上层知识分子。文字狱表现出的特点是案例繁多，大案却少；无辜受害者多，有意攻击者少。乾隆十六年（1751 年）的一件震动全国的文字狱——伪孙嘉淦奏稿案可算作一个例子。乾隆四年（1739 年），京师曾有传闻，指斥朝中权要张廷玉、鄂尔泰等。至乾隆十六年（1751 年）云南忽然发现一份流传于商人中的工部尚书孙嘉淦奏折底稿，稿中指责乾隆帝犯有“五不解、十大过”，如征金川恣意用兵，南巡费用无度等。乾隆帝下令在全国追查，发现传抄者极广，遍及十几个省内，上至提督，下至贩夫走卒，近至京师官学，远至土司边寨。

追查中被株连下狱者达数千人，仍不知首作者下落。两年多以后，只得指控江西千总卢鲁生、刘时达父子为罪魁，处死结案。乾隆二十年（1755 年）胡中藻《坚磨生诗钞》案是一件影响较大的案件。乾隆前期，雍正帝老臣鄂尔泰、张廷玉两人势力极大，党附颇多，互相攻击排挤，乾隆帝抓住鄂门下弟子胡中藻诗中一些字句捕风捉影，对两派都进行了打击。乾隆四十年（1775 年）以后，随着《四库全书》的修撰，全国掀起了一场查抄禁书浪潮，发生的文字狱多与此有关。在著书立说中，除徐述夔《一柱楼诗稿》有较明显的反清意向外，其余多是牵强附会、捕风捉影的冤案。

乾隆朝以后，由于川陕五省白莲教大起义给统治者以沉重打击，使其无暇顾及文化方面的控制，文字狱急剧减少，惩治也渐渐宽松，如嘉庆四年（1799 年）江苏监生周砎上条陈指责朝政，达几十款之多，嘉庆帝并未如乾隆例予以严惩，仅令送回原籍管束了事。

清朝文字狱是封建社会的必然产物，对中国文化思想的发展起了巨大的阻碍作用。

鸦片战争

十八世纪末，英国开始对中国实行侵略政策，同时向中国大量输入鸦片。道光十八年（1838 年），鸦片输入量已达四万余箱。烟毒在中国泛滥，民气不振，官府腐败，军队失去斗志，白银大量外流。这年十二月，道光皇帝任命林则徐为钦差大臣，节制广东水师，前往广州查禁鸦片。

次年三月，林则徐到达广州，立即与两广总督邓廷桢、广东水师提督关天培等商议对策，一面整顿海防，缉拿烟贩；一面通知外国烟贩在三天内将所存烟全部交出，并要求他们出具甘结，保证以后永不携带鸦片来华。否则一经查出，货即没收，人即正法。林则徐还严正宣布："若鸦片一日未绝，本大臣一日不回，誓与此事相始终，断无中止之理！"迫于形势，英、美烟贩被迫陆续交出所存鸦片两万余箱，共计 237 万多斤。六月三日至二十五日，林则徐将缴获的全部鸦片在虎门海滩当众销毁。

八月，虎门销烟的消息传到伦敦后，英国政府上下哗然，十月，正式做出向中国出兵的决定。次年二月，正式任命乔治·懿律为东方远征军总司令，兼谈判全权代表，查理·义律为副代表。是年六月，英军战船 18 艘抵达广东海面，并在美、法两国支持下，挑起战端，鸦片战争正式爆发。英军首先进犯广州海口，这时林则徐已任两广总督，他制定了以守为战的积极防御战略，认真备战。他相信民心可用，于是招募但户、渔民五六千人编为水勇，并告示民众：英军兵船一进内河，人人可持刀痛杀。英军见广州防备森严，不便进攻，就北犯厦门。这时已调任为闽浙总督的邓廷桢督师迎战，击退英军。于是英军又继续北上，攻陷定海，八月，到达天津大沽口，向清政府递交了英外交大臣巴麦写给清政府的照会，提出鸦片贸易合法化及向清政府提出赔款、割地等要求，并声称如不答应，则“必相战不息”，以武力威胁清政府。

这时以首席军机大臣穆彰阿、直隶总督琦善、两江总督伊里布等为首的驰禁派，借机向道光皇帝进谗言。道光皇帝看到英军来势凶猛，于是产生动摇，指责林则徐禁烟措施失当，并派琦善到天津海口与英军谈判。在谈判过程中，琦善一再妥协，并散布英军船坚炮利，难以取胜的谣言，并说即便今年能把英军击退，明年他们依旧还会来，“边衅一开，兵结莫释”。与此同时还向英人表示，一定替英国惩办林则徐、邓廷桢，只要英军退回广东，一切问题都可在广州谈判解决。在琦善的允诺下，英军同意退回南方交涉。九月，道光皇帝任命琦善为钦差大臣、两广总督，到广州继续与英军议和。不久，又以“误国病民，办理不善”之名，将林则徐、邓廷桢革职查办。十一月二十九日，琦善到达广州，首先查办了“林则徐禁烟案”，并自动撤防，解散水勇，摆出与英人议和的姿态。

道光二十一年（1811 年）一月七日，英军乘琦善解除战备之时，派军舰突然袭击沙角、大角炮台。清军不敌，副将陈连升及其子举鹏、守台张清龄均战死，沙角、大角两座炮台相继陷落。此时，广东巡抚怡良、将军阿精阿、副都统英隆等人都主张立即增兵反击，均遭琦善拒绝。一月二十五日，琦善乘船亲自前往狮子洋面与义律会晤于莲花山，全部接受了义律提出的《穿鼻草约》，允割香港，赔烟价 60 万元，开放广州等。

消息传到北京后，道光皇帝对《穿鼻草约》所提条件不予批准，感到有损尊严，因此又倾向主战。当得知沙角、大角炮台被占的消息后，于一月底决定对英宣战，并派御前大臣奕山为靖逆将军，到广东主持战事。英军闻讯后，在奕山还未到达广州时，就派兵进攻虎门炮台，守将提督关天培率兵坚守，终因寡不敌众，与将士数百人全部殉国，虎门炮台陷落。三月，英军继续发动进攻，占

1841 年鸦片战争虎门之战期间，英国复仇女神号（最右后方）战舰击毁一艘清朝戎克船

领了离广州城30里的二沙尾炮台，后又攻陷海珠等炮台，此时广州城完全陷于英军的威胁之中。四月，奕山率大军17 000人齐集广州，于五月二十一日怀着侥幸心理派军队夜袭英舰，初获小胜。第二天，英军开始反扑，经过五天激战，城外炮台尽失。二十七日，奕山竖白旗向英军乞和，并签订了《广州和约》，答应缴赎城费六千万元，一周内交付，清军退出广州城六十英里。道光皇帝听到消息后，借口"准令通商"，批准了《广州和约》。五月底，广州城郊三元里等地民众数万，奋起抗英，迫使英军退回军舰。

这年四月，英国政府接到义律的《穿鼻草约》，认为所得利益太少，不予批准，并决定召回义律，改派璞鼎查为全权公使，扩大对华战争。临行前，英国首相训令璞鼎查，让他到中国后，再占舟山，恫吓清政府。英外交大臣给璞鼎查的训令中指示，只有清政府无条件地接受英国提出的全部要求，签订一个有广泛特权的条约，才能停止军事行动。八月，璞鼎查抵达中国。

这时，清政府对英国调兵遣将扩大战争毫无准备，沿海各省还在继续裁兵撤勇。八月初，两江总督裕谦获知英军准备再度进犯浙江的消息后，奏请朝廷暂缓撤退江、浙两省调防官兵，可是道光皇帝却批驳说："不必为浮言所惑，以致糜饷劳师。"这样当战争爆发后，清军完全处于被动挨打的地位。八月二十六日英军首先攻陷厦门。后又进攻定海，总兵葛云飞、王锡朋、郑国鸿率领5 000守军奋战六昼夜，最后全部牺牲，定海再次失陷。接着，英军进攻镇海，裕谦率军队浴血奋战，终因力战不支，镇海城陷，裕谦投水自尽。不久之后，宁波也失陷，英军在进攻浙江的同时，先后两次进攻台湾，遭到当地军民的顽强抵抗，英军被歼俘数百人，只好退却。

在浙江连失三城，清军相继失利的情况下，清政府又急忙派协办大学士奕经为扬威将军，率兵救援浙江，并从江西、湖北、安徽、四川、河南、陕西、甘肃等省调集军队。道光二十二年（1842年）二月，奕经及各省军队陆续到达绍兴前线。在准备不充分的情况下，奕经命令部队从绍兴分兵三路，冒雨向宁波、镇海、定海出发，希望同时收复三城。因事机不密，英军早有准备，清军大败，奕经撤到广州，从此畏战议和，不敢再战。道光皇帝闻知奕经惨败，从此便停止调兵，一意求和，并派盛京将军耆英带同伊里布到浙江与英军议和，要他们千万不能失去议和的良机。然而，英军对耆英等人的求和活动不予理睬，进一步对清军进行攻击，要彻底压服清政府，不许清政府有讨价还价的余地。五月，英军又攻占了江、浙海防重镇乍浦。六月，英国又从印度派来援兵，进攻长江口吴淞炮台，江南提督陈化成率部奋起抗击，力竭牺牲，上海、宝山相继陷落。而后，英军又进犯镇江，副都统海龄率领军民殊死奋战，重伤英军，最后镇江失守。八月初，英军到达南京江面。二十九日，耆英与璞鼎查在南京江面英舰皋华号上，按照英国提出的全部条款，签订了中国近代史上第一个不平等条约——《南京条约》，第一次鸦片战争结束。

虎门销烟

十九世纪开始，鸦片大量涌入中国。面对烟毒泛滥带来的种种危害，清廷内部发生了激烈的争论，形成驰禁派和严禁派。道光十六年（1836 年）六月，太常寺卿许乃济上奏折，提出放弃禁烟政策。驰禁派的主张受到一部分开明官员的反对。道光十八年（1838 年）六月，鸿胪寺卿黄爵滋上书道光皇帝，痛陈鸦片的种种危害，提出严禁的主张。提出以“重治吸食”的办法，抵制鸦片的输入。道光皇帝把他的奏折发给各省将军及督抚大军复议。七月，林则徐遵旨筹议《严禁鸦片章程》六条，赞成黄爵滋的主张，他同时在两湖地区切实执行禁烟措施，成绩显著。九月，他又上《钱票无甚关碍宜重禁吃烟以杜弊源片》一折，进一步指出鸦片的祸害。面对鸦片造成的“兵弱银涸”的严重形势，道光皇帝倾向了严禁派的主张，决定派林则徐为钦差大臣到广东查禁鸦片。

道光十九年（1839 年）三月十日，林则徐到达广州，经过调查，确定禁烟应先断绝鸦片的来源，所以一面与邓廷祯和水师提督关天培等加紧整顿海防；一面严拿烟贩，并缉拿颠地，惩处受贿买放的水师官弁，并调查了解鸦片屯户、小贩的活动以及贩卖内幕。十八日，林则徐召集行商，宣布禁烟政策，传令烟贩三日内从速将存放的鸦片尽数缴出，造具清册，经点检后毁掉。并要他们保证以后永远不再带鸦片，如有重犯，一经查出，全部没收，人即正法。林则徐还宣布：“若鸦片一日未绝，本大臣一日不回，誓与此事相始终，断无中止之日。”表现了禁绝鸦片的决心。

英国驻华商务监督义律在接到通知后，便想方设法抗拒禁烟，唆使英商拒交鸦片。英国方面还用威胁手段相对抗，令珠江口外英船开到香港，悬挂英国国旗，由英军舰调度，作出战斗态势；又抗议中国在广州设防，准备迫令英国侨民撤离广州。二十四日，义律经澳门潜入广州洋馆，指使烟贩颠地乘夜逃走。为此，林则徐下令停止中英贸易，并派兵封锁洋馆，撤出仆役，断绝了广州与澳门的交通。义律得知这些情况后，觉得无法用直接抵抗的办法来保护鸦片贸易，便想利用缴烟一事引起中英两国的直接冲突，以此来破坏林则徐的禁烟。于是他命令英商交出鸦片，并保证其所受损失由英政府赔偿，同时为联合美国共同侵华，也让美商交出鸦片，损失将来也由英国政府负责赔偿。英美烟贩在得到义律的保证后，陆续交出鸦片两万多箱，合计 2

376 000 余斤。义律交出烟后，林则徐立即下令恢复中英贸易。

六月三日至二十五日，林则徐率领地方官吏，在虎门海滩将所缴获的鸦片当众销毁。海滩高处用树栅围起，开池漫卤，然后投进石灰，倾刻间池内沸腾。最后打开池前涵洞，被烧毁的鸦片，随潮冲入大海。整个销烟过程，准许外国人观看。前去现场观看的中国百姓熙熙攘攘，无不感到欢欣鼓舞。

虎门销烟在当时产生了极大影响，是中国反对外来侵略的一项重大胜利。

中英《南京条约》

道光十三年（1833 年）十二月，英国政府派律劳卑为驻华商务监督，并以东印度公司前驻广州大班的德庇时、罗宾臣为第二三商务监督，试图通过地方当局和清政府建立正式外交关系，以达到增加口岸、扩大中英贸易的目的。临行前，英国外相巴麦尊曾给律劳卑训令，要他来华后必须开辟商埠、推销鸦片、获得海军据点，以便在适当时机进行武装侵略。

次年七月，律劳卑到达澳门，随即要求清政府与他进行直接联系，为此遭到两广总督卢坤的抵制。九月，律劳卑令两只英国兵船，强行驶入珠江口，轰击虎门炮台，并煽动在广州的英商支持他的行动。在此形势下卢坤下令中止中英贸易。从而使 64 家英商经济利益受到威胁。

道光十六年（1836 年）六月，巴麦尊将原来驻华的三个商务监督，改为一个，并任命义律担任此职，决心用武力支持在华的商务谈判。这时，在鸦片问题上，清朝政府内驰禁派与严禁派斗争激烈。广东邓廷祯坚持禁烟主张，并在广州查禁鸦片，使义律在广州的活动受阻。于是，义律要求英国政府使用武力，得到英国政府同意。道光十八年（1838 年）七月，东印度舰队司令马他仑率领舰船到广州示威。

次年三月，钦差大臣林则徐到广州查禁鸦片。这时，在华的鸦片贩子以英商名义上书巴麦尊，要求英政府过问，采取重大措施，把对华贸易放在“安全和坚固的基础上”。英国国内伦敦等很多地方商会也一致主张对中国使用武力，迫使中国开放口岸、协定关税、赔偿烟价、割让岛屿等，此为日后《南京条约》的雏形。

九月，巴麦尊接到义律关于中国禁烟情况的正式报告，当即表示动用武力对付中国。十月，密函通知义律，英国政府决定派海军“远征”中国，届时封锁广州、白河，占领舟山，拘捕中国船只。

道光二十年（1840 年）一月，英王维多利亚在议会上发表演说，表达了英国政府发动对华战争决心。二月，巴麦尊等任命懿律、义律为对华交涉的全权代表，并具体部署对华作战。同时照会清政府，要求赔偿烟款、割岛屿、偿还商欠等，并声明英国远征军费，全部由中国负担。在给义律的训令中详细规定，凡协定关税、领事裁判权、开放五口岸等项，一概包括在内。

三四月，英国议院通过对华侵略政策。六月，鸦片战争爆发。次年一月，中英签订了《穿鼻草约》（以下简称《草约》），英国政府对此《草约》并不满意，认为勒索鸦片赔款太少，《草约》中对军费、商欠又一字未提，又要过早撤出舟山。于是解除了义律在华职务，以璞鼎查来代替，要以扩大战争来攫取远比《穿鼻草约》更多的利益。在璞鼎查启程来华前，巴麦尊给以详细的训令，规定抵华后的步骤，要求必须使中国全权代表无条件地接受英国所提出的全部要求，英国才停止军事活动。

八月，璞鼎查到达澳门，立即向广东当局递交了一份议和纲要。声明如果中国不派全权代表接受纲要上所列举的全部条款，就要北上进攻中国，并拒绝以广东地方官为谈判对手。接着，便率军北上，攻占了宁波，并声称将中国沿海区域并入英国版图。

道光二十二年（1842 年）四月，道光决意妥协，派钦差大臣耆英、伊里布会和。但英国为迫使清政府接受全部条款，决定不到南京不进行谈判。于是六月进犯长江。八月，英军侵入南京下关江面，牛鉴出面乞降，璞鼎查以其“无权作主”不答应议和。随后英舰佯装进攻，伊里布、牛鉴等连夜派人到英舰，表示钦差大臣耆英即日到省，并出示道光“永定和”谕旨。次日，耆英、伊里布赶到南京。耆英给道光皇帝的奏报中说：“该夷船坚炮猛，初尚得以传闻，今既亲自上船，目睹其炮，益知非兵力所制伏”。就这样，在炮口的威逼下，接受了璞鼎查提出议和的全部条款。八月二十九日，耆英、伊里布在英国军舰“皋华丽”号上，完全按照英方提出的条件，签订了《南京条约》（又称《江南条约》）。

《南京条约》共十三款。主要内容有：

（1）中国开放广州、福州、厦门、宁波、上海等五处为通商口岸，允许英国商人携带家眷寄居、贸易通商。英国可以在上述口岸设领事，管理商事；

（2）中国割让香港给英国常远据守主掌，任其立法治理；

（3）中国赔偿英国鸦片烟价 600 万银元；

（4）英国商人在粤贸易，原归商行办理，现规定英国人在通商口岸，与何商交易均听其便，中国赔英商欠款 300 万银元；

（5）中国赔偿英国军费 1 200 万银元；

（6）以上三条计赔英款 2 100 万银元，广州赎城费在外。分期交清，按期未交足数，以每年百元加息五银元；

（7）英国商人在通商各口岸应纳进出口货税，均宜秉公议定细则；

（8）中国六百万银元鸦片赔款交足，英军退出南京、白河口等，并不再阻拦中国各省商贾贸易，退出镇江。但舟山、鼓浪屿两岛英军待赔款全部交清，各通商口岸开辟，方撤出；

（9）为英国效劳的奸细全然免罪，被监禁起来的要加恩释放。

《南京条约》签订后，为了议定关税税率及其他有关问题，中英又在广州继续谈判。道光二十三年（1843 年）七月，中英《五口通商章程》在香港公布。十月，耆英与璞鼎查在虎门签订《五口通商附粘善后条款》，亦称《虎门条约》。

英国又从这两个条约中取得了如下特权：

（1）领事裁判权。据《五口通商章程》，英国人在中国犯罪时，由英国领事按照英国法律处理。

（2）据《五口通商章程》，英商大部分主要进口货物按时价的百分之五交税。

（3）片面的最惠国待遇。据《虎门条约》，中国将来给予其他国家任何权利时，英国人可一律均沾。

（4）英国可派军舰常驻中国各通商口岸。

（5）英国人可以在通商口岸租赁土地及房屋。

《海关税则》是璞鼎查委派英国怡和洋行职员罗伯聃拟定的。分为出口和进口两大类，前者包括六十一种货物；后者包括四十八种货物。绝大部分出口货物和进口货物的税率，都比鸦片战争前降低百分之五十左右，有的甚至降低了百分之九十。这个税则的签订，使中国海关失去保护本国工农业生产的作用。

《南京条约》是中国近代史上第一个丧权辱国的不平等条约。中国从此开始一步步地步入半殖民地半封建的深渊。

中美《望厦条约》

道光十四年（1834 年），英国驻广州商务督办与清政府发生冲突，美国驻澳门领事认为英国对华战争已成定局，于是便向华盛顿国务院建议，美国应采取干涉政策，或与英国结盟一致行动，或乘机进行军事示威，以便英国所获取的利益，美国也同等享受。在这一建议下，美国政府于第二年组织东印度洋舰队，把香港作为经常停泊的港口。

道光十九年（1839 年）三四月，广州禁烟运动给了英国鸦片贩子极其沉重的打击，同时，使美国的烟贩利益也受到了威胁。于是，美国在广州的商人联合上书美国国会，建议政府同英、法、荷联合行动，派兵船到中国沿海一带示威，与中国建立商业关系，主张“凡中国埠头，俱要准外国人任意贸易”。这样美国人亦可分享中国给予别国的好处。

次年一月，请愿书送到国会，引起美国官方重视。由于美国国内一部分对华贸易的商人不同意参加英国的对华战争，而主张采取趁火打劫的方式，于是美国政府即在鸦片战争期间，派加尼率东印度舰队来中国，以便乘机捞些便宜。加尼舰队在鸦片战争时，声援英军，在战后，压迫清政府赔偿美商损失数十万银元。与此同时，美国国内政客及传教士也竭力为英国侵略战争辩护。

八月二十九日，中英签订了《南京条约》，消息传出后，立即引起美国政府注意。十二月，美国总统泰勒在给国会的咨文中，建议美国派正式代表来华，与中国建立商务关系。道光二十三年（1843 年）五月，美国派以著名政客、律师、国务委员顾盛为专使，以当时国务卿的儿子弗勃斯脱为秘书的使团来华，早在中国的美籍传教士伯驾、裨治文、卫三畏担任使团翻译。美国政府给顾盛训令，在中国新开放的口岸里，美国必须获得与英国相同的通商条件，否则，美国不与中国和平相处。

次年二月，顾盛等到达澳门，先以进京面见皇帝来恫吓清政府，继之声明除钦差大臣，不与其他官吏谈判，不承认两广总督程矞采为交涉对手。在顾盛恫吓下，清政府只好另派耆英为钦差大臣，到广州与顾盛交涉。六月，耆英到澳门界栅外望厦村，与顾盛会谈。由于他抱的宗旨是所谓“一视同仁”的外交原则，因此，很快接受了顾盛的全部要求。双方在七月三日于望厦村签订了《望厦条约》。

中美《望厦条约》共计 34 款。除依据利益均沾的原则，取得了英国所取得的各种特权外，还获得了《南京条约》中没有，或者虽然有而尚未明确规定的权利。其主要内容有以下几条：

（1）美国商人来华贸易所纳出口、进口税，俱照规定例册，不得多于各国。倘若中国日后税率变更，须与美国领事等官议允。如另有利益及于别国，美国商人应一律均沾；

（2）美国商人准其携带家眷，在五口居住贸易。五口船只载装货物，互相往来，俱听其便；

（3）美国商人在五口贸易，须各设领事官管理，中国地方官应加以款待。如地方官有欺藐该领事各官，该领事将申诉中国政府，秉公查办；

（4）凡美国商船赴五口贸易，均由领事等官查验船牌，报明海关，按所载吨数缴纳货税，因货未全销，复载别口转售者，领事等官报明海关，于该船出口时，将税已纳完注入红牌，以免该船进别口时，重征税；

（5）美国商船进口，只起一分货物者，按其所起一分货输纳税饷，未起之货均准其载往别口销售完。倘在未开全即欲他往者，限二日之内出口，不得停留，亦免收税饷，待到别口发售时再照例纳税；

（6）美国如有兵船巡查贸易至中国各港口者，其兵船之水师提督及水师大员及中国该港口之文武大宪均以平行之礼相待，以示和好之谊；

（7）美国商船进中国五港口停泊，仍归各领事等官同船主等经营，中国无从统辖；

（8）中国人与美国人有争斗、诉讼、交涉事件，中国人由中国地方官提拿审讯，照中国例治罪；美国人由领事等官提拿审讯，照本国例治罪，但须两得其平，秉公断结，不得各存偏护，致启争端；

（9）美国人在中国各港口，自因财产涉讼，由本国领事等官讯明办理。若美国人在中国与别国贸易之人因事争论者，应听两国照本国所立条约办理，中国官员均不得过问；

（10）美国商人在五港口贸易，或久居，或暂住，均准其借租赁民房，或租地自行建楼，并设医院、礼拜堂及殡葬之处。必须由中国地方官会同领事馆，体察民情，择定地基；

（11）和约一经议定，两国各宜遵守，不得轻易更改。至各国情形不一，所有贸易及海面各款不无稍有变通之处，应在12年后，两国派员公平酌办。

中美《望厦条约》是比中英《南京条约》更细致更完备的不平等条约，它成为中法《黄埔条约》及其他国家与中国所订条约的范本。

中法《黄埔条约》

乾隆五十二年（1787年），在越南推行宗教侵略的法国阿德兰区主教百多禄，给法国王路易十六写了一个封议，建议对越南用兵，以抵制英国在亚洲的商务。“此外还有其他的利益。……这是从这个国家……建议一条达到中国中部去的商道，将获得莫大利益”。这个奏议成为法国政府制定亚洲侵略政策的指导思想。

但是直到鸦片战争前，法国对华贸易远在英美之后。当时，中法关系比较中英、中美更为疏淡。

道光二十年（1840年），鸦片战争发生后，法国开始注意中国形势，企图乘机渔利。第二年派真盛意来华，调查远东情势，从事侵华活动。中英

《南京条约》签订，英国取得许多特权。法国见状不甘落后，于是决定派遣正式代表来华。

道光二十四年（1844 年）八月，法国使臣拉萼尼到达澳门。清政府派耆英与他办理交涉。但拉萼尼在正式谈判前，拒不透露来华的具体任务，只是派人放出各种谣言：说他要与中国结好，共同抗英；又说他将为难中国，图据虎门；还说将要求天主教驰禁；并说他要北上进见皇帝。莫衷一是的传说，使耆英处于被动地位。十月初，耆英和拉萼尼两人才正式谈判。由于拉萼尼详细研究了中英、中美条约，并掌握了清政府的底细，于是援引英美先例，提出订立商约的要求。耆英等投降派认为"抚夷不外通商"，便很快答应了拉萼尼的要求，于十月二十四日，在广州附近的黄埔法国的阿吉默特号军舰上签字，即中法《黄埔条约》。

《黄埔条约》共三十六款。根据这个条约规定，法国取得了英美已经得到的各种重要特权，如五口通商、协定关税、领事裁判权以及片面最惠国待遇等。此外，法国还攫取了一些新的特权。例如：法国人在五口地方租赁房屋行栈或租地自行建屋建行，其"房屋间数，地段宽广，不必议立限制"；规定法国人在五口建造礼拜堂及坟地，中国政府予以保护。

《黄埔条约》实际已超越了《南京条约》《望厦条约》的特权内容，但拉萼尼并不以此为满足，又在条约之外，抓住天主教驰禁问题，进行新的讹诈。这样，十一月十一日，即《黄埔条约》签订不到 20 天，法国又强迫清政府取消对天主教的禁令，准许他们在通商口岸自由传教。

太平天国起义

道光二十三年（1843 年），洪秀全吸取了《劝世良言》中所宣传的创造天地万物人的"神天上帝"，是唯一真神及在上帝面前人人平等的思想，创立"拜上帝会"。最早接受洪秀全拜上帝思想的是他的同学冯云山和族弟洪仁玕。第二年，洪秀全与冯云山一起到广西贵县一带进行"拜上帝会"的宣传和组织活动。不久，洪秀全又回到广东花县家乡进行理论创作。洪秀全先后写出了《原道救世歌》《原道醒世训》和《原道觉世训》三篇著作。《原道救世歌》宣传宇宙间唯一主宰，拯救万物的真神是上帝，"开辟真神惟上帝，无分贵贱拜宜虔"，"天父上帝人人共，何得君王私自传"。又说，普天之下皆兄弟，上帝视之皆赤子。这就否定了封建帝王至高无上的权力。《原道醒世训》

中说，天下男人都是兄弟之辈，天下女子都是姊妹之群，不应存在此疆彼界之私，更不应存在你吞我并之念，同时还宣传了经济上的平等思想。《原道觉世训》中明确地把皇帝指作“阎罗妖”，把贪官污吏指作“妖卒鬼徒”，蔑视皇权，号召人民群众起来消灭“阎罗妖”。在同一时间里，冯云山在紫荆山区进行“拜上帝会”的宣传和组织工作。道光二十七年（1847 年）上半年，“拜上帝会”会员已达二千多人。是年八月，洪秀全再次到广西，在紫荆山与冯云山会合，共同制定“拜上帝会”的各种宗教仪式和十款天条。并派人四处发展会员，其会员主要是贫苦农民。第二年七月，杨秀清、萧朝贵、韦昌辉、石达开和洪秀全、冯云山结成异姓兄弟，“拜上帝会”从此有了领导核心。

“拜上帝会”在其发展过程中，同封建势力的斗争逐渐公开化，会员开始捣毁甘王庙及紫荆山区的神庙社坛，与地主团练也展开了斗争。道光三十年(1850 年）广西群众的反抗斗争继续增多。同年七月，洪秀全发布“团营”总动员令，各地会员纷纷变卖田产房屋，向“拜上帝会”总机关所在地金田村进发。十一月，各路会员均汇集在金田村，约二万人。在“团营”过程中制备器械，编制营伍，一同拜上帝，广大分散的农民组织成了一个严密的武装团体。

道光三十年（1851 年）十二月十日，“拜上帝会”会员在广西桂平县金田村正式起义，建国号“太平天国”。随即东进，占领交通要道江口镇。“天地会”罗大纲、苏三娘（女）等率众几千人也投入太平军，声势更加壮大。三月，太平军转而西进，入武宣县境。洪秀全在武宣东乡即位称大王，封杨秀清为中军主将、萧朝贵为前军主将、冯云山为后军主将、韦昌辉为右军主将、石达开为左军主将。此后半年，太平军转战武宣、象州和紫荆山区，设法打破清军的包围堵截。九月，太平军乘胜攻克永安州城（今蒙山县），这是“太平天国”起义以来占领的第一座城池。洪秀全在这里封杨秀清为东王、萧朝贵为西王、冯云山为南王、韦昌辉为北王、石达开为翼王，西王以下，俱受东王节制。又封秦日纲、胡以晃为丞相，罗大纲为总制。其余有功将士，均分别擢拔任职。洪秀全又针对农民起义队伍在战斗过程中产生的实际问题，发布许多诏令：严禁兵将私藏在战斗中缴获的各种财物，巩固圣库制度，告诫全军恪守天条天令，严守纪律，警惕敌人的诱惑；勉励将士团结一致，同心协力，“男将女将尽持刀”，“同心放胆同杀妖”，同时，清除了暗藏的奸细。《太平诏书》《太平军目》《太平条规》《天父下凡诏书》等一批重要文献也先后刊刻公布。这就是著名的“永安建制”。“太平天国”的政治制度从此初具规模。次年四月，太平军从永安突围，北上攻桂林不下，进占全州（今广西金州），入湖南。在全州战斗中，南王冯云山负重伤身亡。入湖南后，太平军连克道州（今湖南道县）、江华、永明、嘉禾、蓝山（今湖南蓝山）、桂阳（今湖南桂阳）、郴州（今湖南柳州）等地。这一带的“天地会”群众争相参加太平军，多达五六万人。九月，太平军猛攻长沙不克，西王萧朝贵中炮牺牲。十一月，撤围长沙，转经益阳（今湖南益阳）、岳州（今湖南岳阳），向湖北挺进。太平军在岳州建成水营，战斗力继续加强。咸丰二年（1853 年）一月，太平军攻克武昌，进城后，太平军宣布：“官兵不留，百姓勿伤”，群众积极参军，队伍猛增至 50 万人。随后顺江东下，水陆并进，旌旗蔽日，连克九江（今江西九江）、安庆（今安徽安庆）、芜湖（今安徽芜湖），于同年三月十九日占领江南第一重镇南京，随后以南京为都，改称天京，正式建立了一个与清朝政权相对峙的农民政权。不久，又攻下镇江和扬州。

咸丰三年（1853 年）五月，太平军约二万人在天官副丞相林凤祥、地官正丞相李开芳、春官副丞相吉文元率领下从扬州出发，挥师北伐。历经江苏、安徽、河南、山西、直隶、山东六省，转战数千里，深入清朝统治的心脏地区，震撼京津。咸丰五年（1855 年）三月，北伐军林凤祥部营地被清军攻破，全军将士，宁死不屈。林凤祥被俘遇害。五月，李开芳部也失败。与北伐同时，太平军又在夏官副丞相赖汉英统帅下沿长江西进，进行西征，相继占领安庆、九江、武昌等重镇。到咸丰五年（1855 年）九月，江西八府五十多个州县均归太平军势力之统治。第二年四月和六月，秦日纲率冬官正丞相陈玉成和地官副丞相李秀成分别攻破江北和江南大营，解除了天京的肘腋之患。太平天国在军事上达到了全盛时期。

太平天国定都天京后，咸丰三年（1853 年）冬颁布了纲领性文件《天朝田亩制度》。其核心内容是关于土地制度的规定，即把全部土地平均分配给无地的广大农民；还规定了“太平天国”的乡官制度。《天朝田亩制度》规定的总日标是实现“有田同耕，有饭同食，有衣同穿，有钱同使，无处不均匀，无人不饱暖”的理想社会。

太平天国农民起义，推动了全国各地群众的反封建斗争，天地会、小刀会、捻党等在各地纷纷发动武装起义，响应并配合太平军作战，有力地推动了太平天国农民起义的顺利发展。

咸丰六年（1856 年）八月，太平天国内部发生了杨、韦事件；次年，石达开又分军出走，太平天国的力量受到了削弱。接着，武汉、镇江、九江又相继失守，天京被围。洪秀全遂于咸丰八年（1858 年）恢复五军主将制度，任命蒙德恩为中军主将，陈玉成为前军主将，李秀成为后军主将，韦俊为右军主将，李世贤为左军主将。洪秀全自己总掌军权，取得浦口和三河镇大捷。次年四月，洪仁玕到达天京，洪秀全封其为军师、干王，主持朝政。几个月后，洪仁玕向洪秀全提出了《资政新篇》，内容共四部分：①用人察失，禁止朋党；②革除腐朽生活方式，移风易俗；③实行新的社会和经济政策，仿效西方资本主义；④采用新的刑法制度。第三部分是全篇的中心。咸丰十年（1860 年），太平军攻破了江南大营，天京解围。太平军乘胜连克常州、无锡、苏州等地，太平天国的力量再度崛起。

第二次鸦片战争之后，英、法、美、俄等国支持清朝镇压“太平天国”。清廷也确定了“借师助剿”的方针。同治元年（1862 年），太平军在上海和宁波与英、法、美军队进行了英勇的战斗。在中外反动势力的联合进攻下，苏州、杭州相继失守。同治三年（1864 年）六月，洪秀全病逝，长子洪天贵继位。七月十九日，天京被湘军攻陷。太平天国农民起义失败，余部又继续战斗多天。

太平天国起义坚持了 14 年之久，其势力发展到了 18 省，动摇了清朝的封建统治，打击了外国侵略者。

太平军的北伐西征

太平天国定都天京（今南京）后，便开始进行北伐和西征。

北伐的总目标是攻占北京，推翻清朝中央政府。咸丰三年（1853 年）五月，林凤祥、李开芳率领太平军精兵约二万人，从扬州出发进行北伐。十三日，进至浦口，清军溃退。两天后攻占浦口，与吉文元、朱锡琨所部会合，随后北上，迅速入安徽，仅仅一个月，连破滁州（今滁州）、临淮关、凤阳、怀远（今蚌埠）、蒙城（今蒙域）、亳州等地。六月，入河南，在归德（今商丘）大败清河南巡抚陆应谷军。北伐军原计划从归德城西北四十多里刘家口渡黄河，取道山东北上，因清军在黄河渡口严密布防，该处无船可渡，于是沿黄河南岸西进，攻省城开封不克。北伐军虽然遇到一些困难，但终于在汜水、巩县之间渡过黄河，进围怀庆（今沁阳）。清军六万人拼命防堵，双方争夺激烈，历时近两个月未克。随后北伐军撤离怀庆，自黄河太行山间小道入山西。经垣曲、曲沃、平阳（今山西临汾）、洪洞，复折东向，经河南入直隶（今河北），攻克军事重镇临洺关。清钦差大臣、直隶总督讷尔经额军被击溃。此后，北伐军又乘胜攻占沙河，长驱直入，连克赵州（今河北赵县）、栾城、藁城、晋州，十月进占深州。然后又进抵张登镇，距保定仅60多里。清廷闻讯后大震，咸丰皇帝逃亡热河行宫。在此之后，北伐军东进，连克献县、交河、沧州、青县、静海、前锋直抵杨柳青，进逼天津。清军联合地主团练，决运河堤放水，北伐军攻天津受阻，于是便退守静海、独流一带。时届隆冬，北伐军弹尽衣缺，加上清军围攻，兵力大受耗损，先后派人回京求援。咸丰四年（1854 年）二月，北伐军南撤，五月，转据东光县连镇待援。此时，天京曾派出援军北上，但到达山东境内时，在临清被清军击败。北伐军听到援军北上的消息后，便由李开芳分兵自连镇而下接应，被清军围于山东高唐州（今高唐）。林凤祥等坚守连镇，与僧格林沁相持；李开芳坚守高唐，与胜保相持。咸丰五年（1855 年）三月，连镇的北伐军粮食用尽，营地被清军攻破。全军将士宁死不屈，林凤祥被俘，解往北京随后英勇就义。扼守高唐州的北伐军在李开芳率领下，突围至茌平县冯官屯，再次被围。清军引运河水灌冯官屯，北伐军屡次突围未成功。李开芳被俘，被解往北京杀死。

北伐军转战五千多里，经历六个省，连克数十城，深入清朝的心脏地区，给清政府以沉重打击。

太平军在北伐的同时，还派兵西征。目标在于确保天京，夺取安庆、九江、武昌三大军事据点，控制长江中游。

咸丰三年（1853 年）五月，派胡以晃、赖汉英、曾天养等率船千余艘，沿长江西上，攻占了安徽和州。次月，又攻占了芜湖、安庆，进围南昌。清军调重兵防守，双方在南昌展开激烈争夺。因久攻不下，太平军九月撤围北上，攻下九江。此后，西征军分兵两路。

一支由胡以晃、曾天养率领，以安庆为基地，经略皖北，连克集贤关、桐城（今安徽桐城）、舒城（今安徽舒城）。随后又攻克重镇庐州（今合肥），安徽巡抚江忠源投水自杀。太平军占领安徽的广大地区，成为西征军的运输要道和主要给养基地。

另一支由韦俊、石祥率领，自九江沿长江而上，攻克汉口、汉阳，因兵力不足，不久退守黄州。曾天养率部支援，于咸丰四年（1854 年）二月在黄州大败清军，湖广总督吴文熔投水自杀。西征军乘胜攻克汉口、汉阳，六月再克武昌。

西征军在湖北战场获胜后，又攻入湖南，遇到曾国藩湘军的顽强抵抗。四月，太平军攻占岳州，湘军大败，太平军乘胜进入湘潭，钳制长沙。在湘潭，太平军与湘军水陆激战七天，伤亡惨重。五月，湘潭攻陷，太平军突围奔走靖巷。这时，靖巷的太平军已几乎全歼湘军水师，曾国藩悲愤交加，欲投水自杀，被随从救起。在湘潭、岳州战斗中，太平军不幸失利。老将曾天养单骑冲入敌阵，壮烈牺牲。十月，湘军和湖北清军反扑，武昌、汉阳相继失守。第二年年初，湘军进逼九江。石达开为统帅，率大军西援。驻守湖口指挥全局。用诱敌深入，以少胜多的灵活战术，在湖口、九江两次战役中痛歼湘军水师，夺获曾国藩座船，曾国藩水师溃败。与此同时，秦日纲等乘胜从太湖、宿松一带向湖北反攻，在广济（今梅州）大破清军。石达开从湖北移师江西，与来自广东天地会的起义军响应。咸丰六年（1856 年）三月，攻克吉安、樟树镇（今清江），曾国藩困守南昌。江西八府五十州县均被太平军所占。后石达开率主力援天京，未能攻下南昌。十月，石达开东援事毕，自天京进军武昌。

太平军长达三年多的西征，取得安徽、江西、湖北东部的大部分地区，控制了长江中游安庆、九江、武昌三大重镇，为屏障天京奠定基础，太平军在军事上达到全盛时期。

小刀会起义

清乾隆年间，小刀会在福建漳浦云霄地区产生。它是天地会的一个支派，秘密从事反清活动。

道光三十年（1850 年）夏，福建华侨陈庆真（又称陈正成）在厦门旗杆脚五祖庙内与王泉、刘标等十人重建小刀会。后来又在广州、上海、宁波等地发展组织。小刀会继承天地会的组织形式，歌诀、口号和“腰凭”（会员证）等皆与天地会相同，并采用天地会在东南亚的代号“文公司”或“顺天洪英义兴公司”。会员以小刀为标志。主要成员为农民，在城市中的组织有手工业工人、水手、搬运工人、其他城市劳动人民和游民以及少数工商业主参加。

咸丰三年（1853 年），上海小刀会又将秘密团体“天地会”，以及“庙帮”“塘桥帮”（“庙帮”“塘桥帮”先合并为“百龙党”）和“罗汉党”等合并起来，力量日益壮大，成为会党中的新组织。内部分为“七帮”或“七党”，属于福建小刀会系统的是建帮和兴华帮，属于广东天地会系统的是广帮、潮帮和嘉应帮，属于浙江秘密团体的是宁波帮，属于当地秘密团体的则是上海帮。粤籍天地会的首领刘丽川为第一领袖，闽籍小刀会首领李咸池为第二领袖。在家长制的组织形式下，小刀会成员在社会生活上互相帮助，并在一定时期内发动武装斗争。

太平天国革命爆发不久，福建海澄一带的小刀会准备发动起义，因事机不密，江源、陈正成等相继被捕杀，会务由黄威（又称黄位）等人所主持。咸丰三年（1853 年）五月，黄威与黄德美率领会众在海澄起义，旋克漳州（今福建漳州），击毙总兵曹三祝、汀漳龙道文秀。继而又分兵克长泰，并进克同安（今同安）、厦门（今厦门）、漳浦（今漳浦）等地。所到之处，人民群众纷纷响应。起义军攻克厦门后建立了政权，推举黄威为汉大明统兵大元帅。所发布的文告称“大明天德皇帝体天行仁，奉旨征厦，应天顺人”。反映了天地会“反清复明”的传统。清政府闻讯后，急忙增调重兵反扑厦门。黄威率众坚持抵抗，并派专使赶赴天京与太平天国联络，但遭清军追捕没有成功。后终因粮绝饷断，于十一月自动弃守厦门，黄威率众退居闽粤海面，坚持斗争。黄德美退至龙溪（今福建龙溪），被地主团练俘获。

同年三月，太平军攻占南京、上海及其附近各县的官僚、豪绅惊恐万状，刘丽川等便趁机积极准备武装起义。他们一方面组织小刀会民加紧练习枪棒，一方面乘苏松太道吴健彰等通过福建、广东、宁波、上海等七会馆联名捐资和招募团练之机，派会员打入团练内部，在团练武装中发展革命力量。

八月十七日，嘉定县南翔农民在该地小刀会首领徐耀领导下发动武装起义，一度占领县城，捣毁县府，驱逐知县，放出被监禁的群众。随后，徐耀与青浦县的周立春联合，并取得上海小刀会的协助，在周立春的领导下发动第二次起义，再度占领嘉定县城。同时，刘丽川等又得知吴健彰企图把四十万两白银运走，作为进攻太平军的军饷。在这种情况下，上海小刀会便毅然改变原定于冬季起义的计划，决定九月七日乘上海城内举行祭礼大典之际发动武装起义。当日清晨，小刀会起义军头包红巾，腰缠红带，手持武器、红旗，在守城卫兵的内应下，以突然行动的形式从北门冲入城内，与城内会员会合，经过短时间战斗，即攻入县衙，杀死了知县袁祖德，活捉吴健彰。起义军占领上海后，即以文庙为总指挥部，依据天地会“反清复明”的宗旨建立了“大明国”。公开推举刘丽川为大明国统理政教招讨大元帅，李咸池为平胡大都督，陈阿林为左元帅，林阿福为右元帅，潘起亮为飞虎将军。其他首领也封以将军、先锋等名号。随后，刘丽川等发布告示，揭露清官吏的种种罪恶，表明起义军的目的是推翻清王朝的统治。同时严明军纪，深得群众拥护。随后，刘丽川、周立春立即由上海、嘉定分兵出击，在12天内，起义军相继攻占了宝山（今宝山）、南汇（今南汇）等六座县城，声威大振。为了取得太平天国的领导与支援，刘丽川等又派专使携带给天王洪秀全的公文，分由水陆两路前往金陵（今南京），要求天京当局速派大员前往上海主持军政大事，同时宣布上海小刀会起义军是太平天王的部属，在太平王指挥下一致行动。奉行太平天王的法令，并于九月下旬改用太平天国年号，竖立太平天国旗帜，刘丽川也改称“太平天国统理政教招讨大元帅”。这时小刀会起义军总数已达万余人。

起义军占领上海等县城后引起清廷及江苏督抚的震惊。他们急忙从各地抽调官兵、捐资募勇，由署理江苏巡抚许乃钊率领，赶赴上海镇压，企图一举消灭小刀会起义军。清军的作战方针是：首先夺取上海附近各县，最后集中力量攻占上海县城。九月二十日，丁国恩部兵勇由太仓（今太仓向嘉定进逼，潜伏在嘉定城内的地主豪绅乘机纠集武装充当内应，配合进攻。起义军与之进行激烈巷战，两天后撤离县城。一部分在嘉定以西的农村坚持斗争；一部分在徐耀、周秀英率领下，经南翔退入上海。周立春在掩护部队撤退时，力尽被俘，在苏州被杀。这时，青浦、宝山、南汇、川沙的起义军也在清军和地主武装的进攻下撤离县城，退守上海。许乃钊在清军攻占上海附近各县之后，便于十月纠集各路清军及上海附近各县的武装，夹击上海县城。另有红单船多艘扼守吴淞口，并在黄浦江游弋。这时起义军虽已由万余人减至数千人，且困守孤城，但上海城高墙厚，并储有一定数量的粮弹，因而士气高昂，决心固守待援，等待太平军到来。十月初，围城清军连日从陆上水上向上海城发炮轰击，并多次发起进攻，均被起义军击退。由于久攻不下，清军决定改用太平军常用的“穴地攻城法”，在城西秘密地挖了一条通向城脚的地道。咸丰四年（1854年）二月六日晨，清军引爆火药，轰塌西面城墙，从缺口冲入。起义军立即点燃火药袋和火罐，并用喷筒喷射火焰封锁缺口。清军一片混乱，纷纷后退。飞虎将军潘起亮率200余人乘势冲出城外追杀清军，缴获大炮12门和许多抬枪，胜利返城。五月二十五日凌晨，清军又将小南门城墙炸开一个缺口，200名清兵尾随几名外国兵冲入城内。起义军奋起反击，将敌军逐出城外。配合清军进攻的外国战船也被击伤、击沉。以后，清军又多次挖地道攻城，均被击退。此时英美法三国在租界的地位、海关控制权等问题上获得了满意的结果，随即放弃"中立"立场，公开与清军联合起来，镇压上海的起义军。清军于十月至十一月底，筑一条东起黄埔江边，中经陈家木桥直至洋泾浜北岸护界河的围墙，断绝县城与租界的交通，使起义军无法假道租界得到粮食与军火的供应。在严酷的形势下，起义军的少数将领或者出走，或者投降，而刘丽川等仍率部坚持斗争。咸丰五年（1855年）年年初，法国军队同清军一部向上海北门发起进攻。法舰以及领事馆附近的大炮同时发炮，将城墙打开一个缺口。250名法军首先冲入城内，起义军在潘起亮率领下立即发起反击，使敌前进受阻。法军慌忙打开北门，数千清军蜂拥而入，同样被起义军击退。此次战役共毙伤法军数十名、清军2 000余名。由于起义军长期困守孤城，内无粮弹、外无援兵，便于二月十七日夜分路突围，约定到镇江与太平军会师。出城后，刘丽川在西郊虹桥附近与敌遭遇，在战斗中牺牲，只有潘起亮和少数起义军突出重围，到达镇江参加了太平军；另一部分突围后，参加了江西天地会起义军。还有部分起义军散入南翔、浦东农村，在以后太平军进攻上海时积极配合作战。

捻军起义

咸丰三年（1853年），太平军北伐，经过安徽、河南，各地捻首纷纷聚众起事。

咸丰五年（1855年）秋，各地捻军首领齐集雉河集（今安徽涡阳），推张乐行为首领，以雉河集为中心。建国号"大汉"。张乐行称大汉明命王，分五色旗统领各军。张乐行自统黄旗，龚德树领白旗，候世维领红旗，苏天福领黑旗，韩万领蓝旗。五旗以下又设五种镶边旗和其他旗号，由孙葵心等许多人分领。还制定《行军条例》十九条。河南夏邑黑旗首领王贯三，亦率部前来参加会议。人数约达十万。

咸丰七年（1857年）捻军渡淮河南征，与太平军李秀成、陈玉成部会师于霍丘（今霍丘）与正阳关（今正阳附近）等地，并接受太平天国领导，蓄长发，受印信，使用太平天国旗帜，张乐行被封为“征北主将”，五旗各首领亦各有封号。但他们“听封而不听调”，不出境远征，并保持自己独立的组织和领导系统。

咸丰八年（1858 年）张乐行等率部北上占领安徽怀远、临淮和凤阳等地。次年夏，和太平军合力攻克定远（今安徽定远）。十一月，怀远失守。一年以后，临淮、凤阳也相继陷落。同时，淮北捻军三万人在张宗禹等率领下，攻占苏北重镇清江浦（今淮阳）。咸丰十一年（1861 年）三月，龚德树率军配合太平军西征武汉时，战死于罗田松子关。九月，安庆失守，张乐行率众北归颖上。于第二年春，与太平天国联合围攻颖州（今阜阳）。不久，苗沛霖叛变，向张乐行的背后突然发动攻击，使张乐行全军溃败。英王陈玉成被俘遇害。同治二年（1863 年）三月，以僧格林沁为首的清军全力猛攻皖北蒙城、亳州，捻军根据地雉河集失守，张乐行被俘遇害。

当天京陷落时，东援天京的西北太平军、捻军联合部队，正与清军胶着于鄂东。天京陷落后，以僧格林沁的蒙古贵族骑兵为主的清军，趁机发动突袭，联军受到很大损失，于是分二路突围：一路以陈得才为首东走；另一路以赖文光为首北走，两支部队时合时分。赖文光巧妙地避敌主力，在豫南罗山、光等战役中，重创清军。陈得才却仍力图东进，结果于十一月初，在安徽霍山为僧格林沁所败。马融和等趁机以十余万之众，分批叛变。陈得才见大势已去，服毒自杀。其余部邱远才、张宗禹等突围与赖文光会合。推赖文光为首领。赖文光按照太平天国的兵制、纪律，整编捻军，并逐渐易步为骑，使捻军成为十万余人的骑兵武装。捻军还吸收了败散各地的太平军战士，著名的范汝增归服。

同治四年（1865 年）年初，僧格林沁率骑兵，在山东对捻军大举进攻，被赖文光统帅的捻军打败。随后赖文光部从信阳出兵，横扫豫中，接着，进入鲁西，穿过鲁西南，突入苏北，然后又折回鲁西，在曹州县（今菏泽）设埋伏。僧格林沁尾追不舍，向捻军寻机决战。终于陷入捻军埋伏圈，大部被歼，僧格林沁被击毙。

清廷闻讯后大震，急忙派曾国藩督师剿捻。曾国藩针对捻军流动作战的特点，提出以静制动的方针，以点和线，来围困捻军，制止捻军的运动。他调集十万重兵，配以新式枪炮，在淮水北、运河西、沙河及贾鲁河以东，沿岸设防，想逐步收缩，把捻军消灭在包围圈中，还成立了一支机动部队专供往来游击之用。但赖文光等所率捻军，以机动灵活的运动战术，多次重创清军，纵横驰骋于豫、鲁、苏、皖之间。

同治五年（1866 年）九月，赖文光部与张宗禹部在开封境内会师，一举突破曾国藩设置的沙河及贾鲁河防线，大败河南巡抚李鹤年的河防军，乘胜东进，又打破运河防线，进入山东水套地区。然后又自山东回师，再破清军河防，重入河南。曾国藩苦心经营的合围“剿捻”计划告以失败。清政府只好改调李鸿章为钦差大臣，负责“剿捻”。

是年十月，捻军在河南许州（今许昌），分兵为东西两支。一支由赖文光、任化邦率领东入山东，是为东捻军；另一支由张宗禹、张禹爵为首，西走陕西，是为西捻军。分军后，东捻军由许州东向，越黄河直奔鲁西，试图抢渡运河进入山东。由于清军严守运河各渡口，只好折回河南，转进湖北。连克应城（今湖北应城）、云梦（今湖北云梦县）等县，夺取安陆府的臼石镇，驻守尹隆河一带。同治六年（1867 年）一月，东捻军运用运动战术，向淮军进攻，大败淮军悍将郭松林，打死总兵张树栅。这时清军援兵四集合围，捻军腹背受敌，终于大败，损失二万余人。尹隆河战役失败后，捻军放弃了进兵川、陕与西捻军会合的计划，反被引入淮军战略圈套，进入山东地区。十一月，在潍县松树山之役，三败于淮军。接着，在赣榆之战中再次受挫，任化邦在作战中被叛徒杀害。此后，东捻军又在山东寿光（今寿光）受到淮军层层围击。突围中伤亡二万多人，被俘近万人，主力损失殆尽。赖文光率余部南入江苏，经淮安、宝应、高邮、邵伯等地，力图甩脱追敌。行至扬州东北瓦窑铺，遭到袭击，伤重被俘，后遭杀害。

由张宗禹、张禹爵、邱远才等率领的西捻军六万人，与赖文光分兵后，进入陕西，去联络回民起义军。回民起义军迅速东归，接应西捻军。正在镇压回民起义的刘蓉所率湘军，闻讯后匆忙东下，同治五年（1866 年）十一月赶至华阴前线，想一举击溃西捻军，然后回军去镇压回民起义军。西捻军弃营突然西趋，直取陕西省会西安。湘军绕道咸阳，回援西安。但等赶到，西捻军又折回蓝田，再次东下至临潼。刘蓉部紧追不舍。西捻军即由临潼虚张猛扑西安的声势，而以三万精锐埋伏于西安外围灞桥之十里坡。湘军追进包围圈，捻军伏兵四起，不到半天，全歼湘军 14 000 余人。

十里坡之役后，清廷派湘军刘松山部赶至陕西，解救正被捻军、回民起义军围困的西安，但被捻军击败。同治六年（1867 年）年底，西捻军为了救援被困于山东、苏北的东捻军，东渡黄河，进山西，绕过王屋山，进入河南，次年初北折河北，越过保定，逼进北京，吸引围困东捻军的清军撤围来援。但时机错过，东捻军业已失败。三月，直隶饶阳一战，邱远才、张禹爵牺牲。接着，西捻军又突击淮军防线，南下在河南封丘、滑县（今滑县）等地击败淮军。但西捻军于四月中在山东东北部渡运河东走，酿成大错。五月，西捻军多次抢渡运河，均为清军河防军所败。从此，被清军围困在天津以南、黄河以北，运河以东的狭窄地带。捻军战士奋力作战，但清军又越聚越多，并配以精良火器。同治七年（1868 年）八月，西捻军全军覆没于山东茌平，张宗禹以十八骑突围，不知所终。

捻军坚持斗争十八年，活动范围达安徽、山东、河南、江苏等十省区。有力地配合了太平天国和北方各地的人民起义，给予清朝统治者以沉重打击。

八国联军侵华

清光绪二十五年至二十六年（1899—1900 年），在中国北方爆发了大规模的义和团反帝爱国运动，波及全国，西方列强见清政府镇压无效，极其恐慌，从光绪二十六年（1900 年）三月开始，用各种手段不断恐吓清政府，一步步加紧对中国的侵略。各国外交使团先是警告清政府，必须明令禁止义和团的活动，否则各国政府将采取“必要手段”保护外侨生命财产。随后，英、美、德、法四国公使又照会总署，要求清政府两月内“剿灭”义和团，否则将出兵“代剿”。随后，英、美、德、意、法、俄军舰在大沽口外举行联合示威。五月二十一日，外交团照会总署，勒令清廷将参加习拳，传布揭贴恐吓外人者，一律查办；将拳众聚会之住处屋主，一并收监；将查办拳众不利之员一律惩办；将为首焚杀之拳众，一并正法；将纵拳助拳之人尽行诛戮；直隶与邻省有拳团之处，地方官出示严禁。否则各国将自行调兵办理。二十八日，公使团议定调兵来京，武装干涉义和团运动。三十一日，美、英、法、意、日、俄六国公使借口“保卫使馆”，调兵三百多人侵入北京。随后，德、奥又派军队八十名侵入北京，进驻东交民巷各使馆，建筑工事，枪击义和团民。俄、英、德、日、美、法、意兵船二十四艘停在渤海湾和大沽口外示威，并派一部分军队在大沽口强行登陆，并且进驻天津租界。

六月十日，英、美、德、法、俄、日、意、奥等组成八国联军 2 100 多人，在英国海军中将西摩尔的率领下，乘火车由天津向北京进犯。为阻挡八国联军进犯，义和团和清军拆毁了通往北京的铁轨，沿途阻击敌人，使联军三天才走了 130 里。在落垡和廊坊，义和团在董福祥的甘军配合下给八国联军以重创，联军“进京之路，水陆俱穷”。迫使联军逃往杨村，又向天津方向节节败退。沿途又遭到团民袭击，在西沽武库又被清军和义和团层层包围。直到二十六日，才在大队援兵解围之下回到天津租界。在西摩尔联军进犯期间，北京的联军经常开枪射杀义和团民和普通群众。六月十四日下午，德国公使克林德带领一排德国兵外出，命令士兵开枪，打死正在练武的团民约 20 人。当西摩尔联军在廊坊车站受阻时，沙俄海军中将基利杰勃兰特与各国海军头目合谋夺取大沽炮台，作为大举进攻中国的滩头阵地。十六日下午八时，联军向大沽炮台守将提督罗荣光发出最后通牒，限于十七日午夜二时前交出炮台，被罗荣光断然拒绝。于是，联军先于通牒限定时间轰击大沽炮台，正式挑起了八国联军大举入侵中国的战争。罗荣光率领将士与敌激战六小时，毙伤敌军 130 余人，击伤敌舰六艘。但是罗荣光孤军无援、腹背受敌，导致大沽口三个炮台失守。随后，联军从大沽登陆，强占了塘沽等地。经过三天的烧杀，塘沽变成一片废墟。清政府于六月二十一日颁布谕旨向联军宣战。大沽失守后，义和团和清军开始了天津保卫战，在老龙头火车站、紫竹林租界地等处与联军展开浴血奋战。六月三十日从大沽登陆的联军增至 18 000 多人，其中日、俄军队最多。七月九日，联军在天津城南发起总攻。直隶提督聂士成率部 4 000 多人，在城南八里台与敌遭遇。聂士成冒着枪林弹雨一马当先迎战来犯之敌，聂士成中炮，腹裂肠出，壮烈牺牲。七月十四日天津失陷。八国联军在天津城内抢劫、纵火与屠杀，致使天津“积尸数里，高数丈”，河上浮尸“阻塞河流”。官署、钱庄、商店、工厂、仓库、民宅均被抢劫一空。七月二十二日，由列强主持的天津都统衙门成立，对天津、静海、宁河等地实行殖民统治。沙俄率先在占领区成立俄租界，各国纷起效仿，已占有租界的英、法、日、德则扩大地盘；未占有租界的意、比、奥也各占一块，形成列强分割天津的局面。

八国联军占领天津后，兵力增至二万人，八月四日自天津沿运河两岸分兵两路向北京大举进攻。两天后，直隶提督裕禄在杨村兵败自杀。清政府不但不全力抵抗，反而于七日任命李鸿章为议和大臣，乞求停战，但联军对此置之不理。八日李东衡率领的“勤王军”，在京津之间的河西防务一触即溃，退走通州张家湾，李服毒自杀。十三日，八国联军攻占通州。次日，英国攻破广渠门，北京陷落了。慈禧太后携带光绪帝和皇室成员仓皇出京，逃往西安。途中派奕劻和李鸿章为全权大臣，向联军乞和。

八国联军攻陷北京时，部分爱国清军和义和团同联军展开了激烈巷战。在北京保卫战中毙伤侵略军400余人，清军也有640多人战死。八国联军在北京进行疯狂的烧杀抢掠，繁华的街市成为废墟，成群的居民被集体射杀。北京“自元明以来之积蓄，上自典章文物，下至国宝奇珍，扫地遂尽”，所失“已数十万万不止”。联军占领北京后，将全城分为英、日、俄、美、法、意等几个占领区。为镇压当地居民反抗，美占区成立了“协巡公所”；日占区设立“安民公所”；英占区设立“保卫公所”；德占区设立“华捕局”，等等。八月德国陆军元帅瓦德西率两万名德军来华，九月瓦德西任联军统帅，十月二十五日瓦德西到京，八国联军增至十万人。十二月十日，联军设立“北京管理委员会”，对北京实行殖民统治。联军还四处攻掠，北犯张家口、东占山海关，南侵保定、正定，俄国在参加八国联军侵略京、津的同时，还单独出兵，占领了东北三省。

在八国联军的一再逼迫下，清政府不得不派全权代表奕劻、李鸿章与英、美、俄、德、日、奥、法、意、西、荷、比等十一国在北京签订了《辛丑条约》，以屈辱、赔款等条件与联军议和。

第二次鸦片战争

咸丰四年（1854年），英国公使包令曲解中美《望厦条约》中关于12年后“所有贸易及海面各款，恐不无稍有变通之处”的内容，援引所谓“一体均沾”的条款，向清政府提出全面修约的要求。随后，法国、美国公使也援例向清政府提出相似的修约要求。他们还以协助清政府镇压太平天国为诱饵，以换取权益的扩大。清廷为维持“大国体面”，决定采取“坚守成约”的方针，拒绝了“修约”的要求。英法美未达到目的，便威胁要诉诸武力。但当时英法正与俄国进行克里米亚战争，无力在中国开辟新的战场，美国也因国内局势不稳，不可能发动侵华战争。

两年后，美国驻华公使巴驾联合英法驻华公使，再次提出“修约”要求，但清廷仍坚持原订条件，拒绝全面“修约”。英法美由于外交讹诈失败，决心用武力达到其目的。这时克里米亚战争以英法获胜而结束，于是便积极准备发动新的侵华战争。

为了诉诸武力，强迫清政府就范，英国蓄意制造了一起所谓“亚罗号事件”，并以此为借口，于咸丰六年（1856 年）十月，在海军头目西马里各厘指挥下英国军舰向广州进犯，挑起第二次鸦片战争。英军攻占了珠江沿岸的一系列炮台，并一度攻入广州城。中国军民奋起反击，放火烧毁了城郊十三洋行商馆，迫使英军退出广州，全部逃回船上。

次年，英国政府派遣额尔金为全权专使，率领英军到中国进行战争讹诈，并且照会法美俄等国，约其联合出兵，迫使清政府签订新的不平等条约。法国欣然接受其约，并以所谓“马神甫事件”为借口，打着“为保卫圣教而战”的旗号，任命葛罗男爵为特命全权专使，率领一支法国远征军，继英军之后来华。美、俄也分别派遣公使列卫廉和普提雅廷到中国，与英法策划“联合行动”。

英军在入侵广州失败后，于第二年年底又联合法军再犯广州。两广总督叶名琛在清廷“息兵为要”的方针指导下，既不做应敌的准备，也不准广州军民抵抗。结果英法联军只用两天，就占领了广州。叶名琛被俘，押往印度加尔各达，次年在囚禁中毙命。面对联军进攻，广州将军穆克德纳，广东巡抚柏贵竖起白旗投降。联军入城后，烧杀抢掠，无恶不作。并组成以巴夏礼为首的“联军委员会”，对广州实行殖民统治的“军事管制”。柏贵等在英法联军的监督下继续“任职”，成为中国近代史上第一个地方傀儡政权。

咸丰八年（1858 年）二月，英、法、美、俄公使分别照会清政府，要求于三月朋底以前派全权代表到上海举行谈判，否则即向白河口进发。其要求又遭到清廷拒绝，四国公使便决计率领由香港集中到上海的英舰十余艘，法舰六艘、俄舰一艘，分批北上。

四月二十日，英、法、美、俄四国公使会集白河口外，几天后，分别照会清政府，要求派全权大臣在北京或天津举行谈判。英法公使限令六日内答复，否则即采取军事行动。美俄公使则打出“调停”的旗号，劝告清政府尽快会谈。与此同时，联军舰队陆续驶抵大沽口，做了进攻大沽炮台的各种准备。

清廷接到四国照会后，咸丰帝令谭廷襄与其谈判，要求英法美公使返回广东，听候黄宗汉办理，俄公使则仍到黑龙江等处会办。英法借口谭廷襄非全权大臣，拒绝谈判。美俄公使则假充“调停人”单独和谭廷襄周旋，麻痹清政府。英法联军在美俄掩护下，做好了一切战争准备，并于五月二十日对大沽炮台发动突然袭击。驻守炮台的官兵奋起抵抗，由于直隶总督谭廷襄等文武官员带头逃跑，使得大沽炮台很快失陷。英法联军占领了大沽炮台，直犯天津，并扬言要进攻北京。清政府惊慌失措，急忙派全权大臣桂良和花沙纳赶赴天津议和。桂良等与四国代表进行了多次交涉。在英法代表蛮横要挟下，桂良等被迫接受了全部要求，分别于六月二十六日和二十七日签订了中英《天津条约》和中法《天津条约》。条约的主要内容是：公使常驻北京；增开牛庄（今营口）、登州（今烟台）、台湾（今台南）、淡水、潮州（今汕头）、琼州、汉口、九江、南京、镇江为通商口岸；扩大领事裁判权；对英赔款四百万两、对法赔款二百万两；修改税则，等等。条约规定第二年在北京交换批准书。

当桂良等与英法代表谈判时，美俄公使假演“调停者”的角色，玩弄阴谋诡计，竟抢在英法之前，诱逼清廷分别于六月十三日和十八日签订了中俄《天津条约》和中美《天津条约》。在中俄《天津条约》签订以前半个月，黑龙江将军奕山在沙俄武力威胁下与西伯利亚总督穆拉维约夫签订了《瑷珲条约》。沙俄侵吞了中国黑龙江北岸、外兴安岭以南六十多万平方公里的领土。同年十一月，桂良、花沙纳又在上海同英法美三国分别签订了《通商章程善后条约》及《海关税则》，作为《天津条约》的补充。

咸丰九年（1859 年）六月，英国公使普鲁斯，法国公使布尔布隆各率一支舰队北上大沽口，准备进京换约。清政府指定换约代表由北塘登陆经天津至北京，并要求换约代表不得携带武器，各兵船武装人员不得登陆。而英法公使却仗恃武力，坚持要从大沽口溯白河进京，蓄意利用换约时机，重新挑起战争，向清廷索取更多的权益。二十五日，英法兵舰突然炮轰大沽炮台，守军奋起迎击获胜，英舰司令贺布受伤，击沉击伤联军兵舰十余艘，伤毙敌兵四百多人，英法舰队在美舰支援下撤走。不久之后，英法两国政府分别再次任命额尔金、葛罗为特命全权代表，以陆军中将格兰特和孟托班为英法远征军总司令，组织一支新的联军约两万余人，于咸丰十年（1850 年）春开始第三次北犯。先后占领了舟山、大连湾、烟台。七月联军再次闯入大沽口。由于北塘守军毫无戒备，联军顺利登陆北塘。而后，清军又在新河、军粮城、唐儿沽（今塘沽）节节败退，大沽炮台失陷，联军长驱直入占领天津。

联军占领大沽炮台后，咸丰帝极度惊恐，急派桂良为钦差大臣赶赴天津，会同直隶总督恒福向英法联军乞和，因联军索需苛重，天津、通州谈判相继破裂。于是联军又进攻通向北京的要隘张家湾、八里桥，清军先后败退。消息传到北京，清廷极为震惊，咸丰帝命其弟恭亲王奕䜣为钦差大臣留守北京"督办和局"，自己却于九月二十二日带着皇妃等逃奔热河。

十月五日，北京附近海淀失陷。英法联军将圆明园内的宝藏洗劫一空，最后又纵火焚烧。火势延续三昼夜，罕世名园成了一片焦土。

十月十三日，北京被联军占领。奕䜣按着咸丰皇帝"委曲将就，以其保全大局"的谕旨，屈膝求和，于十月下旬，与英法交换了《天津条约》批准书，全部接受了《天津条约》的侵略要求，而且还订立了《北京条约》。《北京条约》除承认《天津条约》有效外，还增加了几项内容：开天津为商埠、准许华工出国；割九龙司给英国；将以前被充公的天主教产发还；准许"法国传教士在各省租买田地，建造自便"；把《天津条约》中规定的对英法的赔款各增加为800万两；"恤金"，英国50万两，法国20万两。

沙俄借口"调停"有功，要求订立新约。同年十一月，清政府又被迫订立了中俄《北京条约》，沙俄再次割去中国大片领土和攫取更多特权。美国虽未与清政府签订新约，但根据"一体均沾"的条款，同样可以享受英法俄所攫取的特权。同月，侵略军陆续撤离北京，第二次鸦片战争结束。

中俄《瑷珲条约》

19世纪50年代初，沙皇俄国逐步控制了我国黑龙江口地区的主要据点，并占领了库页岛。此后，沙俄不断派遣侵略军武装"航行"黑龙江。

咸丰四年（1854年）五月，沙俄派遣穆拉维约夫率领舰船七十五艘，军队一千余人，闯入黑龙江。六月，到达黑龙江下游一带，随即屯兵筑垒，实行军事占领。第二年五月，穆拉维约夫率舰船一百多艘，军队三千人，再次在黑龙江上武装"航行"。这次航行运来近五百名俄国居民，在黑龙江下游占地筑屋，建立移民点，蓄谋永久霸占。

咸丰六年（1856年）五月，沙俄军队，分乘百余只舰船，第三次在黑龙江上武装"航行"。他们在黑龙江中、上游建立军事哨所，设置村屯，屯集粮食，并于同年宣布设立以庙街为首府的滨海省，擅自把中国黑龙江下游地区划归为沙俄版图。

同年十月，英国发动第二次鸦片战争后，沙俄趁火打劫，加紧侵略扩张活动。穆拉维约夫指挥侵略军第四次武装“航行”黑龙江。不断向黑龙江下游和中、上游北岸移民增兵，遍设哨所，并宣布：“从明年航期开始，凡留在黑龙江左岸的居民，均属俄国管辖；不愿受俄国管辖的，都须迁到右岸；中国方面要是稍有反抗或集结兵力，俄国就要进兵右岸，收缴他们的武器，占领瑷珲”。这样，沙俄基本上完成了对我国黑龙江上、中游北岸地区的军事占领”。

两年以后，沙俄政府认为从政治上最终解决黑龙江问题的时机已经成熟。于是，乘英法联军攻占大沽、北京之机，再派穆拉维约夫率官兵数百人，在两艘炮艇护送下，闯入瑷珲，与清政府黑龙江将军奕山进行谈判。谈判一开始，穆拉维约夫就重弹沙俄“助华防英”的老调，向奕山勒索大片中国领土。他宣称：“中英正在交战，英国很可能表现出占据黑龙江口及其以南沿海地区的欲望；只有我国根据所订条约声明上述地区系归俄国占有时，才能遏止英国的侵犯”。而英国一旦“侵占了方便的沿海港湾，就有可能进攻满洲腹地”，因此，“中国政府当前尤须尽快了结此事”。随后他又抛出了“自卫”论，说“俄国为从海上保卫自己的领土，应当占有滨海地区，而为了建立滨海地区同西伯利亚的联系，应当在黑龙江建立居民点”，“为了双方的利益中俄必须沿黑龙江、乌苏里江划界，因为这是两国之间最合适的天然疆界”！然后，便拿出俄方擅自绘制的沿黑龙江、乌苏里江至海为界的“边界草图”，叫奕山看。对此，奕山据理力争。双方进行了激烈的辩论。会议历时四小时，没有结果。在以后两天的会议上俄方代表，不是无理取闹，就是要弄花招，所以未能达成协议。

穆拉维约夫看到中国方面不肯屈服，便决定亲自出马对奕山施加更大的压力。五月二十六日，他身穿侍从将军的礼服，佩戴沙皇赐予的各种绶带和勋章，带着随从和卫队，来到瑷珲，以“最后通牒的方式”向中国方面提交了条约的最后文本，企图逼迫奕山马上签字。奕山接阅夷（俄）文，看到并未删改，便援引历史事实，再次拒绝俄方的无理要求。

接着，穆拉维约夫把近几年沙俄武装侵占我国黑龙江地区的罪行，说成是为了“保卫”这些地方不受外国人的侵犯。对此奕山加以驳斥，穆拉维约夫大为恼火，又以英国人入侵中国相威胁，硬逼奕山签字，并说“这个条约对中国特别重要”，否则，“以后英国人在什么地方滋事，制造麻烦，那时只能责怪中国自己了！”奕山回答说：“要是英国人企图出现在黑龙江，我们将把他们抛到大海里去”。没等奕山说完，穆拉维约夫便大声叫嚷：“同中国人不能用和平方式进行谈判！我们不能再等了，我给他们限期到明天。”说完便怒气冲冲地离开了会场。穆拉维约夫回船后，当夜俄军大肆以武力威胁，黑龙江左岸炮声不绝，陆屯水船，号火通明，故意进行挑衅。

在沙俄枪炮声的恫吓下，奕山终于屈服了，被迫于咸丰八年（1858 年）五月二十八日与穆拉维约夫签订了不平等的中俄《瑷珲条约》，其主要内容是：

①黑龙江以北，外兴安岭以南的中国领土割给俄国，只有精奇里江以南至额尔莫勒津屯（江东六十四屯）仍由中国人“永远居住”，归中国政府管理；②乌苏里江以东，包括吉林省全部海岸线及海参崴海口，划为中俄“共管”；③黑龙江、乌苏里江只准中俄两国船舶航行；④中俄两国在黑龙江、乌苏里江、松花江一带互相贸易。

清政府感到此条约有失国威，拒绝批准。直到咸丰十年（1860 年）中俄订立《北京条约》时才予承认。

此条约的签订，不仅使黑龙江以北、外兴安岭以南六十多万平方公里的大片领土被俄国侵占，而且俄国还获得了经由黑龙江前往太平洋的通道。

洋务运动

19 世纪 60—90 年代，清政府在太平天国和捻军农民起义的打击下，又在第二次鸦片战争中再次被外国侵略者打败。面对这种形势，封建统治阶级营垒中的一些有识之士，如：在中央官吏中以总理衙门大臣奕䜣、大学士桂良、户部侍郎文祥等为代表，在地方官吏中以两江总督曾国藩、闽浙总督左宗棠、直隶总督李鸿章以及后起的湖广总督张之洞等为代表，他们感受到外国的“船坚炮利”，从而意识到无论拯救民族危亡，还是维护自身统治，都不能再固守陈腐的“祖宗之法”，唯一的办法是向西方学习，引进先进的生产方式和物质文明；他们还继承了林则徐、魏源的“师夷长技以制夷”的思想，这就形成了以拯救清王朝封建统治、御侮自强为目的，以引进西方先进的生产技术为主要内容，以“中学为体，西学为用”为宗旨的向西方学习的潮流，史称“洋务运动”，旧称“同光新政”（意即同治、光绪年间举办的“新政”，又称“自强新政”）。

洋务运动初期，是在“自强”的口号下筹建近代军事工业和编练新式海军，咸丰十一年（1861 年）年底，曾国藩在安庆设立“内军械所”“制造洋枪洋炮，广储平实”，是洋务派兴办军事工业的起点。同治三年（1864 年）安庆内军械所随军迁到南京。安庆内军械所虽然是以手工业制造为主，但却是当时清军的一大武器供应中心。

同治四年（1865 年）六月，曾国藩、李鸿章在安庆内军械所和上海、苏州洋炮局的物力、人力和技术经验的基础上，收买了美国人在上海虹口地区创办的旗记铁厂一座，又将容闳从美国购买的“制器之器”一并归入，正式成立“江南机器制造总局”，简称“江南制造局”“上海制造局”、“沪局”。该局由原旗记工厂主科尔任制造技术指导，其一切事宜最初由上海海关道日昌督察筹划，后又任命湖北补用道沈保靖督办。创办经费约用银二十余万两。同治六年（1867 年）江南制造局因厂地狭窄，由虹口移至上海城南高昌庙镇，进行扩建，到光绪十九年（1893 年），共建成工厂 15 个，增设方言馆、炮队营、工程处、翻译馆各一个及各种附设机构十多个。建置经费先后用银 200 万两。江南制造局从事军火生产、轮船修造、机器制造、科技书籍的翻译和培养外语人才。所制造的枪炮、弹药，供应南北驻军，“遍及全国，共达七八十个单位”（主要是湘、淮军）。同治四年（1865 年），李鸿章将由马格里主办的苏州洋炮局移设南京雨花台，扩建为金陵制造局，简称“宁局”，主要生产枪、炮、子弹和军用物资。18 世纪到 80 年代上半期，已有工厂十余座，用银约五十余万两，所造之枪炮弹药主要供应南北洋驻军。同治五年（1866 年），左宗棠在福州创办船政局，后由沈葆桢接办。船政局由铁厂、船厂和学堂三部分组成。初由法国人日意格和德克碑任正副监督，雇用工人 1 700 至 2 000 人。原计划五年内造船 16 艘，创办经费约 40 余万两银，每月造船经费 53 两银。同治八年（1869 年）开始生产，到同治十三年（1874 年）共造船 15 艘，这时船政局共有工厂 16 座，船台 3 座，先后用银达 135 万两。光绪元年（1875 年）船政局由艺局学生主持接办，开始仿造旧式木船。从光绪二年（1876 年）起，造七百五十匹马力的新式机器铁胁轮船，光绪七年（1881 年）为南洋水师造三艘 2 400 匹马力、排水量为 2 200 吨的巡洋快船。同治六年（1867 年），恭辛王奕䜣奏准，由三口通商大臣崇厚在天津办“天津军火机器局”，同治九年（1870 年）由直隶总督李鸿章接办，改称天津机器制造局，简称“津局”。不久，李鸿章将洋总办密妥士免职，另委沈保靖为总办。天津机器局主要生产火药、枪炮、子弹，供应淮军和直隶用于练军。到 80 年代上半期，先后共用银110余万两。

在同一时期内，各地还设立了许多军火工厂，“惟一省仿造，究不能敷各省之用”，到光绪十年（1884年）为止，清政府先后设厂局20所，除江南制造局停办外，其余19所分布在全国十二个省区。从60—90年代的30多年中，洋务派创办军事工业，共用银4 500万两，均由国库支出；所有局厂一律归官办；生产的枪炮弹药和轮船均由清政府调拨发给湘、淮军和沿海各省使用；每个厂局均有成群的官吏，机构庞大，洋务派创办洋务首先聘请洋员。

在洋务运动中，洋务派也筹建新式海军。咸丰十一年（1861年），恭亲王奕䜣请英人“协助购买欧洲造战舰”。

定远铁甲舰是当时北洋主力舰，也是清朝北洋水师的旗舰，也是亚洲少见的铁甲巨舰之一

同治元年（1862年），两广总督苏崇光与英人议定，向英国购买兵船。同治二年（1863年），一支包括大小船只八艘的舰队，由英国海军军官率领到达上海，由于英国人强夺中国海军的指挥权，清政府拒绝接受，这支舰队被遣散。清政府先后用银160余万两的筹建海军活动失败。同治五年（1866年），清政府批准了左宗棠的“设局监造轮船”的建议，决定江南制造局、福州船政局各以造船为重点，仿照西方，制造兵船，以装备海军。同治十年（1871年），两厂分别造出“惠吉”“测海”“操江”“万年青”“福星”等兵船数艘。同治十三年（1874年），丁日昌提议建立北洋、东洋、南洋三支水师。光绪元年（1875年），由两江总督沈葆桢、直隶总督李鸿章等人倡议，经总理衙门批准，拨银四百万两，作为筹办海军军费，准备在十年内建成南、北、粤洋三支海军，后由于财力有限，决定“先就北洋创设水师一军”，沈葆桢死后，海军大权集于李鸿章一身，他在天津设水师营务处，处理海军事务；又于光绪六年（1880年）在天津设立水师学堂，训练北洋系海军军官。同时又用银300万两，从德国购买“定远”“镇远”两只铁甲舰。

光绪七年（1881年），李鸿章派丁汝昌统领北洋海军。光绪十年（1884年），三洋海军初具规模，南洋海军约有军舰19艘、北洋海军约有军舰15艘、福建海军约有军舰11艘。光绪十年（1884年）六月，中法战争爆发，八月，法国远东舰队击毁了福建海军全部舰船，并摧毁福州船政局，南洋海军也受到损失，只有李鸿章的北洋海军保存了实力。李鸿章又向英国订购了“致远”“靖远”和从德国购进“经远”“来远”等舰，北洋海军实力增强。在这前后，李鸿章又修建了大沽、旅顺船坞，为修理铁甲舰之用。光绪十四年（1888 年），北洋海军正式成军，丁汝昌任海军提督，拥有军舰 22 艘。军事训练由英、德国人操纵。光绪二十年（1894 年），北洋海军在中日甲午战争中全军覆灭，结束了北洋海军的历史。

洋务派在开办军事工业的活动中，需要巨额经费，使他们感到“百方罗掘，仍不足用”，认为外国资本主义以工商致富，由富而强，认为“求富”是“求强”的先决条件，因此，洋务派仿照西方，开展了建立民用工业的“求富”活动，借以达到“兴商务，浚饷源，图自强”的目的。

从 70 年代开始，洋务派采取了官办、官督商办和官商合办的形式，创办民用工业，包括采矿、冶炼、纺织、交通运输等，到 90 年代中期，共办了几十个企业。

同治十一年（1872 年），李鸿章派漕运委员朱其昂创办轮船招商局，这是洋务派创办民用工业的开端。轮船招商局共招商股 73 万多两银，海关拨官款 190 多万两银，官督商办。总局设在上海，在上海、天津等地设码头，代政府运漕米等。光绪二年（1876 年），李鸿章派唐廷枢筹办开平矿务局，光绪三年（1877 年）九月在开平正式创立，招商股 80 多万两银，官督商办。光绪三年（1878 年）开井。次年使用外国机器，按新式方法开采。光绪七年（1881 年），开平矿务局每日出煤“五六百吨之多”。十余年后，开采量增加，每日“可出煤一二千吨”，且“煤质极佳，甲于地处”。光绪五年（1879 年），李鸿章在大沽和北塘海口炮台试架设电报到天津，“号令各营，顷刻响应”。光绪六年（1880 年）九月，李鸿章在天津设电报总局，由盛宣怀任总办。电报线由天津沿运河南下至上海等地，以后又架设了上海至南京及南京至汉口的线路，光绪八年（1882 年）四月，电报局改为官督商办。招商股 80 万元。光绪十年（1884 年），电报总局迁往上海，并在各地设电报分局。光绪十六年（1890 年），即电报总局成立十周年时，电报线已遍布全国各地。光绪七年（1881 年）成立黑龙江漠河金矿，商股 7 万两银，官款 13 万两银，官督商办，李鸿章派吉林候补知府李金镛办理。光绪十五年（1889 年），用新式机器开采，这一年产金 18 961 两。同年两广总督张之洞主持兴办汉阳铁厂，由清政府拨款200万两银作资金。光绪十六年（1890年），在大别山下动工兴建，光绪十九年（1893年）完工，共建十厂。官办无款可等，后由盛宣怀接手，改为官督商办。光绪二年（1876年），李鸿章和两江总督沈葆桢开始议办上海机器织布局，光绪五年（1879年）派郑观应筹办，光绪八年（1882年）成立。招商股银达50万两，采取官商合办形式。该局享有十年专利，不许民间仿办。光绪十六年（1890年）开工，营业兴隆。光绪十九年（1893年年）失火、损失约70多万两银。光绪二十年（1894年）又设华盛纺织总厂，下设十个分厂。光绪十六年，张之洞任湖广总督时，将原设广东织布局移至武昌，创建湖北织布局。光绪十五年（1889年）八月底，张之洞在两广总督任期内奏准在广东设织布局，后张奉调湖广总督，织布局随之迁往湖北，由于筹办资金困难，张之洞先后向英国汇丰银行借款16万两银，于光绪丨七年（1891年）开始建造厂房，光绪十八年（1892年）年底才正式开工，尚有盈余。

洋务派在七十年代后的二十几年里，先后创办了41个资本主义性质的企业，到光绪二十年（1894年）尚存30个，共计资本约为3 900万元。这是中国早期的官僚资本。

此外，洋务派从同治元年（1862年）起，先后设立京师同文馆、上海方言馆、福建船政学堂和天津水师学堂等二十多所近代学校，培养外语和近代科技人才。从同治十一年（1872年）至光绪十二年（1886年），清政府还向欧美国家派遣近200名留学生。

随着北洋海军在中日甲午战争中的覆灭，洋务运动也宣告破产。

中法战争

17世纪50年代末，法国军队开始进攻越南南部，并吞并了越南南圻诸省，七十年代又把势力扩展到北圻。同治十年（1871年）后，法国探明红河是通往中国云南的航道。于是两年后便出兵攻袭河内及其附近各地，以便控制红河航行权，遭到了越南军民以及驻扎中越边境的中国人刘永福率领的黑旗军的顽强抵抗。进入八十年代，法国组成了茹尔·费理内阁，极力扩大侵越战争。光绪九年（1883年）八月，法国军队攻陷越南首都顺化，迫使越南政府签订了《顺化条约》，越南接受法国保护。随后又把目标指向中国。要求清政府承认法国对越南的统治，撤出在越南的中国军队，并开放云南边界。

面对法国军队的步步紧逼，清政府多次派李鸿章去进行交涉，李鸿章虽然做了妥协，但是法国并不满足，是年十月，法国谈判代表特利古宣布中止谈判。

此时，清政府内部出现了主战和主和两派。以李鸿章为首的淮系集团，一意主和，另一部分官员，如翰林院侍进学士周德润、陈宝琛、两江总督刘坤一、驻法公使曾纪泽等人都持主战观点，认为越南是中国的外藩，理应加以保护，决不能坐视不理。随着法军的不断深入，清政府“保全和局”的幻想逐渐破灭，于是清廷传旨，奖励黑旗军将领刘永福“矢志效忠、奋勇可靠”，从此主战派的主张占了上风。

光绪九年（1883 年）十月下旬，法国政府任命孤拨为越南北部法军的总司令。冬天后，茹尔·费理在议会上宣布：法国已经决定牢固地立足于红河三角洲，占据山西、兴化、北宁等地。而这些地方正是清政府极力捍卫的地盘，其中北宁由清政府正规军驻扎。十一月十七日，驻法公使曾纪泽照会法国政府，确切声明：茹尔·费理十月三十一日议会上宣称要占领的地区驻有中国军队，这些守军的任务是保护中国本身及越南的利益。如果法国挑起中法两国军队之间的冲突，将引起严重后果。在此前一天，总理衙门也以同样的内容照会法国及各国驻华使馆。与此同时，清军在山西的部队张旗、着号衣、列队三日，表示中国军队驻扎此地，“犯必开仗”。法国军队不顾中国方面的一系列警告，于十二月十四日发动进攻，中法战争正式开始。

十二月十四日，法军 5 000 人在孤拨的指挥下，水陆并进，进攻山西城，守军与法军血战三昼夜，山西失陷。次年二月，米乐继孤拨为法国军队总司令，兵数增加到 16 000 人。三月，法军进攻北宁，清军不战而退。几天之后，北宁失陷，法军继续北进，占领太原和兴化，至此，法国军队完全占领了红河三角洲。清政府因军事上的一时失利而惊慌失措，法国乘机由一海军军官福禄诺出面诱降。此时议和活动的主要牵线人李鸿章鼓吹“遇险而自退，见风而收帆”，并极力炫耀法国的武力，恫吓清政府。光绪十年（1884 年）五月，清政府派李鸿章到天津与法国代表福禄诺谈判，慈禧严令李鸿章“不得迁延观望，坐失良机”，十一月签订了《中法会议简明条款》。条款中承认法国有权保护越南，并将进驻北圻的中国军队调回边界，法国商品可以由越南自由输入中国。这样就向法国打开了西南大门。消息传到清廷，在朝廷内部掀起一片反对声，然而控制实权的慈禧太后完全接受了这个条约，以为如此一来，就可以避免中法之战。

然而，条款签定后不久，法国军队七百多人又到谅山附近，对尚未接到撤防命令的清军发动进攻，声称三日内一定要清军立即退出谅山，并在观音桥打死前去解释的清军代表，随即炮轰清军阵地。清军被迫还击，打退法军，这就是所谓的“北黎事件”。法军被击退后，法国政府驻北京公使向清政府提出抗议，声称中国方面破坏了《中法会议简明条款》，中国应该对这次军事行动赔偿法国二亿五千万法郎，并声称要以海军进攻中国，占领中国的一二个海口作为赔款的抵押。清政府认为这是毫无理由的要求，但为了谋求解决争端的途径，表示愿意在一个月内撤退驻越全部清军，并派曾国荃等人去上海与刚到中国的法国公使巴德诺进行谈判，并请各国出面主持公道。李鸿章怂恿曾国荃为法国伤亡士兵向朝廷请款加以抚恤，于是在谈判中曾国荃擅自答应巴德诺，愿出抚恤费银 50 万两（约合 350 万法郎），没有得到巴德诺的认可。与此同时，法国派孤拔率领法国海军远东舰队开到台湾海峡。是年八月五日，法国远东舰队伍的一支分队在副司令利士比率领下，进攻台湾基隆，遭到当地守军的抵抗。法军见台湾守军早有准备，转而集中力量进攻福州。这时，清政府拒绝了福建官员提出的拦阻法舰入口、“塞河先发”的建议，不准清军先行开火。于是法军舰队驶入马尾军港，与福建水师兵轮毗邻相接。八月二十三日，法国驻福州领事通告说，本日开战。随即马尾港内的法国军舰立即发动攻击，大炮、水雷同时轰击中国兵轮。福建船政大臣何如璋和会办福建海疆事务的张佩伦，事先未有任何准备，见到法军进攻，只好仓促应战，结果大败。仅一个多小时，军舰八艘、商舰 19 艘就全部被击毁，接着法舰又炮轰马尾造船厂，将之全部击毁。法国军舰只有几艘受到损伤。消息传出后，清廷大震，举国哗然。清政府于八月二十六日正式对法宣战。此后，战争主要在台湾、澎湖及越南北部进行。

在台湾方面，法军于十月初对基隆和淡水发动进攻，督办台湾军务大臣刘铭传放弃基隆，退守淡水。光绪十一年（1885 年）一月至三月，占据基隆法军向台北进攻，清军和当地居民顽强抵抗，在淡水大败法军，粉碎了法军夺占台湾的计划，法军遂于三月侵占澎湖。

在越南北部，战争分东西两路进行。同年年初，法军着重进攻东线，中国守军潘鼎新放弃谅山，逃回广西，法军几天之内不战而夺取了谅山、文渊州等数百里的地方。随后法军又向中国广西边界进攻，三月，中法两军在镇南关（今友谊关）进行了关系全局的一战，二十三日，法军倾巢出犯镇南关，中国军队在年近七十岁的老将冯子材的指挥下，沉着应战。法军攻势凶猛，冯子材率军居中，身先士卒，法军全线溃败，前线统将尼格里受重伤，清军乘胜追击逃窜的法军，连克文渊州、谅山，夺回半年前失去的全部阵地。西路黑旗军与越南义军配合，大败法军，取得了临洮大捷，相继收复十几个州县。

法军战败的消息传到巴黎，引起法国政府的恐慌，三月三十日，巴黎市民举行游行示威，反对侵略战争，高呼“打倒茹尔·费理”的口号，茹尔·费理内阁当晚垮台。战争的形势对中国有利，中国军队也掌握了战场上的主动权。然而，恰在这时，李鸿章等人却提出“乘胜即收”的主张，要同法国进行谈判，得到清廷准许。此时战争正在进行。清朝官员不便于直接同法国人谈判，就委托总税务司英国人赫德进行斡旋，赫德从中法战争开始就曾在中法之间充当调停人。于是赫德派英国人金登干去巴黎，全权代表清政府与法国政府和谈。经过秘密谈判，金登干以清政府的名义在巴黎和法国政府签订了停战草约。光绪十一年（1885 年）四月七日，慈禧太后颁发停战令，并加紧与法国进行缔结和约的谈判。谈判仍在巴黎进行，金登干是清政府的主要代表，李鸿章就细节和约文加以核对。六月九日，李鸿章和法国公使巴德诺在天津签订了《中法会订越南条约十款》，重申《中法会议简明条款》有效，承认法国对越南的统治权，同意在云南、广西两省的中越边界开埠通商，并给予特殊权益，规定中国以后如在这两省修造铁路，要同法国人商办。从此法国势力侵入中国西南。中法战争以中国“不败而败”、法国“不胜而胜”结束。

甲午战争

同治七年（1868 年），日本进行明治维新后，就走上了对外扩张的军国主义道路，并制定了所谓“大陆政策”，利用地理上的便利条件，加紧进行对中国和朝鲜的侵略战争准备。光绪二十年（1894 年）春，朝鲜发生大规模的东学党农民起义，朝鲜政府请求清政府出兵协助镇压，这时日本也怂恿清政府派兵，并保证在此过程中，日本不图其他利益。于是清政府派淮军将领直隶提督叶志超率领部队 1 500 多人赶赴朝鲜，驻守在离汉城二百余里的牙山，协助朝鲜政府镇压农民起义。与此同时，日本以保护本国使馆和侨民为借口，陆续向朝鲜派军队达二万多人，占据了从仁川到汉城一带的战略要地，使叶志超部陷入被围的险境。在日本步步紧逼和国内舆论的压力下，清政府不得不派兵增援。一方面将驻扎天津附近的盛军卫汝贵部六千余人、驻防旅顺后路的毅军马玉昆部二千余人以及奉军左宝贵部八营和丰升阿部盛军六营汇集起来，命其从辽宁越过鸭绿江，从陆路开赴平壤；另一方面调天津新军二千余人雇英轮从水路运送朝鲜，增援牙山驻军。七月二十三日，日军占领朝鲜王宫，成立以大院君李是为首的政权，迫使他宣布废除中朝间所有条约，授权日军驱逐在朝鲜的清军。两天之后，日本联合舰队司令官伊砂祐亨率领舰船 15 艘，在朝鲜牙山口外丰岛附近，不宣而战，袭击中国运兵船和护航舰，中国军舰济远号战败退却，广乙号中炮受重伤，操江号被劫走，日舰又强迫载运清兵的英轮高升号降帆随行，船上士兵坚决抵抗，结果高升号被击沉，中国士兵七百余人殉难。至此，揭开了中日战争的序幕。

八月一日，中日两国同时宣战。中日战争正式爆发（1894 年为甲午年，故称之为甲午战争）。

八月初，卫汝贵、左宝贵等四部先后到达平壤，清政府任命叶志超为统领。然而叶志超既不派兵侦察敌情，又没有布署战局，而是把平壤以南的广阔地带弃置不顾，仅在城内外筑垒防守。日军在完成进攻平壤的周密部署后，于九月初，日军万余人采取分进合击的战术，向平壤进攻。日军一部首先对平壤东面连续佯攻，吸引清军专防东路。随后日军四路同时向清军发起猛攻。东路战斗十分激烈，清军马玉昆部英勇顽强。北路战斗也极为激烈，左宝贵亲自登城，指挥士兵拚死奋战。敌炮兵攻占了附近的山头，发排炮轰击清军，左宝贵中炮殉国，营官多名力战牺牲，玄武门失守。日军军队猛攻平壤西门，卫汝贵率部继续抵抗，叶志超见形势危机，下令撤退，夜间率诸将弃平壤逃走。清军后路已被日军切断，突围时溃不成军，士兵二千余人遭伏击牺牲，六百余人被俘，叶志超率一万余人渡过鸭绿江撤回国内，这样，日本便轻易地占领了整个朝鲜。

九月十六日，海军提督丁汝昌率领北洋海军护送增援平壤的清军到达大东沟。十七日返航途中，日舰 12 艘组成一字竖阵队形来袭击。中国军舰大小 13 艘排成人字形阵迎击敌舰。提督丁汝昌乘坐旗舰定远号发出第一炮，舰上飞桥被震断，丁从桥上跌落负伤。右翼总兵定远号管带刘步蟾代替指挥作战。日军先攻中国舰队右翼，扬威号、超勇号二舰中炮起火沉没。致远号负重伤，弹药用尽，管带邓世昌命舰艇猛撞日舰吉野号，准备与敌人同归于尽，不幸中敌鱼雷沉没。经远号管带林永生力战殉职，全船官兵奋战到最后，英勇牺牲。济远号匆忙出逃途中撞沉搁浅的“杨威”号，“广甲”也触礁搁浅，后被击沉于海。黄海海战经历五小时，双方损失相当。这次海战后，李鸿章严令北洋海军舰队全部避藏在威海卫港内，不准出海迎战，从而使日本取得制海权。

清军从平壤溃败后，清政府在鸭绿江设下十里防线，部署重兵，由淮军提督宋庆和黑龙江将军依克唐阿统帅，但渤海湾旅顺的防守却减弱了。日军在黄海海战之后，经一个月的休整、部署，以三五师团组成第一军，由陆军大将山县有朋任司令官，以一二师团，第十二混成旅团组成第二军，由陆军大将大山岩任司令官，并出动海军全部主力配合作战。计划攻下旅顺、大连为作战重点，由朝鲜义州冲击鸭绿江防线，牵制清军，从而达到在中国东北建立侵略基地的作战目标。十月二十四日，日军第一军突破清军的鸭绿江防线，侵入中国本土，占领九连城、凤凰城、海城一带，其目的在于牵制清军，掩护第二军进攻金洲、大连和旅顺。同日，日军第二军在距大连湾百余公里处的花园登陆，采取迂回包围，截断后路的办法，从陆路夺取旅顺、大连。十一月四日，日军开始进攻金州，两天之后，金州失陷，随后日军不战而获大连。十八日日军又开始攻旅顺，清军各部仅总兵徐邦道部拚死抗敌。二十二日旅顺失陷，中国当时最大的海防要塞落入日军之手。日军占领旅顺后，一方面以第一军继续在辽南地区与清军相持；另一方面又从国内调部队来华，编为“山东作战军”，在海军舰队的配合下进攻威海卫，企图全歼北洋海军。李鸿章命令北洋海军死守港内，不准出击，坐待敌人进攻。次年一月二十日，日本仍采取包抄后路的办法，一方面在荣成县成山头登陆；另一方面以海军22艘舰艇、15艘鱼雷艇封锁威海卫港口。二月初日军占领南、北、帮炮台，北洋海军和刘公岛、日岛守军被日军封锁在威海卫港中，受到水陆夹攻，陷入绝境。到二月十一日，北洋海军的定远、靖远、威远、来远诸舰先后沉没，鱼雷艇全部丢失，日岛炮台失守。丁汝昌召集诸将会议，提出拚死突围，但军官们不同意，北洋海军洋员海军副统带英国人马格禄及美国顾问浩威，勾结中国官员，胁迫丁汝昌降敌，丁汝昌知事不可为，随即于二月十七日自杀殉国。先后自杀殉国的重要将领还有定远号管带刘步蟾、刘公岛护军统领张文宣、镇远号管带杨用霖等。丁汝昌自杀后，浩威起草投降书，以丁汝昌的名义，由广丙号管带程璧光向日军舰队司令伊东祐亨投降。将镇远、济远、平远、广西等大大小小十艘舰船以及大批军火全部送给日军，洋务派耗费无数金钱而建立的北洋海军，全军覆灭。

旅顺陷落后，日军第一军在第三师团长桂太郎率领下，西犯海城，清军守将丰升阿弃城逃走，海城失陷。奉天府受到威胁，辽西震动。十二月底，日军第二军八千余人由第一旅团长乃木希典率领，北犯盖平，盖平守将章高元率军英勇抵抗，营官杨寿山、李仁党力战阵亡，盖平沦陷。清军这时源源不断地开到关外援辽。其中最为清廷寄予厚望的是湘军，并任命湘系军阀首脑两江总督刘坤一为钦差大臣，节制山海关内外各军。二月二十日，二十七日，清军出动六万人，以九倍于日军的兵力进行收复海城战斗，经过多次激烈争夺，清军失败。二月下旬，日军第一军、第二军会合，开始执行对辽东平原扫荡性作战方案。三月二日，日军攻陷鞍山站。两天之后，日军进攻牛庄，镇守牛庄清军抵抗一昼夜。七日，日军轻取营口。九日，日军三个师团会攻田庄台，湘、淮军二万余人顽强抵抗，田庄台终于失守。至此，清军在辽南一线全部崩溃，这是自平壤、九连城失败后，清军的又一次溃败。三月二十三日至二十五日，日本海军掩护混成支队在彭湖文良港登陆，很快占领澎湖列岛。辽南定局后，日本动员全部常备军及后备部队的三分之一，宣称要在直隶平原与清军决战，逼迫清政府在《马关条约》上签字。光绪二十一年（1895 年）四月十七日，清政府派李鸿章与日本最后签订了《马关条约》，甲午战争以中国失败而结束。

中日《马关条约》

光绪二十年（1894 年）八月一日，中日两国同时宣战，中日战争正式开始。九月下旬以后，随着清军的不断失利，清朝廷中的主和派便开始乞求外国调停，由于各国列强或认为时机未到，或态度冷漠，也由于日本确定的媾和条件太苛刻，同时清朝廷中的主战派还拥有一定实力，因此，主和派的几次乞求外国调停活动都未成功。次年二月，北洋海军的全军覆灭，湘、淮等军在辽东战场相继失败，这使朝廷中的主战派大为泄气，一时间感到束手无策。二月十八日，清政府通知日本，将按照日本的要求派出全权代表，准备接受包括割地在内的屈辱条件。几天后，清政府又进一步明确向日本宣布，任命李鸿章为全权大臣，日方提出的割地、赔款、订约等谈判内容，李均能全权处理。至此，日本同意议和。二十日，李鸿章应召到京，他考虑到日本提出的条件，深感此次议和责任重大，于是就先同军机处商议。翁同和希望能做到不割地，而其余大臣则担心不割地就不能议和。李鸿章又先后同美英公使进和商量，但都不得要领。三月二日，恭亲王奕䜣向李鸿章传达光绪面谕，授予李以商让土地之权。同日，李鸿章上摺陈述其对议和的看法，认为割地之事，古今中外皆有，“但能力图自强之计，原不嫌暂屈以求伸”，只是地有多寡要次之分，须力与争辩，谈判定有一番周折，朝廷必须密为筹备，防止日军直犯京畿，等等。

三月十四日，李鸿章率参议李经方，参赞马建忠、伍廷芳、罗丰禄、美国顾问科士达等随员一百多人，前往日本马关议和。二十日，李鸿章与日本首相伊藤博文、外相陆奥宗光在马关春帆楼开始谈判，双方交换全权证书，李鸿章劝日本不要“寻仇不已”，要求先议停战协定。第二天，双方举行第二次谈判，商议停战之事。伊藤提出停战条件：日军占领大沽、天津、山海关，解除上述各地清军武装，日军管理天津至三海关铁路，清政府负担停战期内日本军费。在这种情况下，李鸿章被迫要求先不谈停战，只谈议和条款。对此伊藤限定李鸿章于三日内答复停战要求。二十四日，李鸿章正式备文拒绝日本提出的停战条件，要求先谈议和条款。伊藤允许第二天提出的议和条件。当李鸿章在返回寓所的途中，被一早已隐伏的日本浪人小山丰太郎用枪击中左颧、血流不止，顿时晕倒。小山是日本自由党方面的打手，他们认为议和时机未到，不占领北京是日本的耻辱，所以有意来破坏议和，以此扩大对华战争。李鸿章被刺后，伊藤、陆奥感到人心已变，不能再战，如果此时谈判破裂，对日极为不利，同时，也担心因此招致列强干涉。于是在二十八日，陆奥与李鸿章在病榻前议定无条件停战。三十日，中日签订为期二十一天的停战条约，但范围不包括澎湖和台湾。但是，两天后日本首次公布议和条件，提出和约底稿，条件苛刻，并限四日内答复。李鸿章为此进行了多次争辨。先后两次向日本送说帖。逐条请求减让。四月九日，李鸿章提出体面修正案，允割辽南、安东、宽甸、凤凰、岫岩四地与澎湖列岛，赔款白银一亿两白银，新订商约“以中国与泰西各国现行约章为本”。次日，李鸿章与伊藤举行第四次谈判，日本提出修改稿，将辽东割地由北纬41°以南缩至营口、海城、凤凰城、安平河以南，将赔款由三万万两白银减为二万万两白银，商埠由七处减为四处，声称此为尽头条款，中国只有答应或不答应而已，不能减少。同时又威吓：如果谈判破裂，中国全权大臣一旦离去此地，是否再能安然出入北京城门，亦不以保证。李鸿章急忙请旨应付。清廷闻讯后，答应割台湾一半，但是，一定要争回牛庄、营口。日方得到李鸿章的答复后，继续进行恫吓，并运兵至大连湾加以威胁。四月二十日，清政府致电李鸿章：倘无可再商，即与订约。李鸿章连续发回三封电文，催促清政府照日方改款定约。十四日，清廷批准李鸿章“遵前旨与之下约”。第二天，中日双方举行最后一次谈判，李鸿章与伊藤博文议定《中日马关新约》（即中日《马关条约》），共十一款，附有《另约》，《议订专条》。

《马关条约》主要内容是：①中国承认朝鲜完全独立自主；②割让辽东半岛、台湾全岛及所有附属各岛屿和澎湖列岛；③中国赔偿日本军费二万万两白银，分八次交完，三年之内全数还清；④开放沙市、重庆、苏州、杭州为商埠，“以中国与泰西各国现行约章为本，订立两国通商行船条约及陆路通商章程。新订约章未经实行之前，所有日本政府官吏、臣民及商业、工艺、行船船只，陆路通商等，与中国最为优待之国礼遇护视一律无异”；⑤允许日本在中国通商口岸设立工厂，任便从事各项工艺制造；产品远销中国内地时，只按进口货纳税，并准在内地设栈寄存。条约还规定日本在条约批准后三个月内撤退，但为保证中国履行条款，日军暂时占领威海卫。在另约中又规定：第一，所有暂行驻守威海卫的日本军队驻守需费，“中国自本约批准互换之日起，每一周年届满，贴交四分之一——库平银五十万两”；第二，在威海卫，应将刘公岛及威海卫口湾沿岸四十里以内地方，为日本国军队伍驻守之区。无论何处中国军队不宜逼近或驻扎，以杜生衅之端；第三，日本军队所驻地方，“治理之务仍归中国官员管理；但遇有日本国军队司令官为军队卫养安宁军纪及分布管理等事必须施行之处，一经出示颁行，则于中国官员亦当责守”。

四月二十二日，光绪皇帝看到李鸿章派专人送来的条约之本，鉴于割地一事太苛刻，曾拒绝批准，但他毫无实力，顶不住内外压力，延至五月二日，不得不批准《马关条约》。第二天任命伍廷芳、联芳为换约大臣。五月八日，伍廷芳、联芳与日本伊东美久治在烟台换约，《马关条约》开始生效。

反割让台湾斗争

甲午战争后，清政府于光绪二十一年（1895 年）四月十七日与日本签订了《马关条约》，将台湾割让给日本。消息传出后，举国哗然，民众义愤填膺，进而掀起了一场声势浩大的反割让台湾的斗争浪潮。在京赶考的台湾举人上书督察院，强烈抗议清政府割让台湾，表示台湾人民“如其生为降虏，不如死为义民”，“台地军民必能舍生忘死”，为反抗日本侵者占台湾奋战到底。台湾各界人士也以罢市、发表檄文、通电、上书等形式表示强烈抗议，表示要誓死守御，与山河共存亡。诸多民众拥到台湾巡抚衙门，抗议示威。台湾一带人民发出“桑梓之地，义与存亡”的誓言，每天都有数以千百计的群众参加抗日义军。

六月二日，清政府与日本签订了割让台湾证书。实际上日军却早已于五月二十九日由近卫师团从冲绳中城湾出发，分两路进攻台湾。台湾巡抚唐景崧及大小官吏和当地一些地主豪绅，仓皇内渡逃命，使日军不战而胜，于六月七日入侵台北。

唐景崧逃跑后，台湾人民纷纷组织义军，共同推举当时驻防台湾的刘永福为首领，领导抗战。

六月中旬，日军近卫师团由台北南犯，先后在新竹、台中、彰化、云林一带遭到台湾军民的激烈抵抗。当日军分兵三路进攻新竹时，刘永福派分统杨紫云为新竹守将，吴汤兴、姜绍祖率义军协同防御，与日军相持一个多月，多次打退日军进攻。在激战中，杨紫云苦战阵亡，姜绍祖力战不屈，最后壮烈牺牲，新竹沦陷。七月下旬，徐骧和刘永福联合反攻新竹，在城外三里的十八尖山上激战终日，大小战役二十余次，但因武器不良，只好退守大甲溪、台中、彰化一带。八月下旬，日军南犯大甲溪，徐骧和刘永福部将吴彭年同守大甲溪。吴彭年伏兵于大甲溪旁，突然出击，日军大败，溃退北渡，徐骧的伏兵又大呼横截，日军纷纷落水，死亡无数。激战数日后，因日军收买汉奸土匪袭击，日军才强取大甲溪。八月底，日军进犯彰化，抗日军民奋勇抵抗，双方在彰化东门外八卦山展开激战，击败日军主力师，日军少将山根信成毙命。后日军收买汉奸，由小路抄袭义军。义军拚死抵抗，吴汤兴率30人冲向敌阵，中炮牺牲，吴彭年率300勇士死守八卦山，全部英勇战死。徐骧率众冲锋肉搏，突出重围，退往台南。台中、彰化失陷后，刘永福急派王德林率军守嘉义城，派杨泗洪率军反攻彰化，高山族人民纷纷起来抗战，派遣700健儿参加徐骧的义军。义军虽多次反攻彰化，终因补充极度困难，无力克复。

十月上旬，日军近卫师团在不断增援的情况下，倾巢出动海、陆、步、马、炮全力进攻，台湾军民英勇奋战，日军才用很大力气侵占了云林、大莆村。接着大举进犯嘉义。嘉义志士林昆岗号召人民武装起来和守军王德标部合力抗击日军。王德林在城外设地雷诱敌，一举杀死敌人七百余。后来日军用大炮轰塌城墙，窜进城中，义军浴血巷战，逐街逐屋地争夺，杀伤日军无数，日军近卫师团团长中将北白川能久亲王也受重伤而毙命。日军死伤甚重，气急败坏，疯狂进攻。而台湾军民死命苦战，林昆岗发誓说："如果天命绝我台湾，今天一战当先把我打死！"闻者奋战。此时军民已饥困寡不敌众，林昆岗英勇战死，嘉义城破，王德林奋战阵亡。日军用了重大代价夺取了嘉义，接着包围台南。

刘永福黑旗军和徐骧等路义军在嘉义失陷后仍坚持抗战。日军第二师团在台湾南部枋寮和台南以北的布袋口登陆，配合近卫师团夹攻台南。布袋口登陆日军与义军大战于曾文溪，徐骧率义军和高山族勇士死守曾文溪，战至枪弹继绝，仍持短刀迎击敌人。徐骧持刀督战，大呼"此地失守，台湾就完了，我是不愿偷生还大陆的"。于是与从者五十余人皆战死。十月中旬，日军夹攻台南府城，刘永福率军驻守安平炮台，城中绝食，守军溃散。十九日刘永福兵败返回大陆。二十一日台南沦陷。

台湾人民经过五个多月的激烈战斗，抗击了日本三个近代化师团和一支海军舰队，打死打伤日军32 000多人。台湾军民为保卫祖国的神圣领土，写下了悲壮的一页。在此后日本统治台湾的五十年时间里，台湾各族人民一直坚持反抗侵略，要求返回祖国的斗争从未止息。

戊戌变法

甲午战争后，中国民族资产阶级逐渐形成了一股政治力量，资产阶级改良主义思想迅速发展，从而酝酿了一场变法维新的政治运动。

光绪十四年（1888年），康有为到北京参加顺乡试，在京期间，他第一次上书光绪皇帝，请求朝廷批准，实行变法维新，提出了"变成法，通下情，慎左右"这一挽救民族危亡的政治主张。由于当政大臣的阻挠，此书没有送到皇帝手中。两年后，康有为回到广州，开始招收学生讲学，后来正式设立"万木草堂"学馆，宣传变法维新的道理，康有为变法维新的思想体系趋于成熟。在这里听讲的有他的弟子梁启超、徐勤等人。在讲学的同时，康有为先后撰写出《新学伪经考》《孔子改制考》等著作，为变法维新运动做了思想准备。

光绪二十一年（1895 年）五月，康有为和梁启超联络十八省在京应试的 1 300 多举人，联名上书光绪帝。于五月二日齐集都察院门前，请愿上书，反对《马关条约》的签订，提出“拒绝议和，迁都抗战，变法图强”的主张，史称此举为“公车上书”。上书虽未到达光绪皇帝之手，却引起朝野各界巨大震惊，资产阶级改良思潮发展成为政治运动的起点。

“公车上书”后，康有为中进士，授职工部主事。是年六月，他又第三次上书光绪皇帝，得到光绪帝的赞同；七月，康有为和梁启超主办《万国公报》（后改为《中外纪闻》），日印 1 000 份，一个月后，增至日印 3 000 份，这是改良派在维新运动中创办的第一份报纸；同年八月，康、梁又联合帝党官员侍读学士文廷式，在北京组织了强学会，推陈炽为提调、梁启超为书记员。强学会吸引了许多知识分子，又得到帝党官员翁同和等人的支持，发展很快。同年十月，康有为又到上海组织强学会，吸收了章炳麟等人入会，并出版《强学报》。强学会由北京发展到上海，声势愈大，愈加引起顽固派的憎恨。次年，强学会和《中外纪闻》被查封。光绪十二年（1896 年）八月，维新派又在上海创办《时务报》，由梁启超任主笔。梁启超写的《变法通义》，在该报上连载。阐述了中国需要变法的必要性。上海的《时务报》和严复在天津创办的《国闻报》居于南北舆论界的领导地位。严复译述《天演论》并介绍西方进化论学说，推动了变法运动的发展。《时务报》在几个月之内，发行额达到一万多份，风靡全国。第二年十月，湖南成立“时务学堂”，培养变法人才，梁启超应聘任中学总教习，谭嗣同也经常在学堂讲学，并发表《仁学》一书，批判了封建君主专制制度和封建伦理道德，主张冲破封建主义的一切罗网。光绪二十四年（1898 年）春，谭嗣同等人又在长沙创同学会，湖南成为不断推动变法运动走向高潮的又一个中心。从此维新派在全国许多省的活动迅速发展。

维新运动的迅猛高涨，变法思想的广泛传播，同统治阶层发生尖锐矛盾，在清政府中掌握实权的顽固派，形成了以慈禧为首的“后党”，对变法维新思想和活动，发动还击。改良派与顽固派围绕三个问题进行了论战：一是要不要变法、要不要改变封建君主专制制度；二是要不要兴民权、设议院、实行君主立宪的问题；三是要不要废除八股取士的科举制度、要不要提倡新学、提倡西学的问题。这场论战，推动了变法维新运动向前发展。

光绪二十三年（1897 年）十一月，德国出兵强占胶州湾，俄国派舰队占领旅顺、大连。改良派抓住这个时机，把救亡图存的维新运动推向了一个新高潮。同年十二月，康有为从上海到北京，向光绪皇帝第五次上书，提出若不及时变法，将会面临外国侵略者的“瓜分豆剖”，人民也会“揭竿斩木”起来反抗，并提出了救亡的上、中、下三策。上策是“采法俄、日以定国是，愿皇上以俄国大彼得之心为心法，以日本明治之政为政法”，即全面实行变法；中策是精选有才能的官员，听听他们关于变法的意见，谋议既定，决策施行；下策是朝廷通令各省督抚，根据各省的不同情况，实行变法。康有为认为：三策中间，能行上策，可以自强；能行中策，也可以保持一个弱国的地位；仅行下策，或者不至于全部沦亡。这次上书虽未及时送到光绪皇帝面前，却在全国广为流传，产生了巨大影响。于是光绪皇帝命李鸿章、翁同和、荣禄等五人召见康有为问话，康有为陈述了变法的意见，并批驳了荣禄的“祖宗之法不能变”的顽固思想和李鸿章的维持现状的保守思想。随后，康有为又呈递了上清帝的第六书，也就是《应诏统筹全局折》，提出了全面变法的三条根本办法，即第一条“大誓群臣惟革命旧维新”；第二条“开制度局于宫中，将一切政事重新商定”；第三条在午门设立“待治所”，派御使为监收，许天下人上书。光绪二十四年（1898 年）二月，康有为向皇帝呈进第七次上书《俄大彼得变政记》，并附一奏折，再次要求实行变法。光绪皇帝看到康有为的这些奏折，对康有为的变法主张，越来越加以重视，维新运动开始与光绪皇帝结合起来。

在康有为连续上书的同时，改良派和各省在京的人士纷纷组织学会，号召推行新政。同年四月，康有为等人在各学会的基础上，扩大成立“保国会”，会章提出：“保国、保种、保教”三项宗旨，并规定在北京、上海两地设立总会，各省各县设立分会。“保国会”实际上是一个维新派的具有全国性的政党的雏形。不久，保浙会、保川会、保滇会等又相继成立。

六月十一日，光绪皇帝颁布《明定国是》上谕，下诏变法。光绪皇帝在宣布变法后的第五天，召见康有为，授予他“总理衙门章京上行走”，允其专折奏事；七月三日，光绪帝又破例召见只有举人身份的梁启超，赏他六品衔，办理译书局事务；九月五日又任命谭嗣同、杨锐、刘光弟、林旭等四人为军机处章京，赏四品衔，参与新政。改良派同光绪帝进一步接近，纷纷上奏折，递条陈，提出许多新政建议。光绪皇帝把其中认为可以采纳的作为诏书，谕令颁布。在103天变法维新时间内，共颁布诏令一百多种，其中重要的有：①振兴农工商业，设立工商局，设立路矿总局，办邮政，改划财政，编制国家预算；②裁汰冗员，取消重叠的行政机构，允许官民上书言事，取消旗人由国家供养的特权，须自谋生计；③裁汰绿营，训练陆海军，各省军队均改用洋枪、洋操，许私人办兵工厂；④废八股取士制度，改试策论，广设新学堂，提倡西学，在北京设京师大学堂，设译书局，许民间创办报馆等。然而顽固派却用各种方式阻挠新政的推行。后党和帝党的斗争日益激化。在《明定国是》诏书颁布后不久，以慈禧为首的后党，连续采取措施，恐吓和防范光绪和维新派。先是突然免去翁同和一切职务，勒令回藉；然后令新授二品以上文武大臣到慈禧面前谢恩；继而又任命荣禄为直隶总督，统率北洋三军。帝党和后党维新和守旧的斗争越来越激烈。光绪帝感到事态严重，又亟谋对策。九月二十一日，慈禧发动戊戌政变，宣布自己重新“亲政”，软禁光绪，除京师大学堂外，百日维新期间的所有新政全部废除，并下令速扑、杀害维新派人士。康有为、梁启超先后逃往香港和日本。九月二十八日，谭嗣同、杨锐、林旭、刘光弟、康广仁、杨深秀等六人被杀害，时人称之为“戊戌六君子”。戊戌变法运动失败。

孙中山伦敦蒙难

光绪二十一年（1895年）二月兴中会总部在香港成立后，孙中山和陆皓东、杨衢云、郑士良等全力准备在广州发动武装起义，策划部署当年重阳节起事，不料事泄，在香港英国殖民当局协同下，清政府两广总督谭锺麟将这次还未来得及正式发动的起义镇压了。陆皓东等七十余人被捕遇难，孙中山遣散起义队伍后乘轮船逃出广州经澳门抵香港，不久又与郑士良、陈少白一起赴日本。广州起义失败，孙中山出走国外后，清政府悬赏一千两花银缉拿“首逆孙文”，并派大批暗探到香港、澳门和新加坡一带“购线跟踪”，总理衙门还电驻亚、美、欧各国使馆，协助缉拿。香港英当局宣布了对孙中山等的驱逐令，五年内禁止其入境。孙中山毫不气馁。于同年十一月中旬在日本成立了兴中会横滨分会后，指示陈少白留日本联络同情中国革命的日本人士，派郑士良返香港以图再举。他自己则断辫发，改服装，于十二月中旬赴檀香山。因此地“无大可为，遂决计赴美”。光绪二十二年（1896年）六月，孙中山自旧金山登陆，乘火车横过美洲大陆纽约，沿途向华侨宣传革命，演讲

“以祖国危亡，清政腐败，非从民族根本改革，无以救亡；而改革之任，人人有责”。在美三个月，响应者不多，孙中山便乘轮船“麦竭斯的”号东行赴英国，经利物浦于九月三十日抵伦敦，住斯屈朗区赫胥旅馆。次日，孙中山到波德区覃文省街四十六号去拜访原香港西医书院的老师和挚友詹姆士·康德黎博士，在其帮助下移住葛兰旅店。随后又访问了他以前在香港学医时的另一位老师孟生博士。此后，两人来往密切。

在孙中山从日本经美到英的流亡过程中，清政府的驻日公使裕庚、驻美公使杨儒、驻英公使龚照瑗以及旧金山等地的领事都奉命行动起来，派出大批密探，竭力追踪缉拿孙中山。就在孙中山从美登上赴英的轮船后，驻美公使杨儒便从华盛顿密电驻英公使龚照瑗，请其在船靠岸后继续跟踪。孙中山一到英国，司赖特侦探社就派人跟踪他。龚照瑗公使也为策划缉捕孙中山，竭尽全力。他先和英国政府交涉援香港缅甸交犯条约（咸丰八年（1858 年）《中英天津条约》第二十一款，光绪二十一年（1895 年）《滇缅条件》第十五条)，请英国政府代为缉拿孙中山。不成之后，便设计诱骗孙中山入公使馆从而逮捕他。位于波德兰区的清政府驻英公使馆，正好在覃文省街康德黎寓所附近，是孙中山从葛兰旅店住所前往康德黎家的必经之处。光绪二十二年(1896 年）十月十一日（星期日）上午十时半，孙中山在从住所去康德黎家的路上，被早已窥伺在那里的清政府驻英公使馆人员邓廷铿等三人缠住，以广东老乡相称，邀请他去家里喝茶，推推拉拉，将其挟持进公使馆，秘密幽禁在三楼一间窗上有铁栅的小屋里。这次设计诱捕孙中山的主谋者之一，是英国人马格里，时为清政府驻英公使馆的二等参赞。幽禁了孙中山后，驻英公使龚照瑗用七千英镑高价租定一艘二千吨的轮船，又造了一只木箱，阴谋把孙中山装在箱内运回广州，“明下典刑”。如果此计不成，就将孙中山毒死，解华戮尸。

孙中山被幽禁在公使馆后，和外界完全失去了联系。他想方设法，始终没能送出一点消息。直至十月十七日，才得到公使馆女工英人贺维的同情和帮助，由其密函康德黎的求救书。康德黎和孟生这两位著名医生获悉消息后，便多方奔走营救，一面正告清公使馆，一面向英外交部及伦敦警署投案，此外还通过报界揭发此事，公之于众。十月二十一日，英国《地球报》率先揭露事实真相，在第一版登出“革命家孙文被诱捕于伦敦”这一触目惊心的消息。当天，《中央新闻》《每日邮报》的记者前来采访康德黎。次日，伦敦

《泰晤士报》等各大报都以特大标题，竞相报道清公使馆这一丑闻，从而引起英国人民对清政府的极大不满。数以百计群众聚集到清公使馆门前，一再高呼“释放孙逸仙!”甚至有些市民声言要捣毁清使馆。在强大的社会舆论面前，英国政府派遣代表向清政府驻英公使馆提出交涉。十月二十二日，英国首相兼外相沙侯向清公使馆递交备忘录，要求按国际公法和国际惯例，迅速释放私捕人犯。次日下午，英国外交部代表和苏格兰场的侦察长，陪同康德黎来到清公使馆，马格里参赞被迫亲自释放了囚禁 13 天的孙中山。当孙中山从使馆走出时，伦敦回默街头人山人海，他们热烈地向孙中山挥手致意。回到旅店住处，各报记者蜂拥而至，孙中山慷慨陈词，痛斥清政府这一卑劣的绑架阴谋。英国各报继续以大量篇幅报道这一事件的始末，抨击清政府的不法行为。十月二十四日，孙中山在伦敦报纸上发表了致谢英政府及报界书。是年冬，孙中山用英文撰写了《伦敦被难记》。次年春在伦敦首次问世。从此，孙中山作为一名中国的革命家，在世界名声大著。

戊戌政变

光绪二十四年（1898 年）六月十一日，光绪帝颁布“明定国是”诏，标志了百日维新的开始，也预示着帝党和后党之争进入了决战阶段。光绪帝的这一举动，慈禧极为重视，六月十五日，迫使光绪帝连下三道上谕：一、免除支持变法的翁同和协办大学士、户部尚书的职务，逐回江苏原籍；二、命直隶总督王文韶入京陛见，任命荣禄署理直隶总督，不久又授荣禄为直隶总督兼办理北洋通商事务大臣，节制直隶境内董福祥（甘军）、聂士成（武毅军）及袁世凯（新建陆军）三军；三、嗣后在廷臣工如蒙赏加品级及补授文武一品暨满汉侍郎，均须具折诣太后前谢恩，各省将军、督抚、都统、提督等官亦同。接着，慈禧又分别命崇礼、怀塔布和刚毅控制守卫京都与颐和园的卫戍部队，命裕禄在军机大臣上行走，并在内廷布满亲信太监，监视光绪帝和维新派活动。这样，光绪变法从一开始，后党势力就抓到了军政实权，以北京西郊颐和园、天津直隶总督衙门为据点，部署力量，做好了政变准备。

任清朝内阁总理大臣时的袁世凯

光绪帝不顾后党的严重威胁，继续推行变法维新。七月八日，后党御使文悌因参奏康有为“任意妄为，遍结言官，把持国是”，而被革职；九月四日，礼部尚书怀塔布、许应騤及侍郎堃岫、徐会沣、溥颋、曾广汉等六人阻挠主事王照条陈事务而被革职，赏王照三品顶戴并四品京堂候补；随后又赏谭嗣同、杨锐、刘光等、林旭以四品卿衔，在军机章京（清代官名，满语“管事”之意）上行走，参与新政；九月七日，从总理衙门中赶走对抗变法的李鸿章和敬信。这一系列措施使新政改革走上轨道，同时也使帝党同后党的矛盾达到白热化的程度。庆亲王奕劻内务府总管大臣立山和属僚数十人以及太监李莲英，看到形势危急，竟跪在慈禧面前失声痛哭，控告光绪帝，恳请皇太后临朝“训政”。

是年九月，后党加快了政变步伐。怀塔布、杨崇伊衔慈禧之命赴天津与荣禄密谋，预定十月底慈禧、光绪同赴天津阅兵时，发动政变，废黜光绪帝，捕杀维新派人士。风声日紧，形势十分危急，康有为急向光绪帝进策：①仿照日本设立参谋部，收回军权，皇帝自为海陆军大元帅；②改元为维新元年，断发易服，以示变法决心；③迁都上海，摆脱后党圈禁。同时又深感武装的重要，便把希望寄托于拥有 7 000 人重兵并曾加入强学会的袁世凯身上。康有为先派亲信弟子徐仁禄到小站探察，获息袁世凯表示拥帝，致使康有为、谭嗣同认为“可救上者只此一人”，于是就密奏光绪帝结袁以备不测。九月十六日、十七日，光绪帝两次召见袁世凯，破格赏以侍郎候补，专办练兵事务；面谕袁“与荣禄各干各事”使其不受掣肘。然而，袁世凯在光绪帝召见之后，便立即去拜谒军机大臣裕禄、刚毅、王文韶，乞求宽谅。九月中旬，光绪帝已感大祸临头，先于十三日向康有为等下密诏，称“今朕位几不保，汝康有为、杨锐、林旭、谭嗣同、刘光等等，可妥速密筹，设法相救”。由于杨锐带此密诏不敢传出，光绪帝不见康有为等回音，就于十七日又密谕康有为出逃，前往上海督办官报，“将来更效驰驱，共建大业”。第二天，康有为从林旭处得两密诏后，立即召集谭嗣同、梁启超、康广仁、徐世昌等在南海会馆共商对策，大家见面后抱头痛哭，一筹莫展，最后决定孤注一掷，由谭嗣同携密诏去劝说袁世凯举兵勤王。当日深夜，谭嗣同赴袁世凯寓所法华寺，请袁起兵杀荣禄、围慈禧太后所居颐和园，实行兵谏，以此来保卫光绪帝执政。袁世凯佯作许诺，正色厉声表示竭死力救“圣主”，“诛杀荣禄如杀一狗耳!”九月二十日，袁世凯请训回天津，光绪帝赐密诏，命其保护新政。袁世凯再表“忠心”，但是当他回天津后，立即向荣禄告密，表示要为“缉捕奸谋，效忠太后”尽力。

当袁世凯应召从津赴京陛见时，后党就立即调聂士成5 000人兵力开赴天津陈家沟一带布防，切断了北京与小站间通道。九月十八日，董福祥甘军开进北京城，扬言京师有大变。九月十九日，慈禧太后自颐和园赶回紫禁城。九月二十一日凌晨，慈禧发动宫廷政变，幽禁光绪帝于中南海瀛台，并用光绪帝名义发布上谕，“再三吁恳慈恩训政”，宣布慈禧重新“垂帘听政”，下令废除变法法令。九月二十二日，荣禄派兵3 000人在京城搜捕维新派和帝党人士。政变前后，维新派曾议定由李提摩太（英传教士）、容闳、梁启超分别去见英、美、日三国公使，求其设法救助光绪帝和维新派，结果都落空。康有为得到英国保护，逃奔香港，后去日本；梁启超得到日本保护，逃至日本横滨。九月二十八日，谭嗣同、林旭、刘光第、杨锐、杨深秀、康广仁等六人（史称“戊戌六君子”）同时被杀害于北京菜市口。谭嗣同临刑前悲愤喊出“有心杀贼，无力回天”。康有为、梁启超被通缉；维新派官员陈宝箴、江标、黄遵宪等数十人被革职或流放；除京师大学堂外，新政全部废止。戊戌变法失败。

义和团运动

十八世纪末到十九世纪初，兴起于长江以北各省的白莲教大起义和白莲教的支派天理教起义被清廷镇压后，白莲教的各个支系继续斗争，北方几省相继出现了八卦教、红阳教、荣华教等组织，秘密从事反清斗争，其中八卦教影响最大。朝廷规定，传习八卦教者要查拿缉捕，为首者处以死刑，于是八卦教徒便以传习拳术来隐蔽自己。义和团运动便由此萌芽而来。

甲午战争期间，山东沿海民众遭受日军侵略之苦，战争结束后，日军占领了威海卫。三年后，日军撤离，此地又立即被英军强占。不久，德国又占据了胶州湾，并强行把山东划为它的势力范围。光绪二十四年（1898年），英国强行租借威海卫，随之外国教会也随之大批进入山东各地，修建大小教堂1 100多座，传教士和教徒发展到八万多人。许多加入教会的地主豪绅，仰仗教会势力，乘多年荒灾之机，囤积居奇，抬高粮价，居众苦不堪言，对之切齿痛恨，多次与教会发生冲突。

当年十月，山东冠义县义和拳在闫书勤带领下，聚众数千人，树起“助清灭洋”的旗帜，占领了梨园屯。第二年，平原县义和拳组织和教会发生冲突，地方官吏派兵镇压，逮捕了数名义和拳成员，于是他们向茌平县义和拳首领朱红灯求救。朱红灯率领几百人的义和拳武装成员赶到平原，与当地义和拳群众会合，使官府十分恐慌。济南知府带兵在平原县与恩县交界的森罗殿与朱红灯的队伍发生争斗。此时，茌平、恩县、长清、高唐等地义和拳纷纷响应，不久，东昌、武定、泰安、济南等地的群众也闻风而动。面对义和拳运动的蓬勃兴起，清朝官吏内大体出现两种倾向：一种是主张立即用武力消灭；一种则主张安抚、收编。山东巡抚张汝梅上奏朝廷，要求采取安抚、收编政策，主张“化私会为公奉，改拳勇为民团”，把拳民编到诸乡团之内。次年二月，毓贤继任山东巡抚，出告示改“拳”为“团”，把参加义和拳的群众称之为“拳民”，允许他们设厂习拳，同时把武装反抗教会的人称为“匪徒”，缉拿惩处，借以安抚义和拳。由此一来，义和拳反倒取得半合法的地位，迅速发展起来，成为一个官方默许的公开团体，“义和团”的名称从光绪二十四年（1898 年）春开始逐渐地广为流传起来。

山东义和团的迅猛发展，引起在华各国势力的恐慌。驻扎胶州湾的德国军队出兵到胶州、高密、日照等地，焚毁村庄、抢劫城镇抢杀居民。英、美、意等国驻华公使也向清政府施加压力，要求清廷下令取缔义和团。光绪二十五年（1899 年）年底，美国公使唐格向总理衙门提出了撤换毓贤的要求，清廷迫于压力，申斥毓贤对义和团镇压不力，将之调任山西巡抚，由袁世凯接任山东巡抚。袁世凯上任后，立即发布了《禁示义和拳匪告示》，不承认义和团具有合法性，规定：不仅练拳，就是赞成义和拳的，都要被杀。随后依仗他统带的武卫右军和扩编的武卫军先锋队马步炮队共二十营兵力，对活动于山东黄河北岸的义和团发起进攻。先后斩杀了王玉振、王文玉、孙洛泉等义和团首领，消灭十多部义和团，光绪二十六年（1900 年）春，山东义和团运动告以平息，义和团运动的中心移到了直隶省。

早在两年前，直录南部威县，曲周、景州、阜城义和拳就已经开始活动，许多村庄建立拳厂、练习拳术，并逐渐向北发展，与教会和官兵多次发生冲突。此时，直隶总督裕禄根据上谕发布《严禁义和团》的告示，宣布“招引徒众，私立会合，演习拳棒，均属违禁犯法”，“再有设厂练习拳棒，射利惑民悖事，即由地方官会营捕拿，从严惩办”。此时总理衙门也对此忧心忡忡，电令裕禄，“此事关系紧要，务须赶紧严密查办，免滋事端”。于是裕禄派出官兵，分路对义和团进行镇压。然而，义和团运动不仅没被镇压下去，反而愈演愈烈，势力扩展到直隶全省，直逼京城附近地区，甚至在京城内和直隶总督所在地天津，也已经有自称义和团的人开始活动，沿街练拳，招收徒弟。

消息传到清廷，有官员主张对义和团用兵讨伐极其危险，应采取安抚政策。是年四月初，监察御史郑炳麟上奏，主张在直隶、山东派道府大员当“团练局总办”，选择乡绅做“团总”，收编义和团，把义团改造为官办的团练。这个建议遭到裕禄和袁世凯的反对。一时间清廷陷入对义和团是“剿”还是“抚”的两难境地。

四月初，涞水、定义、新城、涿州、易县等地的义和团同教会势力发生冲突，焚烧了当地的教堂，随后裕禄派军队前往镇压，遭到义和团的顽强抵抗，淮军副将杨福同被打死。裕禄随即又派提督聂士成所部的武卫前军赶去镇压，又遭到义和团的抵抗。义和团以“反洋”的名义破坏了芦保铁路，阻止前来镇压的清军。继而相继焚毁了高碑店、涿州、琉璃河、长辛店、芦沟桥的火车站，京津铁路上的丰台站和机器制造局也被捣毁。五月初，义和团拥进涿州城。

慈禧太后见形势十分紧迫，就派协办大学士刚毅和刑部尚书赵舒翘、顺天府尹何乃莹到涿州方向去进行招抚，向义和团宣布朝廷的“德意”。刚毅等人到涿州一带后，感到义和团势力极大，不能进行剿杀，于是向朝廷报告，主张撤回聂士成的部队，采用劝导、晓喻的办法解散或收编义和团。

正当刚毅等人在涿州一带活动时，京城内的义和团活动越来越频繁，声势也越来越大。小股外县拳民陆续涌入北京城，城内居民也纷纷加入义和团，出现了以义和团名义出现的反对洋人的揭帖，公开设立坛棚，焚烧外国人的教会房屋，并围攻西什库教堂和东交民巷使馆。朝廷屡次下令解散、严禁、缉拿，均无济于事，到了不能控制的局面。与此同时，天津城内义和团活动也十分频繁，烧毁教堂，进攻紫竹林租界，捣毁监狱，释放犯人。这时裕禄不得不改变手段，由高压转为安抚，以总督名义邀请义和团首领张德成，并用轿将他抬到总督衙门。

这年四月，英、美、德、意已派兵船驶入大沽口，随后，英、美、德、法四国公使先后向总理衙门发出照会，要求清政府采取措施迅速剿灭义和团。不久，十一国公使又以外交使团名义照会清政府，要求严禁团民练拳设堂，传布揭帖，并命令各国的大沽口的海军准备登陆。五月二十八日，驻北京的各国公使举行会议，决定立即以保护使馆的名义调兵来北平，并将此决定通报给总理衙门。经过一番交涉后清政府退步了，经慈禧太后批准，总理衙门同意各国立即派兵入京，要求兵数少一些，随后又通知裕禄，为从塘沽登陆经津入京的外国军队准备火车。几天后，英、俄、德、法、日、美、意、奥等国海军陆战队四百五十人，分两批到达北京，另一支外国联军六百多人，由塘沽登陆开进天津。六月十日，八国联军二千多人，在英国海军中将西摩尔的率领下，由天津向北京进发。裕禄虽想阻止他们，但联军仍然取得了所需的机车和车厢，开始了八国联军侵华战争。一路上，联军遭到义和团的反抗。义和团拆毁铁路，致使联军四天里才走了一半路，抵达廊坊。一天早晨，义和团在廊坊车站袭击联军，几天后又再次袭击。此时去往北京的铁路已被破坏，联军只好退回天津。

六月十六日起，慈禧太后召集大臣，连续四天举行御前会议，主剿主抚两派争执不下。权衡利弊，慈禧太后决定宣战，“大张挞伐，一决雌雄”。但是，“宣战上谕”内容极其含糊，令有些属下不知所措。同时，慈禧又面谕李鸿章，让他去向各国保证对义和团要“设法相机自惩办”。由此，义和团受到内外夹困。

在朝廷举行御前会议期间，联军以朝廷当局“并不倾力剿办”义和团为借口，炮轰大沽口炮台，并迅速将其占领。随后又水陆并进，进逼天津，义和团与之顽强作战，双方激战一个月之久，此时聂士成的部队加入了反抗联军的战斗。义和团曾一度占领了紫竹林租界。在激战中，联军投入上万人的兵力，而清军主力却按兵不动，致使义和团力单难支。七月十四日，天津被联军攻破。与此同时，北京义和团向东交民巷使馆发起进攻，相继烧毁了比利时、奥地利、荷兰、意大利四国公使馆，连续围困各使馆五十六天。八国联军攻陷天津后，于八月初向北京进攻，遭到义和团的阻击，但清军却节节败退，致使联军前进速度很快。八月十四日，联军攻占北京，慈禧太后率王公大臣仓皇出逃，义和团被迫退出北京，在八国联军的镇压下，义和团运动终遭失败。

《辛丑条约》的签订

光绪二十六年（1900 年）八月十四日，八国联军占据北京后，他们之间的矛盾日趋激化，形成英、俄两国争霸中国的局面。沙俄为求得清政府对它独占东北的承认，首先表示“认皇太后为合例”政府，李鸿章为议和全权代表，主张各国军队撤出北京，开始议和。沙俄独占东北的阴谋，遭到各国的反对。英国不承认李鸿章为议和代表，反对联军从北京撤退，声称要等“中国立有合例政府才可开议”。德国在联军占据北京后继续调兵，企图以武力攻占烟台，进而抢占山东全省，并提出惩办西太后，用以恫吓清政府，以攫取更大的利益。日本是后起的强国，侵略中国时派兵最多，他与俄国争夺中国东北有矛盾，所以支持英国的主张。法国企图吞并云南，对英国在两广的扩张极为不满，所以支持俄国以抑制英国。美国为防止别国趁机强占中国更多的地盘，对自己不利，又第二次提出“门户开放”政策，主张“保持中国的领土和行政的完整”，维持现在的西太后为首的清政府，实际上是要求对中国建立列强共管的局面。这样，经过长期反复斗争、妥协、协商，最后美国的“门户开放”政策逐渐被各国所接受。

十月四日，法国提出谈判的六项条件：①惩办各国公使提出的罪魁祸首；②禁止运入军火；③给予各个国家、社团和个人的公平的赔偿；④各国在驻北京使馆设立永久性的卫队；⑤拆毁大沽口炮台；⑥在北京至大沽口的道路线上选择两三处据点，实行军事占领。十月十五日议和谈判开始后，奕劻和李鸿章向各国代表发出一份同文照会，提出了一个“我们建议的初步和约”草案五款：第一，中国承认围攻使馆是违反国际公法，它已经认罪，并且保证以后不再发生类似事件；第二，中国承担对各国偿付赔款的责任；第三，中国同意根据各国的要求，重新订立通商条约；第四，联军交还总理衙门机关和中国档案；第五，和议开始后应立即宣布停战。各国公使对中国的议和草案断然拒绝，并蛮横地斥之为“狂妄”，表示在列强之间达成协议之前，不能和中国代表进行谈判。

各国代表在法国提出的六项谈判条件基础上，反复磋商，最后拟定了“议和大纲”十二条。此大纲基本上包括了后来正式和约的内容。十二月二十四日，外交团以照会形式，将“议和大纲”十二条交给清政府议和代表奕劻、李鸿章，转达西安，并声称：所列全部条款，都是“无可更改”的。李鸿章为了保全西太后的地位，在谈判过程中，奔走于列强公使间，特别请沙俄从中斡旋。他和俄国公使格尔思签订了《天津俄租界议定书》，承认俄国强占租界合法，甚至准备以东北主权作交易。在沙俄坚持下，列强终于同意用苛刻的条件换取对西太后的谅解。逃到西安的西太后惧列强以首祸议己，常惊惶不安。当她接阅“议和大纲”之后，如得免罪赦书，说：“今兹议约，不侵我权，不割我土地”，立即以“警念宗庙社稷，关系至重，不得不委屈求全”为词，于十二月二十七日电复奕劻、李鸿章：“所有十二条大纲，应即照允”。此后，各国在强迫清政府惩办祸首和勒索最大限度赔款及保证上，又展开了长达九个月的争论，直至和约内容已经基本确定之后，列强才开始同中国全权代表商谈余下的一些细节问题。

光绪二十七年（1901 年）九月七日，清政府全权代表奕劻、李鸿章与英、美、俄、德、日、奥、法、意、西、荷、比等十一国在北京签订了《辛丑条约》，即《辛丑议定书》或《辛丑各国和约》十二款，附件十九件。

主要内容是：

（1）派头等专使到德国谢罪，在德国公使被杀的地方树立纪念碑。

（2）惩办支持或协助过义和团运动的官吏，凡义和团战斗过的城镇和农村，一律停止文、武各等考试五年。以后凡民间产生反帝斗争组织，地方官吏必须严加惩办。对镇压不力的官吏要“一概革职，永不叙用”。

（3）派官员为专使到日本谢罪。

（4）外国人的坟墓被挖掘及损坏的地方，要立“涤垢雪侮”之碑。

（5）两年内禁止军火及为制造军火的各种器材进口。

（6）赔款四亿五千万两。此款分三十九年付清，本息合计九亿八千万两。英规定以关余、盐余（即每年关税、盐税在分别归还外债后的剩余部分）和常关（即清政府在水陆交通要道和商品集散地设立的税关）三项收入，作为担保。

（7）划定外国使馆区，各国可以在使馆区内驻兵。

（8）削平大沽炮台及大沽到北京沿线的所有炮台。

（9）从北京到山海关沿线的十二个战略要地，由外国人驻兵驻守。

（10 不准中国人民建立反对外国列强的组织，违者处斩，各地官员在自己管辖范围内如发现有“伤害”外国人的事件发生，必须立即镇压。否则即行革职，永不叙用。

（11）修改过去所订的各国认为需要修改的条约。

（12）把总理各国事务衙门改为外务部，列六部之首。

《辛丑条约》的签订，将外国列强与清政府的关系完全确定下来，公使团成为清政府的“太上皇”，清政府完全成了“洋人的朝廷”。标志着中国完全沦为半殖民地半封建社会。

光复会成立

二十世纪初，清政府实行新政以后，东南沿海的出国留学人数逐年增加。这批青年出国后，眼界大开，思想十分活跃。光绪二十六年（1900 年），江苏籍学生杨廷栋、杨荫杭等人在东京创办出版了《译书汇编》，用以介绍和宣传民主思想，这是留日学生倡导创办的第一种刊物。随后在日本留学的江苏、浙江籍学生纷纷成立了许多团体，宣传革命，从事反清斗争，声势越来越大。

光绪二十九年（1903 年），留日中国学生成立了军国民教育会。该会欲“养成尚武精神，实行民族主义，”主张以宣传、起义、暗杀为斗争手段，不久后该会成员陆续回国。浙江籍学生龚宝铨被派到上海从事反清活动。龚宝铨抵达上海后，便着手组建暗杀团。暗杀团的规章极为严格，由于人数很少，力量弱小，不宜开展活动，于是龚宝铨就想扩大组织，这时主持中国教育会的蔡元培听说此事，便要求参加。于是，在暗杀团的基础上，把原规章做了详细的修订，筹备成立新的组织。

光绪三十年（1904 年）十月，江苏、浙江、安徽三省的学界人士在上海集会，成立了光复会，又称复古会。会上推选蔡元培为会长。当时，章太炎身在狱中，但也参与筹划了此事。光复会成立后，选择会员极为严格，人员不过五十人。会员入会，要选择一秘密地点举行入会仪式，并刺血对天发誓：“光复汉族，还我山河，以身许国，功成身退”。

为了扩大组织，蔡元培邀请陶成章入会。陶成章当时正在做浙江会党工作，有一定的影响力，他接受了蔡元培的邀请加入光复会，在他影响下，绍兴商学界革命志士和各属会党成员相继加盟入会。陶成章成为了光复会中起主要作用的中心人物。当年年底，陶成章再赴日本，和王嘉祎秘密商谈，成立了光复会东京分部。

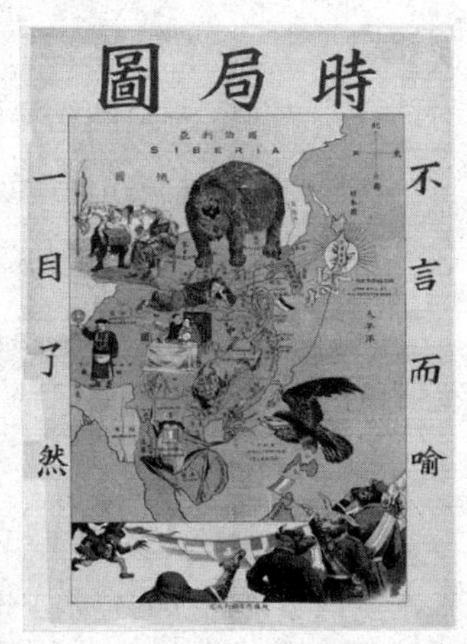

时局图

在此之前湖南成立了华兴会，推举黄兴为会长，宋教仁、刘揆一为副会长。华兴会成立后，就准备九个月后在长沙发动起义。光复会成立后，便同华兴会取得联系，准备在长江下游发动起义，配合华兴会。后华兴会起义破产，光复会也中止了起义活动。随后，光复会成员在浙东、浙西许多地方联络会党，扩展组织。光绪三十一年（1905 年）八月二十日，在孙中山的组织、倡导下同盟会在东京举行正式成立大会。同盟会把兴中会、华兴会、光复会联合起来，组成一个全国性的组织。光复会在并入同盟会后，部分会员仍保持着独立活动。

次年年初，秋瑾从日本回国，抵达上海后，便联合一批光复会会员一起开展反清活动，创办学校，并创办了《中国女报》。这时在湘赣边界发生了反清起义，上海的光复会成员闻讯后，立即响应，并积极讨论办法。秋瑾返回浙江绍兴，策划军事行动。不久传来湘赣边界起义失败的消息，秋瑾毫不气馁，决定独立发动起义。她奔走于浙西各地，联络会党，响应者很多。秋瑾规定了光复军的组织系统，由光复会成员徐锡麟任统领，她任副统领，并制订了起义计划。计划在金华起义，随即进击杭州，如果杭州攻不下来，就折返回来，由浙西进入江西、安徽。清军闻讯后，立即派兵前来镇压。形势十分紧急，秋瑾派人去安庆向徐锡麟报告。此时，徐锡麟正担任警察会办，闻讯后，决定实施一个冒险计划。几天后，安徽巡抚恩铭和其他官员照例来到巡警学校进行检阅。徐锡麟在做报告时，突然拔出手枪击毙恩铭，陈伯平、马宗汉两人也拔枪相助，打死其他几名官员。随后，徐锡麟号召在场学生与他一起革命，响应者只有三十余人，他们占领了军械局，与巡防营官兵奋战几小时。陈伯平战死，徐锡麟、马宗汉被捕，处以死刑。清朝官员从徐锡麟住所搜到光复军告示，并洞悉了他跟秋瑾的联系。秋瑾此时在绍兴大通学校，知道徐锡麟被害的消息后，仍积极筹备起义事宜。几天后，清军包围了大通学校，秋瑾被捕。在清官员审讯时秋瑾拒绝回答任何问题，第二天被斩杀。光复军起义计划告以失败。次年，光绪帝和慈禧相继死去，乘此时机，具有革命思想的安徽炮营队官熊成基率马炮营新军一千多人起义，进军安庆，在清军镇压下不久便失败了，他只身逃走，两年后，在哈尔滨被捕遇害。

光绪三十二年（1906 年）六月，章太炎在上海出狱，随即到了日本，担任同盟会机关刊物《民报》主编。不久，与孙中山意见不和。次年，他和陶成章一起在东京联络一些同盟会成员 ，主张召集大会，罢免孙中山的总理职务，另选黄兴继任，但不久此事告以平息。

光绪三十四年（1908 年），陶成章和光复会的一批成员到新加坡和荷属东印度（印度尼西亚）从事活动，恢复、扩大了光复会组织。次年，陶成章重组光复会，推选章太炎为会长，自任副会长并在浙江、上海等地组织光复军。宣统三年（1911 年）十月十日，武昌起义爆发，光复军在汕头、浙江、上海、镇江等地纷纷响应，配合了推翻清朝的起义运动。民国元年（1912 年）一月，因派系斗争，陶成章被陈其美派蒋介石设计暗杀于上海，光复会解体。

中英《拉萨条约》

十九世纪末二十世纪初，英、俄两国为争夺中国的西藏而进行了激烈地争夺。英国要占领中国西藏，试图把英属印度和它在中国长江流域的势力范围联成一片。俄国就把侵占中国的西藏作为它实施“黄俄罗斯计划”的一个重要步骤。沙俄政府陆军大臣库罗巴特金宣称：“我们皇上的脑袋中有伟大的计划，为俄国夺得满洲，把朝鲜归入我国，还想把西藏并入我国。”中国的西藏，成为英、俄两国谋求亚洲霸权的必争之地。光绪十四年（1888 年），英国借口边界纠纷挑起第一次武装入侵西藏的斗争，通过中英会议签订的《藏印条约》，占领西藏属部哲孟雄（今锡金）为其“保护国”和攫取开亚东为商埠的特权。印度总督寇松还曾企图抛开清朝政府而通过与西藏上层单独谈判，把西藏从中国分裂出去。当它的计划没能得逞后，便又用武力入侵西藏。光绪二十八年（1902 年）六月，英国驻哲孟雄的专员惠德带兵侵占了西藏的甲岗。第二年，英国派遣一支五百人的军队非法占据了西藏边境的干坝宗。与此同时，俄国也加紧向西藏扩张，施用“助藏抗英”、“保护”西藏、“西藏独立”等办法，以致十三世达赖投靠了沙俄，委派“西藏使团”前往俄国进行活动。此后，俄商和军队开始秘密进入西藏，英、俄争夺西藏的斗争更加尖锐化。

光绪二十九年（1903 年）十二月，英国趁俄国为在中国东北忙于准备通过日本作战之机，借口通商和边界问题，派遣以荣赫鹏为使节、麦克唐纳为军事指挥，带军万余人越过中印边界，先后偷越则利拉，攻占仁埋没冈，占领春丕。然后英军大举进犯江孜。十三世达赖逃离拉萨，经青海投到俄国，被清朝地方当局截留在库伦，后被沙俄间谍所控制。光绪三十年（1904 年）八月十三日，英军占领拉萨。

当年九月七日，在拉萨布达拉宫，英军上校荣赫鹏以武力逼迫，西藏哲蚌、色拉、噶尔丹三大寺寺长罗生戛尔曾等人，在英方事先制定好的《拉萨条约》上非法签字画押。《拉萨条约》共十款，主要内容有：开放江孜、噶大克、亚东为商埠，英国派驻官员；江孜、拉萨通道上的炮台和山寨一齐削平；向英国赔款 55 万英磅，三年偿还；第九款规定：西藏土地不得让卖租与他国；西藏一切事宜无论何国都不得干涉；无论何国皆不能派员或代理人进入藏境；铁路、道路、电线、矿产等项特权均不许外国享受；西藏进款、货物、钱币等不许给予外国抵押拨兑。这个条约严重损害了中国主权，遭到全国各族人民首先是藏族人民的坚决反抗，清朝政府也不予承认，命令驻藏大臣有泰“切勿画押”，并指斥英国不应无视中国主权而径与西藏地方当局“立约”。但英国并不作罢，一再请求同清朝政府谈判。光绪三十一年（1905 年）初，清政府派外务部右侍郎唐绍仪为钦差全权大臣，率参赞张荫棠、梁士诒等到印度谈判。唐绍仪指出所谓《拉萨条约》的签订是非法的，根本无效，应由中、英两国政府重新议定。英国代表不得不接受以重新议约作为谈判的先决条件。在谈判中，英方代表提出以所谓的“宗主权”问题，企图否认中国对西藏地方的领土主权，受到唐绍仪等严词驳斥。此次谈判双方接触十多次，毫无结果。转年四月，清政府再派唐绍仪等与英国驻华全权公使萨道义在北京继续谈判，并于四月二十七日签订了《中英续订藏印条约》六款，将《拉萨条约》十款作为附约。新约虽然没能完全废除《拉萨条约》所规定的内容，但规定“英国国家允许不占并藏境及不干涉西藏一切政治，中国国家亦应允不准其他外国干涉藏境及其一切政治”。英国终于在事实上确认了中国对西藏的领土主权，光绪三十三年（1907 年）年底，英国侵入西藏的军队全部撤出。

中国同盟会成立

二十世纪初，各种反清的革命小团体在国内纷纷建立起来。这些革命小团体，大多都互不联合，各自为政，缺乏明确而完备的纲领，没有严密的组织。为了便于“召集同志，合成大团，以图早日发动”、完成革命任务，革命党人已经意识到必须将这些分散的、带有地方性的革命力量尽量联合起来，组成一个全国性的、统一的革命组织。

光绪三十一年（1905 年）夏，孙中山由欧洲前往日本。这时的日本东京，已成为中国留日学生从事反清斗争的活动中心，华兴会、光复会、科学补习所等革命团体的一些领导和骨干分子，如黄兴、刘揆一、宋教仁、陈天华等，也先后来到这里。

七月十九日，孙中山到达日本后，经日本友人宫崎寅藏介绍，孙中山认识了华兴会领袖黄兴。孙中山建议兴中会与华兴会联合，共同致力革命，对此黄兴欣然应允。孙中山又约华兴会的重要骨干宋教仁、陈天华在《20 世纪之支那》杂志社会面。会见时，孙中山着重强调建立统一的革命组织的重要性，指出：“现今之主义，总以互相联络为要”，而不相联络，各自起事，单独行动，“各国乘而干涉之，则中国必亡无疑矣”。

经过孙中山的积极活动，他所提出的建立统一革命组织的设想，得到了在日本的各革命小团体中大多数人的同意。

三十日，孙中山和黄兴派人分头邀请各省有志革命的留日学生，到东京赤坂区桧町三番内田良平的住宅，召开建立统一革命组织的筹备会。到会的有孙中山、黄兴、张继、陈天华、宋教仁、冯自由、居正、胡毅生、曹亚伯、朱执信、宫崎寅藏、内田良平等七十余人，包括除甘肃在外的国内十七个省的留学生。会上，孙中山被推为会议主席，并用了大约一个小时的时间演讲革命的道理、革命的形势和革命的方法。接着黄兴等也相继发表演说，说明革命后如何普及教育、如何振兴实业、如何整理内政、如何修睦外交。他们的演讲得到与会者的赞同。在讨论统一后的革命组织的名称时，孙中山提议为“中国革命同盟会”，有人则主张用“对满同盟会”。对此孙中山做了阐述，他认为革命的目的并不专在排满，还要废除封建专制制度，建立共和国。还有人建议，这是个秘密组织，不应明用“革命”二字。经过大家反复讨论，最后定名为“中国同盟会”。在讨论宗旨时，孙中山提议以“驱除鞑虏，恢复中华，创立民国，平均地权”十六字作为同盟会的革命宗旨。但有人对“平均地权”表示疑议，要求取消。孙中山当即例举世界革命发展的趋势和社会民生问题的重要性，说明平均地权就是解决社会民生的第一步，并指出，作为世界最新的革命党，应高瞻远瞩，不仅仅只去解决种族、政治这两大问题，还应将最大困难的社会问题，一起连带解决，才可建设一个世界上最良最善的富强国家。孙中山解释完，众人鼓掌，表示赞同。于是同盟会宗旨获会议通过。接着，黄兴提议，与会者签订盟书。于是，每人抄写一份，由孙中山带着大家举右手宣誓。誓词是：“当天发誓，驱除鞑虏，恢复中华，创建民国，平均地权。矢信矢忠，有始有卒，有渝此盟，任众处罚”。宣誓后，孙中山又到隔壁一屋，分别传授同志相见的握手暗语和三种秘密口号。随后，孙中山与各会员一一握手，并祝贺说：“为君等庆贺，自今日起，君等已非清朝人矣！”会议最后推举黄兴、陈天华、马君武等八人起草同盟会章程，准备召开成立大会。

经过二十天的筹备后，八月二十日下午二时，在东京赤坂区灵南坂阪本金弥住宅内举行了同盟会的正式成立大会。出席的会员有一百多人。会上，首先由黄兴宣读了同盟会章程草案三十条。这个章程明确规定：“本会以驱除鞑虏，恢复中华，创立民国，平均地权为宗旨”。设本部在东京。本部机构根据三权分立原则，在总理之下设执行、评议、司法三部。执行部权力最重，由总理直接领导，内分庶务、内务、外务、书记、会议、调查六科。在这六科中，又以庶务科最为重要，如总理不在本部，“庶务”可代行总理职权。另外在评议部里，设有评议长和评议员；在司法部里，设有判事长、判事和检事长。同盟会章程还规定在国内外分设九个支部，接受东京本部的领导。国内有东、南、西、北、中五个支部，国外有南洋支部、美洲支部、欧洲支部、檀岛支部。支部之下还设立各省区的分会。这个章程草案经过讨论修改，被大会通过。接着，在黄兴的倡议下，选举孙中山为同盟会总理。会上又根据会章选举了同盟会各部职员，黄兴当选为执行部庶务，协助总理处理本部工作；汪精卫被推选为评议长，邓家彦为判事长，宋教仁为检事长。最后，黄兴提议把《20世纪之支那》杂志作为同盟会的机关报，大家一致鼓掌通过。整个会议过程十分热烈。

中国同盟会的成立，基本上结束了各革命小团体分散斗争的局面，中国革命运动开始有了一个统一的领导机关，将推翻帝制的革命推向了一个新阶段。

武昌起义

武汉素称“九省通衢”，各种矛盾尖锐集中。武昌起义前，武汉地区的革命团体主要是文学社和共进会，其成员大部分是湖北新军中的士兵。宣统三年（1911年）九月，为镇压四川保路运动，清政府抽调一部分鄂兵入川，造成湖北统治的空虚，为发动武装起义提供了有利条件。

九月十四日，在同盟会的策动下，文学社和共进会两个革命团体召开联合会议，决定联合行动，在武昌发动起义。会上，文学社领导人蒋翊武被推为革命军总指挥，共进会领导人孙武为参谋长，二十四日，文学社和共进会又联合召开会议，详细讨论制订了起义计划并分配了任务，决定利用中秋节（十月六日）休假时间举事，以左臂缠白布为记号。不料，起义的消息被泄露出去了，武汉的衔头巷尾传遍了中秋起义杀鞑子的消息。清军为此而加强了防务，起义未能按期举行。同时，上海的同盟会中部总会负责人及在香港的黄兴得到报告后，也不同意马上起义，建议推迟半个月，等待十一省同时发动。

十月九日，孙武等在汉口俄租界宝善里机关部配制炸药，由于不慎引起爆炸，孙武头部受伤，在同伴掩护下逃离现场。俄国巡捕闻声前来搜查。机关内的旗帜、文告、印信、名册、符号、弹药等，均被搜走。鉴于起义计划暴露，情况紧急，蒋翊武便以总司令的名义，于下午五时在小朝街85号发出紧急命令十条，决定半夜12点以炮声为令，同时行动。命令被复写20余份，派人分头传送新军各标、营。但是，由于给炮队的命令没有送到，夜里12点，炮声未响。尽管其他标营的新军革命党人都做好了准备，起义仍然未能按时举行。就在这一夜，清政府开始了大搜捕。小朝街的起义总部和其他许多机关，都被破获，蒋翊武逃脱，彭楚藩、刘复基、杨宏胜等30多人被捕。三人当夜受到审问，次日早晨先后英勇就义，史称辛亥三烈士。清政府湖北当局在杀害三烈士后，又下令紧闭城门，封锁营门，禁止士兵出入，并根据所获名册搜捕革命党人。由于起义未能按时举行，当时的武昌形势已是十分危急。这时，革命基础比较雄厚的新军第八镇工程第八营的革命党人总代表熊秉坤，秘密联络三十标和二十九标的革命士兵，相约在十日晚上二道名时，鸣枪为号，发动起义。

十日晚，工程第八营后队二排排长陶启胜在巡查中，看见士兵金兆龙行动有疑，就厉声呵斥，并命令将金兆龙捆绑起来，金兆龙大喊道："今不动手，尚待何时?"士兵程定国举枪托击陶头部，继开一枪，起义的第一枪打响了，参加起义的士兵纷纷持枪，反动军官或被击毙，或闻风而逃。起义士兵四十余人，在熊秉坤的率领下，向楚望台军械所进攻。守卫军械所的士兵也响应起义，军械所很快被工程八营的革命党人占领。在枪声与炮声中，武昌城各处的步兵、炮兵、辎重各营及陆军测绘学堂的学生，也不断奔赴楚望台。午夜，集中起来的起义军拥戴工八营左队队官吴兆麟为临时总指挥。吴兆麟根据当时的情况，提出作战方针，并宣布纪律。在他的指挥下，发起了对湖广总督署的三次进攻。清军死力抵抗，起义军步炮工兵合力围攻，举火照明，大炮击中总督衙署，总督瑞徵等挖后墙，逃到停泊在长江的兵舰上，第八镇统领张彪继续负隅顽抗。这时，由革命士兵组成的敢死队冲在前边，占领了湖广总督署。张彪逃往汉阳，后转至汉口日租界。经过一夜的激战，到十一日晨，武昌城里自藩属以下各官署、各城门，全部都由革命军占领。汉口和汉阳的革命军也响应武昌起义。至十二日上午，武汉三镇全部光复，红底十八星大旗飘扬在武汉三镇的上空。

起义胜利后，同盟会的主要领导人都不在武汉，而直接组织这次起义的文学社和共进会的领导者，有的遭杀害、有的受伤、有的被迫逃亡。这样，十一日下午，在谘议局召开的一次会议上，被革命士兵用枪口威胁来参加会议的原新军二十一混成协统领黎元洪，被推为湖北军政府都督。可他直到十六日才正式就职。所以，最初几天里军政府的一切大事是由十一日成立的谋略处来决定的。十二日，由谋略处以黎元洪的名义，通电全国，宣告武昌光复。

武昌起义胜利的消息传出后，得到许多省区的响应。湖南、陕西、江西等省区相继发动起义。至十一月下旬，仅一个月的时间，清政府所统辖的全国二十四省区，就有十五个宣布脱离清政府，没有独立的省区，也积极在行动，清政府面临着最后的崩溃。

辛亥南北议和

宣统三年（1911 年）武昌起义后，清政府急调北洋军“赴鄂剿办”，接着又复请袁世凯出山，袁世凯在向清政府讨价还价后，就下令北洋军向汉口发动猛烈进攻，不久北洋军占领汉口。接着袁世凯一面奏请停止进攻，一面与黎元洪进行联系，向革命阵营进行试探。他先是让其幕僚刘承恩，以同乡关系给黎元洪写了三封信，希望黎袁之间能和平了事，早息兵争。而后又派刘承恩、蔡廷干为代表，亲赴武昌与黎元洪会晤。十一月十一日，黎元兴接待了刘、蔡二位，刘、蔡要求暂息兵事，实行君主立宪。黎元洪表示不同意保持清朝皇帝的君主立宪，但希望袁世凯能赞助共和，并说以袁世凯的威望，“将来大功告成，选举总统，当推首选”，经过这次议和试探，袁世凯已经刺探到革命阵营中的虚实。十一月十三日，他北上组织内阁，清政府的军政大权全部落入他手中。

十一月二十六日，袁世凯在北京和英国公使朱尔典会晤，表示愿意与黎元洪在双方满意的条件下求得和解，并要求英国人将此意转达给黎元洪。朱尔典于当天立即电告英国驻汉口的总领事出面调停。同时，袁世凯向革命军施加军事压力。二十七日，北洋军攻陷汉阳，并隔江炮轰武昌。这时，袁世凯是想利用南北对峙的局面，“挟北方势力与南方接洽，借南方势力以胁制北方”。

经英国人从中斡旋，南北双方决定从十二月三日起在武汉地区停战三天，期满后又暂延三日。十一月三十日至十二月七日，在汉口英租界为商议成立中央临时政府而召开的各省都督府代表会议上，接受了由英国人转达的袁世凯的建议，决定在第二个三天停战期满后，继续在全国范围内停战十五天，并同意袁世凯、唐绍仪为代表与黎元洪或其代表讨论时局。十二月九日，黎元洪电告袁世凯，伍廷芳为各省一致同意的南方议和代表。

十二月十一日，唐绍仪到达原定议和地点汉口，但伍廷芳表示不愿离开上海。为此又特求助于英国驻上海总领事周旋，议和地点遂改在上海。十七日，唐绍仪及其随从人员四十余人由鄂抵沪。十八日，以伍廷芳和唐绍仪为代表的“南北议和”在上海英租界市政厅正式开始。会上，伍廷芳首先提出，在双方约定的停战期内，山西、陕西、安徽、山东等地均遭清军进攻，北方如此违约，议和无法继续进行，除非落实停战承诺后，始可开议。并指出，既要停战，就不应有例外的地区。唐绍仪则急于要求南方使停战状态继续保持下去，所以表示同意。于是，双方通知交战地区各自的军队一律停战。

十二月二十日，双方举行了第二次会议，决定有预备的停战期满后，继续停战七天，拟定了停战条文。在这一天的议和中，双方还就国体和召开国民会议进行了磋商。伍廷芳提出，根据当时中国人心皆共和的情形，应使君主退位，优待满人，实行共和立宪。唐绍仪则表示，他对共和立宪并无反对意向，同时还放出空气，袁世凯也赞成共和，只不过不能说出口，现在的问题只在于“宜筹一善法，使和平解决，免致清廷横生阻力”，也“使清廷易于下台，使袁氏易于转移”。对此，伍廷芳还表示，只要北方承认共和，其他一切事情都可以商量。最后唐绍仪建议，召开国民大会，以少数服从多数的办法，来决定是实行君主还是共和，伍廷芳表示同意。

会后，唐绍仪致电袁世凯，告知谈判内容。袁世凯得知消息后，便要求召集宗室王公，对国体问题表态。十二月二十八日，清廷经过御前会议讨论后，发布谕旨，同意召开临时国会付之公议。

这样，十二月二十九日，双方又举行了第三次会议。会上伍廷芳提出七条议案。双方商讨的主要问题是关于退兵问题，并达成协议。

第二天，又举行第四次会议，就伍廷芳的七条议案继续进行谈判。双方争论的主要问题是召开国民会议的地点、选举及借外款。关于开会地点，双方各持己见，争执不下。伍廷芳提议在上海或香港，唐绍仪则主张在北京或汉口、威海卫、烟台。对于借外款之事，这次会议也未达成协议，但就召开国民会议如何选派代表做出了规定，决定由南北各省包括内外蒙古、西藏各派三名代表，每人都有表决权，还规定了召集、通知各省代表的办法。

十二月三十一日，双方再一次举行会议。这是伍廷芳与唐绍仪之间举行的最后一次公开谈判。这次谈判仍是就第三、第四次会议上没有达成协议的借款至开会地点问题进行商讨。双方议定于一九一二年一月八日在上海召开国民会议。至于借外款一项，双方决定南三北二分成。

从十二月十八日到三十一日，在整个和议过程中，双方的公开谈判及报刊刊载的电文只不过是一些表面文章，实质性的问题及私人电传都秘而不宣。双方代表在会场时，神情严肃，打着官腔，但在夜间则到“惜阴堂”赵凤昌寓所再行商洽。

一九一二年一月一日，孙中山在南京宣誓就职，就任中华民国临时大总统。同日，唐绍仪按照袁世凯的旨意，请求辞职。第二天，袁世凯批准，同时电告伍廷芳，宣称唐绍仪超越了只以讨论为范围的权限，签订了他所不能承认的协议。他要求同伍廷芳通过电报继续进行谈判。第二天，袁世凯又指使他的部将冯国璋等四十八名将领联名电告伍廷芳，声称他们反对共和，拥护君主立宪。这时，西方诸国也对南京政府施加压力，胁迫孙中山让位。

从表面上看，南北议和一时陷于停顿状态，但是唐绍仪并未离开上海，而是以袁世凯个人秘使的身份继续与伍廷芳秘密联系。实质性的问题还是通过密电来商谈的。这时，双方争议的中心，是如何结束南北两个政权的对立局面。在内外压力下，孙中山于一月十五日致电伍廷芳，再次表示，如果清帝退位，宣布共和，他就让位于袁世凯。袁世凯在得到这个许诺后，马上加紧进行“逼宫”。从一月十七日起，清廷连开几次御前会议，最后万般无奈，二月三日授予袁世凯全权，要他同南京政府磋商退位条件。经过南北双方的多次交涉，确定了优待皇室条件八款、优待皇族条件四款、优待满蒙回藏各族条件七款。二月十二日，朝廷接受了这些条件，溥仪退位。第二天，孙中山遵诺言，提出辞职咨文。十五日，临时参议院选举袁世凯为临时大总统。南北议和以袁世凯篡夺政权而告终。